何德亮考古文集

（上）

何德亮　著

文物出版社

图书在版编目(CIP)数据

何德亮考古文集 / 何德亮著. –– 北京：文物出版
社，2025.3 ––ISBN 978-7-5010-8742-6

Ⅰ. K87-53

中国国家版本馆CIP数据核字第2025L7C894号

何 德 亮 考 古 文 集

著　　者：何德亮

封面设计：秦　彧
责任编辑：秦　彧
责任印制：王　芳
出版发行：文物出版社
社　　址：北京市东城区东直门内北小街 2 号楼
邮　　编：100007
网　　址：http://www.wenwu.com
邮　　箱：wenwu1957@126.com
经　　销：新华书店
印　　刷：北京荣宝艺品印刷有限公司
开　　本：787mm×1092mm　1/16
印　　张：36.25
版　　次：2025 年 3 月第 1 版
印　　次：2025 年 3 月第 1 次印刷
书　　号：ISBN 978-7-5010-8742-6
定　　价：360.00 元（全二册）

作者

1976年临淄桓公台留影

1977年兖州王因遗址
发掘（张竞放、作者）

1977年兖州王因遗址发掘合影（中排左起沈强华、蔡凤书、韩榕、相福成、吴汝祚、胡秉华、孙华铎、万树赢，
后排右四作者）

1978年山东大学历史系考古专业1975级毕业合影（前排左起张竞放、王吉怀、宋爱华、钟本文、王玉芝、作者、白云翔，中排左起于保平、马良民、刘成勤、刘敦愿、丁文芳、蔡凤书、宋百川、于海广，后排左起赵平文、李诗秀、刘一俊、马登雨、任万明、丁庆云、邵明贵、李曰训）

1979年山东省博物馆领导与文物组工作人员合影（前排左起关天相、金松源、薛寿爱、张学、张其海、秦亢青、宋居民、崔中典，三排右一作者）

1980年广饶南宋大殿合影（右七王思礼、右四作者）

1981年栖霞杨家圈遗址发掘合影（左起邵明贵、司湘、吴诗池、王锡平、作者）

1982年曲阜南兴埠遗址发掘留影

1984年国家文物局第一期田野考古领队培训班学员结业合影（前排右六李季、右七郑笑梅、左四作者）

1985年国家文物局第二期考古领队培训班考核委员、学员、工作人员合影（中排左一李季、前排左起作者、孔哲生、叶学明、郝本性、张忠培、黄景略、郑笑梅、吴汝祚、严文明、王克林、俞伟超、杨育彬、张学海）

1985年吉林大学考古专业1983级兖州西吴寺田野实习合影（前排左五起朱永刚、李季、徐光辉、作者）

1985年山东省文物考古研究所部分职工及山东省文物局领导合影（后排左四作者）

1988年国家文物局李季考察指导菏泽文物工作合影（右二作者、右三李季）

1988年环渤海考古会议合影（前排左一作者，左二张学海、左五六苏秉琦先生与夫人）

1988年刘敦愿先生70周岁生日合影（前排左起七八刘敦愿先生与夫人，中排左三作者）

1988年陪同国家文物局李季考察定陶官堌堆遗址合影（左起马魁君、李季、作者）

1989年曲阜留影（左起魏成敏、李培松、郑同修、作者、许宏）

1990年北京天安门广场留影（左起作者、张学海、李鲁滕）

1990年章丘城子崖遗址发掘留影

1990年章丘城子崖遗址合影（前排左起靳桂云、佟佩华、张学海、作者、苏庆林、刘延常、杜义新）

1991年苏鲁豫皖考古座谈会部分参会人员合影（前排左起张文军、吴加安、郑笑梅，中排左起栾丰实、杨肇清、作者，后排左起张敏、王讯、谷建祥）

1992年与国家文物局第六期田野考古领队培训班部分考核委员合影（右起张文军、张学海、高广仁、张忠培、郑笑梅、乔梁、黄景略、李伯谦、孟宪民、作者）

1993年枣庄建新遗址发掘合影（左起孙波、燕生东、作者、刘智敏、范宗平、孔庆俊）

1994年河南洛阳第二届全国环境考古会议留影（左起燕生东、作者、周昆叔、王青）

1994年秦皇岛留影（左起张玉石、乔梁、作者）

1996年在日本土井浜遗址人类学博物馆"中日合作研究弥生人与弥生文化"学术报告会发言

1996年在日本福冈博物馆留影

2014年在美国芝加哥留影

2000年与山东大学宋百川、马良民老师合影（前排左起宋百川、马良民，后排左起作者、邵明贵、白云翔、赵平文）

2006年湖南岳阳楼合影（前排左起邱玉鼎、崔圣宽、李繁玲、戴尊萍、郑同修、作者、张溯，后排左起苏庆林、吕承佳、蔡友振、李振光、李胜利）

2003年济南趵突泉留影（左起方燕明、作者）
2009年在日照东海峪遗址考古钻探

2012年河北省西柏坡参观学习合影（左起吕承佳、李洪亮、王秀伟、孔胜利、王永波、作者、王泽冰、郑同修、苏庆林、董博、刘延常、吴志刚、李曰训、崔圣宽、董文斌）

2011年潍坊市领导参观昌邑辛置遗址出土文物（前排左起作者、潍坊市副市长胡延新、昌邑市副市长李平）

2013年北京大学杨哲峰考察昌邑辛置发掘工地（左一杨哲峰，左四作者）

编 委 会

主　　任：孙　波

编　　委：孔胜利　徐　波　朱　超　王子孟　吕　凯
　　　　　李　罡　李宝军　吴志刚　张　溯　赵益超
　　　　　郝导华　党　浩　徐倩倩　董文斌　韩　辉

本集主编：侯婧怡

自 序

我生于 1952 年 10 月，是山东省广饶县人，1975～1978 年曾在山东大学历史系考古专业学习。对我来说，1975 年是终生难忘的日子，这一年拿到了盼望已久的山东大学的录取通知书。9 月份是开学的时间，我怀着无比激动的心情和对美好生活的渴望，抱着追求科学知识的远大理想，充满着对未来生活的憧憬，踏上了奔赴山东大学的征程。我来到位于泉城济南的这座著名的高等学府，作为一名从农村长大的年轻人，即将成为山东大学的学子，开始在高校学习的美好生活，激动的心情难以言表。这种身份的转换，改变了我一生的命运。自此与文物考古工作结下不解之缘，开启了从事专业考古学学习和研究的生涯。

到校得知，我们班是山东大学考古专业招收的第二届学生，共有 15 名同学，其中 12 名男生、3 名女生，分别来自山东省 11 个地、市。大家从不同地区来到山东大学求学深造，真的是缘分所致。今后，同学们将相聚在山东大学这所最高学府，共同学习、生活，一起度过漫长而美好的校园时光。

进校后，举行了开学典礼，不久开始进行军训，这是大学生活的必修课。军训科目按部队要求，非常严格，实行军事化管理。经过半个多月的军事训练，同学们组织纪律、身体素质、意志品德等都得到很大的锤炼，为日后的学习、工作和生活开了个好头。

根据学校指定的教学计划和课程安排，考古专业新生到校后要进行田野考古实习，名曰开门办学。在校期间，我们曾于 1975、1976、1977 年连续 3 次参加了日照东海峪、临淄齐故城、兖州王因遗址的考古发掘工作。

第一次实习是日照东海峪遗址，带队老师是蔡凤书、宋百川、于海广、刘敦愿先生。进入工地现场后，按照国家田野考古操作规程，开工前先选择发掘区，然后再布方，探方面积是 5 米 × 5 米，计 25 平方米。为了控制地层，东、北各留 1 米隔梁，实际发掘面积是 16 平方米，最后再将隔梁去掉。发掘开始首先去耕土，进入文化层后，根据地层不同变化，层层逐渐下挖。当时，同学们负责发掘墓葬区，山东省博物馆张学海、郑笑梅、张江凯、苏玉琼等老师清理的是居住区。房基层位关系比较复杂，打破叠压现象亦较严重，有的地段还多次修补。12 座房基均为方形土台式建筑，方向一致。房内面积多在 11 平方米左右。室内墙面未加修整，土墙外侧有护坡加固，护坡呈漫坡状，以利散水。如此密集的房屋建筑，可能是一处规模较大的原始村落遗址。

墓葬清理相对简单些，打破关系亦不复杂。均为长方形土坑竖穴小型石棺墓，死者仰身直肢，头向西北，人骨保存完整。随葬品一般为 1～2 件陶器。清理完人骨，绘图照相，然后起走骨架，每块骨骼用纸包装好以防断裂。在做好记录的同时还要标注骨骼部位，然后填写墓葬登记表。田野工作写完探方记录才算基本完成发掘所有程序。田野工作历时一个多月，发掘探方 31 个，面积 800 平方米。首次提出"三叠层"的发现，解决了大汶口文化向龙山文化过渡这一重大学术课题。

入校第二年，即 1976 年 3～6 月，又参加了在临淄齐故城遗址的考古发掘。这是山东省博物馆、山东大学 1975 级考古专业与北京大学 1973 级考古专业联合举办的一期全国性亦工亦农田野考古培训班。山东大学带队老师有刘敦愿、蔡凤书、马良民先生。当时我参加的是桓公台遗址的发掘，工地领队是山东省博物馆张学海先生，指导老师还有王恩田和吴九龙先生。此次发掘主要是两周时期建筑基址，地层比较浅，遗迹现象不太复杂。由于操作技能和发掘水平比在东海峪遗址时熟练了许多，对有些简单的遗迹，基本能独立进行处理，较难的遗迹现象请教老师后也能迎刃而解。经过 3 个月的田野实习的磨炼，进一步提高了田野考古发掘水平，达到此前制定的田野教学和考古发掘培训的目标。

1977 年春天参加的兖州王因遗址发掘，是毕业前最后一次田野考古实习。这次发掘是由中国科学院考古研究所山东工作队主持的，学校带队老师是蔡凤书先生。工地老师还有吴汝祚、韩榕、胡秉华先生以及沈强华和滕州博物馆万树嬴老师。工地上指导同学们发掘的主要是韩榕先生。这次实习发掘主要是墓葬区，墓葬分布密集，埋葬较浅，且相互间打破叠压关系亦十分复杂。墓内外填土均为黄褐色砂土，质地松软，色泽基本一致，因此墓葬开口层位很难辨认。有的耕土层下 10 多厘米就见骨架，这就给墓葬清理增加了许多困难。好在有工地老师的现场指导和同学们之间的互相帮助，麦收前顺利完成了发掘任务。

时间过得很快，一晃三年的大学生活就要结束了。1978 年 8 月中旬，大家怀着恋恋不舍的心情，离开了培养教育我们的母校山东大学的校园，离别了在一起朝夕相处的老师们，迈入不同的工作岗位，去迎接新的挑战。毕业后，我被分配到山东省博物馆文物管理组，从事田野考古调查、勘探与考古发掘、文物保护与学术研究工作。1981 年，转入山东省文物考古研究所（现山东省文物考古研究院）。

在长达 30 多年的时间里，我曾任山东省文物考古研究院三级研究馆员，1992 年被评为山东省文物系统先进工作者，2000 年获中华人民共和国考古发掘领队证

书，2002 年被聘为中国社会科学院古代文明研究中心客座研究员，2007 年开始担任
《海岱考古》辑刊执行主编，2009 年获国家文物局颁发的从事文物、博物馆工作
30 年荣誉证书，2024 年首批入选山东省直老干部专家型人才库。

　　1978 年 10 月，诸城呈子遗址开始第二次田野发掘工作，这是毕业后参加发
掘的第一个考古工地。领队是王思礼、杜在忠先生。这次考古发掘主要是为了培
养当地文物干部的田野操作技能而进行的田野工作，当然对我这个刚走出校门不
久的年轻考古工作者来说亦不例外。我也需要进一步的田野考古实践来磨炼自己，
不断提高田野操作技能。过去几年的大学学习，也曾参加过几次较大规模的考古
实习发掘，在课堂上亦学到一些考古学理论和基础知识，但在实际田野操作方面
还有不小差距，对地层间打破叠压关系和遗迹现象与周围探方之间的关系等，亦
有待于提高认识和处理的水平，这就需要参加较多田野发掘，不断锤炼提升自己。
因此，这次田野发掘机会还是很难得的。

　　1979 年春，又参加莒县陵阳河与大朱家村遗址的发掘工作，领队王思礼先生，
参加人员有王树明、赖非、万良等。这两处遗址清理的主要是大汶口文化墓葬。
这批墓葬，随葬品比较丰富，少的几十件，多者一百多件，且互相叠压一起，绘
制这样大型墓葬线图，对没有美术功底的我是极大的挑战，面对墓内大量随葬品，
不知从何处下手。由于当时田野发掘工地没有专门绘图技术人员，什么事情都要
自己动手。万事开头难，随着发掘工作不断深入，清理墓葬有关的技术问题也慢
慢得到了解决。

　　陵阳河与大朱家村大汶口文化墓葬发掘，最大收获是发现了大量陶器刻划符
号（亦称为陶尊文字）。这是古代文明即将到来的重要标志，曾被誉为古代文明的
火花。

　　1981 年，山东省文物考古研究所成立。当年秋天，栖霞杨家圈遗址开始发
掘，这是山东省文物考古研究所成立后参加的首次田野工作，主要是配合北京大
学 1979 级考古专业田野实习。发掘领队是北京大学严文明先生和我所郑笑梅老师，
山东省考古文物考古研究所参加发掘的还有吴诗池、张竞放、邵明贵、何德亮、
李志勇、司湘同志。这次发掘又给了我一次继续学习、不断提高的好机会。发掘
期间，多次聆听严文明先生、郑笑梅老师在发掘现场对各种遗迹现象的分析和判断。
在工地现场不论发掘中出现什么疑难问题，两位先生总能提出合理的解释与处理
的方法，许多复杂的遗迹现象经过先生们讲解都能得到圆满解决。

　　通过多次田野考古实践的锻炼，学到许多课堂上没有掌握的知识，田野考古
操作技能亦得到一定程度的提高，为日后从事田野考古发掘与学术研究工作奠定
了良好基础。

在接下来的几年里，又连续主持或参加了曲阜南兴埠、林前村、广饶营子、临淄两醇、寿光边线王等遗址的考古发掘工作。

时间很快到了 1984 年，国家文物局在山东兖州西吴寺村举办第一期田野考古领队培训班，我有幸参加这次培训，得到一次很好的全面学习和锻炼的机会。报到后才得知，国家文物局黄景略先生（时任处长）担任培训班主任，亲临田野发掘工地坐镇指挥。指导老师是北京大学俞伟超先生和山东省文物考古研究所郑笑梅老师。两位先生对田野发掘要求非常严格，工地现场经常手把手教大家如何划分地层、怎样处理遗迹间的打破叠压关系等。先生们严谨的工作态度，一丝不苟的敬业精神，为学员们树立了很好的榜样。经过四个多月严格系统的培训与紧张学习，较好地完成了这次培训任务。田野发掘、资料整理、报告编写等均顺利完成，并通过了国家文物局考古领队培训班考核委员会主持的答辩会，拿到了结业证书，获得国家文物局田野考古领队资格。

答辩完毕，严文明先生应邀为我写下了"为发展我国的考古事业而努力奋斗"的题词。当时在想严先生写这句话的寓意，可能是说我虽然通过考核答辩，获得考古领队资格，但这只是开始，今后的路还很长，需要继续努力，不骄不躁，脚踏实地，勤奋工作，为我国的文物考古事业贡献一份力量。这是严先生对我最大的鞭策和鼓励，我一直牢记在心，并落实到日常工作中。

根据培训工作需要，结业后国家文物局黄景略先生与山东省文物考古研究所张学海所长协商，决定让我继续留在兖州唐庄基地考古领队培训班，协助国家文物局李季和乔梁同志负责行政后勤管理工作，具体负责人员接待、物资保障、生活管理、工地联络等事宜。此外，还利用有限的余暇时间，在李季同志的具体安排下，合作完成了《兖州西吴寺》资料整理工作。在编写过程中，得到了黄景略、郑笑梅、张学海等先生经常的帮助和指导，1989 年夏初稿完成后，又请叶学明、李伯谦等先生评议指教。

从 1996 年起，遵照国家文物局尽快完成田野资料整理与发表的要求，又与乔梁、朱延平同志编写了《兖州六里井》考古报告，实现出人才、出成果的初衷和愿望，也为学术界提供了一批翔实的科学研究资料。

在完成繁杂工作任务的同时，还多次聆听来自全国高校和科研单位著名专家教授的学术讲座，如俞伟超先生讲考古地层学与类型学，张忠培先生讲聚落考古与文明起源研究，黄展岳先生讲如何编写考古报告以及郑笑梅先生物质文化遗存分析等等。老师们严谨的治学态度和谆谆教诲，成为我人生最宝贵的精神财富，值得永远珍藏。

国家文物局考古领队培训班从 1984 年在兖州西吴寺村开班开始，很快就是 10

年。国家文物局根据全国田野考古培训当时的实际情况，决定从 1993 年起将国家文物局考古领队培训班由山东省兖州唐庄基地迁移至河南省郑州市举办。由于当时基地有些事情需要处理，我与乔梁同志又在此继续留守了一段时间，负责处理培训班有关遗留问题。不久之后回到原来工作单位——山东省文物考古研究所，从事日常田野考古发掘、调查、勘探与考古学研究工作。

人生如梦，岁月如梭。转眼间离开兖州唐庄国家文物局田野考古培训基地已经 30 多年了。当年奋战在田野考古第一线，指导大家工作和学习的著名考古学家、尊敬的俞伟超、张忠培、吴汝祚、郑笑梅、张学海、严文明、黄景略等先生相继离世，但他们的言谈举止、音容笑貌仍时常浮现在眼前，深深映在大家的脑海里，久久难以忘怀。这种情感是真诚的，将永远激励我们去创造辉煌的业绩，来回报先生们的厚望和辛勤培育。

20 世纪 80 年代初期，我们这代人多数刚刚成立家庭，面对上有老下有小、家中需要照顾的实际情况，作为一名文物考古工作者，为了自己心爱的事业，只能舍弃小家顾全大家。在极其艰苦的条件下，无论酷暑严寒，都长年奋战在田野考古工作第一线，每年出差从事田野工作的时间多超过半年。在外从事田野工作，大家跋山涉水，不畏艰辛，任劳任怨，承担着全省考古发掘与调查勘探的繁重任务，基本走遍了山东大地的山山水水，村村落落，每个县、市都留下了文物考古工作者的足迹，每项建设工程均有辛勤劳作洒下的汗水。在极其平凡的工作岗位上，默默奉献着自己微薄的力量，尽职尽责完成单位交给的文物保护与考古学研究各项工作。

省级文物考古研究机构，主要配合国家重点基本建设项目来开展文物保护与抢救性发掘工作。截至退休前，共参加配合国家重点基本建设工程的田野考古调查、考古勘探项目 20 余项，主要有兖石（兖州至日照石臼所）铁路工程、益羊（益都至羊口）铁路工程、济枣（济宁至枣庄）公路建设工程、南水北调工程、胶东调水工程、胶济（胶东至济南）铁路工程、京沪（北京至上海）高速铁路工程、高临（高唐至临清）高速公路工程、同三（同江至三亚）高速公路工程、潍莱（潍坊至莱阳）高速公路工程、烟台疏港公路工程、日照疏港公路工程、京福（北京至福州）高速公路工程、胶济（胶东至济南）铁路客运专线工程、西气东输管网建设工程、胶新（胶州至新沂）铁路建设工程、威乌（山东威海至内蒙古乌海）高速公路工程、青银（青岛至银川）高速公路工程、青临（青州至临沂）高速公路工程、济菏（济南至菏泽）高速公路工程、日东（日照至东明）高速公路工程、济莱（济南至莱芜）高速公路工程、枣临（枣庄至临沂）高速公路工程以及菏泽地区堌堆遗址的专项考古调查等田野工作。

　　上述田野考古调查与勘探工作，不仅有力地配合国家重点基本建设任务，而且为建设工程部门赢得宝贵时间，也对地下文化遗产的有效保护发挥了非常重要的作用。

　　在全面田野考古调查与勘探的基础上，根据建设部门项目规划和科研工作需要，本着"既对文物保护有利，又对基本建设有利"和"重点保护，重点发掘"的指导方针，又对重点遗址进行了考古发掘工作。据不完全统计，数十年来，参加或主持的田野考古发掘工地，主要有诸城呈子、莒县陵阳河、大朱家村、栖霞杨家圈、临淄两醇、广饶营子、曲阜南兴埠、林前村、朱家庄、寿光边线王、济宁潘庙、凤凰台、程子崖、兖州西吴寺、六里井、邹县南关、泗水天齐庙、章丘城子崖、孙家东南、枣庄建新、滕州庄里西、薛故城、西公桥、朱洼、日照海曲、济南王府、催马庄、殷陈、高密乔家屯、长清大街、临沂朱家斜坊、耿家斜坊、费县方城、平邑杨顶庄、大东阳、苍山后杨家官庄、青州郝家庄、昌邑辛置等 30 余处遗址。其中，主持发掘的山东日照海曲汉代墓地项目被评为 2002 年度全国十大考古新发现，作为考古领队则荣获 2002 年全国十大考古新发现奖，2009 年被山东省文化厅公布为山东省改革开放以来重大考古发现，2021 年获得山东省文物考古研究院建院（所）四十周年纪念重要考古发现。

　　众多遗址与墓葬的考古发掘，为研究山东地区古代社会各个阶段的物质文化遗存，提供了一批重要的实物资料，因而具有重大的学术研究价值。

　　在从事繁忙的田野考古工作的同时，利用有限时间对考古发掘资料进行系统整理，及时向学术界公布考古发掘信息，是我们义不容辞的责任。在从事文物考古工作期间，主编或合著的考古报告有《兖州西吴寺》《枣庄建新——新石器时代遗址发掘报告》《兖州六里井》《昌邑辛置——2010～2013 年墓葬发掘报告》。合编有《山东省高速公路考古报告集（1997）》《山东 20 世纪的考古发现和研究》《京沪高速铁路山东段考古报告集》《胶东调水考古报告集》《山东沿海汉代墩式封土墓考古报告集》。其中，主编的《枣庄建新——新石器时代遗址发掘报告》被评为 1997 年第十二次山东省社会科学优秀成果三等奖。该书由我国著名考古学家苏秉琦先生题写书名，并得到张忠培先生、蔡凤书先生的高度评价。张先生曾称赞该报告整理编写及出版快，资料详尽，较为完整，是近年来考古报告中较为优秀的著作。蔡凤书先生也认为，《枣庄建新》详细而有条理，文化分期的度把握得准确，是继《大汶口》《邹县野店》《胶县三里河》报告之后又一全面对大汶口文化分期编年的著作。最近主编的《昌邑辛置——2010～2013 年墓葬发掘报告》（全四册），被评为 2023 年山东省第三十五届考古学优秀成果壹等奖，同时得到山东省人民政府表彰，荣获 2023 年山东省第三十六届社会科学优秀成果二等奖。

2012 年是我退休的年龄，刚办理完退休手续不久，郑同修所长就找我商量，想让我继续负责《海岱考古》辑刊的编辑工作。对多年老领导的提议，我欣然答应下来。在这段时间内，我除了做好编辑工作，还利用有限的业余时间进行考古学研究，撰写学术论文，发表了《海岱与中原地区史前文化的交流》《山东龙山文化聚落与经济形态之考察》等文章。同时穿插进行田野考古资料的整理工作，先后整理出版了枣庄建新（2006 年）、苍山后杨官庄、滕州朱洼、青州郝家庄、昌邑辛置等遗址的发掘报告。编辑工作及资料整理有关事宜直到 2022 年 4 月才停止。经过近 10 年不懈地努力，善始善终完成了单位交给的编辑任务。离开工作岗位回归家庭后，才真正享受到轻松快乐的退休生活。

一分耕耘，一分收获。截至目前，先后发表学术论文和考古发掘报告 120 余篇。本书收入的 33 篇文章，就是从撰写的一百余篇论文中精心挑选出来的，基本反映了作者 40 多年来，从事文物考古研究过程中，对山东史前文化相关课题的初步认识和研究成果。由于我对海岱地区古代文明起源问题的研究特别重视，一度投入更多的精力，倾注了大量心血和汗水。

本文集所选的论文均已正式发表，其中刊发在全国核心期刊以上的文章约占半数。主要发表平台有《考古》《考古与文物》《史前研究》《华夏考古》《中原文物》《文物世界》《文物春秋》《东南文化》《南方文物》《农业考古》《文物研究》《东方博物》《管子学刊》《海岱考古》等，还有一些收入有关学术会议文集中。

这些文章主要涉及对山东地区新石器时代诸考古学文化的探讨，特别对大汶口文化—山东龙山文化进行了较为深入的研究。根据考古发掘所获的第一手资料，分别就枣庄建新、滕州西公桥、兖州西吴寺、兖州六里井、济宁程子崖、潍坊前埠下、栖霞杨家圈等遗址大汶口文化—山东龙山文化的面貌特征、年代与分期、地方类型和文化性质以及与周围考古学文化的关系问题的分析。除此以外，还有对大汶口文化时期的商品交换、埋葬习俗、彩陶艺术、打击乐器、特殊习俗和古代文明起源的发展过程，以及山东龙山文化的类型与分期、聚落形态与社会经济、历史地位等方面的考察等，均属于作者长期以来进行研究的重点学术课题。

在此基础上，有关山东地区史前文化时期的其他学术课题亦多有涉及，如原始农业、环境考古、史前玉器、陶塑艺术、古代音乐、早期铜器、宗教祭祀、史前战争以及与周边地区原始文化交流等，也有比较系统的论述。

特别是原始农业与中国古代文明起源的关系，家畜饲养业、各种手工业的发展，冶铜术的出现、文字的产生、城市的兴起、墓葬制度的演化、聚落形态的发展与递变、社会内部的分层与分化、遗址群的分布、金字塔式中心聚落的产生以及自然环境的变迁等，无不对中国古代文明起源的形成与发展产生重大影响，因此，这类课题一直成为自己长期关注和进行研究的重要领域。

总的来说，上述论文看似各自独立成章，实际上都是紧紧围绕着山东地区古代文明起源与发展进程这一总的轨迹展开的。缘起是 2001 年，申报了山东省文化厅全省首届艺术科学研究重点课题"山东地区古代文明研究"，所有发表的文章及科研规划，均是以此研究课题为主要内容。经过多年不懈努力，基本完成该课题申报书中规定的学术目标和任务要求。以往这些文章多分散在全国各地期刊杂志中，查找起来比较麻烦，亦给研究者带来诸多不便。这次将该课题中的大部分科研成果收入本书集中刊发，不仅给读者提供极大的便利，而且彰显了山东省文物考古研究院领导的远见卓识，以及对学术研究和科研工作的高度重视。这将极大地激励海岱考古人在日常工作和学术研究中，踔厉奋发，砥砺前行，争取多出成果，去书写人生光辉灿烂的篇章。

众所周知，关于古代文明起源的研究是一个重大的学术课题，学术界在很多方面未能达成共识。国外学者大都把城市、青铜器和文字作为文明的标志或文明的三要素，甚至还有五要素的提法。恩格斯认为国家是文明社会的概括，国家是阶级矛盾不可调和的产物。摩尔根把人类社会划分为蒙昧、野蛮和文明三个阶段。夏鼐先生将文明归纳为国家、城市、文字和金属冶炼。也就是说，文明社会到来是与国家的出现，生产力发展水平，如农业、手工业、冶铜技术、城市兴起、文字的产生等密切相关。换言之，社会财富占有不平等以及阶级和等级分化等均达到不可调和的程度，说明已经产生植根于公社、又凌驾于公社之上的高一级社会组织形式，这高一级社会组织形式即是国家。如恩格斯所言，如果成员之间在分配方面发生了比较大的不平等，那么，这就已经是公社开始解体的标志了。

总之，中国古代文明的起源与形成是一个非常复杂的过程，因此，必须从生产的发展开始研究，然后再对生产力、生产关系、经济基础、上层建筑以及意识形态等进行通盘考察，才能揭示清楚古代文明起源漫长的发展进程。深入研究其间的内在变化规律，对于探讨中华文明的形成过程和特点是非常重要的。

利用考古学有关资料，多领域、多层次、多视角、全方位地对山东地区史前考古学文化进行综合研究，并对当时社会历史发展的演进路径与渐变进程以及对我国古代文明起源进行全面诠释，是我们当代海岱考古人义不容辞的责任。

文集所选文章，最早的是 20 世纪 80 年代中叶所撰写的习作，现在看来内容比较肤浅，论点也有偏颇，甚至是幼稚的。此次收入本集，意在记录当时刚走出大学校门不久，一个从事文物考古研究的青年学者不断成长、追求进步的心路历程。

需要说明的是，本集所收入论文有些属于合作的成果，如《试论杨家圈遗存的文化性质》《论山东龙山文化西吴寺类型》《试论鲁南苏北地区的大汶口文化》，是分别与竞放、李季、孙波同志共同完成的。这里面记录着愉快合作的回忆，而文章则成为我们一段难以忘怀的历史。因此，这次一并收入其中，以纪念大家在一起共同工作、生活、学习的美好记忆。至于其他合作者，这里不再一一注明，对其发挥的作用及贡献，特深表谢意。

本集因受篇幅限制，对内容相近、题目类似的论文，不重复入选，每个领域只选择1篇作为代表作收入，而所选文章基本保持过去发表时的原貌，仅修改刊发时出现的错别字、标点符号不规范、注释不统一以及漏掉的个别字句和段落等，基本没有改变文章原来的结构。

文章结集时对文内原来的插图和照片重新进行了描绘与制作。文内插图由山东博物馆研究馆员朱华女士绘制。

本文集的出版，得到山东省文物考古研究院领导的大力支持。文物出版社考古图书第二编辑中心编辑秦彧为本书付出了很多努力。同事罗鹭凌、王龙帮助查阅、核对本书中有关资料，在此一并表示衷心感谢！

最后，感谢家人多年来对我从事文物考古工作的默默支持和辛勤付出！

2024年11月于济南寓所

目　录

（上）

（下）

后李遗址与后李文化

后李遗址是后李文化的命名地。后李文化是以山东省淄博市临淄区齐陵镇后李遗址的发现而得名的^[1]。该文化的发现与确立,是中国史前考古的重大成果之一,它把山东地区史前文化的发展谱系向前推进大约1000年,进一步缩短了山东地区新石器时代文化和以细石器文化遗存为主要特征的凤凰岭文化之间的距离,对在山东地区追寻新石器早期文化的起源以及农业的产生等,均具有特殊的学术意义。有鉴于此,笔者拟在前人研究的基础上,利用过去发表的有关考古资料,就后李文化的发现过程、面貌与特征、经济形态和社会结构、人类生存的自然环境以及与周边地区原始文化的关系等学术课题进行探讨,并就有关问题发表一些看法。

一 简要的历史回顾

20世纪80年代末90年代初,为配合济南至青岛的高速公路建设工程,山东省文物部门对后李遗址进行了大规模的考古发掘工作。在发掘过程中,考古人员发现遗址中10层下开口的灰坑与9层下开口并打破第10层的灰坑,二者之间有明显的区别,前者出土的陶片均为含砂陶,而不见泥质陶,且器类比较简单;后者出土的陶器有夹砂陶和泥质陶,这种现象与鲁中南地区大汶口遗址第五层至七层出土的遗物比较接近。基于此,发掘者将二者分别称为"后李一期文化"、和"后李二期文化",加以区别。后来,在翻检以往发掘资料以及查看邹平县调查材料中,也发现有与后李一期文化相类似的陶器。因而,发掘者在第一、第二次发掘简报中认为第十、第十一、第十二文化层出土的遗物展现出一种全新的文化面貌,陶制品几乎均为夹砂红陶和红褐陶,基本不见泥质陶。器类简单,造型古朴,主要为圜底器和平底器,未见三足器,代表性器物有深腹罐形釜和敞口盂等。就地层关系而言,此类遗存的相对年代要早于北辛文化晚期阶段,也似乎早于邹平县苑城西南庄遗址属于北辛文化早、中期的文化遗存。

---

[1] 济青公路文物工作队:《山东临淄后李遗址第一、二次发掘简报》,《考古》1992年第11期;《山东临淄后李遗址第三、四次发掘简报》,《考古》1994年第2期。

根据后李遗址的发现，同年冬季，考古工作者对济南市文物普查资料进行了核验。从以往普查拣选的遗物中，发现有近 10 处包含有后李文化遗存或文化因素相近的遗址，以此增加了后李文化遗址的数量，扩大了该文化的分布范围。

1991 年，在章丘市龙山镇三村窑场，发现一处与后李一期文化面貌比较一致的遗址（实为西河遗址）。此后有关人员陆续从窑场捡回一些陶片，并利用取土的断崖，清理了两段地层剖面，发现有灰坑、灰沟、房址，并发掘 5 个灰坑和一座房址 [1]。同年夏天，山东省文物考古研究所对该遗址进行了较大规模的抢救性发掘，获得了一批重要的实物资料。

根据以上田野调查和考古发掘所获的大量考古资料，表明后李一期文化不仅有一组特点鲜明、组合稳定、重复出现的陶器群，并且有一定的时空分布范围，具备了考古学文化命名的条件，于是提出了后李文化的命名 [2]。

20 多年来，经过文物考古工作者的不懈努力，此类遗址又发现了许多，主要有潍坊前埠下、临淄后李、张店彭家庄、邹平孙家、章丘小荆山、茬庄、绿竹园、摩天岭、西河、长清月庄等 10 余处。这些遗址大多分布于泰沂山系北侧和长白山的西北麓，海拔 40 ～ 50 米的山前丘陵和山前冲积平原的河旁台地或濒河高地上。如西河遗址坐落在巨野河支流西河东岸，绿竹园遗址坐落在西巴漏河西岸，小荆山遗址坐落在漯河南岸，茬庄西遗址坐落在漯河东岸，张官遗址坐落在南大沙河东岸，万德西南遗址坐落在北大沙河西岸。这些遗址都由东到西呈线状分列，南北向分布缺乏覆盖的跨度。这一分布范围，正好同山东省综合自然区划三级系统中，鲁东—鲁中南自然区（一级）→鲁中南自然区（二级）→济潍自然小区（三级）区域相吻合 [3]。该区域位于中纬度偏南的亚欧大陆东部，属于暖温带季风气候。日照充足，四季分明，无霜期长，年平均降水量多在 650 ～ 700 毫米。土壤以褐土为主，土层深厚，土壤肥沃。地下水较丰富，地势平坦，排水良好，农田可自流灌溉。遗址大多数位于河旁台地，是古代人类进行农耕、渔猎、采集和栖息的理想场所，极适宜于人类生存和生活的 [4]。

据目前考古发现，这一带应是后李文化的一个集中分布区域。其中经过发掘的主要有前埠下、后李、彭家庄、小荆山、西河等遗址。特别是 1997 年秋西河遗址的发掘，揭露面积约 1350 平方米，清理房址 19 座，出土大量陶、石、骨等的

---

[1]　山东省文物考古研究所：《山东章丘龙山三村窑厂遗址调查简报》，《华夏考古》1993 年第 1 期。

[2]　王永波、王守功：《我省考古有重大发现》，《大众日报》1991 年 8 月 15 日第 1 版。王永波、王守功、李振光：《海岱地区史前考古的新课题——试论后李文化》，《考古》1994 年第 3 期。

[3]　山东省地方史志编纂委员会：《山东省志·自然地理志》，山东人民出版社，1996 年。

[4]　佟佩华、刘延常、兰玉富：《山东章丘西河新石器时代早期遗址试析》，《揖芬集——张政烺先生九十华诞纪念文集》，社会科学文献出版社，2002 年。

文化遗物[1]。这次发掘，对于认识后李文化时期的面貌特征和聚落形态，以及与周边地区同时期文化的关系等均提供了重要的实物资料，因而具有十分重大的学术价值。为此，也有学者曾提议以"面积较大，堆积较厚，遗迹较好，器物较多，具有一定的代表性"的西河遗址命名，暂称为"西河类型"或"西河文化"[2]。

二　面貌与特征

后李文化时期的遗迹和遗物非常丰富。主要遗迹有房址、灰坑、灰沟、窑址、墓葬和环壕等。

房址均为半地穴式建筑，穴壁深15～65厘米，分为浅穴和深穴两类。房内居住面加工较好，非常平整，多铺垫一层黄沙土，有的垫红烧土粒或铺碎陶片，有的部分经过烧烤。穴壁修筑相当规整，多数平整光滑，表面还往往涂抹一层黄色泥膏，再用火烧烤，非常坚硬。房址结构皆为单间，平面形状多呈圆角方形或长方形。房址内四壁均挖有数目不等的柱洞，大多数位于穴壁周边，有的房址中心发现柱础石，推测可能设有中心立柱。门道一般设在南侧或西南侧，多挖有台阶状或斜坡式出入口。西河遗址19座房址中，发现有门道的14座，其中门道向南的13座，说明那时的先民已经具有最大限度地获得太阳的光亮和热度的认识。

房址面积大小不一，多数在30～50平方米。大房子内生活设施齐全，可以分为炊饮区、加工及储藏区、活动及睡眠区三个不同的活动区域；炊饮区主要由支脚及炊具组成，大多位于房址中央或略偏向一方，由2～3组支脚组成，每组3个，有的还发现炊具（陶釜）。如小荆山F11，半地穴式，地穴部分长6.25、宽5.08米，活动面距开口深0.4～0.6米，地穴部分四壁经烧烤，西北角有一片约3.20平方米的烧烤面。在房址南部拐角处有门道，门道平面呈梯形，宽0.56～0.80、长0.46米，有两级台阶。地穴四周有10个柱洞。活动面除烧烤部分呈灰色土外，其他为黑褐土，由于挖地穴时地面不甚平整，活动面厚薄不一。活动面上遗物可分为3组：1组在西北部，由陶釜及支座组成；2组位于中部，有9个石支座及陶釜；3组位于西南部，有一件陶釜。此外，在活动面南部有两件石磨盘[3]。活动及睡眠区一般位于房址一侧，往往经过特殊处理。即先涂抹一层薄泥膏，再加火烤，用以防潮。这里应是人们

[1] 山东省文物考古研究所：《山东章丘市西河新石器时代遗址1997年的发掘》，《考古》2000年第10期。

[2] 张学海：《西河类型、后李文化的发现和意义》，《中国文物报》1993年1月31日第3版。《泰沂山北侧地区考古的新进展》，《环渤海考古国际学术讨论会论文集》，知识出版社，1996年。《西河文化初论》，《张学海考古论集》，学苑出版社，1999年。

[3] 王守功、宁荫堂：《小荆山遗址第二次发掘的收获》，《中国文物报》1994年3月27日第3版。山东省文物考古研究所、章丘市博物馆：《山东章丘小荆山遗址调查、发掘简报》，《华夏考古》1996年第2期。

平时睡眠休息的地方。又如西河遗址 F1，为圆角方形，半地穴式，周壁规整，地面平坦整齐。南北长 7.4、东西宽 6.8 米，地穴部分保存深度 0.5 米，室内面积达 50 余平方米，大致分为 3 个区：居住区、炊饮区和活动区。居住区位于西部，面积 20 余平方米。从面积推算，当可居住 10 人左右。这一部分地面以及与之连接的西壁和北壁、南壁的相应部分，均涂抹一层厚 0.4～1 厘米的黄膏泥，经过烧烤，表面呈青灰色，龟裂严重，形成"地床"和"装饰墙"，在一定程度上既解决防潮问题，也美化了室内的环境。加工及储藏区一般设在房址地穴的边上，有的房内存在大量碎陶片，所见遗物比较分散，主要发现有用于加工粮食的石磨盘以及储藏物品的陶釜。居住面和半地穴的四壁多数不做烘烤处理，室内一般不设置灶塘。在地穴周围有三个或两个一组的石支垫，有的上面还放置陶釜，当是储备粮食和盛水的物品。

　　灰坑平面形状主要分为圆形、椭圆形和不规则形。坑壁不甚平整，大部分未经加工。如西河遗址 H105，平面呈椭圆形，坑壁近直，底不平，长径 2.7、短径 0.8、深 0.25 米，坑内填土为浅灰褐色，质较紧密。出土遗物有陶釜、碗、圈足碗、壶和支脚等。在小荆山遗址还发现一种长条形灰坑，较为规整。也有少数性质较为特殊的灰坑，如月庄遗址 H172 内，曾埋葬一具较为完整的动物骨骼。

　　窑址 3 座，其中后李遗址 1 座，小荆山遗址 2 座。如后李遗址 Y6，为竖穴式陶窑，分为窑室、火塘和泄灰坑三个部分。窑室仅存窑箅，近火口处已塌陷，有 7 个火孔，分布不规则。火孔呈圆形或椭圆形，与火塘之间成为直壁或斜壁。火孔烧结程度不高，直径 10～15 厘米。窑箅直径 84、厚约 10 厘米。火塘口两壁较直，宽 50、高 45、进深 25 厘米。内膛平面呈不规则形，底较平，火塘上顶壁孔周围烧结成青灰色。泄灰坑为不规则圆形，位于火塘北侧，并与之相连接，坑底略高于火塘底。

　　小荆山遗址清理的 22 座墓葬（其中一座调查时被挖掉），位于遗址东南部，北面距离居住区 30 米，自西向东分为 3 排，整齐划一，井然有序。墓葬形制比较简单，均为竖穴土坑墓，墓圹一般长 2 米左右，宽 0.5～0.7 米，其宽度仅能容一人。人骨架均已出现不同程度的石化现象，其骨骼表面往往附着一层坚硬的颗粒状钙质结核，说明墓葬埋葬的时间久远。

　　葬式均为单人仰身直肢。方向基本一致，一般 6°～18°，整齐而有规律，多数为北（偏东）南（偏西）向，仅 2 座为南（偏西）北（偏东）向。这批墓葬，男性死者 11 人，女性 10 人，死者年龄 20～55 岁。所有墓葬均未发现葬具痕迹，然而在 12 座墓葬内发现有贝壳等物品，其中 18 号墓死者额头处有一纽形蚌饰，并与 16 号墓死者头后各放置一件蚌簪。这两座墓葬皆为女性，簪与纽形饰应为墓主随身物品，而非随葬品。其余各墓随葬品差别不大。墓内发现随葬品 14 件，除

1件骨器、3件蚌器外，其余均为蚌壳，系出产自当地的河蚌，无任何加工痕迹。从考古资料看，这批墓葬规模大小相若，均不使用葬具，基本没有随葬品，处理死者的方式也基本相同，说明小荆山墓群是一处有组织、有规划的氏族公共墓地。

小荆山遗址的环壕，平面形状呈圆角等腰三角形，北段长280、东南段长430、西段长420米，周长约1130米。从环壕的内部结构以及填土情况分析，环壕总体形状呈长条形，宽度不一，可分为两部分：西段及东南段的西半部是利用的自然冲沟，宽度19～40、深3.2～6米，形状不太规整。西北段及东南段的东部环壕较窄，是人工开挖而成的，比较规整，断面呈倒立的梯形，上口宽4～6、深2.5～3.6米。推测这种环壕的功能，可能主要是为了防御野兽的侵袭以及排涝泄洪。

由于环壕内长期存水，沟底填土呈蓝绿色，当为积水长期浸泡所致，水深时可达3.5米。同时，环壕内还发现大量后李文化的房址和灰坑等，而墓地则规划在环壕之外。表明居住在环壕聚落之内的人们当系生活在同一个社群组织之中的[1]。遗物主要有陶、石、骨、蚌、牙器等。陶器主要分为圜底器和平底器，没有见到三足器。陶质比较细腻，有的学者称这种为"夹细砂陶"，除少量掺有砂粒和蚌壳碎末外，原料绝大多数选用质地细腻的原生黏土，不加淘洗也不掺杂其他物质。制作工艺比较原始，一般为手制，以泥条盘筑为主，部分陶器采用分段制作，再进行对接的成型方法。如筒形釜，底部用泥饼拍打成型，上部则用一节一节泥圈进行对接，直至成器为止。西河遗址器物上曾存在这种较宽而规律的节段圈的实例。在有些陶器内外壁，还可以看到修整时形成的拍打凹痕和刮抹痕迹。小荆山遗址还发现有用泥片贴塑成型的器物。

陶器烧成温度较低，火候使用不均匀，大多质地疏松，遇水即溃；然而也有火候相对较高、质地比较坚硬的陶器。这是当时烧制技术原始性和不稳定性的体现。陶色以红褐陶为主，青灰陶、灰陶和灰褐陶也占一定比例，陶器内外壁和胎内颜色斑驳不纯，一件器物呈多色现象较普遍。往往存在红褐色、灰褐色、黑褐色等几种颜色。所见器物多数不太规整，一般腹部厚薄不均。为加固口沿，部分器物还将口沿翻折成双层，这种口沿也被称为"叠唇"。器表装饰多素面为主，主要纹饰有指甲纹、戳印纹、压印纹及少量刻划纹。其中指甲纹、戳印纹经常见于器物口沿外侧，压印纹多发现在卷沿折腹盆腹部，少数釜的腹部装饰有附加堆纹。

器形种类较少，多数造型简单原始。主要有釜、罐、钵、匜形器、盆、盂、壶、碗、圈足盘及杯等。陶釜，叠唇、筒状腹，圜底或平底。这类器形占陶器总数的70%～80%。釜大者超过50厘米，这种器物一般作为盛器，形体较大，深腹，多圜底。

---

[1] 山东省文物考古研究所、章丘市博物馆：《山东章丘市小荆山后李文化环壕聚落勘探报告》，《华夏考古》2003年第3期。

也有少量平底釜。所见陶釜一般完好地半埋在墙内侧。小型釜多为炊器，通高20～30厘米。碗为敞口或大敞口，弧壁，平底、矮圈足或假圈足。素面。盆为敞口，斜壁，浅腹微外弧，平底。唇沿下一般饰有凹槽。匜形器，造型较为复杂，仅见于西河和小荆山遗址。俯视接近椭圆形，敞口，叠唇，腹壁微外弧，圜底或矮圈足，前端有宽流，尾端上部中间有缺口，缺口底面外侧有弧形片状耳，缺口上面两侧竖立环状把手。罐类为双耳，圆唇，敛口，叠唇，鼓腹，圜底。腹上附加一对贯耳。有的耳两端压成泥饼。另类呈筒形，大口或直口，叠唇，斜壁，有的腹呈筒状。平底。乳足器，比较特殊的一种器物。即在盆形釜、筒形釜以及钵的底部，附加若干个乳头状小足，少者3个，一般4个或5个，最多者可达8个。壶为小口，叠唇，束颈，溜肩，深腹或长圆腹，圜形底。腹部装饰一对小横耳。高约10厘米。支脚形状分为圆柱状、蘑菇状和牛角状等几类，高15～20厘米，多发现在烧灶旁边。

生产工具主要是石器，原料多为砂岩、页岩以及花岗岩等，通过琢制、打制、磨制等方式，其中打制石器数量最多。然而，不同的石器其制作方法以及生产工序也有所不同，支垫石和部分支脚一般加工较粗糙，有的仅打制成毛坯；而磨棒、磨盘、犁形器和一些支脚则经过精心琢修；特别是斧、凿、铲及镰等类器物，多在打制、琢修的基础上再进行磨制，加工比较细致，多数通体磨光。大量石支脚是后李文化的重要特点之一。

石器种类较多，器形复杂，器类主要有斧、锛、刀、铲、镰、凿、锤、球、犁形器等生产工具，磨棒、磨盘、研磨器、磨石等粮食加工工具，支脚和支垫等食物加工用具以及打制的刮削器、尖状器等刮削工具。斧上窄下宽，横剖面呈椭圆形，双面刃，器身琢制，刃部磨制。锛平面梯形，单面锋，直面刃，形体较小，磨制较精致。铲以打制为主，也发现部分磨制者。形制多为长方形，平顶，双面锋，弧刃。形体扁而薄，便于翻土和种植的使用，有的石铲顶部有弧形凹槽，这是设计安装木柄的。西河遗址发现的刀尾端残，直刃，侧锋，刃部有八个大致等距的三角形缺口，似可作为镰用。磨盘均采用砂岩制成，平面形状分为长方形和椭圆形两种，包括有足和无足两类，中部内凹。打制和琢制兼用，有的石磨盘上下两面均有使用痕迹。磨棒一类形体较长，因使用原因，两端较粗而棒身较细，断面为椭圆形或不规则圆形。另类体粗而短，其中一面近平。支脚形状分为多种式样。有牛角形、长条形、塔形和馒头形等，其中牛角形最为典型。在小荆山遗址出土的一件"犁形器"，形体硕大，形状不太规整，长和宽都在40厘米左右，中间有对钻圆孔，前端为单面刃，并遗留有使用痕迹。

骨器、角器、牙器和蚌器等，种类繁多，制作比较精致。骨器一般是利用动物的肢骨和肋骨磨制而成。器类主要有锥、镖、镞、匕、针等。骨锥多采用鸟类肢骨制作，横断面多呈圆形、椭圆形，也有少数呈圆角长方形。骨镞多采用动物肢骨劈削、磨制而成，尖部横断面近椭圆形，前锋锐利，与弓复合使用，作为狩猎野生动物的工具。骨镖制作与骨镞基本类似，一般有 2～3 个倒刺，是用于捕鱼的工具。角器、牙器、蚌器发现不多，而且器形单调，主要有用鹿角杈部制成的角凿，以及用蚌壳制成的蚌刀、蚌饰和牙饰等。

就整体而言，制陶业尽管已经脱离了陶器生产的发明阶段，但带有明显的原始性，生产规模小，技术简陋原始，尚未发明淘洗陶土的工艺，陶器造型简单，器形规整性较差，烧制火候很低，产量也十分有限，仍然处在较早阶段，往前走的道路并不很长。

三　关于年代问题

后李文化经过了一个较长的发展时期，经过测定的碳 –14 年代数据就可以说明这一点（表一）。

表一　后李文化碳–14年代数据一览表

类别 名称	原编号	实验室编号	样品种类	测定年代	校正年代（BP）	实验室
后李遗址	H3822	BK90158	木炭	7645 ± 70	8163	北京大学考古系
	M111	BK90159	人骨	4330 ± 160		北京大学考古系
	H2600	BK90160	兽骨	7300 ± 100	7851	北京大学考古系
西河遗址	F1②	BK91034	木炭	7410 ± 80	7974	北京大学考古系
	F1③	BK91035	木炭	7325 ± 80	7908	北京大学考古系
	F1② 陶罐内	BK91036	木炭	7175 ± 70	7726	北京大学考古系
	T11④	BK91037	木炭	7905 ± 90	8411	北京大学考古系
	F53	ZK2979	木炭	6771 ± 80	7523～7385	中国社会科学院考古研究所
	F55	ZK2980	木炭	7008 ± 80	7660～7543	中国社会科学院考古研究所
	F58	ZK2981	木炭	6380 ± 80	7198～7000	中国社会科学院考古研究所
	F61	ZK2982	木炭	6700 ± 80	7470～7282	中国社会科学院考古研究所

续表1

类别名称	原编号	实验室编号	样品种类	测定年代	校正年代（BP）	实验室
西河遗址	F62灶部	ZK2983	木炭	6521±74	7278～7176	中国社会科学院考古研究所
	F65	ZK2984	木炭	6860±82	7547～7398	中国社会科学院考古研究所
	F66	ZK2985	木炭	6882±70	7548～7440	中国社会科学院考古研究所
前埠下遗址	H133	BK98048	木炭	6575±90	7448±90	北京大学考古系
	H258	BK98050	木炭	6940±230	7781±230	北京大学考古系
	H259	BK98051	木炭	6640±95	7536±75	北京大学考古系
	H4	BK98052	木炭	6680±90	7540±90	北京大学考古系

　　表一中的18个碳–14测年数据中，后李遗址3个，西河遗址11个，前埠下遗址4个。其中后李遗址M111（BK90159）为4330±160年，年代明显偏晚，而H2600（BK90160）为7300±100年，也显略晚。而H3822（BK90158）的木炭测定年代为7645±70年，校正年代为（BP）8163年，或许这个年代更为接近后李文化的实际年代。

　　西河遗址测定的11个碳–14年代标本，其中F53、F55、F58、F61、F62、F65、F66年代数据明显偏晚。与F1测定的3个年代数据相差800～1000年，而T11第④层样品的测年为距今7905±90年，树轮校正年代为距今8411年，明显高于F1的年代，这是西河遗址早于房址的地层堆积，属于后李文化的最早阶段。因此可以说，后李文化至少在距今7905±90年前就已经出现了。

　　前埠下遗址碳–14数据中，H4、H133、H259的年代较为接近，而H258的校正年代为距今7781±230年，超过西河遗址F65、F66的测定年代，因而只能以前面3个数据为其代表年代。

　　通过分析可以看出，后李文化的年代可以定为距今8500～7500年。西河遗址1991年发掘中测定的4个年代数据，经过树轮校正，年代在距今8400～7700年，前后大约延续1000年。这个测定的年代跨度并不一定是该文化的起止年代。有人估计，后李文化的年代上限可能要达到9000年以上，下限延续到同北辛文化早期的年代基本相衔接。这样，后李文化的整个延续时间可能达到1500～1800年。后李文化遗址的发现与发掘，把山东地区史前文化的发展谱系向前推进了大约1000年，进一步缩短了山东地区新石器时代文化和以细石器文化遗存为主要特征的凤凰岭文化之间的距离，对于山东地区追寻新石器早期文化的起源以及农业的产生等，均具有特殊的学术意义。

四 经济形态与社会结构

后李文化先民的生产与生活方式，从遗址中出土的石器、陶器可以看得出来，当时人们的经济生活相对稳定，正从季节性迁徙逐渐向聚落定居演化。人们使用的日常生产、生活用具中，有种类齐全的陶器、石器、骨器和蚌器等。其中石器制作已经达到一定水平，不仅种类丰富，而且有的制作还比较精致。这种现象可能与遗址大都分布在丘陵或山前平原上，取石方便有关。另外，居址临近河流，河内冲积的鹅卵石也为人们提供了大量可选的石料。

这些石器用途分工明确，石斧开垦土地，铲是翻土的工具，刀、镰用来收割粮食，锤是一种万能工具，多利用刃部破损的斧稍加修整而成，使用锤既可砸开坚硬的果壳，又可砸碎动物的骨骼。磨盘、磨棒、研磨器等是粮食加工工具，它们之间互相配套使用。磨棒是作前推后拉的滚压运动，研磨器是做旋转运动，同磨盘配合，将粟类去壳去皮，将果类压碎提汁。陶器以釜类居多，小型釜和支脚配套构成烧灶，这是人们平时加工食物的主要用具。大型釜可能专门用来储存食物。匜形器是具有装载、计量和盛放颗粒状物品的多功能用具。高领壶专用于盛水，双耳壶一般用于提水。另外，还有作为盛具的高圈足盘、平底盆和圈足盆等，作为食具的器物主要有圈足碗、平底盉、圈底钵、小口壶和杯等。所有这一切，都为我们展现了一幅后李文化时期先民们生产与生活的生动场景[1]。

资料显示，后李文化时期已经出现了原始农业。在西河遗址考古工作者采集了 15 个土壤样品进行植物硅酸体分析，其中在 H62 和 H78 土样中发现一些哑铃形硅酸体含量较高，而且有些发育相当好的哑铃形植硅体；H62 中统计到 16 种植硅体形态数量达 100 粒，哑铃形占 40%；H78 中统计到 13 种植硅体形态共 100 粒，哑铃形占 30%。这种哑铃形硅酸体是构成粟类植物的重要硅酸体形态，证明后李文化时期的先民已经学会农作物的栽培[2]。

另外，在月庄遗址发掘过程中，也采集了较多的浮选土样品，浮选结果后期分析中，发现有后李文化时期的炭化稻，还发现了同时期的黍和粟等其他植物遗存。特别是 H124 中发现的 26 粒炭化稻，其中 8 粒完整，可供测量尺寸。这是目前我国北方见到的最早稻米遗存之一。同样在 H124、H146、H138 和 H61 中出土的 40

---

[1] 佟佩华：《山东后李文化聚落形态初探》，《二十一世纪的中国考古学——庆祝佟柱臣先生八十五华诞学术文集》，文物出版社，2006 年。

[2] 靳桂云：《山东地区先秦考古遗址植硅体分析及相关问题》，《东方考古（第三集）》，科学出版社，2006 年。

粒炭化黍和 1 粒炭化粟也是粟类农作物中年代较早的 [1]。

由此说明，后李文化时期先民们已经开始种植和食用稻米及粟类农作物。月庄遗址炭化稻米的发现，对于研究济南乃至北方地区稻作的起源以及原始农业的产生与发展具有十分重大的意义。

原始农业的产生是具有划时代意义的伟大事件，因为它为人类的发展开辟了无限广阔的前景。然而，对于后李文化时期原始农业的发展水平，不宜估计过高。因为当时人口有限，可供利用的自然资源又比较丰富，在这种背景下，尚处在刀耕火种阶段的原始农业，在社会经济生活领域中还不可能占据主导地位，而采集和渔猎等对于维持人们的生计，可能具有更为重要的地位和作用 [2]。

后李文化时期，作为衡量这一时期生产力发展的房屋建筑技术，已经达到了相当的水平，这是当时社会生产力最高水平的一种具体体现。整个聚落的修建应当是统一规划，一次性布局的。另外，房屋采用半地穴式建筑，有效地增加了室内的高度，房址内一些居住面上加抹一层黄泥，经过烘烤，较好地起到了防潮湿的作用。房址四角采用圆角方式，相对增强了四壁的支撑力，四角向内收缩也有利于解决房址覆盖、防雨、防风等多项功能。

就当时比较低下的生产力发展水平而言，要建造这样一座跨度在七八米之间，总面积超过 50 平方米的大型屋顶，绝不是一件容易的事情，实属一个伟大的工程。而房内所具有的居住、炊饮、储藏和日常生活等多种功能，则是古代人类日常生活的缩影。人们以单个房屋作为基本生活单位在此居住、生活。房屋内以烧灶作为活动中心，平时大家围坐在灶塘边游戏、活动。而烧灶内侧与门道相对处、居住面以及墙壁周围，多数经过涂抹并进行烧烤，非常坚硬，可能是人们用来睡眠休息的地方。靠近门道的部分作为活动空间，可以进行一般的室内加工生产或进行其他活动。房址内穴壁周边则陈列一些日常生活用具，穴壁外台上面可能是储存物品的地方 [3]。

通过对西河遗址 19 座房址的初步统计，计有 10 ～ 20 平方米的 4 座，20 ～ 30 平方米的 7 座，30 ～ 40 平方米的 3 座，40 ～ 50 平方米的 4 座，50 平方米的 1 座。这批房址按室内面积可分成两类，面积大的、生活设施齐全地分布于两侧，面积小的、一般没有什么生活设施的处在中间。两侧大房子各成一组，中间小房子一组。

---

[1]　山东大学东方考古研究中心、山东省文物考古研究所、济南市考古研究所：《山东济南长清月庄遗址 2003 年发掘报告》，《东方考古（第二集）》，科学出版社，2005 年。Gary W. Crawford、陈雪香、王建华：《山东济南长清区月庄遗址发现后李文化时期的炭化稻》，《东方考古（第三集）》，科学出版社，2006 年。

[2]　栾丰实：《后李文化的社会组织及其相关问题》，《庆祝张忠培先生七十岁论文集》，科学出版社，2004 年。

[3]　李振光、马志敏：《后李文化房址及其相关问题》，《考古与文物》（先秦考古）2004 年增刊。

从类别来看，大房子生活设施齐全，居主导地位，小房子只能住人或储物，为附属设施。这里展现的是以生活单位为基础来组织规划的社区图景。

据估算，40～50平方米的大房子可能居住十几个人，30余平方米的小房子也可以住七八个人。依照人类生育繁衍的一般规则，居住在同一单位内人口多达十几人的群体，至少是由具有血缘关系的三四代人组成，这个群体可能是一个以母系为纽带的核心家庭，也可能是一个氏族。按此计算，西河遗址的房屋，有可能包含着若干个核心家庭组成的一个氏族，也可能是由几个氏族再组合成一个胞族的居住地[1]。换句话说，这一时期的社会组织结构，是由若干个核心家庭组成一个家族（即一排房屋），再由若干家族（若干排房屋）组成一个氏族，最后由一两个氏族构成聚落共同体。这样的结构，应当是这一时期较为普遍的社会结构[2]。有的学者推测，后李文化时期人们的婚姻形态还过着公房制走访婚阶段[3]。总的来看，后李文化时期所呈现的是一幅农业生产获得初步发展、聚落开始繁荣，同时在许多方面还带有初创烙印的一幅图景，原始农业正处于刀耕火种的耕作时期。人们获取食物来源的方式主要有农耕、家畜饲养、采集、狩猎和捕捞，其中采集、狩猎、捕捞等作为经济生活的补充还占有重要地位。先民们的社会经济生活正逐渐从简单向复杂、单一向综合、临时向长期、不稳定向稳定的历史阶段发展。

五　当时的生存环境

自然环境作为后李文化时期先民生存和发展的重要因素，环境的优劣好坏对他们的生产生活起着非常重要的作用，在一定程度上直接影响并制约着社会生产发展的进程。大量环境信息告诉我们[4]，后李文化时期的聚落规模比较小，人口密度也不大。人类的活动范围相对较窄，只局限在山前冲积扇平原或山麓地带。所见遗址仅仅发现在泰沂山系的北侧，这种现象说明，末次冰期结束以后，气候温暖湿润，属于比较典型的亚热带气候，海面急剧上升，海域向陆地推进，人类的生产生活受到了自然环境的制约。孢粉分析显示，这一时期，气候温暖湿润，遗址附近有沼泽和大面积水域，山地有森林覆盖，反映为湿热的亚热带气候环境，其植被具有明显的草原特征。

---

[1] 佟佩华：《山东后李文化聚落形态初探》，《二十一世纪的中国考古学——庆祝佟柱臣先生八十五华诞学术文集》，文物出版社，2006年。

[2] 王震中：《中国文明起源的比较研究》，陕西人民出版社，1994年。

[3] 马良民：《后李文化西河聚落的婚姻、家族形态初探》，《东方考古（第一集）》，科学出版社，2004年。

[4] 何德亮：《山东新石器时代环境考古学研究》，《东方博物（第11辑）》，浙江大学出版社，2004年。

后李遗址的孢粉样品中[1]，均以草本植物花粉居优势，最多可占孢粉总数的76.3%～91.1%。在草本花粉中依次为蒿、乔本科、藜科及菊科，还有少量蓼、莎草及香蒲等。木本植物花粉次之，主要以针叶植物松居多数，还有少量的桦、栎、榆及胡桃等阔叶植物花粉，蕨类植物孢子较少，有卷柏，水龙骨科等。

可以推论，后李遗址的植被具有明显的草原特征，草本植物比较茂盛，在低洼、沼地及积水之处主要生长着香蒲、莎草、狐尾藻及水蕨等，大量中生、旱生的蒿、藜及禾本科等分布于平原、低地及开阔平坦之处，遗址附近的低山、丘陵之上生长着松、桦、桤木及胡桃等针阔叶植物。气候环境是温和稍干中掺杂着暖湿，属温带大陆性季风气候。特别是一些好暖湿的阔叶植物花粉，如榆、栎、胡桃等，在遗址中部含量较多，上下部相对较少，可以看出遗址堆积期间由下而上植被和气候曾发生明显变化，中期或中部，气候相对较佳，温暖较湿。栎、榆等喜暖的阔叶林植物花粉含量较高，还发现今天只能生长在长江流域淡水中的水蕨属植物孢子。由此证明，这一时期气候温暖湿润，可能比今高2℃～3℃。一度较为优美，既有旱生植物、水草及灌丛，也有低地及水体，当时居住区域，地势平坦，接近河边，有不少野生动物栖息与嬉戏在这里。另外，还见有一些禾本科植物花粉，形态酷似现在的谷子。看来当时先民可能已经学会农业栽培，食物来源主要靠种植谷物，也辅以狩猎和捕鱼。

小荆山遗址发现的动物遗骸有700多件[2]，可以分为软体动物、鱼类动物、爬行类动物、鸟类动物和哺乳动物五大类，至少可以代表22个种属：圆顶珠蚌、珠蚌、扭蚌、剑状矛蚌、楔蚌、丽蚌、篮蚬、青鱼、草鱼、鳖、雉、斑鹿、鹿、羊、牛、马、野猪、家猪、狼、家犬、狐、貉等。在这些动物中，有7种淡水软体动物，2种淡水鱼，1种鳖，1种鸟，6种野生兽类，5种家畜。淡水软体动物主要以珠蚌、楔蚌和丽蚌等为代表，是一些流水型软体动物。淡水鱼为吞食能力很强的青鱼和草鱼。这些淡水软体动物和鱼类动物是先民们主要捕捞和食用的对象。发掘出来的两块鳖甲，表明先民们曾猎捕过这类爬行动物。野生动物的骨骼主要是斑鹿、鹿、狼、狐、貉和野猪等属种的遗存，多为牙齿、角和肢骨，而且很零碎。

在家畜中，猪遗骸最多，约可代表10余头不同年龄、不同性别的个体。这些猪下颌骨较长，牙齿亦相当粗大，属于较原始类型或半驯化的家猪。其次是狗，出土遗骸至少可代表6个个体。这些狗的头骨、牙齿均较小，与狼有较大差别，

---

[1] 严富华、麦学舜：《淄博临淄后李庄遗址的环境考古学研究》，中国第二届环境考古学术讨论会论文，1994年，油印稿。

[2] 孔庆生：《小荆山遗址中的动物遗骸》，《山东章丘小荆山遗址调查、发掘报告》附录，《华夏考古》1996年第2期。

属于驯化类型。牛、马、羊的骨骸较少，只有个别牙齿，缺少鉴定到种的依据。

22种动物反映出的古地理、古气候特征大致是：第一，现生的各种楔蚌、丽蚌等主要分布于温暖湿润的南方省区，栖居在河流及与河流相通的湖泊中。这类生物的双壳大量出现在遗址中，首先表明当时的气候比较温暖、湿润，降水丰富，年平均气温可能要比现在高4℃~5℃，大致与现在的南方省区的气候相似。其次表明当地有能够适应于这类软体动物生存的流水环境，即有流量中等的河流及湖泊的存在，滨崖底质为泥沙。第二，鱼、鳖等生物依赖于水域而生活，貉也是在河滨捕食鱼类及各种小动物的兽类，看来遗址周围曾经是水丰草美、鱼戏兽逐的河、湖之滨，为斑鹿、牛、羊等生物的理想居所。第三，狐、野猪等常栖身于河流、湖泊附近的灌木丛或山林之中，这些野生兽类的残骸在遗址中出现，表明遗址周围必定曾有这些自然景观。第四，狼骸的出土，也进一步表明遗址附近曾有过便于狼栖居的山林、丘壑。

由上述可知，后李文化时期山前冲积平原一带的自然环境是非常优越的，温暖湿润的气候，充沛的降水量，肥沃的土地和丰美的水草，为原始农业的发展和家畜的饲养、繁殖、提供了优良的自然条件。同时，丰富的浅水生物、山林中的走兽和野生果实，也为先民提供了重要的食物来源。这是史前社会和文化赖以发展和繁荣的基础和条件。

六 与周围原始文化的关系

后李文化在长期发展过程中，与分布在周围区域同时期的新石器时代遗存，产生了一定的影响。与当地的北辛文化以及兴隆洼文化[1]、磁山文化、裴李岗文化、皖北地区早期新石器文化等。相互影响，相互渗透，共同发展，关系非常密切，因而出现一些共同的文化因素。彼此给对方以重大影响，形成了相互之间文化上的双向交流。

（一）与北辛文化的关系

考古资料证实[2]，北辛文化是在后李文化基础上发展起来的，两者的分布范围重叠，年代前后相继，文化内涵上又存在着一定的内在联系。

首先，分布范围两者之间存在明显的规律性，后李文化和北辛文化遗址，重

---

[1] 中国社会科学院内蒙古工作队：《内蒙古敖汉旗兴隆洼遗址发掘简报》，《考古》1985年第10期。杨虎：《试谈兴隆洼文化及其相关问题》，《中国考古学研究——夏鼐先生考古五十周年纪念文集》，文物出版社，1986年。

[2] 栾丰实：《北辛文化研究》，《海岱地区考古研究》，山东大学出版社，1997年。

叠分布于泰山北侧山前平原地带。有的两种文化发现在同一遗址，上、下层互相叠压，多数则是相互交错分布，后李文化遗址位置偏南，居于近山一侧，而北辛文化遗址则偏北，呈现出向平原地带拓展的趋势。如邹平孙家和苑城西南遗址，小荆山、王官遗址，西河和董东遗址等，距离近者只有几千米，远者也不过一二十千米。这种现象当非巧合，应与人类征服自然的能力不断提高和自然环境的变迁有一定关系。

其次，在文化面貌上，石器种类和器物组合接近，大都有大型石铲和无足石磨盘等；骨器都相当发达；陶器多为各种不纯正的褐色陶，制作技术均为手制，器表装饰都流行附加堆纹以及乳足器，支脚数量较多等。在制陶工艺上，后李文化尚未掌握陶土淘洗技术，故不见泥质陶器，但北辛文化已经掌握陶土淘洗技术，开始使用泥质陶，但数量明显少于夹砂陶器。陶器制作，后李文化时期主要采用模制和泥圈套接工艺，而北辛文化则以泥条盘筑为主。器物组合中的石磨盘、陶器中的釜形鼎、筒形圜底釜、盆形圜底釜、圜底罐、乳足器、牛角形支脚等，都反映出北辛文化与后李文化之间所具有明显的传承关系。

经过对比发现，位于泰山北侧的后李文化，应是鲁北地区北辛文化的主要来源，因而北辛文化中来自后李文化的因素比较多，而泗河流域一带的北辛文化，则与河南地区裴李岗文化的关系更密切一些。这种现象或许是泰山南北两侧地区，北辛文化出现较大差异的原因所在。

（二）与兴隆洼文化的关系

兴隆洼文化主要分布于辽宁西部及内蒙古东南部，其南或可达燕山南麓。后李文化与兴隆洼文化分布地域相距较远，文化面貌有别而属于不同的文化系统，但也存在许多相似之处。

陶器两者多呈红褐色和灰褐色，色泽不纯正，兴隆洼遗址以灰褐色为主，而西河遗址红褐陶多些。兴隆洼和西河遗址均未见泥质陶。西河遗址的陶器，多是用未经淘洗的原生黏土制作。烧造火候低，质地疏松。两处遗址陶器均为手制，有的器身采用泥圈套接法。在器形、器类和纹饰上，兴隆洼遗址的陶器以平底器为主，而西河遗址则以圜底器主；兴隆洼遗址主要为筒腹罐，西河遗址则是以圜底釜为主；兴隆洼遗址器类较少，而西河遗址器类则比较多；兴隆洼遗址的陶器表面遍布纹饰，素面极少；而西河遗址的陶器表面则以素面为主，仅有极少量附加堆纹。

房屋两建筑两者显示较多的一致性，均为半地穴式建筑，平面呈圆角方形或长方形，灶址位于房内中央，均发现居住面上加抹黄泥。西河遗址有的房址内壁也涂抹一层厚 0.4～1 厘米黄泥膏，后经烘烤，起到很好的防潮作用。不同的是，两者灶址形式有别，兴隆洼遗址房内普遍挖一直径约 0.7 米的圆形灶坑，四壁抹泥，久经烧用，形成红烧土，个别灶坑底部铺有石块。而西河遗址在房址中部设置 2～3 组烧灶，每组由 3 个向内倾斜半埋入地下的石支脚组成。兴隆洼遗址的房址面积较大，一般 50～70 平方米，最大达到 145 平方米。而西河遗址的房址相对较小，多在 30～40 平方米，最大 50 平方米。西河遗址的房址大多有门道，而且多朝向南；兴隆洼遗址的房址未发现门道，发掘者认为，可能是"以梯出入"。

可以看出，兴隆洼文化和后李文化在聚落布局、房址建筑特点、房屋使用功能、陶器制作水平以及经济形态和社会组织结构等等，均存在明显相似性，或者说基本相同，表明两者处在同一社会发展阶段[1]。

（三）与磁山文化的关系

磁山文化是分布于冀南地区的一种原始文化，其影响向北可达冀中地区的易县一带。资料表明，该文化与后李文化的面貌特征差别较大。

磁山文化的房屋建筑为圆形和椭圆形半地穴，面积均不足 7 平方米，与后李文化的方形、长方形宽大房屋明显不同。石器两者均使用打制、琢制和磨制技术来制作，器类也基本相同。但磁山文化的四足石磨盘则不见于后李文化，而后李文化的中间内凹的石磨盘和牛角形石支角也不见于磁山文化。陶器方面，两者差别非常明显，磁山文化发现一定数量的泥质陶，而后李文化则不见。磁山文化的细绳纹等也不见于后李文化。而后李文化陶器中流行的叠唇在磁山文化中也没有见到。磁山文化的陶器多为平底器和三足器，器物组合主要有平底盂、平底罐、三足钵、小口双耳壶等，而后李文化的陶器多为圜底釜以及少量的盆、碗、罐、匜等。

可以看出，后李文化与磁山文化之间似乎联系不多，磁山文化的年代似"晚于后李文化"[2]。

（四）与裴李岗文化的关系

裴李岗文化主要分布于河南中部地区，与后李文化两者之间的文化面貌差别非常明显。

裴李岗文化的房屋均为圆形和椭圆形半地穴建筑，房屋面积较小，一般在 10 平方米左右，小的只有 2～3 平方米，与后李文化的大型房屋建筑截然不同。墓

---

[1] 佟佩华、刘延常、兰玉富：《山东章丘西河新石器时代早期遗址试析》，《揖芬集——张政烺先生九十华诞纪念文集》，社会科学文献出版社，2002年。

[2] 王永波：《关于后李文化的谱系问题》，《青果集——吉林大学考古专业成立二十周年考古论文集》，知识出版社，1993年。

葬两者均为土坑竖穴，葬式以仰身直肢为主。裴李岗文化的墓葬，除单人葬外，还有二次葬和合葬墓等，多放置少量随葬品，存在分区埋葬现象，墓葬排列不甚规整。而后李文化的墓葬排列整齐，一般没有随葬品，与裴李岗文化墓葬差别较大。

裴李岗文化与后李文化，陶器均以红、褐陶为主；裴李岗文化有一定数量的泥质陶。两者陶器均以素面为主，纹饰中均见附加堆纹、刻划纹、指甲纹和乳丁等。裴李岗文化流行的绳纹不见于后李文化，而后李文化的叠唇也不见于裴李岗文化。器物造型方面，裴李岗文化有大量三足器和平底器，圜底器占一定比例；主要器形有小口双耳罐、深腹罐、三足钵等。而后李文化则以圜底器为主，主要为陶釜，而其他陶器器形则较少。看来后李文化和裴李岗文化之间，缺乏人员接触和文化交流活动，各自基本上是独立发展的 [1]。

（五）与皖北小山口、古台寺遗址的关系

小山口遗址发现的新石器早期遗存，陶器以含砂红褐陶为主，泥质红陶占一定比例，个别陶色不纯，常见陶片内夹有草木灰。陶胎较厚，器形不甚规整。烧成火候较低，陶器有釜、盆、钵、支座等。古台寺遗址的陶器均为手制，火候较低，陶色不纯。陶质分为夹砂陶和泥质陶，器表为红褐色或灰褐色，胎多为灰黑色，器形有釜、鼎、钵等。从文化面貌看，古台寺遗址与小山口遗址既有相似之处，又有一定区别。其相似性表现在二者陶色相近，器表多素面，又有一定数量的附加堆纹，器形以釜为主。但古台寺遗址除釜和钵外，还有长锥形鼎足、三足器和圈足器，陶器上的篦点戳印纹等亦不见于小山口遗址。从总体看，古台寺遗址早期遗存与小山口遗址性质相近，年代或许略晚。

关于以小山口、古台寺遗址为代表的皖北地区早期新石器文化与后李文化的关系，有学者认为二者应为淮河流域的侯家寨文化；[2] 也有学者认为小山口遗址的年代与后李文化相当，文化面貌极为相似，两者或许就是同一种文化。[3]

（六）与朝鲜半岛、日本列岛文化的关系

后李文化与朝鲜半岛、日本列岛的同期文化，两者也存在着较多的相似性。后李文化与朝鲜半岛中西部的新石器文化同属筒形釜系统，其中石磨盘、石磨棒以及陶器中的尖圜筒形釜、盆形圜底器、平底盂等尤为相似。另外，在朝鲜半岛南部新石器时代早期遗存中，器物颈部或腹部附加一周堆纹现象，与后李文化也

---

[1] 栾丰实：《试论后李文化》，《海岱地区考古研究》，山东大学出版社，1997年。

[2] 阚绪杭：《试论淮河流域的侯家寨文化》，《中国考古学会第九次年会论文集（1993）》，文物出版社，1997年。

[3] 栾丰实：《试论后李文化》，《海岱地区考古研究》，山东大学出版社，1997年。

很相似。日本列岛九州一带在绳纹时代较早阶段，也存在着筒形圜底陶器，其中粗筒形圜底釜与后李文化中最多的粗筒形圜底釜十分接近。对于这些文化近似现象，多解释为后李文化或其他文化向朝鲜半岛与日本列岛的传播。

七　小结

综上所述，可以看出，后李文化时期聚落规模和人口密度比较小，人类的活动范围只局限在山前冲积扇平原或山麓地带。其生产力发展水平很低，原始手工业比较落后。这一时期宽大的居址，排列有序的氏族墓地，俭朴、不分等级的埋葬习俗，大型粗糙陶器以及大量打制石器等，都反映出当时生产力水平的低下，人们创造的物质财富，除维持生活外基本没有剩余产品，因而氏族成员之间贫富差别以及等级观念尚未出现，其社会形态还属于原始公有制，处在母系氏族社会的繁荣阶段。这种现象与当时社会生产力发展水平是相适应的。

原载《史前研究 2010——2010 中国桂林·史前文化遗产国际高峰论坛暨中国博物馆协会史前遗址博物馆专业委员会第八届学术研讨会论文集》，广西科学技术出版社，2011 年

北辛文化简论

北辛文化因首先发现于山东滕县（今山东省滕州市）北辛遗址而得名。北辛文化的发现，不仅将山东史前考古学文化的年代提前了千年以上，而且使该地区史前文化的研究向前推进了一大步。目前已发现北辛文化遗址百余处，经过发掘的主要有滕州北辛、西康留 [1]，济宁张山、玉皇顶，兖州西桑园 [2]、王因，及泰安大汶口、汶上东贾柏、长清张官、章丘王官、邹平西南庄、临淄后李、青州桃园，以及烟台白石村、福山邱家庄等遗址。这些遗址的考古发掘为北辛文化的文化内涵、年代与分期、聚落形态、生产经济和社会结构等的考古学研究提供了重要的实物资料。

一 发现与认识过程

北辛遗址是 1964 年春中国科学院考古研究所和滕县文化馆在该县官桥镇进行考古调查时发现的 [3]。1978、1979 年对遗址进行了田野调查和考古发掘，获得一批独具特色的文化遗物，尤以陶鼎、石铲、磨盘、磨棒最具特色。鉴于此类文化遗存与大汶口文化的面貌特征存在明显差异，发掘者在 20 世纪 80 年代初首次提出了"北辛文化"的命名 [4]，并在发掘报告中指出，北辛文化的分布区域集中在鲁中南地区和江苏淮北地区，同时还认识到该文化是大汶口文化的来源 [5]。1974 年和 1978 年，山东省博物馆对泰安大汶口遗址进行了两次考古发掘 [6]，获得一批北辛文化晚期的遗迹和遗物，由于认识上的时代局限性，当时尚未将该类遗存与大汶口

[1] 山东省文物考古研究所、滕州市博物馆：《山东滕州市西康留遗址调查、钻探、试掘简报》，《海岱考古（第三辑）》，科学出版社，2010年，第114～161页。
[2] 胡秉华：《兖州县西桑园北辛文化遗址》，《中国考古学年鉴·1989》，文物出版社，1990年，第169页。
[3] 中国社会科学院考古研究所山东队、滕县博物馆：《山东滕县古遗址调查简报》，《考古》1980年第1期。
[4] 伍人：《山东地区史前文化发展序列及相关问题》，《文物》1982年第10期。
[5] 中国社会科学院考古研究所山东队、山东省滕县博物馆：《山东滕县北辛遗址发掘报告》，《考古学报》1984年第2期。
[6] 山东省文物考古研究所：《大汶口续集：大汶口遗址第二、三次发掘报告》，科学出版社，1997年。

文化区分开来，而是将其纳入了大汶口文化早期阶段[1]。在后来资料整理和研究过程中，发掘者逐渐认识到北辛文化遗存的存在，而且发现北辛文化和大汶口文化之间存在着明晰的传承关系。1975 年到 1978 年间，中国科学院考古研究所在对兖州王因遗址进行的七次考古发掘中，识别出大量北辛文化晚期文化遗存，再次证实了北辛文化与大汶口文化之间的源流关系[2]，而在后期进行的考古学研究中，报告的整理者在更加重视环境考古学信息的收集、分析与研究的同时，还对王因遗址北辛文化晚期和大汶口文化早期的生态环境进行了相关的初步探讨和复原研究[3]。

1989 年和 1990 年中国社会科学院考古研究所对汶上东贾柏遗址的两次发掘[4]，最大收获是清理出一批土坑竖穴墓，从而使考古学界对北辛文化的丧葬制度有了一定的认识，并从葬俗上找到北辛文化演变为大汶口文化的佐证。1993 年济宁市文物考古研究室对济宁张山遗址进行了抢救性发掘，出土遗物以陶鼎、钵、小口双耳罐、假圈足碗为基本组合[5]，这批资料对于鲁中南地区北辛文化早期研究具有较高的学术价值。2000 年 2 月山东省文物考古研究所等单位对济宁玉皇顶遗址进行第二次发掘时，还发现少量房址及大量与房址有关的柱坑和柱洞，为深入研究和探讨该时期的房屋结构及其建筑技术提供了重要资料[6]。

在鲁北地区，经过考古工作者的不断努力，陆续发现 10 余处北辛文化遗址。1977 年 5 月青州市博物馆对青州桃园遗址进行的发掘，以及 1980 年对该遗址进行的调查，才开始真正认识到该地区北辛文化的存在[7]。20 世纪 80 年代初期，在济南西郊田家庄遗址发现有圆锥形鼎足、敛口钵残片等遗物[8]，但当时未能辨识此类文化遗存的时代。1985 年山东大学历史系考古专业对邹平县苑城新石器文化遗址进行的多次考古调查[9]，1987 年 2 月山东省文物考古研究所对邹平西南庄遗址进行的考古发掘[10]，出土遗物均以北辛文化中期遗存为主。1988 年 10 月济青公路文物工作

[1] 山东省博物馆：《谈谈大汶口文化》，《大汶口文化讨论文集》，齐鲁书社，1979年，第13～28页。
[2] 中国社会科学院考古研究所：《山东王因：新石器时代遗址发掘报告》，科学出版社，2000年。
[3] 中国社会科学院考古研究所：《山东王因：新石器时代遗址发掘报告》，科学出版社，2000年。
[4] 中国社会科学院考古研究所山东工作队：《山东汶上县东贾柏村新石器时代遗址发掘简报》，《考古》1993年第6期。
[5] 济宁市文物考古研究室：《山东济宁市张山遗址的发掘》，《考古》1996年第4期。
[6] 山东省文物考古研究所、济宁市文物局文研室、任城区文物管理所：《山东济宁玉皇顶遗址发掘报告》，《海岱考古（第三辑）》，科学出版社，2010年，第1～113页。
[7] 青州市博物馆：《青州市新石器遗址调查》，《海岱考古（第一辑）》，山东大学出版社，1989年，第124～140页。
[8] 蒋宝庚：《济南西郊发现古文化遗址》，《考古》1981年第1期。
[9] 山东大学历史系考古专业：《山东邹平县苑城早期新石器文化遗址调查》，《考古》1989年第6期。
[10] 山东省文物考古研究所：《山东邹平苑城西南庄遗址勘探、试掘简报》，《考古与文物》1992年第2期。

队在对临淄后李遗址进行的大规模发掘中[1]，发现了部分北辛文化晚期遗存，由于其文化面貌与鲁中南地区同类遗存存在一定差异，因而发掘者将其定为北辛文化的一个地方类型——鲁北类型[2]。

　　1990年10月，山东省文物考古研究所对章丘王官遗址进行了一次小规模试掘[3]，其发掘面积仅50余平方米，出土遗物亦不多，仅辨识出少量北辛文化遗存，但被发掘者称为前大汶口文化时期。这次发掘填补了章丘境内北辛文化遗存的空白。2000年春天，在长清张官遗址发掘中，还获得一批在年代上与北辛遗址早期、西南庄遗址年代接近的文化遗存，这些考古资料的获取，均为后来探讨后李文化和北辛文化的相互关系提供了重要线索[4]。

　　胶莱河以东的半岛地区，是山东境内相对独立的一个地理单元。属于北辛文化时期的遗址大约有40处，其中以贝丘遗址居多。遗址尤以烟台以东分布较为密集，而且近80%的遗址分布在海岸或距海很近的河口边。1979年中国社会科学院考古研究所和北京大学等单位共同发掘的福山邱家庄遗址[5]，出土了一批以盆形鼎、钵、罐、器盖、支脚为组合的陶器群，年代上属邱家庄一期。烟台市博物馆1980年和1981年又对烟台白石村遗址进行了两次发掘[6]，首次发现早于蓬莱紫荆山和邱家庄下层的白石村一期文化，这是目前所知胶东半岛最早的有陶文化。该类文化遗存的性质归属在学术界存在不同的认识，一种观点认为其与北辛文化分属不同的古文化，另有观点认为二者属同一种考古学文化。

　　考古资料显示，北辛文化的分布中心在鲁南汶泗流域，范围向北可达鲁北地区，往南是否到淮北地区还有待研究，胶东半岛由于环境的特殊性，其原始文化带有很强的自身特点，是否可纳入北辛文化范围尚需进一步探讨。

二　文化类型的划分

　　关于北辛文化文化类型的划分，王守功先生在对鲁北地区新石器时代早期文化遗存所体现出来的文化面貌及其差异性进行分析后，将以临淄后李二期文化为代表的遗存定为北辛文化鲁北类型[7]。栾丰实先生则把山东地区和苏北地区的北辛

[1] 济青公路文物考古队：《山东临淄后李遗址第一、二次发掘简报》，《考古》1992年第11期。济青公路文物工作队：《山东临淄后李遗址第三、四次发掘简报》，《考古》1994年第2期。

[2] 王守功：《鲁北地区早期新石器文化的发现与认识》，《华夏考古》1995年第2期。

[3] 李玉亭：《章丘县王官新石器时代遗址》，《中国考古学年鉴·1991》，文物出版社，1992年，第201页。

[4] 燕生东、曹大志、蓝秋霞：《长清张官遗址发掘的主要收获》，《青年考古学家》2000年第12期。

[5] 严文明：《胶东原始文化初论》，《山东史前文化论文集》，齐鲁书社，1986年，第63～95页。

[6] 烟台市博物馆：《烟台白石村遗址发掘报告》，《胶东考古》，文物出版社，1999年，第28～95页。

[7] 王守功：《鲁北地区早期新石器文化的发现与认识》，《华夏考古》1995年第2期。

文化遗存分为北辛、苑城、白石村、大伊山四个文化类型[1]。张江凯先生认为后李文化应该纳入北辛文化的范畴，并把北辛文化分为北辛类型、后李类型，同时将分布于胶东半岛的早于大汶口文化北庄类型的白石村一类遗存称之为"白石村文化"[2]。其实争议最大的，还是关于胶东地区与北辛文化大致同时期文化遗存的归属问题。韩榕和李步青、王锡平先生均认为北辛文化和白石村文化属于两种不同的考古学文化[3]。随后发表的发掘简报首先提出了"白石文化"的命名[4]，后又称为"白石村文化"。郑笑梅先生则在肯定胶东半岛原始文化具有一定地域特点的前提下，认为其仍未超出北辛—岳石史前年代序列范畴[5]。栾丰实先生进而直接将白石村一期遗存划为白石类型[6]。在对山东不同地域内的北辛文化遗存进行分析的基础上，山东省文物考古所编著的《山东20世纪的考古发现和研究》一书，将北辛文化划分为鲁中南、鲁北、胶东三个文化类型。鲁中南类型在行政区划上主要指枣庄、济宁、泰安地区的北辛文化遗存，地理区域上则指泰沂山脉以南的汶泗流域。鲁北类型在行政区域上包括济南、淄博、潍坊地区，地理区域主要分布在泰沂山脉北麓的小清河、淄河和弥河流域。关于胶东地区同期文化遗存，白石村一类遗存主要器类与鲁中南类型相比有明显区别，两者差异远大于共性，因此不属北辛文化；而到白石村二期文化早期阶段，由于受到北辛文化较大影响，出现形态与之相似的陶器，文化面貌与北辛文化基本趋同，其共性大于差异，故可定为北辛文化的一个地方类型，称之为"胶东类型"[7]。

三 关于文化分期与年代

综观山东地区北辛文化遗存，尤以鲁中南地区遗址为多，丰富的遗迹、遗物为深入研究北辛文化面貌特征提供了大量考古学信息。不难发现，该地区北辛文化的遗存不仅从早到晚均有不同程度的存在，而且发展演变脉络亦较清楚。对北辛文化进行分期研究也是围绕着该地区发现的相关考古资料来进行的。

在北辛文化分期研究中，伍人最早提出的观点是早、晚两期说[8]，但并未作详

[1] 栾丰实：《北辛文化研究》，《海岱地区考古研究》，山东大学出版社，1997年。
[2] 张江凯：《略论北辛文化及其相关问题》，《考古学研究（四）》，科学出版社，2000年。
[3] 韩榕：《胶东史前文化初探》，《山东史前文化论文集》，齐鲁书社，1986年；李步青、王锡平：《胶东半岛新石器文化初论》，《考古》1988年第1期。
[4] 烟台市文物管理委员会：《山东烟台白石村新石器时代遗址发掘简报》，《考古》1992年第7期。
[5] 郑笑梅：《论泰沂文化区》，《海岱考古（第一辑）》，山东大学出版社，1989年。
[6] 栾丰实：《北辛文化研究》，《海岱地区考古研究》，山东大学出版社，1997年。
[7] 山东省文物考古研究所：《山东20世纪的考古发现和研究》，科学出版社，2005年。
[8] 伍人：《山东地区史前文化发展序列及相关问题》，《文物》1982年第10期。

细论述；另一持两期说的郑笑梅先生则明确指出早期阶段以北辛遗址早期遗存为代表，晚期阶段以大汶口遗址北辛甲、乙组遗存为代表，并认为两期间存在着缺环[1]。北辛遗址发掘报告将北辛文化分为早、中、晚三期[2]。张忠培、乔梁先生则将河北北福地甲类遗存和炭山一期文化遗存归入北辛文化，而把属于北辛文化的各类遗存分为三期六段[3]，之后王永波先生按照张忠培等先生"大后岗文化"的观点将北辛文化的范围限定在前四段，又将这四段分为早晚两期，同时把以大汶口遗址 5～7 层为代表的第五段和以后李二期文化为代表的第六段命名为"后李二期文化"[4]。

也有"三期说"者把鲁中南地区的北辛文化分为早、中、晚三期，将鲁北地区以邹平西南庄遗址早期新石器文化遗物为代表的文化定为北辛文化中期，以后李二期文化为代表的文化遗存定为北辛文化晚期。栾丰实先生将整个鲁中南地区的北辛文化分为三期六段，并以此为标尺，指出鲁北地区的苑城西南庄遗址新石器遗存的主体部分应归入北辛文化中期，少量遗存可能到早期，而后李二期文化遗存则属于北辛文化晚期晚段[5]。张江凯先生指出，后李文化应归为北辛文化早期，从而提出四期说[6]——此说将后李文化遗存纳入北辛文化，显然扩大了北辛文化的外延，至少把北辛文化的上限由距今 7300 年提前到距今 8000 年左右——四期中的后三期与栾丰实的三期说基本一致。

根据有关考古资料，笔者将鲁中南地区的北辛文化遗存分为五段三期：一段，以北辛遗址第 4 层、张山遗址第 4 层为代表；二段，以北辛遗址第三层为代表；三段，以北辛遗址第 2 层、东贾柏遗址 H3 为代表；四段，以北辛遗址 H32，东贾柏遗址 H2，大汶口遗址 74 南区第 4、5 层及 74 北区、78 第 1 区、78 第 4 区第 6～8 层和 F202、H7、H24，王因遗址第 5 层和 H11、H4005、H4009 等遗迹为代表；五段，以大汶口遗址 74 南区第 3A～3C、另外三区第 5A～5C，王因遗址第 4 层以及 H1、H38、H48、H4003、H4004 等遗迹为代表。一段出土器物较少，器体亦较粗糙，鼎类仅见罐形鼎，纹饰也少见，与二段之间存在明显缺环，故而将其划为早期阶段。二、三段之间衔接相对紧密，出土器物数量明显增多，其中陶鼎所占比重较

[1] 郑笑梅：《试谈北辛文化及其与大汶口文化的关系》，《山东史前文化论文集》，齐鲁书社，1986 年，第 211～233 页。

[2] 中国社会科学院考古研究所山东队、山东省滕县博物馆：《山东滕县北辛遗址发掘报告》，《考古学报》1984 年第 2 期。

[3] 张忠培、乔梁：《后冈一期文化研究》，《考古学报》1992 年第 3 期。

[4] 王永波：《关于后李文化的谱系问题——兼论北辛文化的内涵和分期》，《青果集——吉林大学考古专业成立二十周年考古论文集》，知识出版社，1993 年，第 15～28 页。

[5] 栾丰实：《北辛文化研究》，《海岱地区考古研究》，山东大学出版社，1997 年，第 27～53 页。

[6] 张江凯：《略论北辛文化及其相关问题》，《考古学研究（四）》，科学出版社，2000 年，第 1～22 页。

大，且由二段的敞口发展到三段时的敛口；纹饰急剧增多，以并列窄堆纹最具特色；彩陶开始出现——故将二、三两段合为中期阶段。四、五段出土陶器器类发生变化，钵形、罐形鼎基本不见，釜形、盆形等鼎类开始盛行，中期流行的多条并列窄堆纹数量明显减少乃至消失，故而将四、五两段定为晚期阶段。鲁北地区北辛文化可粗分为三期——一期以张官遗址早期遗存为代表；二期以西南庄遗址大部分遗存和张官遗址晚期遗存为代表，相当于鲁中南地区北辛文化分期中的中期；三期以后李二期文化遗存为代表，其文化遗存在年代上相当于鲁中南地区北辛文化晚期晚段，有可能比五段还要晚些。而胶东类型文化遗存应属于北辛文化晚期，但由于考古资料缺乏，无法做详细的文化分期，在此只能进行大致的推论。

从资料分析，鲁北地区后李遗址中，发现后李文化和后李二期文化（即北辛文化遗存）在地层层位上存在叠压关系，后者所在的第 9 层直接叠压在属于前者的第 10～12 层上，尽管还未有充足材料证明这两者是否有传承关系，但至少说明两者有早晚关系。鲁中南地区仍未找到比北辛文化更早的有陶文化，而北辛文化下限早于大汶口文化已成为学术界不争的事实。

按树轮校正年代分析，北辛文化绝对年代在距今 7300～6000 年 [1]，考虑到张山、张官遗址的时代可能要早于北辛遗址，故北辛文化的上限可推到距今 7500 年左右。由此可知，北辛文化其前后经历了大约 1500 年。通过对测年数据分析发现，北辛文化在各个地区结束的年代是不一样的，在鲁中南地区结束于距今 6100 年左右，鲁北地区在距今 5900 年左右消亡，胶东地区的白石村二期早段的年代基本与后李二期文化相当，甚至晚于后者。由此推测，北辛文化向大汶口文化演变的时段呈现由鲁中南地区往北、往东逐渐变晚的趋势。

四　文化源流问题

关于北辛文化的来源问题学术界看法不一，主要有两种观点：一种观点认为其是承袭后李文化或后李文化的某些因素发展而来，另一种观点则认为是在后李文化、裴李岗文化的共同基础上发展起来的。

在鲁北地区，因北辛文化早期与后李文化的某些陶器具有相似性而认为北辛文化的主要因素来自后李文化，当无不妥。鲁中南地区目前还未发现早于北辛文化的有陶文化遗存，将北辛文化与河南地区裴李岗文化进行比较，二者无论从渊源上还是器形上均存在明显差异。而从鲁北及苏北、皖北等地有关新石器时代早期文化遗存观察，北辛文化应源于一种与后李文化相类似的原始文化。胶东类型

[1]　山东省文物考古研究所：《山东20世纪的考古发现和研究》，科学出版社，2005年。

的北辛文化则是在承袭白石村文化的基础上，受到北辛文化强烈冲击而形成的。北辛文化直接发展为大汶口文化，已基本达成共识。两者的传承关系在鲁中南地区表现得比较清楚，在王因、大汶口和玉皇顶遗址中，无论是地层叠压关系，还是在器物组合及典型陶器的演变，都能找到直接证据。特别是在大汶口居址中表现最清晰，从北辛文化到大汶口文化早期的堆积依次叠压，是一个连续的行为过程，甚至无法将二者明确分割开来。在社会生活习俗上也有所表现，大汶口文化流行的成年人拔除侧门齿和枕骨人工变形的风俗在北辛文化晚期已经开始出现。对此张忠培、乔梁先生把北辛文化的晚期年代界定在距今 6500 ～ 6300 年，认为北辛文化与后冈一期文化之间具有一定的传承关系 [1]。尽管鲁北地区北辛文化与大汶口文化的传承演变关系还不十分明朗，但从属于北辛文化晚期晚段的后李二期文化遗存中仍可以发现一些重要线索。如陶器无论是基本组合还是形态均与鲁中南地区的北辛文化晚期基本没有差别，都存在折腹釜形鼎、小口双耳罐、钵（含红顶钵）、三足钵等，这些器形在鲁中南地区的大汶口文化早期也常见。由此说明，鲁北地区的北辛文化直接发展为大汶口文化当无疑义。

五　同其他地区文化的关系

1.与磁山文化、裴李岗文化的关系

磁山文化和裴李岗文化是分别分布于冀南和河南地区的两种原始文化（严文明、夏鼐先生认为两者属于同一种考古学文化，分别称其为"磁山·裴李岗文化" [2] 和"磁山文化" [3]），与北辛文化曾共存过一段时期。关于它们与北辛文化的关系，学术界一种观点认为是三个不同的考古学文化，在一定时期内并行发展，三者间互有交流和影响。吴汝祚先生着重指出北辛文化与裴李岗文化的关系更为密切 [4]。张建锋先生则从相同的发展阶段、相似的自然环境、相互的文化影响和传播等六个方面对两者间的关系进行了比较 [5]。张江凯先生指出三者间的文化往来至迟不晚于裴李岗文化的中期前后，且北辛文化同磁山文化和裴李岗文化之间的联系远不

[1] 张忠培、乔梁：《后冈一期文化研究》，《考古学报》1992年第3期。
[2] 严文明：《黄河流域新石器时代早期文化的新发现》，《考古》1979年第1期。
[3] 夏鼐：《三十年来的中国考古学》，《考古》1979年第5期。
[4] 吴汝祚：《北辛文化》，《中国原始文化论集——纪念尹达八十诞辰》，文物出版社，1989年，第175～189页。
[5] 张建锋：《裴李岗、磁山和北辛文化的比较研究》，《刘敦愿先生纪念文集》，山东大学出版社，1998年。

如后两者之间密切[1]。张忠培、乔梁先生认为磁山·裴李岗文化与北辛文化属于同一文化谱系中具有发展继承关系的两支考古学文化，前者与后冈一期文化的联系是通过北辛文化来实现的[2]。栾丰实先生则指出磁山文化与北辛文化的文化内涵存在本质区别，属于不同谱系的两支考古学文化，而裴李岗文化是鲁南地区即汶泗流域北辛文化的主要来源之一[3]。张居中先生认为以河南舞阳贾湖遗址得名的贾湖类型文化晚期对北辛—大汶口文化系统的形成和发展产生过一定影响[4]。

结合有关考古资料分析，北辛文化、磁山文化、裴李岗文化三者应是在一定时期内并行发展的不同文化遗存，三者间曾互有交流和影响。但北辛文化与磁山文化内涵有着本质的区别，它们之间并无直接联系，属于不同谱系的两支考古学文化之间产生的间接关系，相比而言，北辛文化与裴李岗文化的关系要密切一些，它们之间存在过文化上的传播和交流，并对大汶口文化产生过影响。

2.与淮北地区文化的关系

淮北地区主要指沂沭河下游和淮河以北的地域，依据考古学文化面貌的不同，又可分为苏北、皖北两个地区。

苏北地区的地理环境同鲁中南地区非常相似，但是该地区的史前考古学文化表现得极为复杂。该地区能够与北辛文化相比较的主要是青莲岗文化，但由于青莲岗文化的内涵和外延存在争议，加上苏北地区与北辛文化大致同期的文化遗存所包含文化因素的多样性，故很难对这些遗存的文化归属进行定性，至今仍存在很大争议。

吴山菁、马洪路先生均将鲁中南地区的北辛文化期遗存归入青莲岗文化[5]，在此基础上，纪仲庆、车广锦先生将山东地区的青莲岗文化遗存分布范围缩至鲁南的沂沭河流域，并将其分为北辛和大伊山类型[6]。邹厚本、谷建祥先生则指出青莲岗文化是与北辛文化、马家浜文化平行的考古学文化[7]——该观点肯定了青莲岗文化与北辛文化是两支不同的考古学文化，但同时又将淮河中游地区纳入青莲岗文化的分布范围，使问题复杂化。石兴邦、吴汝祚先生将青莲岗文化限定在江淮之间，

[1] 张江凯：《略论北辛文化及其相关问题》，《考古学研究（四）》，科学出版社，2000年，第1～22页。

[2] 张忠培、乔梁：《后冈一期文化研究》，《考古学报》1992年第3期。

[3] 栾丰实：《北辛文化研究》，《海岱地区考古研究》，山东大学出版社，1997年，第27～53页。

[4] 张居中：《试论贾湖类型的特征及与周围文化的关系》，《文物》1989年第1期。

[5] 吴山菁：《略论青莲岗文化》，《文物》1973年第6期。马洪路：《试论青莲岗文化》，《考古学集刊（第4集)》，中国社会科学出版社，1984年，第252～277页。

[6] 纪仲庆、车广锦：《苏北淮海地区新石器诸文化的再认识》，《考古学文化论集（二）》，文物出版社，1989年，第199～212页。

[7] 邹厚本、谷建祥：《青莲岗文化再研究》，《东南文化》1992年第1期。

把淮北地区同类遗存归入北辛文化范畴[1]。徐基先生认为，青莲岗文化与北辛文化可能属一个大文化系统的两个相对独立的考古学文化[2]。燕生东也指出青莲岗文化与北辛文化是两支不同的文化，前者主要分布在淮河下游三角洲地区，两者交流频繁，后者对前者的影响较大[3]。

综上所述，学界关于苏北地区同期文化遗存归属问题的结论要么为北辛文化，要么属青莲岗文化。郑笑梅先生持比较谨慎的态度，认为连云港二涧村、大村等遗址的文化内涵比较复杂，并不能单纯地认定为同一类文化遗存，部分具有江淮地区新石器文化的因素，故不宜将其简单地归为北辛文化[4]。郑先生在另文中进一步指出淮河下游以北邳县、新沂、连云港一带的新石器文化属于北辛—大汶口—龙山—岳石文化体系，而灌云大伊山石棺墓等遗存的文化属性仍需进一步认知[5]。栾丰实先生在认同苏北地区属于北辛文化分布范围之内的基础上，将其划为北辛文化的一个地方类型——大伊山类型，并认为该类型大致包含北辛文化遗存、本地域特色文化因素、外来文化因素三类，但以第一类文化因素为主[6]。

不可否认，苏北地区的古文化因素呈现出一定的多样性和复杂性，这与该地区正好处于北辛和青莲岗两种不同文化的交互圈内的特殊地理位置有关，这类古文化遗存是两种不同文化交融、碰撞的产物，因此不能简单、笼统地将其归入某种文化范畴，而应该慎重对待。

皖北地区处于平原与丘陵的过渡地带，自 20 世纪 80 年代以来，该区的史前考古学文化谱系和框架正在逐渐明朗。可与北辛文化进行比较的当属石山子早期文化遗存，该遗存以安徽濉溪石山子遗址[7]为代表。在对石山子早期文化遗存属性的认识上有两种观点：吴加安先生认为其与山东后李二期文化具有一定共性，该文化所在的安徽北部与山东同属一个大的文化区[8]；阚绪杭先生将石山子早期遗存归为侯家寨三期，同时认为出土的如釜和圆锥形鼎足等个别器形与北辛遗址的同

[1] 石兴邦：《山东地区史前考古方面的有关问题》，《山东史前文化论文集》，齐鲁书社，1986年，第22～39页。吴汝祚：《北辛文化的几个问题》，《庆祝苏秉琦考古五十五年论文集》，文物出版社，1989年，第155～164页。

[2] 徐基：《试说青莲岗文化与北辛—大汶口文化的关系》，《山东大学学报（哲学社会科学版）》1991年第1期。

[3] 燕生东：《淮海地区新石器时代考古学文化研究》，北京大学2000年硕士论文。

[4] 郑笑梅：《论泰沂文化区》，《海岱考古（第一辑）》，山东大学出版社，1989年，第344～348页。

[5] 郑笑梅：《试谈北辛文化及其与大汶口文化的关系》，《山东史前文化论文集》，齐鲁书社，1986年，第211～233页。

[6] 栾丰实：《北辛文化研究》，《海岱地区考古研究》，山东大学出版社，1997年，第27～53页。

[7] 安徽省文物考古研究所：《安徽濉溪石山子新石器时代遗址》，《考古》1992年第3期。

[8] 吴加安：《安徽北部的新石器文化遗存》，《考古》1996年第9期。

类器非常相近[1]。

总的来说，石山子早期遗存与北辛文化存在一定关系，基于地域上相邻且具有大致相同的地理环境，两者的文化面貌表现出某些相似性，然而两者之间的差异也显而易见。如北辛文化不见石山子早期遗存中大量存在的直口或微敛口的筒形釜和极具特色的腰沿盆、鸟首形罐耳、圆柱形支脚，而北辛文化中普遍存在的各类鼎、侈口筒形釜在石山子早期遗存中也少见或不见。显然两者既有相同点，又有差异。由于此类遗存发现较少，尚无法对其文化属性得出一个较为准确的结论。

六 社会经济形态之探索

生产工具是人类赖以征服自然、改造社会、谋取生活资料的重要手段，也是体现社会生产力水平的一个重要标志。从北辛文化遗存中发现的大量生产工具和动物遗骸，可以大致推知当时的农业、渔猎、采集、家畜饲养业以及手工业等社会形态和有关经济状况[2]。

据相关考古发掘资料，北辛文化中发现的生产工具多采用石、骨、角、牙和少量贝壳加工而成，数量较大，种类繁杂，功能趋向专业化。这时的农业已具备了较完备的生产工序，可能已脱离刀耕火种的原始生产模式，出现了较为先进的锄耕农业，并成为先民获取生活资料的主要来源。如大汶口遗址出土属于北辛文化的 115 件石器中，与农业有关的占 47% 左右[3]。北辛遗址发现石斧 100 多件，石铲 15 件，均形体较大，通体磨光，制作精致，另有残块 1000 多件，还有打制的圆角方形和长条形的小铲[4]。磨制的石刀略呈长方形或半月形，可能是一种收割工具。如石铲（H304：14）略呈梯形，残长 20.2 厘米，刃部有明显的使用痕迹。从石铲上留下的痕迹观察，其入土深度 7 厘米左右，能在土中下翻如此深度，从一个侧面证实当时已进入锄耕农业阶段。而工具中用于收获庄稼的刀、镰等形制单调，数量较少，又反映出农业仍具有一定的原始性。另外，在张山遗址出土的部分陶器底部发现有粟糠印痕，如陶碗（H710：6）、红顶碗（H702：1），而

---

[1] 阚绪杭：《试论淮河流域的侯家寨文化》，《中国考古学会第九次年会论文集（1993）》，文物出版社，1997年，第125～139页。

[2] 何德亮：《山东新石器时代农业试论》，《农业考古》2004年第3期。

[3] 山东省文物考古研究所：《大汶口续集：大汶口遗址第二、三次发掘报告》，科学出版社，1997年。

[4] 中国社会科学院考古研究所山东队、山东省滕县博物馆：《山东滕县北辛遗址发掘报告》，《考古学报》1984年第2期。

小口壶（H506：1）粟糠痕迹则在器物上部[1]，据此可以推知当时已开始种植粟类粮食作物。

　　农业的产生导致了人类定居生活的出现，而家畜饲养业正是在农业不断发展和人类定居生活日益稳固的基础上产生和发展起来的。已经发现的北辛文化时期家畜主要有猪、牛、狗和鸡等。其中猪是先民们饲养的重要对象，一度成为当时补给营养的重要肉食来源。北辛遗址 H14 近底部曾发现属于 6 个个体的猪下颌骨集中堆放，之上有石板覆盖；在 H51 近底部还发现 2 个相当完整的猪头骨，经鉴定认为是"家猪形"成年猪[2]。邹县野店遗址发现 2 座猪坑，坑内各埋有 1 头猪[3]。东贾柏遗址房址内还发现有埋猪骨架的现象，如 F12 内在一层红烧土块堆积下埋有 3 只猪骨架，再下为纯净的黄土，推测该房址可能属于祭祀类的建筑遗存[4]。除猪骨外，在大汶口遗址还发现 1 件北辛文化时期的陶猪形鬶（T74 ⑤ A：22），为夹砂红陶，全身仅长 5.5、器高 3 厘米，系用手直接捏制而成，比较粗糙，仅具猪的雏形，猪腹较瘦，大耳，尖嘴巴微前伸，作站立状，四足扁平直立，后腿力蹬，尾巴扬起，非常生动，背上的筒状口仅捏出一圆窝[5]。这种用艺术手法再现的家猪形象，反映了猪和人类生活关系非常密切，已在先民心目中占据重要地位。虽然牛、狗、鸡出土数量较少，但在兖州王因遗址 H35 内出土较完整的牛头骨等动物骨骼，还发现一定数量的钙化粪球，其间显露出许多骨渣[6]，此类灰坑废弃前可能是豢养家畜的畜圈。种种迹象表明，北辛文化已存在家畜饲养业，并成为当时经济生活中一个不可或缺的部分。

　　在王因、大汶口等遗址北辛文化遗存中发现有石刀、石球及不同质料的镞、矛等各种渔猎工具，反映出当时狩猎方式的多样化。尤以镞种类多、数量大，表明弓箭的使用非常普遍。其中射猎是一种较为普遍的狩猎方式，少量石球的存在则表明"飞石索"这种相对原始的猎捕方式仍在使用，但已居于次要地位。捕捞工具发现不多，仅在北辛、王因、大汶口等遗址见少量北辛文化的鱼镖和网坠。北辛遗址的 12 件鱼镖与镞相似，唯铤部较长而偏于一侧，尾部外撇，但无倒刺，形制相对简单。而王因遗址出土的 5 件陶网坠，为泥质红陶，系利用残陶片打制

　　[1]　山东省文物考古研究所、济宁市文物局文研室、任城区文物管理所：《山东济宁玉皇顶遗址发掘报告》，《海岱考古（第三辑）》，科学出版社，2010年，第1～113页。

　　[2]　中国社会科学院考古研究所山东队、山东省滕县博物馆：《山东滕县北辛遗址发掘报告》，《考古学报》1984年第2期。

　　[3]　山东省博物馆、山东省文物考古研究所：《邹县野店》文物出版社，1985年。

　　[4]　中国社会科学院考古研究所山东工作队：《山东汶上县东贾柏村新石器时代遗址发掘简报》，《考古》1993年第6期。

　　[5]　山东省文物考古研究所：《大汶口续集：大汶口遗址第二、三次发掘报告》，科学出版社，1997年。

　　[6]　中国社会科学院考古研究所：《山东王因：新石器时代遗址发掘报告》，科学出版社，2000年。

成长条形状，器身上下留有对称凹槽，这种凹槽似与捆系绳索有关。大汶口遗址的 7 件陶网坠，均为泥质陶，施深红色陶衣，圆形球体，中穿一小孔，直径 3 厘米。陶网坠的存在，说明用网捕鱼的方式已经产生。大量水生动物骨骸的出土折射出捕捞业有一定规模，但有可能仍以"竭泽而渔"的方式为主，辅之以用鱼镖和网捕鱼。从男性墓葬中多随葬镞、矛等工具来推测，当时的渔猎活动多由男性承担。渔猎和采集不仅给人们提供蛋白质等高级食品，而且成为制作骨、角、蚌器的主要原料来源，同时也为先民提供大量御寒遮体的毛皮。

在农业和家畜饲养业的基础上，手工业也得到不同程度的发展。与后李文化相比，北辛文化的制陶业有了较大进步，尽管仍以手制为主，但制陶工艺复杂化、程序化，从陶土的淘选、羼和料的添加、器体的成形到烧制等，已形成一套完整的制作流程。大型器物多采用泥条盘筑法，小器物则直接捏塑而成，部分则可能采用模制法。简单的轮制技术或许已出现。陶器的硬度因烧制火候提高而更加坚硬。

石器制造业得到一定发展。当时人已能娴熟地利用不同硬度的石料制作不同的器形。磨制技术成为石器制造的主流，钻孔技术不太发达，仅见于硬度不高的磨石，显示北辛文化处在打制石器日益衰落、磨制石器逐渐发展进步的转折期。骨、角、蚌器制造业比较发达。先民们在骨、角、蚌器的选材、切割、刮磨、钻孔方面已具有相当成熟的技术，特别是钻孔技术在骨针上体现得尤其突出。

纺织技术方面，北辛文化遗存中发现了纺轮。其中，大汶口遗址发现 4 件北辛文化石纺轮，由千枚岩、绿泥石云母片岩等制成，圆形扁平体，不甚规整，中间有对钻圆孔，孔略偏向一侧；王因遗址发现的陶纺轮，完整者仅 1 件（T4003 ④下：5），为夹蚌红陶，手制，呈圆饼状，中有穿孔，周边捺有指甲纹，直径 5 厘米。这些陶、石纺轮尽管数量不多，制作粗糙，但说明当时已经产生纺线技术。另外，北辛遗址还发现大量陶器底部有席纹印痕，可能是制作过程中遗留下来的痕迹，证明当时编织技术已经产生。从纹痕观察，席篾宽 0.25～0.4 厘米，主要采用一经一纬的"人"字形编织法，也有三经三纬和多经多纬的"人"字形编织法。而大量骨、角锥和长短不一的骨针，则从另一侧面反映出当时的缀连技术已普遍运用于先民的日常生活中。

综上所述，北辛文化时期的经济形态表现为以农业为主，家畜饲养业、狩猎采集为辅的农耕模式。手工业仍处于从属地位，但水平较前有了较大提高。

七　小结

总之，北辛文化的内涵特征、发展演变脉络清晰，与大汶口文化的传承演变关系比较明朗。但是，尽管田野工作中获取的文化遗存比较丰富，仍然还有许多学术问题亟待解决，如房址、墓葬等遗迹无论出土数量还是规模均不足，制约了对聚落形态及社会组织结构、经济形态发展水平等问题的深入了解。尤其在鲁北地区，北辛文化遗址发现较少，所获考古资料亦不够丰富，由此限制了对该区域北辛文化整体面貌特征的把握以及对文化分期和聚落形态等的进一步研究。今后还需有意识地加强田野工作力度，以期在这些方面获取更多的考古信息，争取在相关学术研究领域取得较大的突破和进展。

原载《文物春秋》2022 年第 6 期

兖州六里井大汶口文化遗存分析

　　六里井遗址[1]位于山东省兖州市城西泗庄乡六里井村西北约0.5千米的一处高地上。经过全面钻探，得知遗址平面略呈椭圆形，南北长约300、东西宽约200米，面积近5万平方米。该遗址是1981年全省文物普查时发现的，其后山东省、济宁市和兖州市各级文物部门先后又进行了多次考古调查与复查。1991年秋天，国家文物局为了举办第六期全国田野考古领队培训班，对该遗址曾进行过一次较大规模的考古发掘，共开5米×5米的探方39个（有的探方未打隔梁），包括扩方在内实际发掘面积905平方米，发现部分大汶口文化时期的灰坑、墓葬和水沟等遗迹。出土有陶、石、骨、角器等各类文物，其中陶器占绝大多数，石、骨、角器数量相对较少。这些遗迹与遗物的发现对于深入研究这一地区大汶口文化的面貌特征又提供了一批十分重要的实物依据。本文根据这次发掘所获得的考古资料，就六里井大汶口文化的面貌特征、分期与年代以及同周围邻近地区其他大汶口文化遗存的相互关系等问题进行分析，其他时代的文化遗存这里暂不讨论。

一

　　该遗址地层堆积较厚，而且延续时间较长，反映了当时先民在此居住时间长久。遗址地层统一划分为7个文化层。第1层是耕土层，第2层至第4层是周代至汉代文化层，第5层至第7层为大汶口文化层，其中第5层和第6层又分别划分为3个小层，第7层划分为7A和7B两个小层。

　　这次发掘一共清理大汶口文化时期的墓葬20座，从平面布局观察，这批墓葬排列比较整齐，其形制以长方形土坑竖穴为主，少数略呈圆形或椭圆形。墓葬四壁多数垂直，仅个别的口大底小，呈斜坡状。有的墓葬有生土二层台，但均未见使用木质葬具，部分成年人的墓葬骨骼用陶瓮或陶罐碎片铺盖，婴幼儿则使用陶瓮或陶罐作葬具，将骨骼放置其中。人体鉴定结果表明，当时居民的平均寿命普遍较低，特别是儿童的成活率不高。从年龄结构来看，儿童6例，青年4例，壮

---

[1] 国家文物局考古领队培训班：《兖州六里井》，科学出版社，1999年。

年亦4例，未见1例进入老年期，说明当时居民的生活条件还是比较艰苦的。所鉴定的14例标本中，成年人占8例，其中鉴定出性别的有7例，女性仅为1例，表现出男女比例存在着严重失调的现象。另外，在鉴定人体的标本中，还发现2例成年男性拔除上颌侧门齿，其中有1例标本存在枕部人工变形现象。说明拔除上颌侧门齿和枕部人工变形是该遗址居民比较流行的一种习俗。

这次清理的墓葬均为小型墓，墓坑一般长约2、宽仅0.5米。葬式多数为单人仰身直肢葬，亦发现成年人与婴幼儿、婴幼儿与婴幼儿的合葬墓。单人葬墓主上肢一般放在身体左右两侧，有的双手压在骨盆处，下肢自然并拢。死者头向均朝东南，方向在105°～145°，面部向上或偏左右两侧。墓内放置的随葬品均为陶器，未见用石质生产工具或装饰品进行随葬的现象。墓内的随葬品数量多寡不一，最多的有6件，少的只有1件，有的墓葬内则一无所有。随葬的陶器主要器形有鼎、豆、瓮、罐、背壶、尊和杯等。例如M16，位于T1006北部，墓口长2.1、宽0.70～0.85米，墓底长1.8、宽0.40～0.50米，墓口距地表1.12、墓深0.97米，四周使用生土二层台，台高0.32、宽0.10～0.18米。墓内填土呈黄褐色，土质较松软，夹杂少量灰土块及碎陶片。墓主头向朝东南，方向120°，面向左侧。墓内随葬的6件陶器，鼎、背壶、豆、杯、尊和罐各1件。

灰坑共清理52个，按坑口形状可以分为圆形、椭圆形、长方形、方形和不规则形5类，其中椭圆形和圆形居多，不规则形较少，方形和长方形罕见。坑壁分为直壁、斜直壁和弧壁3类，坑底则分为平底和圜底2种。坑口直径一般在1.5～3米，有的大型灰坑直径在5米以上，最小的灰坑直径仅有0.5米左右。灰坑的深度多数比较浅，一般不超过1、最浅的只有0.18米。坑内堆积多数呈灰褐色，土质较松软，坑内包含大量陶片、兽骨、石块和红烧土块（粒）等。出土的动物骨骼，经过鉴定主要有猪、獐、鹿、犬、豹猫和淡水贝类中的河蚌、蚬、螺等。其中以人工饲养的家猪为主，同时也捕猎野猪、麂鹿和獐等一些野生动物。表明这一地区特别是遗址周围或附近不仅存在着一定规模的水域，而且森林覆盖率也是比较高的。另外，从硅酸体分析来看，该区域还生长着榆和栎等树木，反映这一时期自然环境状况比较适合旱地作物的生长和先民的繁衍生息。

发现的生产工具，以石器为主。经过鉴定，其质料主要是闪长岩、石英砂岩、硅质岩、泥质灰岩、泥质白云岩和大理石等。器形有长方形或梯形石斧、长方形穿孔石铲、长方形石锛、梯形石凿、近似半月形石刀及不规则形砺石等。骨器主要是骨针和骨镞及角锤、牙刀等。

灰坑中出土的陶器，大部分是一些残陶片，有的仅能看出器形，可复原者较少。这批陶器如果按质料主要分为夹砂陶和泥质陶两大类，其中夹砂陶约占53%（包

括少量夹蚌陶），泥质陶仅占47%左右。夹砂陶中有粗砂和细砂之别，泥质陶质
地比较细腻，特别是细泥陶，胎质较薄，且质地坚硬，不易破碎，这种陶器在生
产过程中陶土可能经过淘洗或沉淀。夹砂陶主要用来制作罐、鼎、瓷、盆、钵和
器盖等；泥质陶多用来生产罐、壶、豆、钵、尊和筒形杯等。无论夹砂陶或泥质
陶，陶色主要分为灰陶、褐陶、黑陶和红陶4种，其中夹砂陶以褐陶居多，泥质
陶以灰陶为主，红陶和黑陶数量比较少。由于烧制等多方面原因，大部分器物器
表与胎质色泽往往不一致，局部常常出现多种色泽。另外，在泥质陶中还发现少
量陶胎呈红色或褐色的黑皮陶，个别陶器表面则涂上一层红色陶衣，用以掩盖陶
器表面原来的颜色。这批陶器外壁装饰以素面为主，占全部陶器的70%以上；有
纹饰者仅占23%左右，主要有绳纹、凹凸弦纹、附加堆纹、戳印纹、刻划纹、篮
纹、齿轮状花边纹、镂空、锥刺纹、布纹和鸡冠耳等，其中绳纹和附加堆纹分别
占10%左右，其他纹饰比较少。附加堆纹一般经过按压，绳纹有粗细之别，篮纹
分为横、竖、斜等不同走向。另外，还发现部分彩陶残片，从制作工艺分析，一
种是烧前绘制的，色泽比较牢固；另一种是烧后绘制的，一般称为彩绘陶器，颜
色极易脱落，因而难以保留。彩陶颜色主要有红、褐、黑、黄、白等诸种，其图
案多数绘制在泥质红陶罐上面，但构图比较简单，有的仅在器物口沿上面绘制一
条褐色或黑色彩带，而不再进行其他装饰。这批彩陶的图案基本由斜直线、弧线
或弧向平行线组成，其中以网格纹数量最多，次之为三角纹、人字纹、叶脉纹和
平行线纹等。陶器的制作工艺多数以手制为主，有的经过慢轮修整，大部分陶器
采用泥条盘筑法，小件陶器则采用直接捏塑成形。其制作过程一般先手制，拼接
成形后再用慢轮加以修整。有些陶器的足、耳、圈足等分制后再黏接在器体之上，
其黏接部位多刻有深浅不等的沟槽，以增加附着力。有的鼎底部挖3个孔，将足
黏接上，可起榫卯作用，个别鼎足结合部有一乳突，以便于插接。这批陶器器类
繁多，型式复杂，主要器形有罐、鼎、豆、盆、钵、壶、背壶、瓷、尊、缸、筒
形杯、碗和器盖等。其中罐类最多，约占全部陶器的35%，次之为鼎、豆、壶、盆、
钵和器盖。器物造型以平底器为主，计有罐、瓷、壶、背壶、盆、钵、筒形杯和
碗等；三足器只有各式鼎，圈足器仅见豆和尊，圜底器和尖底器未见完整者。下
面选择部分常见陶器进行介绍。

1.鼎

数量较多，主要分为罐形鼎、釜形鼎、盂形鼎和钵形鼎。罐形鼎均为夹砂陶，窄
斜折沿，深鼓腹，平底，侧三角凿形足；腹部多素面，个别饰绳纹，有的腹中部饰一
周戳印纹，安两个对称鸡冠耳。釜形鼎，为侈口，束颈，折腹，平底，素面，侧三角
凿形足。盂形鼎多为泥质陶，宽斜折沿，侈口，浅腹，平底，素面，凿形足（图一，1、6）。

2.豆

完整器较少，多为豆盘和豆柄分离的残件。均为泥质陶。豆盘主要分为钵形、双腹形、盘形和杯形诸种；豆柄均呈喇叭形，多饰圆形或三角形镂空，素面（图一，2～4）。

3.背壶

均为泥质陶，数量较少，仅在墓葬内发现2件，在灰坑和地层内未见完整器。其形制为圆唇，侈口，长颈，斜肩，鼓腹，平底，素面，肩部上侧安两个对称环状竖耳，腹部一侧扁平，另侧微鼓，有突纽（图三，12、13）。

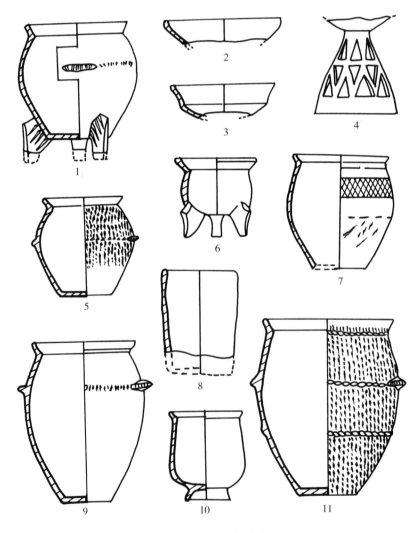

图一　大汶口文化陶器

1、6. 鼎W7:2、H113:5　2～4. 豆T1605⑥B:33、T1104⑤C:121、T1608⑦A:14　5、7、9. 罐W1:1、G8②:1、T1806⑥A:3　8. 筒形杯T1304⑤B:44　10. 尊M16:4　11. 瓮M1:1

4.罐

数量最多。多为夹砂陶，仅个别泥质陶。大部分器形残破，可复原器较少。从器物形态来看，一类斜折沿，深鼓腹，小平底，素面，上腹部饰一周附加堆纹，两个对称鸡冠耳。一类腹部饰绳纹，中腹饰一周附加堆纹或一周戳印纹，两个对称鸡冠耳。另类为泥质陶，窄斜折沿，上腹饰彩陶，下腹部素面。另外还发现部分大口罐和敛口鼓腹罐等（图一，5、7、9；图二，6）。

5.盆

数量较多，大部分缺少底部。其中一类为夹砂陶，窄折沿，敞口，斜直壁，有的器壁微外弧，平底素面；少数盆口沿饰一周刻划纹。一类腹部饰绳纹，中腹饰一周附加堆纹或戳印纹，也有的盆腹部安两个对称鸡冠耳（图二，1、3）。

6.钵

数量较少，多为泥质陶，个别为夹砂陶。大部分钵口沿内敛，有的为敞口，腹壁斜内收，小平底，器表多为素面，有的腹部饰篮纹（图二，2、4）。

7.瓮

数量较少，均为夹砂陶。一类窄折沿，深腹，上腹部饰一周附加堆纹，素面。另类斜折沿，束颈，深鼓腹，小平底，通体饰绳纹，中腹部饰 2～3 周附加堆纹，安两个对称鸡冠耳（图一，11）。

8.筒形杯

数量较多，但大部分残破。均为泥质陶，有的为细泥质陶。其形制多为深腹，

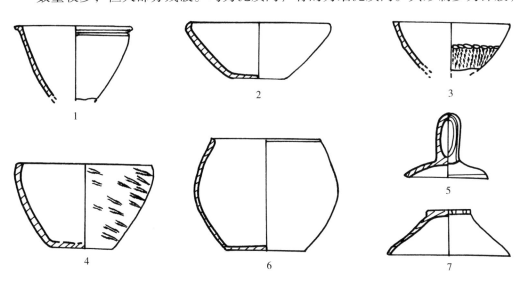

图二　大汶口文化陶器

1、3. 盆T1710⑥B:17、T1005⑤C:29　2、4. 钵G8③:3、T1607⑥A:7　5、7. 器盖T1605⑥C:21、T1608⑥A:16　6. 罐T1805⑥A:16

平底，素面。口沿有直口和侈口两种，壁为直壁和内弧壁，有的下腹部急内收，小平底（图一，8）。

9.尊

数量较少，均泥质陶，斜折沿，口微侈，深腹，最大径位于下腹部，圜底，喇叭形矮圈足，素面（图一，10）。

10.器盖

发现较多，主要分为覆碗式、覆盘式和覆碟式3类。大部分为夹砂陶，个别泥质陶。其形制为平顶、斜壁，多数顶部边缘外凸，并饰一周戳印状花边纹。器表多数为素面，也有的饰绳纹，个别顶部安柱状或环形把手（图二，5、7）。

二

以上对六里井大汶口文化遗存的主要文化面貌与基本特征做了概述，可以看出，其地域性特点还是比较明显的，需要认真研究。这里首先就分期与年代问题进行分析。从田野发掘所获资料来看，清理的众多灰坑和墓葬等遗迹以及比较厚的地层堆积，时代上具有一定跨度，因而在时间刻度上存在着明显的早晚差别，所以要进行分期，以便确立它们之间的年代序列和发展谱系。根据地层与地层之间的叠压关系，以及遗迹间的相互打破现象和陶器形态的变化规律，我们将兖州六里井大汶口文化遗存大致划分为早、中、晚三个发展阶段。

由于陶器出土数量最多，而且变化比较明显，最能够反映一个考古学文化的时代特征，所以我们主要利用陶器来探讨每个阶段的文化面貌及其演变关系。

1.早期阶段

主要是第7层，该层下面基本没有发现灰坑等遗迹单位，仅见有开口在7A层下打破了7B层的M12、M14及M4和M6等。因此这一时期出土的陶器大部分来自地层内。主要有折沿、深鼓腹、平底、腹部饰绳纹的罐形鼎，侈口、束颈、折腹、平底、凿形足的釜形鼎，敛口钵形豆盘，敞口深腹盘，喇叭柄编织纹大镂空豆，斜折沿、广肩、深鼓腹、外壁饰绳纹的平底罐，敞口、斜弧壁、小平底钵，侈口、内弧壁、平底筒形杯和覆碗式器盖等。

2.中期阶段

主要是第6层以及开口于该层下的部分灰坑和墓葬，如M5、M9、M16、H306和H321等。出土的陶器种类及数量较早期阶段均有所增加，器形有侈口、束颈、折腹平底的釜形鼎，敞口、浅盘、细喇叭柄豆，敛口小平底钵，折沿、深鼓腹小平底罐，敛口、圆鼓腹罐，侈口、深腹平底筒形杯，侈口、喇叭形颈、深鼓腹小平底背壶，敛口钵，折沿、深腹、圜底圈足尊，窄折沿、侈口、斜壁平底盆，折沿、深腹小平底瓮，覆碗式器盖等。

3.晚期阶段

是晚于第 6 层及该层下发现的部分遗迹单位，主要有 M13、H113 和 H248 等。出土的陶器主要有宽折沿、浅腹平底盆形鼎，折沿、深腹平底罐形鼎，敛口、浅腹高凿形足的钵形鼎，侈口、喇叭形颈、浅腹大平底背壶，大喇叭口筒形杯，直壁筒形杯，细柄折腹盘豆，折沿、圆鼓腹罐，敞口、斜弧壁小平底盆，大口、深腹小平底瓮，深腹、斜直壁覆碗式器盖和覆碟式器盖等。

前面我们对早、中、晚三个发展阶段出土的部分陶器做了大致介绍，现在再选择代表性器物来进一步观察它们在各个阶段的演变关系（图三）。

釜形鼎　早期体形修长，尖圆唇，侈口，束颈，折腹，平底，侧三角凿形足；至中期，釜形鼎体态变胖，圆唇，侈口，束颈，腹部变浅，足加高；到了晚期，釜形鼎消失，新出现了盂形鼎，宽斜折沿，沿面微内凹，腹较深，壁近直，平底，侧三角形高足。

罐形鼎　早期体较瘦，斜折沿，深鼓腹，小平底，上腹部饰绳纹，下腹素面；中期，罐形鼎基本不见；晚期又开始出现，形体变胖，窄斜折沿，圆鼓腹，大平底，素面。

豆　早期为敞口，深盘，腹壁微折，大喇叭形柄，上部饰编织形大镂空；中期阶段大喇叭柄豆消失，新出现敞口，浅盘、细柄喇叭豆；到了晚期阶段，这种陶豆演变成双腹盘细喇叭柄豆。

罐　早期阶段呈方唇，窄斜折沿，小口，广肩，深腹，小平底，最大直径位于上腹部，通体饰绳纹；中期演化为圆唇，斜折沿，鼓腹，最大腹径下移，平底，素面；至晚期阶段，罐口变小，沿变窄，底部加大，腹部呈圆鼓形，最大腹径居中，平底，素面。

背壶　早期阶段未见；中期开始出现，其形体瘦长，小平底，双耳安于上腹部；到了晚期形体较胖，大平底，双耳移至肩部。

钵　早期阶段为方唇，沿面出现一周凹槽，弧壁，下腹部斜收，小平底；中期，成为圆唇，口部近直，弧壁，下腹部急内收，底部加大；晚期则为尖圆唇，口部微敛，腹部斜收。

筒形杯　早期阶段腹部弧内收，平底；中期演变为侈口，下腹部内收，平底微内凹；晚期演变成大喇叭口，下腹部急内收，小平底。

器盖　早期阶段为大平顶，腹较浅，壁内曲，顶部边沿外凸，上部有齿轮状花边纹一周，腹部饰绳纹；中期顶部变小，绳纹消失，腹部亦浅，壁微外弧，素面；晚期顶部变小，腹部加深，壁斜直，通体饰绳纹。

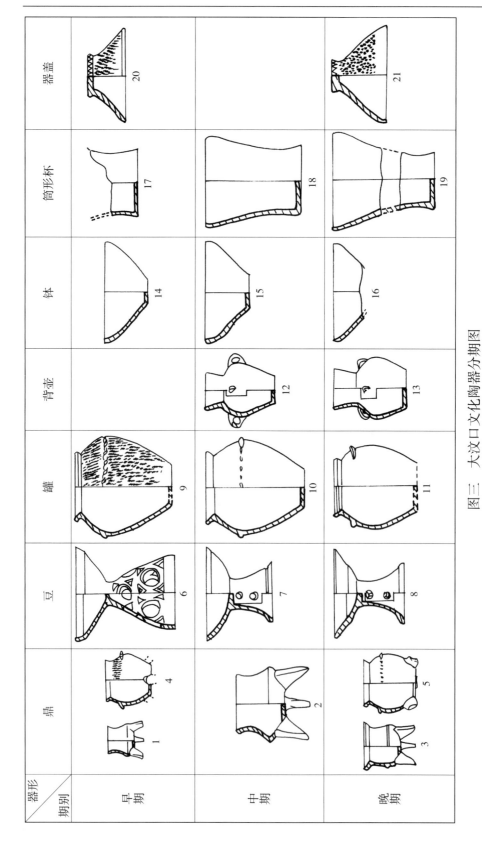

图三　大汶口文化陶器分期图

1～5. 鼎T1005⑦B：23，M16：5，M13：1，T1708⑦A：1，H248：1　6～8. 豆M14：2，M16：6，M13：4　9～11. 罐M6：1，M5：1，T1104⑤C：138　12、13. 背壶M16：2，M13：2　14～16. 钵T1504⑦A：1，T1608⑥A：15，T1104⑤C：113　17～19. 筒形杯T1005⑦B：42，M9：2，H113：11　20、21. 器盖T1105⑦B：11，T1106⑤B：5

从以上分析中可以看出，我们所划分的早、中、晚三个发展阶段，陶器的演变关系比较清楚，其衔接也是比较紧密的，三个阶段基本是一脉相承连续发展的，中间没有太大的缺环。例如，有的陶器在早、中、晚期都有，有的陶器仅出现在某一个阶段，说明它们之间既存在着阶段性特点，同时又具有一定的时代特征。又如，鼎、罐、豆、盆、钵和筒形杯等器形，尽管各个阶段发生一些变化，但自早期阶段一直延续到晚期阶段。背壶，早期基本不见，中期开始出现，到了晚期仍继续存在。圈足尊在早期和晚期未见，仅仅中期存在。釜形鼎，早期和中期共存，晚期基本消失，取而代之的是盂形鼎。罐形鼎，早期开始出现，中期消失，到了晚期又重新出现。筒形杯，早、中、晚三个阶段共存，但器物形态明显变化。因此，我们认为，六里井遗址的大汶口文化遗存，早、中、晚三个阶段衔接是比较紧密的。给人的印象是，中、晚期这段链条衔接得更紧密一些。从个别器物看，早期和中期之间好像有间断，可能存在着小的缺环。

关于六里井大汶口文化遗存的绝对年代问题，由于没有采用碳-14进行年代测定，所以一时还难以确定。这样，我们只有参考周围其他大汶口文化遗存所提供的年代数据，以此来进行论证。目前，比较可信的是曲阜南兴埠大汶口文化遗存所测定的两个年代数据[1]，其中ZK-1158F1距今4055±80年（公元前2105±80年），树轮校正年代为距今4470±135年，高精度表树轮校正值为公元前2573～前2343年。ZK-1159T1⑧距今4100±100年（公元前2150±100年），树轮校正年代为距今4530±145年（公元前2580±145年），高精度表树轮校正值为公元前2851～前2398年。如果推断不误，兖州六里井大汶口文化遗存的年代与曲阜南兴埠遗址基本一致。至于六里井大汶口文化遗存每个阶段的年代，只有对陶器作文化因素分析，再结合其他大汶口文化遗存提供的有关资料来进行判断。通过对陶器的类型学研究，我们认为，六里井大汶口文化遗存的早期阶段约与泰安大汶口[2]墓地早期、枣庄建新遗址[3]及墓葬的早期、邹县野店[4]第四期墓葬大致相当；中期阶段与泰安大汶口墓地中期、枣庄建新遗址和墓葬中期基本一致；晚期阶段则同泰安大汶口墓地晚期、枣庄建新遗址和墓葬晚期相对应。那么，六里井大汶口文化遗存的相对年代相当于大汶口文化的中期偏晚至晚期阶段，其下限距今4500年左右，上限应在距今5000年，其绝对年代在距今5000～4500年，前

[1] 中国社会科学院考古研究所：《中国考古学中碳十四年代数据集（1965～1991）》，文物出版社，1992年。

[2] 山东省文物管理处、济南市博物馆：《大汶口——新石器时代墓葬发掘报告》，文物出版社，1974年。

[3] 山东省文物考古研究所、枣庄市文化局：《枣庄建新——新石器时代遗址发掘报告》，科学出版社，1996年。

[4] 山东省博物馆、山东省文物考古研究所：《邹县野店》，文物出版社，1985年。

后跨度约 500 年，这同陶器类型学排出的年代序列基本是一致的。

<h1 style="text-align:center">三</h1>

　　兖州六里井遗址地处鲁中南与鲁西平原的交接过渡地带，位于泰山和沂山西南侧的汶泗河流域，大汶口文化遗存的文化面貌与泰安大汶口、泗水天齐庙[1]、邹县野店、曲阜西夏侯[2]、南兴埠[3]、微山尹洼[4]等遗址比较接近，与枣庄建新、滕州西康留[5]、西公桥等遗址主要文化特征也是基本一致的，应属于同一个大的文化系统。如果详细比较，可以看出，它们相互之间既存在共同特征，又出现一些区别，下面进行对比分析。

　　首先，在墓葬方面，两者均为土坑竖穴墓，葬式一般为单人仰身直肢葬，亦发现成年人与婴幼儿的双人合葬墓。死者头向多朝东南，方向一般在100°～130°，面向上或偏左右。死者流行头部人工变形和拔除侧门齿风俗。墓葬内多放置数量不等的随葬品，个别大型墓葬的随葬品多达百件以上，有的小型墓葬一无所有。随葬品主要以陶器为主，也有的用石器和骨器随葬。出土的陶器都以平底器、三足器和圈足器为主，器物组合均有鼎、罐、盆、钵、豆、壶、背壶、瓮、筒形杯、尊、碗和器盖等。这些器物的造型有的与六里井遗址的同类器形非常近似，有的甚至完全相同。如六里井遗址的鼎（M16：5、M13：1）与邹县野店第五期的 I 型 4 式鼎（M62：16）、枣庄建新遗址的 Ca II、III 式鼎（M79：2、M9：11）相同；六里井遗址的 Bb 型罐（W8：1）同野店第五期墓葬的 IV 型 3 式罐（M79：1）、大汶口遗址的 IV 乙式罐（M24：13）一致；六里井遗址的 Ab 型 II 式罐（T806⑥A：3、G8②：54）、D 型罐（M13：5）同建新遗址的 Da I、Da II 式罐（T3158④：3、F7：6）、F II 式罐（M1：10）雷同。六里井遗址的 A 型豆（M14：2）同野店遗址第四期的 I 型 3 式豆（M49：12）、大汶口早期的 II 甲式豆（M34：1）酷似；六里井遗址的 B II 式豆（M13：4）同建新晚期的 Gb II 式豆（M78：5）略同。六里井遗址的尊（M16：4）与建新遗址的 III 式尊（M48：3）、大汶口遗址的 III 式圈足尊（M9：8）相近。六里井遗址的筒形杯（M16：1、M13：3）同建新遗址的 Eb 型杯（M3：5）、Da III 式杯（M44：24）近似；六里井遗址的背壶（M16：2、

---

[1] 国家文物局考古领队培训班：《泗水天齐庙遗址发掘的主要收获》，《文物》1994年第12期。

[2] 中国科学院考古研究所山东队：《山东曲阜西夏侯遗址第一次发掘报告》，《考古学报》1964年第1期；中国社会科学院考古研究所山东工作队：《西夏侯遗址第二次发掘报告》，《考古学报》1986年第3期。

[3] 山东省文物考古研究所：《山东曲阜南兴埠遗址的发掘》，《考古》1984年第12期。

[4] 吴文祺：《微山县尹洼村大汶口文化晚期墓葬》，《中国考古学年鉴·1985》，文物出版社，1985年。

[5] 山东省文物考古研究所鲁中南考古队、滕州市博物馆：《山东滕州市西康留遗址调查、发掘简报》，《考古》1995年第3期。

M13：2）同建新遗址 Ab Ⅱ 式背壶（M24：6）、大汶口遗址的Ⅲ式背壶（M17：3）也有许多相似之处。

由于六里井遗址地域偏西及风俗习惯不同等原因，六里井大汶口文化遗存与汶泗流域周围地区其他大汶口文化遗存在文化面貌方面也出现了一些差别。例如，六里井遗址的墓葬死者均未见手握獐牙和用猪下颌骨及龟甲随葬的习俗。墓葬内基本不使用木质葬具，随葬品主要是陶器，未见用石质生产工具随葬的现象。出土的陶器，六里井遗址少见或基本不见大汶口文化中具有代表性的鬶、盉、单把杯、匜、缸（大口陶尊）、瓶、薄胎高柄杯和厚胎高柄杯等器物。相反，六里井遗址出土的大量各式陶罐，尤其是器表饰绳纹的罐、瓮和覆碗式器盖等，在其他大汶口文化遗址中是不常见的，但在六里井遗址中却大量存在，而且具有一定的代表性。这种差异是属于时代原因还是地域上的区别，有待今后进行研究。可以肯定，两者之间在埋葬习俗、陶器特征等方面出现的这种区别，是一个考古学文化在不同地域所产生的差异，而非属于不同的文化。因此，六里井大汶口文化遗存与同一地区的大汶口文化应属于一个大的文化系统。

综合全文可以看出，兖州六里井大汶口文化遗存自身特点是比较突出的，尽管与同一地区其他大汶口文化遗存有差别，但其主要文化面貌与基本特征还是一致的。因此，六里井大汶口文化遗存与泰安大汶口、曲阜西夏侯等遗址应归入一个文化系统，而且属于同一个地方类型。至于两者之间的差异，有待今后继续开展工作，以便将两者的文化关系研究得更清楚。

原载《中原文物》2001 年第 1 期

西公桥大汶口文化遗存之研究

西公桥遗址位于山东省滕州市官桥镇西公桥村西南约 300 米处 [1]。遗址地形北高南低，平面略呈椭圆形，面积约 5 万平方米。1998 年 10 ～ 12 月，为配合北京至福州的高速公路建设，山东省文物考古研究所组成考古队对遗址进行了勘探和抢救性发掘。这次发掘共开挖 5 米 ×5 米探方 39 个，揭露面积近千平方米，清理有大汶口文化时期的房址、灰坑、窖穴和墓葬等遗迹。出土有陶器、石器、骨器、角器和牙器等各类文化遗物 1000 多件。这些遗存的发现与发掘，大大丰富了大汶口文化研究的内容，为深入研究鲁南枣滕地区大汶口文化的面貌特征、埋葬习俗以及社会经济形态等又提供了一批十分重要的实物资料。本文主要依据这次考古发掘所获资料就有关问题进行分析。

一

西公桥遗址的地层堆积较浅，大约在 0.80 ～ 1.20 米，根据土质土色的不同变化，我们将发掘工地统一划分为 4 个地层：第 1 层，是耕土层；第 2 层，为汉代层；第 3、4 层是大汶口文化层；其中第 3 层又划分为 2 个小层。各层的分布范围不尽相同，第 1、2 层在整个发掘工地普遍存在，第 3A 层只存在于发掘区东部，第 3B 层分布在发掘区北部和南部，而第 4 层则分布不普遍，只在某些探方内发现。

此次发掘所清理的房基，大部分残缺不全，完整者比较少，多为残存的基槽、柱坑和柱洞等，这些柱洞，多数填土较软，呈黄褐色，有的含一些红烧土粒（块）和碎陶片，个别的经过层层夯实，非常坚硬，有的像鸟巢状，可以完整取出来。发现的柱洞，由于分布散乱且处于不同层位，因而很难看出其规律性。所清理的房基，其建筑方式，均为地面修筑，未见半地穴式建筑。门向多朝南或偏东南，面积在 15 平方米左右。

例如，F3 位于 T1724、T1624 和 T1723 内，开口于第 3A 层下，距地表 0.75 米，被 H34 和 H113 打破。房基平面呈椭圆形，南北 4.20、东西 3.50 米，面积约 14 平方米。

---

[1]　山东省文物考古研究所：《山东滕州市西公桥大汶口文化遗址发掘简报》，《考古》2000年第10期。

方向 141°。房基周围分布有 15 个柱洞（编号 D1 ～ D15),中间为长方形柱坑（编号 D16）, 长 88、宽 34、深 70 厘米。柱坑内的柱洞直径 30 厘米。柱洞皆口大底小，为圆形，斜壁，圜底，口径一般为 15 ～ 30、深度 10 ～ 30 厘米，其中 D16 深达 70 厘米。柱坑及柱洞内的填土基本一致，多为黄褐色，个别呈灰褐色，土质松软，含砂较多，其中 D12 底部放置有碎陶片,有的则夹杂红烧土粒(块)和一些草木灰等。室内地面比较平整，但未见有明显的践踏或加工痕迹，仅在室内北侧发现小块红烧土地面，推测这里原来可能是灶址。另外，从柱洞排列的间隙判断，门道可能朝向东南，介于 D1 和 D15 之间（图一）。

又如，F1 地基内填的红烧土中清理 1 具用于奠基的人骨架，仰身直肢，头向东，面向上，双脚交叉，似捆绑状。另外，房基红烧土内还发现 4 件摆放整齐，用于祭祀的完整陶罐，这种现象，应是有意放置的。

我们还清理了大量灰坑和窖穴，其数量近 200 个。形状有圆形、椭圆形、长方形、方形和不规则形诸种，其中以圆形为主，椭圆形次之，其他形状较少。这些灰坑，直径大小不一，深浅不同，小的不足 1 米，深度只有 0.20 米，大部分灰坑直径在 1.50 米之间，深度为 0.70 ～ 1.50 米，最大的灰坑直径在 5 米以上，深达 2.50 米。

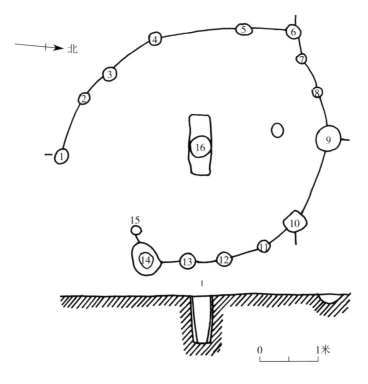

图一　F3平、剖面图

1～16. 柱洞

坑内堆积多为灰褐色土，土质较软，有的灰坑内包含大量完整陶器和陶片、碎石块、草木灰及红烧土粒（块）等，个别灰坑内填黄褐色土比较纯净，基本没有发现文化遗物，有的灰坑内则全部是一些红烧土颗粒（块），无其他文化遗物。所发现的灰坑形制比较规整，为上下方便，部分灰坑还发现有台阶式出入口，这类灰坑可能是一些废弃的窖穴。清理的灰坑，形状一般为直壁、平底，或斜壁、平底，有的为圜底。

例如 H123，位于 T1322 和 T1222 内，开口于第 2 层下，坑口距地表 0.30 米，打破 H161。坑口平面呈圆形，直壁，平底。直径 2.20、深 1.60 米。坑内堆积可以分为 5 层：第 1 层，厚约 0.35 米，浅灰褐色土，结构紧密，夹杂许多红烧土颗粒（块）；第 2 层，厚约 0.40 米，土呈深灰褐色，土质疏松，夹杂许多红烧土颗粒和草木灰；第 3 层，厚 0.07～0.18 米，黑褐色土，土质松散，夹杂大量木炭屑及草木灰等；第 4 层，厚约 0.25 米，土呈浅灰褐色，土质松软，包含较多的炭屑、草木灰及少量红烧土颗粒（块）；第 5 层，厚 0.56～0.70 米，浅灰色土，土质松软，夹杂少量红烧土颗粒（块）、草木灰及炭粒。出土的文化遗物主要是陶片，可辨别的器形有鼎、罐、盆、豆、杯等，另有少量石、骨器。

又如，H138，位于 T1322 和 T1422 内，开口于第 2 层下，打破 H133。坑口平面呈椭圆形，斜壁，圜底。长径 5.40、短径 4、深约 1.20 米。坑内出土文化遗物十分丰富，多达 140 余件，大部分为陶器，主要器形有鼎、鬶、盆、豆、罐、瓮、壶、筒形杯、高柄杯、单把杯、箅子、器盖等各类陶器，还有石器。根据土质土色的不同变化以及陶器的堆放情况，我们大致将坑内堆积划分为 3 层：第 1 层，厚约 0.30 米，灰褐色土，结构稍紧密，夹杂少量木炭屑和红烧土颗粒（块），出土陶器 28 件（编号 1～28），主要有鼎、鬶、盆、豆、罐、杯、器盖和纺轮及石锛等；第 2 层，厚约 0.50 米，黑褐色土，土质疏松，夹杂大量木炭粒和红烧土块，出土器物 60 件（编号 29～88），这些遗物均放置于红烧土颗粒及黑灰色土之间，器类有鼎、豆、罐、盆、瓮、壶、单把杯、高柄杯、箅子、器盖、筒形杯和石臼等；第 3 层，厚约 0.40 米，灰褐色土，土质松软，但黏性较大，夹杂大量红烧土粒（块），以及少许草木灰，局部有成堆红烧土粒（块）。出土器物 55 件（编号 89～143），大部分器物相互叠压在一起，堆放于坑底中部，摆放无一定规律。主要器形有鼎、罐、壶、鬶、盆、高柄杯等（图二）。

居址中出土的陶器，与墓葬内有所不同，灰坑中的陶器则以夹砂陶为主，泥质陶次之，细泥陶更少。器类多为日常生活用品，因而形体较大。而墓葬内的陶器则以泥质陶为主，夹砂陶次之，大部分是一些专门为死者随葬的明器，所以器形较小。陶色以灰褐陶居多，青灰陶、红陶占一定比例，黑陶数量比较少。无论

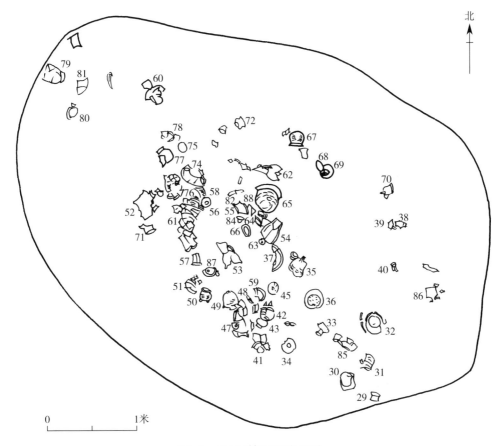

图二　H138第2层平面图

29、33、43、57、64、69、71、81、84. 豆　30、35、41、42、44、49~51、60、65、67、70、76、77、82、
85、87. 陶鼎　31、46、48、79. 陶罐　32、37、55、74、83. 盆　34、38、39、45、47、63、68、72、78、
80. 陶器盖　36. 陶箅　40. 陶高柄杯　52、54、61. 瓮　53、62. 鬶　56、75. 壶　58. 筒形器　59. 勺
66. 石臼　73、88. 陶筒形杯　86. 陶单把杯

遗址还是墓葬内出土的陶器器表装饰均以素面为主，纹饰有篮纹、凹凸弦纹、绳纹、
布纹、刻划纹、附加堆纹、盲鼻、镂空、鸡冠耳等。主要器形有釜形鼎、罐形鼎、
盆形鼎、实足鬶、袋足鬶、折腹盘豆、浅腹盘豆、双腹盘豆、大口罐、尊形罐、
折沿深腹罐、浅腹盆、深腹盆、折腹盆、小盆、鼓腹壶、扁腹壶、长颈壶、背壶、
瓮、瓦、甗箅、盉、圈足尊、匜、深腹圜底缸、单把杯、单把觚形杯、筒形器、勺、
筒形杯、各式高柄杯和大量器盖等（图三）。
　　发现的墓葬，是这次考古发掘的主要收获之一。48座墓葬大致可以划分
为4个墓区：A区墓葬最多，共有28座（M2、M5、M7～M12、M14～M20、
M25～M28、M32、M34、M36、M37、M39、M40、M45、M48、M49）；B区，清
理5座墓葬（M3、M4、M13、M22、M23）；C区，5座墓葬（M6、M31、M33、

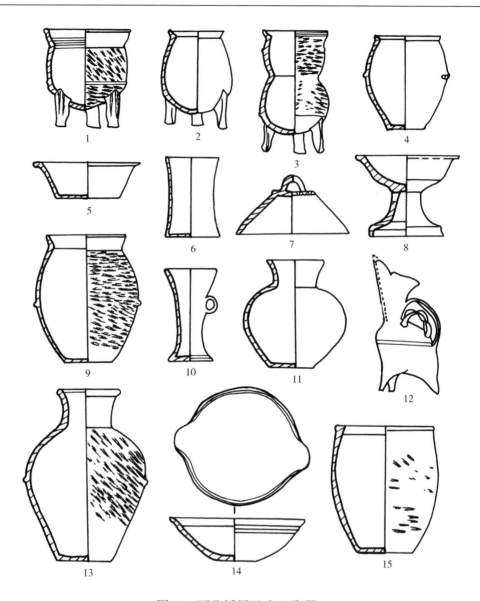

图三　西公桥居址出土陶器

1、2. 鼎H138③:124、H63:11　3. 甗H63:21　4、9、15. 罐H206:2、H138③:113、H138②:79　5. 盆
H138②:74　6. 筒形杯H138③:129　7. 器盖H138①:25　8. 豆H138②:33　10. 单把杯H216:1　11. 壶
H138③:101　12. 鬶H138②:53　13. 瓮H138②:61　14. 匜H138③:107

M35、M40);D区,有6座墓葬(M30、M38、M42、M43、M46、M47)。这批墓葬,
墓区与墓区之间有一定空白地段,大型墓葬相对集中埋葬,可能是一些富有家族
的墓葬;小孩墓与成年人墓一起埋在氏族公共墓地之中。

　　墓葬规模比较小,均属中小型墓葬,分布比较密集,排列整齐有序,多分区埋葬。

墓葬结构均为长方形土坑竖穴，多数墓葬有生土或熟土二层台，个别大型墓葬使用木质葬具。死者头向多数朝东南，方向在110°左右，仅有1座儿童墓葬（M30）头向朝西北。葬式以单人仰身直肢葬居多，亦发现屈肢葬和成年双人合葬墓。这批墓葬大部分放置有数量不等的随葬品，少的1件，一般6～8件，多的30余件，最多的达到55件，也有些小墓一无所有。随葬品的放置部位多数在死者骨架左右两侧的二层台上，少数放在死者身上。主要有鼎、鬶、豆、盉、罐、壶、背壶、瓮、尊、筒形杯、缸、高柄杯、器盖等（图四）。

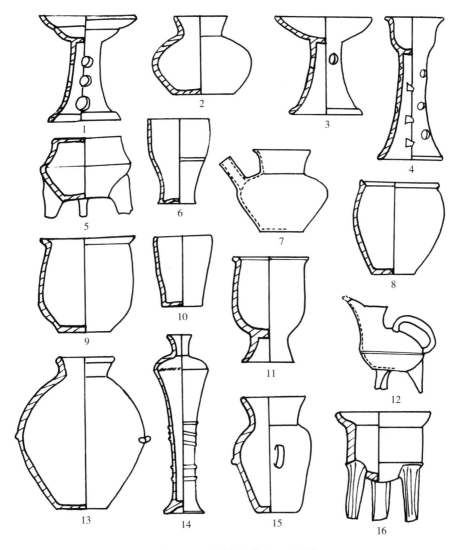

图四　西公桥墓葬出土陶器

1、3 豆 M21:7、M9:7　2．壶 M16:2　4．高柄杯 M38:5　5、16．鼎 M16:7、M17:2　6、10．筒形杯 M38:8、M16:3　7．盉 M47:30　8、9．罐 M26:5、M23:3　11．尊 M47:23　12．鬶 M46:9　13．瓮 M10:7　14．瓠 M47:3　15．背壶 M38:14

二

西公桥遗址的大汶口文化遗存，延续时间较长，所以，时间上具有明显的早晚差别，我们根据地层与遗迹之间的打破或叠压关系以及陶器类型学分析，大致将其划分为早、中、晚三个发展阶段。

1.早期阶段

主要是位于4层下以及部分3A、3B下的灰坑和墓葬等。这是遗址中最早的遗迹单位。该期陶器器形较少，器类简单，陶色方面以红陶和红褐陶为主，灰陶、黑陶和褐陶次之，青灰陶占一定比例。主要器形有釜形鼎、敞口浅腹盆形鼎、宽折沿直壁圜底罐形鼎、折沿鼓腹罐形鼎，折腹盘豆、浅弧盘矮柄豆，浑圆体背壶，喇叭口颈圆鼓腹壶、喇叭形颈扁腹壶、细长颈宽肩壶，大口鼓腹平底罐，窄沿深腹矮圈足尊，喇叭颈鼓腹小平底瓮，大口斜直壁杯、大口斜弧壁筒形杯、侈口深腹盘喇叭形高柄杯等。

2.中期阶段

主要是开口在3A、3B层下以及部分2层下的灰坑和墓葬等。该期陶器数量增加，器形复杂。陶色以灰陶和灰褐陶为主，红陶、红褐陶较早期阶段明显减少。主要器形有宽沿直壁圜底罐形鼎、宽折沿垂腹罐形鼎、宽折沿深腹直壁罐形鼎，扁圆腹实足鬶，敞口浅弧盘高柄豆、浅盘矮柄粗喇叭形豆、侈口喇叭颈圆鼓腹壶、侈口喇叭颈深鼓腹壶、侈口细颈瘦腹壶、瘦高体背壶、其他型壶，宽折沿胖体尊形罐、窄折沿瘦腹筒形罐、其他型罐，折沿深腹圜底圈足尊，侈口深腹小平底盆，大口斜腹壁筒形杯、大口直壁筒形杯、斜折沿筒形杯、侈口深腹盘喇叭形高柄杯、窄沿侈口深腹空心柄高柄杯、实心柄高柄杯等。

3.晚期阶段

主要是开口在2层下的灰坑和墓葬等。该期小型陶质明器大量增加，特别是筒形杯和高柄杯等在墓葬中有近100件，约占出土陶器的1/3。陶色方面与中期阶段基本相同，以灰陶和灰褐陶为主，青灰陶数量有所增加，红陶和红褐陶比较少见。主要器形有折沿浅腹直壁高凿形足鼎、折沿深腹圜底罐形鼎，扁圆腹实足鬶，宽折沿垂腹尊形罐、窄折沿瘦高体筒形罐，斜流侈口高颈扁圆腹盉，细高体背壶，折沿深腹圜底圈足尊，直口斜壁筒形杯、直口直壁筒形杯、斜折沿筒形杯、折沿浅腹高柄杯、实心柄高柄杯、薄胎镂空高柄杯，覆碗式器盖、覆盆式器盖，侈口细高体陶觚等。

由于遗址内出土的陶器比较零散，相互间的连接也不太紧密，而墓葬内随葬的陶器则大部分比较完整，且发展递变关系比较清楚，因而我们主要以墓葬内随葬的陶器为主，来探讨该遗址早、中、晚三期陶器的面貌特征及其演化规律。

鼎　釜形鼎、罐形鼎、盆形鼎，中、晚期不见。釜形鼎，束颈，斜腹壁小平底侧三角凿形足。盆形鼎，敞口浅腹斜壁小平底高凿形足，其时代越晚腹部越浅，底则由小平底发展到大平底。宽折沿罐形鼎，三期共存，早期，宽斜折沿，深腹，壁近直，平底，矮凿形足；中期，宽斜折沿，腹部变浅，高凿形足；晚期，窄斜折沿，浅腹，平底，高凿形足。鼓腹圜底罐形鼎，仅中期存在，早期和晚期不见，折沿，沿面斜直，深腹，直壁，圜底，演变为宽折沿，沿面凹曲，垂腹，最大径移至下腹部。

鬶　早期未见，中期开始出现，晚期继续存在，中期，矮短流，喇叭颈，扁腹，平底，实足；晚期，细长颈，扁圆腹，圜底；其演变规律是：腹由扁到圆，底部由平底向圜底发展，晚期还发现 1 件圆腹、圜底实足鬶和袋足鬶。

盉　早、中期未见，晚期流行，粗矮颈，短斜流，扁圆腹，演变为细高颈，长斜流，深鼓腹，最大腹径由中腹发展到肩部。

豆　三期共存，每期的型式组合都有变化。折腹盘豆，数量较少，仅早期存在，中、晚期不见。深盘喇叭柄豆，早期流行，中期延续，晚期减少，早期，深腹盘，矮喇叭柄；中期，盘腹变浅，柄加高；晚期为浅盘，粗高喇叭柄。浅盘喇叭柄豆，早期不见，中期出现，晚期流行，变化是：浅盘，粗矮大喇叭形柄，发展至浅盘，细高喇叭柄。双腹盘豆，早期不见，中期出现，晚期延续，中期，斜折沿，双腹盘，喇叭形柄；晚期盘加深，柄变高。

罐　早、中、晚三期共存。窄折沿大口罐，早、中期出现，晚期不存，早期，窄折沿，大口，平底；中期，沿稍宽，口变小，腹加深，最大腹径下移，小平底。

尊形罐　早期不见，中、晚期存在，中期，斜折沿，浑圆体，深腹，壁内弧，小平底；晚期，宽折沿，细高体，下腹折收，壁内凹。瘦腹罐，早、中期不见，晚期流行，变化规律是：浑圆体，向细高体发展，时代越晚形体越高。

尊　延续时间较长，早期，窄折沿，深腹，矮喇叭形圈足；中期，口沿较早期稍宽，圈足加高；晚期，宽斜折沿，腹变浅，细高圈足。

背壶　早、中、晚三期均存，侈口，喇叭形颈，腹一侧平，另一侧鼓，双耳偏向一侧，鸟喙形纽，平底，早期，侈口，喇叭形颈，广肩，浑圆体；中期，喇叭形颈，溜肩，形体变瘦；晚期，细高颈，瘦高体。

壶　早、中期存在，晚期消失。鼓腹壶，早期，侈口，喇叭形粗短颈，溜肩，浑圆体，最大径居中腹；中期，侈口，颈部加高，广肩，瘦高体，最大径居肩部。

扁腹壶　早期，侈口，喇叭形短颈，矮体，扁圆腹，大平底；中期，长颈，细高体，圆鼓腹，小平底。

　　筒形杯　早期出现中、晚期流行。大口筒形杯，深腹，壁斜直，下腹微内收，小平底，中期与早期近同，矮体，下腹内收；晚期，细高体，下腹部急内收。直壁筒形杯，三期变化较小，早期，大口，斜直壁；中期，壁近直，底部外凸；晚期，直壁，凹底。

　　高柄杯　早期开始出现，中期存在，晚期流行，早期，深腹，矮喇叭柄；中期，腹较浅，大喇叭形柄，圆形镂空；晚期，腹更浅，细高柄，圆形或三角形镂空。折沿深腹盘镂空高柄杯，早期不见，中、晚期流行，中期，窄斜折沿，敞口，斜壁，深腹；晚期，宽斜折沿，浅腹盘，细高喇叭形柄。实心柄高柄杯，早期不见，中期开始出现，晚期流行，腹部由深变浅。

　　综合以上分析，可以认为，西公桥大汶口文化遗存在时代上基本是一脉相承连续发展的，有的地方虽出现断层，但没有出现大的缺环，如鼎、豆、背壶、罐、尊、高柄杯、筒形杯等器形，三期共存；鬶，早期未见，中、晚期存在；壶、瓮等，早、中期出现，晚期不存；盉早、中期未见，晚期流行。由此说明，早、中、晚三个阶段之间在衔接紧密的同时，又存在着一定的阶段性。

　　关于西公桥大汶口文化遗存的相对年代问题，我们从陶器类型学方面分析，可以认为，同曲阜西夏侯上、下层[1]、南兴埠[2]、费县左家王庄[3]、泰安大汶口[4]、兖州六里井[5]、泗水天齐庙[6]、邹县野店第五期墓葬[7]、枣庄建新[8]、滕州西康留[9]、微山尹洼[10]等遗址基本一致。其中M16、M36、M37、M39等早期墓葬与建新早期墓葬、大汶口墓地的早期墓葬一致；M14、M17、M23、M46等大体与建新中期墓葬、大汶口墓地中期墓葬相同；而M38、M42、M43、M47则与建新晚期墓葬、大汶口墓地晚期墓葬基本一致。相对年代大约相当于大汶口文化的中期偏晚至晚期阶段。至于绝对年代，我们没有进行碳-14年代测定，因此，只有参考其他大汶口文化遗址所提供的有关资料进行推断，南兴埠遗址测定的2个年代数据为我们提供了

　　[1]　中国科学院考古研究所山东队：《山东曲阜西夏侯遗址第一次发掘报告》，《考古学报》1964年第1期；中国社会科学院考古研究所山东工作队：《西夏侯遗址第二次发掘报告》，《考古学报》1986年第3期。

　　[2]　山东省文物考古研究所：《山东曲阜南兴埠遗址的发掘》，《考古》1984年第12期。

　　[3]　山东省文物考古研究所、费县文物管理所：《费县左家王庄遗址发掘报告》，《海岱考古（第二辑）》，科学出版社，2007年。

　　[4]　山东省文物管理处、济南市博物馆：《大汶口——新石器时代墓葬发掘报告》，文物出版社，1974年。

　　[5]　国家文物局考古领队培训班：《兖州六里井》，科学出版社，1999年。

　　[6]　国家文物局考古领队培训班：《泗水天齐庙遗址发掘的主要收获》，《文物》1994年第12期。

　　[7]　山东省博物馆、山东省文物考古研究所：《邹县野店》，文物出版社，1985年。

　　[8]　山东省文物考古研究所、枣庄市文化局：《枣庄建新——新石器时代遗址发掘报告》，科学出版社，1996年。

　　[9]　山东省文物考古研究所鲁中南考古队、滕州市博物馆：《山东滕州市西康留遗址调查、发掘简报》，《考古》1995年第3期。

　　[10]　吴文祺：《微山县尹洼村大汶口文化晚期墓葬》，《中国考古学年鉴·1985》，文物出版社，1985年。

很好的依据，ZK-1158F1，距今4055±80年（公元前2105±80年），树轮校正年代为2573～2343B.C.；ZK-1159T1，距今4100±100年（公元前2150±100年），树轮校正年代距今4530±145年，高精度表树轮校正值为2581～2398B.C.。如果推断不误的话，西公桥遗址大汶口文化的年代上限应在距今5000年前后，其下限年代大约在距今4500年。前后跨越时间在500年。这样分析看来是比较符合实际的。

三

西公桥遗址中清理的房基、灰坑、窖穴和墓葬等，说明西公桥一带的大汶口文化先民过着以农业为主的定居生活。发掘中较多猪骨的发现，证实该地区以养猪为主的家畜饲养业是比较发达的。同时，采集和渔猎等，作为日常生活的一种补充，也是人们经济生活中一项不可缺少的重要内容。经过对遗址中挑选的273件动物遗骸标本进行鉴定，基本属于无脊椎动物的瓣鳃纲，脊椎动物的鱼纲、爬行纲、鸟纲和哺乳纲，至少可代表20多个属种，主要有圆顶珠蚌、珠蚌、丽蚌、扭蚌、青鱼、鲤鱼、鳖、龟、鸡、中华鼢鼠、狗、狗獾、家猪、麝、獐、梅花鹿、马鹿、麋鹿、鹿、羊、牛等。其中有4种淡水软体动物，2种淡水鱼，2种爬行动物，1种鸟，10种野生兽类和2种家畜。从动物骨骸数量及分布来看，渔猎活动在先民生活中依然占有非常重要的地位，偶蹄类动物如梅花鹿、獐、麝等是先民们捕猎的主要对象，其次是狗獾等小型食肉类动物。遗址中出土的各种贝壳，表明当时的气候较为温暖、湿润，且经常降水。年平均气温可能比现在要高4℃～5℃，与现在江南地区的福建一带气候相似。

优越的自然环境为农业和家畜饲养业的发展提供了得天独厚的条件，农业、家畜饲养业的发展又为各种手工业发展提供了雄厚的物质基础。遗址中许多精美手工艺品的出土，说明当时已经有了独立的专业化生产部门和从事手工业生产的技术工匠。如制石、制陶、制骨等的生产需要专业人员来进行制作，农业生产中使用的长方形石铲、长方形弧刃石斧、长方形石锛、石刀、石镰、石凿以及粮食加工工具的石臼、磨盘、磨棒、石锤以及石镞、石球等，均选用硬度较高的闪长岩、花岗岩、石英岩、硅质岩、辉绿岩等。这些石器，大部分磨制精细，刃部锋利、棱角分明，可见其制作工艺水平还是很高的。遗址中发现的大量陶（石）纺轮，说明这一时期已掌握捻线技术，骨针、骨锥等纺织工具的出土，以及器物底部印出的布纹，证实原始纺织业有了一定的发展。骨匕、骨铲、骨笄、骨锥、骨针以及鹿角锤、鹿角锥等的发现，说明骨角器的制作是很发达的；另外，灰坑及墓葬中出土的大量陶器及制陶工具的不断发现，说明这一时期的制陶业也是非常繁荣的。清理的近 200 个灰坑中出土陶器 400 余件，其中 H138 多达 140 多件，40 座有随葬品的墓葬共有陶器 297 件，占墓葬中随葬品总数的 95.19%，可见制陶业相当发达。特别是墓葬中出土的大量高柄杯、筒形杯等小型明器，质地软，无使用价值，看来不会是死者生前自己制造的，有可能是专业陶工为了进行交换而从事生产的。

生产力的提高，加快了私有财产产生的进程，由此导致了贫富两极的不断分化。在西公桥遗址，有少数富有者的墓葬规模较大，随葬品丰富，大部分贫穷者的墓葬规模较小，有的墓内孑然一身，空无他物，即使有随葬品的墓葬，一般为 3～5 件，大多数不超过 8 件，最多 10 件。其中 8 座小型墓葬无随葬品（M4、M19、M20、M22、M27、M29、M30、M44）。例如 M6，墓口长 1.99、宽 0.44 米，仅随葬 1 件陶鼎。又如 M34，墓口长 2、宽 0.60、深 0.80 米，墓主面向左，仰身，双手扶骨盆处，下肢交叉，年龄 20～22 岁，方向 91°，随葬陶壶、高柄杯各 1 件（图五）。与此相反，有的大型墓葬不仅墓穴宽大，而且随葬品丰富，与许多小型墓葬形成了鲜明的对比，又如 M42，墓口长 2.30、宽 1.05 米，随葬品 18 件，计有鼎、鬶、豆、罐、背壶各 1 件，筒形杯 5 件，高柄杯 8 件。再如 M47，墓口长 2.25、宽 1.20～1.40 米，墓底四周有熟土二层台，墓主头朝东。面部向左，张口，仰身直肢，方向 110°，左手压在盆骨下面，骨架保存较好，随葬陶器 31 件，主要放在死者上肢骨右侧二层台上，少量放置在死者上肢骨处，计有鼎 6，豆 5，罐 3，尊 2，背壶、盉、瓬、残陶器各 1 件，高柄杯 10 件。说明贫富差别已经开始出现，形成愈演愈烈之势，这种现象是同生产力水平相联系的，生产力愈发展，分化越明显。如西公桥遗址

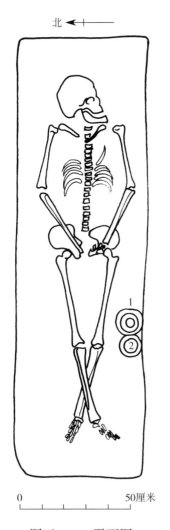

北 ←

0 ————————— 50厘米

图五　M34平面图

1. 陶壶　2. 陶高柄杯

早期阶段，生产力较低，除去日常生活所必需外，剩余产品还不多，因而，大部分墓葬内随葬品数量较少，有的墓葬一无所有，一般每墓4～5件，最多的只有12件，据统计，12座早期墓葬放置随葬品72件，每墓平均只有6件；中期阶段，生产力发展水平与早期阶段比较基本相同，没有得到根本的提高，据统计，21座墓葬中有随葬品119件，每墓平均5.7件，而随葬品最多的墓葬也只有16件；到了晚期阶段，情况发生了较大变化，社会生产力水平得到不同程度的提高，这就为财富的私人占有提供了有利条件，墓葬方面，不仅规模较大，而且随葬品丰富，4座晚期墓葬有随葬品116件，每墓平均29件，随葬品数量相当于中期阶段21座墓葬的总和，而比12座早期墓葬的随葬品多了近1倍。如M38，墓口长2.45、宽1.05～1.20米，墓壁垂直，四周有生土二层台，使用长方形木棺，形状为上窄下宽，已腐朽，仅存黑灰色板灰痕迹，墓主仰身直肢，右手压在盆骨下，头朝东，面部向上，方向110°，随葬品55件，大部分放置在棺外左右两侧的二层台上，棺内仅有罐和杯，这些随葬品主要有鼎5、罐4、豆7、尊、盉、背壶、器盖各1件、筒形杯12件、高柄杯19件及石铲、骨笄、骨环、骨镞等（图六）。可见这一时期，社会财富已经集中在少数人手里，特别是像M38这样的死者，生前一定是当时具有较高社会地位和一定身份的人物，或者是氏族的首领。不然的话，是不会使用如此多的物品来进行随葬的，"如果成员之间在分配方面发生了比较大的不平等，那么，这就已经是公社开始解体的标志了"[1]。

四

西公桥遗址大汶口文化的面貌特征与建新、六里井、南兴埠、西夏侯、野店第五期、西康留等遗址基本相同。墓葬均为土坑竖穴，死者头向朝东南，流行生土或熟土二层台，有的使用木质葬具，用猪头或猪下颌骨进行随葬，死者手握獐牙。多数墓葬放置数量不等的随葬品，主要有鼎、鬶、豆、罐、瓮、背壶、壶、盉、盆、尊、缸、筒形杯、高柄杯和器盖等。这些随葬品存在着许多相同或近似的文化因素。如西公桥遗址的豆（M9∶3、M21∶7、M38∶40）与建新的DⅠ式、CaⅡ式、GcⅡ式豆（M64∶3、M37∶1、M41∶1）一致；背壶（M39∶1、M42∶12）同大汶口Ⅰ、Ⅴ式背壶（M81∶8、M25∶28）接近；鬶（M46∶9、M43∶6）与建新AⅠ、Ⅲ式鬶（M15∶9、M45∶16）基本相同；盆（H138②∶74）与西夏侯上层墓Ⅱ式（M5∶51）、西康留（采∶7）以及南兴埠（T9⑦∶3）的盆近似；罐（H25∶2、T1222④∶1、H206∶2）与建新的罐（H193∶1、H189∶2、H7∶1）酷似；鼎（M17∶2）

[1] 恩格斯：《反杜林论》，人民出版社，1970年，第145页。

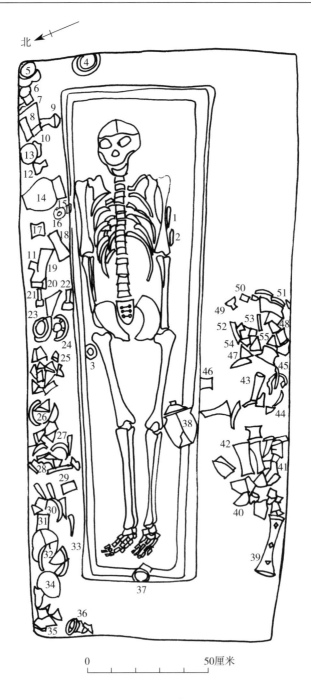

图六　M38平面图

1. 石铲　2. 骨笄　3. 骨环　4、38、48. 陶罐　5～13、15、16、18～24、26、29、30、32、36、37、43、45～47、49、50、52、53、54. 陶杯　14. 陶背壶　17. 陶器盖　25、27、31、34、41、51. 陶鼎　28、33、35、39、40、42. 陶豆　44. 陶盉　55. 骨镞

与建新 Ce1 Ⅱ 式（M7：1）鼎类同；盉（M47：30、M43：8）同建新 Ⅱ、Ⅲ 式（M45：18、M6：14）十分接近；尊（M14：4）与建新 Ⅲ 式（M48：3）尊近同；单把觚形杯（H216：1）同野店 Ⅰ 型 2 式（M51：23）、南兴埠（F1：1）同类器物有相似之处。由此推断，西公桥遗址与上述各遗址应属于同一个文化系统，其联系与建新、西康留等遗址关系更接近一些。

如果同河南、安徽、苏北地区的大汶口文化比较也存在许多共同点，在河南地区两者都有鼎、罐、鬶、豆、盉、背壶、筒形杯、高柄杯和器盖等，有的器形近似甚至相同，如西公桥遗址的盉（M43：8）、筒形杯（M5：3）与商水章华台的长颈盉、Ⅰ 式筒形杯形制相同[1]，西公桥的豆（M26：4）、圈足尊（M38：36）、筒形杯（M17：3）与平顶山的同类器物一致[2]，西公桥的罐（M28：8）与平粮台的折沿罐（T29⑩：20）形似[3]；但两者也存在差别，如段寨的釜形鼎（M2：5）、盉形豆（D23）、宽边罐（D36）[4]、谷水河 Ⅱ 式圈足尊（谷：37）[5] 等在西公桥不见。反之，西公桥的扁圆腹实足鬶、折沿深腹圜底鼎、缸、匜、甗、双腹盘豆、浅腹大平底盆、深腹盘喇叭柄豆等在河南境内是不多见的。说明两者既有联系，又存在差别，它们之间应属于一个文化系统的不同地方类型，有学者将河南境内的大汶口文化称之颍水类型[6]。

在皖北地区经过大规模考古发掘的主要是蒙城尉迟寺遗址[7]，该遗址出土的鼎、鬶、高柄杯、盆、大圈足豆、筒形杯、器盖等均具有大汶口文化的一般特征，有些器物与山东地区大汶口文化的同类器物相同或相近，如西公桥的平顶式覆碗形器盖（H138③：91）、筒形杯（H138②：123、M38：47）与尉迟寺的同类器物（H156：5、H02：2、H03：1）基本一致；西公桥的鼎（H138②：85）与尉迟寺的鼎（T3103H17：7）相同；但是两者也存在一些不同点，西公桥的陶器以灰褐陶为主，泥质陶占很大比例，器表装饰素面为大宗，而尉迟寺则是夹砂红陶占多数，篮纹较普遍，绳纹也很丰富；器形方面，尉迟寺的筒形罐（T3103H17：2）、G 型罐（H02：3）、鼎形甗（T1101H02：26）、C 型盆（T3103⑩：5）、长颈壶（T1101H02：27）、筒形罐（H156：7）等在西公桥遗址未见到。生产工具西公桥以石器为主，未见蚌器，而尉迟寺等遗址则大量使用蚌刀和蚌镰，反映了两地生产方式以及自然环境的不同。墓葬方面，西公桥遗址多有生土或熟土二层台，尉迟寺的墓葬一般不使用二层台，西公桥遗

[1] 商水县文化馆：《河南商水发现一处大汶口文化墓地》，《考古》1981年第1期。
[2] 张脱：《河南平顶山市发现一座大汶口文化墓葬》，《考古》1977年第5期。
[3] 河南省博物馆、周口地区文化局文物科：《河南淮阳平粮台龙山文化城址试掘简报》，《文物》1983年第3期。
[4] 郸城县文化馆：《河南郸城段寨出土大汶口文化遗物》，《考古》1981年第2期。
[5] 河南省博物馆：《河南禹县谷水河遗址发掘简报》，《考古》1979年第4期。
[6] 杜金鹏：《试论大汶口文化颍水类型》，《考古》1992年第2期。
[7] 中国社会科学院考古研究所安徽工作队：《安徽蒙城尉迟寺遗址发掘简报》，《考古》1994年第1期。

址未见儿童瓮棺葬，但在尉迟寺遗址却非常流行，约占全部墓葬的50%，用大型完整陶器作葬具，将年龄较大的儿童用多件陶器对接成棺具，这种葬法西公桥不见。而将陶器打碎铺盖在儿童或少年身上的葬法则同西公桥一致。

苏北淮海地区的新沂花厅[1]和泗洪赵庄遗址[2]时代上与西公桥遗址比较接近，陶器两者均以灰黑陶为主，红陶少见，鼎豆、背壶、鬶、杯等两者共存，纹饰都有篮纹、弦纹、附加堆纹、划纹、镂空和按窝等，器形方面，西公桥遗址的尊（M17∶1）与赵庄的尊一致，西公桥的折沿深腹圜底鼎（M15∶1、M25∶1）与赵庄的同类器物相近，浅腹盆形鼎（M18∶1）、盉（M47∶30）与花厅的鼎（M34∶18）、盉（M50∶46）基本相同。而赵庄遗址的瘦高体背壶、高领瓦棱纹陶壶等西公桥遗址未见。西公桥的盉、平底鼎、匜、大平底盆、缸、瓮等器物在赵庄遗址不存。赵庄遗址的墓葬多数不挖墓坑，也未发现葬具，西公桥的墓葬均挖墓穴，多数有熟土或生土二层台。大型墓葬还使用木质葬具。由于苏北地区发现的考古资料较少，所以，两者之间的文化关系目前还难以深入进行对比，如果资料丰富了，再做进一步的研究。

五

滕州西公桥遗址大汶口文化遗存的发掘，是滕州地区新石器时代一次较大规模的考古发掘，这对于探讨该地区大汶口文化的面貌特征以及与周围地区文化的关系等又提供了一批重要的资料。灰坑中出土的众多陶器，填补了过去遗址资料较少的空白，大批墓葬的发现为研究大汶口文化的埋葬制度又增加了一些实物依据。这批资料，如果与鲁中南地区的汶、泗河流域的大汶口、西夏侯等遗址进行比较，虽然出现一些差别，但主流是一致的，两者之间应属于一个大的文化系统。如果进一步分析，文化面貌与特征同建新、西康留、岗上等遗址比较接近，文化关系更密切一些，因而属于同一个地方类型。它们在长期的发展融合过程中，对周围地区的河南、安徽、江苏等省区的原始文化产生了积极的影响，共同为中华民族古代文明的形成与发展作出了重大的贡献。

原载《华夏考古》2009年第3期

---

[1]　燕生东：《淮海地区新石器时代考古学文化》，北京大学2000年硕士论文。

[2]　纪仲庆、车广锦：《苏北淮海地区新石器诸文化的再认识》，《考古学文化论集（二）》，文物出版社，1989年。

论枣庄建新大汶口文化遗存

建新遗址位于山东省枣庄市西北约 18 千米的山亭区西集镇建新村北侧[1]。遗址平面椭圆形，面积 3 万余平方米。该遗址是修建济（宁）至枣（庄）公路时发现的，其后省、市文物部门进行多次调查，为配合公路建设，组成考古队于 1992 ～ 1993 年对遗址进行了两次正式发掘，共开 5 米 ×5 米探方 106 个，发掘面积 2700 余平方米，发现大量大汶口文化时期的房基、灰坑、墓葬和陶窑、水井等，出土各类文物 1200 余件，其中以陶器居多，还有石、骨、角器等。这些遗迹遗物的发现，对于研究鲁南枣滕地区的大汶口文化提供了重要实物资料。本文利用所获的考古资料，就大汶口文化的面貌特征、分期与年代、社会性质以及与周围地区大汶口的关系等进行探讨。

一

整个遗址大致划分为 3 个发掘小区，西区以现代沟与中区相隔，东区和中区以一条南北向的乡间小路为界。根据土质土色的不同变化，发掘工地统一划分为 4 个地层。第 1 层是耕土，第 2 层为近现代层，第 3、4 两层属于大汶口文化堆积，其中第 3 层又分 3 个小层。龙山文化遗存仅见灰坑，但未见相应的地层。

1.房址

发现 20 余座，平面分为长方形、方形、圆形 3 种，其中长方形为主，方形和圆形次之。房基大部分保存较好，有的遭到一定程度的破坏。建筑方法均平地起建，有的为防潮，光挖浅穴，垫上红烧土再建设。房屋结构以单间为主，个别双间。面积大小不一，多数 10 ～ 20 平方米，小的 10 平方米，大的约 40 平方米。房屋门道以西向为主，次之朝北。所有房基墙体已不存在，只残留基槽、柱坑和柱洞。有的四周挖基槽，槽内立木柱，有的无基槽，仅挖柱坑，然后栽木柱，也有的基槽、柱坑和柱洞并用。基槽和柱坑的土质坚硬结实，似经加工；柱洞内的填土较松软，有的底部垫石块，有的用陶片和红烧土砸实，非常坚硬，个别柱洞周壁和

---

[1] 山东省文物考古研究所：《山东枣庄建新第一、二次发掘简报》，《考古》1995 年第 1 期。

底部连成一体，似鸟巢状，整个柱洞可以完全取出来，显然为了木柱下陷而特殊处理的，实际已起着原始柱础的作用。所有房址居住面不进行加工，室内未见灶址，有的仅发现用火烧烤的痕迹，并放置鼎、罐、背壶、豆、杯等陶质生活用具，估计是在室内直接用陶鼎等炊具蒸煮食物。如 F7，平面方形，方向 205°，门向西。东西 5.5、南北 5.45 米，面积近 30 平方米，其中室内 23 平方米。四周基槽一般宽 40、深约 70 厘米，拐角处宽 45～60、深 80～95 厘米。基槽直壁、平底、灰褐色填土，结构较紧密，包含有陶片和红烧土粒（块）。槽内柱洞 38 个，筒状，底较平。口径一般 10～30、深约 20 厘米。室内柱洞 3 个，南北排列。填土红褐色，含陶片、红烧土粒及少量木炭。室内放置有 7 件鼎、6 件罐和 1 件长方形盘状石器。陶器附近发现一片红烧土堆积，可能与灶有关。

另外，从灰坑内发现的大量墙皮碎块看，表面还涂抹一层白灰，说明石灰在房屋建筑方面已经得到运用。

2.灰坑

主要分布在房基附近，坑口形状有圆形、椭圆形、长方形和不规则形。其中圆形和椭圆形居多，方形较少。有的圆形灰坑制作规整，周围有柱洞和台阶式出入口，个别灰坑底部发现木质支架顶部塌落的腐朽痕迹，可能是储藏物品的窖穴，废弃后作为灰坑使用。如 H127，平面圆形，直壁、平底。坑口直径 3.35、深 1.38 米，东部有单层台阶，坑口西南边缘发现一个柱洞，直径 14、残深 6 厘米，底部垫碎陶片，经砸实，非常坚硬。坑内堆积分 2 层，上层厚约 90～100 厘米，灰褐色，结构紧密，较硬，含红烧土粒和草木灰。下层厚约 30～40 厘米，灰色，土质疏松，含草木灰。坑底厚约 8 厘米，似经过加工，坚实平整。出土陶片以灰褐陶为主，可辨器形有鼎、罐、鬶、甑、杯、器盖及石器、猪牙、鹿角等。尤其发现许多草拌泥红烧土块，一面平整光滑，另一面有芦苇的印痕，可能是房屋墙壁的残痕。

3.水井

水井的发现，填补了大汶口文化的空白。这是人类对自然界控制的重大发明，也是生产力发展的重要标志，它解除了人类对江河湖泊为日用水源的依赖，也适应了当时定居和农业生产的需要，因此，具有划时代意义。

4.墓葬

墓葬也是重要收获。这次发掘清理墓葬 92 座，大致划分为 5 个墓区，墓区与墓区之间保持一定距离，小孩墓多葬居址周围，也有的同成年一起埋葬在氏族公共墓地内。大型墓葬相对集中埋葬，可能是富有家族的墓地。

墓葬形制均土坑竖穴，东西向，墓坑排列整齐有序，多数墓葬有熟土或生土二层台，分为一侧至四侧不等，有的墓葬发现木质葬具。死者头向一律朝东或偏东南，方向 90° ～ 110°，面向上或偏左右。葬式以单人仰身直肢葬为主，亦有两座成年男女合葬墓（M10、M80），一座屈肢葬墓（M18）。墓内多数放置数量不等的随葬品，小墓 10 件以内，大墓 100 多件，一般 20 ～ 30 件，有的墓葬一无所有，反映了财产占有的不平等。随葬品以陶器居多。器形有鼎、鬶、罐、尊、瓮、单把杯、筒形杯、圈足杯、碗、钵、薄胎高柄杯、厚胎高柄杯和器盖。石质生产工具较少，仅发现铲、斧、锛、凿、砺石和纺轮。随葬品放置部位，陶器一般在死者脚下，多数放二层台上，个别陈置骨架上面。小孩墓用大型陶器打碎后再铺盖在死者身上。生产工具多置腰间，陶、石环多套在死者腕骨或前臂，石笄插于头部，有的死者手握獐牙，个别墓内有龟甲，还用猪下颌骨随葬，有的死者颅骨枕部人工变形和出现拔牙现象。

遗物中的陶器多数色泽不纯正，一般灰褐或黑褐色，以灰褐陶为主，灰陶和黑陶次之，其中黑皮陶占一定比例，红、白陶较少，有的挂陶衣。器形造型有平底器、三足器、圈足器和圜底器。其中平底器最多，约占 55%，主要是罐、瓮、背壶、盂、壶、筒形杯、单把杯、盆、碗等；圈足器次之，见有豆、圈足杯、尊、薄胎高柄杯和部分厚胎高柄杯；三足器仅鼎、甗、鬶；圜底器是陶缸。陶器的制作工艺是拉坯成型、模印成型与泥条盘筑相结合的制作方法[1]。小型明器直接手捏而成。器形有鼎、鬶、豆、背壶、壶、罐、盂、瓶、尊、盆、瓮、碗、甗、缸、钵、盂、薄胎高柄杯、厚胎高柄杯、圈足杯、筒形杯、器盖等 20 余种。器表装饰以素面为主，有的磨光。纹饰有篮纹、绳纹、方格纹、瓦纹、凹凸弦纹、附加堆纹、锥刺纹、刻划纹、指甲纹、突棱、乳丁、盲鼻、镂空、按窝、鸡冠耳、压印纹、箅纹等。彩陶多在泥质红陶罐的上腹部绘黑彩或红彩，纹饰仅发现条带纹和波浪纹。

二

建新大汶口文化遗存，延续时间较长，所以具有明显的早晚差别，依据地层与遗迹间的打破叠压关系以及类型学排比，将其划分为早中晚三期（图一）。由于陶器数量多，变化明显，最能反映一个遗址的文化面貌，所以我们首先分析陶器，下面将三期陶器的主要特征进行简述，并概括其演变规律。

1.早期

陶器较少，器类简单。陶色以红陶为主，灰黑陶较少，青灰陶罕见，未见白陶，发现彩陶。器形有尖唇窄平沿深鼓腹平底侧三角足鼎、窄斜折沿深腹鼎、卷沿折

---

[1] 钟华南：《枣庄建新遗址大汶口文化的制陶工艺》，《枣庄建新——新石器时代遗址发掘报告》，科学出版社，1996 年，附录四。

腹鼎、深腹圜底红陶甗、浅盘子母口豆、敛口钵形盘豆、杯形盘豆、敞口浅盘豆、单把杯、窄平沿鼓腹罐、斜折沿深腹罐、贯耳壶、圈足尊、大口深腹圜底缸、直颈圆鼓腹壶、敞口斜壁平底盆、圈足碗、浑圆体背壶、覆碗式器盖等。

2.中期

陶器数量增加,陶色以灰褐陶为主,红陶明显下降,彩陶消失。杯形或钵形盘豆、腹饰绳纹的鼎、盆、彩陶罐、圜底缸绝迹。出现折沿直壁扁凿足鼎、斜流短颈扁腹实足甗、分裆袋足鬲、圆腹实足鬲、鸟喙纽子母口罐、斜壁筒形杯、扁腹盉、直颈鼓腹盉、浅盘细高喇叭柄豆、双腹盘豆、侈口斜壁小平底盆、深腹圜底圈足尊、深腹单把杯等。

3.晚期

陶器显著增加,陶色以黑灰陶为主,青灰陶比例上升,出现白陶,红陶趋于绝迹。器物种类基本与中期相当,流行平底实足鬲、连裆袋足鬲。分裆袋足鬲、扁腹实足鬲和圆腹实足鬲消失。主要器形有薄胎镂空高柄杯、直壁圜底缸、折沿高颈扁腹盉、圆鼓腹子母口罐、侈口长颈壶、各式陶瓶、似瓶形背壶、折沿深腹小平底盆。特别是各式筒形杯、厚胎高柄杯、覆碟式器盖及鼎、罐、壶等小明器的大量增加,构成了该期陶器的主要特征。

上面对陶器做了概括,这里再选择有关器物观察它们的演变关系。

釜形鼎 早期窄平沿,束颈,折腹,壁斜内收,高锥状足,见标本 M61:8;中期窄斜折沿,深腹,壁近直,侧三角凿形足,见标本 M9:11;晚期宽斜折沿,沿面内凹,圜底,扁凿足,见标本 M7:1。

小盆形鼎 早期窄斜折沿,深腹,直壁,圜底,凿形足,见标本 M79:1;中期沿加宽,腹较浅,高扁凿形足,见标本 M50:4;晚期消失。

实足鬲 早期不见;中期出现,斜流短颈,圆腹,圜底,矮凿形足,见标本 M6:2;晚期颈加长,扁腹,平底,见标本 M39:36。

分裆袋足鬲 中期为斜流,喇叭颈,分裆大袋足,见标本 M9:7;晚期消失。连裆袋足鬲,仅晚期存在,见标本 M40:24。

子母口盘豆 早期口微侈,直壁,浅盘,圜底,细高柄,喇叭圈足,见标本 M79:7;中期侈口,斜壁,盘较深,矮喇叭柄,圈足近底微折,见标本 M47:34;晚期消失。

浅盘豆 早期口沿内斜,敞口,弧壁,圜底,喇叭柄,见标本 M64:3;中期平沿,柄中部微外凸,近底一周凸棱,见标本 M9:6;晚期沿内折,口微敛,盘加深,柄变矮,圈足底部一周折棱,见标本 M46:6。

深腹小罐 早期宽斜折沿,体瘦高,小平底,如标本 M79:4;中期斜折沿,

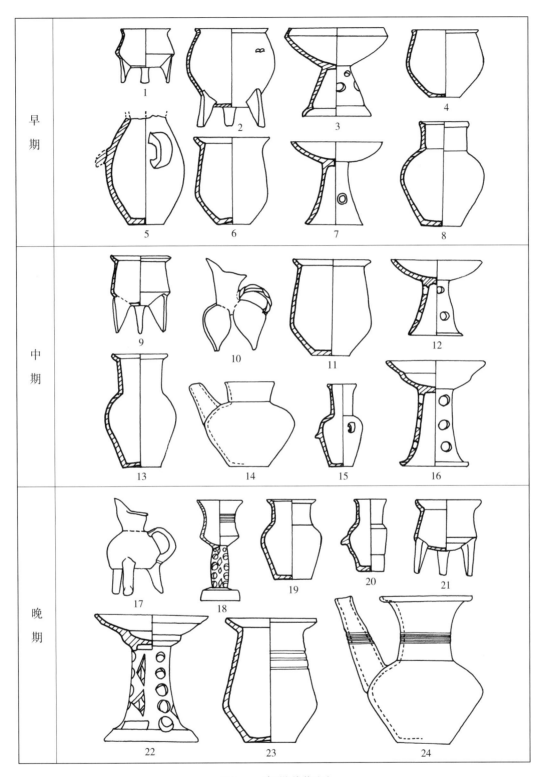

图一　陶器分期图

1、2、9、21. 鼎M79:2、M70:10、M9:11、M7:1　3、7、12、16、22. 豆M82:1、M64:3、M9:6、M21:6、M41:1　4、6、11、23. 罐M82:4、M64:1、M71:9、M39:27　5、15、20. 背壶M62:1、F13:3、M46:13　8、13、19. 壶M79:5、M1:13、M37:21　10、17. 鬶H46:3、M39:36　14、24. 盉M15:6、M36:23　18. 薄胎镂空高柄杯M72:14

腹变浅，底加大，见标本 M3：2；晚期腹更浅，体胖，圆鼓腹，如标本 M40：12。

尊形罐　早期斜折沿，深腹，下部斜收，见标本 M64：1；中期沿加宽内凹，下腹微折，见标本 M71：9，晚期宽折沿，沿面凹曲，束颈，深腹，壁斜直，下腹折收，见标本 M39：27。

盉　早期不见；中期侈口，喇叭形颈，圆腹，如标本 M15：6；晚期流加长，折沿，喇叭口，细长颈，扁圆腹，如标本 M36：23。

背壶　早期泥质红陶，短颈，浑圆体，双耳居中，如标本 M62：1；中期灰褐陶，颈加长，广肩，体细高，腹一侧扁，另侧平，双耳偏向一侧，见标本 F13：3；晚期出现白陶，体变小，似瓶，双耳成棱形，见标本 M46：13。

壶　早期浑圆形，侈口，短颈，圆肩，鼓腹，如标本 M79：5；中期体细高，斜折沿，细长颈，溜肩，下腹斜内收，见标本 M1：13；晚期体变小，如标本 M37：21。

缸　早期斜沿，大口，斜弧壁，腹较浅，下部急内收，见标本 F20：1；中期不见；晚期尖唇，平折沿，直口，深腹，壁近直，下腹部斜收，见标本 H51：2。

从整体看，陶器的演变比较清楚，早中晚基本是一脉相承连续发展的，中间无大缺环，有的器形自始至终出现，有的只某一阶段存在，说明既有阶段性，又具有一定时代特征。如数量较多的鼎、罐、豆、背壶、壶等自早期一直延至晚期。圈足尊早、中期存在，晚期消失。鬶、瓶、圈足杯、厚胎高柄杯等早期不见，中、晚期流行。单把杯三期均见，但形制有变化。筒形杯早期数量少，中期增多，晚期大量存在，多为明器，胎厚，质软，无实用价值。薄胎高柄杯早、中期不见，晚期流行，时代越晚其柄部加粗变矮。

总的印象：建新遗址中晚期衔接较紧密，早、中期这段链条相对疏松，在时间上似乎有些间断，器物发展变化可能存在小的缺环。

关于建新大汶口文化遗存的年代。约相当于大汶口文化的中期偏晚至晚期阶段，与大汶口墓地中、晚期 [1]、曲阜西夏侯 [2]、南兴埠 [3]、滕县岗上 [4]、西康留 [5]、微山尹洼 [6]、邹县野店第五期墓葬 [7] 的年代基本一致。

[1]　山东省文物管理处、济南市博物馆：《大汶口——新石器时代墓葬发掘报告》，文物出版社，1974年。

[2]　中国科学院考古研究所山东队：《山东曲阜西夏侯遗址第一次发掘报告》，《考古学报》1964年第1期；中国社会科学院考古研究所山东工作队：《西夏侯遗址第二次发掘报告》，《考古学报》1986年第3期。

[3]　山东省文物考古研究所：《山东曲阜南兴埠遗址的发掘》，《考古》1984年第12期。

[4]　山东省博物馆：《山东滕县岗上村新石器时代墓葬试掘报告》，《考古》1963年第7期。

[5]　山东省文物考古研究所鲁中南考古队、滕州市博物馆：《山东滕州市西康留遗址调查、发掘简报》，《考古》1995年第3期。

[6]　吴文棋：《微山县尹洼村大汶口文化晚期墓葬》，《中国考古学年鉴·1985》，文物出版社，1985年。

[7]　山东省博物馆、山东省文物考古研究所：《邹县野店》，文物出版社，1985年。

绝对年代，我们测定了 3 个碳 -14 数据，其中，ZK-2772H9 距今 3899±80（公元前 1949±80 年），树轮校正年代为 2327 ～ 2044B.C.；ZK-2773H46 距今 3934±95 年（公元前 1984±95 年），树轮校正年代为 2454 ～ 2056B.C.；ZK-2774H21 距今 3834±78 年（公元前 1884±78 年），树轮校正年代为 2271 ～ 1980B.C.[1]。

我们认为，上面 3 个年代数据普遍偏晚，难以使用，因此，只好参考其他大汶口文化遗址测定的有关年代数据。如南兴埠遗址 ZK-1158F1，距今 4055±80 年（公元前 2105±80 年），树轮校正年代为 2573 ～ 2343B.C.；ZK-1159T1 ⑧距今 4100±100 年（公元前 2150±100 年），树轮校正年代距今 4530±145 年（公元前 2580±145 年），高精度表树轮校正值为 2581 ～ 2398B.C.[2]。

如果推断不误，建新大汶口文化遗存的年代，下限基本与南兴埠相当，应在距今 4500 年前后，其上限在 5000 年左右。那么，建新大汶口文化在 5000 ～ 4500 年，前后延续大约 500 年。这与考古类型学得出的结论基本是吻合的。

三

遗址中清理的大量房基、灰坑和窖穴告诉我们，生活在建新一带的大汶口文化先民过着以原始农业为主的定居生活。种植的粮食主要是粟类农作物。发掘中，我们采集了一些含腐殖质较多的灰土，用水洗法选出 60 粒轻度炭化的粮食籽实，其形状多为卵圆形，背部隆起有沟，胚位于背面沟内，鉴定后确认是粟（小米）[3]。由于粟具有生长期短，耐旱，抗瘠，适应性强，易耕种等优点，很适合黄河流域的土壤和气候条件，所以早在 5000 年前的大汶口文化先民就把野生的狗尾草驯化培育为粟。目前仍是华北地区农民种植的粮食品种。

另外，在建新遗址中还发现了豆类植物的外皮和豆科的孢粉，说明大汶口文化的先民除种植粟外，还种植豆类农作物。

农业的发展，为家畜饲养提供了雄厚的物质基础，发掘中较多家猪骨骼的发现，说明养猪为主的家畜饲养是很发达的。从鉴定的动物骨骼看，还有鹿和野兔，其中鹿骨占很大比重，这是人类肉食的主要来源。有些鹿的牙齿磨蚀较轻，多保存

[1]　中国社会科学院考古研究所实验室：《放射性碳素测定年代报告（二二）》，《考古》1995年第7期。

[2]　中国社会科学院考古研究所：《中国考古学中碳十四年代数据集（1965～1991）》，文物出版社，1992年。

[3]　孔昭宸、杜乃秋：《枣庄建新遗址生物遗存鉴定和孢粉分析》，《枣庄建新——新石器时代遗址发掘报告》，科学出版社，1996年，附录五。

为乳齿，全属青年和幼年个体，无疑是人们食后随处丢弃的[1]。由于遗址距离河流较近，因而为捕捞提供了便利条件，当时捕捞的对象主要是鱼和各种蚌类，说明渔猎活动仍在人们的经济生活中占一定地位。

"农业是整个古代世界的决定性的生产部门，现在它更是这样了。"[2] 随着农业生产的增长，各种手工业日益发展起来。制石（玉）、制陶以及精美装饰品等的制造，说明有了专业化生产和一定数量的专业人员，许多手工业已经脱离农业成为独立的生产部门。如农业生产工具中的长方形石铲、梯形弧刃石斧、长条形石锛等，制作工艺水平是很高的，均磨制精细，多刃部锋利，棱角分明，有的进行抛光，穿孔技术应用较普遍。对不同用途的生产工具则选择不同的石料，斧、锛、凿等多用硬度较高的闪长岩、花岗岩、石英岩，铲是硬度稍低的角闪片麻岩和角闪片岩，砺石则以砂岩为主[3]。墓葬出土的大量陶器，证明制陶是很繁荣的。84座墓葬有随葬品1160件，其中陶器1096件，约占全部遗物的94%，可见制陶业相当发达，这就需要一批手工业匠人专门从事陶器的生产，如墓葬中一批质地软、火候低、器形小、专门为死者烧造的明器，不会是死者生前自己生产的，这是专业陶工为交换而专门制造的，由此说明氏族内部的商品生产与交换得到了一定的发展。

农业、家畜饲养业、手工业的发展，使男子在生产中发挥越来越重要的作用。所鉴定性别的墓葬，随葬品明显不同。33座成年男性墓葬，15座用石质的铲、斧、锛等生产工具随葬，约占45.5%，而13座随葬品的成年女性墓均未见石质生产工具，仅墓67一块砺石，墓89一件陶纺轮。不难看出，男女之间随葬不同的生产工具，和他（她）们生前的劳动分工有一定关系，这是男女分工状况的一种反映。说明男子是生产的主人，在社会领域占据重要地位，而女性则退居次要位置，从事家庭内一些辅助性劳动。"妇女的家务劳动现在同男子谋取生活资料的劳动比较起来已经失掉了意义；男子的劳动就是一切，妇女的劳动就是无足轻重的附属品。"[4]

由于男子地位的提高，女子地位开始下降。据统计。13座女性墓有随葬品154件，多数10件以内，最多不超过40件，每墓平均11.8件；而33座男性墓有随葬品634件，占出土遗物的57.8%，多数20～40件，最多的超过100件，每墓平均近20件。不难看出，男性墓的随葬品远远超过女性，正如恩格斯所说："这时谋生所得的全部剩余都归于男子；妇女参加它的消费，但在财产中没有她们的

[1] 石荣琳：《枣庄建新遗址的动物遗骸》，《枣庄建新——新石器时代遗址发掘报告》，科学出版社，1996年，附录二。

[2] 恩格斯：《家庭、私有制和国家的起源》，人民出版社，1972年，第146页。

[3] 牛树桂：《建新遗址石器质料鉴定报告》，《枣庄建新——新石器时代遗址发掘报告》，科学出版社，1996年，附录三。

[4] 恩格斯：《家庭、私有制和国家的起源》，人民出版社，1972年，第159页。

份儿。"[1] 又如墓 10 为成年男子合葬墓，男左女右，男性安放在墓室中央，仰身直肢，居主导地位。女性置右，居于墓室一侧，侧身直肢，面向男性，处于从属地位，可见两者具有明显的男尊女卑关系。再如墓 80，成年男女合葬墓，男右女左，在女性左侧顶部发现 1 个 12 毫米×10 毫米的圆孔，似锐器所致，边缘骨质断面未见愈合现象[2]，可能为男性殉葬而死，也可能与当时日趋频繁的战争有关。

生产力的提高，加快私有制产生的进程，由此导致了贫富的两极分化，墓葬中贫富差别就是私有制已经产生的具体反映。同一墓地，富者墓穴宏大，随葬品丰富；穷者墓穴狭小、简陋，有的孑然一身，空无一物，即使有随葬品一般 3～5 件，最多 10 件。如墓 2、14、81、86、87 无随葬品，墓 89 仅有陶鼎和纺轮。又如墓 4，长 2.2、宽 0.9 米，男性成年，仰身直肢，在下肢骨处放置背壶、罐、鼎、豆、筒形杯和厚胎高柄杯等 6 件陶器。与此相反，许多大墓宏伟的墓穴，丰富的随葬品与小墓形成了鲜明的对照。如墓 37，是一座中型以上的墓葬，墓坑长 2.2、宽 1.18 米，随葬陶器 32 件，其中 2 件豆、4 件壶、6 件筒形杯、4 件厚胎高柄杯、2 件背壶、6 件罐、3 件瓶、2 件薄胎高柄杯、鼎、圈足杯、鬶 1 件。又如墓 55，是大型墓葬，随葬品十分丰富。多达 74 件，其中 5 件鼎、2 件鬶、6 件豆、3 件背壶、5 件壶、11 件罐、8 件瓶、3 件薄胎高柄杯、6 件厚胎高柄杯、14 件筒形杯、6 件小杯、匜、盆、器盖及石铲、石锛各 1 件。其随葬品总数是墓 4 的 12.3 倍，说明贫富差别是十分惊人的。这种现象是同生产力水平相联系的，生产力越高，差别愈明显。据统计，9 座早期墓葬有随葬品 74 件，其总数不及墓 46 多，每墓平均 8.2 件；中期 24 座墓葬放置随葬品 286 件，每墓平均 11.9 件；23 座晚期墓随葬品达 667 件，约占墓葬出土遗物的 57.5%，每墓平均 29 件。特别是 6 座大型墓葬（墓 39、42、44、40、46、55）有随葬品 365 件，每墓 60.8 件。由此说明早期阶段生产力水平低下，社会财富不丰富，贫富差别不明显。晚期生产力水平得到极大提高，随葬品出现了比较大的差别，由此产生了氏族权贵式人物。如墓 39，墓穴宏大，为墓地之首，坑长 2.90、宽 2 米，随葬品 40 件，其中 5 件鼎、6 件筒形杯、4 件豆、2 件盆、4 件壶、2 件薄胎高柄杯、2 件背壶、7 件罐、2 件瓶、2 件残陶器、厚胎高柄杯、器盖、鬶、圈足杯各 1 件。又如墓 46，随葬品为墓地之冠，共有 112 件，计有 2 件鼎、2 件瓮、27 件瓶、4 件背壶、10 件壶、4 件罐、12 件筒形杯、3 件圈足杯、4 件薄胎高柄杯、23 件器盖、3 件残陶器、12 件厚胎高柄杯、鬶、豆、盆、纺轮及石铲、石斧各 1 件。随葬品的数量显然超出了墓主人生前的实际需要，可见死者身份地位非同寻常。4

---

[1]　恩格斯：《家庭、私有制和国家的起源》，人民出版社，1972年，第159页。

[2]　朱泓：《枣庄市建新遗址新石器时代人骨的鉴定报告》，《枣庄建新——新石器时代遗址发掘报告》，科学出版社，1996年，附录一。

件薄胎高柄杯的发现，是权力和身份的象征，也反映墓主人生前占有大量的财富。"如果成员之间在分配方面发生了比较大的不平等，那么，这就已经是公社开始解体的标志了。"[1]

四

建新遗址地处鲁南薛河流域，文化面貌与泰安大汶口、邹县野店、兖州六里井、泗水天齐庙[2]、曲阜西夏侯、南兴埠等遗址基本一致，应属于同一文化系统。

墓葬均为土坑竖穴，死者头向东或偏东南，葬式以单人仰身直肢为主，亦有屈肢葬和成年男女合葬墓。有的墓葬使用木质葬具，多数墓内放置随葬品，以陶器为主，石器次之。主要有鼎、鬶、罐、豆、盆、盉、背壶、壶、瓮、单把杯、筒形杯、高柄杯和各类器盖。两者都有头部人工变形和拔牙习俗，死者手握獐牙，墓内放置猪下颌骨和龟甲。

陶器两者存在许多相同或近似的器形，如建新的罐（M16：9、M44：1）与西夏侯（M21：1、M26：41）相同，壶（M44：44）同西夏侯（M13：6）、大汶口（M117：24）一致；豆（M61：4）、背壶（M62：1）与大汶口Ⅶ式豆（M107：1）、Ⅰ式背壶（M81：8）接近，罐（M37：19）、鬶（M9：7、M50：9）同大汶口Ⅴ式罐（M47：35）、Ⅱ、Ⅳ式鬶（M47：34、M98：14）近似，尊（M91：2、M48：3）与大汶口Ⅰ、Ⅲ式尊（M54：28、M9：8）雷同，筒形杯（M79：6）与大汶口 M59：1 相近，鬶（M40：24）、盆（M39：31）同西夏侯Ⅱ式鬶（M14：18）、Ⅰ式盆（M14：19）酷似，鼎（M61：8、M36：35）与大汶口Ⅱ、Ⅸ式折腹鼎（M54：20、M122：1）形似，鼎（M29：2、H33：2）与野店Ⅵ型鼎（M65：23）、南兴埠 F1：2 相似。

由于地域不同，两者也存在一些区别，如南兴埠房基为半地穴，室内有灶，而建新的房基为平地起建，室内均无灶。又如陶器，西夏侯Ⅱ式杯（M12：26、M26：7），南兴埠单把觚形杯（F1：1）、野店Ⅰ型Ⅰ式单把杯（M51：23）、大汶口Ⅳ、Ⅴ式单把杯（M47：40、M25：19）、野店的陶觚（M62：33）等在建新遗址不见。相反，建新流行的斜流扁圆腹平底实足鬶（M34：9），斜折沿、直壁圜底或平底鼎（M3：1、M39：40）、夹砂红陶甗（F20：02）、缸（F20：01）等在大汶口、西夏侯、野店等遗址罕见。这种现象是一个考古学文化不同地域间的差异，两者可能分别属于不同的文化类型。该类型在形成与发展过程中，与周围地区相互往来，频繁接触、互相影响、互相渗透，共同为中华民族作出了重大贡献。

---

[1] 恩格斯：《反杜林论》，人民出版社，1970年，第145页。

[2] 国家文物局考古领队培训班：《泗水天齐庙遗址发掘的主要收获》，《文物》1994年第12期。

（一）与安徽皖北地区大汶口文化的关系

枣庄与皖北毗邻，关系非常密切。建新遗址与肖县花家寺[1]、蒙城尉迟寺[2]比较，文化面貌既有共性，又存在差异。器物两者都以三足器、平底器和圈足器为主。大汶口文化的鬶、罐、鼎、背壶、瓶、盆、高柄杯、大口尊（缸）、器盖等在皖北地区大量存在。建新的鼎（M84：2）同宿县古台寺 B 型 Ⅱ 式鼎（T1 ③：1）一致[3]，筒形杯（M44：37）与尉迟寺的直筒杯（T1101、H02：2、H03：1）相同，Aa型 Ⅰ 式器盖（M82：2）同尉迟寺 C 型 Ⅰ 式器盖（T3103：4）相近，厚胎高柄杯（M44：16）与花家寺 Ⅱ 式高柄杯（T2：2）雷同，陶垫（H47：3）与尉迟寺 T3103（6）：7 相似。总体观察，尉迟寺大汶口文化遗存具有山东大汶口文化的一般特征，但有些器形变化，出现区域差别。如建新遗址的陶器以灰褐陶为主，黑灰陶次之，红陶较少，晚期出现白陶和青灰陶。尉迟寺主要是红陶和红褐陶，灰陶较少，白陶和青灰陶罕见。又如建新墓葬中小明器较多，实用器少见，尉迟寺的陶器是形体较大的实用器，小明器则较少。器形方面，尉迟寺的 A 型罐（M3：1、2、M1：1）、G 型罐（H02：3）、C 型盆（T3103 ⑩：5）、筒形罐（H17：2）、甑形鼎等在建新遗址未见。纹饰建新遗址以素面为主，篮纹和绳纹较少。而尉迟寺篮纹相当普遍，细绳纹也较丰富。生产工具建新以石器为主，未见蚌镞和蚌刀，但蚌器在尉氏寺和花家寺遗址中却大量存在。建新墓葬流行生土或熟土二层台，尉迟寺多数无二层台。瓮棺葬建新未见，尉迟寺却非常流行。还盛行用大型陶器作葬具，将婴幼儿直接放在完整陶器中，较大的儿童用二件或几件陶器对接成棺具，这种葬俗建新遗址也未见到。

房屋建筑两地也存在一些差别，建新遗址房屋多平地起间的单体建筑，门向多朝西，居住面未见加工痕迹，室内无灶。而尉迟寺则为浅穴式，以大型排房建筑为主，西北—东南向一字排列，明显构成一组建筑群体。墙体及居住面经过烧烤，所有房门一律朝南。

建新的先民种植的粮食主要是粟（小米），而尉迟寺则以种植水稻为主。

建新遗址存在颅骨枕部人工变形习俗，尉迟寺遗址未见。

由此说明，建新遗址与尉迟寺遗址，尽管存在一些相同或近似的文化因素，但差别还是比较大的，不应归入一个文化类型，有人提出将尉迟寺遗址作为皖北

[1] 安徽省博物馆：《安徽肖县花家寺新石器时代遗址》，《考古》1966年第2期。

[2] 中国社会科学院考古研究所安徽队：《安徽蒙城尉迟寺遗址发掘简报》，《考古》1994年第1期。

[3] 中国社会科学院考古研究所安徽队：《安徽宿县小山口和古台寺遗址试掘简报》，《考古》1993年第12期。

地区大汶口文化的一个地方类型 [1]，是有一定道理的。

（二）与河南境内大汶口文化的关系

鲁南枣滕地区距河南豫东地区较近，因而河南境内相继发现许多大汶口文化遗存，主要特征与山东大汶口文化基本相同。如郸城段寨 M1 死者拔除外侧门齿，M2 用猪牙随葬 [2]，周口烟草公司 [3] 仓库 M4 死者枕骨人工变形或拔除切齿等习俗与建新一致。陶器两者都有鼎、罐、鬶、豆、盉、壶、背壶、圈足杯、筒形杯、高柄杯、器盖等，有的器形相同或者近似。如建新的陶盉（M9：11）与商水章华台 [4] 长颈盉相同，圈足杯（M46：110）与段寨圈足瓶（D38）相似，袋足鬶（M40：24）、圈足杯（M30：3）、筒形杯（M46：27）与平顶山寺岗 [5] 的鬶、圈足尊近似。筒形杯（M50：1、M46：35、M24：5）与章华台 I、III 式筒形杯及偃师滑城 [6]M1：3 相同，罐（M37：9、M17：2）、厚胎高柄杯（M44：12）与滑城敛口罐、大口圆腹罐、高足杯雷同，壶（M61：2、M27：19）同禹县谷水河 [7] 无鼻壶（Y1：15）、段寨 H8：3 相似；豆（M38：15）同段寨高柄杯（D6），器盖（H163：1）、高柄杯（M44：33）同栾台 [8]H156：5、H156：1、H156：2 基本一致。

由于地域不同，两者同样存在差别。如建新的墓葬，死者头向一律朝东或偏东南，方向在 90°～110°，未见头朝北者，而河南境内的墓葬多以朝东和北者为主。死者手握獐牙和用龟甲随葬习俗在河南境内未见。陶器方面，滑城的大口杯（M1：5），段寨釜形鼎（M2：5）、篓形器 D23、宽边罐 D36、I 式盘式豆 D24，章华台 III 式筒形杯、鼎形鬶、谷水河圈足尊（谷：37）、筒形杯（Y1：25）、淮阳平粮台 [9] 盆形鼎（T29⑩：18）在建新遗址均未见到。同理，建新的篮纹或素面扁腹平底实足鬶、斜沿直壁圜底鼎、甗等也不见于河南大汶口文化遗址。由此说明，两者既有联系，同时存在地域差别，因而有的学者将其单独划为颍水类型，作为大汶口文化河南境内的一个地方变体 [10]。

[1] 王吉杯：《专家座谈安徽蒙城尉迟寺遗址发掘的收获》，《考古》1995年第4期。

[2] 郸城县文化馆：《河南郸城段寨出土大汶口文化遗物》，《考古》1981年第1期。

[3] 周口地区文化局文物科：《周口市大汶口文化墓葬清理简报》，《中原文物》1986年第1期。

[4] 商水县文化馆：《河南商水发现一处大汶口文化墓地》，《考古》1981年第1期。

[5] 张脱：《河南平顶山发现一座大汶口文化类型墓葬》，《考古》1977年第5期。

[6] 中国科学院考古研究所洛阳发掘队：《河南偃师"滑城"考古调查简报》，《考古》1964年第1期。

[7] 河南省博物馆：《河南禹县谷水河遗址发掘简报》，《考古》1979年第4期。

[8] 河南省文物研究所：《河南鹿邑栾台遗址发掘简报》，《华夏考古》1989年第1期。

[9] 河南省文物研究所、周口地区文化局文物科：《河南淮阳平粮台龙山文化城址试掘简报》，《文物》1983年第3期。

[10] 杜金鹏：《试论大汶口文化颍水类型》，《考古》1992年第2期。

（三）与江苏淮海地区大汶口文化的关系

鲁南枣滕地区与江苏淮海地区接壤，文化交流比较频繁，因而两地出现一些相同或相近的文化因素。如泗洪赵庄遗址[1]的房屋四周以浅槽为墙基，槽内立柱建墙，其建筑方法与建新遗址基本相同。墓葬赵庄以单人葬为主，也有合葬墓，死者头向一律朝东南，儿童墓将完整陶器打碎或上盖下垫，或仅上盖，这种葬法与建新遗址雷同。陶器两者均有鼎、罐、豆、鬶、背、壶、瓮等，其中赵庄的鬶、盆、杯、豆与山东大汶口文化同类器形一致。特别是赵庄的折沿深腹圜底篮纹鼎在建新、南兴埠、滕州西康留等遗址大量发现。同样，建新的分档袋足鬶（M9：7）与新沂花厅[2]的同类器形近似。由于地域不同，两者也存在一些差别，如建新的墓葬均挖墓穴，且有熟土或生土二层台，有的使用木质葬具，而赵庄的墓葬多数无墓坑，也未发现葬具。又如建新的陶器以灰褐陶为主，红陶较少，而赵庄的陶器以夹砂红陶为主，灰黑陶少见。建新的盉、瓶、平底鼎、篮纹实足鬶赵庄未见。相反，赵庄墓8的1件高领瓦棱纹陶壶在鲁南地区的大汶口文化中没有发现。

由于两地可对比的资料不多，难以深入探讨，有待今后进一步开展工作，以便进行深层次研究。

五

主要分布在鲁南枣滕地区以建新遗址为代表的大汶口文化遗存，具有一批独特的陶器群，文化面貌与汶泗流域的大汶口文化非常接近，应属于同一个大的文化系统，由于地域不同，两者又存在着一定的差别，故难以归入一个文化类型，因此，我们建议将建新遗址作为这一地区大汶口文化的一个地方类型。该类型的分布范围主要限于山东南部地区，东到临沂苍山附近，西达微山一带，北部覆盖滕州市全境，南部包括苏北的部分县、市。这种认识能否成立，还要做大量工作，才能得到最后的确认。

原载《华夏考古》1998年第4期

---

[1] 纪仲庆、车广锦：《苏北淮海地区新石器时代的再认识》，《考古学文化论集（二）》，文物出版社，1989年。

[2] 南京博物院：《新沂花厅新石器时代遗址概况》，《文物参考资料》1956年第7期；《江苏新沂花厅遗址1987年发掘纪要》，《东南文化》1988年第2期；南京博物院：《1987年江苏新沂花厅遗址的发掘》，《文物》1990年第2期；南京博物院花厅考古队：《江苏新沂花厅遗址1989年发掘纪要》，《东南文化》1990年第1、2期合刊。

试论鲁南苏北地区的大汶口文化

一 前言

本文论述的鲁南苏北地区，主要指山东省济宁、枣庄及临沂地区南部，江苏省淮河以北的淮阴、徐州和连云港地区。这一广袤区域，处于泰沂山系南侧，东临黄海，西有微山湖和皖北平原，南与长江中下游平原接壤，是我国史前时期南北文化交流和发展的重要地区，也是中华民族古代文明的发祥地之一。这里气候温和，土壤肥沃，雨量充沛，为古代人类的生存与发展创造了极为有利的自然环境。

这一地区的田野考古工作，始于 20 世纪 50 年代，当时多局限于对一些遗址进行调查和小规模的试掘。进入 60 年代以后，经过广大文物考古工作者多年不懈地努力，在该地区进行了一系列不同规模的田野考古发掘。截至目前，正式发掘的大汶口文化遗址近 20 处，有的进行过多次发掘。鲁南地区，主要有兖州王因[1]、六里井，曲阜西夏侯[2]、南兴埠[3]、邹县野店[4]、滕县岗上[5]、北辛[6]、西康留，枣庄建新[7]、微山尹洼，泗水天齐庙、尹家城[8]、临沂大范庄[9] 等；在苏北地区，有邳县刘林[10]、大墩子[11]

---

[1] 中国社会科学院考古研究所山东工作队、济宁地区文化局：《山东兖州王因新石器时代遗址发掘简报》，《考古》1979年第1期。

[2] 中国科学院考古研究所山东工作队：《山东曲阜西夏侯遗址第一次发掘报告》，《考古学报》1964年第2期；中国社会科学院考古研究所山东工作队：《西夏侯遗址第二次发掘报告》，《考古学报》1986年第3期。

[3] 山东省文物考古研究所：《山东曲阜南兴埠遗址的发掘》，《考古》1984年第12期。

[4] 山东省博物馆、山东省文物考古研究所：《邹县野店》，文物出版社，1985年。

[5] 山东省博物馆：《山东滕县岗上村新石器时代墓葬试掘报告》，《考古》1963年第7期。

[6] 中国社会科学院考古研究所山东队、山东省滕县博物馆：《山东滕县北辛遗址发掘报告》，《考古学报》1984年第2期。

[7] 山东省文物考古研究所、枣庄市文化局：《枣庄建新——新石器时代遗址发掘报告》，科学出版社，1996年。

[8] 山东大学历史系考古专业教研室：《泗水尹家城》，文物出版社，1990年。

[9] 临沂文物组：《山东临沂大范庄新石器时代墓葬的发掘》，《考古》1975年第1期。

[10] 江苏省文物工作队：《江苏邳县刘林新石器时代遗址第一次发掘》，《考古学报》1962年第1期；南京博物院：《江苏邳县刘林新石器时代遗址第二次发掘》，《考古学报》1965年第2期。

[11] 南京博物院：《江苏邳县四户镇大墩子遗址探掘报告》，《考古学报》1964年第2期；南京博物院：《江苏邳县大墩子遗址第二次发掘》，《考古学集刊·1》，中国社会科学出版社，1981年。

和新沂花厅[1]遗址。这些考古发掘，为我们深入研究大汶口文化提供了重要的实物依据。本文利用所获的考古资料，就该地区大汶口文化的面貌特征、分期与年代以及与此相关的问题，发表浅见于下。

二 文化特征

从目前发表的考古资料看，这一区域的大汶口文化面貌特征基本一致，无论从遗迹还是遗物等方面分析，发展序列及演变关系都比较清楚的。其主要文化特征简述如下。

1.陶器

主要分为夹砂和泥质两大类,其中含部分质地细腻的细泥陶。陶色有红、灰、黑、褐、白、乳黄等。陶器制作以手制为主，有的经过慢轮修整。器物造型以三足器、平底器和圈足器为多，圜底器少见。器形有觚形杯、釜形、钵形、罐形鼎、镂空豆、敛口钵、盆、罐、壶、背壶、空足、实足鬶、薄胎镂空高柄杯、厚胎高柄杯、筒形杯、单把杯、贯耳壶、盂、圈足尊、瓶、大口尊、碗、器座、漏器和器盖等。器表多素面，纹饰有篮纹、弦纹、竹节纹、绳纹、方格纹、刻划纹、人字纹、锯齿纹、指甲纹、附加堆纹、镂空、按窝及鸡冠耳装饰等。另外还发现一些彩陶，均绘在泥质红陶上面，主要是钵、觚形杯、盆、豆、钵形鼎、壶、罐、器座和漏器。花纹图案有弧线三角纹、八角星纹、圆点纹、条纹、水波纹、花瓣纹、连栅纹、网纹、宽带纹、勾连纹、斜栅纹、辐射条纹、⌒纹、连贝纹、卷云纹、平行线纹、太阳纹、连山纹、束禾纹、涡漩纹、云雷纹、字母形编织纹、饕餮纹（？）等。色彩由黑色单彩和红、黑、白、褐等组成的复彩，结构复杂巧妙，花纹图案新颖，题材丰富多样，反映了这一地区古代先民高超的绘画技术。

2.生产工具

以石器为主,骨器次之,牙、角器较少。石器主要有铲、斧、锛、凿、镐、刀、镰、矛、磨盘、磨棒、砺石和纺轮等。骨器有矛、锥、镖、针、镞、匕及獐牙勾形器和鹿角锄、角叉等。

3.房屋基址

过去发现不多，近年来在枣庄建新遗址发现 28 座。这批房基保存比较完整，分布密集，排列有一定规律。平面分为圆形、方形和长方形三种。以方形居多，圆形比较少。结构均为地面式木骨泥墙建筑，未见半地穴式。房基面积大小不一，多数 10～20 平方米，最大的超过 40 平方米,小的不足 10 平方米。门道以向西为主。

---

[1] 南京博物院新沂工作组：《新沂花厅村新石器时代遗址概况》，《文物参考资料》1956年第7期。

个别向北或朝南。房基四周有基槽、柱坑和柱洞，墙壁用白灰泥抹。个别基槽内有双排柱洞，拐角处发现的基槽和柱坑（洞）不仅大，而且深，说明房子承撑重心在四角。有的大型方形房基中间还发现一排柱洞，排列较疏，可能是用于支撑房脊的，看来当时已经出现两面坡式建筑。在有的房址内还放置鼎、罐等陶质生活用具。另外，大墩子遗址第二次发掘中，发现2件陶房模型，M71的陶房呈方形，攒尖顶，四周有檐，前面是门，两侧为窗，后壁上有孔，四壁及顶部四面坡均刻狗的形象。M287的陶房为圆形，攒尖顶，有五道戗脊。四周亦有房檐。这对于了解当时房屋建筑结构提供了重要的实物资料。

4.灰坑

建新遗址清理200余个，其他遗址发现不多。灰坑平面有圆形、椭圆形、方形、长方形和不规则形诸种。这批灰坑，以圆形为主。多数比较规整，主要分布在房基附近。口径一般1.5～3、深0.5～1.5米，有的灰坑发现斜坡或台阶式出入口，周围还有柱洞，并在底部清理出木质支架塌落腐朽的痕迹，这类灰坑可能是储存物品的窖穴。灰坑内的堆积多数为灰褐色杂土。质较疏松，并包含大量红烧土及陶片、兽骨和石块等。有的灰坑全部为红烧土块，别无他物，可能与废弃的房屋有关。

5.墓葬

1700余座，均长方形土坑竖穴，有的使用井字形或长方形木质葬具。葬式一般为单人仰身直肢葬，少年葬法与成人相同，儿童用碎陶器盖在骨架上面。另外，发现少量屈肢葬及特殊葬式，如折头葬、盘臂盘腿葬等。这类葬式可能与非正常死亡有关。在王因、刘林、大墩子等遗址还有一些多人二次合葬墓。多为同性合葬，也有年龄相若的成年男女合葬墓。死者的头向各个墓地不同，多数朝东，刘林北偏东，野店、建新、王因、岗上等遗址向东偏南或偏北。墓葬内大部分放置随葬品，一般十几件，少的不足十件；多的五六十件，甚至百件以上，也有的墓内一无所有。随葬品不仅有陶质器皿，如鼎、鬶、罐、盆、背壶、觚形杯、尊、盉、瓶、瓮、单把杯、高柄杯、筒形杯、器盖等，还盛行用石、骨质生产工具及龟甲、狗等随葬，特别是用猪下颌骨随葬，除具有宗教意义外，还以此作为财富的象征。多数死者存在拔牙和头骨变形习俗，个别死者口中还含有陶质或石质的小球。

值得提及的还有花厅遗址的殉人墓葬[1]，如M20，三具人骨，墓主为成年男性，脚下横向排列两具殉葬的少年个体。在性别可辨的4座墓葬中，其中3人是男性，另一名是20岁左右的青年女子。而在被殉葬的十七人中，十四人是少儿或幼儿，二人是妇女，只有一人是中年男性，后者与一名妇女和三个幼儿一起殉葬。可见这一地区，在大汶口文化中期阶段。社会性质已发生急剧变革。

---

[1] 南京博物院：《1987年江苏新沂花厅遗址的发掘》，《文物》1990年第2期。

三 分期与年代

关于鲁南苏北地区大汶口文化的分期，是一个重要的研究课题，过去学术界进行了一系列讨论。严文明先生分为八期[1]，称前四期为青莲岗文化，后四期为大汶口文化。南京博物院分为六期两个阶段[2]，前段（1～4期）为青莲岗文化，后段（5～6期）属于大汶口文化。吴山菁先生分为青莲岗期、刘林期、花厅期、大汶口晚期或景芝镇期[3]。还有的同志划分为青莲岗文化、刘林文化、大汶口文化、龙山文化和岳石文化五个阶段[4]。以上诸家提法虽各不相同，但都将大汶口文化归入青莲岗文化系，随着田野考古的深入，新资料的日益丰富，这些观点今天看来仍有继续探讨的必要。

大量考古资料表明，这一地区的大汶口文化所反映的文化面貌是不完全相同的。这里既有地域差异，又有年代早晚之区别。下面我们依据新的考古资料，参考过去的研究成果，将大汶口文化分为七期（表一）。由于陶器是最为常见的遗物，不仅数量多，器类繁杂，而且变化比较明显，因此，本文主要利用陶器讨论分期问题（图一）。

表一 各遗址大汶口文化分期表

地点\分期	王因	刘林	大墩子	野店	花厅	建新	岗上	西夏侯
一	早期墓	早期墓		一期墓				
二	中期墓	中期墓	早期墓	二期墓				
三	晚期墓	晚期墓	中期墓	三期墓				
四			晚期墓	四期墓	早期墓	一期墓	M6	M15、M23
五				五期墓	中期墓	二期墓	M1、M2	
六					晚期墓	三期墓	M8	下层墓
七						四期墓	M5	上层墓

[1] 严文明：《论青莲岗文化和大汶口文化的关系》，《文物集刊·1》，文物出版社，1980年。

[2] 南京博物院：《长江下游新石器时代若干问题的探析》，《文物》1978年第4期。

[3] 吴山菁：《略论青莲岗文化》，《文物》1973年第6期。

[4] 纪仲庆、车广锦：《苏北淮海地区新石器诸文化的再认识》，《考古学文化论集（二）》，文物出版社，1989年。

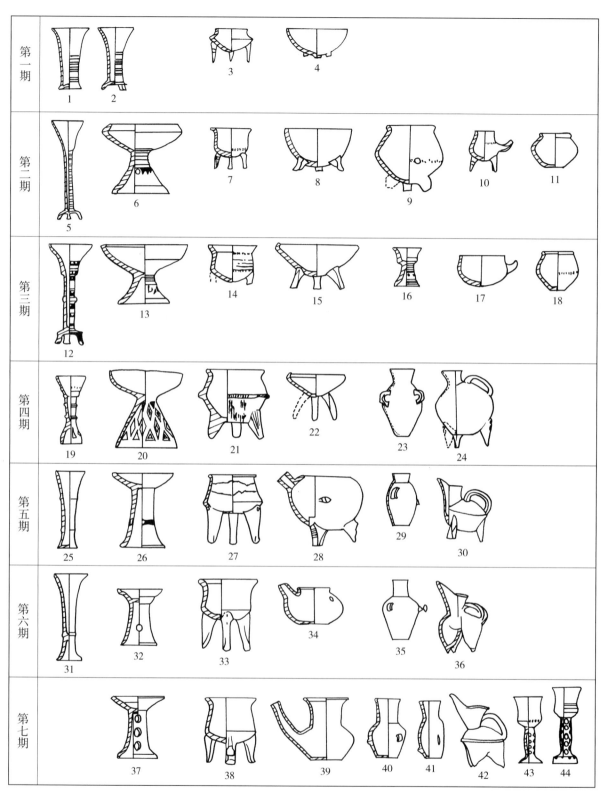

图一 大汶口文化陶器分期图

1、2、5、12、19、25、31.瓠形器 3、7、14、21、27、33、38.釜形鼎 4、8、15、22.钵形鼎 9、10.罐形鼎 6、13、16、20、26、32、37.豆 11、18.罐 17.盆 28、34、39.盉 23、29、35、40、41.背壶 24、30、36、42.鬶 43、44.高柄杯 （1刘林 2~4、7、10、11、14、16~18王因 5、6、8、12、13、15、19、23大墩子 22、26、30、32岗上 27、37建新 29、35花厅 9、24、28、31、42~44野店 余皆西夏侯）

第一期 陶器器类少，数量也不多。主要器形有喇叭口筒形腹的平底杯、三矮足的觚形杯、釜形鼎、双耳壶、钵形鼎、尊形器、钵、带把鼎、杯等。

第二期 陶器较一期有所增加，器形有三足觚形杯、折沿深腹小平底盆、窄沿扁腹罐、高颈釜形鼎、钵形鼎、罐形鼎、带把壶形鼎、敛口盘喇叭柄豆、器座、双耳壶等。

第三期 器形有三足觚形杯、敛口盆、钵形鼎、圆腹罐、小口双耳壶、折沿釜形鼎、漏器、敞口矮柄豆、深盘喇叭圈足豆、单把盆等。

第四期 器类增多，器形复杂。主要有圈足觚形杯、鼓腹罐、高凿足钵形鼎、釜形鼎、直口大镂空圈足豆、杯形喇叭柄豆、圜底或小平底背壶、短流圆腹实足鬶、长颈壶、单把杯等。

第五期 器形有平底觚、折腹鼎、扁腹实足鬶、敞口浅盘高柄豆、壶、背壶、短流平底三足盉、圈足尊、单耳杯、筒形杯等。

第六期 器形有觚、背壶、分裆大袋足鬶、斜流扁圆腹平底实足鬶、单把杯、鼓腹罐、直筒杯、折腹鼎、尊、浅盘高柄镂空豆、扁圆腹斜流平底盉、厚胎高柄杯等。

第七期 器形有折腹鼎、篮纹鼎、薄胎镂空高柄杯、壶、背壶、瓶、筒形杯、篮纹小罐、瓮、尊、斜流联裆袋足鬶、斜流扁腹平底实足鬶、宽肩壶、高颈长斜流扁腹盉、双层盘台式圈足镂空豆等。

随着社会发展不平衡及自然环境、风俗习惯等的变化，大汶口文化的面貌特征也出现阶段性特点，无论遗迹还是遗物都存在明显区别。因此，我们将该地区的大汶口文化概括为早、中、晚三个发展阶段。

1.早期阶段（1至3期）

石质生产工具不仅种类少，而且制作粗糙，形体浑厚笨拙，质地较软，有的还保留打制的痕迹。器形只发现斧、铲、磨棒和磨盘等。

这一阶段，陶器均手制，陶色以红陶为主，也发现灰陶和黑陶，有的陶器表面施红衣。器类不仅数量少，器形简单，而且火候很低。最富特色的陶器有釜形、盆形、钵形鼎、平底觚形杯、三足觚形杯、篮纹直口圆底尊、敛口镂空豆、带把三足小口罐、敛口、盆、漏器等。彩陶是在黑色条带上画白色花纹，如，回形纹、曲折纹、连贝纹、连栅纹、八角星纹、回旋勾连纹和花瓣纹等。这些花纹图案，大体分两类："一类是施白衣，绘红黑二彩，或施红衣，绘黑白二彩。即由三色组成（个别也有单绘黑彩的），彩绘主要用回旋勾连纹、弧形三角纹、圆点纹、直线纹、曲线纹及八角星等组成美丽繁缛的图案。这种彩绘多见于钵和盆的腹部及唇缘部位。另一类是施红衣，加绘黑色直线和曲线组成的图案，这类彩陶器主要有鼎、小口罐、三足觚形杯和瓺盖等。"[1]

2.中期阶段（4至5期）

生产工具的制作有了较大改进和创新，不仅种类增加，而且制作精细。石器多通体磨光，穿孔石铲、石斧等数量多，质量好。新出现了有段石锛、石镐和角锄、角镰、骨、牙镰、蚌镰等。

这一阶段红陶减少，黑灰陶上升。器类增多，器形富于变化。主要有凿形足的折腹鼎、大镂空圈足豆、背壶、圈足觚形杯、双鼻壶、直筒杯、扁腹短流三足盉、平底盉、小口罐、敛口高足钵形鼎、细颈圆腹实足鬶、壶、圈足尊、单把罐、单把杯、圆腹罐等。常见的彩陶器皿有罐、小口罐、缸、背壶、豆、漏器等。花纹为三角纹、圆点纹、弧线纹、勾连纹、网纹和波状纹。

3.晚期阶段（6至7期）

石质生产工具的制作发生了新的飞跃。器形规整，棱角分明，刃部锋利。石斧、石铲等通体磨光，有的还抛光，体扁平，管钻孔。选材多用硬度高的大理石和蛋白石等。

红陶明显减少，黑灰陶大量增加，彩陶衰落。新出现火候高、胎薄质细的青灰陶和白陶。开始使用轮制技术，特别是薄胎黑陶的生产，标志着制陶工艺进入崭新的阶段。主要器形有细颈袋足鬶、扁腹平底实足鬶、双层盘豆、盉形鼎、长斜流高颈鼓腹盉、尊、盆、薄胎镂空高柄杯、实柄杯、深腹罐、直筒杯、圈足杯、匜、宽肩壶、鼓腹罐、瓮、背壶、瓶及大量小件明器。

通过总结三个阶段陶器的主要特征，可以看出，传承关系比较明显，前后逐渐演变的脉络十分清楚，基本上是相互衔接、连续发展的。如陶色，早期以红陶为主，黑灰陶较少；中期，红陶锐减，黑灰陶增加；晚期，黑灰陶为多，红陶罕见。又如彩陶，早期数量少。花纹简单，早期之末，开始繁荣，常用多种色彩绘制不同层次的花纹图案；中期彩陶增加，花纹简洁明快，地方特点浓厚，有的器物只绘一种图案，有的多种花纹结合使用；晚期彩陶衰落，色彩单调，画面潦草，构图简化，有的仅寥寥几笔。再如器形，觚形杯整体由粗矮向细高发展，早期为平底，逐渐变成三足；中期为圈足，晚期又演化为平底或圈足；背壶，早期不见；中期出现，形制为喇叭口，长圆腹，圈底或小平底。晚期体瘦长，腹一侧鼓，另一侧扁平，宽带环耳偏向一侧，圜底消失，再后，体变小，似瓶形，晚期末绝迹，被瓶取代；鬶，早期不见，仅三足带把小口罐，中期为圆腹实足鬶，晚期流行袋足鬶，扁腹平底实足鬶继续存在，有的腹部还饰篮纹；豆，早期盘口内敛，钵形，小镂空，喇叭圈足，中期多直口，浅盘，喇叭形高圈足。特别是编织图案组成的镂空豆最

---

[1] 吴山菁：《略论青莲岗文化》，《文物》1973年第6期。

具特色，晚期多为双层盘高柄豆;钵形鼎，早期足较矮，中期三足加高，晚期消失；新出现折腹鼎、罐形鼎、折沿圜底或平底盉形鼎。

墓葬早期流行同性多人合葬墓，社会形态属于典型的母系氏族阶段，婚姻关系为普那路亚婚，早期之末，出现了向对偶婚姻过渡的迹象。中期，同性多人合葬基本消失，新出现异性多人与母子合葬及成年男女合葬墓。婚姻关系由对偶婚开始向一夫一妻制转变，社会形态属于母系氏族向父系氏族的过渡，男女两性在财产分配上虽然出现差别，但基本是平等的。晚期，成年男女合葬墓仍然存在，但数量明显减少。婚姻关系为牢固的一夫一妻制，世系以男性为中心，财产由男性来继承。社会形态属于父系氏族社会阶段。由于男性地位的提高，女性地位开始下降，并逐渐从属于男性。

随葬品方面，早期墓内一般没有随葬品，有随葬品的墓一般不超过二三件，且多为陶、骨、牙等日常生活用品，大部分不用生产工具随葬。陶器仅见觚形杯、釜形鼎、带把三足罐、杯等；骨、牙器多为针、锥和笄。可见随葬品的种类和数量没有大的差别，说明当时不存在贫富和私有观念，人人都是平等的。中期，生产力水平有了较大发展。创造的财富除个人生存必需外，已经有一定剩余，出现了贫富不均，私有制萌芽。晚期，生产力的不断发展。社会分工的出现，加速了贫富分化和私有制产生的进程。同一墓地贫富分化相当惊人，有的大墓，随葬品极其丰富，如西夏侯 M1，随葬鼎、豆、背壶、瓶、尊、盉、鬶、盆、钵等陶器 119 件。建新遗址 M46 内的陶器也在百件以上，这些都远远超过本人日常生活的需要。墓葬规模和随葬品的丰富程度，可以和奴隶社会的一般贵族墓葬媲美。但有些小墓一无所有，有的只 1～2 件随葬品，如野店 M81，仅随葬 1 件陶杯和 5 个獐牙。这应是氏族内部财产分配不平等的反映。正如恩格斯指出的："如果成员之间在分配方面发生了比较大的不平等，那么，这就已经是公社开始解体的标志了。"[1]

另外，花厅遗址的殉葬墓，也应高度重视。严文明先生曾指出，这种葬法，"不是阶级对抗发展的产物。而是一种对战败者的无情惩罚。身强力壮的中青年或者战死，或者逃走，惩罚就落到无力反抗又无法逃脱的妇女、儿童身上"。这"是在军事民主制下，对异族征服的产物，不是社会内部激烈的阶级对抗的体现"[2]。正是在这个阶段上，"奴隶制度也已经发生了"。不难理解，"在前一阶段上刚刚产生并且是零散现象的奴隶制，现在成为社会制度的一个本质的组成部分"[3]。

关于大汶口文化的年代。学术界多数同志认为，大约延续 2000 年。跨度在

[1] 恩格斯：《反杜林论》，人民出版社，1971年，第145页。

[2] 严文明：《碰撞与征服——花厅墓地埋葬情况的思考》，《文物天地》1990年第6期。

[3] 恩格斯：《家庭、私有制和国家的起源》，人民出版社，1972年，第51、161页。

公元前 4300～前 2400 年。早期阶段，自公元前 4300～前 3500 年，大约 800 年。中期阶段，为公元前 3500～前 2800 年，延续约 700 年。晚期约在公元前 2800～前 2400 年，大约 400 年，碳 -14 年代数据的测定与此相吻合。目前，鲁南苏北地区大汶口文化碳 -14 年代数据共测定九个（表二），年代最早者是王因 ZK-0773，校正年代为公元前 4333～前 3788 年；最晚者为南兴埠 F1ZK-1158，校正年代为公元前 2573～前 2343 年，两个数据跨度近 2000 年。可以看出，碳 -14 年代数据的测定同器物类型学所分析的考古学编年序列基本是吻合的。

表二　各遗址碳-14数据一览表

实验室编号	标本号	测定年代	校正年代
ZK-0164	野店T2548④柱洞	5230±200　3280 B.C.	4216～3690 B.C.
ZK-0461	王因T2105H37下F	5310±100　3360 B.C.	4211～3818 B.C.
ZK-0774	王因T4003③H1	4935±110　2985 B.C.	3700～3382 B.C.
ZK-0463	王因T249②房柱洞中	4679±90　2720 B.C.	3371～3048 B.C.
ZK-0464	王因T265H1②	5270±90　3320 B.C.	4032～3790 B.C.
ZK-0773	王因T409③H413	5375±200　3425 B.C.	4333～3788 B.C.
ZK-0775	王因T4018③H4010	4900±100　2950 B.C.	3682～3380 B.C.
ZK-1158	南兴埠T1⑦下F1	4055±80　2105 B.C.	2573～2343 B.C.
ZK-1159	南兴埠T1⑧	4100±100　2150 B.C.	2851～2398 B.C.

三　相关问题的讨论

（一）渊源问题

关于鲁南苏北地区大汶口文化的渊源问题，大家有不同的认识。北辛遗址的发掘，为深入研究这一课题提供了重要的实物资料。

以北辛遗址为代表的北辛文化遗存，主要分布在鲁南和苏鲁两省交界的山前地带。鲁南地区除北辛遗址外，还有王因下层、西桑园、曲阜刘家庄、汶上东贾柏[1] 等遗址。陶器均为手制，器物主要有罐式、釜式鼎、小口双耳壶、红顶钵、猪嘴形支座、石磨盘、石磨棒等。器表流行并列窄堆纹、划纹、锥刺纹、指甲纹、

---

[1]　中国社会科学院考古研究所山东工作队：《山东汶上县东贾柏村新石器时代遗址发掘简报》，《考古》1993年第6期。

乳丁及各种几何纹。晚期出现彩陶，但花纹简单，仅在钵口沿绘一周彩带。此类遗存，苏北地区有大伊山 [1]、二涧村 [2]、大村 [3]、阜宁犁园、大墩子下层等。这些遗址内涵比较复杂，除具有北辛文化的某些特征外，其腰沿釜、豆、鼎、羊角式把手，附嘴器及内壁绘彩的碗（钵）等，则包含着江淮地区新石器时代文化的一些特点。这种现象各个遗址是不尽相同的。二涧村、大村等遗址南方文化因素相对较少，而大伊山遗址南方文化因素则比较明显，据此，有人将其归入青莲岗文化。我们认为，这些遗址，虽然具有青莲岗文化的因素，但仍属于北辛文化的范畴，不应划到青莲岗文化系统中。众所周知，苏鲁交界地区属于北辛文化的分布范围，而青莲岗文化则是处于江淮之间的另一种考古学文化。从器物类型学角度分析。青莲岗文化与北辛文化差别较大，所以，不能把北辛文化包括在青莲岗文化之内。北辛、王因、大墩子等遗址的考古资料还表明，北辛文化发展为大汶口文化，其地层关系是比较清楚的，无疑是大汶口文化的前身。所以。青莲岗文化不是大汶口文化的早期阶段。而将大汶口文化归划到青莲岗文化中更是不适当的。把青莲岗文化"作为江淮之间小的区系文化的早期阶段或许更为合适，容易为大家所接受" [4]。

考古资料揭示，在北辛、大汶口文化分布地区内，也包含有青莲岗文化的某些因素。如在野店、大墩子下层发现的内壁彩绘与青莲岗遗址的彩陶片很相似。显然，这是受青莲岗文化影响的产物。同样，青莲岗文化的某些器形也具有北辛文化和马家浜文化的特征，这种复杂的文化面貌在江淮地区具有一定分布。但范围比较小，不可能到达泰沂山南缘，更不能覆盖"鲁中南的汶、泗、沂、沭诸河两岸至淮河下游北岸的平原台地，西至微山湖畔，东至连云港云台山地区" [5]。而只能限于淮河南岸及江淮之间的区域内，作为南北两大文化圈之间的过渡形态而存在的。正如石兴邦先生指出的："一个考古学文化包括的范围太广，它的典型性就不典型了。" [6]

（二）与其他文化的关系

1.与仰韶文化的关系

仰韶文化与大汶口文化是两支来源不同、各自独立的考古学文化。在大汶口文化早期阶段，两支古文化已经开始交往。在野店、王因、刘林、大墩子等遗址发

[1]　连云港市博物馆：《江苏灌云大伊山新石器时代遗址第一次发掘报告》，《东南文化》1988年第2期。
[2]　江苏省文物工作队：《江苏连云港市二涧村遗址第二次发掘》，《考古》1962年第3期。
[3]　江苏省文物工作队：《江苏新海连市大村遗址勘察记》，《考古》1961年第6期。
[4]　石兴邦：《山东地区史前考古方面的有关问题》，《山东史前文化论文集》，齐鲁书社，1986年。
[5]　马洪路：《试论青莲岗文化》，《考古学集刊·4》，中国社会科学出版社，1984年。
[6]　石兴邦：《山东地区史前考古方面的有关问题》，《山东史前文化论文集》，齐鲁书社，1986年。

现的彩陶盆（钵）或彩陶片。无论其整体造型、质地、色彩，还是装饰图案都与河南仰韶文化庙底沟类型的同类器物颇相似。如刘林遗址的彩陶盆（钵）（M72：1）、大墩子遗址的彩陶盆（钵）（M30：8、M44：4、M33：8、M30：9）形制与庙底沟类型的常见器物相似。又如，在野店遗址也发现过庙底沟类型的花瓣纹、勾连回旋纹彩陶盆和彩陶钵。说明大汶口文化早期阶段显然受到来自河南仰韶文化的影响。并吸收了仰韶文化的某些文化因素。到了大汶口文化的中晚期，由于大汶口文化居民大规模向中原拓展，其路线从东往西、往南，最后一直到达今河南省的洛阳和信阳地区，因而在仰韶文化的许多遗址中，都曾发现大汶口文化的遗物。特别是秦王寨类型的一些彩陶图案，明显具有东方大汶口文化的特点。如郑州大河村遗址的彩陶钵（F1：6）[1]和大汶口文化早期的彩陶钵相似。大河村的Ⅰ、Ⅱ式背壶（M9：1、2）器物造型和彩陶风格与大汶口文化中期彩陶雷同。洛阳王湾Ⅱ期的双腹镂空豆和西夏侯上层墓葬的同类器物也基本一致。另外，河南偃师、滑城、平顶山贾庄、商水章华台、郸城段砦、禹县谷水河、郑州大河村、鄢陵故城[2]等均发现大汶口文化中晚期墓葬，其中鬶、背壶、长颈壶、圈足尊、高柄杯、筒形杯、粗柄豆、斜流平底盉、长颈瓶、圈足杯等与大汶口文化的同类器物相近。由此说明，大汶口文化先民西进后，与当地仰韶文化先民广泛接触，互相交流，逐渐融合，从而创造出具有鲜明特色的古代文化。

2.与马家浜、崧泽文化的关系

马家浜文化和崧泽文化分布于太湖流域。马家浜文化的年代约相当于北辛文化中晚期至大汶口文化早期，公元前4000年前后发展为崧泽文化。这一时期，鲁南苏北地区和太湖流域，文化传统彼此具有不同的来源与发展谱系，但同样存在着文化上的渗透、交流与相互影响，因而出现一些相同或近似的文化因素。如大伊山、二涧村、大村遗址。墓葬流行死者头盖红陶钵的习俗，陶器中腰沿、羊角状把手、附嘴作风等都具有南方文化因素，显然与马家浜文化的北上传播及同当地的文化交流有关系。又如，刘林墓地中发现的Ⅶ式罐（T411：4）与崧泽遗址[3]中层的釜形鼎（M60：8、M61：3）近似。刘林遗址的罐式鼎（M44：10）和邱城下层（T23②：59）的鼎雷同，刘林遗址的陶杯（M56：2）也和邱城中层墓葬的陶杯很相像[4]，刘林、大墩子等遗址的陶缸（M192：1、M44：36）同张陵山的陶缸[5]

---

[1] 郑州市博物馆：《郑州大河村遗址发掘报告》，《考古学报》1979年第3期。

[2] 武津彦：《略论河南境内发现的大汶口文化》，《考古》1981年第3期。

[3] 上海市文物保管委员会：《崧泽——新石器时代遗址发掘报告》，文物出版社，1987年。

[4] 牟永抗、魏正瑾：《马家浜文化和良渚文化——太湖流域原始文化的分期问题》，《文物》1978年第4期。

[5] 南京博物院：《江苏吴县张陵山遗址发掘简报》，《文物资料丛刊·6》，文物出版社，1982年。

基本一致。同样。马家浜文化、崧泽文化也发现北辛、大汶口文化的因素；如江苏海安青墩 [1]、吴县草鞋山 [2]、上海崧泽遗址的彩陶片与王因、刘林、大墩子遗址的彩陶十分相似。潜山薛家岗 [3] 一期文化遗存的彩陶片与大墩子的彩陶图案技法颇同。青墩遗址崧泽文化层的高圈足杯与刘林等遗址的同类器物几乎一样。再如，马家浜文化的炊器由釜发展为鼎、葬俗由俯身葬到仰身葬等也是受到北辛文化和大汶口文化的影响而发展起来的。

3.与良渚文化的关系

　　良渚文化是继崧泽文化发展起来的一种考古学文化，据碳 -14 测年推断，大体距今 5000～4000 年，约相当于大汶口文化中晚期。这一阶段，大汶口文化与良渚文化相互影响，相互渗透，共同发展，因而出现了一些共同的文化因素。如大墩子遗址的贯耳壶（M302）与良渚文化马桥遗址 M9[4] 的同类器物相似，野店遗址的贯耳壶（M31：10）特征与张陵山遗址的贯耳壶雷同。南京北阴阳营良渚文化 H2 出土的陶尊 [5]，无论造型还是刻划符号，都与鲁东南地区大汶口文化的陶尊相同。又如，大汶口文化的象牙雕筒、象牙梳、玉璧、玉琮、玉串饰、双孔石钺及 T 足形鼎、双鼻壶、宽把带流杯、有段石锛等，都是江南地区良渚文化的代表器物，这些器形多次在大汶口文化遗址中发现，是受良渚文化影响的产物。在太湖流域，良渚文化也受到来自北方大汶口文化的一些影响，如福泉山遗址 [6] Ⅵ式壶（T23M2：46）与大墩子的彩陶背壶（M107：1）相似。广富林遗址 [7] 发现的陶鬶（M1：3）与大墩子 M214 的实足鬶形制近同。马桥遗址的 Ⅰ式觚（T13：6）同野店 Ⅱ式觚形杯（M62：23）基本一致。大家知道，背壶、鬶等是大汶口文化的典型器物，而良渚文化遗址中多次出土此类器物，应是良渚文化受到大汶口文化影响的一种反映。这种现象，在两个文化区的相邻地带，互相影响的因素愈多。从而说明，鲁南苏北地区是南北两大古文化系统的交汇地带。其程度，"良渚文化向北发展，其影响至少可达苏鲁交界处，甚至辐射到胶东半岛；大汶口文化向南拓展，其影响可达到太湖地区" [8]。

[1]　南京博物院：《江苏海安青墩遗址》，《考古学报》1983年第2期。

[2]　南京博物院：《江苏吴县草鞋山遗址》，《文物资料丛刊·3》，文物出版社，1980年。

[3]　安徽省文物工作队：《潜山薛家岗新石器时代遗址》，《考古学报》1982年第3期。

[4]　上海市文物管理委员会：《上海马桥遗址第一、二次发掘》，《考古学报》1978年第1期。

[5]　南京博物院：《长江下游新石器时代若干问题的探析》，《文物》1978年第4期。

[6]　上海市文物管理委员会：《上海青浦福泉山良渚文化墓地》，《文物》1986年第10期。

[7]　上海市文物管理委员会：《上海市松江广富林新石器时代遗址试探》，《考古》1962年第9期。

[8]　杜金鹏：《关于大汶口文化与良渚文化的几个问题》，《考古》1992年第10期。

四　小结

通过全文分析，我们有如下认识：

鲁南苏北地区的大汶口文化，是直接继承北辛文化发展而来的。是由东夷族所创造的一种考古学文化，其分布范围主要在山东省和苏北平原，并波及中原和皖北地区。青莲岗文化则分布于南方江淮之间古越族活动的地区。由于两者活动地望和来源不同，所以青莲岗文化与大汶口文化不是同一文化的前后两个发展阶段，而是两支不同发展谱系、不同族属的考古学文化，因而大汶口文化不应该包括在青莲岗文化之内。

大汶口文化时期的生产力发展水平，早期阶段较低。没有贫富分化和等级差别，氏族成员互相平等。中晚期生产力得到很大发展，这就为生产关系的变动创造了条件。随着社会分工和商品交换的出现，私有制产生的进程加速，最终导致了氏族制的解体和国家的产生。

大汶口文化在 2000 余年的发展过程中，不仅具有独特的文化特征，而且也吸收一些外来文化的精华，以此丰富自身的文化内容，同时对其他原始文化产生强烈的影响。彼此间的相互交流，促进了各自地区文化的不断发展，因而共同为开发我国东部地区的古代文化作出了贡献，所以，在中华文明史上具有重要的历史地位。

原载《东南文化》1997 年第 3 期；后收入《中国考古学会第九次年会论文集》，文物出版社，1997 年

前埠下大汶口文化的性质与年代

前埠下遗址位于山东省潍坊市寒亭区朱里镇前埠下村西 50 米一处东北西南走向的高埠上 [1]。经钻探得知，遗址平面椭圆形，东西长 350、南北宽 30 米，面积约 10 万平方米。该遗址是 1996 年配合潍（坊）至莱（阳）高速公路建设工程时发现的，1997 年对遗址进行了一次较大规模的考古发掘，共开 5 米 ×5 米探方 68 个，发掘面积约 1700 平方米，发现有大汶口文化时期的房基 2 座，灰坑 224 个，墓葬 33 座，出土陶器、石器和骨器等各类文化遗物 600 余件。这些遗迹遗物的发现，对于深入研究该地区大汶口文化的面貌特征以及与其他地区原始文化的关系等，提供了重要的实物资料。本文主要根据发掘报告所提供的有关考古资料，就该遗址大汶口文化遗存的性质与年代以及有关问题发表一点不成熟的看法。

一

该遗址的地层堆积，发掘者根据土质土色的不同变化，将遗址划分为 4 个文化层，除第 1 层是耕土层外，其余 2～4 层均为大汶口文化遗存。

这次发掘，清理的大汶口文化灰坑，数量较多，按坑口平面可以分为圆形、椭圆形、长方形、圆角方形和不规则形诸种。其中以椭圆形数量最多，约占全部灰坑的 50.9%；圆形次之，约占 22.3%；圆角方形仅发现 1 个。坑壁分为直壁、斜壁及阶梯状壁，坑底有平底和圜底两种，灰坑尺寸区别较大，口径一般为 1～4 米不等，最大的达到 9.40 米，而最小的则不足半米。灰坑深度不等，一般不超过 1 米，最深的也只有 1.50 米。坑内填土多呈灰褐色，土质疏松，并含有红烧土颗粒（块）及草木灰等，出土遗物大部分为一些碎陶片和各种兽骨，可辨器形主要有鼎、鬶、罐、钵、壶、豆、碗、器盖及各种石器和骨器等。

房屋建筑破坏比较严重，除残留大量柱子洞外，仅见 2 座残存基槽的房基。例如 F2，基槽平面圆角方形，方向 15°，东西 5、南北 4.90 米，面积约 25 平方米，

[1] 山东省文物考古研究所、寒亭区文物管理所：《山东潍坊前埠下遗址发掘报告》，《山东省高速公路考古报告集（1997）》，科学出版社，2000 年。

槽内南北 3.80、东西 3.78 米，面积 14.36 平方米。基槽内填土呈灰褐色，土质松软，夹杂红烧土颗粒和草木灰，并出土有鼎、钵、罐、壶等残片及纺轮等。基槽底部发现有 16 个柱洞，平面为圆形或椭圆形，直壁、平底。柱洞口径大者 0.70、小者约 0.25 米。拐角处柱洞较大，中部柱洞较小，深度一般为 0.05～0.70 米，洞内填浅灰褐土，土质较软。根据柱洞分布与结构进行分析，该座房址应为正方形木骨墙，上架四角攒尖式顶，门道在西北角处，上附有门栅（图一）。

发掘中清理的墓葬，大致可以划分北区、中区、南区和西南区 4 个墓区。其中北、中、南 3 个墓区基本在一条中轴线上，北区和中区相距约 8～9 米，中区和南区相距约为 12～13 米。从墓葬分布看，北区（图二）发现 15 座墓葬（墓 16、18、20、22～26、30～36），中区（图三）清理 6 座墓葬（墓 15、18、21、27～29），南区（图四）有 10 座墓葬（墓 3～12）。西南区由于历年来自然和人为的破坏，分布在该区的墓葬仅发现 2 座（墓 14 和墓 37）。这批墓葬绝大部分死者头向西北，方向多在 290°～310°，仅墓 19、32、36 这几座墓葬与大多数墓葬方向相反，其头向朝西南。具体原因目前还不清楚，有可能是凶死者，或者是

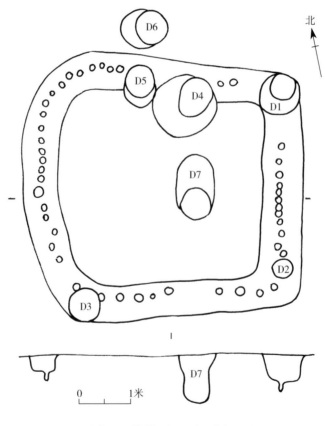

图一　前埠下F2平、剖面图

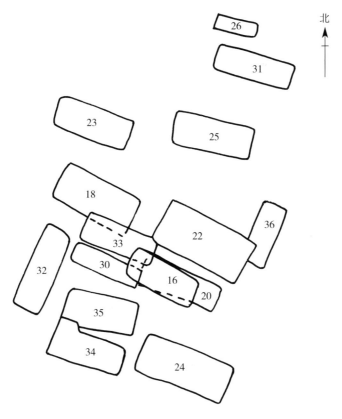

图二　前埠下北区墓葬分布图

外氏族成员的墓葬。

墓葬形制均土坑竖穴，平面一般呈长方形或方形，均无木质葬具，无生土或熟土二层台，葬式均为仰身直肢葬，有26座墓葬发现人骨，其中墓3和墓12为多人合葬墓，墓27为二次迁葬墓，其余为单人一次葬。人骨经过鉴定，发现有25人存在拔牙现象，拔牙年龄最小的仅13～14岁，最大的45～60岁，一般在25～30岁。5个个体发现头骨枕部扁平习俗，有的死者面部还涂朱砂，未见死者手握獐牙现象。墓内多数放置数量不等的随葬品，最多的29件（墓12），少的仅1件，多数在3～10件，其中有6座墓葬一无所有（墓14、15、26、32、36、37），反映了这一时期财产开始出现不平等现象。随葬品以陶器为主，器形有鼎、鬶、高颈瓶、豆、罐、钵、壶、三足钵、三足碗、盂、器盖、纺轮和镯等。另外，还发现坠、璜和束发器等装饰品。墓10内随葬有龟甲，还有用猪下颌骨进行随葬的习俗。

生产工具数量较少，质料主要有石（玉）、骨、角、牙器等。石质生产工具经

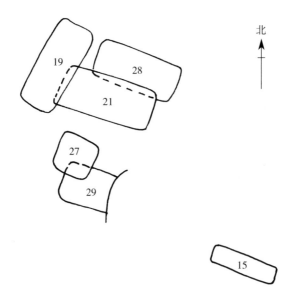

图三　前埠下中区墓葬分布图

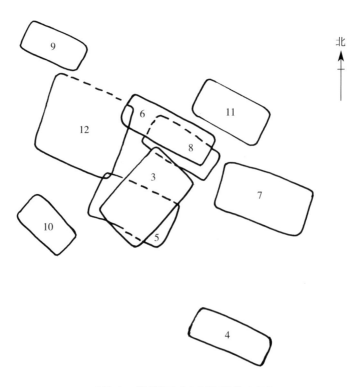

图四　前埠下南区墓葬分布图

鉴定其质料主要有板岩、泥灰岩、千枚岩、橄榄岩和石英等。这些工具，一般经过打制、琢制和磨光等道工序。有的器类通体磨光，有的则仅刃部磨光。主要器形有斧、钺、锛、凿、刀、锤、磨盘、磨棒、臼、研磨器、磨石、支脚、柱础和纺轮等。玉器多是一些小型装饰品，主要是璧、佩、璜、坠和锥等；未发现用玉料制作生产工具现象。骨器多选用动物肢骨，经过劈、削、切割、磨制而成。主要器形有针、凿、叉、铲、镖、镞、锥、笄、管以及骨料等。角器是将鹿角经过劈、砍、砸、削后再加工磨制而成。器形主要有锄、铲、斧、凿、叉、锥、角刮器和棒等。牙器多为装饰品，是利用动物牙齿加工制作而成。主要器形有刀、锥、镞、束发器和牙饰等。

陶器方面，无论是遗址中出土的，还是墓葬内的随葬品，多数色泽不纯正，而且质地较软。这批陶器，按质料主要分为夹砂和泥质两大类，有的夹云母和滑石粉。夹砂陶以红褐陶为主，泥质陶则红陶居多，其次是器表黑色内胎呈棕红色的黑皮陶。部分泥质红陶器表施红陶衣，器表装饰以素面为主，纹饰主要有镂空、划纹、附加堆纹、弦纹、戳刺纹、乳丁和盲鼻等。彩陶发现较少，未见完整彩陶器皿，均为彩陶残片，其装饰部位均在泥质陶壶、盆以及钵上面。分为单彩和复彩两种，纹样有八角星纹、斜栅纹、山岚纹、三角纹、菱形纹、曲尺纹、花瓣纹、平行线纹以及人面形纹。陶器造型比较复杂，主要有三足器、平底器和圈足器，未见圜底器和尖底器。器形主要有鼎、鬶、罐、盆、壶、豆、盉、钵、三足钵、盉、三足碗、高颈瓶、缸、杯、圈足杯、簋形器、盘和器盖等（图五）。

鬶　器表均素面，短斜流，喇叭形口，圆腹或椭圆形腹，环形把手，其安装部位在流与腹的中部，三矮实足，颈腹界限分明，小平底或圜底（M3∶1《报告》图五八，3）。

钵　多为泥质陶，少数夹砂。一类为侈口，浅腹，弧壁，圜底或小平底（H63∶3《报告》图三六，17）；另类为敛口，深腹，圜底（M11∶4《报告》图六四，5），有的口沿外侧安有两个对称鸡冠形耳，个别的上腹一侧装有鋬耳，还有的陶器裂缝两侧有多对修补时的钻孔。

三足钵　多为泥质陶，夹砂陶较少，敛口，浅腹，小平底或圜底，实足较高，足尖微外撇（M18∶2《报告》图六五，1）；另类为敛口，深腹，小平底，矮实足（M33∶10《报告》图六五，3）。

豆　一类直口，斜壁，深盘，圜底，大喇叭形柄，高圈足，饰三角形、圆形大镂空（M7∶7《报告》图六三，4）；另类为敞口，浅盘，细喇叭形柄，上饰圆形小镂空（M4∶3《报告》图六三，3）。

高颈瓶　细高体，喇叭形口，细长颈，折肩，颈部一侧安有小环形耳，下腹

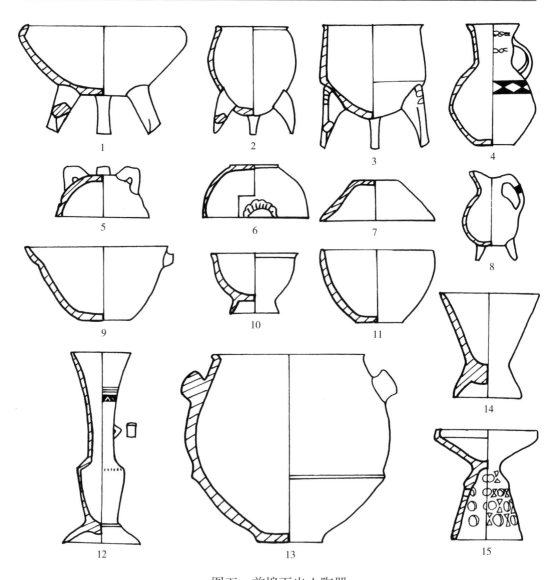

图五　前埠下出土陶器

1. 三足钵M10:1　2、3. 鼎M18:3、H63:1　4. 壶M30:7　5～7. 器盖H20:1、M23:2、M22:2　8. 鬶M18:1
9. 匜M28:2　10. 簋形器M12:15　11. 钵M22:4　12. 瓶M30:2　13. 大型罐H52:66　14. 圈足杯M3:25
15. 豆M6:6

部斜内收，喇叭形矮圈足（M12:1《报告》图六，1）。

　　盆　仅在遗址中发现，墓葬内未见，其形制为敞口、浅腹、斜壁、平底，腹中部有两个对称横耳（H7:7报告》图三五，3）。

　　罐　发现数量较多，型式亦比较复杂，一类为蘑菇形菌状把手，窄卷沿，侈口，鼓腹，小平底。素面（H52～66《报告》图三四，13）；一类为窄折沿，深腹，小平底；另类为直口，圆腹，大平底，肩饰刻划纹，下腹一周附加堆纹（M33∶1《报告》六三，4）；还有一类为窄沿，折肩，深腹，直壁，小平底，圈足（M12∶10《报告》图六三，9）。

鼎 均素面，型式多样，可分为盆形鼎、罐形鼎、釜形鼎、盂形鼎等多种形式，罐形鼎为窄沿，深腹，圈底，锥状足（M18∶3《报告》图五九，8）；盂形鼎为卷沿，直壁，腹较浅，侧三角凿形足（M27∶1《报告》五九，7）。

器盖 分为覆碗式、覆盘式和覆碟式等多种，一类平顶，浅腹，斜直壁（M22∶2《报告》图六七，5）；一类深腹，弧壁，顶部呈圈足状（M23∶2《报告》图六七，9）；有的顶部装一个或三个环形纽，有的则安装三个锥状纽（M11∶14《报告》图六七，1）。

二

关于前埠下遗址大汶口文化遗存的年代问题，报告作者认为其时代应定于大汶口文化的中期阶段，大致距今5500～5000年，即大汶口文化中期的早、中、晚三个时间段。我们认为，这种估计基本是可信的。从出土陶器来看，早期与中期连接较紧，中期与晚期相比，由于文化面貌存在一些差异，所以，两者之间在年代上缺环还是比较大的。如果与其他遗址进行对照，前埠下遗址墓6的年代与兖州六里井[1]早期阶段的墓14大致相当，而墓4则与六里井晚期阶段的墓13的年代基本一致。再者，前埠下遗址出土的三足钵、大镂空豆、罐形鼎、觚形杯等，从形制分析，时代大致处在邹县野店遗址大汶口文化墓葬的二至四期之间[2]。

至于绝对年代，由于没有碳-14年代数据，这里我们可以借用潍县鲁家口[3]第5、6层两件标本测定的碳-14年代数据，一是ZK882为距今4795±90年（半衰期为5730年，下同），即公元前2845±90年，树轮校正值为公元前3420±130年；ZK883为距今4385±80年；即公元前2435±80年，树轮校正值为公元前2930±180年。反映了鲁家口遗址下层（5、6层）两个地层所处的年代与前埠下遗址大汶口文化的年代基本是一致的，大约在公元前3500～前2800年的估计。又如，诸城呈子遗址墓7第2人骨出土的木炭，经碳-14年代测定为距今4905±150年（树轮校正值距今5500±165年）[4]其年代与前埠下遗址的年代大致也是相

[1] 国家文物局考古领队培训班：《兖州六里井》，科学出版社，1999年。
[2] 山东省博物馆、山东省文物考古研究所：《邹县野店》，文物出版社，1985年。
[3] 中国社会科学院考古研究所山东工作队、山东省潍坊地区艺术馆：《潍县鲁家口新石器时代遗址》，《考古学报》1985年第3期。
[4] 昌潍地区文物管理组、诸城县博物馆：《山东诸城呈子遗址发掘报告》，《考古学报》1980年第3期。

吻合的。

　　关于前埠下遗址大汶口文化的分期问题，主要根据墓葬之间的打破叠压关系，报告作者将其划分为早、中、晚三个阶段，从陶器形态观察，前埠下遗址墓 4 出土的细柄豆，应属于大汶口文化的晚期阶段；而墓 6 随葬的大镂空豆当为大汶口文化的中期阶段。由于居址内出土遗物不多，且比较破碎，特别是具有分期意义的典型器物比较少，故难做进一步分期研究。其年代可以从一些出土较早的遗物来进行判断，如觚形杯（H52：212、H236：1《报告》图三九，6、15）。花瓣纹彩陶片（H152：4、D39：2、H296：37《报告》图三〇，2、5、15）、八角星纹（H156：8、H152：3《报告》图三〇，6、8）等，其时代当不为大汶口文化的中期阶段，可能属于大汶口文化早期偏晚阶段。这类遗存的发现，暗示着该遗址范围内可能还存在比中期阶段更早的文化堆积，这种较早阶段的文化遗存，时代上可能与大汶口文化早期偏晚阶段大致相当。

　　由此认为，前埠下遗址的大汶口文化遗存，延续时间还是比较长的。其年代下限可能比原来所估计的要早一些，大约在距今 5600～5700 年，其年代上限则比过去的推断要晚一些，大致在距今 4800～4900 年。这种推断如果不误的话，那么，前埠下遗址大汶口文化的年代大约延续了 700 年的时间。

三

　　前埠下遗址所发现的大汶口文化时期的房基（含大量柱洞）、灰坑（窖穴）、墓葬等，分布十分密集。打破叠压关系亦比较复杂，由此说明当时人们已在此过着相当稳定的定居生活。而且遗址中所反映出来的经济类型也是丰富多彩的，主要有农业、饲养业、捕捞、狩猎和采集等多个方面。其中，以农业生产为主，家畜饲养、采集和渔猎等，作为日常生活的一种补充，也是人们经济生活中一项不可缺少的重要内容。

　　家畜饲养以猪为主，在所鉴定的大量动物骨骼中，以家猪的遗骸数量最多，据统计，大约有 3000 件，这里面，包括比较完整的顶骨、额骨、下颌骨、单个牙齿和一些破碎的肢骨等，可代表 261 头不同年龄、不同性别的家猪个体。由于出土的上、下颌骨比较长，牙齿亦相当粗大，看来属于较为原始的或经过半驯化的家猪。由于猪具有生长快，成熟早，耐粗食，繁殖能力强等特点。是与人们的生活最为密切的一种家畜，因而受到了人们的普遍重视。可以说，猪在当时已经成为人们饲养的一种主要家畜，并作为私有财产随葬在墓葬之中。这一时期，人们除饲养家猪以外，还饲养狗，出土的遗骨大致可以代表 20 余个狗的个体，这些狗的头骨以及牙齿等均比较小，与狼相比有明显的区别，应属于驯化的种类。由于狗承担着助猎、看守以及其他职能，同人类的关系比猪更为亲密，所以，成为当时人们饲养的对象。另外，这一时期人们还饲养着水牛，其遗骸大约发现有 10 余个个体。其次，遗址中还出土有较为完整的羊的下颌骨，从其年龄及大小来看，也应属于人工驯化类型。

渔猎经济在当时也是先民生产活动的一个重要方面，从所鉴定的动物骨骼分析，人们猎取的对象主要是梅花鹿，据不完全统计，大约有 2000 余件，至少可以代表 158 个个体，其次是野猪、狗獾、貉、獐、麋等；但狼、狐、虎、猫等属种的骨骸发现相对较少。

由于遗址濒临潍河，人们捕捞的对象主要是一些淡水软体动物，其中以珠蚌、丽蚌和纽蚌为代表。海滨常见的浅海相软体动物是文蛤和青蛤，淡水鱼主要是青鱼、草鱼和鲤鱼等。据统计，大约有 97 尾，另外，还发现有鲶鱼和黄桑鱼。这些软体动物，主要生活在海滨湖泊地带，以至泥沙海底表层，至今仍是沿海一带居民采集的食品。上述资料表明，遗址当时距海岸并不太远。人们居住在滨河临海的丘埠附近，渔猎和采集都比较方便，人们在这里过着农耕和渔猎相结合的生活。从遗址中出土的大量贝壳、鱼骨和兽骨分析，当时的农业生产尚不发达，因此，渔猎经济活动在人们的日常生活中还占有相当重要的地位。

在农业、家畜饲养业和渔猎经济得到不断发展的基础上，也为当时的手工业生产奠定了比较雄厚的物质基础。这一时期的手工业，制作技术已经具有较高的水平，其制品主要有石（玉）器、骨、角、牙器和陶器等。石器大部分通体磨制，棱角分明，刃口比较锋利，多数采用穿孔技术，也有一些采用半打半磨的制作工艺。器形主要有长方形弧刃石斧、方形穿孔石钺、长条形石锛、石凿、石刀、石锤以及石磨棒、石磨盘、磨石以及纺轮等；玉器大部分是一些装饰品，由于器形较小，一般不用来制作生产工具，主要有璧、佩、璜、坠等。骨、角、牙器多为生产工具，主要有鹿角锄、骨铲、骨锥、骨针、骨镞、骨刮削器以及牙刀、牙镞等；特别是鹿角锄既可以播种，也可用于中耕松土。对农业生产的发展起了一定的促进作用。除生产工具以外，还发现一些骨管、骨珠、骨笄等装饰品。

陶器的制作技术比较落后，陶质主要分为夹砂陶和泥质陶，制法则分为手制和轮制两种，许多陶器是用泥条盘筑方法成形后，再用慢轮进行修整。所以，有的器壁内侧还遗留泥条盘筑的痕迹，也有一些器物是用手直接捏制的，因而器形并不规整，给人一种厚重、笨拙之感。主要器形有鼎、罐、钵、三足器、器盖等；鬶、豆、壶、杯、盉、盆、高颈瓶数量相对较少。特别是有的陶器破碎后还舍不得丢弃，修补以后再继续使用。

墓葬材料所反映的这一时期的社会经济状况，其发展水平还是比较低下的，即使社会上已经出现个人财产占有多寡不等的现象，但并不悬殊，还尚未达到贫富分化非常严重的程度，这种现象，至少还没有完全反映到葬俗中来。据统计，在33座墓葬中，其中有6座墓葬没有随葬品，27座墓葬放置随葬品208件，其中墓3、12两座合葬墓随葬62件，分别为29件和33件，约占全部随葬品的29.8%；25座单人葬有随葬品146件，每墓平均放置5.84件。超过10件的只有4座墓葬（墓7、11、22、33），共随葬有60件，约占28.8%，其中随葬品数量最多的是墓33，也仅有17件；一般每墓有5～6件，少的1～2件，而墓21仅放置1件猪下颌骨，可见贫富分化并不太明显。这种现象与当时社会生产力发展水平较低，社会财富还欠丰富是有直接的关系，它与考古资料所反映的社会经济状况大致也是基本相吻合的。

四

前埠下遗址清理的33座墓葬是这次发掘的重要收获之一，除单人葬外，南区发现的2座多人二次合葬墓格外引人注目，为研究大汶口文化的墓葬制度又增添了新的资料。对此，下面略作一些分析。

二次葬，顾名思义，是对死者的尸体和遗骨分别进行两次或两次以上埋葬的一种葬俗。由于人死有先后，为了达到合葬的目的，必须对死者实行二次葬。这是古代社会一种相当重要的葬式，当时人们对于死者并不是胡乱草率处理了事，而是有一套较为固定的严格的埋葬制度，可能还要举行一定的仪式。其做法是，先将死者进行一次土葬或放置一处，待尸体腐烂后再作第二次埋葬，前埠下遗址的2座多人二次合葬墓（墓3、12）可能就是属于此种情况。这是一个家族在一定时期内死亡成员的墓葬，如墓3，共有19具人骨，1号人骨位于墓室中部偏北，为一次葬，仰身直肢，其余18具人骨均为二次葬，大致分为两排，放置于墓室中部及以南，头骨与盆骨在两端，中间为肢骨，脊椎及肋骨等填于中间的空处，29件随葬品集中放置在1号人骨左侧（图六）。又如，墓12埋葬人骨14具，分两排放置，其中1号人骨位于墓室北部，为一次葬，仰身直肢，其余均为二次葬。13具人骨均取头、四肢、盆骨及脊椎骨，摆成两排。25件随葬品绝大部分置于1号人骨附近（图七）。

实行二次葬的动机，我们认为，主要是为了达到死后与家人团聚的目的，或是为了使死者同家人生活在一起，或是为了对死者表示关怀与敬畏。认为肉体属于人世间，灵魂可以脱离肉体而不死，因此，必须实行二次葬，这样才能使灵魂

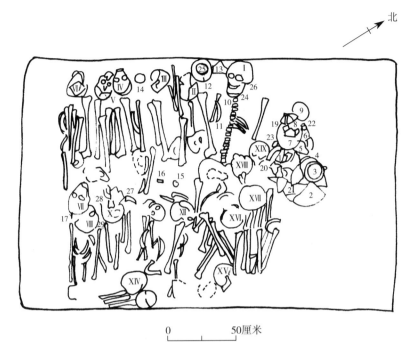

图六　前埠下M3平面图

1. 鬶　2. 三足碗　3. 双耳罐　4. 器盖　5. 三足钵　6. 鼎　7. 钵　8. 器盖　9. 鼎　10. 玉坠　11. 束发器　12. 双耳罐　13. 器盖　14. 高颈瓶　15. 钵　16. 骨器　17. 骨针　18. 钵　19. 鼎　20. 器盖　21. 罐　22. 器盖　23. 壶　24. 玉璧　25. 圈足杯　26. 玉璜　27～29. 牙饰　Ⅰ～ⅪⅩ人头骨（未注明质地者为陶器）

到另一世界而不致留在人间为祸作祟。"一般认为血肉是属于人世间的，灵魂可以离开肉体而单独存在，并且永远不死。因此，皮肉已腐烂掉，而灵魂则已进入另一世界里生活了。并且，人们还十分盼望死者的肉质尽快烂掉，以便移迁骨骼，举行正式的埋葬，使家庭成员在另一世界里早日得到团聚。"[1] 当时是举行集体二次葬，如果发现在行葬时个别死者尸体还未腐烂完。可能将尸体与其他遗骨同时入葬。前埠下遗址发现的两座合葬墓内的死者，有的可能就是属于这种情况。由此可见，墓中死者是先后死亡而通过共同的二次葬仪式后，统一埋入同一墓穴内，反映出他们生前的不可分离，这种现象可能是一个家族的体现。看来当时氏族成员之间的血缘纽带还很牢固，氏族制度尚未完全解体。

按人类生育的自然男女两性之比，大体在1∶1左右浮动，前埠下墓地表现的男性多于女性的状况，超越了人类生育自然性比的一般规律。这种性比悬殊，若不是因人骨性别鉴定或统计误差所致，那么，这是一个应值得注意的问题。恩格斯指

---

[1]　郭沫若主编：《中国史稿》，人民出版社，1976年，第一册第51页。

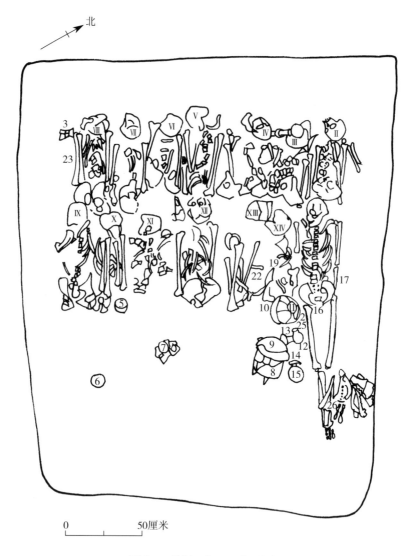

北

0　　　　　　50厘米

图七　前埠下M12平面图

1. 高颈瓶　2. 骨器　3. 高颈瓶　4. 器盖　5. 鼎　6. 罐　7. 罐　8. 鼎　9. 器盖　10. 圈足罐　11. 器盖　12. 圈足杯　13. 平底杯　14. 骨锥　15. 簋形器　16. 骨饰　17、18. 牙饰　19. 蚌片　20、21. 蚌壳　22. 骨料　23. 獐牙　24. 牙饰　25. 骨镞　26～33. 猪下颌骨　Ⅰ～ⅪⅤ人头骨（未注明质地者为陶器）

出：成年"男女的数目，不管社会制度如何，迄今又差不多是平等的。"[1] 在前埠下遗址经鉴定能确定性别的多为男性个体，仅墓14为一成年女性个体（？），遗址中出现的这种成年男性多于女性的比例失调现象，是十分反常的。成年男女不成比例或不均衡特点。当是母系家族成员构成特点的一种反映。至于墓中的儿童及其他成

[1] 《马克思恩格斯选集》，人民出版社，1992年，第四卷第56页。

员的关系,我们认为,不可能是一种姻亲关系,那么,他们之间只能属于血亲的范畴。前埠下遗址的多人合葬墓中,既有一次葬者,又有二次葬者,从时间上来说,这些墓中的一次葬者,死亡时间当晚于二次葬者。墓中有一具人骨架为一次葬,其余为二次葬,这种现象只能解释为当前者(一次葬者)死亡行将埋葬时,把后者(二次葬者)从别处或其他墓圹迁来合葬的结果。十几个人合葬在一起,在埋葬前要分别将骨架由原墓坑中迁出,摆放在迁葬坑内,每个人的骨架放在一处。从死亡年龄来看,悬殊是比较大的,大都是一些成年人和小孩,成年人中有老年、中年、壮年、少年之分,经过比较分析,可以确认这是老少不同辈分成员组成的集体。例如,在墓 3 埋葬的 19 具人骨中,经鉴定 12 号死者死亡年龄为 45 ～ 55 岁,年龄最大,而 1 号死者为一次葬,死亡年龄在 25 ～ 35 岁,其余均为二次葬,最小的 14 号死者年龄仅为 2 ～ 4 岁,两者年龄相差 20 余岁。一般认为是属于不同的辈分。考虑到当时由于生活条件比较艰苦,居民寿命较短的因素,该墓可能是一座包含为三代人的合葬墓。又如,墓 12 埋葬的 14 具人骨中,能鉴定性别的均为男性,其中 8 号人骨为 30 ～ 35 岁,11 号人骨为 14 ～ 16 岁的少年,年龄岁差在 16 ～ 19 岁,当为两代人的合葬墓。

这种不以年龄差别,却以性别不同为分的葬俗,原是母系氏族社会血缘亲族制度在葬俗上的一种反映。那么,这些合葬在一个墓圹内的多位死者,他们的血缘关系无疑要比其他墓圹内的死者关系更为密切。这些死者,相互之间是以平等成员的身份共存于同一墓穴内,尽管合葬墓内的死者随葬品多放在一次葬者身旁,而且比单人葬稍多一些,但并不悬殊,说明死者生前的地位和身份是平等的,经济生活也是大体平等的,由此说明,墓内一次葬者和二次葬者并不是区分死者地位和身份的标志。

他们将遗址中的居民,有意识地埋葬在一个共同的地点,应是血缘关系密切的一种象征。墓圹内这种小于氏族的单位应是家族。亲属制度决定着墓内成员的构成和葬式。人们把先后死亡者埋在同一墓穴内,是受亲属制度所制约的。"亲属关系在一切蒙昧民族和野蛮民族的社会制度中起着决定作用",它"构成这些民族的社会制度的实质部分"[1]。

另外,在前埠下遗址还发现 7 座没有骨架的空墓(墓 5、8 ～ 11、16、37),其中北区 1 座(墓 16),南区 5 座(墓 5、8 ～ 11),西南区 1 座(墓 37)。墓 3 和墓 12 中的二次合葬者,可能就是从这些空墓中迁入的。他们在行二次葬时,只取骨骼,一般不迁走随葬品,所以,在这些空墓内,多数有一些随葬品,而且大部分为完整陶器(仅墓 37 空无他物),这些随葬品基本没有被扰动过,其目的主要

[1]　《马克思恩格斯选集》,人民出版社,1972年,第四卷第24页。

是取得尸骨，然后将其迁出，而不是掠取随葬品。据推测，这些墓葬的主人，迁出时间当在尸体腐烂后，所以，我们认为造成这些空墓的原因，当和迁葬有关系。

据我们所知，在华县元君庙墓地发现的二次多人合葬墓中，也有一具男性骨架是仰身直肢的一次葬，而其余的则为二次葬者；这种葬俗，在大汶口文化墓葬中发现较少，仅在烟台毓璜顶遗址清理过 1 座 [1]，该墓为 4 人合葬墓，其中一次葬骨架 A 为女性，其他 3 个二次葬者性别不明，所以同前埠下遗址的多人同性合葬墓还是有一定区别的。由于此类墓葬发现较少，因此，还构不成一种主要的埋葬习俗，所以，若以此来复原古代社会的组织结构，那是不可靠的。

五

前埠下大汶口文化遗址，位于渤海莱州湾畔、胶莱平原西北部、地处潍河西岸，在广阔富饶的土地上，生活在该遗址的先民不仅与当地居民之间频繁接触，而且与周围地区的居民互相交流，互为渗透、彼此影响，兼收并蓄，共同创造了这一地区光辉灿烂的原始文化，为中华民族的形成与发展作出了重要的贡献。

（一）与当地大汶口文化的关系

前埠下大汶口文化遗存与潍县鲁家口、诸城呈子、胶县三里河 [2] 等遗址进行对照，在文化面貌方面既存在共同性，又有一些差别。陶器中都以平底器、三足器和圈足器为主，两者陶器多羼杂有细云母粉末，有的器形不甚规整，胎壁厚重。器物组合均有鼎、鬶、盉、盆、罐、豆、碗和器盖等。对这些器形进行比较，有的相似，个别器物相同。如前埠下遗址的 Ⅱ 式折腹罐（M8：3《报告》图六三，6）与呈子遗址的 Ⅰ 式罐（M7：5《报告》图一二，5）一致；前埠下遗址的实足鬶（M22：3《报告》图五八，4）与呈子的 Ⅰ 式鬶（M7：25《报告》图一二，16）相似。又如，鲁家口遗址的钵形鼎（T306⑥：49《报告》图八，5）同前埠下遗址的同类器形相同；钵（T106⑥：14《报告》图八，4），以及许多彩陶图案，如圆点弧线三角纹、花瓣纹、几何形纹等也与前埠下遗址基本一致。墓葬方面，前埠下、呈子、三里河等遗址墓葬方向基本相同，大部分头向西北，死者均有拔除侧门齿和头骨枕部人工变形习俗。房屋基址均为方形地面建筑。尽管相同点较多，差异性还是比较大的，首先，在陶器方面，前埠下遗址的实足鬶、钵、三足钵、高颈瓶、罐形鼎、大镂空豆以及大量彩陶片、菌状把手的罐等器形在呈子遗址中基本不见。而呈子

---

[1]　烟台市文管会、烟台市博物馆：《山东烟台毓璜顶新石器时代遗址发掘简报》，《史前研究》1987年第2期。

[2]　中国社会科学院考古研究所：《胶县三里河》，文物出版社，1988年。

遗址的管状流盉（M7：8《报告》图一二，18），管状短流的盆（M59：23《报告》图一二，15）以及似振翅欲飞的鸟形鬶（M59：5《报告》图一二，17）等在前埠下遗址中均未见到。前埠下遗址的墓葬均未使用木质葬具，而呈子遗址的墓葬使用木质葬具的现象比较普遍，共计发现有10例，其中发现木板灰者5例。死者的埋葬方式，除单人葬外，合葬墓两者有很大区别，前埠下遗址的合葬墓，均有一墓主人是一次葬，其余均为二次葬，将墓主人四肢骨以及肋骨、锁骨等主要骨骼收集成束，再与头骨合放在一起，每副骨架之间界限明显，随葬品主要放置在一次葬骨架附近。合葬墓内死者经鉴定均为男性个体。而呈子遗址合葬墓不论多人还是二人都是由下而上叠压埋葬，墓内死者男女皆有。葬具和随葬品每人各有一套，互不混淆。

由此可见，前埠下遗址与呈子遗址无论陶器特征，还是墓葬的埋葬习俗方面，差别都是比较明显的。这里面差别性占主导地位，其相同点居次要位置，这种现象不仅存在地域性原因，而时代上的差别也是不容忽视的。我们初步认为，前埠下遗址的大汶口文化遗存其年代可能稍早于呈子遗址的大汶口文化遗存，当然这种推测还缺乏地层上和碳-14年代数据的直接证据，因而有待今后继续工作来进一步证实。

（二）与胶东半岛地区原始文化的关系

前埠下遗址位于胶莱平原的西侧。临近胶东半岛，处于胶东半岛与内陆地区古老文化的交接过渡地带。所以不仅受到来自西部地区原始文化的一定影响，而且受到东部地区原始文化不同程度的影响。因而两地在文化面貌方面出现了既相同，又存在差别的中间过渡性质。

陶器方面，两者均以红褐陶为主，彩陶比较流行，器形均有鼎、鬶、豆、觚形杯、三足钵、钵、器盖等。有些器形两者共存，如前埠下遗址的盘（H156：95《报告》图三八，4）与栖霞杨家圈遗址的[1]盆（T41④：45）近似，B型钵（H63：3《报告》图三六，17）与杨家圈遗址的碗（T26⑤：13）酷似，圈足杯（M3：25《报告》图六六，3）与杨家圈（T51④：13）类同；鬶（M18：1《报告》图五八，2）与长岛北庄遗址[2]二期4段的鬶（T93④：34）完全一致。钵（M18：5《报告》图六四，3）

---

[1]　山东省文物考古研究所、北京大学考古实习队：《山东栖霞杨家圈遗址发掘简报》，《史前研究》1984年第3期。北京大学考古系、烟台市博物馆：《栖霞杨家圈遗址发掘报告》，《胶东考古》，文物出版社，2000年。

[2]　北京大学考古实习队、烟台地区文管会、长岛县博物馆：《山东长岛北庄遗址发掘简报》，《考古》1987年第5期。张江凯：《论北庄类型》，《考古学研究（三）》，科学出版社，1997年，图三，13。

与烟台白石村 [1]2 期的钵（80TG2 ②：13《简报》图一二，12）相同。三足钵（H128：34《报告》图三七，14）与白石村 2 期 A Ⅱ式三足钵（81Ⅰ TG ③：43《报告》图二〇，5）非常相似。前埠下遗址出土的大量带菌状把手的罐与栖霞古镇都、黄家庄、长岛北庄、蓬莱紫荆山 [2] 以及福山邱家庄等处遗址发现的同类罐口沿残片有许多相似之处。前埠下遗址的彩陶花纹也与紫荆山的彩陶花纹基本一致，由此说明，前埠下遗址的大汶口文化居民与胶东半岛地区一带较早阶段的原始文化居民曾经有过频繁的接触，说明两个地区之间的文化交流已经相当密切了，这对于深入探讨大汶口文化和胶东地区的原始文化的关系提供了重要线索。

由于地理位置不同，两个地区之间的文化因素同样存在一些差别，如前埠下遗址出土的高颈瓶、大镂空编织纹豆、盂形鼎、匜等在胶东地区各遗址目前还未见到，而前埠下遗址发现的多人合葬墓在胶东半岛地区也是比较少见的；另外，胶东半岛地区的遗址多属于贝丘遗址，而在潍河以西的广大地区，遗址多位于河流上游或两河交汇的台地与小山丘上，其贝丘遗址基本不见。说明两者既存在相同点，又出现差别，看来两者之间是两种不同文化类型之间的关系，不可能属于同一个文化类型，应将两者区分开来。总之，它们之间的文化关系随着时间的推移，将越来越清楚。

（三）与鲁中南地区大汶口文化的关系

前埠下大汶口文化遗存与鲁中南地区大汶口文化相比较，一方面具有明显差异，另方面又存在一些联系，它们之间存在比较多的共同因素。如墓葬方面，死者均存在有拔除侧门齿和头骨变形习俗，随葬龟甲，墓内放置猪下颌骨等现象，这是大汶口文化中所共有的特征之一。再看陶器，两者都流行三足器和平底器。器类基本一致，都有鼎、鬶、豆、罐、钵、匜、盂、盆、三足钵、壶、觚形杯和器盖等，前埠下遗址的 A 型 Ⅱ式罐形鼎（M7：8《报告》3，图五九，2）与邳县大墩子遗址 [3]（M16：2《报告》图三五，4）近似。前埠下 A 型 Ⅱ式罐形鼎（M5：2《报告》图五九，10）与大汶口 [4]B 型Ⅲ式鼎（M2005：56《报告》图一〇九，8）类同。前埠下的 A 型钵（M22：4《报告》图六四，7）与大汶口三期的同类器物（M1008：8《报告》图一二三，5）酷似。前埠下 Aa Ⅱ式三足钵（M25：1《报告》图六五，9）同大汶口二期 A 型Ⅲ式三足钵（M2002：21《报告》图一一三，6）近同，前埠下

[1] 烟台市文物管理委员会：《山东烟台白石村新石器时代遗址发掘简报》，《考古》1992年第7期。烟台市博物馆：《白石村遗址发掘报告》，《胶东考古》，文物出版社，2000年。

[2] 山东省博物馆：《山东蓬莱紫荆山遗址试掘简报》，《考古》1973年第6期。

[3] 南京博物院：《江苏邳县大墩子遗址探掘报告》，《考古学报》1964年第2期。

[4] 山东省文物考古研究所：《大汶口续集——大汶口遗址第二、三次发掘报告》，科学出版社，1997年。

的 Aa Ⅲ式三足钵同大墩子（M44：21《报告》图二三，10）形似，前埠下遗址的
Ⅰ式大镂空豆（M6：6《报告》图六一，5）与野店遗址的Ⅲ式豆（M15：40《报告》
图三八，5）相同。这些共同的文化特征，说明在大汶口文化的早期阶段两个地区
之间就曾发生了比较密切的关系，两地之间交往频繁，因而陶器方面，如觚形杯、
折腹鼎、三足钵等出现了许多共同点。尽管如此，差异还是比较明显的，在鲁中
南地区，大汶口文化的墓葬，死者头向多朝向东南，大型墓葬大部分使用木质葬具，
死者手握獐牙，而前埠下遗址死者头向大多数朝向西北，有的则朝西南，均不使
用木质葬具，死者手中不握獐牙，特别是象前埠下遗址的同性多人合葬墓，在鲁
中南地区是不多见的。另外，高颈瓶、实足鬶、菌状把手的罐等在前埠下遗址比
较多见，而鲁中南地区的大汶口文化遗址中还未发现。相反，在鲁中南地区，大
汶口文化的代表性器物，如背壶、高柄杯以及缸、瓶、尊、漏器、器座等在前埠
下遗址中基本不见，而鲁中南地区的大汶口文化遗址却大量存在。这一现象表明：
早期的大汶口文化可能是由泰山北侧逐渐向东发展，在潍莱平原与较早阶段的大
汶口文化发生过联系与接触，并且相互间给予对方以一定的影响。

六

通过对前埠下遗址大汶口文化遗存的分析，以及与周围地区同时期文化进行
比较，我们对该遗址大汶口文化有了一个比较清楚的认识，其文化面貌是比较复
杂的，其中包含多种文化因素，不仅具有自身文化的一些鲜明特征，而且还存在
鲁中南地区、胶东半岛地区的某些文化成分，它们之间相互影响，相互渗透、又
相互融合。由此构成了前埠下遗址大汶口文化遗存的地域性特点。我们认为，该
遗址虽然受到鲁中南地区大汶口文化的一些影响，但是，从整体分析，受胶东地
区原始文化的影响还是比较深的，特别是与北庄二期文化的关系更为密切。至于
该遗址的大汶口文化归属哪个地方类型，还是另立一个文化类型，目前一时还难
以确定，有待今后继续在这一地区开展田野考古工作，才有可能将这个问题搞清楚。

原载《华夏考古》2004 年第 1 期

试论杨家圈遗存的文化性质

　　杨家圈遗址位于山东栖霞县城南 25 里的杨础公社杨家圈大队，坐落在杨础河流经的二级阶地上。遗址高出地面 1.5 米左右，东西长约 400、南北宽 250 米，总面积约十万平方米。地层堆积西北部最深，达 3 米左右。文化层一般厚 1 ～ 2 米，是一处文化内涵比较丰富的新石器时代遗址。

　　该遗址是 20 世纪 50 年代全国文物普查时发现的。1961 年山东省文物管理处曾进行过复查，并发表了调查简报[1]。为了进一步深入了解遗址的文化性质，1981年秋山东省文物考古研究所与北京大学考古实习队等单位又联合进行了一次较大规模的考古发掘，历时两个多月，发掘面积达 800 多平方米，发现有建筑遗址、灰坑和墓葬等，出土了大量的文化遗物。其中有陶器、石器、骨角、牙器等。这些遗迹遗物的发现，为研究杨家圈遗存的文化内涵、性质和胶东地区的原始文化面貌又提供了一批新的、重要的实物资料。本文对这些收获，除概括地做一介绍外，并就其遗存的文化性质作一些综合的分析，提一点肤浅看法，以就教于同志们。

一 文化特征

　　杨家圈遗址的地层，我们根据土质土色的变化，共划分为五层。其中第一层为农耕土，第二、三层为龙山文化层；第四、五层属于大汶口文化层。为了叙述的方便，我们分别将二、三层称为上文化层；四、五层称为下文化层。

（一）下文化层

1.建筑遗迹

　　共清理房屋基址两座，其形状地面为方形或长方形建筑。两座房屋均残存部分基槽和柱洞，基槽较浅，柱洞口径也较小，推测房屋面积不会太大。如 F6，位于 T41 南侧，开口在四层之下，距地表深 1.86 米，打破第五层及生土层，方向102°，基槽窄而浅，宽为 0.13 ～ 0.25、残深 0.44 米。槽内柱洞共 24 个，排列比

---

[1] 山东省文物管理处：《山东胶东地区新石器时代遗址的调查》，《考古》1963年第7期。

较密集，无一定规律。柱洞口径一般为 0.1、大者 0.16～0.22 米。洞底皆呈锅底状。从残存基槽分析，F6 当为地面长方形建筑。

2.墓葬

共清理四座，属小型墓，均开口在四层之下，其分布零散，而且无一定规律，皆为长方形或梯形竖穴土坑墓。墓内无葬具，无随葬品。头向不一，葬式也无一定规律。其中两座为仰身直肢葬，一座为侧身屈肢葬。一座五人合葬墓。M3 位于 T113 内，墓坑形状呈圆角长方形，长 1.79、宽 0.46～0.57、残深为 0.15 米，墓坑狭小，仅能容身。五具骨架上下互相叠压，头向西，方向 265°，为仰身直肢葬，经过对人骨进行鉴定，成年四人，儿童一人∶性别男女各两人，不明者一人（图一）。M4 位于 T92 内，墓坑呈圆角梯形，坑长 1.17、宽 0.34～0.58、深 0.3 米，为侧身屈肢单人葬，面向北，头向西，方向 271°（图二）。

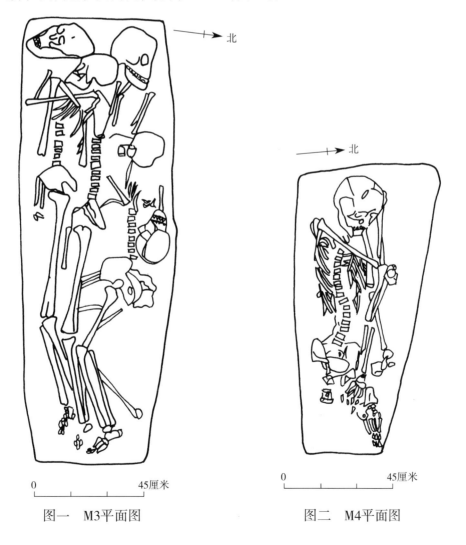

图一　M3平面图　　　　　　图二　M4平面图

3.文化遗物

生产工具数量较多的主要是磨制和局部磨光的石质生产工具。另外，还有一定数量的骨、牙器等。

器形有磨制的圆角方形双面刃石斧，扁长方形石铲，长条形石锛，半月形、长方形石刀，扁三角状的镰形刀，椭圆形石锤，槽形、扁方形带孔的砺石，柳叶形石矛（图三），石镞，陶、石纺轮，骨锥，骨针，骨鱼钩，骨刀，骨矛，骨镞，梭形獐牙镞。另外，还有石、陶质的装饰品等。

陶器在陶质方面，主要分为夹砂和泥质两大类。陶色有红、褐、灰、黑、白五种。器表以素面磨光为主，纹饰有凹凸弦纹、附加堆纹、拍印篮纹、条纹、划纹、镂空、锥刺纹等。其中波浪纹、平行线纹最精美。另外，还发现少量彩陶残片，是在红色陶衣上面施大红彩，构成平行线或连弧线及几何形图案，色彩单调，纹样古朴大方。其制作工艺主要为手制，有的器物口沿经过慢轮修整。器形有罐形、盆形的鼎、袋足鬶、深腹罐、敞口小底盆，浅盘豆、筒形杯、高柄杯、敞口碗、鼎式甗、钵、器盖、尊形器和缸等。另外，还发现大量鼎足，计有侧三角形、凿形、圆锥形、铲形、丁字形诸种。现将几件比较完整的陶器略加介绍：

盆形鼎　夹砂黑陶、手制、圆唇、沿微折，敞口、弧壁、浅腹、平底、素面，圆锥形足。胎壁厚重，器形较小。口径14、残高8.8厘米（图四，1）。

敞口碗　夹砂红褐陶、圆唇、敞口、弧壁、下收为小平底，素面，手制，较粗糙。

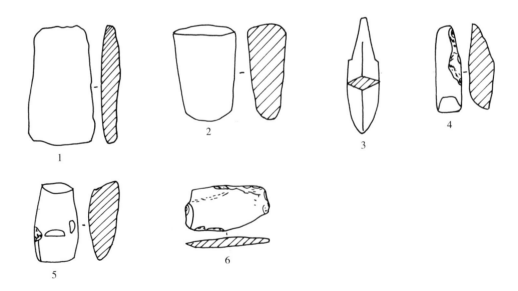

图三　下文化层出土石器

1. 铲TG④:3　2. 锤T14④:19　3. 矛T41④:14　4. 锛T12④:22　5. 斧T61:12　6. 刀14④:21
（1、4、5为1/6　2、3、6为1/3）

高 7.6、口径 17.5 厘米（图四，2）。

筒形杯　夹砂红陶，侈口，深腹，壁上部内收，下部外鼓；平底。素面，施红陶衣。高 10、口径 8.5 厘米（图四，3）。

平底盆　夹砂红陶，素面磨光，大敞口，腹壁斜直；下收小平底。施红陶衣。高 7.1、口径 26.3 厘米（图四，4）。

平底钵　夹砂红陶，敞口，弧壁，浅腹，小平底。口沿外壁饰一周凹弦纹，素面磨光。高 8.8、口径 28.6 厘米（图四，5）。

鼎式甗　夹砂红褐陶，圆唇，卷沿，长圆腹，下腹内壁设一箅托，肩部有一半月形的对称小横把。素面磨光，手制，器壁厚重，形体较大。残高 30.7、口径 23.5 厘米（图四，6）。

深腹罐　夹砂黑陶，用云母作羼和料。圆唇、卷沿、束颈、圆腹，下部急收为小平底，素面。高 20.4、口径 14 厘米（图四，7）。

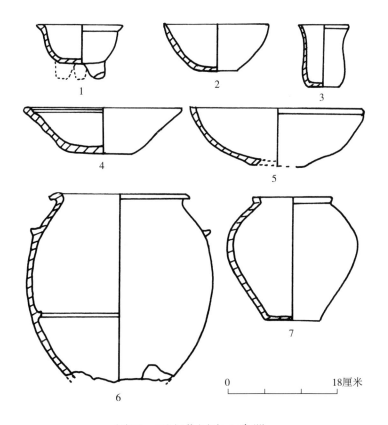

图四　下文化层出土陶器

1. 盆形鼎T1④:46　2. 敞口碗T26⑤:13　3. 筒形杯T92④:35　4. 平底盆T41④:45　5. 平底钵T33②:13　6. 鼎式甗T41④:33　7. 深腹罐T4⑤:9

（二）上层文化

1.建筑遗迹

共发现房屋基址 3 座，皆为深基槽木骨墙两面坡式屋顶的方形地面建筑。有的基槽深达 2 米以上，这在山东地区还是首次发现。槽内柱洞排列密集，规整有序，四角柱坑较大。有的柱洞平整而坚硬，有的铺垫天然扁平石板为柱础，或用碎陶片加工垫洞底，然后夯实、个别的还要经过火烤。在发现的三座房基中，面积大小不等，一般 30 平方米左右，最大的在 50 平方米以上。F2 是一座较大的房屋基址，东西长约 7.52、南北宽约 7.42 ～ 7.64 米，总面积达 50 多平方米。四周基槽上宽下窄，上部宽为 0.7、底宽 0.4、一般宽为 0.48 ～ 0.64、深达 2 ～ 2.5 米，基槽内清理柱洞 53 个，柱洞间距，最近的为 0.06、最远的 0.36 米，柱洞的口径除四个角柱较大外，其余的均较小，一般为 0.16 ～ 0.28 米。洞的口径略大于底径，洞内填土为松软的黑灰土。南基槽 15 和 16 号柱洞之间的距离为 1.98 米，较其他柱洞之间的距离相差悬殊，由此推测房屋的门应在此处，并朝南开。房屋坐落方向为北偏东 20°　（图五）。

另外，在上文化层中，还发现了夯土层，夯窝较小，呈圆形，内凹，直径一般 4 ～ 5 厘米。有的房屋基址系由黑、灰、黄等土质相间，层层夯筑而成，每层厚 3 ～ 10 厘米。从夯窝观察，夯具应是圆头木棒或石棒。

2.灰坑

共发现 8 个。形状有圆形、圆角长方形及不规则形诸种。坑壁一般都较直，坑底呈锅底状，有的则较平，直径一般为 1 ～ 2、最大的达 3 米以上。坑的深度，

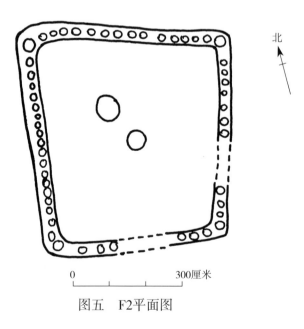

北

0　　　　　300厘米

图五　F2平面图

浅者 0.2 ～ 0.5、一般的在 1 米左右，最深的可达 1.8 米以上。坑内堆积大多为红烧土，也有的为红褐或灰褐土，较松软，出土文化遗物有鼎、罐、敞口平底盆、平底圈足盘、尊形杯、单把筒形杯等。H6 还发现在红烧土内夹有水稻壳、稻秆和粟的朽壳。

3.墓葬

仅发现 1 座，编号 M1，为长方形竖穴土坑墓，残长 1.2、宽 0.98 米，葬式为单人屈肢葬；头向东，方向 110°，墓内无葬具，亦无随葬品（图六）。

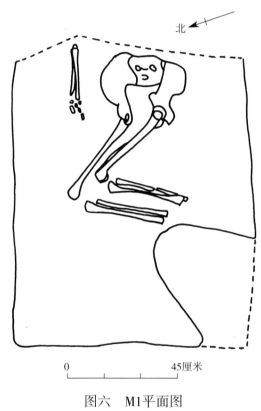

图六　M1平面图

4.文化遗物

生产工具在质料方面，主要为石、陶、骨、牙等。

器形主要是椭圆形与扁长方形弧刃石斧、横断面呈扁椭圆形石铲、圆角方形石锤、长条形石锛、半月形、长方形石刀、扁薄三角状镞形刀、长方形石凿、圆角方形陶拍、横断面近圆形石磨棒（图七）、梭形石镰、柳叶形、枪头形石矛、陶片网坠、砺石、骨针、石镞、骨镞、牙镞、骨鱼鳔、骨锥、骨凿、陶、石纺轮等。

陶器在陶质方面，主要还是分为砂质和泥质两大类。夹砂者又分为夹粗砂和细砂两种，还有的用滑石粉、蚌壳、云母等作为羼和料。泥质中有的质地细腻，

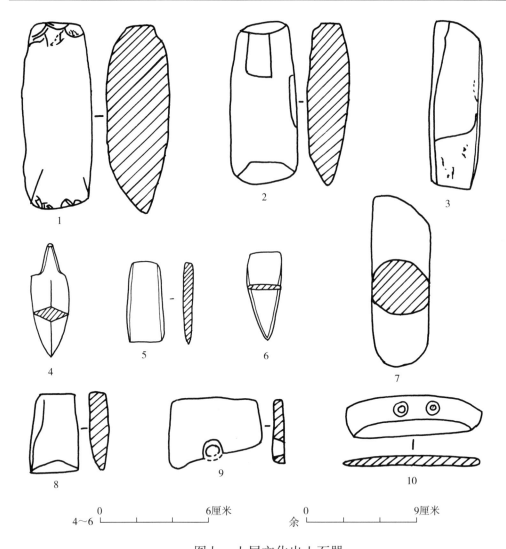

图七　上层文化出土石器

1. 斧T42② 2、8. 锛T113②：2、T3②：3 3. 锤T32②：8 4. 镞T52②：9 5. 凿T52②：41 6. 镰形刀
T1A②：19 7. 磨棒T1A③：10 9. 铲T11②：2 10. 刀T11A②：2

乌黑发亮，胎壁较薄，可能是经过淘洗。陶色分为红、褐、黑、灰、白、橙黄、橘红诸种，色泽纯正，质地坚硬。在制法方面，均为轮制，因而器壁均匀，造型规整。器表装饰以素面磨光为主。所见纹饰有凹凸弦纹、附加堆纹、刻划的水波纹、锯齿纹、网纹、梭形纹、矩形纹、三角形纹、斜线纹、镂空、圆圈、篮纹、绳纹、叶脉纹、窝纹等十几种。唯不见彩陶，但施黑色陶衣的占有一定的比例，施红、黄、白等色的较少。在器形方面，有罐形、盆形的鼎、袋足鬲、大敞口平底盆、圈足与环足平底盘、深腹罐、甗、豆、杯、碗、钵、小杯、小瓶、大口缸等。此外还

发现大量鼎足，计有侧三角形、凿形、铲形、圆锥形、鸟形、三棱形诸种。现将部分完整陶器加以介绍。

盆形鼎　细泥红陶，敞口、斜折沿、鼓腹、小平底，下附圆锥形足，腹一侧有环形把，下饰凸棱一周，腹部饰凹弦纹二道、竖平行压印纹。器形规整，胎壁较薄，质地坚硬。高12.9、口径14.1厘米（图八，1）。另外一件为夹砂黑灰陶，敞口、深腹、中部内折，呈双腹状，下腹微外弧，收为小平底，下安三个"V"形足，上饰有堆纹和窝纹，足尖外撇，沿下饰一周剔刺纹，装有对称的环形小横耳，腹饰竹节纹。轮制、器形规整。高32.3、口径36.5厘米（图八，4）。

深腹罐　泥质红陶，圆唇，斜折沿，深腹，最大径在腹中部，下收为小平底。素面磨光。轮制，薄胎。高15、口径13.2厘米（图八，2）。

杯　细泥黑陶，方唇、窄折沿，深腹，壁斜直，小平底。上腹饰凸弦纹一周，素面磨光。轮制，薄胎，器形规整，器底有轮旋的痕迹。高12.4、口径13.8厘米（图八，3）。

敞口碗　夹砂灰陶，窄沿平折。曲腹，素面，假圈足式平底。高4.9、口径13.2厘米（图八，5）。另一件为夹砂灰褐陶，圆唇、窄平沿，大敞口，腹壁内弧，平底，微外凸。素面，腹壁有轮旋的痕迹。高6.6、口径14.8厘米（图八，6）。

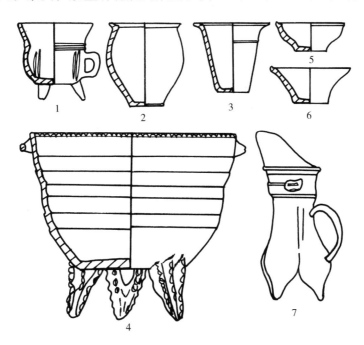

图八　上文化层出土陶器（一）

1、4. 盆形鼎T1AK1:1、T23②:17　2. 深腹罐T1AK1:3　3. 杯H4:1　5、6. 敞口碗T2②:7、T15②:11
7. 袋足鬶采:04

　　袋足鬲　夹砂青灰陶，手制，短錾，口封闭达 2/3，筒形颈，乳状袋足，宽带式錾，颈两侧设有对称的小横耳。后侧饰两个圆铆钉装饰。高 30 厘米（图八，7）。

　　平底盆　夹砂黑陶、方唇，沿近平折、浅腹，壁微弧，大平底，腹中部饰凸棱一周。高 10、口径 39.8 厘米（图九，1）。一件为泥质红陶，平折沿，敞口，腹壁内弧，大平底，腹挂红陶衣。高 8.6、口径 24.8 厘米（图九，2）。

　　浅腹盘　泥质黑灰陶，圆唇，窄平沿，敞口，浅腹，壁斜直，大平底。高 3.3、口径 29.5 厘米（图九，3）。一件为圈足盘，方唇，平折沿，腹壁斜直，平底微内凹，下附矮圈足，上有对称的环形横耳，足中部饰凸棱一周。高 7.6、口径 31.5 厘米（图九，4）。

　　器盖　泥质红陶，轮制，喇叭形纽，覆钵式盖，素面磨光。高 15.9、口径 28.5 厘米（图九，5）。

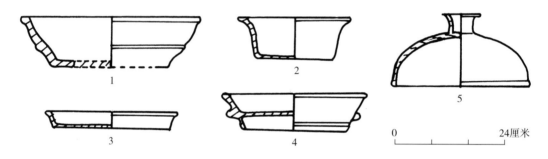

图九　上文化层出土陶器（二）
1、2. 平底盆T22②:27、T82②:13　3. 浅腹盘H4:4　4. 圈足盘TG1②:8　5. 器盖T82②:14

二　文化分期

　　杨家圈遗址的地层，我们根据自然土色和出土遗物的不同，合并为上、下两个文化层。下文化层称为杨家圈一期文化，上文化层称为杨家圈二期文化。两期文化各自有着不同的特点，分别代表了杨家圈遗存文化发展的两个不同阶段，既有相似之处，也有许多不同的文化因素。

　　首先，在陶系方面，一期文化以夹砂红陶、褐陶为主，黑陶次之，灰陶少见。质料以夹砂陶所占比例最大，泥质的稍次。器表装饰以素面磨光为主，有纹饰者以弦纹最多，附加堆纹、划纹、镂空次之，并有少量彩陶。多饰以红赭或黑色彩，但图案非常简单。二期文化与一期文化相比较，首先在陶色方面起了较大的变化，二期文化以黑灰陶居多，红陶、褐陶退居了次要地位。但质料仍以夹砂质陶为主，泥质陶所占比例与一期文化也无很大的变化。器表装饰，两期文化都以素面磨光为主，但二期文化新增加了盲鼻和铆钉装饰等；彩陶消失，这是有别于一期文化的重要特征之一。在陶器制作工艺上两者之间存在着本质的区别。一期文化出土的陶器均为手制，系泥条盘筑而成，使用慢轮修整器物的口沿。因而烧制的陶器胎壁厚重，质地松软，多呈红褐色，造型也不甚规整。而二期文化在陶器制作方面，由于采用了快轮制作新工艺，因而生产的陶器造型也比较规整，质地坚硬，器壁厚薄适当，充分反映了二期文化在制陶技术方面的巨大进步。

从陶器的种类来看，两者之间似乎变化不大，二期文化除承袭了一期文化的若干文化因素外，又出现了一批新器形，如大敞口的浅腹平底盆，浅腹平底盘以及圈足、环足的盘，还有敞口假圈足式的平底碗、单把杯、尊形杯等。

在生产工具方面，也有许多差别。如一期文化发现的石质生产工具不仅数量和种类都少，而且器类简单，大都磨制粗糙，其中相当一部分为琢制粗磨，有的仅磨刃部，与二期文化相比具有一定的原始性，反映了这一阶段生产力水平是比较低下的。二期文化在生产工具的制作方面较一期文化有了显著的进步，不仅数量和品种增多，而且质量有了明显的提高。这一时期发现的生产工具，制作精致，通体磨光、刃部锋利，棱角清晰，反映了社会生产力达到了相当高的水平。

在房屋建筑方面，两期文化之间也有明显的差别。一期文化由于生产工具的落后和生产规模的狭小，在营造技术方面表现了一定的原始性，因而发现的房屋不仅面积小，而且基槽比较浅。随着生产力的不断发展，二期文化在营建技术方面较一期文化有了很大的提高，不仅面积增大，而且基槽加深，面积一般在30平方米左右，大的甚至50多平方米。基槽深达2.5米左右，从而反映出二期文化的生产力水平较一期文化确实有了显著的进步。

综上所述，我们可以看出杨家圈遗址的两期文化存在着明显的差别，但它们之间也具有密切的关系，具有许多共同的文化因素。如在陶器的造型方面，都以平底器为主，还有一定数量的三足器和圈足器，均不见圜底器，器形种类皆有鼎、罐、鬶、盆、钵、碗、豆、杯等，其中鼎、罐、盆、钵、碗等最为常见。这些都反映了两者之间的一致性。由此可见，杨家圈遗址的两期文化是属于相互衔接的一种文化的不同发展阶段。

三　经济生活

通过对杨家圈遗存两期文化基本面貌和文化特征的分析，使我们对当时的社会经济形态得到了如下一些粗浅的认识。

　　杨家圈遗址共发现生产工具300多件，它们虽然在制作技术、器物的种类及数量等方面具有一定的差异，但从这些工具的用途方面，尚可以看出当时经济生活基本上还是相同的。大量的农业生产工具和样式繁多的陶质生活用具的出土，充分说明了原始农业在整个经济生活中已占相当重要的地位。如砍伐树木、开垦土地用的精制的石斧，耕作松土用的光润的石铲，收割农作物用的锋利的石刀、石镰、加工谷物的石锤、石磨棒等。由此可知当时的人们不仅已知道种植谷物，而且已经懂得了加工谷物的知识。

　　杨家圈遗址文化堆积较厚，一般都在两米左右。房屋遗址密集，层层叠压，打破关系十分复杂，可见不是一个短时期内所形成的，说明当时人们已过着相当稳定的定居生活，这也是与以农业生产为生活的主要来源分不开的。从遗址中发现的水稻壳和稻秆标本来看，当时已开始稻、粟类农作物的种植。

　　家畜饲养是当时一项辅助性的生产。从鉴定的动物骨骼来看，主要有猪、狗等，而以猪骨的数量最多，说明这一时期以养猪为主的家畜饲养业也已经发展起来。

　　渔猎在当时也很普遍，常见的捕鱼工具有骨鱼镖、鱼钩、网坠等。从遗址中发现的鱼椎骨看，鱼类水产动物，是人们所捕捞的主要对象。在发现的狩猎工具中，有射击用的石镞、骨镞、牙镞、投掷用的石球，刺杀用的石矛、骨矛等。在出土的动物骨骼中，主要有鹿、獐、獾、兔等，说明狩猎在当时经济生活中也占有很大的比重。

　　在农业、家畜饲养业发展的基础上，手工业也有了重大的发展，从出土的各种陶、石、骨等制作的生产工具和生活用具来观察，大体上可窥见当时手工业制作技术之一斑。

　　在制陶方面，一期文化主要为手制，兼用慢轮修整口沿，第二期文化则普遍使用了快轮制作新技术，因而生产出的陶器、器壁薄，造型美观。可以肯定，这一时期已有了一支专门从事制陶的能工巧匠队伍，使制陶业从农业中分离出来，成为独立的生产部门。

　　遗址中大量石、陶纺轮的发现，说明这一时期已掌握了用纤维捻线的技术。骨针、骨锥等纺织缝纫工具的出土以及器底印出的细布纹，反映出原始纺织业也有了很大的发展。

　　骨器在遗址中出土数量比较多，都是利用兽骨制成的，种类计有锥、凿、针、鱼镖、镞、刀、矛、鱼钩、坠、管等，这些骨器中不仅有武器和生产工具，也有生活用具和装饰艺术品，说明当时居民的经济生活是丰富多彩的。

　　在杨家圈二期文化的地层中，还发现了一件残铜锥，并在许多探方中发现有铜炼渣和炼铜原料，主要是孔雀石，即碱式碳酸铜。铜器的使用是生产力发展的一次大飞跃，这一发现在原始社会重要的意义是它标志着一个新的历史时期将要到来了。

各种质料的坠、环、管等装饰艺术品及陶塑人头像的发现，反映了这一时期人们丰富的艺术想象力和表现力。

在杨家圈遗址二期文化地层中，还发现一件陶祖，这不仅是父权制的产物，而且也是父系氏族社会在宗教意识上的反映。拉法格说："男性生殖器像已不能使人平等，像在原始社会那样"[1]。可见这种对男性生殖器崇拜的出现，绝不是偶然的事情。

四　与其他文化遗存的关系

通过前几节介绍，我们认为杨家圈遗址是胶东地区一处富有特征的新石器时代遗址，根据初步分析和比较，可以看出这些特点的形成和发展既受着生产力和生产关系发展的制约，同时又受着地理条件等的影响，并和其他遗址及邻近地区的原始文化也具有一定的联系。

关于杨家圈遗址的一期文化，目前在胶东地区发现的还不算太多，只有莱阳于家店遗址下层等少数几处。这里出土有与杨家圈一期文化相同的文化遗存，如于家店遗址下层出土的卷沿小口鼓腹平底罐，敞口弧腹小平底碗等均与杨家圈遗址一期文化的同类器物近似。可见它们是属于同一类型的遗存。

但是，杨家圈遗址二期文化在胶东地区发现的数量比较多。从现已掌握的材料看，计有 40 余处。如文登县石羊、莱阳县于家店上层、即墨县石院和三官庙、黄县邵家、掖县算园子和关桥、海阳县司马台、大榆村、城子顶、辛安，乳山县小管村、泮家庄、陈家屯、北地口，栖霞县唐山、北城子、上桃村、后辅，莱西西贤都，烟台市午台，威海市仁柳，长岛县北长山店子、大钦北村、南长山后沟，蓬莱县刘家沟与紫荆山遗址上层等。上述遗址均发现有同于杨家圈二期文化的遗物。如栖霞县唐山遗址出土的大敞口平底盆与杨家圈遗址二期文化的 H4：2 相同；长岛县南长山岛后沟、北长山岛店子遗址[2] 所发现的大敞口平底盆也与二期文化的 H5：10、T104②：4 近似；莱阳县于家店遗址的敞口浅腹平底盆近同于二期文化的 T22⑤：27。而二期文化的敞口平底盆（T1A⑧：12）、敞口小平底碗（T82②：13）则与文登县石羊的敞口浅腹平底盆、敞口小平底碗近同[3]。海阳司马台遗址出土的敞口小平底碗同二期文化的 T15②：11 相近[4]，乳山县泮家庄遗址出土的单把杯与二期

---

[1]　拉法格：《宗教与资本》，生活·读书·新知三联书店，1963年，第93页。

[2]　北京大学考古实习队、烟台地区文管会、长岛县博物馆：《山东长岛县史前遗址》，《史前研究》1983年创刊号。

[3]　山东省文物管理处：《山东胶东地区新石器时代遗址的调查》，《考古》1963年第7期。

[4]　北京大学考古实习队、烟台地区文物管理委员会：《山东省海阳、莱阳、莱西、黄县原始文化遗址调查》，《考古》1983年第3期。

文化的 H4：3 也有许多近似之处。由此看来，上述遗址当为同一时期的文化遗存。

杨家圈遗存与潍坊姚官庄[1]、诸城呈子[2]、胶县三里河[3]等遗址出土的遗物（特别是陶器）比较，无论在器形、制法、纹饰等方面也有许多相同之处。如呈子遗址的罐（A 型Ⅰ式）、碗（A 型Ⅰ式）与杨家圈二期文化的罐（TIAK1：3）、碗（T82 ②：15）相同。姚官庄遗址的Ⅴ型盘、Ⅴ型Ⅲ式盆、Ⅶ型Ⅱ式盆、Ⅰ型Ⅱ式碗均与杨家圈二期文化的平底盘（H4：4）、卷沿敞口平底盆（H5：10）、折沿敞口平底盆（T82 ②：13）、敞口碗（T82 ②：15）近似。由此说明远在四千多年以前，这两个地区的文化交流就相当密切了。但也存有许多地域性的差异，如杨家圈一期文化的鼎式甗。二期文化的陶鬶（QY04）等则是其他地区原始遗址所不常见的。

辽东半岛与胶东半岛隔海相望，地理位置近同，从考古资料看两个半岛的居民，从很早的古代起就存在着经济和文化上的密切联系。如长海县小珠山遗址[4]中层出土的遗物中，就发现有大汶口文化早期的某些器形，如三足觚形器、圆锥足的釜形鼎、实足鬶、盉等。出土的彩陶纹样也与蓬莱紫荆山遗址下层的彩陶极为近似。陶色方面同杨家圈遗址一期文化也有许多共同之处。如两者都是以夹砂红陶、红褐陶为主，纹饰均有划纹、平行斜线、网纹等。小珠山遗址上层则与杨家圈二期文化相似。如陶器以夹砂黑陶和泥质黑陶为主，并有少量磨光蛋壳黑陶，使用快轮制作技术，红、褐陶比例较中层明显地减少，器表以素面磨光为主，器形有镂空豆，扁凿足的鼎。石器多为磨制，亦有扁平石铲、双孔石刀、石镰等。由此看来小珠山遗址中上层文化分别受到了胶东地区大汶口、龙山文化的影响。但是，杨家圈遗址的两期文化在其发展过程中，尽管有自身的文化特征，然而并不是独立存在和发展的。它们和山东其他地区及辽东半岛等地的原始居民密切交往，共同为中华民族的古代文明作出了贡献。因此，我们探讨杨家圈遗存的社会性质，不仅对研究胶东地区原始文化有益，而且对于了解山东半岛与辽东半岛等地区的新石器时代文化的发展及相互关系等问题也将起到重要的作用。

原载《考古与文物》1985 年第 1 期

[1] 山东省文物考古研究所、山东省博物馆、中国社会科学院考古研究所山东队等：《山东姚官庄遗址发掘报告》，《文物资料丛刊·5》，文物出版社，1981年。

[2] 昌潍地区文物管理组、诸城县博物馆：《山东诸城呈子遗址发掘报告》，《考古学报》1980年第3期。

[3] 昌潍地区艺术馆、中国科学院考古研究所山东队：《山东胶县三里河遗址发掘简报》，《考古》1977年第4期。

[4] 辽宁省博物馆、旅顺博物馆、长海县文化馆：《长海县广鹿岛大长山岛贝丘遗址》，《考古学报》1981年第1期。

论大汶口文化的合葬墓

大汶口文化的发现与确立，是新中国史前考古的主要成果之一。30 多年来，大汶口文化的考古发掘与综合研究都取得了很大的成绩，特别是大批墓葬的发现不仅为探索大汶口文化的埋葬制度奠定了坚实的基础，也为进一步深入研究该文化的文化面貌、地方类型、年代分期和社会性质乃至婚姻形态的演变等都提供了重要的实物资料。鉴于此，本文拟在前人研究的基础上，依据发表的墓葬材料，就大汶口文化时期的合葬墓作初步探讨，并发表点不成熟的看法，不妥之处，请批评指正。

一　墓葬发现概况

根据目前发表的考古资料和近年的考古新发现，大汶口文化墓葬的发掘，比较重要的有山东兖州王因、六里井、泰安大汶口、邹县野店、曲阜西夏侯、南兴埠、胶县三里河、日照东海峪、诸城呈子、前寨、莒县陵阳河、大朱家村、杭头、临沂大范庄、安丘景芝镇、滕县岗上、西康留、荏平尚庄、微山尹洼、广饶傅家、五村、泗水天齐庙、枣庄建新等，江苏省有邳县刘林、大墩子、新沂花厅遗址，另外，河南省的偃师滑城、商水章华台、郸城段砦、平顶山寺岗、周口等地也有发现；在安徽省皖北地区主要是蒙城尉迟寺遗址。据统计，已发掘墓葬两千余座，下面选择部分典型墓地分别介绍（附表）。

1.王因墓地

1975～1978 年连续进行七次发掘[1]，发现墓葬 899 座，埋葬死者 1280 多人。这批墓葬，土圹竖穴，长方形居多，也有少数方形、椭圆形和不规则形。头向基本朝东，多数在 70°～128°。葬式以仰身直肢葬为主，侧身和屈肢葬极少。另外，还发现个别俯身和折肢等特殊葬式的墓葬。特别是同性合葬最具特色。在 31 座多人合葬墓中 26 座为 2 人合葬，5 座 3 至 5 人合葬墓。经鉴定 4 座大人和孩子合葬，

---

[1]　中国社会科学院考古研究所山东工作队、济宁地区文化局：《山东兖州王因新石器时代遗址发掘简报》，《考古》1979 年第 1 期；高广仁：《大汶口文化的葬俗》，《中国原始文化论集》，文物出版社，1989 年。

附表　大汶口文化合葬墓附表

地点	墓号	性别与年龄	人数	葬式	随葬品	资料出处
大汶口	1	成年男性 成年女性	2	仰身直肢	鼎、豆、壶、筒形杯2、单把杯2、高柄杯2、其他杯，石斧、锛7、刀4、矛、砺石2，小玉管、簪2，骨锥4、凿、镖、镞2、箭尾、钩、长方骨板、簪、牙刀3、牙料5、獐牙8、龟甲2	《大汶口》，文物出版社，1974年
	13	成年男性 成年女性	2	仰身直肢	鼎4、豆4、罐2、鬶、盉、尊、壶2、盔形器、器盖3、铲、簪2、牙镰、镖、镞、匕2、牙雕筒、牙琮2、猪头14、獐牙3	
	31	不明	2	仰身直肢		
	35	成年男性 成年女性 儿童	3	仰身直肢	鼎2、豆、壶4、罐3、杯2、砺石2、锥、束发器1对、指环、牙料10、猪头、猪蹄骨2、蚌片、獐牙	
	69	成年	2	仰身直肢	罐、石斧、镞，鱼钩3、角坠、龟甲	
	70	成年	2	仰身直肢	铲	
	92	不明	2			
	111	成年男性 成年女性	2	仰身直肢	鼎2、豆、壶4、杯、盉、尊、纺轮、磨棒、锥、针、匕、指环、牙料2、獐牙、四不像鹿下颌骨	
三里河	136	女性壮年～成年 儿童3～4	2	仰身直肢	鼎、器盖	《胶县三里河》，文物出版社，1988年
呈子	7	Ⅰ女性35～45 Ⅱ女性40～45 Ⅲ男性40～45 Ⅳ女性40± Ⅴ男性12+	5	侧身 仰身直肢 仰身直肢 仰身直肢 仰身直肢	罐，石纺轮2，骨针；罐，石臂环，骨针、匕；盉，石凿，骨针、匕2，管状器7，锥、镞，牙质刮削器8，獐牙，骨料，禽骨，残蚌器；石纺轮，骨针；鬶	《山东诸城呈子遗址发掘报告》，《考古学报》1980年第3期
	57	Ⅰ男性25+ Ⅱ女性25～28 Ⅲ男性35+	3	仰身直肢 二次葬 仰身直肢	鬶3、鼎4、器盖、单耳杯，石凿3、砺石、骨匕2，锥8、牙质刮削器2，针2、残蚌器4，骨料13，角料2；鬶、鼎、骨锥	
	59	Ⅰ男性25+ Ⅱ女性20～25	2	仰身直肢 仰身直肢	鬶、鼎、罐、豆，石胸环2；盉、鼎8、罐4、盖2、壶，石纺轮，骨针、牙床骨器	

地点	墓号	性别与年龄	人数	葬式	随葬品	资料出处
呈子	60	Ⅰ男性 Ⅱ男性45±	2	仰身直肢 仰身直肢	鼎、鬶、罐2、单耳杯，石锛、钺、杵、骨针、石坠饰2；鬶，条形骨器	
	87	Ⅰ女性25～30 Ⅱ女性40+	2	仰身直肢 仰身直肢	鬶；鬶、鼎2	
杨家圈	3	成年4人 儿童1人 （男女各2， 不明1人）	5	仰身直肢		《山东栖霞杨家圈遗址发掘简报》，《史前研究》1984年第3期
尚庄	4	女性35 儿童4～5	2	均仰身直肢		《荏平尚庄新石器时代遗址》，《考古学报》1985年第4期
尹家城	145	男性35～40 女性35～40	2	仰身直肢仰身、上肢微屈，下身伸直	鼎、罐、壶，石钺、骨锥、梯形石饰、野猪獠牙、獐牙、骨镞、石纺轮	《泗水尹家城》，文物出版社，1990年
王因	2240	成年男性	22	二次葬		《山东兖州王因新石器时代遗址发掘简报》，《考古》1979年第1期；《大汶口文化的葬俗》，《中国原始文化论集》，文物出版社，1989年
	248	成年男性?	9	二次葬		
	243	成年男性?	24	二次葬		
	240	成年男性?	23	二次葬		
	2108	男性35～40	2	仰身直肢	罐形鼎2、盆形鼎2、瓠形杯2	
	2301	男性26～35	2	仰身直肢	石、陶、骨、牙、龟甲等16件	
	2376	男性30±	2	仰身直肢	石、陶、骨、牙等15件	
野店	1	左人骨残破 右女性壮年	2	均仰卧直肢	钵形鼎、罐形鼎、带把鼎、小鼎、罐、漏器、带把钵，石斧、刀形石坠	《邹县野店》，文物出版社，1985年
	15	左人骨朽 右女性青年23	2	左仰卧直肢右上身侧卧、下肢伸直	瓠形杯3、釜形鼎、罐形鼎2、钵形鼎2、盂形鼎5、盘形鼎、壶形鼎2、小鼎2、盆形豆、钵形豆2、盘形豆4、鬶2、盂、盆、漏器、器座、单把钵、单把壶、器盖6、三环纽器盖，石纺轮、石镯、石斧、玉环、小陶球2	

地点	墓号	性别与年龄	人数	葬式	随葬品	资料出处
野店	23	不明	2	均仰卧直肢	瓠形杯3、钵形鼎、盆形豆、釜形鼎、高足杯2、罐、其他杯，砺石	
	31	男性壮年30 女性壮年35	2	均仰卧直肢	瓠形杯4、盂形鼎2、盆形豆、盘形豆13、鬶2、罐、盆、盉、壶4、漏器、器座、圈足壶、器盖4、石纺轮2、象牙矛头、簪2、玉环6、小球、砺石	《邹县野店》，文物出版社，1985年
	45	不明	2	均仰卧直肢		
	47	男性壮年35 女性壮年	2	均仰卧直肢	瓠形杯4、盂形鼎10、盘形鼎、碗形鼎、壶形鼎、钵形豆11、鬶、盉、彩陶长嘴盉、彩陶漏器、器座2、罐6、带把钵、尊、盆、器盖、玉环15、石刀形器4、束发器2、骨矛2、绿松石坠、石斧、猪颚骨3及鸡、狗骨等	
	48	左男性青年23 右人骨被M49打去	2	均仰卧直肢	瓠形杯、盂形鼎、罐形鼎4、盘形鼎、盉、钵、漏器、带把钵、彩陶器座、器盖2、玉环、骨矛、角坠形器9	
	55	人骨已朽	2	均仰卧直肢	鬶、背壶、盆、单耳杯、镂空高柄杯3、高柄杯、小罐3、器盖2、石纺轮、残石器	
	81	男性老年 女性中年	2	均仰卧直肢	陶杯，獐牙5	
	88	男性壮年 女性青年	2	均仰卧直肢	钵形鼎、小鼎、陶镯9、骨针、石环、龟甲1付	
刘林	17	成年	2	左仰身直肢 右侧身屈肢	鼎、杯2、牙勾2、栖2、镖	
	21	男性15 女性13	2	均仰身直肢	陶罐2，纺轮、弹丸7、玉石饰、牙勾5	《江苏邳县刘林新石器时代遗址》，《考古学报》1962年第1期；《江苏邳县刘林新石器时代遗址第二次发掘》，《考古学报》1965年第2期
	30	成年 儿童	2	均仰身直肢	鼎、杯2、罐	
	34	成年 儿童	2	均仰身直肢	鼎2、罐	
	57	儿童	2	均仰身直肢	鼎、镖3、栖、龟甲	
	97	1女，1不明成年	2	一仰身下肢微屈，一次葬	罐形鼎3、钵形鼎、瓠形杯、钵（？）、三联杯5、盖、四联杯4	
	102	男性55~60 女性55左右	2	均仰身直肢	罐形鼎2、盆形鼎、瓠形杯2、彩陶钵、小杯、三联杯、獐牙	

地点	墓号	性别与年龄	人数	葬式	随葬品	资料出处
刘林	144	1男 1女		迁葬	罐形鼎4、觚形杯、豆？2，穿孔斧	
五村	27	左9～10 右6～8	2	均仰身直肢		《广饶县五村遗址发掘报告》，《海岱考古（第一辑）》，山东大学出版社，1989年
	47	成年男性 成年女性	2	左仰身直肢 右侧身屈肢	钵	
	64	Ⅰ45～50 Ⅱ6～8 Ⅲ1.5～3	3	仰身直肢 凌乱 凌乱	豆、罐	
	72	Ⅰ女性35± Ⅱ2～3	2	仰身直肢 ？		
	105	左女性20～25 右儿童	2	仰身直肢 凌乱	豆、鼎、杯	
毓璜顶	4	A女性13～14	4	A仰身直肢，B、C、D二次葬，肢骨成束堆放		《山东烟台毓璜顶新石器时代遗址发掘简报》，《史前研究》1987年第2期
大墩子	67 86	女性壮年 男性中年	2	仰身直肢 仰身直肢	陶豆、罐形鼎2、碗、罐2、三足杯、盖、石纺轮、獐牙勾形器、龟甲；陶钵形鼎、罐形鼎、三足杯、骨枢、鱼镖4、龟甲、獐牙勾形器	《江苏邳县大墩子遗址第二次发掘》，《考古学集刊·1》，中国社会科学出版社，1981年
	69 101	女性30多 男性中年	2	仰身直肢 仰身直肢	陶罐3	
	78 79	男性30 10	2	仰身直肢 仰身直肢	陶平底杯	
	92	男性老年 女性老年	2	仰身微屈肢	陶罐（内装石环）	
	115 116	男性壮年 男性壮年	2	仰身直肢 仰身直肢	陶罐形鼎、豆；陶杯，角匕首	
	133	女性壮年 儿童11左右	2	均仰身直肢	石纺轮、坠、陶纺轮	
	141 144	女性青年 女性中年	2	均仰身直肢	罐、盆形鼎、钵形鼎2、钵（彩）2、觚形杯2，石纺轮、环4、璜、陶镯3；陶罐形鼎2、觚形杯，獐牙	
	224 225	男性青壮年 女壮年性	2	均仰身直肢	獐牙勾形器；陶钵形鼎、瓶，骨粗	

4 座异性合葬，22 座为同性合葬。在 67 座 2 至 24 人二次合葬墓中，也以同性居多。所葬死者 423 人，占墓地清理死者的近 1/3。

2.大汶口墓地[1]

1959 年首次进行发掘，清理大汶口文化墓葬 133 座，其中 8 座双人合葬墓。经人类学鉴定，墓 1、13、35、111 为男左女右的成人合葬墓。其中墓 35 多葬一女孩。这些合葬墓，均为一次埋葬，未见二次葬和同性合葬者。多数墓葬放置有数量不等的随葬品。

3.呈子遗址[2]

1976 ～ 1977 年发掘，清理大汶口文化墓葬 12 座，单人仰身直肢葬 7 座，合葬墓 5 座，占墓葬总数的 41.71%。合葬者 14 人，占全部死者的 66.6%。墓 7 为 5 人合葬，墓 57 为 3 人合葬，墓 59 和墓 60 为 2 座成年男女合葬，墓 87 为成年女性合葬。这批墓葬其埋葬方式，不论双人或多人都是由下而上叠压埋葬，葬具和随葬品每人备一套，互不混淆。而且不以性别和年龄为界限，也没有发现尊卑和贫富差别。

4.野店墓地[3]

清理大汶口文化墓葬 89 座。以单人仰身直肢葬为主，其中 10 座成年双人合葬墓，占全部墓葬的 11.2%，这种合葬墓早期不见，中期 8 座，晚期仅 2 座。经鉴定，墓 31、47、81、88 为男女合葬墓。墓 1、15 右侧成年女性，左侧性别不明，墓 48 左侧成年男性，右侧性别不明。另有 3 座骨骼腐朽，性别难辨。从鉴定结果看，均男左女右，男女双方并肩相靠或平躺在墓穴中部。随葬品大多放置在 2 人之间的头部或足下，反映出财产为 2 人共有。

5.五村遗址

清理大汶口文化墓葬 75 座[4]，其中有人骨架的 71 座。形制多为长方形土坑竖穴，葬式一般仰身直肢，个别两手放置在腹部。发现 5 座合葬墓。其中墓 47 为成年男女合葬，墓 27 是儿童合葬墓，墓 64 是 3 人合葬墓，内葬 1 成年女性和 2 个儿童，墓 72 和墓 105 是 2 座母子合葬墓。

6.傅家墓地

1985 年试掘中，发现大汶口文化墓葬 199 座[5]，形制多为长方形土坑竖穴，葬

[1] 山东省文物管理处、济南市博物馆：《大汶口——新石器时代墓葬发掘报告》，文物出版社，1974年。

[2] 昌潍地区文物组、诸城县博物馆：《山东诸城呈子遗址发掘报告》，《考古学报》1980年第3期。

[3] 山东省博物馆、山东省文物考古研究所：《邹县野店》，文物出版社，1985年。

[4] 山东省文物考古研究所、广饶县博物馆：《广饶县五村遗址发掘报告》，《海岱考古（第一辑）》，山东大学出版社，1989年。

[5] 山东省文物考古研究所、东营市博物馆：《山东广饶县傅家遗址的发掘》，《考古》2002年第9期。

式以仰身直肢葬为主，多数单人葬，其中合葬墓 12 座。墓 54 为女性双人合葬，骨架上下叠压。墓 103、墓 104 是 2 座成年男女合葬墓，男左女右。墓 49 和墓 136 为 2 座 3 人合葬墓，7 座成人与儿童合葬墓。

7.刘林遗址

先后进行过两次发掘[1]，清理大汶口文化墓葬 197 座，葬式一般为单人葬，发现 8 座双人合葬墓。其中墓 21 和墓 57 是 2 座十几岁少年的并排合葬，墓 30 和墓 34 是 2 座成人带孩子的合葬墓。墓 17 是 2 个成年合葬，一为仰身直肢，另侧身屈肢，因骨架残，性别不明。经过鉴定的 3 座合葬墓，均为年龄相若的男女合葬。这批墓葬，随葬品比较少，多数不足 10 件，个别的达 30 余件。

8.大墩子遗址

两次发掘一共清理大汶口文化墓葬 342 座[2]。这批墓葬排列密集，以单人仰身直肢葬为主，亦有少量屈肢葬和二次葬。在 8 座合葬墓中，除同性合葬和成年带孩子合葬外，也有年龄相若的男女合葬墓。这批墓葬随葬品一般在 10 件以下，最多的能达到 60 多件。反映出财产分配方面开始出现较大的差别。

这一时期的合葬墓，除上述遗址外，在茌平尚庄[3]、栖霞杨家圈[4]、泗水尹家城[5]、烟台毓璜顶[6]、胶县三里河[7]、枣庄建新[8] 等遗址也都有发现。

二　合葬墓的类型与特点

大汶口文化在历史发展长河中，曾经历了极为漫长而又极其复杂的发展过程。这一过程，从碳 -14 测定的数据分析，前后延绵长达两千余年，即开始于公元前 4300 ～前 2400 年，夏鼐先生认为大汶口文化"至少跨着公元前 4500 ～前 2300 年"[9]。我们根据学术界多数同志的意见，将大汶口文化大致分为早、中、晚

---

[1]　南京博物院：《江苏邳县刘林新石器时代遗址》，《考古学报》1962年第1期；南京博物院：《江苏邳县刘林新石器时代遗址第二次发掘》，《考古学报》1965年第2期。

[2]　南京博物院：《江苏邳县四户镇大墩子遗址探掘报告》，《考古学报》1964年第2期；南京博物院：《江苏邳县大墩子遗址第二次发掘》，《考古学集刊·1》，中国社会科学出版社，1981年。

[3]　山东省文物考古研究所：《茌平尚庄新石器时代遗址》，《考古学报》1985年第4期。

[4]　山东省文物考古研究所、北京大学考古实习队：《山东栖霞杨家圈遗址发掘简报》，《史前研究》1984年第3期。

[5]　山东大学历史系考古专业教研室：《泗水尹家城》，文物出版社，1990年。

[6]　烟台市文管会、烟台市博物馆：《山东烟台毓璜顶新石器时代遗址发掘简报》，《史前研究》1987年第2期。

[7]　中国社会科学院考古研究所：《胶县三里河》，文物出版社，1988年。

[8]　山东省文物考古研究所：《枣庄市建新遗址第一、二次发掘简报》，《考古》1995年第1期。

[9]　夏鼐：《碳-14测定年代和中国史前考古学》，《考古》1977年第4期。

三期。其中年代最早者为大墩子下层标本（ZK90）的绝对年代经树轮校正后为公元前 4494±200，属于晚期鲁家口下层的标本（ZK317）绝对年代校正后为公元前 2340±145。高广仁先生认为大汶口文化"早期向中期的过渡在公元前 3500 年之际，而中期向晚期过渡当不晚于公元前 2800 年[1]。

早期：公元前 4300～前 3500 年，约 800 年，以王因、刘林墓地和野店一期墓葬为代表。

中期：公元前 3500～前 2800 年，约 700 年。以大汶口墓地的早、中期墓葬为代表，包括西夏侯下层墓和大墩子晚期墓葬。

晚期：公元前 2800～前 2400 年，属于大汶口文化的晚期阶段，延续大约 400 年，主要以大汶口墓地的晚期墓葬为代表，包括西夏侯上层及东海峪下层等。

就大汶口文化的合葬墓来说，在大汶口文化早、中、晚三期当中，并非始终存在，它仅仅流行于一定的社会发展阶段，而且根据社会形态的不同和婚姻关系的变化而发生变化。因此，深入探讨合葬墓产生、发展、消亡的变化规律、特点以及产生的社会背景，对于大汶口文化社会性质乃至婚姻形态的研究具有十分重要的意义。据统计，大汶口文化的合葬墓发现近 200 座，其中发表 50 余座为了研究方便，我们划分为以下几个不同的类型进行论述。

（一）同性合葬墓

因为这种合葬墓埋葬人数多少不等，所以，我们分为同性多人和同性双人合葬两种形式。

1.同性多人合葬墓

这种墓葬多数为二次葬。主要流行于大汶口文化的早期阶段，中期基本不见。目前仅在王因遗址发现，如王因墓 2240，埋葬 22 个个体，头骨基本自成单元放置，以南北向排列三行。四肢骨成束成排放置下边，中间盆骨，头骨搁置上面。能辨别性别的多为男性成年个体（图一）。又如，墓 248，长方形，南北向，内葬 9 个个体，头骨置东侧，南北向顺序排列两行，四肢和盆骨与头骨相连，因骨骼随意放置，所以无一定秩序，但有些尚能看出属于一个整体间的关系。再如，墓 243，椭圆形，埋葬 24 个个体，分三层放置，分别为 8、9、7 个个体。此类墓葬，在西安半坡、宝鸡北首岭、临潼姜寨、华阴横阵村、华县元君庙、渭南史家村等遗址均有发现。这么多人埋在一座墓内，他（她）们的血缘关系应属于同一母系氏族的成员，其中包括兄弟与兄弟、姊妹与姊妹，他们生前在一起，死后也要合葬在一起。正如摩尔根所说"他们以为同一氏族的骨与骨、肉与肉，应该是相互结合

---

[1]　高广仁：《试论大汶口文化的分期》，《考古学报》1978年第4期。

北 ←——

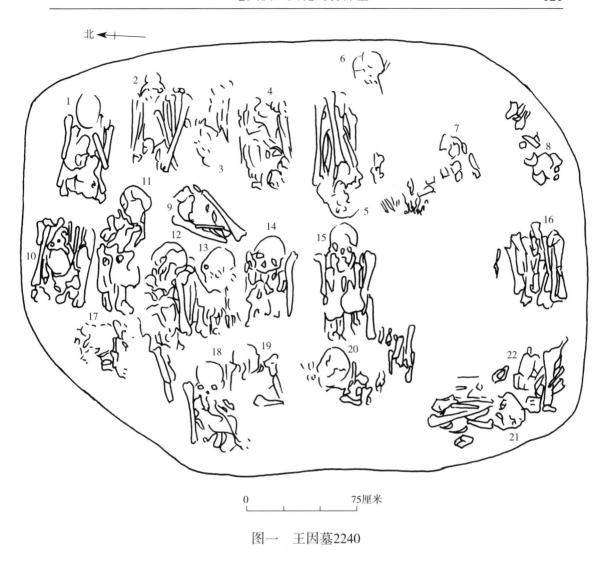

0   75厘米

图一 王因墓2240

在一块的，所以亲族的遗骨与其他异族的遗骨埋在一处，他们认为是非宗教的"[1]。或认为，同一氏族的人，都是一个根子生出来的，有共同的祖先，有着骨肉关系，活着在一起，死了也要在一起。因此，每个氏族的成员，死后必须葬到本氏族的公共墓地上，随处乱葬，是死者的不幸，也是氏族的耻辱[2]。王因等遗址实行多人二次同性合葬与摩尔根论述的情况是基本吻合的。这说明处在相同的社会发展阶段的人们，由于受灵魂不死的宗教信仰所支配，因而具有一种共同的观念，即血肉是属于人世间的，所以必须等着血肉腐朽后，才能作正式埋葬，这样死者才能进入鬼魂世界。正是基于这种认识，在大汶口文化早期阶段才出现了数量众多的

[1] 摩尔根：《古代社会》，商务印书馆，1972年，第134页。
[2] 宋兆麟：《永宁纳西族的葬俗——兼对仰韶文化葬俗的看法》，《考古》1964年第4期。

同性多人合葬墓，这是生产力水平十分低下的产物，也是灵魂不死观念在人们头脑中虚幻的一种反映。

2.同性双人合葬墓

这种葬式主要流行于大汶口文化早期阶段，中期继续存在。王因、呈子、傅家、大墩子等遗址均有发现。葬式以仰身直肢葬居多，其他葬法较少。多数是一次葬入的，二次葬罕见。死者排列比较整齐，而且有一定方向，大部分墓内放置一定数量的随葬品，少的一至三件，多的二十余件。尽管随葬品存在差别，但基本是平等的。如王因墓2108，长1.8、宽0.60米，内葬2具35～40岁男性个体，头向86°，仰身直肢，各随葬3件器物（图二，3），又如大墩子墓141和墓144（2个墓号实为1座合葬墓），内葬2具女性个体，年龄均为青壮年，仰身直肢，方向76°，前者随葬石环、石璜、陶镯、高柄杯、罐、鼎、彩陶钵及纺轮等，后者随葬高柄杯、鼎、獐牙等（图二，4）。

关于同性双人合葬墓的性质问题，有的同志认为这种"以性别为集团的分别合葬，则是氏族制度原则的体现"[1]。也有的同志指出"同一氏族的姊妹和兄弟分别埋葬在一起的葬制，反映了母系氏族社会的特点"[2]。我们认为，同性双人合葬墓中埋葬的死者，可能是同一母系氏族家庭的成员。因为"按照母系氏族外婚制，本氏族的兄弟姊妹不能通婚，兄弟必须出嫁，在相互通婚的对方氏族的子女中寻找配偶；同样，对方氏族中的成年男子则嫁到本氏族来，在本氏族的女子中寻找配偶。出嫁的男子死后，都分别归葬于各自的出生氏族，而按照氏族内不许通婚的制度，他们也不能跟本氏族的姊妹同墓合葬。反之，姊妹只能从外氏族娶夫进来，她们死后同样不能跟本氏族的兄弟合葬。但同性合葬或男女分区埋葬，则是许可的。因此，兄弟与姊妹分开埋葬，就是十分自然的了"[3]。

（二）异性合葬墓

因埋葬人数数量不同，又分为多人与双人异性合葬墓两类。

1.多人合葬墓

这是一种不分性别和年龄的男女老幼埋葬在一起的葬俗。如杨家圈墓3，该墓土圹竖穴，墓坑狭小，呈圆角长方形，长1.79、宽0.46～0.57米，内葬5人，其骨架上下互相叠压，均仰身直肢，经鉴定，成年4人，儿童1人。其中男女各2人，性别不明1人。墓内无葬具，也无随葬品（图二，1）。又如呈子墓7，也是

[1]　王仁湘：《我国新石器时代的二次合葬及其社会性质》，《考古与文物》1982年第3期。

[2]　宋兆麟、黎家芳、杜耀西：《中国原始社会》，文物出版社，1977年，第54页。

[3]　郭沫若主编：《中国史稿》，人民出版社，1976年，第一册第44页。

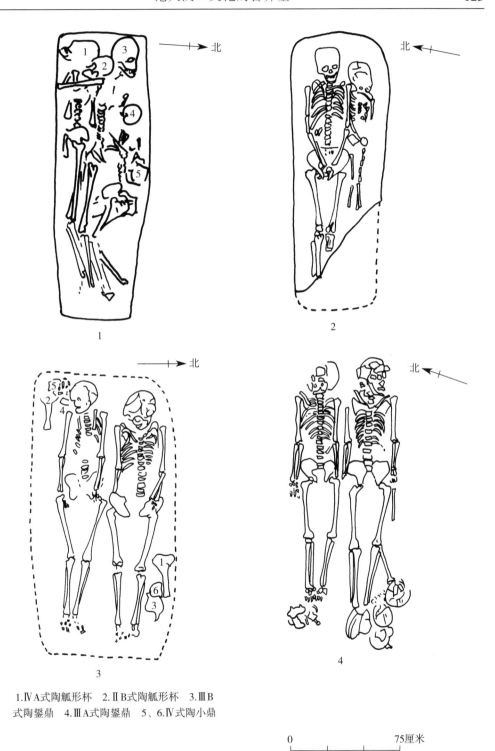

1.ⅣA式陶觚形杯　2.ⅡB式陶觚形杯　3.ⅢB
式陶鬶鼎　4.ⅢA式陶鬶鼎　5、6.Ⅳ式陶小鼎

0　　　　　　　　75厘米

图二
1．杨家圈墓3　2．尚庄墓4　3．王因墓2108　4．大墩子墓141和墓144

1 座 5 人合葬墓，该墓长方形土圹竖穴，经鉴定（1）号女性，35～45 岁，头向315°，向北侧身，面向下，随葬陶罐和骨针各 1 件，石纺轮 2 件。（2）号人骨女性，40～45 岁，面向上，随葬陶罐、骨针、骨匕和石璧各 1 件。（3）号男性，40～45 岁，面向南。右侧半身压在（2）号人骨下面，左侧紧靠土圹北壁，人骨附近有木灰痕迹。随葬品比较丰富，计有陶盉、骨匕、骨管状器、牙刮削器和骨针、骨锥、骨镞、石凿、獐牙、蚌器及数块骨料。（4）号是女性，40 多岁，面向南，颅骨破碎，叠压在（2）、（3）号人骨下。位置在（2）、（3）号人骨之间，随葬石纺轮、骨针各 1件。（5）号是男性少年，12 岁多，面向上，骨架完好。紧压（4）号人骨下面，几乎重叠。底部有井字形木椁痕迹，东端薄石板下放置 1 件陶鬶。

这些不同性别、年龄以及男女老幼皆有的多人合葬墓，情况比较复杂，难以做一种解释。因为"它既不像同性合葬那样反映母权制下一种婚姻不稳定的葬俗，更不是女权制下的夫妇合葬"。这种常见的多人合葬"显然是一个家族的体现"[1]。"这类合葬墓在不同程度上反映了父权制，同时，还说明当时存在家族[2]。显而易见，这类墓葬，是氏族内部血缘关系较近的家族合葬墓。里面既有属于妻方的同胞姐妹及其子女，也有归葬的兄弟们。从性别和年龄看，男女老少岁差有的多至三四十岁，至少包括两代人。"亲近的血缘关系不仅使他（她）们埋在同一墓地内，并且在同一墓穴里合葬，说明他（她）们之间的血缘关系比其他墓内死者关系更为亲密，当属于血亲范畴，它决定着合葬墓内埋葬成员的构成和葬式。血亲关系成为他（她）们联结在一起的纽带"[3]。

2.成年男女合葬墓

这类墓葬，大汶口文化早期阶段就开始出现，流行于中期阶段。在大汶口、王因、野店、呈子、博家、五村、尹家城、建新、刘林、大墩子等遗址均有发现。如大汶口墓 111，内葬一对成年男女，男左女右，比肩而卧，仰身直肢，随葬品 20件，男性 8 件，女性 12 件。又如呈子墓 59，使用长方形木椁和二层台，均仰身直肢，男性 25 岁左右，头向 310°，面向北，随葬鼎、鬶、罐、豆和石环等。女性20～25 岁，在男性之下，略偏北侧，相距约 5 厘米，随葬鼎、壶、盉、罐、石纺轮和骨针等。再如，野店墓 31，长方形土坑竖穴，男性 30 岁，女性 35 岁。均仰卧直肢，头向东南，男性面向南，女性面向上。随葬器物 49 件，多数放在女性足下，计有觚形杯、盉形鼎、盆形豆、鬶、罐、盆、壶、器座和器盖等；男性仅有牙矛头和 6 件项串饰（图三）。上面几座墓葬男女并排仰卧，姿式相同，看不出男女之间

　　[1]　昌潍地区文物组、诸城县博物馆：《山东诸城呈子遗址发掘报告》，《考古学报》1980年第3期。
　　[2]　张忠培：《中国父系氏族制发展阶段的考古学考察——对含男性居本位的合葬墓的墓地的若干分析》，《中国北方考古文集》，文物出版社，1990年。
　　[3]　何德亮：《从墓葬形式看大汶口文化婚姻形态的演变》，《文物研究（第六辑）》，黄山书社，1990年。

北 ←

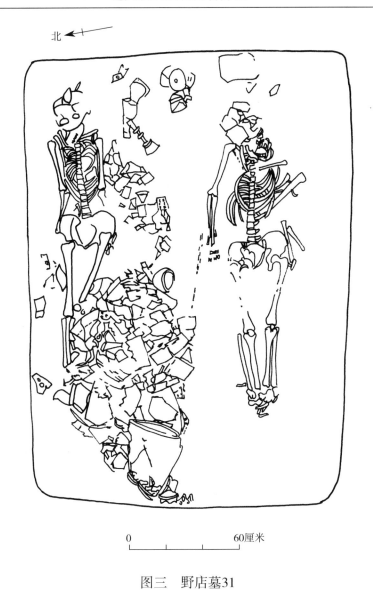

0 _____ 60厘米

图三　野店墓31

有明显的主从关系。相反，个别墓葬女性还占一定优势。只是到后来，男女之间的社会地位才发生了一些变化。如野店墓47，长方形土坑竖穴，男性35岁，女性壮年，均仰身直肢，头向东南，面朝上，68件随葬品主要放置男性左侧，计有觚形杯、鼎、鬶、盂、罐、器盖、石斧及15件玉质单环。女性双耳旁仅各置1件束发器，头前4件穿孔石刀形器（图四）。该墓所反映的是男女之间一种既亲密而又不平等的一种社会关系。又如大墩子墓101和墓69（2个墓号实为1座合葬墓），前者男性中年，后者女性，30多岁；男性仰身直肢，女性侧身屈肢，且葬在男性胫骨下。5件随葬品均放男性一侧。其中3件陶罐置头部与脚下，2块猪下颌骨放左桡骨上（图

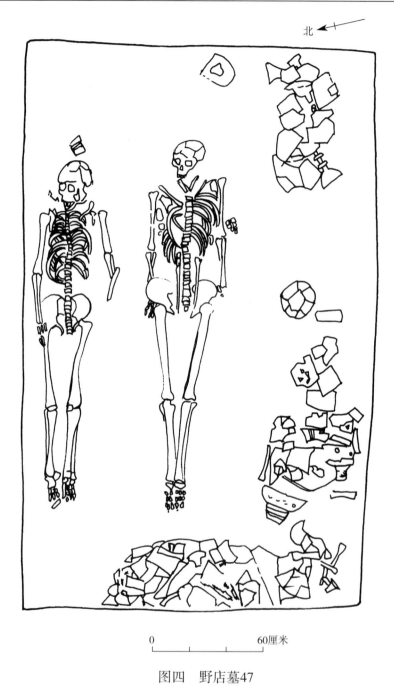

北

0　　　　　　　　60厘米

图四　野店墓47

五，1）。很显然，从墓内 2 位死者不同的葬式看，男性是合葬墓的主体，而女子则处于屈从地位。再如，尹家城墓 145，男左女右，头东脚西，男性仰身直肢，年龄 35～40 岁，女性位于墓室北侧，头部与男性腰间齐平，仰身，上肢微屈，下肢伸直，面向男性，左侧尺、桡骨叠压在男性股骨下，年龄与男性相同。随葬品

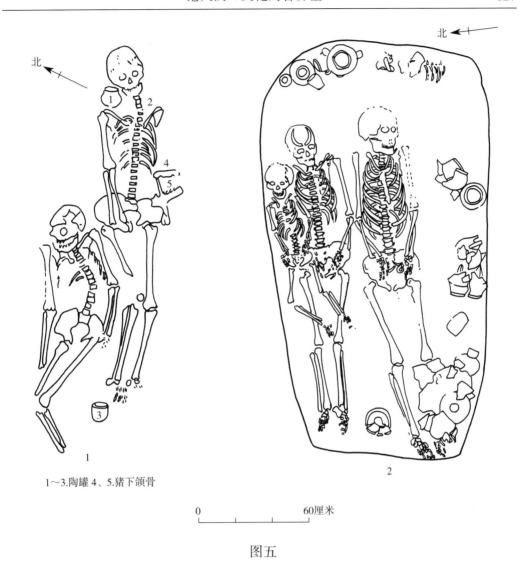

1~3.陶罐 4、5.猪下颌骨

0   60厘米

图五

10件，男性6件，女性仅1件石纺轮。两者具有明显的男尊女卑关系，其性质似妻（妾）殉夫合葬墓。这方面，民族学也提供了有关佐证，云南傈僳族自治州贡山等地的怒族，新中国成立前也曾实行夫妻合葬，男性仰卧直肢，女性侧卧屈肢，面向男子[1]。这种埋葬形式，不仅反映了妇女屈从于丈夫的屈辱情形，同时也说明父权统治下，男子在社会上所具有的崇高地位。恩格斯在论述这一现象时指出："在历史上出现的最初的阶级对立，是同个体婚制下的夫妻间的对抗的发展同时发生的，而最初的阶级压迫同男性对女性的奴役同时发生的"[2]。

[1] 夏之乾：《试论氏族公社时期夫妻埋葬习俗的演变》，《云南社会科学》1982年第5期。
[2] 恩格斯：《家庭、私有制和国家的起源》，人民出版社，1972年，第53页。

（三）成人与孩子合葬墓

由于成人的性别不同，因而又分为男性和女性分别与子合葬以及男女共同偕子合葬三种埋葬形式。

1.成年女性与孩子合葬墓

这类墓葬，在尚庄、三里河、五村、傅家、大墩子等遗址均有发现。如尚庄墓4，大人为中年女性，年龄约30岁，仰身直肢，面向上，双手扶骨盆处，小孩相靠在大人左侧，无葬具，也无随葬品（图二，2）。又如大墩子墓133，大人壮年，年龄约40岁，仰身直肢，左手微屈，孩子11～12岁，葬在大人胫骨下，头骨放置在大人手腕上，面向大人。随葬品均放大人近旁，计有石坠、陶、石纺轮各1件。从上面墓葬中成年女性与儿童的年龄分析，差距相当大，一般在25岁左右，最大的接近30岁，看来她们不是一代人，而是属于不同的辈分。因为年龄大小是区分不同辈分的标志。所以墓内的死者可能是母子关系。无疑，母子合葬在一定程度上反映了母系家庭的一些特点。也说明"妇女对子女仍保留着某种程度的亲权"[1]。

2.成年男性与孩子合葬墓

这种葬俗目前仅在大墩子和傅家遗址发现过，其他墓地还未见到。如大墩子墓78和墓79（2个墓号为1座合葬墓），大人中年男性，仰身直肢，左胫骨旁附葬1名8～10岁小孩，陶杯放置右胫骨边。这种葬俗和女性与孩子合葬的性质是截然不同的，它不仅仅表明了孩子开始确认父亲，而且意味着世袭将按父系来继承。男性与儿童合葬就是父权制已经得到牢固确立的真实反映。

3.成年男女与孩子合葬墓

这种合葬墓，仅见大汶口遗址墓35一例。该墓埋葬成年男女各1名，男左女右，小孩女性，紧倚成年女性右侧，下肢斜搭在大人股上，均仰身直肢，男性面左，双手抚盆骨处，执獐牙。左手佩骨指环，女性右臂搂抱孩子，左手放盆骨处，头佩束发器。随葬器物26件，头上方有背壶，右2壶1杯，左置砺石、牙料、蚌片、零星兽骨和陶杯。男性左侧有鼎（内放2块猪骨）、豆、壶、罐、砺石、猪头及陶片碎片，右足附近1鼎（图五，2）。从墓葬平面图分析，死者似是一夫一妻制家庭的成员，成年男女是夫妻关系，小孩则是他（她）们的女儿，这种现象，不仅反映出男子开始确认自己的子女，也说明一夫一妻制个体家庭已经产生，同时还包含着女性依旧维系着与子女的血缘关系。这种现象只有在父系氏族社会才能见到。因为在母系氏族社会，氏族是构成社会的基本单位，氏族内又按年龄、辈分

---

[1]　张忠培：《中国父系氏族制发展阶段的考古学考察——对含男性居本位的合葬墓的墓地的若干分析》，《中国北方考古文集》，文物出版社，1990年。

和性别区分开，对男女老幼是区别看待的，特别是未成年儿童，不算氏族的正式成员，死后没有资格进入氏族墓地，更不能与父母一起埋葬。可见母系氏族社会的规定是非常严格的。在民族学资料中，也有把小孩和成年人区分开来的年龄等级制度。纳西族未举行成年礼死去的少年不举行正式葬仪，不埋入公共墓地。勐海布朗族也曾经按辈分分别埋葬，在孕妇死后甚至要剖腹取出胎儿另葬[1]。这些都是母系氏族社会习俗的遗留，对于我们认识母系氏族社会具有一定的参考价值。

（四）儿童合葬墓

这类合葬墓，数量较少，仅在五村和刘林遗址中发现3座。如五村墓27，是2个6～10岁的儿童合葬墓，皆仰身直肢，方向32°，左侧年龄9～10岁，右侧年龄6～8岁，无葬具，也无随葬品，又如，刘林墓21，内葬1具15岁女性和1具13岁男性，仰身直肢，女左男右排列。墓内随葬2件陶罐均放置在女性下肢骨上，此外还有5件牙勾、7件弹丸和纺轮、玉石饰各1件。上面这2座墓葬的死者都是一次葬入的，因此，这些儿童可能是由于某种特殊原因同时死亡后合葬在一起的。特别是刘林墓21内埋葬的死者，从现在婚龄来看，似乎难以确认为夫妻关系，但一些原始民族行成年礼的年龄多在13～15岁，由此分析，墓21内所埋葬的少年男女是夫妻关系也是有可能的。

三　墓葬资料所反映的有关问题

埋葬制度作为一定关系的产物，不仅受到社会制度所制约，而且还要由社会生产力发展水平来决定。

大汶口文化早期，由于社会生产力发展水平较低，石质生产工具种类少，制作粗糙，仅见斧、锤、磨棒等。石斧通体琢制，有的只在刃部磨光。陶器生产全系手制，陶色红陶占90%以上，形体笨拙，器类简单，多数不规整，而且火候较低，器表装饰仅有锥刺纹、划纹和少量黑色单彩陶器。表明制陶工艺尚处在较为原始阶段。遗址中大量野生动物骨骼、鱼骨和螺蛳壳的发现，不仅表明农业和家畜饲养业处在早期阶段，而且还反映渔猎和采集在当时经济生活中占据相当的地位。埋葬制度方面。多数墓葬没有随葬品，即使有随葬品的墓一般不超过二三件，而且多为日常陶质生活用品，极少见石质工具。说明氏族成员之间没有财产和地位差别，大家共同劳动，平均分配，没有压迫和剥削，人人都是平等、自由的。与此相适应的就是以性别为群体的集体埋葬，这种合葬形式，不仅是母系氏族社会特有的现象，

---

[1]　王仁湘：《我国新石器时代的二次合葬及其社会性质》，《考古与文物》1982年第3期。

而且是氏族制原则的一种体现。由此认为，这些合葬在同一座墓内的死者生前可能是母系家族的成员，即同一氏族的兄弟与姊妹。这是因为，在母系氏族社会，氏族成员以血缘为纽带，过着对偶生活，男女双方分属不同氏族，没有共同的经济利益，只有单纯的不牢固的婚姻关系。这"是一种双方可轻易离异的个体婚制"[1]，其"婚姻可以根据夫妇任何一方的意愿而解除"[2]，所以夫妻双方死后不能葬在一起。男方要归葬到自己母亲氏族墓地中去。而兄弟、姊妹则可进行合葬。在世系方面，以母系计算，财产由女性继承。由于妇女在生产和生活中发挥重要作用。所以她们具有崇高的社会地位。正如斯大林所指出的"有一个时期，即母权制时期，妇女被认为是生产的主人。为什么这样呢？因为在当时的生产中，在原始的农业中，妇女在生产中起重要作用，他们担负着重要的职能，而男子则出没于森林，寻找野兽"[3]。正是这样的原因，"妇女不仅居于自由的地位，而且受到高度尊敬的地位。"[4]

大汶口文化的中、晚期，社会生产力发展水平较早期有了很大提高，石质工具种类增加，质料多样，在选材上多用大理石、蛋白石等；石斧、石铲等生产工具都是通体磨光，有的达到鉴人的程度。制陶工艺有了很大的进步，红陶比例下降，黑、灰陶比例上升，薄胎黑陶、白陶的出现，使制陶业达到了新的水平。镶嵌技术的出现，使工艺品生产更加丰富多彩。三里河遗址大型窖穴出土的 1 立方米腐朽粮食堆积说明农业收获量十分可观。墓葬中随葬的大量猪骨反映了家畜饲养业发展的新水平。这些就为私有制的产生和婚姻关系的变化创造了极为有利的条件。特别是男子在生产和生活中担负越来越重要的作用。原先地位优越的女子逐渐被男子代替。由此，引起男女两性之间社会地位的巨大变化和新的社会分工。这方面考古资料有突出反映。如大汶口文化中期墓葬中随葬的石质生产工具，如铲、斧、锛等，主要发现在男性墓中，而女性则多随葬纺轮和装饰品。据大墩子氏族墓地的统计，在 14 座随葬铲、斧、刀、锛等生产工具的墓葬当中，男性有 11 座，占 78.6%，女性仅 3 座，只占 21.4%。而 5 座随葬纺轮的墓葬则均为女性。这种现象，越到晚期越明显，特别是随葬生产工具的墓葬，到了晚期，几乎全是男性墓了。墓葬中随葬品出现的差异，足见男女之间的劳动分工是非常明确的，证明那时确实已经男耕女织。由于男性成为农业生产以及其他生活资料的承担者，因而支配着家庭的经济大权，女性则退居次要地位，从事家庭内部的辅助性劳动了。实际上"它变成了一种私人的事务；妻子成为主要的家庭女仆，被排斥在社会生产之

[1]　夏之乾：《试论氏族公社时期夫妻埋葬习俗的演变》，《云南社会科学》1982年第5期，第25页。

[2]　恩格斯：《家庭、私有制和国家的起源》，人民出版社，1972年，第45页。

[3]　斯大林：《无政府主义还是社会主义》，《斯大林全集》，人民出版社，1953年，第一卷第310页。

[4]　恩格斯：《家庭、私有制和国家的起源》，《马克思恩格斯选集》，人民出版社，1972年，第四卷第43页。

外"[1]。特别当劳动产品出现剩余时，这种现象愈明显，男子利用手中的权力，把剩余产品变为私有财产，而女子则被剥削被奴役。正如恩格斯指出的："现在却保证男子在家中占统治地位：妇女的家务劳动现在同男子谋取生活资料的劳动比较起来已经失掉了意义；男子的劳动就是一切，妇女的劳动是无足轻重的附属品"[2]。

男子社会地位的提高，女性社会地位的下降，不仅引起氏族内部生产组织的变化，而且导致了母权制的覆灭和父权制的建立。"母权制的被推翻，乃是女性的具有世界历史意义的失败。丈夫在家中也掌握了权柄，而妻子则被贬低，被奴役，变成丈夫淫欲的奴隶，变成生孩子的简单工具了"[3]。

对于男女社会地位的变化，作为上层建筑领域的婚姻制度也随之发生了相应的变化。女子由原来的娶夫变为出嫁，男子则由出嫁变为娶妻。这种新的婚姻关系，扫除了夫妻之间不能埋葬在一起的障碍。成年男女合葬墓的出现，就是婚姻关系发生变化的具体反映。因为在母系氏族社会，夫与妻分属不同氏族，按照传统习惯，就是氏族内部，兄妹也是不允许合葬的，这是氏族制的根本法则所决定的。所以，我们认为，成年男女合葬在一起，他（她）们是夫妻关系。这种葬制的出现，当是单偶制婚姻关系的产物，也是氏族社会进入父权制时代在葬俗上的一种反映。它标志着婚姻形态由对偶婚向一夫一妻制的过渡。但是"这种同居的亲密关系的好景并不太长。随着男子在社会上主导地位的完全确立，女性在社会上的地位已失去应有的作用，男女之间的这种亲密的婚姻关系已被父权制所统治。男女同穴埋葬的'习俗'终于消失"[4]。这种现象"正说明当时父权制已确立，在埋葬上就实行夫妻分开的单身葬了"[5]。

四　小结

综上所述，可以看出，埋葬制度作为一种意识形态，其产生、发展、消亡绝不是凭空的，它随着社会制度的变化而发生变化，这一过程同生产力水平和婚姻形态的演变具有密切的联系。大汶口文化早期，主要盛行多人同性合葬，亦见少量男女合葬墓。这一时期，生产力发展水平较低，男女之间的社会地位是平等的，尚无男尊女卑的等级差别。社会性质处在母系氏族晚期阶段。中期，墓葬形式发生变化，多人同性合葬墓基本消失，多人异性合葬以及成年男女合葬开始出

[1]　恩格斯：《家庭、私有制和国家的起源》，人民出版社，1972年，第71页。
[2]　恩格斯：《家庭、私有制和国家的起源》，人民出版社，1972年，第159页。
[3]　恩格斯：《家庭、私有制和国家的起源》，人民出版社，1972年，第54页。
[4]　山东省博物馆、山东省文物考古研究所：《邹县野店》，文物出版社，1985年。
[5]　鲁波：《从大汶口文化看我国私有制的起源》，《大汶口文化讨论文集》，齐鲁书社，1981年。

现。社会制度由母系氏族社会向父系氏族社会过渡。婚姻形态从对偶婚开始向一夫一妻制转变。这一时期，生产力的提高，男女之间的社会地位出现差别，但基本是平等的。晚期，是典型的父系氏族发展阶段。生产力的发展，私有制的产生，社会分工的出现，由此导致了女性地位的下降，到后来简直变成了男性的附属物。这是人类社会发展史上具有根本性的变革，"它的最后胜利乃是文明时代开始的标志之一。"[1]

　　原载《华夏考古》1994 年第 3 期

---

[1]　恩格斯：《家庭、私有制和国家的起源》，人民出版社，1972年，第58页。

大汶口文化特殊习俗管见

　　大汶口文化主要是分布在海岱地区的一种考古学文化。其发现与确立，是我国文物考古工作所取得的重要收获之一。50 多年来，大汶口文化的考古发掘与科学研究都取得重大进展，特别是大批墓葬的发掘，对于深入研究大汶口文化的面貌特征、埋葬制度奠定了坚实的物质基础。而墓葬中一些特殊习俗的发现，则为探讨大汶口文化的社会结构、意识形态、宗教信仰等具有重要学术价值，一度引起学术界极大关注，许多学者曾进行过研究。鉴于此，笔者拟在前人研究的基础上，利用已经发表的考古资料和有关民族学资料，对大汶口文化中诸多特殊习俗以及相关问题进行探讨，并发表个人的一管之见，不妥之处，请专家学者指正。

一　葬猪、殉狗习俗

　　大量考古资料显示，大汶口文化时期墓葬中盛行用猪头或猪下颌骨进行随葬，也有用整猪或半只猪进行随葬的现象。如曲阜西夏侯遗址墓葬中发现 3 个猪头骨，经鉴定，均为雄性个体，其中 2 个猪头年龄在 2 岁半以上，1 个在 1 岁半以下，均属青年期[1]。潍坊前埠下遗址也发现有用猪下颌骨进行随葬的习俗。其中 M12 有 8 个、M21 随 1 个[2]。泰安大汶口遗址 133 座墓葬有 1/3 随葬有猪，其中 43 座墓葬随葬猪头 95 个，最多者 14 个，有的把猪头放在浅盘陶豆中。这些猪头，经鉴定成年母猪占很大比例，多是成年较大个体，这些猪大多数在宰食年岁以上，有的在 3～4 岁以上[3]。诸城呈子遗址 9 座墓葬随葬猪下颌骨 42 个，最多的 M32 随葬 13 个[4]。莒县大朱家村遗址 18 座墓葬放置猪下颌骨 80 多个，每座墓葬平均 4.4 个[5]。

---

　　[1]　中国科学院考古研究所山东队：《山东曲阜西夏侯遗址第一次发掘报告》，《考古学报》1964年第2期；中国社会科学院考古研究所山东工作队：《西夏侯遗址第二次发掘报告》，《考古学报》1986年第3期。

　　[2]　山东省文物考古研究所、寒亭区文物管理所：《山东潍坊前埠下遗址发掘报告》，《山东省高速公路考古报告集（1997）》，科学出版社，2000年。

　　[3]　山东省文物管理处、济南市博物馆：《大汶口——新石器时代墓葬发掘报告》，文物出版社，1974年。

　　[4]　昌潍地区文物管理组、诸城县博物馆：《山东诸城呈子遗址发掘报告》，《考古学报》1980年第3期。

　　[5]　山东省文物考古研究所、莒县博物馆：《莒县大朱家村大汶口文化墓葬》，《考古学报》1991年第2期。

莒县陵阳河遗址 45 座墓葬中有 25 座墓葬随葬猪下颌骨 160 多个，每墓平均 7 个，其中 M17 放置猪下颌骨 33 个 [1]。胶县三里河遗址用猪下颌骨随葬现象相当普遍，66 座大汶口文化墓葬中，18 座随葬猪下颌骨 140 多件，其中 M124 随葬 22 块，M302 则多达 37 块。而 M279 还用一块野猪下颌骨随葬，并在上面用火灼有对称的两个穿孔。另外，M116 则发现用砍去双角的一个鹿头随葬 [2]。

　　从考古资料来看，大汶口文化墓葬中还发现用狗进行随葬的习俗。主要流行于大汶口文化早期阶段，而且仅限于江苏省北部地区，山东南部以及其他地区发现较少。刘林遗址、大墩子遗址墓葬中随葬的狗骨架均整身，卧于死者身旁。邹县野店遗址有两座墓葬殉葬狗骨，M8 内埋葬有狗的头骨，M47 在陶器堆中亦发现狗骨。邳县刘林遗址第 1 次发掘的 45 座墓葬，在 M18 和 M25 内随葬有狗的骨架；第 2 次发掘中发现 7 具狗骨架，其中有 6 具都是随人殉葬，1 具是单独埋葬。狗骨架都侧卧在人骨架的腿部之上，头向与人架相一致。如 M179，墓主为成年男性，仰身直肢。在墓主人骨架的腿部殉葬一具狗骨架，狗架侧卧，头向北。墓内有随葬品 6 件 [3]。邳县大墩子遗址第 1 次发掘的 44 座墓葬中，2 座墓葬随葬狗 4 只，其中 M44 随葬 1 只，M40 随葬 3 只。第二次发掘发现墓葬 301 座，有 6 座墓葬随葬狗骨架（M58、M61、M76、M110、M122、M283）。有 3 座墓葬随葬 1 只，3 座墓葬随葬 2 只，大多置于死者脚下。据统计，两次发掘清理的 342 座墓葬中，有 9 座墓葬殉狗 14 只，另有 2 座墓葬随葬 2 只狗模型。例如，M40 为成年男性，有 3 具狗骨架放置在墓主人脚下，头均向西。人骨架右足趾正压在一具狗骨架的后足上 [4]。三里河遗址还发现用狗形鬶陶器模型随葬。

　　关于用狗殉葬的习俗，有学者认为，一种方式是为死者殉葬，死者有男有女，有成年亦有 10 多岁的少年。殉犬多卧于死者脚下，当为死者生前之爱犬或为供死者在另一世界役使的守护或随猎之物；另一方式是作为祭祀的牺牲而单独埋葬，或为祭食。

　　在大汶口文化墓地上，随葬有狗的墓葬中，既有大墓也有小墓。由此看来，以狗随葬是贡献给死者或神灵的役者或祭食 [5]。

　　大汶口文化中晚期阶段，墓葬中用狗随葬现象开始衰落，盛行用整猪、猪头

　　[1]　山东省考古所、山东省博物馆、莒县文管所：《山东莒县陵阳河大汶口文化墓葬发掘简报》，《史前研究》1987年第3期。

　　[2]　中国社会科学院考古研究所：《胶县三里河》，文物出版社，1988年。

　　[3]　南京博物院：《江苏邳县刘林新石器时代遗址第一次发掘》，《考古学报》1962年第1期；南京博物院：《江苏邳县刘林新石器时代遗址第二次发掘》，《考古学报》1965年第2期。

　　[4]　南京博物院：《江苏邳县四户镇大墩子遗址发掘报告》，《考古学报》1964年第2期；南京博物院：《江苏邳县四户镇大墩子遗址第二次发掘》，《考古学集刊·1》，中国社会科学出版社，1981年。

　　[5]　高广仁：《中国史前时代的龟灵与犬牲》，《海岱区先秦考古论集》，科学出版社，2000年。

或猪下颌骨随葬。这一时期用猪进行随葬，不仅具有私有财富的象征，显示富有，而且具有一定的宗教意义，以供死者在另一个世界享用。在我国许多兄弟民族中，如佤族、瑶族、黎族和纳西族等以往就有这种葬俗，富有者死后随葬较多猪头或猪下颌骨；反之，贫者则少，甚至一无所有。这也说明大汶口文化时期，猪已经成为私有财产，猪下颌骨即为私有财富的象征。或者具有更深刻的社会意义。

除猪外，狗也为人类所崇拜，瑶族、苗族和畲族以狗为图腾。景颇族认为谷子是狗从东方带来的，每年吃新谷时必须先给狗吃。在贵州苗族地区，有的地方抬狗求雨。在西双版纳哈尼族村社里，要杀狗祭祀，并将狗挂在宅门上[1]。

狗是人类最早驯化的动物之一，是最早的家畜。人类赋予它看守、追猎的职责，有些地区和民族还驱狗运输，狗还给人类提供肉食和毛皮。某些地区当文化发展到一定阶段时又将它用于献祭神灵，主人死后还要用狗进行随葬，希望在阴间继续为主人服务。

古代先民与动物的关系非常密切，在长期的生产、生活过程中，由于动物与人类的生活方式直接相关，于是逐渐产生动物和人一样的信念，认为它们也有神灵。猪在商代被大量用于祭祀活动，甲骨文中有许多辞例，祭祀有大牢和少牢之别，牛、羊、猪是主要的祭品。据考证，牛是奴隶主的祭品，羊是巫师的祭品，猪是士庶以下普通平民的祭品。

据民族学资料[2]，在我国鄂温克人看来，人与动物都有灵魂，因而把动物看成是精灵居住的实体。还流行着对山羊尸体埋葬的习俗。西南地区的普米族、拉祜族的苦聪人，也有敬狗习俗，他们认为狗是猎手的伙伴和助手，草原上的牧民更认为狗是牧场的忠实保卫者，当狗死了以后，便要为它进行慎重的埋葬。云南西盟佤族人常常以猪为祭品。在猎获之后，猎人第2天须用一头小猪敬兽神。他们有时还杀一头怀孕的母猪，取出小猪，埋在通往敌人的道路上，祈求保佑出击获胜。而在云南永定纳西族人中，把平时吃剩下的猪下颌骨挂在室内墙上，以表深情。佤族宗教信仰中，曾流行一种"剽牛"习俗。凡是重大节日，需要祭祀的时候，都要"剽牛"。"剽牛"之后，主人再把牛头悬挂在屋外墙上。西藏察隅一带的僜人，认为送小鬼要杀鸡，送中鬼要杀猪，送大鬼要杀牛，这样才能求得吉祥，免去灾祸。海南岛黎族曾流行用猪或牛下颌骨祭奠死人，并随葬于墓中的习俗。海南黎族以猪为祭牲，在人死以后，亲人便要带上猪、羊和酒前往吊祭。丧家当日即杀牲送鬼。未出葬前，在祭台上放几碗饭菜，中间一碗要加上一块牛或猪的下颌骨。入殓后，

[1] 宋兆麟、黎家芳、杜耀西：《中国原始社会史》，文物出版社，1983年。
[2] 何德亮、李钰、颜庭娟：《山东史前时期宗教祭祀遗存探析》，《海岱考古（第四辑）》，科学出版社，2011年。

把已宰的猪牛下颌骨连同其他随葬品放在木棺上，或用木棒把下颌骨挑立在坟冢上。

由此说明，猪在史前先民心目中是审美价值的体现物，它在新石器时代象征着生命力和生殖力，在红山文化和仰韶文化的母系家庭中曾被尊奉为"家神"。同时，由于它是地母复活生命能力的化身或象征物，又被大量用于随葬。猪的肥胖丰硕是生命力旺盛的标志，而生殖、丰产和生命力是史前先民审美心理的最主要的追求目标。世界其他古代民族，亦有以猪为"上牲"者，"在雅典，人们把在菲斯莫弗利亚节杀死的猪肉残余作为纪念物保存起来，据说它们是因为献祭而解放出来的精灵的住所"。"神圣的东西最初是人们从动物界取来的，就是动物⋯⋯"而猪正是作为这样一种神圣的动物而进入原始宗教范畴的。其用意在于象征地母的猪作为巫术施法的工具，以促成死者复活。这一点与古人的丧葬观和生死观是直接联系在一起的。殷周时代的祭牲以牛、羊、豕为主，这大概是民族融合的结果；汉代至南北朝墓葬中的滑石猪，应该是远古葬猪的孑遗；唐代元和以后，许多墓葬里出现了铁猪、铁牛，这一风俗在中原地区一直延续到元代；在近代山东荣成一带，还保留着杀猪还神愿的风俗，当地人认为还愿"必将猪头留下，方能有效"。如此看重猪头，颇有大汶口文化遗风。

二　随葬龟甲习俗

众所周知，龟是被崇拜的灵物，是一种吉祥动物，曾被视为四灵之一。《淮南子·说林训》载："必问吉凶于龟者，以其历岁久矣。"古籍记载告诉我们，"龟灵"观念，由来久矣。

在远古人类心目中，龟不是一般的动物和物品，它能通天、通神。人们对龟有深刻的认识，在古代神话中称作水母，水陆都能生存。夏商时期龟甲曾做过货币，也可用来占卜吉凶。《大戴礼·易本命》曰："有甲之虫三百六十，而神龟为之长。"《史记·龟策列传》亦云："龟者是天下之宝也。""龟甚神灵，降于上天，陷于泂渊，此禽兽而知吉凶者也。"把龟和龟甲作为通神灵，知吉凶的神物，是龟灵崇拜的一种反映。

大汶口文化时期墓葬内流行随葬龟甲（也称龟甲器）习俗。这种习俗主要出现在山东地区的汶、泗河流域、安徽省淮北及山东中南部。其中在王因、大汶口、野店、尚庄、前埠下、刘林、大墩子等大汶口文化遗址的墓葬中多有发现。这些龟甲，多数有数量不等的穿孔，放于腰侧，当系挂于身上的佩戴之物。少数甲内有4～6粒、十余粒、数十粒小石子或骨针、骨锥等。个别龟甲上面涂有朱彩，经过烧灼的仅发现一粒。绝大多数龟甲，外面没有刻画痕迹，甲内也无遗物。此类现象，表明应与巫术、信仰有关。墓葬中随葬的这些龟甲，多出自随葬品较丰富的大、中型墓葬内，墓主多为成年男女。绝大多数龟甲经过加工处理，穿孔或截去一端；大多数是背腹甲同出，少数为背甲单出，有些内装骨针、骨锥或许多石子；绝大多数置于腰间。

大汶口遗址 133 座墓葬，其中有 11 座墓葬随葬龟甲 20 件。这些随葬龟甲的墓葬多为大、中型墓葬。墓主一般为成年人，男女均佩戴龟甲。多数甲内无遗物，背、腹甲有数量不等的穿孔，极个别的涂有朱彩。龟甲多放置于墓主人腰部。《大汶口》报告对龟甲进行了这样的描述："龟甲 20 件，出土于 11 座墓中。其中 M19 有 4 件，M106 出土 3 件，M1、M14、M47、M110 各出土 2 件。M112、M26、M40、M64、M69 各 1 件。随葬龟甲墓葬的随葬品数量有 6 座在 44～77 件。4 座墓葬的随葬品在 10～22 件，只有 1 座墓葬随葬品为 7 件。墓葬死者都是成年人，其中 M1 和 M69 为双人墓葬。只有 M1 性别不明。""经鉴定有的为地平龟甲壳，这是在我国首次发现这种龟的甲壳。""标本 M19：25，背腹甲一对，各有穿孔一对。标本 M47：27 背甲一件，无穿孔，涂有朱彩。标本 M47：18 与标本 M47：28 甲壳内各有砂粒数十颗，小的如豆，大的如樱桃。""在龟壳的背腹甲上共有 8 个显然是人工痕迹的钻孔：第一椎盾上有 4 个，前 2 后 2 成对称排列；右第五缘板的下缘面有 1 个；腹甲前、后叶的交界线上有 3 个。腹甲上的钻孔除靠外一个业已钻通外，其余两个皆未完成。从钻通的 6 个钻孔看来，大小都一致，并都圆滑工整，这说明当时人类已经使用较为锐利的坚硬工具。很可能这些是有美丽花纹的龟类甲壳，是被他们当作装饰品或殉葬品来使用的。"[1]

兖州王因遗址 899 座墓葬共发现 3 座随葬龟甲。属于 3 个个体的腹、背甲，共 6 件。其中 M2151 为男性单人墓；M2301 为男性 2 人合葬墓；M2451 为男性 5 人合葬墓。所发现的 3 个龟甲出土时背甲与腹甲连体，而且多数经过特殊加工，上面都有人为的钻孔，M2301 的一个保存最好，在背腹甲之间又都放有几根骨锥。似原为甲囊。M2151 的一个仅黏对复原出一个乌龟壳体的 1/3；M2451 的一个已经成碎片[2]。

茌平尚庄遗址 15 座大汶口文化墓葬，其中 M25 死者的骨盆内发现随葬 1 件龟甲[3]。前埠下遗址 M10 内随葬有龟甲 1 件（M10：2）背甲略残，前端有略呈方形排列的 4 孔，边缘存孔，腹甲两端截掉，无孔[4]。

野店遗址发现 2 座墓葬随葬龟甲 3 块。其中在 M88 女性死者左腰旁放有一副背、腹俱全的龟甲，"标本 M88：1 为一副龟甲，分背甲和腹甲，出土时两者合在

[1] 山东省文物管理处、济南市博物馆：《大汶口——新石器时代墓葬发掘报告》，文物出版社，1974年。

[2] 中国社会科学院考古研究所：《山东王因——新石器时代遗址发掘报告》，科学出版社，2000年。

[3] 山东省文物考古研究所：《茌平尚庄新石器时代遗址》，《考古学报》1985年第4期。

[4] 山东省文物考古研究所、寒亭区文物管理所：《山东潍坊前埠下遗址发掘报告》，《山东省高速公路考古报告集（1997）》，科学出版社，2000年。

一起，置于女性死者腰部附近。背甲一端穿有四个两两相对的小孔，腹甲尾部被截平，头端穿有一个圆孔。此外，标本 M84∶9 为龟类背甲的中脊"[1]。

刘林遗址 197 座墓葬中有 9 座随葬龟甲 13 副。墓主多成年男、女，还有少年男女各 1 人。第 1 次发掘出土龟甲 9 件，最大长 22.5、小的长 11 厘米，每副都有穿孔，在背甲尾部的边缘上有圆形穿孔 12 个或 2 个，背甲下半部有穿孔 2 个，背甲下半部还有 4 个穿孔，布置成方形，腹甲中部左右两边各一对穿孔，也有未穿孔的，有的腹甲头部锯去一片。在第 2 次发掘中，发现龟甲 6 副，都是背腹共出。均已破碎。有些背甲上穿有许多小孔，M182 发现的 2 副龟甲内均盛有 10 余粒小石子。龟甲放置似无固定位置。一个在腿裆部，另一件在右臂内侧。其用途可能系在皮带或织物上作为甲囊使用"[2]。

大墩子遗址 342 座墓葬，其中 15 座墓葬随葬龟甲 16 副。墓主均为成年人，男性 10 人，女性 2 人，另 3 座性别不详。第一次发掘发现穿孔龟甲 3 副。都是背甲、腹甲共出。M21 发现的 1 副龟甲是套在人架的右肱骨上，其中还有许多小石子，背甲上有穿孔。M44 出土的 2 副龟甲，一副在死者左腹上，内装骨锥 6 枚，背腹甲各 4 个穿孔，腹甲一端被磨去一段，上下有 "X" 形绳索痕。另一副放在右腹部，内装骨针 6 枚，背甲偏下有 4 孔，下端 8 个穿孔，成行排列。中间两孔未透，腹部还有 5 个环形磨痕。这些龟甲的穿孔可能是为了便于穿扎绳索之用，故有绳索磨痕。在第 2 次发掘中，13 座墓葬发现用龟甲随葬，死者大都属于青壮年，一般放置在死者的尺骨或髋骨旁，有的龟甲内装小石子 4 颗或 6 颗，有的内装骨针 6 枚。M21 随葬龟甲，发现甲内装有许多粒小石子，M44 随葬的龟甲内有粗骨针及骨锥。另外，在灰坑内发现的龟甲中，有的见有烧灼的痕迹[3]。

三里河遗址出土的 1 件龟形陶鬶，是模拟龟的形象塑造的。为泥质红陶，用云母做羼和料，手制，器表磨光，腹体呈圆筒形，前有流，中间安有提梁，腹下装有四足，流下塑成龟形头，体后端肛门下有两个睾丸，以象征雄性生殖器。器身高 10.5、流至尾端长 20.5、宽 19、深 7 厘米[4]。

关于埋葬龟甲的用途，不少学者进行过研究和探讨。对于有意识的随葬龟甲习俗，学术界看法不一致，归纳起来，大致有三种看法：一是认为龟甲是起到盒的作用和"作为甲囊使用"；二是认为龟甲作为"盔甲"使用而套在臂上"可以起

　　[1]　山东省博物馆、山东省文物考古研究所：《邹县野店》，文物出版社，1985年。

　　[2]　南京博物院：《江苏邳县刘林新石器时代遗址第一次发掘》，《考古学报》1962年第1期；南京博物院：《江苏邳县刘林新石器时代遗址第二次发掘》，《考古学报》1965年第2期。

　　[3]　南京博物院：《江苏邳县四户镇大墩子遗址发掘报告》，《考古学报》1964年第2期；南京博物院：《江苏邳县四户镇大墩子遗址第二次发掘》，《考古学集刊·1》，中国社会科学出版社，1981年。

　　[4]　李林、高愈诚：《山东胶县三里河出土一件陶器》，《文物》1981年第7期。

到护臂的作用"；三是将龟甲"当作装饰品或殉葬品来使用的"。

由于出土数量较少，看来并非专供随葬之用，而是社会生活中所使用的一种物品。刘林墓地发掘者认为龟甲可能作甲囊使用，其边缘小孔可能用以穿缀流苏；叶祥奎先生认为是一种装饰品；栾丰实先生认为是一种响器，是巫医行医的工具；高广仁先生认为，龟甲极可能由织物、皮革或绳索缀合为囊，或如某些学者所说，囊上可能配有流苏一类的饰物，从内装石子或背甲涂朱来看，似非日常用品，当与医、巫有关，或具有原始宗教上的其他功能，是死者生前佩戴的灵物。

因此，可以说，大汶口文化早期就已经出现了"龟灵"观念[1]。逢振镐先生认为龟甲是从事医巫占卜者身份的标志，是把龟甲作为知吉凶祸福的神灵物、占卜物而系带于腰间，是龟灵崇拜的一种反映，也是我国龟卜、骨卜的最早起源。这可能就是埋葬龟甲习俗的真正意义[2]。王树明先生认为龟甲是大汶口人的厌胜物，佩戴它是为了禳除疾病，消灾厌胜的；部分龟甲内所盛骨针、骨锥，可能是巫医所用的医具；龟甲内所盛小石子，则大概是用于卜筮决疑的[3]。

有的学者借鉴北美现存的民族学资料，从龟甲的加工、龟内的放置物、龟甲的出土位置、墓主的身份、年龄和性别、随葬品的数量等方面加以列举和分析，从而将龟甲器解释为响器。同时提出：因文化不同，同样的龟甲响器，功能和意义上都有不同的变异，在与贾湖和大汶口文化关系较远的大溪文化中，响器可能沦落为小孩的玩具，而与贾湖关系密切的大汶口文化，可能发展出更多与治病驱魔有关的宗教功能；仰韶文化系统的下王岗、龙岗寺遗址，继承了男性随葬龟甲的传统，但可能没有向更神秘的宗教方面发展[4]。还有的学者根据北美印第安人龟甲响器所给予的启发，认为大汶口等地史前龟甲器也是一种响器[5]。上述诸多专家学者看法，对于我们研究龟甲的用途、含义具有一定的借鉴作用。

三　随葬獐牙与獐牙器习俗

在大汶口文化墓葬中，还发现有死者手握獐牙和獐牙钩形器的习俗。这种习俗一直延续到龙山文化时期。在大汶口、西夏侯、王因、呈子、野店、三里河、尚庄以及刘林、大墩子等遗址的墓葬中均有发现。

[1] 高广仁：《中国史前时代的龟灵与犬牲》，《海岱区先秦考古论集》，科学出版社，2000年。

[2] 逢振镐：《论东夷埋葬龟甲习俗》，《史前研究》（辑刊·1990～1991年），史前研究编辑部，1991年。

[3] 王树明：《大汶口文化墓葬中龟甲用途的推测》，《中原文物》1991年第2期。

[4] 陈星灿、李润权：《申论中国史前的龟甲响器》，《桃李成蹊》，香港中文大学中国考古艺术研究中心，2004年。

[5] 汪宁生：《释大汶口文化出土的龟甲器》，《故宫文物月刊》11卷12期，总132期。

　　獐牙钩形器为一种复合器具，是由骨或角质的柄和两枚雄性獐牙组合而成。柄往往用鹿角制成扁圆或略椭圆的柱体，长 12 ～ 17、也有的短至 10 厘米左右，在下部或中部常刻有斜方格、斜线、直线、三角形等组成的纹饰，下端还穿一孔，上部左右两侧有一长条形穿孔，孔内各嵌入一枚獐牙，这种獐牙，大多是雄性獐的獠牙，在牙冠内侧磨制有刃，又在牙根内侧刻有 2 ～ 7 个凹槽，一般以 3 个凹槽为多，这种凹槽可能是用绳把它缚在柄上有关 [1]。

　　獐属于一种鹿属动物，性情比较温顺，四肢粗壮有力，它的行动非常敏捷，善于奔跑。雄獐发达的上犬齿，又是武器和勇猛的象征。因此，对獐进行崇拜是很正常的。

　　大汶口文化时期，由于男子是家庭中的主体，不仅从事农业生产，还要狩猎，尤其是当部落间发生冲突时，男子又要作为战士，参加战斗，这就需要有强健的身体。所以，巫术迷信对于男子就具有更大的吸引力。由此看来，随葬獐牙或獐牙钩形器的墓葬死者大多为男性青壮年。

　　据统计，在大汶口 133 座墓葬中，手握獐牙的墓葬有 84 座，占全部墓葬的63%，超过半数。其中，男性墓 16 座，女性墓 14 座，儿童墓 3 座，不明性别的墓葬 51 座。男女手握獐牙情况基本一致。在手握獐牙的墓葬中，大墓和小墓，随葬品丰富的、一般的、贫穷的墓都有。其中有 2 座墓葬无随葬品，6 座墓葬只有一两件随葬品。单座墓葬随葬 1 件獐牙的有 33 座，2 件獐牙的 28 座，3 件獐牙的 13 座，4 件獐牙的 6 座，5 ～ 6 件獐牙的各 1 座。M132 随葬獐牙 12 件，但随葬品很少，仅有鼎和豆。84 座墓葬共发现獐牙 188 件，有不少獐牙尖端经过加工，这些獐牙多数握在死者指骨中，最多者两手 12 件，少者 1 件。不少顶端经过加工，刃部锋利，有的还有烧痕。其中，M6 出土 1 件置于左手并安有骨柄的獐牙，獐牙根部磨平插入角柄，角柄刻有不规则花纹，个别的有穿孔，便于系带，高 10.5 厘米。这种安柄的獐牙一般被称为獐牙钩形器。

　　20 世纪 70 年代，在大汶口遗址第二三次发掘中，清理大汶口文化墓葬 46 座，其中有 8 座墓葬随葬獐牙 14 件。有的随葬 1 件，也有的随葬数件或成对放置。这些獐牙大多放置在死者手的近旁，多数獐牙未经过加工。墓葬中还发现 1 件猪牙钩形器，有两件猪獠牙的根部削平背向紧贴在一起 [2]。

　　另外，在大汶口遗址中，除随葬獐牙外，还发现用猪牙随葬的现象，有的与獐牙同出，在 133 座墓葬中有 10 座墓葬随葬猪牙 15 件，约占墓葬总数的 7%。猪牙的出土部位与獐牙相同，亦在死者手中，看来用途与獐牙相似，也是当作除崇

　　[1]　吴汝祚：《大汶口文化獐牙钩形器和象牙雕筒含义考释》，《东南文化》1988年第1期。

　　[2]　山东省文物考古研究所：《大汶口续集——大汶口遗址第二、三次发掘报告》，科学出版社，1997年。

驱邪的符咒灵物用的。

西夏侯遗址共进行过两次考古发掘,第1次发掘清理墓葬11座,随葬獐牙17件,少的1件,多的2件。手握獐牙的墓葬,男性墓葬6座,女性墓葬4座。随葬獐牙的墓葬均有随葬品。女性成年随葬獐牙6件,男性成年随葬有11件。第2次发掘的21座墓葬中,随葬獐牙的墓葬有9座,占发掘墓葬的42.8%。出土獐牙17件。少的1件,多的3件。9座随葬獐牙的墓葬中,男性墓5座,女性墓4座。其中成年男性随葬8件,成年女性随葬有9件[1]。

野店遗址发掘墓葬89座,其中有獐牙的墓葬13座,占发掘墓葬的14.6%,手握獐牙的墓葬,男性占6座,女性有7座。有獐牙的墓葬均放置随葬品。13座墓葬共随葬獐牙25件,一般放在死者手旁或手中,未见加工痕迹[2]。

刘林遗址两次发掘,在197座墓葬中出土大量獐牙和獐牙钩形器。第1次发掘的52座墓葬中,有17座出土獐牙或獐牙钩形器。其中獐牙38件,獐牙钩形器6件。第2次发掘发现獐牙88件,獐牙钩形器24件。其中出土的獐牙,大部分牙冠、牙根都经过加工。很多獐牙都是成对出现,而且往往根部相背放置。24件獐牙钩形器,以鹿角作柄,作扁圆柱体,柄上部两侧刻槽,槽内各嵌入一件经过加工的雄性獐犬齿,柄部多刻有三角形、斜方格、横线、直线等组成的装饰纹样。獐牙经过加工,牙冠内侧磨出利刃,牙根部内侧磨槽以便于缚绳,使之牢固地附在骨柄上。獐牙或獐牙钩形器,多发现在人骨架的手部,有的两手各有一对[3]。

大墩子遗址第二次发掘中清理墓葬300座,其中33座墓葬随葬獐牙和獐牙钩形器40件,大部分出土在男性墓中,尤以成年男性居多。出土时都握在死者手里,一般握在右手,也有两手各握一件。凡制作精致,柄部刻划纹饰的獐牙钩形器,都属于青壮年,老年的往往制作比较粗糙[4]。

呈子遗址大汶口文化墓葬(M7)随葬獐牙1件。龙山文化墓葬发现獐牙5件。三里河遗址66座墓葬有8座墓葬出土獐牙,约占全部墓葬的12.1%。

獐牙和獐牙钩形器作为獐的代替物,其放置部位多在死者手中或近旁,正是人们生前携持獐牙和獐牙钩形器参加宗教活动的写照。齿根或柄根的穿孔,显然是为了携带方便。弯曲的獠牙是獐富有特征的器官,以獐牙和獐牙钩形器为符咒,很可能是为了获得獐奔跑迅疾等特征,以避邪除祟,增添精力。至于未见加工或

[1] 中国科学院考古研究所山东队:《山东曲阜西夏侯遗址第一次发掘报告》,《考古学报》1964年第2期;中国社会科学院考古研究所山东工作队:《西夏侯遗址第二次发掘报告》,《考古学报》1986年第3期。

[2] 山东省博物馆、山东省文物考古研究所:《邹县野店》,文物出版社,1985年。

[3] 南京博物院:《江苏邳县刘林新石器时代遗址第一次发掘》,《考古学报》1962年第1期;南京博物院:《江苏邳县刘林新石器时代遗址第二次发掘》,《考古学报》1965年第2期。

[4] 南京博物院:《江苏邳县四户镇大墩子遗址发掘报告》,《考古学报》1964年第2期;南京博物院:《江苏邳县四户镇大墩子遗址第二次发掘》,《考古学集刊·1》,中国社会科学出版社,1981年。

连带小块牙床骨的獐牙，则是将獐捕杀后，取出獐牙，专为随葬而用的[1]。

大汶口文化中死者随葬的獐牙和獐牙钩形器作为驱邪避祟的灵物，不仅仅具有装饰品的意义，更重要的是出于人们的宗教观念，当与巫术活动有关。

据民俗志资料，生活在北美洲地区有的印第安人常以灰熊的利爪作为装饰品，其目的在于希望能像灰熊那样勇猛。又如，非洲有的黑人部落，对狮牙甚为爱惜，其目的在于希望能像狮子那样勇敢。我国古代少数民族也有将野猪牙作为饰物的习俗。如《蛮书》云："寻传蛮，阁罗凤所讨定也。俗无丝绵布帛，披罗笼，跣足，可以践履榛棘。持弓夹矢，射豪猪，生食其肉，取其两牙双插髻旁为饰，又条其皮以系腰。"

对于死者手握獐牙习俗的含义，学术界进行了广泛的探讨，关于獐牙与獐牙钩形器的用途，研究者有不同的意见，众说纷纭。有的学者认为，所有獐牙恐非用作工具。有的学者认为，齿根穿孔或刻纹的獐牙似乎用作饰物。有的学者认为，獐牙钩形器可能是收割谷物的复合工具，还有的学者认为，可能具有某种宗教信仰或社会意义。有的学者还提出了獐牙应是一种信物，用来辟邪或表示信仰的观点。有的学者认为，獐牙钩形器是富有和权力的象征。也有的学者认为，其功能和用途主要是用来辟邪厌胜，而其最初或许还有财富象征的含义。有的学者认为，獐牙钩形器很可能是表示一种社会地位的信物，它的拥有者既可能是对氏族有某方面贡献的人，也可能是在某一方面有特殊技能者，或是德高望重者等，因而，只有那些为氏族成员所崇敬、爱戴，在社会上有威望的人员或家族才能握有獐牙钩形器。具有这种社会地位的氏族成员或家族，可能是社会上的富裕者，也可能是并不富裕的一般氏族成员，只要对氏族有较大的贡献，就能得到应有的荣誉和社会地位[2]。还有学者认为，大汶口文化死者手握獐牙，为象征吉利之义是可以置信的，用獐牙做成的钩形器，就其形制观察，当非一般性生产工具类物品，而是吉祥如意的象征物[3]。

总之，似可把獐牙称之为治病、消灾灭祸、除害、压邪之物。而这种希望治好病、消灾灭祸、除害镇惊、抵御邪魔，以保护自身永久安全存在的心理，是不分性别、年龄、贫富，人皆有之。这可能是死者手握獐牙习俗的本意[4]。獐牙和獐牙钩形器作为一种特殊的随葬品，与墓主的社会地位、体力条件及其社会职能，都有密切关系。獐牙钩形器的持有者，是狩猎和战争两项活动的主要参与者。獐牙钩形器

[1] 李健民：《大汶口文化时期原始居民随葬獐牙和獐牙钩形器习俗试析》，《文物资料丛刊·9》，文物出版社，1985年。

[2] 吴汝祚：《大汶口文化獐牙钩形器和象牙雕筒含义考释》，《东南文化》1988年第1期。

[3] 王树明：《大汶口文化墓葬中龟甲用途的推测》，《中原文物》1991年第2期。

[4] 逄振镐：《东夷文化研究》，齐鲁书社，2007年。

本身的形态、性能及其出土的一般情况，则说明它应是一种失去实际功用的象征性器具。因此，獐牙钩形器是对獐崇拜衍生出来的护身或厌胜之类的瑞符[1]。

四　口含小球习俗

在大汶口文化墓葬中流行一种死者口颊内含小球习俗，从考古资料看，含球死者的年龄，大小不一，青年、壮年、老年都有。这种习俗是指在严重变形的部位放置一石质或陶质小球。这是大汶口文化中一种特殊的习俗。由于含在口颊中的小石球长时间与臼齿外侧面接触摩擦，形成了明显的磨蚀面，引起齿弓变形，磨蚀严重的可以影响到齿冠和齿根直至引起严重的齿病，说明是在骨质尚未充分硬化的儿童时期就一直含着的。

根据观察，球的质料以石球数量最多，陶球较少。球的直径在 15 ～ 20 毫米。这样大小的球含在口颊内，并不妨碍口部的咬合运动。从发现的部位来讲，这些球又多在死者口腔内或上下颌的外侧。就目前发现的考古材料，在一个死者的口腔内磨蚀痕迹大多左右两边同时存在。由此可见，球体并非固定在口腔一侧，而是一个球在口腔内左右调动。与此相反，在部分明显留下球面磨蚀痕迹的个体，没有发现球体共出。这种情况意味着石球或陶球并不都一定和死者一起埋葬。

王因遗址在一些死者头骨的下臼齿外侧，留有石、陶小球，相应地有齿面萎缩内收呈马蹄形和齿面磨损甚重的现象，显然是由于将石、陶小球长期含于口内所致。男女老幼都不乏此例。这是国内墓葬中所少有的一种现象。体质人类学家在对王因出土的人骨进行鉴定时，发现一具带土的颌骨（M106）左侧旁出有一个小石球，这枚小石球是石英制的，其大小略小于现在小孩玩耍的玻璃弹子，其磨度相当好。在剔除人骨标本 M2343 口腔里的填土后，在贴近右侧下颌骨的内面，暴露出一枚砖红色圆球，但意外的是它不是石球，而是直径约 20 毫米的素面陶球。可是在幸存的右上第一二臼齿的齿冠颊面，也有更明显的磨蚀面，也就是说，它们是经历了球体磨蚀的。另外，口含球体的标本还有 M127。有趣的是在一个大约6 岁小孩的残下颌（M2489）旁也发现一个深灰色的小素面陶球[2]。最能说明问题的还是 M4002 头骨，在左侧上下颌齿列之间，同侧下颌骨的前内侧位置，保存着 1枚直径约 18 毫米的石英岩制小球，在同侧上下第一二臼齿冠颊面，都留下了磨蚀面，特别是上第一臼齿侧齿根的全部和第二臼齿根的大部外侧面，都因严重的齿槽脓肿，齿槽骨被吸收而外露。这种习俗和性别年龄之间可能存在一定关系。在王因

---

[1]　王永波：《獐牙器——原始自然崇拜的产物》，《北方文物》1988年第4期。
[2]　韩康信、潘其风：《大墩子和王因新石器时代人类颌骨的异常变形》，《考古》1980年第2期。

组的 20 例中，17 例为女性，男性只有 2 例，余一例性别不明。

在大墩子组中，如把石球或陶球发现在死者脚部的两个男性（M51、M52）作为存疑外，则在其余 13 例中，女性占 10 例。这说明，这种异常的习俗多数出现在女性中。此外，一般颌骨上的磨蚀程度随年龄增大而加重。从什么时间开始含这种球，不很明了。

据统计，在王因遗址 21 例含球个体中，有 18 例为女性，只有 3 例可能是男性。女性占 90.5%。年龄最小的只有 6 岁左右，其余都是成年个体。这好像暗示这种习俗可能始于幼年。在 23 个含球标本中大致分为 3 种情况；一种是在死者口腔内外侧发现小球，同时也在颊齿或槽骨上存在有磨蚀痕迹，如 M106、M127、M2343、M4002 等；第二种是留下了磨蚀或形变痕迹，但未见有小球共出。如 M116、M354、M369、M381、M2470、M2582、M2636 等；第三种是有小球出土部位在口腔内以外，但由于采集骨骼时颌骨部受到破坏，未能观察到小球磨蚀留下的痕迹，如 M162、M163、M173、M319、M2201、M2164、M2334、M2371、M4016 等。小球的质料以石英岩居多，共发现 11 枚，陶质小球较少，共 4 枚。球的直径大致在 1.5～2 厘米。除在 M4016 左锁骨上部发现两枚石球外，其余在一个死者口腔内或口腔外，都只发现一枚小球。但小球摩擦留下的痕迹大多在左右两侧同时发现，由此说明，含球并非始终固定在口腔一侧，而可能是在口腔内左右调动。另外，还观察到一种新的现象，即一些死者的颌骨臼齿的颊面有不同程度的非自然磨损，致使齿弓变形，并在磨损处发现过石质或陶质小球，这种齿弓受损乃至变形和齿弓附近有小球者至少有 23 例。其中男、女、儿童皆有，年龄最小的仅 6 岁，说明这种口含小球的习俗是从儿童时期就开始的[1]。此风俗在王因墓地晚期阶段较早期更为盛行。有人认为，这种初民之俗与幼童换牙期必须嘴含硬物以巩固牙床有关，并推测，古人含球、玉之类的葬俗就是这种新石器时代居民含球习俗的遗风。

野店遗址墓葬中发现小球 3 件。其中 M15 出土两件陶质的，直径 1.5 厘米，分别放置在右侧女性死者耳旁。另有标本 M31∶32，直径 2.1 厘米，石英岩，磨制甚精，表面光滑。这种小球的用途可能与死者齿弓变形有关[2]。大汶口遗址发现一座三人合葬墓（M2006），南侧成年男性死者嘴旁放有小石球，此球可能是死者的口含之物[3]。

尤其是大墩子遗址 M136 颌骨的异常变形，主要表现在臼齿的异常磨蚀和齿弓的变形上。以左侧为例，在第一臼齿颊面上，有一个显著的磨面，这个磨面从

[1] 中国社会科学院考古研究所：《山东王因——新石器时代遗址发掘报告》，科学出版社，2000年。
[2] 山东省博物馆、山东省文物考古研究所：《邹县野店》，文物出版社，1985年。
[3] 山东省文物考古研究所：《大汶口续集——大汶口遗址第二、三次发掘报告》，科学出版社，1997年。

齿冠的后一半一直向下后方延伸到后齿根上，而且，这个磨面还有一个向舌侧方向略微弯曲的弧度。第二臼齿的这种颊面磨蚀更重，从齿冠到齿根留下了更大更重的磨蚀面，它们整个形成向舌侧弯曲的同一球面，这种异常磨蚀称为球面磨蚀。这种特殊的球面磨蚀不仅在下颌上存在，而且在上颌骨的相应部位也留下了痕迹。无疑证明，这类小型石球或陶球，正是死者生前的口含物，是直接导致颌骨球面磨蚀的机械因素。

在以往发表的发掘报告中，把这一地区新石器时代墓葬或遗址中出土的小石球和陶球归入生产工具一类。现在，由于明确了颌骨变形和小型球的关系，我们认为，以往在一些地区同类文化遗址中发现的石球和陶球，应主要和口含球的风俗有关。显然，这些小球和狩猎用的弹丸没有必然联系。

由于受考古资料限制，对这种十分奇特而古老的习俗还不能做出合理的解释。人死后在口腔中含玉或贝的习俗只在时代更晚的墓葬中发现，而且这是属于死后的埋葬风俗，和生前口颊含球情况不一样。我们曾经设想，也许口颊含球与治疗牙病有关，但实际观察结果正好相反，石球在口颊里长时间的摩擦会损坏牙齿，特别是第一二臼齿的健康，磨蚀严重者会引发牙齿的炎症，直到牙齿过早脱落。也有人提出在口颊含球会使双颊丰美，据观察，球的直径并不大，含在双颊里，外表并不显得丰满。总之，虽然把含球当作一种特殊的风俗，但仍不明这种原始习俗的实际意义。

这种古老习俗，在古代文献中也有记载。如《史记·五帝本纪·正义》引《龙鱼河图》云："黄帝摄政，有蚩尤兄弟八十一人，并兽身人语，铜头铁额，食沙石子。""食沙石子"就是口含石球的习俗。

过去学术界虽然对含球古老习俗做过多方面的探索，均不得要领。我们未能明确这种原始习俗的意义何在。也许，它是在史前时期就已经失传的一种风俗[1]。就现有考古资料，对含球习俗的意义，还难以得出合理的解释，只有依赖于今后的考古新发现和进一步的研究来解决。

五　拔牙习俗

拔牙是大汶口文化时期的重要习俗，在王因、大汶口、野店、西夏侯、前埠下、呈子、建新、大墩子等遗址墓葬中，均发现有拔牙现象。其中野店遗址墓葬死者的拔牙出现率男性有 4 例（为 50%），女性有 3 例（为 75%）。从拔去牙齿的部位来看，主要为上颌外侧门齿，其中女性有一例年龄为 23 岁，这表明拔牙的时间主

---

[1]　韩康信、潘其风：《大墩子和王因新石器时代人类颌骨的异常变形》，《考古》1980年第2期。

要是在青年期。这点与大汶口遗址的拔牙习俗是相同的。拔牙的方式一般认为是敲打，经观察发现，在 M31（B）的右外侧门齿的齿槽窝里还断存着牙根，由此证明了这一判断[1]。

前埠下遗址 26 座大汶口文化墓葬埋葬 57 具人骨，其中 25 个个体有拔牙现象；另有 22 人因头骨腐朽较甚而情况不明，拔牙现象均发生在上侧门齿。拔牙年龄最小的仅 13～14 岁，最大的 45～60 岁，一般在 25～30 岁。诸城呈子遗址墓葬中埋葬的死者拔牙约占 60%，年龄达到 30～35 岁，而到三里河遗址拔牙风俗已处在衰退阶段[2]。呈子遗址 12 座墓葬 21 具人骨，发现拔牙 15 例，占 71%。拔除上侧门齿习俗在大汶口文化时期是十分流行的。其拔牙年龄一般在 15～20 岁，属于性成熟期。建新遗址发现的 92 座墓葬，由于人骨标本保存较差，未能观察到全部情况，从已观察到的个别标本的情况看，发现有 5 例人工拔牙的标本[3]。

王因墓地 366 个个体中，经鉴定，其中拔牙的有 281 例，拔牙率占全部观察数的 76.8%。拔牙年龄是在性成熟期进行的。这种拔牙习俗，不存在性别差别，男女均有，男性拔牙的 205 个，占全部男性观察个体（265 个）的 77.4%。女性拔牙的 76 个，占全部女性观察个体（101 个）的 75.2%。男女拔牙频率很接近。拔牙的最小年龄在 14～16 岁的性成熟期。以拔除一对上侧门齿最为普遍。据统计，在总共 281 个拔牙个体中，有 275 个拔去一对上颌侧门齿，占所有拔牙形式的 97.9%。其他种类的拔牙形式只有 6 例，其中 1 例拔去一个中门齿和一对侧门齿，有 4 例拔除一个侧门齿，1 例拔一对侧门齿和一侧犬齿。没有发现拔下牙的标本。其中在男性个体中拔牙的未见小于 14～15 岁的例证，在女性拔牙个体中所见年龄最小约 17 岁。施行拔牙手术的年龄，也大体上在人体发育向成年过渡的性成熟期。按地层观察结果，早期拔牙率（43.2%）低于中期（68.3%），而晚期拔牙更盛行（74.5%）[4]。

就拔牙施术的年龄而言，颜訚先生指出：“在女性方面，有一例的年龄为 18～19 岁，牙已拔去，男性方面亦有一例，年龄约为 19～21 岁，牙亦拔去。另外有一例，年龄为 12～13 岁，牙并未拔除。因此推定，拔牙施术年龄可能是在 12～13 岁以后，在 18～21 岁的一段时间，主要是在青年时期。”[5] 那么一般的拔牙时间是在 14 岁左右，这样的施术年龄和现代少数民族的拔牙年龄几乎完全相同。

---

[1] 山东省博物馆、山东省文物考古研究所：《邹县野店》，文物出版社，1985年。
[2] 山东省文物考古研究所、寒亭区文物管理所：《山东潍坊前埠下遗址发掘报告》，《山东省高速公路考古报告集（1997）》，科学出版社，2000年。
[3] 山东省文物考古研究所、枣庄市文化局：《枣庄建新——新石器时代遗址发掘报告》，科学出版社，1996年。
[4] 中国社会科学院考古研究所：《山东王因——新石器时代遗址发掘报告》，科学出版社，2000年。
[5] 颜訚：《大汶口新石器时代人骨的研究报告》，《考古学报》1972年第1期。

例如，我国台湾东部山区的泰雅族中，男女青年均在 14～18 岁进行拔牙，各种拔牙形态和性别无关。

大汶口文化中，男女各自的拔牙概率基本上没有很大的差别，一般都在 60% 以上。例如，王因组男女拔牙概率分别在 77% 和 75%，大汶口早期阶段为 71% 和 78%，呈子组为 89% 和 100%，大墩子组为 61.4% 和 68.2% 等。因此，拔牙习俗一般不为男性或女性所专有，只是一些遗址中有的男性概率略高，有的女性略高，这可能是各遗址观察例数多寡不整齐引起的。但遗址之间拔牙频率的明显高低，显然也是这种习俗盛衰的反映。据观察，拔牙的形态主要有三种：一是拔去一对上颌侧门齿；二是拔去一对上犬齿；三是拔去一对上颌侧门齿和一对上犬齿。拔去的牙种都限定在上牙，一般男女皆拔。也有区别于以上三个形态的不对称性，但一般忌拔上中门齿和下牙，拔前臼齿也是罕见的"[1]。

大汶口遗址 46 座墓葬中，对 13 座墓葬中保存尚好的成年和少年人骨 45 具鉴定表明，拔牙者计 17 例，男女两性都有，均为成年人，其中男性 28 例中有 9 例拔除上侧门齿，占 36%；女性 12 人中，有 8 例，占 66%。9 例成年男性中，年龄最小者 17～25 岁，最大者 50～60 岁；8 例女性中年龄最小的 18～22 岁，最大的 50 岁。而另 5 个更换乳齿期已过的少年却均未拔牙。

这种习俗并非要求所有的成年氏族成员必须尊奉，在大汶口的合葬墓中，同穴者也有的拔牙，有的也不拔。所以拔除牙齿的现象只是一种习俗而不是一种强制性的民族礼仪或制度，更不像近代尚处在原始部落时期的民族那样，当男性成员进入青春期举行成丁礼，必须进行的氏族礼仪制度。这批墓葬的拔牙资料中，在大汶口文化时期，男女进行的拔除一对上侧门齿是在进入青春期之后开始的。并非氏族成员人人必须进行的，而是一种人人自愿行为[2]。

大墩子遗址人类的拔牙风习，从年龄上讲，幼年个体中没有发现拔牙的现象，最早的拔牙年龄无论男性或女性都在 15～20 岁，如男性 M157、M163、M224，女性 M197。因此，拔牙的时间大概和儿童进入成年或性成熟时的某种风俗习惯有关。鉴定中还发现二例侧门齿根折断在齿槽内的上颌标本，其牙根显然不是死后折断的，它们必定是生前使用了某种器具在水平方向敲打牙齿的结果，因而推想大墩子新石器时代人拔牙的方法主要是敲打法"[3]。

民族志资料显示，许多民族拔牙也使用敲打法。例如，约克土人在拔牙时仰卧地上，头部枕在施手术者的膝上；后者左手拿袋鼠骨棒垫于牙上，右手拿石头

[1] 韩康信、潘其风：《我国拔牙风俗的源流及其意义》，《考古》1981年第1期。
[2] 山东省文物考古研究所：《大汶口续集——大汶口遗址第二、三次发掘报告》，科学出版社，1997年。
[3] 韩康信、陆庆伍、张振标：《江苏邳县大墩子新石器时代人骨的研究》，《考古学报》1974年第2期。

敲打，打了左边再打右边，如此来回用力，牙齿逐渐松动；然后轻击牙齿，每击一次都念一个被拔牙的青年的母亲、父亲或其他亲属的氏族名字，而最后念出的往往即是青年所属的氏族，此时才将牙齿拔去。苏拉威西中部居民拔牙的方法与此基本相同，不过是用铁凿代替袋鼠骨，用锤子代替石头，手术由专门的巫医施行，他们一面敲打一面说："一点儿也不疼，只当是做个游戏。"我国的仡佬族也用这种方法拔牙，因而获得了"打牙仡佬"的称号。高山族除用弓弦锯断外，也有用敲打法拔牙的。

　　用敲打方法拔牙，必须有一个凿子，否则不便着力，也难保不伤别的牙齿。因此，"打牙"有时又被称为"凿牙"或"凿齿"。而具有拔牙风俗的人民就被称为"凿齿"或"凿齿民"[1]。在古代文献中，有许多关于拔牙的资料，据《山海经》记载："羿与凿齿战于寿华之野，羿射杀之。在昆仑墟东，羿持弓矢，凿齿持盾，一曰戈。"在大荒南经中也载："有人曰凿齿，羿射杀之。"羿和凿齿都是传说中的氏族名称，后者显然是奉行拔牙习俗的古代居民。马丁记述拔牙风俗常常存在于黑人、马来亚大洋洲与美洲的一些民族中。日本安房神社洞窟人骨和津云贝冢人骨中都发现有拔牙的风俗。

　　中国南方的太湖流域，近代人风俗中还遗留与拔牙有关的痕迹。例如，在距今半个世纪前后，太湖流域小城镇、农村民俗中，进入成年期的女性，往往喜爱以赤金或白银镶包上颌正、侧门齿，与古人拔牙的部位、年龄都是一致的，应是古人拔牙的遗风[2]。越南嘉莱族的男女青年，到十七八岁，经过履行"打牙"仪式后，便可自由选择对象。生活在南非赞比西河两岸及各岛屿上的巴托克部落，没有拔掉上门牙的人被认为是丑的。这种奇特的美的概念从何而来呢？它也是由于观念的十分复杂的联想而形成的。巴托克人拔掉自己的上门牙，是竭力想模仿反刍动物。在我们看来，这种愿望有点不可理解。但是巴托克人是一个游牧部落，他们把自己的母牛和公牛几乎当神来崇拜"[3]。

　　台湾地区的高山族和古代日本的一些氏族部落也曾流行过拔牙习俗；今日的马来半岛，中南半岛的西南海岸地方的巴纳尔族、塞丹族、托另族、摩尹族和远至澳洲等地的一些氏族部落都有这种习俗[4]。

　　在我国贵州平越州（今贵州福泉）两清镇等地的打牙仡佬，当女子将出嫁时，必定要将门齿两个折去，否则恐怕会对夫家不利，即所谓凿齿之民也。在中国西

[1] 严文明：《大汶口文化居民的拔牙风俗和族属问题》，《大汶口文化讨论文集》，齐鲁书社，1979年。
[2] 陈晶：《圩墩、寺墩遗址墓葬习俗浅析——兼析太湖流域马家浜文化、良渚文化墓葬习俗》，《人类学论文选集》，中山大学出版社，1986年。
[3] 〔俄〕普列汉诺夫：《论艺术（没有地址的信）》，生活·读书·新知三联书店，1973年。
[4] 张敏节：《唯物论性科学》，上海时代书局，1950年。

南当今的少数民族中间，仍有一些男女儿童流行在七八岁时就把上颚门齿拔掉的习俗。他们认为，拔去了外面的牙齿里面的牙齿会长得好，其他牙齿也能强健[1]。

据报刊揭露，福建省惠安县的儿童到了 10 岁左右，父母便给他们筹办婚事。年方"二五"的小姑娘出嫁前先要磨掉两枚门牙，镶上象征已经进入少妇时代的金牙。20 世纪 80 年代仍然如此。

拔牙习俗，在当时人们的生活中占有重要的地位，因此，拔牙过程中可能举行一定的仪式。高山族拔牙，一般是在每年祭祀的时间举行的，还要举行一定的仪式。打牙的方法是将木板放在地上，一仰面躺在木板上，头枕在特制的木臼内，然后由有经验的老年人，将铁钉放在牙面上，用斧头打掉。据记载，打牙是相当痛苦的，被打者常常疼痛得昏厥过去[2]。

在古代艰苦危险的狩猎中，勇敢是氏族社会中每个成员所冀求的最高境界。在狩猎中，人常为猛兽的牙、爪所伤，因而猛兽的牙和爪暗示着一种神秘的力量，被看成勇敢的象征；而作为能征服猛兽的勇士的牙，则更要可贵。从另一个角度讲，原始人在狩猎活动中要负伤，身体遭到破坏，因此也引申出能忍受负伤时的痛苦或破坏自己身体的某一部分时引起的痛苦是一种勇敢的行为。拔牙也是忍受痛苦的，因而也是勇敢的表现。如澳大利亚的土著人，在承认孩子已成为成年人的"成丁礼"上，常"以打掉孩子的几颗牙齿而宣布仪式开始"，而不能忍受痛苦不及格者，则一生都被看作是小孩，直到白发苍苍也只能和孩子们一起玩耍，而且要忍受任何成年人的辱骂和殴打[3]。西晋《博物志》曾记载僚人拔牙风俗："荆州极西南界至蜀，诸民曰僚子……（生儿）既长，拔去上齿牙各一，以为身饰。""既长"是成年的意思，因此属于成年拔牙，并将拔下的牙当作装饰品。这种"成丁礼"正是拔牙的本意。

根据历史记载和近现代民族调查，拔牙习俗大致可以归纳为六种说法，即成丁礼说、忌夫说、殉葬说、装饰说、防病说和爱美说。其中爱美说和成丁礼说最为流行。例如苏拉威西中部居民一到青春期就要拔牙，以表现女性的妩媚和男性的美。剩下的牙齿也要为了好看而染黑。看到欧洲殖民者不拔牙又不染齿，就觉得很难看。说他们的牙齿白得跟野兽的一样。台湾地区的高山族除拔牙外，也有染黑牙齿的习惯，却是为了使牙齿更加牢固[4]。法国文化人类学家列维·布留尔在考察一些原始部族后指出："没有行过成年礼的人，不管他是什么年龄，永远归入孩子之列。没有行过玛塔普列加仪式（类似割礼的仪式）的孩子永远不被认为是

---

[1] 〔日〕江上波夫：《中国中部、南部地区伤残牙齿的习俗》，《民族考古译文集》，云南博物馆、中国古代铜鼓研究会编印，1985年。

[2] 何能生：《台湾四土著四齿声缺人风》，《东京人类学杂志》第4卷，258号。

[3] 曹秀英、王仁训：《通过奇特的考试取得"成年人"资格》，《化石》1982年第3期。

[4] 严文明：《大汶口文化居民的拔牙风俗和族属问题》，《大汶口文化讨论文集》，齐鲁书社，1979年。

部落的正式成员。少年在行文身礼前，处于未成年状态，他不能想到结婚，他经常受到嘲笑和愚弄，人们拿他当一个可怜虫和出身低贱的人，而且他在男人的团体中没有发言权……事实上就等于没有他这个人。然而，当他行过成年礼，成为一个成年人后，就在部落的成员中间占有了适合于他的地位。非洲人的一生可说是从青春期开始的。"[1] 行成年礼的仪式是对人的由"死"到"新生"的考验，"考验是长久而严酷，有时简直就是真正的受刑：不让睡觉，不给东西吃，鞭笞、杖击……敲掉牙齿，黥身，割礼……火考验等。通过这个互渗（指与图腾、祖先的神秘的实在）来给新行成年礼的人以'新的灵魂……'他显然经历了死和新生……从这时候起，这些完全的成员，这些完全的男人就是社会集体所有的一切最神圣的东西的保管人了，此后他们将永不背弃他们的这种责任感。"[2]

六　头骨变形习俗

大汶口文化墓葬中，死者的头骨枕部变形习俗非常盛行，大汶口、王因、西夏侯、广饶傅家、呈子、三里河、前埠下、鲁家口、建新、野店以及大墩子等遗址均有发现。呈子遗址发掘大汶口文化墓葬12座，共清理人骨21具，其中M7、M57、M60中枕骨人工变形者8例，占38%。西夏侯墓葬中，死者头骨也有人工变形现象。根据对部分头骨的观察，男性头骨变形和不变形各占50%，而女性头骨变形的则占100%。看来为当时流行的习俗"[3]。

据观察，王因墓地出土的人头骨中，绝大多数在地层中便已压碎变形，保存完整者甚少，因此给观察变形颇造成了困难。只好在发掘现场对数量不多的、当时颅形轮廓比较清楚的头骨进行了简单的观察记录。所观察的82具较完整的头骨中，枕部人工变形明显的有57例，出现率约占64.6%，在这些畸形颅骨中，男性头骨占50个，约为全部男性观察头骨（66个）的75.8%；女性畸形颅骨只有7个，占女性观察数（16个）的43.8%。男性枕骨畸形率高于女性[4]。建新遗址的墓葬中发现6例枕部人工变形的头骨[5]。前埠下遗址M12内14具人骨中，经鉴定，发现5个个体存在头骨枕部扁平现象[6]。

---

[1] 张碧波：《关于大汶口文化三种习俗的文化思考》，《民俗研究》1998年第2期。

[2] 〔法〕列维·布留尔著、丁由译：《原始思维》，商务印书馆，1981年。

[3] 颜訚：《西夏侯新石器时代人骨的研究报告》，《考古学报》1973年第2期。

[4] 中国社会科学院考古研究所：《山东王因——新石器时代遗址发掘报告》，科学出版社，2000年。

[5] 山东省文物考古研究所、枣庄市文化局：《枣庄建新——新石器时代遗址发掘报告》，科学出版社，1996年。

[6] 山东省文物考古研究所、寒亭区文物管理所：《山东潍坊前埠下遗址发掘报告》，《山东省高速公路考古报告集（1997）》，科学出版社，2000年。

根据对野店遗址人骨的研究报告表明,男女两性枕部畸形出现的比例都很高,其中女性为 100%,男性为 80%。畸形的特点是以头骨枕部变扁,俗称扁头。造成这种头骨畸形现象显然存在一些人为因素,但出于何种目的,由于受到资料限制,目前还不十分清楚[1]。鲁家口遗址发掘的两座大汶口文化墓葬中,两具死者头骨扁平,均有人工变形现象[2]。大汶口遗址发现两例女性人头骨枕部变形的标本(M1004 和 M1013)[3]。傅家大汶口文化遗址畸形颅较普遍,属于简单的枕部扁平型。在可观察的 36 例头骨中,大致从轻度到重度畸形的约占 27 例,为全部头骨的 75%。颅形基本正常的约 9 例,占 25%。在畸形颅中,除 2 例性别不明外,其余 25 例女性占 15 例,男性占 10 例。如计性别,男性畸形颅的出现 13 例中占 10 例(76.9%),女性为 19 例中占 15 例(78.9%),出现频率大致相同,可见畸形颅的出现与性别无大关系[4]。

大墩子遗址由于头骨极为破碎,无法详细观察和测量。但在保存的一些残缺颅骨上仍然可以发现明显的枕部畸形。其中一个 6 岁儿童的颅骨后部显著扁平,扁平的程度左侧比右侧更重,说明这种枕部畸形可能是婴儿出生后,颅后部分长时间枕卧于硬具上引起的。据调查,在我国海南岛东南部的现代汉族中也有这种头后部扁平的畸形,而引起变形的因素与婴儿出生后多仰卧于硬的竹制摇篮里有关。在我国台湾南部的高山族中也有这类事实[5]。

关于改形颅骨形态的技术,目前多数人认为有三种方法:即用箍带捆绑头部、用硬平板前后紧夹头部和睡摇篮。箍带捆绑头部,其颅骨为环形;用硬平板前后紧夹头部,其颅骨为前后扁平;睡摇篮,颅骨为枕部扁平,即楔形。大汶口文化中楔形颅,可能是由于婴儿睡摇篮而产生的[6]。

考古资料显示,大汶口文化时期的人骨变形,主要原因是婴儿生下来之后,长时间仰卧使颅后部分枕于硬具之上,引起枕部骨骼变形。至于当时居民为什么一定要使刚生下来的婴儿如此长时间地保持一个姿势枕卧于硬具之上?这究竟是出于当时知识贫乏、没有经验,还是出于某种宗教的信仰或对婴儿的某种迷信习俗所致,限于资料的贫乏,就不得而知了。

民族学为我们提供了有关参考资料。在东北地区"清朝以来,不少满族汉族

　　[1]　山东省博物馆、山东省文物考古研究所:《邹县野店》,文物出版社,1985年。

　　[2]　中国社会科学院考古研究所山东工作队、山东省潍坊地区艺术馆:《潍县鲁家口新石器时代遗址》,《考古学报》1985年第3期。

　　[3]　山东省文物考古研究所:《大汶口续集——大汶口遗址第二、三次发掘报告》,科学出版社,1997年。

　　[4]　韩康信、常兴照:《广饶古墓地出土人类学材料的观察与研究》,《海岱考古(第一辑)》,山东大学出版社,1989年。

　　[5]　韩康信、陆庆伍、张振标:《江苏邳县大墩子新石器时代人骨的研究》,《考古学报》1974年第2期。

　　[6]　张振标、尤玉柱:《中国史前人类的一风俗——有意识的改形颅骨》,《史前研究》1985年第3期。

杂居的地区，幼儿出生后，令其睡扁头，即小儿出生后不久，就让他仰面睡觉，枕头内装上小米之类的囊物，久而久之，小儿的头骨就变得扁扁的，平平的了。这种育儿习惯，一直延续到现在。尤其是山西北部与内蒙古西部一带，普遍受到人们的注意，如果哪家的姑娘枕骨部没有睡扁，就被认为是丑闺女"。其俗延续至今[1]。这种睡扁头之说，《满洲源流考》曾批评《后汉书·三韩传》和《三国志·辰韩传》以石押头说云："夫儿初堕地，岂堪以石押头，其说甚悖于理，国朝旧俗，儿生数日，置卧具，令儿仰寝其中，久而脑骨自平，头形似扁，斯乃习而自然，无足为异。"[2]

据介绍，变形头是由于用扁带压在额前，背负重物的习俗而形成的。《三国志·魏书·东夷·牟辰传》说："儿生，便以石厌（压）其头，欲其扁。今辰韩人皆扁头。"近世东北、山东某些地区还有生儿令枕木石，欲其头扁以为美者的实例。有的民族"产子以木压首"（《新唐书·西域上》）；东北有的民族把小孩固定在木板上，头枕硬枕头，出现扁头形；在西南有的民族中，则由于前额负重物而使前额变形。大汶口文化居民的头骨变形，可能也出于类似的原因[3]。

北美西北海岸印第安人盛行头骨变形习俗。一类是把头前额弄平，脑勺后倾斜；另一类是紧束头骨，以减小其直径，并向前后方向扩展。变形的头骨往往代表其人的社会地位，并不是所有的人都可以实施头骨变形术"[4]。

生活在南美秘鲁的印加人，为了使婴儿符合流行的审美标准，还要绑两块木板夹住他的头。当孩子长到两岁断乳时，就要把亲戚们请来举行一次宴会，历时数日之久。居住在摩萨亚岛的摩萨亚人，孩子生下不久，母亲即将他的头包扎起来，并绑上石片使之变宽，一个狭长的头被认为是丑陋的。在几个月中，她还要继续用手去挤压[5]。拉文塔石雕人像其面型都是中国人的样子，但头都是畸形的。据说奥尔梅克人从小就用木板把头部夹成长方形。这与大汶口文化分布的华北、辽东半岛的颅骨改形习俗相同，只是所改的形状有所不同罢了[6]。

外国民族志资料反映，在十五、十六世纪，中美洲的卢卡伊岛还发现有颅骨变形习俗，对不满周岁的婴儿额头和后脑勺夹着两块坚木做的小平板，用棉纱紧紧缠扎着。这是在为婴儿做颅骨改形手术。当地的婴儿自出生后，都要加上夹板，一直到头颅像大人的形状为止。一位老人告诉外人："给小孩上夹板，把头部弄成

　　[1]　永昶英：《睡扁头》，《民族文化》1982年第5期。

　　[2]　萧兵：《楚辞与神活》，江苏古籍出版社，1987年。

　　[3]　宋兆麟、黎家芳、杜耀西：《中国原始社会史》，文物出版社，1983年。

　　[4]　安家瑗：《北美西北海岸印第安人的物质文化》，《文物天地》1990年第5期。

　　[5]　〔美〕乔治·彼得·穆达克著，童恩正译：《我们当代的原始民族》，四川省民族研究所，1980年。

　　[6]　房仲甫：《殷人航渡美洲再探》，《世界历史》1983年第3期。

成年人这个样子，这是我们的祖先传下来的习惯，不这样做，我们不是卢卡伊人了。再说，头额使过夹板，里面的骨头变得硬实了，磕磕碰碰就没关系了。"迈克尔·克拉顿在《巴哈马群岛史》中也郑重其事地写道："这种奇异风俗，不仅要在他们脸上增添点特征，而且这种夹得变厚了的骨骼上可以抵得住敌人的弓箭，甚至能防御西班牙人的利剑。"[1]

这种有意识地改变颅形的习俗几乎遍布全世界。至今所知，南美的智利、秘鲁、阿根廷、厄瓜多尔和哥伦比亚，中美洲的墨西哥，北美洲的密西西比河下游、佛罗里达以及美国西北部落的一些印第安人中都曾发现过人工有意改形的颅骨。在旧大陆的小亚细亚、高加索、印度以及亚洲南部的印度尼西亚，大洋洲的新几内亚、新卡里多也曾发现过。此外，在欧洲的早期居民中，例如德国、奥地利和匈牙利，甚至非洲的蒙巴图人中也曾有发现[2]。

七　几点认识

在人类历史上，宗教的产生，绝不是偶然现象，它是在原始社会生产力发展水平极其低下、物质文化十分落后、精神生活非常贫乏的背景下产生的，是人们对自然界认识的愚昧无知和压迫屈从的一种结果。原始人类出于宗教观念而形成的灵物崇拜，是神灵观念的物化形式，因而成为神灵崇拜的重要组成部分。

作为我国新石器时代的宗教形式，人们将自然界中的动物或者植物等作为精灵、神灵加以崇拜，在我国史前文化时期是非常普遍的。大汶口文化墓葬中普遍葬猪、殉狗习俗，不仅作为财富的标志，同样具有一定的宗教意义，所反映的是一种原始的宗教观念，表明宗教意识在人们的生活中占据了相当重要的位置。所以说，对猪神的崇拜，属于原始社会宗教信仰中拜物教的一部分。

墓内随葬獐牙或獐牙钩形器习俗，也是灵物崇拜所导致的结果。这种习俗的出现绝不是孤立的，它具有氏族宗教的性质，是神灵崇拜、神物崇拜等自然崇拜中灵物信仰的一种物化形式。反映出当时人们对巫术迷信的思想意识。

又如，大汶口文化中的拔牙习俗，可能是当时居民出于审美的需要而产生的。某些居民口含石球或陶小球，有可能是出于审美的考虑，也可能具有巫术般的特殊含义，对于生含者起着一种类似护身符或辟邪的作用[3]。这些特意制作出来的小球，对于死者生前无疑具有一种特殊的意义。

---

[1]　高明强：《远古回声》，浙江人民出版社，1991年。
[2]　张振标、尤玉柱：《中国史前人类的一风俗——有意识的改形颅骨》，《史前研究》1985年第3期。
[3]　李朝全：《口含物习俗研究》，《考古》1995年第8期。

随着宗教观念的不断发展，信仰、崇拜的对象需要直观性和具体化。灵物的出现，就成为史前人类在其思维特征影响下的历史必然。"宗教观念以信仰、崇拜意识为根本，而信仰、崇拜的对象又是信仰、崇拜意识的核心，然而仅仅停留在意识形态观念上又必然是贫乏的、非直观的，因此，宗教信仰、崇拜对象的直观物化便成为统一信仰、巩固信仰、激发信仰的主要手段。"[1]宗教作为一种特殊的社会意识形态，是当时人们受自然力压迫，软弱无力，迷惘不安的一种表现。也是人们对自然界和现实社会的一种歪曲的、颠倒的、虚幻的反映。

大汶口文化时期出现的这些众多特殊习俗，均出于宗教观念而后逐渐形成的，属于意识形态的范畴，曾一度成为我国古代文化内涵中的重要组成部分。这些特殊习俗作为宗教的物化形态，既是人类社会生产力发展到一定阶段的产物，又是生产力水平不高的一种体现。同时也反映了当时人类在生产斗争中的软弱与无力，以及对大自然控制力的盲目依赖性。这种宗教现象的形成与发展，是与大汶口文化时期社会发展的大背景相吻合的。

原载《海岱考古（第五辑）》，科学出版社，2012年

---

[1] 韩民青：《文化的历程》，广西人民出版社，1990年。

大汶口文化的彩陶艺术

　　大汶口文化源于 1959 年首次发掘泰安大汶口遗址而得名。该文化的分布范围主要在黄河下游的山东地区，东自胶东半岛、西到河南中部、北到辽东半岛南端，南达江苏北部和安徽的北部地方。经碳 -14 年代测定，大汶口文化的年代从公元前 4300 ～前 2600 年，前后延续了 1700 ～ 1800 年。在漫长的历史发展进程中，大汶口文化的先民们依靠勤劳的双手和聪明的智慧，创造了大量丰富的物质文化遗存，特别是大汶口文化时期的彩陶，犹如闪耀的繁星，放射出夺目的光彩，充分显示出古代艺术匠师卓越的创作才能。鉴于此，本文主要对这一时期出土的彩陶作初步分析。

一　彩陶发现概况

　　大汶口文化时期的彩陶是 1953 年首先在山东省滕县岗上村遗址发现的[1]。50多年来，经过文物考古工作者的不懈努力，在海岱地区已发现大量含有彩陶的大汶口文化遗址。山东地区主要有兖州王因、泰安大汶口、邹县野店、蓬莱紫荆山、滕县岗上、西公桥、兖州六里井、广饶五村、傅家、曲阜西夏侯、海阳蝌岔埠、潍坊前埠下、青州王磐石、寿光后胡营、火山埠、西侯南、平阴周河、张店西寨、栖霞杨家圈、莱阳于家店、烟台白石村、莒县陵阳河、桓台前埠、楼子、李寨、长岛北庄、章丘董东、焦家、胶县三里河、茌平尚庄、枣庄建新；安徽蒙城尉迟寺、江苏邳县刘林、大墩子；河南境内主要是郑州大河村等 30 余处遗址。下面对 4 处重要遗址所发现的彩陶情况进行介绍。

　　1.大汶口遗址[2]

　　位于泰安市泰山区和宁阳县交界处。1959、1974 和 1978 年，先后三次进行大规模发掘，清理大汶口文化墓葬 179 座，出土大量陶、石、骨、角等文化遗物。

---

　　[1]　安志敏：《1953年我国考古的新发现》，《考古通讯》1955年创刊号。

　　[2]　山东省文物管理处、济南市博物馆：《大汶口——新石器时代墓葬发掘报告》，文物出版社，1974年；山东省文物考古研究所：《大汶口续集——大汶口遗址第二、三次发掘报告》，科学出版社，1997年。

其中发现的彩陶有单彩和复彩两类。有的在觚形杯柄部深红色陶衣上绘黑色平行状单彩。有的则在盆沿和盆腹上分别绘白、红熟褐色的竖条纹和凹边三角形纹样组成的复色彩陶。花纹图案有平行线纹、宽条纹、"〰"字链条纹、太阳纹、涡旋纹、花瓣纹、方形云雷纹等。器形有钵、豆、盆、壶、鼓、觚形杯、器座、釜、罐、碗等。

2.野店遗址[1]

位于邹城市（原邹县）峰山镇野店村。1971、1972 年连续两次发掘，清理大汶口文化墓葬 89 座。墓葬中发现彩陶 24 件，主要装饰在钵、觚形杯、盆、钵形鼎、壶、器座、鼓以及器盖上面。有黑色单彩，在觚形杯上用红衣地上画黑色平行线或方格等纹样。有白、红、深褐彩组成复色彩陶，如在红色原地上用白彩和深褐彩相间画成各式纹样；亦有在深褐色彩带上画白色各式花纹；更有在红色陶衣上施深褐彩绘弧线三角纹，组成花瓣纹，以白色勾边衬托，再用鲜红色卵点表现花心。这种复杂的表现手法，形成野店遗址大汶口文化彩陶的独特风格。常见花纹图案有：云雷纹、"己"形纹、"己"形纹、涡旋纹、花瓣纹、母字编织纹、平行线纹、八角星纹、圆纹、锯齿纹、卵点纹、斜栅纹以及方框、圆圈相间的平行线及弧线三角等各种装饰（图一）这些几何形纹样组成的图案，主要装饰在陶器的显要部位，或钵形鼎口沿外侧，或在扁腹钵的鼓腹上，或在觚形杯的柄部，或在鼓和器座的外腹部，另外在一些陶盆宽沿上还常见红、白、深褐等彩相间的平行线及弧线三角纹等各式图案。

3.王因遗址[2]

位于兖州市王因镇王因村东南。1975 至 1978 年连续 7 次发掘，清理大汶口文化墓葬 899 座。发现大量陶、石、骨、角等各类文化遗物，其中出土的大汶口文化的彩陶格外引人注目。这批彩陶分为两种：一种是彩绘，即陶器烧成后，在器表绘出红色或暗红色的带纹或圆点纹，此种彩绘仅见于上层的 3 件钵形鼎口部，且已漫漶不清；另一种是彩陶，即先涂一层红色陶衣，再以红、黑、紫或白色的颜料绘出花纹，以黑彩为主，也有双色，三色兼施的，然后入窑烧成，有的因烧造技术欠佳，出土时已剥蚀不清。彩陶纹样以单色彩带为主，多饰于觚形杯和尊形杯上；而较为复杂的花瓣纹和以弧线三角、圆点、折线组成的几何纹形图案，则多见于上层墓葬的器物上面。

4.大墩子遗址[3]

位于江苏省邳县四户镇大墩子村。1963 年和 1966 年进行了 2 次考古发掘，清

[1] 山东省博物馆、山东省文物考古研究所：《邹县野店》，文物出版社，1985年。

[2] 中国社会科学院考古研究所山东队、济宁地区文化局：《山东兖州王因新石器时代遗址发掘简报》，《考古》1979年第1期；中国社会科学院考古研究所：《山东王因——新石器时代遗址发掘报告》，科学出版社，2000年。

[3] 南京博物院：《江苏邳县四户镇大墩子遗址发掘报告》，《考古学报》1964年第2期；南京博物院：《江苏邳县四户镇大墩子遗址第二次发掘》，《考古学集刊·1》，中国社会科学出版社，1981年。

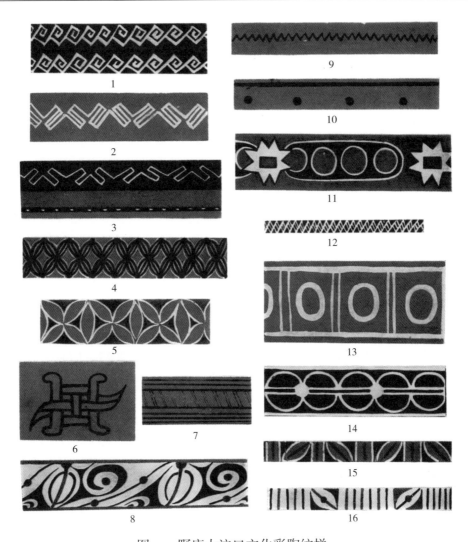

图一　野店大汶口文化彩陶纹样

1. 云雷纹（M89:6）　2. "己"形纹（M46:5）　3. "己"形纹（ⅡT447⑤:2）　4. 花瓣纹（M49:06）　5. 花瓣纹（M47:51）　6. 母字形编织纹（M49:05）　7. 平行线纹（M10:1）　8. 漩涡纹（Ⅱ区采集）　9. 锯齿纹（M49:08）　10. 卵点纹或对称圆点纹（M49:09）　11. 八角星纹（M35:2）　12. 斜栅纹（M15:35）　13～16. 方框、圆圈相间的，或叶形纹（M22:24、M48:9、M47:52、M25:2）

理 336 座大汶口文化墓葬，出土大量陶、石等各类文化遗物，特别是发现的彩陶尤为重要。这批彩陶多为泥质红陶，极少为夹砂陶。颜色大部分是白、红、黑三色彩纹，单彩较少。彩绘的装饰部位大多绘在器物的口、腹部较明显的地方，色彩鲜艳协调，线条舒展流畅。遗址中早期阶段的彩陶，器形有敛口钵、折沿盆、实足鬶、直口平底罐等。花纹图案则由涡纹、弧线三角纹、线条纹、圆点纹、叶形纹等构成。晚期阶段的彩陶，不仅器形数量多，纹饰繁缛，而且更富有地方特点。

主要器形有小口壶、背壶、钵形鼎、侈口罐等。花纹图案有三条交叉纹、圆圈纹、连贝纹、弦纹、条纹和圆点纹等。

二　器物组合与花纹图案

大汶口文化中所发现的彩陶，在器形方面，不仅数量多，而且器类复杂。主要器形有瓠形杯、单把杯、尊形杯、单把杯、钵形鼎、豆、单把豆、罐、壶、背壶、釜、器座、盆、钵、单把钵、碗、鼓、鬶、盉等。色彩主要有黑、白、红、褐、赭、黄等诸色。据研究，赭红可能就是赭石。黑色可能是一种含铁很高的红土，白色可能是一种配入熔剂的瓷土。在烧制方面，已开始利用氧化焰、还原焰来赋予陶器以各种不同的色调。这些都证明，大汶口文化时期的先民，对装饰色彩的识别和运用，已具有一定的水平，并对后代发生深远的影响。中国瓷器的独特风格在相当大的程度上是由于这种影响的结果[1]。

彩陶花纹图案主要以植物纹和几何形纹样为主，未见鱼、蛙等动物以及人物纹样。主要有花瓣纹、八角星纹、菱形纹、卷云纹、云雷纹、太阳纹、水波纹、辐射条纹、圆点纹、圆圈纹、宽带纹、折线纹、人字纹、斜线纹、平行线纹、网纹、三角纹、勾连纹、连栅纹、方格纹、连弧纹、母字编织纹、贝纹、涡漩纹、饕餮纹等。这些花纹图案，结构复杂巧妙，题材丰富多样，一般以平行线作界隔，中间绘三角纹或网纹。其中折线纹、花瓣纹、八角星纹和勾连回旋纹最具特色。特别是发现的几何形图案，最富于变化，做法最易，最易适应，又能取得较好艺术效果的一种装饰纹样。单以点与点，线与线，面与面的相互重合、交叉、多少、大小、反复，以及排列的疏密、参差、颠倒和连续等，就能做出众多的几何形图案来。再以点与线、线与面，面与点之间的相互掺和运用，或再和自然形结合构成，更能变化出无穷尽的美丽纹样。做成的图案，并具有独特的节奏和韵律之美。能单独成纹，能连成一片，对于形体的适应，比起任何植物、动物、人物构成的纹样来都要灵活和优越。不论大小高低、宽窄长短、方圆曲直、疏密繁简，都能随意适应。正因为几何形图案在构成和应用上具有许多优点，所以才有可能在初级阶段的原始陶器上得到广泛的应用[2]。

这些花纹图案，一般都有固定的器物组合。其中花瓣纹主要装饰在钵、豆、盆、鼓、器座以及个别壶或罐上面。是由花瓣、圆点和线条等组成的花朵连续图案，花瓣相互连接，组合巧妙。如大墩子遗址出土的彩陶盆（《江苏彩陶》图29），沿

---

[1]　周仁、张福康、郑永圃：《我国黄河流域新石器时代和殷周时代制陶工艺的科学总结》，《考古学报》1964年第1期。

[2]　吴山：《中国新石器时代陶器装饰艺术》，文物出版社，1982年，第17页。

面满施白衣，然后用红、黑彩绘由弧线三角、圆点斜线与分隔号相间等组成的花朵图案。腹上部先施白衣，然后用红彩勾画连弧三角，使白衣显露部分成十字花瓣与对称花瓣相间的连续图案，再在花瓣内加入褐色脉纹和花蕊。通高 15.8、口径 29.8 厘米（图二）。

勾连纹一般装饰在盆和钵等器物上面。由圆点、勾线、互连三角形线条等组成，个别为单彩，多数为红褐或红黑腹彩。如大墩子遗址的（M288：6）彩陶钵（《江苏彩陶》图 18），在腹上部先施白陶衣，然后用红、褐双彩勾画勾叶纹、弧线三角纹、圆点纹组成的勾连花卉图案。通高 12.5、口径 27.5 厘米（图三）。

八角星纹是大汶口文化彩陶中具有代表性的花纹图案，大部分绘在豆和盆上面。如大墩子遗址出土的这件八角星纹彩陶盆（M44：4），其制作工艺是，沿面先施白衣，然后用红、黑双色绘由圆点斜线与双竖线组成的连续图案。腹上部施满红衣，下缘以白弦纹为界，然后用白彩勾绘由 7 个空心八角星与双竖线组成的连续图案，再用黑彩加描八角星的外廓，以使主体纹样鲜明突出。通高 18.5、口径 33 厘米（图四）。

涡旋纹多施在鼎、壶以及单把杯的腹部，多黑地白彩，亦有红地白彩。如大汶口遗址出土的彩陶壶（M4：9），形制为侈口，长颈，扁腹，小平底。通体涂朱色陶衣，腹上部施一周黑地白色涡纹，下部施白点带纹。通高 16.7、口径 7.5 厘米（图五）。

折线纹常装饰在扁腹钵的上腹部，多在红色或褐色地上绘出首尾相接的方折线图案。如 1966 年大墩子出土的彩陶钵（《江苏彩陶》图 21），敛口，扁鼓腹，下斜收为小平底。在腹部施加彩绘。其绘彩方法是，先在腹部施一层红衣，然后在红衣上画出上、下两周黑色宽带，在黑色宽带上又加绘上下对称的白色连续回形折线纹。通高 10.4、口径 14.8 厘米（图六）。

云雷纹则施在扁腹钵的上腹部或豆的盘和柄处，常以深褐色地，再填连续的白彩方形规整图案。如大汶口遗址的彩陶豆（M1014：13），为泥质红陶，器表着深红色陶衣。上腹壁斜直，口部略小。腹部和圈足，各饰一圈黑色（熟褐色）宽彩带，上绘白色连续方形云雷纹（或称回字纹），沿面亦绘白色彩地，其上用熟褐、赭红等彩绘出半月形若干分隔号相间组成的图案。通高 21.1、口径 19.2、圈足径 14.4 厘米（图七）。

网纹是大汶口文化彩陶中常见的一种花纹图案。主要施在鼎、背壶、罐、盉、钵、杯等器物上面。如王因遗址的彩陶钵（M182：5），为泥质陶，口部似为子母形。浅鼓腹，圜底近平。通体先涂红色陶衣，口部以下又涂一周红褐色彩带，其上以白色彩绘成连贯的斜形折线，中腹也有一周宽红褐色彩带，其上用白色线条绘成斜交叉的方格状花纹。通高 13.5、口径 16.2 厘米（图八）。

图二　大墩子遗址出土彩陶盆

图三　大墩子遗址出土彩陶钵

图四　大墩子遗址出土八角星纹彩陶盆

图五　大汶口遗址出土彩陶壶

图六　大墩子遗址出土彩陶钵

图七　大汶口遗址出土彩陶豆

三角纹常与网纹相间使用，也有单独构图者，多施在壶和背壶的上腹部。如大汶口遗址的彩陶背壶（M10：57），为侈口，长颈，圆肩，深腹，腹壁一侧拍平，装环形鼻一对，另侧装一小竖鼻，平底。通体绘黑白彩花纹，颈口部涂一周黑彩，颈间绘3个等距的黑白彩同心圆，肩部为黑地白彩的简单涡纹，上下界以白色弦纹，腹部绘黑彩镶边的三角形，一大一小，相对交错，近地处为两周黑地白色圆点纹。通高17.4厘米（图九）。

连山纹这种纹饰发现较少，主要施在陶钵上面，上部以白彩绘连山纹，套饰毛边菱形纹，衬褐色底，折腹处施多道白彩直线纹。如王因遗址的彩陶盆（M2326：4），口沿及上腹涂红陶衣，口沿沿面上又以白色涂地，绘有七组花纹，每组有两个蓝色的弧线三角纹错向构成长方图案，填红色对角线及圆点反称出白色叶状或花瓣形花纹。七组花瓣纹之间又填以红、黑相间的5至7条短线。腹部的纹样是在红色底彩上绘以连贯的类似的山字形折线，并折线间填以带毛边的菱形白色线纹，形成最醒目的花纹带。在主花纹带之下又饰一周竖短白线。通高16、口径25.3厘米（图一〇）。

斜栅纹使用比较普遍，多施在高足钵形鼎、罐形鼎、三足盉、壶、盆等器皿上，一般在深褐色彩带上画白色连续斜栅纹。如大墩子遗址出土的彩陶盆（《江苏彩陶》图47），沿面先施白衣，然后用黑、红彩绘半月纹与分隔号相间的连续图案一周。器表满施红衣，又在腹部绘两道黑衬白彩连栅图案。通高19.5、口径25厘米（图一一）。

饕餮纹是大汶口文化中一种不常见的纹饰，构图较复杂，如大墩子遗址1976年出土的大口罐，为泥质红陶（《江苏彩陶》图54）。口施紫衣，腹挂白衣，饕餮纹施罐腹部，颈部紫衣中央绘黑衬白彩连栅纹，再用褐彩绘正倒相间的繁缛的几何形图案（图一二）。

母字编织纹仅在野店遗址发现1件。用深褐色彩在钵的内外侧各画3个等距相同的单体母字编织图案（图一、六）。这是大汶口文化中唯一施内彩的器物。水波纹由一条或多条横向平行弯曲的线条组成，形成水波状，多红地黑彩，一般饰在鼎的腹部。卷云纹并不多见，仅在大墩子陶鬶上发现过，这种纹饰一般饰红衣，绘黑彩，形成连续卷云纹样。太阳纹发现较少，一般表着深紫红色陶衣，然后用白彩绘一个空心圆圈，圆心露紫红色陶衣，似太阳，两侧各绘一道白彩空心。

上面介绍的这些花纹图案，在装饰部位方面，一般都有固定的位置；多数不通体饰彩，花纹图案主要装饰在器物的中上部，即施于器表的显著部位，尤其是肩部绘以丰富多彩的图案，而下腹部至底部除少数有简单的花纹外，绝大部分没有花纹图案。因为在古代人们大多席地而坐，或直立行走，这样进行装饰，正是

图八　王因遗址出土彩陶钵

图九　大汶口遗址出土彩陶背壶

图一〇　王因遗址出土彩陶盆

图一一　大墩子遗址出土彩陶盆

图一二　大墩子遗址出土大口罐

图一三　大汶口遗址出土觚形杯

他们最容易看到的部位，所以能起到最好的艺术效果。如有的彩陶盆、钵、豆等器物要在口沿上部绘制一周花纹图案，以增加装饰艺术效果和艺术感染力。据研究，新石器时代晚期的彩陶花纹几乎都描绘在器高 1/2 以上位置，而在器高 2/5 以下部位一般不画彩，这反映出史前时期人们在彩陶制作中有着强烈的功利性。因器高 2/5 以下部位比较隐蔽，为目力所不及，因此没必要在此耗费精力，作无用功[1]。

由此可见，在古代人们对图案的设计与布局是经过认真构思的。特别是对不同的器形已能做出不同的安排，注意实用和美观结合，使装饰和器形的统一，从而达到更完美的艺术效果。"在一般情况下，器形的变化要先于花纹的变化，花纹往往是随着器形的变化而相应地发生变化，因此彩陶上的花纹所构成的图案格式通常受着陶器器形的制约。"[2]

三　精美彩陶选粹

上节我们对大汶口文化彩陶图案的基本特征，进行了大致的归纳。下面再对大汶口文化一些代表性彩陶器皿进行分类介绍，以飨读者。

1.觚形杯

2 件。大汶口遗址（M2011：7），泥质红陶，大喇叭口。细高柄，作竹节状。圆形弧面平底座，底座上凹，座边切割成 6 双扁平矮足。全器施红色陶衣，柄部至底座及足部各饰黑色平行线状彩带，在各竹节形上及底座边沿分别加饰一圈圆形戳印纹。通高 27.2、口径 11、底径 7 厘米（图一三）；王因遗址 M4002：3，全器涂红衣饰黑彩。彩纹共分 3 组，每组由十字线、圆点、弧线三角形和红陶衣一起构成红色花瓣纹图案，每组花瓣还附有 2 个斜向的桂叶形花纹。通高 16.5、口径 12、柄径约 6 厘米（图一四）。

2.尊形杯

1 件。王因遗址出土（M236：2），泥质陶，口微侈，束颈，深腹微鼓，矮圈足。器身装饰多道红色横直线纹、波浪纹和三角纹。其中口沿内、外壁和颈部壁涂红彩，上腹绘四周锯齿形红彩带，下腹绘三周红色彩带，最下还有一周波折纹带。圈足上亦有一周宽锯齿纹。通高 14.4、口径 8.1 厘米（图一五）。

3.釜

1 件。大汶口遗址出土（M2007：32），泥质红陶。敛口，平唇略向内凸。球形腹，小平底。腹部两侧附对称小横耳。唇面用白色和熟褐色两彩相间绘凹边三角形组

---

[1]　谷闻：《漫谈新石器时代彩陶图案花纹带装饰部位》，《文物》1977年第1期。

[2]　张朋川：《中国彩陶图谱》，文物出版社，1990年，第142页。

成的叶形图案。腹部以深红色作彩地，绘等距 6 个熟褐色圆形，每个圆形又用白彩画 8 个方心云雷纹（回字纹），将圆形作 4 等分成为团花状图案，再以白色彩线勾连各组团花，构成一幅色彩艳丽，构思独特的画面，全器通高 30.8、口径 32.4、腹径 41.2 厘米（图一六）。

4.碗

2 件。尚庄遗址采：13[1]，直口，直腹，下腹内收，小平底。内外施红陶衣，上腹绘两组以赭色为地，内填白色网纹的交错三角形图案，每组 14 个三角形。口径 14、通高 6 厘米（图一七）；另 1 件为大墩子遗址出土（《江苏彩陶》图 50），敞口，深腹，小平底，三足残。腹上部口沿下绘一周红彩宽带纹，再在宽带中央加绘黑彩条带，上面再绘连栅纹图案。残高 9.1、口径 17.6 厘米（图一八）。

5.盉

1 件。大汶口遗址出土（M26：5），敛口，圆腹，平底，口沿下装一上翘的管状流，腹部外鼓处饰对称鸡冠耳或板纽两个。口沿向里平折，腹缓折，折腹以上绘黑彩，口沿部涂黑色宽带，中间空出竖道为段，口沿下黑色宽带间空出复道连三角纹。通高 13.4 厘米（图一九）。

6.鼎

2 件。广饶五村遗址出土的这件彩陶鼎（M55：2）[2]，为侈口，束颈，折腹，扁足，肩附双錾。颈腹肩施赭彩，绘涡旋纹。线条流畅，色彩艳丽。通高 24.2、口径 16.5 厘米（图二〇）；另 1 件为大墩子遗址出土（《江苏彩陶》图 49），腹上部施紫色陶衣，上下缘以白彩弦纹为界，又在紫衣中央加绘黑彩条纹带，再在黑带上绘白色连栅图案。残高 25.7、口径 25.5 厘米（图二一）。

7.豆

1 件。大汶口遗址出土（M2005：49），通体施深红色陶衣，豆盘沿面绘白色彩地，其上用熟褐、赭红等彩绘出半月形若干分隔号相间组成的图案。腹部用白彩在深红色陶衣上绘五个方心八角星状纹样，在星星之间均由两列分隔号分格。圈足在熟褐色彩带上绘一圈白彩连续折线图案。通高 26.4、口径 24.4、圈足径 15 厘米（图二二）。

8.器座

4 件。大汶口遗址的这件器座（M2007：34），用熟褐色、红色两彩绘凹线三角纹，卵点并用白彩勾边，构成四瓣花式图案，每两朵花之间各加红色弧线组成花蕊状图案。高 12、上径 15.2、下径 19.6 厘米（图二三）；大汶口遗址另 1 件器座（M2011：5），

[1]　山东省文物考古研究所：《茌平尚庄新石器时代遗址》，《考古学报》1985 年第 4 期。

[2]　山东省文物考古研究所、广饶县博物馆：《广饶县五村遗址发掘报告》，《海岱考古（第一辑）》，山东大学出版社，1989 年。

图一四　王因遗址出土瓠形杯

图一五　王因遗址出土尊形杯

图一六　大汶口遗址出土釜

图一七　尚庄遗址出土碗

图一八　大墩子遗址出土碗

图一九　大汶口遗址出土盉

图二〇　广饶五村遗址出土鼎

图二一　大墩子遗址出土鼎

图二二　大汶口遗址出土豆

图二三　大汶口遗址出土器座

图二四　大汶口遗址出土器座

图二五　大墩子遗址出土器座

通体施深红色陶衣。通体绘上、中、下三条等距的熟褐色彩带，带边用白色衬边，在上、下两彩带上各绘双线的白色曲尺纹样，中彩带上绘一圈连续折线形图案。通高18、上径9.6、下径13.2厘米（图二四）；另外2件为大墩子遗址出土，1件（《江苏彩陶》图51），整体呈喇叭状，器表施满红陶衣，以上、中、下三道白彩弦纹将器表分为三区，中区绘黑衬白彩对称花瓣纹，上下区绘连栅纹。通高19、口径18.4厘米（图二五）；另外这件（《江苏彩陶》图52），整体细高，亦呈喇叭状，器形与彩绘均同前器。唯中区对称花瓣纹间增施镂空饰。通高24.1、口径19厘米（图二六）。

9.鼓

3件。大汶口遗址（M1018：24），尘唇，敛口。束腰式长筒腹。下腹内折呈大平底。上腹部近口附加一圈鸟喙形凸泥饰。腹和底部各穿有小圆孔，腹部的作两两对称分布，底正中有1小孔。腹部用白色、深红色和熟褐色等三种彩色，分两层分别绘弧线三角纹和卵点，组成四瓣花图案。底腹之间又饰一圈锯齿状刻纹。通高41、口径30厘米（图二七）；野店遗址M22：18，为敛口、平唇略向内凸、直筒腹下作大圜底，腹侧有一圆环状把手，口沿外设乳丁状凸纽一周，至少16个。腹壁和底至少有3个小圆镂空，在把手上下的腹部，绘有深褐色和白色相间的平行带纹。通高19、口径18厘米（图二八）；大墩子遗址（M287：1），大口内敛、深腹、斜壁、圜底、腹部4个小圆孔、口沿外侧有突状纽，下腹部3个环形足。器表施满红陶衣，腹中部由上而下依次绘黑衬白彩的连栅纹、连贝纹、连栅纹带各一道。通高33.4、口径24.6厘米（图二九）。

10.罐

1件。大墩子遗址出土（M96：5）（《江苏彩陶》图46），泥质红陶。敛口，圆鼓腹，小平底。器表施满红陶衣，腹上部绘三道黑地白彩图案。上为方形放射线与平行分隔号相间，中间为斜线网格纹，下部为连栅纹。通高21.8、口径14厘米（图三〇）。

11.盆

3件。均为大墩子遗址出土。标本（《江苏彩陶》图28），沿面先施白衣，然后用红、褐彩绘新月纹和分隔号构成的连续图案。通高15.6、口径26厘米（图三一）；标本（《江苏彩陶》图48），泥质红陶。器表满施红衣，自沿面至腹由上而下绘黑衬白彩连栅纹、连贝纹、连栅纹图案。通高20.5、口径28厘米（图三二）；（《江苏彩陶》图32），沿面先施白衣，然后用红彩绘由圆点和分隔号相间组成的连续图案。腹上部施满红衣，又在红衣中部加绘黑宽带纹，再在宽带上绘白彩勾连回纹图案。通高15.7、口径26.1厘米（图三三）。

12.壶

2件。大汶口遗址出土的这件彩陶壶（M1014：30）为槫口、斜颈，圆腹，小平底。腹部着橘黄色陶衣，绘白、深红和黑（熟褐色）等三色组成连续弧边三角形、卵点等纹样，构成五瓣花样的彩色图案，色泽艳丽，器表光泽。通高 16.5、口径 3.5、底径 3.5 厘米（图三四）；另 1 件为大墩子遗址出土（《江苏彩陶》图 37），器表施满红衣。腹中部以白彩弦纹为界，用黑彩勾画连弧三角，使红衣显露成丫形花瓣与十字花瓣，上下错落，左右相间，大方美观；又用白彩勾勒花瓣轮廓，再用紫红彩在花瓣内点绘花蕊。通高 19.5、口径 7.5 厘米（图三五）。

13.背壶

2 件。均为大墩子遗址出土（《江苏彩陶》图 65），腹后肩部有一对环形耳，腹前面下部有环形鋬，器表满施红陶衣，另用紫红彩在肩部绘复线连弧纹，腹上部绘斜线网格纹，下部绘复线连弧垂挂纹。通高 25、口径 8.6 厘米（图三六）；另外 1 件背壶（《江苏彩陶》图 64），器表满施红陶衣，腹上部绘二道黑衬白彩连栅纹带，上下缘以白彩弦纹为界。通高 42.4、口径 14.6 厘米（图三七）。

14.钵

6 件。数量最多。王因遗址 M2376：13，泥质陶，通体涂红陶衣。口沿外有一周凹陷，可承盖。圆肩，深腹斜收，小平底。全器周身花纹分为三组。腹部 1/3 以上又涂白彩为地，再以蓝、褐色的弧线和三角勾连纹反衬出白色纹样，更配以红色圆点纹，形成繁缛的图案。通高 14.3、口径 15.7 厘米（图三八）；王因遗址 M176：7，通体涂红陶衣。口沿外有一周凹陷，可承盖。圆肩，下腹斜直急收为小平底。上腹部又涂白彩为地，以红彩绘三角弧线，反衬出白色的 5 个花瓣形图案，每一花瓣中又以点、线绘成花心，构成二方连续图案。通高 12.2、口径 17.8 厘米（图三九）；王因遗址 M2401：5，泥质陶，口沿外有浅凹槽，可承盖。腹部浑圆，小平底。上腹部涂红色陶衣，并绘两周红褐色彩带，其上有十六组白彩绘成的类似人字形纹，其中又填以白色平行斜线。通高 13.8、口径 15.5 厘米（图四〇）；大汶口遗址 M2011：4，泥质红陶，敛口，圆唇凸起，宽圆肩。腹壁斜直内收，小平底。肩部施白彩作地，绘深红色和黑色等彩的弧线三角形、直线及卵点等纹样，组成球形（或呈圆灯笼样）的图案。色泽艳丽，图案醒目。通高 12、口径 16、肩宽 23.6、底径 5.6 厘米（图四一）；大墩子遗址 M33：8，敛口，腹上部鼓出，下部急收为小平底。先在腹上部施一层白衣，然后再绘以红、黑二彩。以弧线三角纹、涡纹、线条纹、圆点纹等构成规整美丽的图案。通高 11.3、口径 16.8 厘米（图四二）；大墩子遗址 M252：6（《江苏彩陶》图 20），腹上部先施白陶衣，然后用浅褐彩勾画连弧三角，使显露部分形成对称花瓣组成的连续图案，最后在花瓣内加绘深褐色筋脉和花蕊。通高 10.7、口径 17.4 厘米（图四三）。

图二六　大墩子遗址出土器座

图二七　大汶口遗址出土鼓

图二八　野店遗址出土鼓

图二九　大墩子遗址出土鼓

图三〇　大墩子遗址出土罐

图三一　大墩子遗址出土盆

图三二　大墩子遗址出土盆

图三三　大墩子遗址出土盆

图三四　大汶口遗址出土壶

图三五　大墩子遗址出土壶

图三六　大墩子遗址出土背壶

图三七　大墩子遗址出土背壶

图三八　王因遗址出土钵

图三九　王因遗址出土钵

图四〇　王因遗址出土钵

图四一　大汶口遗址出土钵

图四二　大墩子遗址出土钵

图四三　大墩子遗址出土钵

四　彩陶器皿的制作工艺

关于大汶口文化彩陶的制作工艺，根据对仰韶文化彩陶制作工艺的研究，得出了两大类五种方法的结论。两大类是手制和轮制技术，五种方法则是手捏成型法、泥条盘筑法、内模成型法、外模成型法和拉坯成型法[1]。在原料选用方面，多选择泥质陶，夹砂陶较少，因为泥质陶质地细腻纯净，杂质较少，而且一般选择经过黄河及其支流河水自然淘洗沉淀的黄黏土和红土，因而结构紧密，坚固耐用。中国科学院上海矽酸盐化学与工业研究所周仁先生等认为，新石器时代黄河流域一带的土（红土和沉积土）在化学组成上和古代陶片比较接近，最适合于制作陶器的原料就是这类黏土，它们的可塑性和操作性都比较好，烧成温度也比较合适；而普通黄土和农耕土则很少用于制陶。可见当时大汶口文化的先民们在烧制彩陶所使用的原料与普通黄土是不同的[2]。关于彩陶的烧成温度，根据重烧对比试验观察，在烧至900℃时，陶质的硬度和色料的颜色等，均无显著变化。因此，当时的烧成温度可能在900℃～1000℃。

在陶坯制作过程中，器表还要进行磨光处理，使之光滑细腻。为了陶器上绘彩方便，以及掩盖陶器表面粗糙裂纹等缺陷，陶工们还要在陶器表面着一层红或白色泥浆作为衬地（俗称陶衣），陶衣的运用；其目的是使器表色泽更加均匀，一方面利于绘彩，另一方面也能提高陶器表面的织密度。上述工序完成后，才开始绘制花纹图案。首先把颜料石研磨成粉末，然后用天然胶状物调成浆糊状，涂在陶器表面，最后再绘制各种绚丽多彩的花纹图案。也有的彩陶在绘彩后，再用细软的物质反复打磨器表，使绘彩部位细密发亮，富有光泽，达到抛光的效果。总之，陶衣的使用，不仅使器物表面更易于着色，而且还增强了器物表面的光洁度，起着对比和映衬作用，达到了良好的艺术效果，为我国后世瓷器上釉工艺的运用开创了先河。

这一时期陶器上所采用的绘彩方法，主要分为两种：其一是入窑前先用类似毛笔一类的工具在陶坯上进行绘彩，再入窑烧造；这样生产的彩陶坚固耐用，可以使色彩与胎面融合一体，因而色彩不容易脱掉，就是融水颜色也不会脱落。二是将陶器烧好后再着色上彩；由于颜色没有经过焙烧，因而与坯体黏接不牢，颜色容易脱落，用这种方法生产的彩陶叫彩绘陶器。刘林、大墩子遗址出土的彩陶器皿大多是彩绘陶器，因此花纹图案很容易脱落。

---

[1]　李湘生：《试析仰韶文化彩陶的泥料、制作工艺、轮绘技术和艺术》，《中原文物》1984年第1期。

[2]　周仁、张福康、郑永圃：《我国黄河流域新石器时代和殷周时代制陶工艺的科学总结》，《考古学报》1964年第1期。

　　绘制彩陶所用的颜料，是一种含有大量的石英（SiO_2）、较多的赤铁矿（FeO_2）、较少的磁铁矿（Fe_3O_4）的天然赭石。这种赭石，目前在田野考古发掘中经常发现。邳县大墩子遗址墓 102 内曾发现 5 块绘制彩陶的颜料石，形状呈不规则状，质地坚硬且份量重，表面圆浑光洁，而且都有研磨的痕迹，如果用水沾湿石块，在粗石上面进行研磨，磨下来的粉末，就立即显出深浅不同的赭红色，其色泽与彩陶上的红色完全一致。可见这种赭石，就是当时大汶口文化先民们从事彩陶生产所用的染料。此类赭石在泰安大汶口遗址 M9 中还发现两块。1 块方形，1 块三角形，都不甚规整，各面都有磨耗痕迹。

　　朱色，无疑是一种颜料。对于彩陶上的颜料成分，南京博物院曾请中国科学院上海硅酸盐化学与工业研究所测定，结果如下：白彩的主要成分为氧化锶，占 68.58%、氧化铝占 19.19%、少量氧化钛占 1.64%、氧化钙占 1.55%；红彩的主要成分为氧化铁，占 18.3%，微量氧化锰占 0.12%；紫彩的主要成分为氧化铁，占 20.9%，微量氧化锰占 0.22%，氧化钙占 0.09%；黑褐彩主要成分也为氧化铁，占 12.89%，少量氧化锰占 5.5%，微量氧化钙占 0.07%[1]。

　　这种天然赭石由于自然界中大量存在，又易于采集，所以一直被人们长期使用。对于这种颜料，古代文献中也有记载。《诗经·邶风》："赭如屋赭。"《说文》"赭，赤土也。"《尚书·禹贡》中也有"黑土、白土、赤土、青土、黄土"的记载。这里说的"赤土"指的也是天然赭石。总之，红色染料——赭石的出土，为我们研究古代原始社会的手工业和着色颜料的种类，提供了重要的实物资料。

　　另外，从大汶口文化时期彩陶器物上流利的线条观察，其笔法圆润，线条流畅，图案规整，证明当时人们已用类似毛笔的工具彩绘各种图案了。从众多的彩陶纹饰笔痕分析，有的器物。上面的宽带纹宽 2～3 厘米，而有的器物上面的细线条仅有几毫米，近似模印，证明不是一种笔所能绘制。如在有的花纹中发现画工走笔时每一画入笔与画出笔的笔触层次，因出笔处往往拖出一至数股由粗渐细的笔锋，由此推断当时的绘画工具可能非常类似现代的毛笔。正如 20 世纪 30 年代，李济先生指出，彩陶的"彩用笔是无疑问的。色的浓淡，与笔枝的叉丫都极清楚；有几笔的笔势来得很壮，可见绘彩的人的功夫已到了很高的境界。"[2] 这种现象说明，大汶口文化时期的彩陶，在绘彩方面，不可能是用同一种画笔所能绘制出来的，可能分为大、中、小、扁圆等多种型号。据分析，用这种"笔"绘制一件彩陶，如仅绘单色，尽管线条有粗细之别，用 1 支足矣。若绘复色，至少需用两支笔。

――――――――――
　　[1]　南京博物院：《江苏邳县四户镇大墩子遗址第二次发掘》，《考古学集刊·1》，中国社会科学出版社，1981年。
　　[2]　李济：《西阴村史前的遗存》，清华学校研究院印行，1927年，第18页。

分析花纹中锋笔的数目，1 根较粗的线条，有时一挥而就，有时则多达 4 笔。据此，有研究者认为当时绘彩的笔应为比较成熟的毛笔[1]。还有的学者对当时的笔做了推测，认为"彩陶上绘有纤细流畅的线条，表明当时的毛笔已有较好所谓凝聚性，而且笔锋较细。由于矿物质颜料较浓，用软毫笔不容易运开颜料，因此当时绘彩陶的毛笔可能用长锋的鹿、狼之类的硬毫制成。"[2]

由于这类画笔不容易保存，所以，画笔目前还没有发现。但大墩子遗址两次考古发掘中出土的 15 件骨帽，为我们了解当时是否使用画笔提供了重要线索。这些骨帽，均呈圆锥形，后段挖出空腔，而且磨裂光滑，近似现在的毛笔套。另外，在刘林第二次考古发掘中，还发现一件陶质多窝小盘，为夹砂红陶，略残，呈椭圆饼形，表面捺出许多小窝，颇似现在的调色盒。此类绘画工具，在西安半坡遗址也有发现，例如在 3 块石头上同时发现有研磨的小圆窝，其中 2 个圆窝内还留有赭红色颜料痕迹。由此来看，大汶口文化时期彩陶的生产，从陶土的选用、颜料的配制以及各种彩绘工具的使用等，都已经具备了。彩陶的制作已经从其他手工业部门中分离出来，成为一个专业性生产部门。从绘画角度观察，当时在制陶业内部已出现了"专职画师"，他们与制作陶坯的工匠显然有着不同的分工，各司其职，"专职画师"负责在制好的陶坯表面绘画花纹[3]。

五　彩陶花纹图案的演变规律

根据大汶口文化彩陶花纹的发展变化，我们将其划分为早、中、晚三个发展时期；早期又分为前、后两个阶段。

大汶口文化早期阶段的前半段，社会生产力发展水平较低，陶器均为手制，器形不甚规整，器类较少，仅有觚形杯、钵形、釜形的鼎、小口罐等。陶色以红陶为主，灰黑陶较少。彩陶颜色主要为黑色单彩，未见复彩。花纹图案简单，而且数量少，仅发现有三角纹、横直线纹和波浪纹等。这类彩陶只在王因、大汶口、紫荆山、岗上等少数遗址中发现，多在器物上面施单彩，或施红彩，或施黑彩，未见多种色彩同绘 1 件器物之上的现象。器类也比较单调，仅有尊形杯和觚形杯等，构图单调古朴，花纹简洁、草率。觚形杯仅在红衣地上画黑色平行线纹和斜线纹等。如大汶口遗址的觚形杯（M2012：6），通体施深红色陶衣，全器略矮，敞口、斜壁。折腹呈杯状口，下接粗直柄，圆形斜面平底座，座下刻有 3 双凿状小足。柄部绘

---

[1]　田村：《关于彩陶绘笔的思考》，《中国文物报》1991年1月13日第三版。
[2]　李水城：《半山与马厂彩陶研究》，北京大学出版社，1990年。
[3]　张朋川：《中国彩陶图谱》，文物出版社，1990年，第140页。

有两组由平行线组成的黑色彩带（图四四）。说明在大汶口文化早期阶段彩陶应用不广泛，生产制作技术尚处在比较原始阶段。

到大汶口文化早期阶段的后半段，社会生产力文化得到一定提高，制陶技术有了很大的进步，彩陶制作技术和生产水平进入繁荣发展阶段。饰彩的器类增多，花纹图案较前段复杂多样，开始在1件器物之上使用多种色彩构图，一般以红、褐、白等为底色，来绘制不同层次，不同形式的图案。施彩的器物主要有钵、盆、罐、豆等，其中施花瓣纹、八角星纹的彩陶钵、彩陶盆和彩陶豆最具特色。如大汶口遗址的八角星纹的豆（M1013：1），器表着深红色陶衣。豆盘沿面亦绘白色彩地，其上用熟褐、赭红等彩绘出半月形若干分隔号相间组成的图案。腹部用白彩在深红色陶衣上绘5个方心八角星状纹样，在星星之间均由两列分隔号分格。圈足上饰两圈熟褐色彩带，上饰白色贝形纹样（图四五）；又如野店遗址的八角星彩陶盆（M35：2），为泥质红陶。口微敛，宽斜折沿，腹部扁圆，最大径在中部，下收为小平底。腹部绘满彩色图案，在上、下部的深褐宽带上绘白色斜栅纹，其间有4个等距的白彩勾深褐彩勾边的白彩方心八角星纹，每两个八角星之间又以白彩椭圆圈相接，其内又置4个白彩圆圈，其笔画粗细均匀，花纹整洁秀丽，色彩夺目鲜艳，画面层次分明，构成一幅工整繁缛的美丽画卷（图四六）；再如大墩子遗址出土的彩陶钵（《江苏彩陶》图24），肩腹部施白衣，绘红、褐彩描绘弧边三角、圆点、线条构成的花朵纹（图四七）。

由此说明，这一阶段，彩陶图案较前期数量增多，还新发现了花瓣纹、涡漩纹、八角星纹、圆点纹、勾连纹、折线纹、连山纹、菱形纹等。这些花纹图案，彩绘技法娴熟，线条流畅，色彩艳丽，花纹秀美，构图新颖、别致，结构严谨、匀称，配色协调美观，既坚固又大方，达到了大汶口文化时期彩陶制作的最高峰。

大汶口文化中期阶段，彩陶继续发展，彩陶数量较前段明显增加，色彩增加，一般采用多色构图，常见红、褐、白、黑诸色。器类不仅数量多，而且器形复杂。花纹图案的多样化，是这一时期彩陶的突出特点。器物组合主要有盆、钵、鼎、壶、豆、背壶、盉、鬶、罐、鼓、杯等。花纹图案有花瓣纹、圆圈纹、线条纹、⌒纹、勾连纹、网纹、三角纹、宽带纹、水波纹、连弧纹、斜栅纹、辐射条纹等。其中网纹、三角纹等几何形图案是这一时期的主题花纹。这些花纹有的仅在器物上面绘一种图案，如大汶口遗址的Ⅰ式彩陶鼎（M56：6），腹部仅绘有黑色辐射条纹（《大汶口》图四二，1）；Ⅱ式彩陶鼎（M65：4），腹部则只绘黑色水波纹（《大汶口》图四二，3）。而有些器形则是两种甚至多种花纹图案结合使用，又如大汶口遗址的彩陶背壶（M19：19），肩腹部绘两层上下交错的黑色连三角网纹，其下层再绘菱形网纹（《大汶口》图四五，3）；再如大汶口遗址的Ⅰ式彩陶壶（M26：36），肩部绘黑色图案，上下各两周黑弦纹框，中间是复道相对交错的连三角纹，中腹部绘一周连弧纹，而下腹部则不再绘制图案（《大汶口》图四三，1）。

大汶口文化晚期阶段，彩陶进入了衰落期。这一时期的彩陶数量较中期明显减少。随着黑陶和灰陶的大量出现，人们一般不再用色彩来装饰陶器，而是采用素面或磨光技术进行装饰。因此，彩陶数量明显减少，器类也很单纯，一些花纹图案，色彩单调，仅有红赭色，而且画面潦草，构图简化，有的图案仅寥寥几笔，有的则只画几个大圆点。发现的花纹图案主要有菱形纹、三角纹、网纹、宽带纹、圆点和花瓣纹等。这些花纹图案大部分施于罐和壶类上面，图案简单，笔画草率。如大汶口遗址的Ⅳ式彩陶背壶（M47:23），花纹图案不仅简略，而且线条潦草，仅在肩部绘三角形内填平行线纹（《大汶口》图五九，7）。还有一些器物只在器口、肩部或腹部简单描绘一两条彩带，如大汶口遗址的Ⅳ式圆腹罐（M47:付4），腹部外鼓处，仅施两周朱彩带纹和一周黄彩带纹（《大汶口》图六〇，5）；有的则点缀几个大圆点（M98:7）。如大墩子遗址出土的壶（《江苏彩陶》图53），花纹非常简单，器表施满红衣，腹上部加绘紫宽带，上下以白彩弦纹为界，中央加绘黑衬白彩斜线网格纹带一周（图四八）。又如大墩子遗址的Ⅱ式彩陶罐（M103:3），器表施红衣，只绘有黑色平行线条纹及斜线纹，这件彩陶罐是大汶口文化晚期阶段，彩陶趋向衰落的代表性作品（图四九）。这一阶段，花瓣纹在大墩子遗址的Ⅳ式陶壶上（M158:3），虽然继续存在，但花纹图案已经退化到只剩一组花纹的形式（图五〇）。上述标本充分反映出大汶口文化的晚期阶段彩陶已经开始衰落。

这种现象的出现，绝不是因为这一时期社会生产力发展水平的下降造成的，而是由于人们的逻辑思维，审美意识等发生了一些变化，人们不再把精力用于绘制彩陶上面，而是注重器物的造型，陶色的变化。随着黑灰陶的大量出现，人们多采用素面磨光进行装饰陶器表面，以此代替彩陶。这是大汶口文化晚期阶段彩陶衰落的主要原因所在。也基本反映了我国彩陶艺术产生、发展、兴旺到消失的一些普遍规律。

六　与周围地区彩陶的关系

一个文化的产生发展与消亡，绝非偶然的，也不是孤立发展的，它受许多文化因素所制约。就大汶口文化彩陶来说，也是如此。在长期的历史发展过程中，同样受到周围地区其他原始文化的影响。

1.与河南仰韶文化彩陶的关系

大汶口文化的彩陶，与河南仰韶文化的彩陶关系非常密切，在发展过程中受

图四四　大汶口遗址出土瓢形杯

图四五　大汶口遗址出土八角星纹豆

图四六　野店遗址出土八角星彩陶盆

图四七　大墩子遗址出土彩陶钵

图四八　大墩子遗址出
　　　土彩陶壶

图四九　大墩子遗址出土Ⅱ
　　　式彩陶罐

图五〇　大墩子遗址出
　　　土Ⅳ式陶壶

到河南仰韶文化的强烈影响。王因、大汶口、野店、刘林、大墩子等遗址所发现的彩陶，均具有河南仰韶文化的一些风格，如花瓣纹的彩陶盆（钵）或彩陶片，与大汶口文化的彩陶有较大的区别，而与河南地区的仰韶文化庙底沟类型的彩陶颇为相似。再者，如大汶口文化中发现的勾连纹、弧形三角纹等，也具有河南庙底沟类型的一些因素，大汶口、大墩子等遗址出土的彩陶盆、彩陶钵等，无论在器物造型、还是花纹图案上，也与河南庙底沟类型的一些常见器物有许多相似之处。这种现象显然是受到了河南境内仰韶文化彩陶的影响所形成的。与此相反，在河南地区也同样发现了许多大汶口文化的遗物，如郑州大河村遗址[1]墓葬中发现的2件彩陶背壶，无论是器物造型面，还是彩陶风格上，都与山东地区大汶口文化中期阶段的彩陶十分近似。由此说明，大汶口文化与仰韶文化彩陶之间存在着非常密切的联系。它们相互影响，互相促进，共同创造了彩陶艺术的繁荣与发展。

2.与辽宁地区原始文化彩陶的关系

大汶口文化的彩陶，不仅与中原地区的仰韶文化产生文化之间的交往，与辽东半岛原始文化彩陶也产生了一定的联系。这种联系在辽东半岛的长海县小珠山遗址[2]就有一定的反映。如小珠山遗址中层出土的彩陶上面，其弧形三角涡纹、三角平行斜线纹、几何形平行斜线纹等，其艺术风格与胶东半岛蓬莱紫荆山遗址下层[3]出土的直线、弧线和弧线三角等构成母题花纹图案十分相似；而大连郭家村遗址下文化层[4]出土的网格纹、斜线、直线组成的三角纹和双勾涡纹、几何斜线红地黑彩纹饰，也与蓬莱紫荆山遗址上、下层发现的三角形加平行斜线、弧线三角圆圈加圆点的花纹图案，存在许多相似之处。由此推断，位于辽东半岛的大连地区同样受到了山东地区大汶口文化彩陶的一定影响；也可以说，大连地区的彩陶是在大汶口文化彩陶向北传播过程中形成和发展起来的。这种现象，在辽宁西部地区也有一些反映，例如在敖汉旗地区，属于小河沿文化的南台地遗址中[5]，发现的彩陶器座上的八角星纹（F4：3）和大墩子遗址（M44：4）、大汶口、野店等遗址中出土的彩陶盆、彩陶豆上的八角星纹图案，无论在构图方法上还是装饰艺术方面都非常相似。据此反映出，辽宁地区的小河沿文化和山东地区的大汶口文化之间，也存在着相互影响的密切关系。这种联系甚至出现在远到黑龙江省东宁县团结遗址中，该遗址出土过两件彩陶瓮，黑彩由宽带和直线组成的垂直的几何形图案，

[1]　郑州市文物考古研究所：《郑州大河村》，科学出版社，2001年。

[2]　辽宁省博物馆、旅顺博物馆、长海县博物馆：《长海县广鹿岛大长山岛贝丘遗址》，《考古学报》1981年第1期。

[3]　山东省博物馆：《山东蓬莱紫荆山遗址试掘简报》，《考古》1973年第1期。

[4]　辽宁省博物馆、旅顺博物馆：《大连市郭家村新石器时代遗址》，《考古学报》1984年第3期。

[5]　辽宁省博物馆、昭乌达盟文物工作站、敖汉旗文化馆：《辽宁敖汉旗小河沿三种原始文化的发现》，《文物》1977年第12期。

非常类似大汶口文化的彩陶风格，它是受大汶口文化及其衍生出来的古代文化的影响而产生的 [1]。

3.与江苏青莲岗文化彩陶的关系

山东地区的大汶口文化与江苏境内的青莲岗文化，文化面貌虽然也存在着一定的联系，但这种现象似乎表现得并不十分明显。如青莲岗文化的彩陶图案，其装饰部位多在器物的口沿内壁，而且皆为单彩，外壁仅装饰一周彩带。这种装饰内彩的表示方法，仅在邹县野店遗址发现过 1 件，山东地区其他大汶口文化中目前还尚未见到。至于青莲岗文化的斜十字纹、八卦纹以及双弧线与斜方格混合纹等纹样，在大汶口文化彩陶中也是不多见的。由此看来，大汶口文化与青莲岗文化的彩陶，相同或相似的花纹图案较少，而两者之间的区别则比较大。这种文化现象，需要我们进一步开展工作，以了解它们之间的相互关系，便于今后进行深入的研究。

七　结语

中国彩陶的发展历史源远流长，是古代人类文明聪明和智慧的结晶。大量考古资料表明，大汶口文化时期的彩陶，不仅地方特征非常明显，而且有其独特的艺术风格与发展道路，既有规律又富于一定的变化。器表装饰大多施红色陶衣，少数为白衣。早期色泽主要是黑陶；中期常见红、赭和白色并用；晚期黑白兼施。早期纹饰运线较粗率，布局不甚严格协调。中晚期线条匀称，制作工艺趋向细腻。花纹图案以几何形纹样为主，习见以平行线作界隔，中间绘折线、波线、网纹、圆圈、菱形、花瓣和勾连回旋纹等。彩陶数量由少到多，再由多到少，直至消失；花纹图案由简单到繁缛，再由繁缛到简单；色彩搭配由单彩到复彩，再由复彩到单彩；在这一发展变化的整个过程中，发现许多优秀的彩陶艺术作品，其中有的是极其珍贵的艺术瑰宝，一度成为人类优秀的历史文化遗产。同时，它们与周围其他地区的原始文化密切交流，彼此促进，互相影响，共同创造出光辉灿烂的彩陶艺术。这些辉煌的艺术成就，展现了我国原始绘画艺术丰硕成果，为中华民族的形成和发展作出了重要的贡献。

原载《历史文物》2012 年第 22 卷第 3、4 期

---

[1]　许玉林：《概述大连地区彩绘陶》，《史前研究》1987年第2期。

试论大汶口文化时期的商品交换

商品交换的起源问题，是一个重大的理论问题。但是，目前史学界关于这一问题的研究成果尚不算多，原因是多方面的，材料不足即是其中的一个重要原因。大汶口文化为我们研究这一问题提供了较为丰富的考古资料，笔者试图据此提出几点不成熟的看法，以期引起诸位专家学者的兴趣，从而推进对于这一问题的研究。

一

商品交换是一个历史范畴，不是从来就有的，它是生产力发展到一定阶段的产物，是与社会分工和生产资料的私有制紧密相联系的。正如马克思所指出的："（1）如果没有分工，不论这种分工是自然发生的或者本身已经是历史的成果，也就没有交换；（2）私人交换以私人生产为前提；（3）交换的深度、广度和方式都是由生产的发展和结构决定的。"[1] 恩格斯在《反杜林论》中也曾作过这样的论述："什么是商品？这是一个或多或少互相分离的私人生产者的社会中所生产的产品，就是说，首先是私人产品。"[2] 马克思和恩格斯的论述十分明确，作为商品生产的历史前提，必须具备两个条件，其一是社会分工的出现。其二是私有制的发生。这对于我们正确理解大汶口文化的考古资料具有指导意义。

大汶口文化是新中国成立以来，我国重大考古发现之一。主要分布在山东，苏北地区、并发展到皖北、豫东和辽东半岛一带。前后跨越了两千年的时间，经历了一系列发展阶段，考古学界通常分为早、中、晚三期，马克思指出："劳动资料不仅是人类劳动力发展的测量器，而且是劳动借以进行的社会关系指示器。"[3] 大汶口文化早期，由于社会生产力较低，生产工具不仅种类少而且制作粗糙，浑厚而笨拙，一般只有石斧、石铲、石磨棒之类。如山东兖州王因遗址[4] 下文化层（早期）

---

[1]　《马克思恩格斯全集》，人民出版社，1972年，第2卷第101、102页。

[2]　恩格斯：《反杜林论》，人民出版社，1971年，第304页。

[3]　马克思：《资本论》，人民出版社，1975年，第1卷第204页。

[4]　中国社会科学院考古研究所山东工作队、济宁地区文化局：《山东兖州王因新石器时代遗址发掘简报》，《考古》1979年第1期。

出土的生产工具，只发现磨制粗糙且保留打制痕迹的石铲等。陶器全系手制，不仅质地厚重，而且火候很低，极容易破碎。下层墓葬多数没有随葬品，有随葬品的墓葬通常只二三件。从灰坑中堆积的大量野生动物骨骼，螺蛳和鱼骨来看，当时社会生产力的发展水平还很低，原始农业和家畜饲养都处在早期阶段。由于农产品的收获量有限，所以，人们还要依赖渔猎和采集为生活的补充。在这里，人们集体劳动，共同采集，平均分配。既无贫富差别和阶级对立，也无压迫和奴役，人与人之间的关系是互相合作关系。所以，这一时期还没有发现产生私有制的足够证据，更看不到商品和商品交换的痕迹。

　　但是，到了大汶口文化的中、晚期，情况就发生了显著变化。这个时期，社会生产力有了很大的发展。

　　首先，在生产工具方面，有了较大改进和创新，这表现在，对不同用途的石质工具已能进行严格的选材，开始选用质地坚硬的蛋白石、辉长岩、矽纹岩等，有的硬度高达 11 度左右。在制作过程中，抛光新技术的应用和管钻法的发明，大大提高了制作的速度和质量，生产出的工具，不仅种类增多，而且制作精致，通体磨光，器型规整，刃口锋利，可见制作技术达到了相当高的水平。另外，复合工具也开始普遍应用，尤其是工具设柄，既减轻了劳动强度，又提高了工作效率。

　　生产工具的不断进步，对农业生产起了巨大的促进作用。山东胶县三里河遗址发现一个大汶口文化时期的大型窖穴，深 1.4 米，口部呈椭圆形，东西长 1.88、南北宽 1.7、直径 1.5 米，在窖穴内出土了一立方米多的腐朽粮食堆积，[1] 它说明当时农业的收获量是十分可观的。各地遗址中出土的大量陶质酒器，如盉、鬶、高柄杯等从一个侧面也反映了这一时期农业生产的状况。因为只有收获的粮食，除食用外，还有剩余的情况下，才有可能发展酿酒。临沂大范庄遗址墓葬中共出土陶器 725 件，酒器就有 644 件，占 88.8%[2]，可见当时饮酒之风是很盛行的。另外。在 1979 年莒县陵阳河遗址的考古发掘中，从墓 17 出土了两件大型陶质酿酒工具 [3]，为夹砂红陶，直壁、深腹、平底，底部中间一圆形孔。其中一件口径 55、深 38、孔径为 20 厘米。酿酒工具的发现，不仅为研究大汶口文化时期的酿酒工艺提供了重要的实物资料，而且为我们正确估计这一时期农业发展水平提供了重要依据。

　　由于农业的发展，以养猪为主的家畜饲养业也发展起来。遗址中所发现的大量动物骨骼中，除猪骨外还有牛、狗、羊、鸡等。在江苏县刘林遗址第二次发掘

　　[1]　昌潍地区艺术馆、中国科学院考古研究所山东队：《山东胶县三里河遗址发掘简报》，《考古》1977 年第 4 期。

　　[2]　临沂文物组：《山东临沂大范庄新石器时代墓葬的发掘》，《考古》1975 年第 1 期。

　　[3]　山东省考古所、山东省博物馆、莒县文管所：《山东莒县陵阳河大汶口文化墓葬发掘简报》，《史前研究》1987 年第 3 期。

中出土了大量的动物骨骼。其中猪牙床 171 件，牛牙床及牛牙 30 件，羊牙床 8 件，狗牙床 12 件 [1]。这些猪、羊、牛、狗等都应是当时饲养的家畜。但以猪骨数量最多。这是因为，在家畜中，猪不仅繁殖快，成熟早，而且耐粗食。猪的饲养为人们提供了可靠的肉食来源，对改善人们的生活，促进农业生产的发展等，都具有积极的作用。所以，猪在大汶口文化中受到了人们的普遍重视。胶县三里河遗址曾出土一件栩栩如生的猪形鬶 [2]，体态浑圆，制作精致，造型逼真生动，这是家猪饲养在造型艺术中的具体反映。

随着农业、畜牧业的发展，各种手工业也发展起来。从发表的考古材料看，当时已有专门人员从事各种手工业品的生产，从而逐渐使手工业生产从农业生产中分离出来。遗址中出土的大量陶器、石器、玉器、骨器、象牙雕刻等手工业品表明，如果当时没有专业化生产，许多精致的手工业品是不可能制作出来的。

陶器在大汶口文化时期手工业生产中占有相当重要的地位，是人们日常生活中不可缺少的生活用具之一。随着生产力的不断提高，人们对陶器的品种及数量的需要也越来越大。大汶口文化各个遗址中发现的众多陶器就突出地反映了这一阶段制陶业的兴盛。如曲阜西夏侯遗址 11 座墓葬出土陶器 601 件 [3]，泰安大汶口遗址 117 座墓葬中随葬陶器 1015 件 [4]，莒县陵阳河遗址 35 座墓葬随葬 1400 多件 [5]，莒县大朱家村遗址 27 座墓葬随 600 多件 [6]。上述遗址出土的陶器数量之大，质量之高，品种之多，都是前期无法比拟的，可见当时制陶业相当发达。这就需要制陶人员的长期固定，逐渐由氏族的共同事业，转变为氏族内部少数富有制陶经验的家族所掌握的生产部门了。大量轮制陶器的出土充分证明，过去那种尚未从农业中分离出来的自产自用的手工制作时代过去了，一支专业从事制陶生产的能工巧匠队伍和生产陶器的作坊已开始出现。陶车的发明和使用，是制陶工艺的一次革新，也是制陶手工业取得巨大成就的重要标志之一，这也为其后的山东龙山文化蛋壳陶的制作打下了基础。

除制陶外，玉器、象牙器、骨器，镶嵌等工艺的制作也达到了相当高的水平。

---

[1] 南京博物院：《江苏邳县刘林新石器时代遗址第二次发掘》，《考古学报》1965 年第 2 期。

[2] 昌潍地区艺术馆、中国科学院考古研究所山东队：《山东胶县三里河遗址发掘简报》，《考古》1977 年第 4 期。

[3] 中国科学院考古研究所山东队：《山东曲阜西夏侯遗址第一次发掘报告》，《考古学报》1964 年第 2 期。

[4] 山东省文物管理处、济南市博物馆：《大汶口——新石器时代墓葬发掘报告》，文物出版社，1974 年。

[5] 山东省考古所、山东省博物馆、莒县文管所：《山东莒县陵阳河大汶口文化墓葬发掘简报》，《史前研究》1987 年第 3 期。

[6] 山东省文物考古研究所、莒县博物馆：《莒县大朱家村大汶口文化墓葬》，《考古学报》1991 年第 2 期。

许多瑰丽多彩的工艺品，不仅种类繁多，而且数量大，制作精美，如果没有专业人员也是不能制作出来的。在大汶口墓地发掘中，共发现骨器212件，其中骨镞50件、骨锥43件[1]。大墩子遗址第38号墓，随葬品共55件、骨牙器13件、骨料、牙料24件，骨料都有切锯痕迹，而且还有制造骨器所用的四件砺石伴出。[2] 大汶口遗址墓9随葬陶器28件，石、骨、牙质等生产工具38件，包括大、小石锛、石铲、石刀、砺石等。墓25随葬生产工具33件、其中石锛5件、砺石7块、石凿、石斧、石铲各1件、石刀4件，还有骨锥、牙刀、猪牙做的束发器等[3]。这些人生前显然也应是当时其有工艺专长的手工业者。

另外，大汶口墓地出土的穿孔玉铲、透雕象牙梳、象牙雕筒、镶嵌松绿石的骨雕筒以及邹县野店遗址出土的模拟花朵的单环、双连环、四连环花形玉串饰等贵重手工艺品，显然也是专门从事工艺品生产的匠人制作的，充分显示出当时手工业生产的日益多样化，标志着手工业品的制作已达到了更高的水平。

原始手工业生产水平的提高和新产品、新技术的不断出现，也是社会分工进一步扩大的鲜明物证。

更值得一提的是，大汶口墓出土的一件孔绿色的骨凿，经中国科学院地质研究所测定，含铜量为0.099%。这一孤证虽不能据此说明这一时期已有了冶铜业，但它至少给我们以启示，对大汶口文化时期的手工业发展水平是不能低估的。

已知的大汶口文化考古资料充分证明，在这一历史时期，随着农业、家畜饲养业的发展，手工业开始从农业中分离出来，成为独立的生产部门，这就是恩格斯所说的人类社会的第二次大分工。这是生产力的一次大飞跃，和这一生产力的飞跃相适应的，就是生产关系也要必然地发生变化，其中变化之一，就是商品生产必然应运而生，这正如恩格斯所论述过的：随着生产分为农业和手工业这两大主要部门，便出现了直接以交换为目的的生产，即商品生产[4]。大汶口文化中、晚期具备了这样的历史条件。

二

农业、畜牧业、手工业生产的发达，社会分工的日益精细，使得新技术层出不穷，生产领域不断扩大，产品的种类及数量也越来越多。当生产达到这样一种水平："一切部门——畜牧业、农业、家庭手工业——生产的增加，使人的劳动力能够生

---

[1] 山东省文物管理处、济南市博物馆：《大汶口——新石器时代墓葬发掘报告》，文物出版社，1974年。

[2] 南京博物馆：《江苏邳县四户镇大墩子遗址探掘报告》，《考古学报》1964年第2期。

[3] 山东省文物管理处、济南市博物馆：《大汶口——新石器时代墓葬发掘报告》，文物出版社，1974年。

[4] 恩格斯：《家庭、私有制和国家的起源》，人民出版社，1972年，第161页。

产出超过维持劳动力所必需的产品。"[1] 这就为生产关系的变动、私有制的发生创造了物质前提，并由此必然导致贫富的两极分化，在氏族内部产生贫者与富者的严重对立。少数富有者积累了较多的财富，而多数贫穷者则一无所有。正如马克思、恩格斯所指出的："在工业发展的一定阶段上必然会产生私有制。"[2] 这种状况从大汶口文化的墓葬资料中也有清楚的反映。

大汶口遗址共发现墓葬 133 座 [3]，在同一墓地中，有的墓狭小简陋，只能容放尸体。许多小墓没有或只有一两件随葬品。8 座小墓甚至孑然一身，空无一物，反映了死者生前贫困的社会生活。根据统计，40 座小墓的随葬品还不及墓 10 一座丰富。与此相反，少数富有者的大墓，不仅墓坑宏大，而且棺椁具备，随葬品十分丰富，多者五六十件，最多的甚至达到 180 余件。如大汶口墓 10，长 4.2、宽 3.2 米，使用原始木椁。死者头上佩戴了三串大理岩和松绿石制成的串饰，右腕佩有玉臂环，随葬了一件晶莹的墨绿色玉铲，还有精制的骨雕筒、象牙筒、象牙梳、象牙管和八十四块鳄鱼鳞板，二个猪头及八十多件优质陶器，其中洁净的白陶器皿二十四件，仅陶瓶一类就三十八件。远远超过了一个人实际生活的需要，这是私有财产业已发生、贫富差别并已出现的重要例证。至于墓葬中出土的松绿石、玉器、象牙器等贵重物品，更不是一般人所使用的东西，而是少数人享用的高级奢侈品，也是身份、地位、权力的象征物。由此说明分配上的不平等已经发展到十分严重的程度。这种不平等，绝不是偶然的。它作为一种生产关系变动的结果，是与私有制的发生、发展分不开的。这正如恩格斯所说："如果成员之间在分配方面发生了比较大的不平等，那么，这就已经是公社开始解体的标志了。"[4]

上述这种财产私人占有的形式，正如马克思所指出的："无论在古代或现代民族中，真正的私有制只是随着动产的出现才出现的"[5]。大汶口文化时期最早出现的私有财产是牲畜，而当时人们饲养的牲畜主要是猪，因此，猪成了人们首先据为私有的对象，甚至死后也以猪骨进行随葬，以显示自己的富有。如有的墓主人用全猪随葬，有的用半只猪架，最多的还是用完整的猪头。在大汶口遗址的墓葬里，有 55 座墓用猪骨随葬 [6]，约占 1/3 以上。43 座墓葬就随葬 96 个猪头。1 ~ 2 个的 32 座，3 ~ 5 个的 12 座，随葬 14 个的 1 座。大朱家村遗址 18 座墓随葬 80 多

---

[1]　恩格斯：《家庭、私有制和国家的起源》，人民出版社，1972年，第158页。

[2]　马克思、恩格斯：《德意志意识形态》，《马克思恩格斯全集》，人民出版社，1972年，第1卷第72页。

[3]　山东省文物管理处、济南市博物馆：《大汶口——新石器时代墓葬发掘报告》，文物出版社，1974年。

[4]　恩格斯：《反杜林论》，人民出版社，1971年，第145页。

[5]　马克思、恩格斯：《德意志意识形态》，《马克思恩格斯全集》，人民出版社，1960年，第1卷第68、69页。

[6]　山东省文物管理处、济南市博物馆：《大汶口——新石器时代墓葬发掘报告》，文物出版社，1974年。

个[1]。使人惊讶的是陵阳河遗址，在 25 座墓葬中放置猪头 164 个，其中墓 6、17、24 三座竟随葬 80 多个[2]。胶县三里河遗址一座墓葬里就随葬了 30 多个猪的个体[3]。在刘林遗址的一条灰沟里集中放置了二十块猪下颌骨[4]。同样现象还发现于齐家文化，永靖大何村墓 34 中有猪下颌骨三十六块。临夏秦魏家四十六座墓葬随葬猪下颌骨总数达 430 块，一座墓葬中猪下颌骨多达六十八块[5]。

考古资料充分表明，像猪那样的牲畜已经不均等地为各个一夫一妻制家庭所占有，变成他们的私有财产。如此众多的家畜（主要指猪）除了食用外，还可以作为交换的手段。以猪头随葬的习俗成了衡量财富多寡的标志，随之而来的是加速了贫富分化的进程。正如摩尔根所指出的："家畜成了价值超过以前所知道的一切财产总和的一种财产。家畜可作食物，可交换其他商品，可赎回俘虏，可支付罚金，可用作宗教仪式上的牺牲。此外，因为家畜可以无限地增加，对它们的占有使人类头脑中第一次出现了财富的概念。"[6]大汶口文化用猪随葬，正和摩尔根的论述相符合。这一事实充分证明大汶口文化的中、晚期确实有了私有财产。

关于牲畜是财富的象征这一点，还可以从民族学的材料上加以证实。新中国成立前夕，永宁地区的纳西族已经进入封建农奴社会，但仍然保留一些母系制的残余，至今还把食余的猪下颌骨挂在墙上作为财富的标志，也是家族安危的象征[7]。还处在原始社会末期父系氏族家庭公社解体阶段的云南独龙族，由于社会分工的逐步发展和私有制的产生，一些富有的家族为了炫耀自己的财富，常常在杀牛祭祀鬼神后，把牛头骨挂在房门上端或墙上，牛头骨挂得愈多则愈表现自己富有[8]。另外，佤族、黎族等都有这种社会习俗，说明社会发展到同一阶段，就会出现相似的历史现象。在僜人心目中，谁家挂的牛头多就是富人。少数比较富裕的人家墙上挂了 30 个牛头和几十个兽头，但大多数人家却连一个牛头也没有[9]。这一切证明，以牲畜为财富，在原始社会经济史上具有十分重要的意义。

[1] 山东省文物考古研究所、莒县博物馆：《莒县大朱家村大汶口文化墓葬》，《考古学报》1991年第2期。

[2] 山东省博物馆、莒县文管所：《山东莒县陵阳河大汶口文化墓葬发掘简报》《史前研究》1987年第3期。

[3] 昌潍地区艺术馆、中国科学院考古研究所山东队：《山东胶县三里河遗址发掘简报》，《考古》1977年第4期。

[4] 南京博物院：《江苏邳县刘林新石器时代遗址第二次发掘》，《考古学报》1965年第2期。

[5] 黄河水库考古队甘肃分队：《临夏大何庄、秦魏家两处齐家文化遗址发掘简报》，《考古》1960年第3期。

[6] 摩尔根：《古代社会》，商务印书馆，1981年，第549页。

[7] 宋兆麟：《云南永宁纳西族的葬俗——兼谈对仰韶文化葬俗的看法》，《考古》1964年第4期。

[8] 杨鹤书、陈启新：《独龙族父系氏族中的家庭公社试析》，《文物》1976年第8期。

[9] 黄淑娉：《中国原始社会史话》，人民出版社，1982年，第101页。

大汶口文化中、晚期，不仅动产严重地被私人占有。而且在固定财产方面也为私人所占有。江苏邳县大墩子遗址，属于大汶口文化花厅期的墓葬里，就发现三件陶质房屋模型[1]，说明房子也成为一种私有财产。根据实物观察，有方形、圆形两种；有门、窗；四壁和攒尖式屋顶。这是房屋逐渐成为个体小家庭私有财产在葬俗上的反映。

陶房的发现，说明私有制已发展到一个新的阶段。即从动产到固定财产的私人占有这一转化过程。

综上所述，可以看出大汶口文化中、晚期私有制确实已经发生，财产的私人占有已经出现，这就实现了马克思、恩格斯指出的商品交换产生的第二个条件。

三

随着社会生产力的提高，分工的扩大和私有制的发展，使得商品生产和交换活动越来越频繁，原先偶然的交换，现在变为经常的制度。交换的发展，导致了小商品生产的出现。农产品、牲畜和各种手工业品成了当时进行物物交换的主要内容。但所交换的产品是在不同所有者之间进行的。马克思说过："实际上，商品交换过程最初不是在原始公社内部出现的，而是在它的尽头，在它的边界上，在它和其他公社接触的少数地点出现的。这里开始了物物交换，自此进入公社内部，对它起着瓦解的作用。"[2] 据我们分析，大汶口文化时期，商品交换已超出这一情况，在公社内部，氏族成员之间，作为产品的不同所有者，相互之间也开始了交换，因为正如前面所证明的，在大汶口文化时期私有制已有相当发展，作为一夫一妻制经济的个体家庭私有制已开始确立。这就达到了恩格斯所说的情景："业已出现的对畜群和奢侈品的私人占有，引起了单个人之间的交换，使产品变成了商品。"[3] 关于我国古代商品交换的情况，文献资料中也有许多这方面的记载：

《易经·系辞下》里说"神农氏作……日中为市，致天下之民，聚天下之货，交易而退，各得其所。"

《淮南子·齐俗训》中说："尧之治天下也……水处者渔。山处者木，谷处者牧，陆处者农……得以所有易所无，以所工易所拙。"

《易·系辞传》也提到："尧舜氏作……服牛乘马，引重致远，以利天下。"我国古代传说中的"祝融作市"就是专门进行交换活动的市场。

[1] 南京博物院：《江苏邳县大墩子遗址第二次发掘》，《考古学集刊·1》，中国社会科学出版社，1981年。

[2] 马克思：《政治经济学批判》，人民出版社，1976年，第4页。

[3] 恩格斯：《家庭、私有制和国家的起源》，人民出版社，1972年，第110页。

上述文献资料，虽系传说，但它应是我国古代商品交换活动的一种反映。这在大汶口文化的考古资料中，也有脉络可循。

如上所述，大汶口文化墓葬中出土的数以万计的陶器，不仅种类繁多，器形复杂，而且制作规整细致，质地坚硬，陶胎厚薄均匀。如此高质量的陶器，不会是人人都能制作，家家都能独立生产的。那么，这些陶制品是从哪儿来的呢？只能是从专门从事手工业生产的制陶手工业者那里通过交换形式得来的。如陵阳河遗址墓6，为墓地之冠，坑长4.5、宽3.8米，并使用了大型葬具。随葬品极为丰富，仅陶器一项就达160多件，占随葬品总数的95%以上[1]。从上述陶器看，不仅数量多，而且质量好，种类齐全，应有尽有，包括鼎、鬶、豆、壶、盆、杯、瓮、尊、盉、高柄杯等。仅高柄杯一类就达90多件。如此众多的陶器，特别是发现的大量明器，看来绝不会是死者生前自己制造的，可能是通过交换的途径向制陶手工业者购买来的，这说明氏族内部的商品生产与交换又有了新的发展。

陶器制作工艺的不断进步，扩大了交换的对象。用来交换的陶器，不仅有生活必需品，而且还有一些质地粗松，火候很低，极易破碎，器形又小，专门为死者随葬而生产的明器，如小鼎、小罐、小壶、小杯及厚胎高柄杯之类，这些器皿不实用，自己也不可能完全消费掉，这是专业陶工为了进行交换而生产的。所以，它不是死者生前的财富，而是死者亲属根据自己财产的实际情况，向制陶手工业者购买来的。说明专职的制陶手工业者不仅制造生活必需品，而且还为了适应给死者进行随葬而生产大量的象征性明器，这些产品大多是为了用于交换。如临沂大范庄遗址出土陶背壶284件[2]，占出土陶器总数的五分之二。陵阳河遗址出土高柄杯650多件[3]，其中胎厚高柄杯达400多件。这些背壶，厚胎高柄杯之类，火候非常低，制作均粗糙，器形极小，显然是明器，当系专门为随葬而烧制的。

另外，在各遗址墓葬中出土的珍贵玉器，象牙器、绿松石等装饰品，制作非常精致，也不会是死者自己能制造的。如大汶口10号墓，随葬品的数量及品种均为墓地之首，其中有陶器、石器、玉器、骨器、松绿石、猪头、鳄鱼板等。如此繁多的手工业品同时出土于一墓之中，绝不会是由死者本人或家庭成员生产的，其中大汶口文化墓葬中，经常发现随葬有相当多的玉器，如南京北阴阳营遗址出土了二百多件玉器、玛瑙和水晶质地的玦、环、璜等物[4]。但是，据了解，江苏并

[1] 山东省考古所、山东省博物馆、莒县文管所：《山东莒县陵阳河大汶口文化墓葬发掘简报》，《史前研究》1987年第3期。

[2] 临沂文物组：《山东临沂大范庄新石器时代墓葬的发掘》，《考古》1975年第1期。

[3] 山东省考古所、山东省博物馆、莒县文管所：《山东莒县陵阳河大汶口文化墓葬发掘简报》，《史前研究》1987年第3期。

[4] 南京博物院：《南京市北阴阳营第一、二次的发掘》，《考古学报》1958年第1期。

不生产玉，玉产于山东泰山、邹县和莱阳等地，说明制玉的原材料应是通过交换的形式从产玉的地方输入的，而制成的玉器等，作为一种奢侈品，则如同恩格斯所说，是和私人占有及交换的发生在时代上是一致的。

至于象牙制品，根据当时的气候条件，黄河下游地区是不产象的，象是生长在我国南方地区的动物。但在大汶口遗址的墓地中就发现有象牙制品，总计23件。此类遗物在莒县、滕县等大汶口文化遗址中也均有发现。除此外，墓葬中随葬的鳄鱼鳞板，经过鉴定，属于扬子鳄。鳄鱼产于长江流域。由此可见，这些鳄鱼板及象牙制品应是从遥远的南方交换来的。

大汶口文化分布的区域主要在山东境内，这是众所周知的。然而，在河南偃师的滑城[1]平顶山[2]等地却发现了大汶口文化晚期的墓葬，出土有鬶、背壶、长颈壶、高柄杯、圈足尊、筒形杯、粗柄豆等。这些发现在河南境内的大汶口文化的陶器，不会是本地生产的，有可能是通过交换的形式从山东境内转运去的，这是远距离进行交换的有力物证。但也不排除大汶口人由山东迁徙以后在当地生产的可能性。

不仅如此，在山东地区也同样发现有河南庙底沟类型的文化遗物。兖州王因、泰安大汶口等遗址就发现少量河南庙底沟类型的花瓣纹彩陶盆或彩陶片[3]。另外，在邹县野店遗址也出土过庙底沟类型的花瓣纹、勾连回旋纹彩陶盆、彩陶钵等。这些彩陶器皿，从器形、质地、色彩、纹饰等都与大汶口文化出土的遗物截然不同，看来，它们非当地所产，显然也是交换来的远方之物。

上述种种现象，都说明这一时期的商品交换已经有了很大的发展，这种交换形式不仅存在于氏族内部及邻近地区之间，而且还开始了远距离的贸易，当然，这种交换的形式还是以物易物，如牲畜、粮食和各种手工业品等都投入到交换中。就大汶口文化的生产力发展水平和已知的考古资料看，交换虽已发生，但整个交换过程不以货币为媒介，恐怕还不知货币为何物，买和卖结合在一起进行，买进就是卖出，"与其说表示商品开始转化为货币，不如说表示使用价值开始转化为商品。交换价值还没有取得独立的形式，它还直接和使用价值结合在一起。"[4]这种物物交换形式"只是产品作为一般交换价值的最初表现"[5]。

随着商品交换范围的不断扩大，原来那种物与物的直接交换越来越发生了困难，于是，便从商品中分离出一种新的商品，各类商品都可以和它交换，这种在交换中起媒介作用的商品就是货币。货币的产生，是交换过程中的必然产物。但

[1]　中国科学院考古研究所洛阳发掘队：《河南偃师"滑城"考古调查简报》，《考古》1964年第1期。

[2]　张脱：《河南平顶山市发现一座大汶口类型墓葬》，《考古》1977年第5期。

[3]　宋兆麟、黎家芳、杜耀西：《中国原始社会史》，文物出版社，1983年，第286页。

[4]　马克思：《政治经济学批判》，人民出版社，1976年，第34页。

[5]　《马克思恩格斯全集》，人民出版社，1974年，第43卷上册第154页。

当时的货币，还不是用金属铸成的，最早的货币是实物。如牲畜、手工业品、贝壳和粮食等等。最为流行的还是用贝壳作为交换的"一般等价物"。

以牲畜作为商品交换的"一般等价物"，在我国一些少数民族调查材料中是不少见的。新中国成立前，在云南独龙族人民中就有这样的记载：[1]

小猪一头二八寸锅一口二包谷五十筒

中猪一头二尺六寸锅一口包谷一百筒

大猪一头二一尺八寸锅一口二包谷一百五十筒

肥猪一头二二尺锅一口二包谷二百五十筒

在怒族地区，娶妻、买奴隶和土地都用黄牛来支付。一头黄牛可以买两三亩旱地，一个年轻的女奴隶值四五头黄牛[2]。

由此可以推断：大汶口文化时期墓葬中随葬的猪头骨，不但是重要的私有财产。而且在交换过程中起着一般等价物作用。它和陶器、生产工具、粮食等一样，无疑也被获得了原始货币的职能，但还不是真正的货币。用模拟猪形做成的陶鬶来随葬，也反映了大汶口文化居民对于猪这种原始货币财富的崇拜和追求。

综括全文，我们清楚地看到，大汶口文化时期，特别是大汶口文化中期晚期。由于生产力的提高，促使了第二次社会大分工，由此导致了私有制的产生以及商品交换的出现。但这种交换不是以货币为媒介的，当时交换的形式还是以物易物。如牲畜、粮食、各种手工业品等都曾用于交换。特别是猪这种家畜作为"一般等价物"广泛用于交换，表现得尤为突出，在一定程度上起到了原始货币的作用。这就是我们对大汶口文化时期商品交换的一种估计。

原载《考古与文物》1991 年第 6 期；后收入人大复印报刊资料《先秦·秦汉史》1992 年第 2 期

---

[1]　《民族问题五种丛书》云南省编辑委员会：《独龙族社会历史调查》，云南人民出版社，1981年，第27页。

[2]　黄淑娉：《中国原始社会史话》，人民出版社，1982年，第104页。

大汶口文化的打击乐器

——陶鼓浅析

大汶口文化主要是分布在黄河下游山东地区的一种考古学文化，该文化自发现以来，已出土了大量陶器、石（玉）器以及骨牙蚌器等数以万计的文化遗物，特别是发现的陶鼓类打击乐器，一度引起了学术界的广泛关注，先民们利用最简单的材料制作出各种各样的陶鼓以此来表达人们的思想感情。因此，在原始人类的精神生活中占有极为重要的地位。过去由于受考古资料的缺乏以及认识水平的限制，考古界大多数学者将陶鼓这种打击乐器混于一般陶器群中，被称为漏器、漏缸、陶罐或陶缸等。随着田野考古工作的不断开展，考古资料越来越多，在此基础上，有关专家学者对陶鼓进行了深入的分析与探讨[1]，有力地推动了学术界对鼓类打击乐器的研究。鉴于此，本文主要根据田野考古资料进行分析，以求教于学术界同仁。

一

目前，大汶口文化的陶鼓共发现 24 件（含北辛文化 5 件），山东地区有 20 件，其中泰安大汶口 6 件、邹县野店 9 件、青州桃园 1 件、广饶五村和兖州王因各 2 件、苏北地区主要是邳县大墩子遗址 1 件、刘林遗址 3 件。这些都为史前时期原始乐器的研究提供了重要的实物资料，下面就有关遗址出土陶鼓的情况进行介绍：

泰安大汶口遗址第二三次发掘中发现 6 件陶鼓（原报告称为漏缸），其中属于北辛文化时期的共有 5 件，大汶口文化 1 件。北辛文化的陶鼓，均出土于灰坑、地层或房址（H2、F2 和 5A 层、6 层）内。原报告分为 A、B 两型，其中 H2 的年代为北辛文化晚期二段，年代 6470～6210 年。大汶口文化的陶鼓发现在墓 1018（M1018：24）内[2]。该墓属于大汶口文化的第二期，年代约在距今 6000～5800 年。

1975～1978 年中国科学院考古研究所山东队在兖州王因遗址发掘中在墓葬内

---

[1] 高天麟：《黄河流域新石器时代的陶鼓辨析》，《考古学报》1991年第2期。

[2] 山东省文物考古研究所：《大汶口续集——大汶口遗址第二、三次发掘报告》，科学出版社，1997年。

发现 2 件大汶口文化的陶鼓（发掘报告称为尊形漏器）。均出自遗址第 2 层墓 174
和墓 2402 内。其中夹砂红陶和泥质红陶各 1 件，器体较大，壁厚，腹身和底部均
有圆孔[1]。王因遗址的 2 ～ 4 层均为大汶口文化早期阶段，根据碳 -14 年代测定，
第 3 层的年代距今 6000 ～ 5700 年。第 2 层的年代下限距今 5500 年前后。那么，
王因遗址陶鼓的年代基本属于这一阶段。

1977 年春，青州市博物馆在王潍公路北侧、桃园遗址东部开 2×4 平方米探沟
一条，1980 年 11 月北京大学考古系七八届实习队又对该遗址进行了调查，在遗址
中发现一件陶鼓（原报告称为漏缸），该器呈泥质灰陶。圆唇，敛口，直腹，下腹部残，
口沿下各饰网纹划纹和长方形突饰，已残[2]。

1985 年秋，广饶县博物馆的工作人员在五村遗址考古调查时发现 2 件大汶口
文化陶鼓[3]均为泥质红陶，其中 1 件完整，另 1 件为彩陶残片，不能复原。腹中部
施红、白、赭色相间的花瓣纹，色彩非常艳丽。这两件陶鼓由于是采集品，所以
缺乏可靠的地层依据，根据器形观察，推测其年代大致在大汶口文化中期偏晚阶段。
绝对年代在 4600 年左右。

1971 ～ 1972 年山东省博物馆等单位在发掘邹县野店遗址时，发现 9 件大汶口
文化陶鼓（原报告称为漏器），是目前出土陶鼓数量最多的大汶口文化遗址。这些
陶鼓大部分发现在墓葬当中，其中有 8 件陶鼓为随葬品。墓 1、15、31、36、47、
48 各墓只随葬 1 件，仅有墓 22 内发现 2 件（M22：18、24）。墓 49 填土中出土 1
件(墓 49：06)，实际上只有 7 座墓葬随葬有陶鼓[4]。这批陶鼓原报告分为 4 个类型。
按《邹县野店》报告的分期，这批陶鼓最早发现在第 2 期墓葬内，盛行于第 4 期，
相对年代距今 5500 ～ 5200 年，延续大约 300 年。

1964 年南京博物院对江苏邳县刘林遗址进行了第二次发掘，清理大汶口文化
墓葬 145 座，在 2 座刘林晚期墓葬中发现 3 件大汶口文化的陶鼓（原报告称为Ⅲ、
Ⅳ式陶罐），其中墓 145 随葬 2 件，墓 148 内出土 1 件[5]。其相对年代为大汶口文化
早期阶段。

1966 年秋，南京博物院为配合厦门大学历史系考古组毕业班实习，对江苏邳
县大墩子遗址进行了第二次发掘，在花厅期墓葬内发现 1 件陶鼓（M287：1），形
制为大口，深腹，圜底。原报告称为Ⅲ式缸（见报告插图十九，19）[6]。其相对年代

[1]　中国社会科学院考古研究所：《山东王因——新石器时代遗址发掘报告》，科学出版社，2000年。
[2]　青州市博物馆：《青州市新石器遗址调查》，《海岱考古（第一辑）》，山东大学出版社，1989年。
[3]　刘桂芹、王建国：《山东广饶县五村遗址发现大汶口文化陶鼓》，《考古》1997年第12期。
[4]　山东省博物馆、山东省文物考古研究所：《邹县野店》，文物出版社，1985年。
[5]　南京博物院：《江苏邳县刘林新石器时代遗址第二次发掘》，《考古学报》1965年第2期。
[6]　南京博物院：《江苏邳县大墩子遗址第二次发掘》，《考古学集刊·1》，中国社会科学出版社，1981年。

为大汶口文化中期阶段，绝对年代距今约 5000 年。

<h1 style="text-align:center">二</h1>

　　大汶口文化中所发现的陶鼓，其造型多为缸、杯、罐等陶质器皿的形制。有的形体硕大，有的则小巧玲珑，个别的颇似大口单耳杯，这种陶鼓可能作为小手鼓使用的。我们根据陶鼓的形制特征，利用考古类型学原理进行了排比，大致将这批陶鼓分为四个类型。

　　A 型　5 件。

　　大部分残缺，仅复原 1 件。均为北辛文化时期。大汶口 H2：4（原报告称为 A 型漏缸），泥质红陶。方唇，口微敛。腹上部呈圆筒形，下腹微鼓，圜底。上腹饰平行凹弦纹，中部饰一圈竖行半圆形附加堆纹。腹下部附对称环形耳，耳旁各穿一圆孔。通高 37.2、口径 36.4l 厘米（图一，2）。大汶口 T435A：2（原报告称为 B 型漏缸），泥质红陶。方唇，敛口，筒状腹，下腹微鼓，腹上部饰一圈鸟喙状附加堆纹。残高 16、口径 34、腹径 37.2 厘米（图一，1）。

　　B 型　4 件。

　　分两式。

　　Ⅰ式　1 件。大汶口 M1018：24，泥质红陶。尖唇，敛口。束腰式长筒腹。下腹内折呈大平底。上腹部近口附加一圈鸟喙形凸泥饰。腹和底部各穿有小圆孔，腹部的作两两对称分布，底正中有一小孔。腹部用白色、深红色和熟褐色三种彩色分两层分别绘弧线三角纹和卵点组成四瓣花图案。底腹之间又饰一圈锯齿状刻纹。通高 41、口径 30 厘米（图二，4）。

　　Ⅱ式　3 件。野店 M22：24（原报告称为Ⅱ型漏器），泥质红陶，腹部着紫红

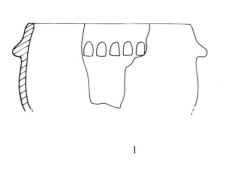

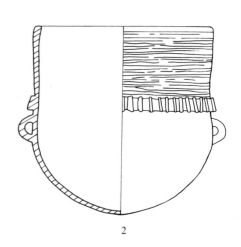

图一　A 型陶鼓

1. T435A：2　2. H2：4　（均出自大汶口）

色陶衣，上绘四个白彩长方框，将全器分为四部分，白框内填白色大圆圈，色彩鲜艳，通高 36、口径 25.5 厘米（图二，1）。野店 M49：06，形制与墓 22：24 基本相同，而腹部着色和图案等装饰有所不同。外加红色陶衣，腹部绘有深褐色四瓣花朵，并以白彩勾边微托组成宽彩带等装饰。通高 19、口径 16 厘米（图二，2）；大墩子 M287：1，为泥质红陶、大口内敛、深腹、斜壁、圜底、腹部有 4 个小圆孔、口沿外侧有突状纽，下腹部有三个环形足，腹饰彩绘，高 33.4 厘米（图二，3）。

C 型　7 件。分四式。

Ⅰ式　1 件。刘林 M145：5（原报告称为Ⅲ式罐），泥质红陶。侈缘，长鼓腹，平底。腹上部有一周喙形乳突。在底部和腹部穿有一个和两个小圆孔，直径 25、通高 26 厘米（图三，1）。

Ⅱ式　4 件。刘林 M148：1（原报告称为Ⅳ式罐），泥质红陶。喇叭形敞口。深筒形腹，下折收为小平底。腹上部亦有一周喙形乳突。底部和腹部穿亦有一个和两个小圆孔，直径 29、通高 29 厘米（图三，3）；野店 M36：5（原报告称为Ⅰ

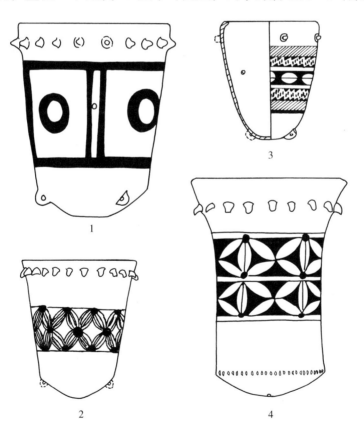

图二　B型陶鼓

1. Ⅱ式M22：24　2. Ⅱ式M49：06　3. Ⅱ式M287：1　4. Ⅰ式M1018：24　（1、2野店　3大墩子　4大汶口）

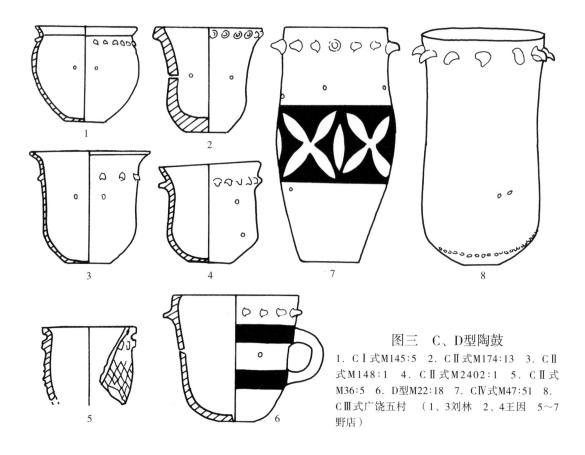

图三　C、D型陶鼓

1. CI式M145：5　2. CII式M174：13　3. CII式M148：1　4. CII式M2402：1　5. CII式M36：5　6. D型M22：18　7. CIV式M47：51　8. CIII式广饶五村　（1、3刘林　2、4王因　5～7野店）

型漏器），夹砂红陶，口微敛，卷沿，圆唇，筒形腹，腹部有等距分布的四个小圆孔，底部残缺，腹饰斜方格划纹，器口外饰有一圈高乳丁状泥凸。手制。残高 12.6 厘米（图三，5）；王因 M174：13，夹砂红陶，器壁最厚处达 3 厘米。侈口，方唇，深腹近底部稍鼓，平底，沿下有一周较大的喙状突，中腰一周有五个圆孔，底部正中有一个圆孔。器表抹光无纹饰。通高 19.5、口径 16.8 厘米（图三，2）；王因 M2402：1，泥质红陶。器形不甚规整。侈口，束颈，直腹，近底部折收为平底，底不甚平。颈部有一周共 15 个喙状突。腹部两侧上下各有两个圆孔，底部正中有一个圆孔。通高 17～19、口径 17.2 厘米（图三，4）。

Ⅲ式　1件。广饶五村遗址采集。泥质红陶，口沿外饰突状纽，腹部有 5 对不等距离的小圆形镂空。其中一件全身施红陶衣，为泥条盘筑而成。侈口。尖圆唇，器身中部略细，呈桶状，下腹折收为小平底。折枝外饰一周锥刺纹。器壁较厚。口径 27、通高 50.5 厘米（图三，8）。

Ⅳ式　1件。野店 M47：51（原报告称为Ⅲ型漏器），直口、方唇、长圆腹、小平底，器腹和器底至少有 5 个小圆镂空，口沿下的乳丁状凸纽最少有 14 个，腹部中间绘有深褐色和白色相间的四瓣花等图案。通高31、口径12厘米（图三，7）。

D 型　1件。

野店 M22∶18（原报告称为Ⅳ型漏器），泥质红陶，敛口、平唇略向内凸、直筒腹下作大圈底，腹侧有一圆环状把手，口沿外设乳丁状凸纽一周，至少16个。腹壁和底至少有三个小圆镂空，在把手上下的腹部，绘有深褐色和白色相间的平行带纹。通高19、口径18厘米（图二，6）。

三

上节我们对大汶口文化的陶鼓进行了大致介绍和初步分析，下面再谈谈其他地区所发现陶鼓的有关情况。

黄河上游的甘青地区，曾出土大量陶鼓[1]。学术界一度称为喇叭形陶器，后来称为腰鼓。这种陶鼓一头大另头小，中间称筒状。大头呈喇叭状，小头多为罐口，三者贯通，构成一体。喇叭口外侧分布一周倒钩或乳丁，两端装有两个环状耳，器表多有绘彩。LYL∶3，喇叭口外有倒钩6个。小头罐口小唇外敞，内沿饰垂弧纹，外部饰菱形网纹，圆筒外饰锯齿纹，喇叭口外表饰三方连续涡纹，杂以锯齿纹。通长32、罐口9、喇叭口径22.5、筒径7厘米（图四，1）。LYL∶6，夹砂红陶。罐口外敞，与中部筒体无明显接痕。在筒体与耳相对的一侧有一竖置的长鸡冠耳，上穿3孔。喇叭口外沿有9个倒钩状物。通长25、盘口径7、喇叭口径16.5厘米（图四，2）。LYL∶5，素面。喇叭口外沿有6个倒钩。通长34、盘口径12、喇叭口径19厘米（图四，3）。LYL∶4，口沿外侧残存5个倒钩，两环耳残缺。喇叭口外表饰以黑、红相间的平行条纹、锯齿纹和波浪纹。中部饰红色条纹，盘口外表饰以菱形纹。通长36、小口径10、喇叭口径27.5厘米（图四，4）。上面所介绍的陶鼓，多见于马家窑文化的半山马厂类型中。其绝对年代大约距今5300年。

中原地区的河南仰韶文化中所发现的陶鼓[2]，过去多称为小口尖底罐、小口尖底瓶或小口尖底缸，实为陶鼓。这种陶鼓多作为埋葬死者的瓮棺使用。在郑州后王庄[3]、大河村[4]、巩义滩小关[5]等遗址均有发现。形制多为侈口，颈微束，细长腹，下部略鼓，尖底。沿下均设置一周鹰嘴状纽或鸡冠形板。下腹钻有1～2个小孔。

[1]　马德璞、增爱、魏怀珩：《永登乐山坪出土一批新石器时代的陶器》，《史前研究》1988年辑刊；尹德生、魏怀珩：《原始社会晚期的打击乐器——兰州永登县乐山坪陶鼓浅探》，《史前研究》1988年辑刊；尹德生：《甘肃新发现史前陶鼓研究》，《考古与文物》2001年第2期。

[2]　赵世纲：《仰韶文化陶鼓辨析》，《华夏考古》1993年第1期。

[3]　河南省文物考古研究所：《郑州后王庄遗址的发掘》，《华夏考古》1988年第1期。

[4]　郑州市文物考古研究所：《郑州大河村》，科学出版社，2001年。

[5]　河南省文物考古研究所：《河南巩义市滩小关遗址发掘报告》，《华夏考古》2002年第4期。

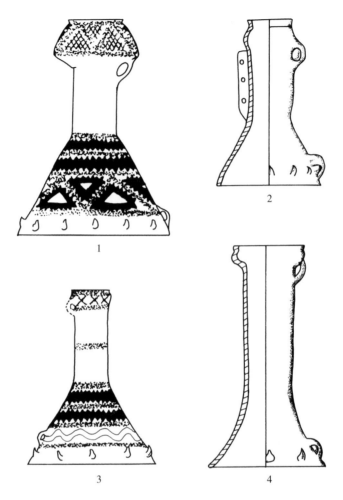

图四　兰州乐山坪陶鼓（马家窑文化）

1. LYL:3　2. LYL:6　3. LYL:5　4. LYL:4

后王庄遗址 M172：1，砂质棕黄陶。颈部饰一周鹰嘴纽，下腹部钻一圆孔。口径 33、高 78 厘米（图五，1）。M201：1，砂质棕红陶。颈部也饰一周鹰嘴纽，下腹钻两个小圆孔。口径 32、高 72 厘米（图五，2）。大河村遗址发现的陶鼓均系瓮棺葬具。大口微侈，折沿，圆唇或尖唇，深腹，束腰，下部鼓腹，尖底。口沿下饰一周 8 个鹰嘴突饰，器身饰划纹，下腹部饰圆孔 1 个。有的口沿下饰弦纹数周。W1：1，口径 38.8、通高 73.8 厘米（图五，3）。W2，底部稍残，口径 32、残高 68 厘米（图五，4）。这批陶鼓的绝对年代大约距今 5000 年。而大河村第四期文化的年代距今 4700 年。

在东北地区的辽宁红山文化中发现的陶鼓，形制多呈筒形，大口，折沿或卷沿，

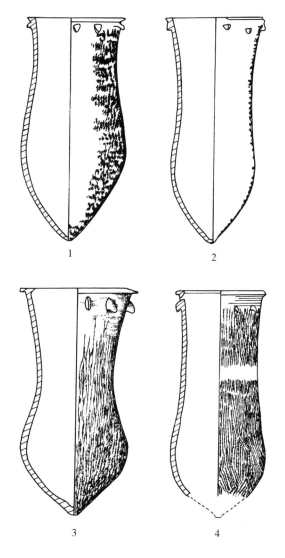

图五　仰韶文化陶鼓

1、2. 郑州后王庄M172:1、M201:1　3、4. 郑州大河村W1:1、W2

深腹,壁微鼓近直,无底。器表多饰平行宽带纹或勾连涡状纹等彩绘。个别有小圆孔。
凌源城子山遗址[1]T3③:5,红陶,手制,宽口沿外折,腹部微鼓,尖底,底沿外折,
上口径略小于下口径。饰鱼尾式彩带花纹、黑线纹、涡纹、斜线人字纹等。上口
径25、下口径29、高40厘米(图六,3)。阜新胡头沟遗址[2](筒11)上部饰压印
平行条纹,下接3条宽约7厘米的黑彩平行宽带纹。通高64、口径37、底径30

---

[1]　李恭笃:《辽宁凌源县三官甸子城子山遗址试掘简报》,《考古》1986年第6期。

[2]　方殿春、刘葆华:《辽宁阜新县胡头沟红山文化玉器墓的发现》,《文物》1984年第6期。

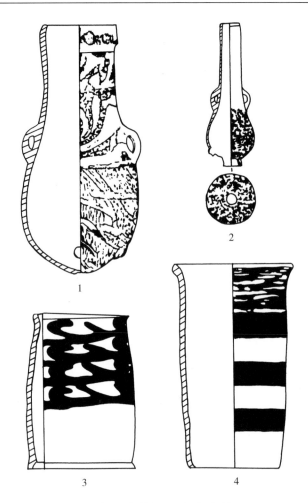

图六　龙山文化红山文化陶鼓

1、2. 陶寺M3027：11、M3002：53　3. 辽宁凌源城子山T3③：5　4. 辽宁阜新胡头沟

厘米（图六，4）。其时代距今 5000 ～ 6000 年。这类陶鼓多发现在祭祀遗址和墓上石圈旁，发掘者称为彩陶筒形器，据陈星灿同志研究实为祭祀用的陶鼓。

　　另外，在山西陶寺遗址还发现一些异形陶器[1]，泥质灰陶或褐陶。形似长颈葫芦，筒状高颈、圆鼓腹，腹底中部凸出一个大孔，附近有 3 个小孔，上下口相通，颈腹之间有双耳。如陶寺 M3002：53，在筒口下有圆纽一周，腹壁饰绳纹，并贴泥条，构成不甚规则的连续三角形、菱形图案（图六，2）。M3027：11，形体较前者大，颈亦较粗。颈上饰树叶状花纹，腹部饰竖绳纹（图六，1）。这种器物多在大型墓

[1]　中国社会科学院考古研究所山西工作队、临汾地区文化局：《1978～1980年山西襄汾陶寺墓地发掘简报》，《考古》1983年第1期。

葬中与鼍鼓、石磬同出，故而有学者推测是传说中"以瓦为匡"的"土鼓"[1]。

前面所介绍的一些陶鼓，无论是喇叭形器、小口尖底瓶、筒形器还是异形器，形制虽然各有不同，但口沿外侧的鹰嘴状凸纽，腹部或底部的小圆孔基本是相同的。特别是腹部或底部的小圆孔，可能与散音、产生共鸣或者在敲击鼓面时，使产生的气流易于逸出有关的多功能设置。而在口沿下安装的一周鹰嘴纽，可能是为张皮革鼓面特意设置的。它可能沿鹰嘴纽绷绳，以增加鼓面的张力。这些充分反映了先民们聪明的才智和非凡的艺术想象力。

四

作为打击乐器的陶鼓，历史文献中称为土鼓，这种古老的打击乐器，文献中多有记载。如《世本》说："夷作鼓，盖起于伊耆氏之土鼓"。

《礼记·明堂位》载："土鼓、蒉桴、苇龠，伊耆氏之乐也。"

《周礼·春官·龠章》"掌土鼓豳龠"。"杜子春云，土鼓，以瓦为框，以革为两面，可击也"。

《周易通卦验》说："冬至，鼓用马革，夏至，鼓用牛皮。"

《礼记·礼运》云："夫礼之初，始诸饮食，其燔黍捭豚，污尊而饮，蒉桴而土鼓，犹若可以致其敬于鬼神。"注："土鼓，筑土为鼓也。"

《黄帝内经》载"黄帝与蚩尤战，玄女制夔牛鼓。"

《易经》所载，"得敌，或鼓或罢或泣或歌"，这里描写的是打了胜仗的人们归来后举行祝捷活动，胜利者又是击鼓，又是唱歌，一片欢腾，而打了败仗的敌方战俘"或罢""或泣"的悲戚情景。

《山海经·大荒东经》中说，有一种怪兽，"东海有波山，入海七千里，其上有兽，壮如牛，苍身而无角，一足，出入水，则必风雨；其眼如日月，其声如雷，其名曰夔。黄帝得之，以其皮为鼓，橛以雷兽之骨，声闻五百里，以威天下。"传说黄帝也用这鼓，鼓舞虎、豹罴、貅诸部落战士的士气，战胜了东方强大的蚩尤部落。

唐杜佑《通典》载："腰鼓，大者瓦，小者木，皆广首而纤腰"；又"腰鼓之制，非特用土也，亦有用木为之者矣。土鼓瓦音，木鼓木音也，其制同，其音异"。李孝友《九夷古事校注》说："土鼓，古乐器，以瓦为匡，两面蒙鼓，可击之鼓。"

闻一多先生在《周易义证类纂》中也有"缶亦鼓之类，古亦谓之土鼓"的论述。至隋唐时期，还有不同形制的"土鼓"存在。诚如柯斯文先生指出的"所有这些类型的乐器及其原始时期的形状变化都还非常简陋。……一块平常的干木头，更

---

[1] 陈星灿：《红山文化彩陶筒形器是陶鼓推考》，《北方文物》1990年第1期。

普通的一节中空的筒子，例如竹筒，曾是最初的敲打乐器；而竹筒或中空的角也正是最初的吹奏乐器。乐器之中出现最早的是各种各样的鼓"[1]。

关于鼓的种类数量繁多，用途各不同，最初是木鼓，后来才有皮鼓。用于歌舞的称为舞鼓，用于战斗的叫战鼓，不同场合的鼓往往发挥不同的作用。据统计，先秦时期所记载的鼓多达40余种。

在民族志资料中，许多先民都有使用鼓这种打击乐器的许多传说。澳大利亚人男子跳舞时妇女敲的鼓不过是紧绷在两膝间的一张负鼠皮；塔斯马尼亚人皮子卷成筒状敲击；这些大概是最原始的鼓了[2]。佤族、苗族都用木鼓。在苗家山寨，人们挖一个洞穴，上面铺上木板，木板上横系一根竹丝，竹丝和木板之间，竖一根短木棍。这就是造成了一种罕见的鼓——地鼓。在澳洲的呼得部落，每逢喜庆节日，男子们必跳舞，而跳舞时，每人必挎一个柱形的鼓。鼓上饰着鲜花和急响器。在中非的一个部落里，还有一种豹鼓。它发出的声音如同斑豹吼叫，妇孺们听了毛骨悚然。但勇敢的猎手听了却很快活，仿佛自己在跟猛兽搏斗[3]。云南西盟佤族，由于他们认为敲木鼓可以通神灵，所以任何祭祀活动都要敲木鼓。云南的基诺族每年过年祭神时都要敲鼓，表示用以通知被祭的神祇，同时用它来伴唱和跳舞。布依人在丧葬仪式中多使用铜鼓木鼓。云南台江巫脚一带苗族的"鼓社祭"，所用木鼓是整截楠木空凿而成，两端各蒙以牛皮。木鼓有两种，一称单鼓，一称双鼓。双鼓是两个，每届都用。单鼓只一个，比双鼓略小些，每届"鼓社祭"完毕即送藏山上岩洞中，任其腐烂[4]。在非洲大陆，随处可闻鼓声，人们在鼓声中降生成长，在鼓声中生活战斗。喜迎贵宾、婚寿喜庆，甚至死亡报丧。敌情警报都离不开鼓。若闻现代非洲鼓的演奏，实令人叹为观止。加纳的"击鼓会"是最热闹的节日，几十名鼓手演奏着大大小小的各种鼓。坦桑尼亚盲人鼓手毛里斯，可用两手同时击十二面鼓，以不同的音调奏出优美的旋律与节奏[5]。在中非东部的维多利亚湖西北，有一个布干达的土邦，在那儿王位是按父系世袭的，嗣君必须是现任或前任国王的儿子。现任国王的儿子们被称为"鼓之太子"，因在本地人看来，鼓是职位或权威的象征[6]。爱斯基摩人的鼓，是一种有柄的大圆形的鼓。鼓圈和把柄都用木制或用鲸鱼骨制，蒙了海豹或驯鹿的皮。布须曼人的鼓，是用皮绷在开口的土制的容器上，用指头敲的。鼓到如今还是大部分狩猎氏族的唯一乐器。爱斯基摩人

---

[1]　柯斯文：《原始文化史纲》，人民出版社，1955年，第191页。

[2]　林耀华：《原始社会史》，中华书局，1984年，第427页。

[3]　高明强：《远古回声》，浙江人民出版社，1991年。

[4]　宋恩常编：《中国少数民族宗教初编》，云南人民出版社，1985年，第181页。

[5]　王会绍：《非洲鼓声》，《甘肃日报》1987年5月11日。

[6]　乔治·彼得·穆达克著、童恩正译：《我们当代的原始民族》，四川民族研究所，1980年，第337页。

明科彼人以及大部分的澳洲部落，都是除了鼓，就不知道还有别的任何乐器[1]。大量民族学资料，对我们今天正确理解我国原始社会陶鼓的使用提供了很好的佐证。

五

综上所述可以看出，陶鼓的产生，在我国有着悠久的历史。其年代最早出现在山东地区的北辛文化时期，年代距今 6400～6200 年。到大汶口文化早期阶段则比较盛行，中期阶段继续存在，到晚期阶段数量明显减少，龙山文化时期已经基本绝迹。延续大约一千四五百年。比我国其他地区的马家窑文化、仰韶文化、大溪文化以及红山文化中发现的陶鼓时代均早，是目前出现时代最早，延续时间最长、形制最为原始的一种打击乐器。从已经发表的大汶口文化资料来看，陶鼓的分布范围主要在鲁中南地区和江苏北部一带。这种陶鼓在胶东半岛地区目前还尚未见到，鲁北地区虽偶有发现，但数量也不多。由此说明陶鼓是北辛文化、大汶口文化时期鲁南苏北地区先民首先发明并开始使用的一种打击乐器。因此，以陶鼓为代表的打击乐器的发现，在我国古代音乐史上具有十分重要的意义。

原载《东南文化》2003 年第 7 期

---

[1] 〔德〕格罗赛著、蔡慕晖译：《艺术的起源》，商务印书馆，1987年，第222页。

从大汶口文化看古代文明的发展过程

一

中国古代文明的起源问题，是考古学研究的一个重大学术课题，也是世界学术界广泛进行讨论的热点问题之一，因此，有着十分重要的理论意义和现实意义。目前，在探讨文明起源时，国内外学者一般都把城市、青铜器和文字等作为文明的标志或文明的三要素。关于文明的概念，世界权威性的《韦氏国际大词典》（1976年版）对其解释一是"指某一时代或某一地区具有特征性的文化；有时也指某一传播很广、延续时期很长的、其下又有若干分支的总体文化"。二是"指文化发展的某一阶段，文字及文字记录的保存已经出现，同时也有城市、先进技术（农业和工业）、众多的人口以及复杂的社会结构"。恩格斯在《家庭、私有制和国家的起源》一书中也指出："文明时代是社会发展的一个阶段，在这个阶段上。分工，由分工而产生的个人之间的交换，以及把这两个过程结合起来的商品生产。得到了充分的发展，完全改变了先前的整个社会。"[1] 简言之即是"国家是文明社会的概括"。摩尔根在 1877 年《古代社会》中把人类社会划分为蒙昧、野蛮和文明三个阶段。他认为文明社会"始于标音字母的发明和文字的使用"[2]。夏鼐先生把文明的特征和要素归纳为国家、城市、文字和金属冶炼[3]。从这个意义上讲，文明社会的到来也就是国家的出现，国家是文明的政治表现，是文明社会的概括。

"文明"一词，在中国古代文献中，最早见于《易经·乾》："见龙在田，天下文明。"孔颖达疏："天下文明者。阳气在田，始生万物，故天下有文章而光明也。"判断一个社会是否进入文明时代的标志，一般认为，"是农业生产已达到不仅可供直接生产者的需要，而且有余；有一个用强制手段管理和组织一定地域内人群的权力和机构（即靠暴力支持的政府）；在这地域内有不同类型的居住地，有不同层次的管理者，权力机构对食物、原料和奢侈品有再分配的权力；有一批脱离直接

---

[1] 恩格斯：《家庭、私有制和国家的起源》，人民出版社，1972年，第171页。

[2] 摩尔根：《古代社会》，生活·读书·新知三联书店，1957年，第123页。

[3] 夏鼐：《中国文明的起源》，文物出版社，1985年。

生产的专业人员，如手工业匠人、商人、官员、军人和巫师等。"[1] 换句话说，就是在原始社会末期，由于社会生产力的不断发展，生产品有了一定的剩余，使得一部分人可以通过不等价交换或强行掠夺来获取财富，由此导致了贫富的两极分化和阶级社会的产生，人与人之间的关系也由相对平等变成了统治者与被统治者的关系，在这种情况下。氏族社会开始解体。阶级社会随之出现——国家诞生了。

关于中国古代文明的起源与形成问题，是一个非常复杂的过程，不是一般的社会发展史。人类社会由野蛮时代到文明时代，从氏族社会进入阶级社会，是人类历史上的一次大飞跃，是社会形态发生大变革的历史时期。因此，研究古代文明的起源与发展过程，不能片面强调某一个或几个文明因素，必须从研究生产的发展开始，然后再对生产力、生产关系、经济基础和上层建筑以及意识形态等方面，进行通盘考察。只有这样，才能全面揭示中国古代文明起源和形成的漫长历史发展进程，否则，很难作进一步的深入研究。因此。笔者以田野考古学为基础，以近几年所发表的大汶口文化的考古发掘资料为依据，谈谈对大汶口文化时期文明起源及其发展过程的一点初步认识。不当之处，请各位专家指教。

二

大汶口文化因 1959 年首次发掘泰安大汶口遗址而得名。该文化的分布范围主要在黄河下游的山东地区，东自胶东半岛，西到河南中部，北到辽东半岛南端，南达江苏北部和安徽的北部地区。四十余年来，大汶口文化的发现与研究取得了很大的进展。据不完全统计，仅在山东地区就发现大汶口文化遗址500 余处。经过正式发掘的重要遗址有泰安大汶口 [2]，邹县野店 [3]，滕州西公桥 [4]，枣庄建新 [5]、兖州王因 [6]、六里井 [7]，茌平尚庄 [8]，泗水天齐庙 [9]，曲阜西夏侯 [10]、南兴

[1] 中国文明起源研讨会纪要：《杨锡璋在中国文明起源研讨会上的发言》，《考古》1992年第6期。

[2] 山东省文物管理处、济南市博物馆：《大汶口——新石器时代墓葬发掘报告》，文物出版社，1974年；山东省文物考古研究所：《大汶口续集——大汶口遗址第二、三次发掘报告》，科学出版社，1997年。

[3] 山东省博物馆、山东省文物考古研究所：《邹县野店》，文物出版社，1985年。

[4] 山东省文物考古研究所：《山东滕州市西公桥遗址发掘简报》，《考古》2000年第10期。

[5] 山东省文物考古研究所：《山东枣庄建新遗址第一、二次发掘简报》，《考古》1995年第1期；山东省文物考古研究所、枣庄市文化局：《枣庄建新——新石器时代遗址发掘报告》，科学出版社，1996年。

[6] 中国社会科学院考古研究所山东队、济宁地区文化局：《山东兖州王因新石器时代遗址发掘简报》，《考古》1979年第1期；中国社会科学院考古研究所：《山东王因——新石器时代遗址发掘报告》，科学出版社，2000年。

[7] 国家文物局考古领队培训班：《兖州六里井》，科学出版社。1999年。

[8] 山东省文物考古研究所：《茌平尚庄新石器时代遗址》，《考古学报》1985年第4期。

[9] 国家文物局考古领队培训班：《泗水天齐庙遗址发掘的主要收获》，《文物》1994年第12期。

[10] 中国科学院考古研究所山东队：《山东曲阜西夏侯遗址第一次发掘报告》，《考古学报》1964年第2期；中国社会科学院考古研究所山东工作队：《西夏侯遗址第二次发掘报告》，《考古学报》1986年第3期。

埠[1]，临沂大范庄[2]，日照东海峪[3]，长岛北庄[4]，蓬莱紫荆山[5]，胶县三里河[6]，诸城呈子[7]、前寨，莒县陵阳河[8]、大朱家村[9]、杭头[10]潍坊前埠下[11]，广饶五村[12]、傅家等；江苏省境内主要有刘林[13]、大墩子[14]和花厅遗址[15]；安徽省主要是皖北的蒙城尉迟寺遗址[16]。经碳-14年代测定，大汶口文化的年代从公元前4300~前2600年，延续了大约一千七八百年，学术界一般将其划分为早、中、晚三个大的发展阶段。也有的划分为早、晚两段。在如此漫长的历史进程中，大汶口文化的社会生产力发展水平得到了不同程度的提高，为中华古代文明的起源、形成与发展等提供了坚实的物质基础。本文主要从农业和手工业的发展入手，从我国私有制的产生、内部的分化与分层、社会等级制的出现几方面，探讨中国古代文明的起源与发展过程。

　　农业的出现与文明起源的关系非常密切。在农业、家畜饲养业和手工业三大生产活动中，农业是整个古代世界具有决定性意义的生产部门。农业劳动，"是使其他一切部门所以能够独立化的自然基础"[17]。因此，在探讨古代文明起源及其发展过程时，应该首先对当时的农业生产力发展水平进行考察，并给予基本的估计。

[1]　山东省文物考古研究所：《山东曲阜南兴埠遗址的发掘》，《考古》1984年第12期。

[2]　临沂文物组：《山东临沂大范庄新石器时代墓葬的发掘》，《考古》1975年第1期。

[3]　山东省博物馆、日照县文化馆东海峪发掘小组：《一九七五年东海峪遗址的发掘》，《考古》1976年第6期。

[4]　北京大学考古实习队、烟台地区文管会、长岛县博物馆：《山东长岛北庄遗址试掘简报》，《考古》1987年第5期。

[5]　山东省博物馆：《蓬莱紫荆山遗址试掘简报》，《考古》1973年第1期。

[6]　中国社会科学院考古研究所：《胶县三里河》，文物出版社，1983年。

[7]　昌潍地区文物管理组、诸城县博物馆：《山东诸城呈子遗址发掘报告》，《考古学报》1980年第3期。

[8]　王树明：《陵阳河墓地刍议》，《史前研究》1987年第3期；山东省考古所、山东省博物馆、莒县文管所：《山东莒县陵阳河大汶口文化墓葬发掘简报》，《史前研究》1987年第3期。

[9]　山东省文物考古研究所：《莒县大朱家村大汶口文化墓葬》，《考古学报》1991年第2期。

[10]　山东省文物考古研究所、莒县博物馆：《山东莒县杭头遗址》，《考古》1988年第12期。

[11]　山东省文物考古研究所、寒亭区文物管理所：《山东潍坊前埠下遗址发掘报告》，《山东省高速公路考古报告集》，科学出版社，2000年。

[12]　山东省文物考古研究所、广饶县博物馆：《广饶县五村遗址发掘报告》，《海岱考古（第一辑）》，山东大学出版社，1989年。

[13]　南京博物院：《江苏邳县刘林新石器时代遗址第一次发掘》，《考古学报》1962年第1期；南京博物院：《江苏邳县刘林新石器时代遗址第二次发掘》，《考古学报》1965年第2期。

[14]　南京博物院：《江苏邳县四户镇大墩子遗址发掘报告》，《考古学报》1994年第2期；南京博物院：《江苏邳县四户镇大墩子遗址第二次发掘》，《考古学集刊·1》，中国社会科学出版社，1981年。

[15]　南京博物院：《新沂花厅新石器时代遗址概况》，《文物参考资料》1956年第7期；南京博物院：《1987年江苏新沂花厅遗址的发掘》，《文物》1990年第2期；南京博物院花厅考古队：《江苏新沂花厅遗址1989年发掘纪要》，《东南文化》1990年第1、2期合刊；《1989年江苏新沂花厅遗址的发掘》，《东方文明之光——良渚文化发现60周年纪念文集》，海南国际新闻出版中心，1996年。

[16]　中国社会科学院考古研究所安徽队：《安徽蒙城尉迟寺遗址发掘简报》，《考古》1994年第1期。以上资料引用时不再另注。

[17]　马克思：《剩余价值学说史》，人民出版社，1975年，第一卷第42页。

大汶口文化时期的农业已进入耜耕农业阶段。人们过着农业定居生活，农作物以粟类为主，同时还兼种黍和水稻。生产工具作为农业发展水平的重要标志，其制作技术与北辛文化相比又有了很大提高。石器多通体磨光，刃部锋利。主要有石铲、镰、刀、角锄、牙刀、牙镰等。另外，在三里河遗址墓葬中还发现了鹿角镰。以大汶口墓地为例，在133座墓葬中共出土石铲27件（含玉铲2件）、石斧10件、石刀11件、牙刀53件、牙镰21件、蚌镰3件。这些农业生产工具，收割工具占比例较大。反映了这一时期粮食的收获量是很大的。从北辛文化已发现的粟类农作物看，大汶口文化时期的农作物也应以种植粟为主。这种耐旱作物是由狗尾草驯化来的。因而。很适宜黄河流域的土壤和气候条件，所以，至今仍是华北地区人们种植的一种主要粮食作物。这种粮食作物在大汶口文化的早期阶段发现数量比较少，仅在胶东半岛的长岛县北庄遗址一期文化红烧土的墙皮中发现有许多屪子的皮壳[1]。在福山邱家庄等遗址则发现了粟的硅酸体[2]。在蓬莱大仲家遗址 T2 第 2 层的土样中发现了水稻的硅酸体[3]。另外，在王因遗址还发现有水稻的花粉，说明山东地区已有六千多年种植水稻的历史。通过对蒙城尉迟寺遗址采样进行的植物硅酸体分析，可以判明当时确已存在水稻的种植和栽培[4]。

大汶口文化的中晚期，粟类农作物的品种和数量大幅度增加，在广饶傅家遗址出土的一件陶鼎内见到粟粒[5]。陵阳河遗址 M12 人骨经碳十三测定发现其食谱中约 1/4 为 C4 成分，而 C4 成分一般认为应是粟类植物[6]。通过水洗法，从建新遗址取得了 60 粒轻度炭化的粟粒。这些粟粒多为卵圆形、长 1～1.2、宽 0.6～0.8 毫米。其背部隆起有沟，胚位于背面的沟内，长约为颖果的 1/3～1/2。尽管遗址中未能浮选出具有鉴定意义的外包籽实的稃和颖片，但从其籽实的形态仍有把握鉴定是粟的标本。特别是在三里河遗址一座不足 8 平方米，容积约 3.5 立方米的椭圆形半地穴粮食库房（窖穴）内，发现了 1.2 立方米的炭化粟粒。由于粮食放在窖穴内经过数千年体积自然会变小。因此推算。这些粟粒当折合新粟三四千斤，说明当时农业的收获量是十分可观的。

农业生产的不断发展，使以养猪为主的家畜饲养业也得到很大发展。遗址中出土了大量的猪、狗、牛、羊、鸡等骨骼，这些都是人们饲养的家畜，其中以猪骨数量最多。在刘林遗址第二次发掘中出土大量动物骨骼，据统计，包括猪牙 171

[1] 吴诗池：《山东新石器时代农业考古概述》，《农业考古》1983年第2期。

[2] 胶东半岛贝丘遗址研究小组：《胶东半岛北岸贝丘遗址环境考古学研究》，《中国文物报》1996年3月10日第三版。

[3] 中国社会科学院考古研究所：《胶东半岛贝丘遗址环境考古》，社会科学文献出版社，1999年。

[4] 王增林：《植物硅酸体分析在安徽蒙城尉迟寺遗址中的应用》，《考古》1985年第1期。

[5] 山东省文物考古研究所、广饶县博物馆：《山东广饶新石器时代遗址调查》，《考古》1985年第9期。

[6] 蔡莲珍、仇士华：《碳十三测定和古代食谱研究》，《考古》1984年第10期。

件、牛牙床及牛牙 30 件、羊牙床 8 件、狗牙床 12 件。大墩子遗址墓葬中还用整条狗进行随葬。在野店遗址则发现了 2 座猪坑，每坑各埋有 1 头猪。到了大汶口文化中晚期，家畜饲养业有了进一步发展，猪的饲养量空前增多，墓葬中盛行用整猪、猪头或猪下颌骨进行随葬，猪已经成为私有财富的象征，或者具有更深刻的社会意义。大汶口遗址 1959 年第一次发掘的 133 座墓葬中有 1/3 的墓随葬猪，其中 43 座墓葬随葬猪头 96 个，最多者随葬有 14 个。这些猪多是成年较大的个体，其中成年母猪占较大比例，大多数在宰食年岁以上。西夏侯遗址发现的三个猪头，经鉴定，均为雄性个体，其中二个在两岁半以上，一个在一岁半以下，均属青年期。三里河遗址的 66 座墓葬中，有 18 座墓葬随葬猪下颌骨 144 件，最多者达 37 件。又如，三里河遗址一个袋状灰坑内出土有 5 具完整的幼猪骨骼，看来可能是一个猪圈，可见当时已能人工繁殖小猪。大朱家村遗址 18 座墓葬放置猪下颌骨 80 多个。陵阳河遗址 45 座墓葬中有 25 座墓葬随葬猪下颌骨 160 多个，每墓平均 7 个，最多者为 M17，其中放置猪下颌骨 33 个，充分反映了这一时期养猪业的兴旺发达。同时也说明当时的农业生产有了较大的发展。

三

　　大汶口文化时期的原始手工业相当发达，特别是制陶业、制石制玉业、骨角牙制造业、纺织业以及酿酒业等原始手工业取得了引人注目的成就，在全国史前文化中居领先地位。

　　制陶业在手工业生产中占有相当重要的地位，是人们日常生活中不可缺少的生活用具之一。陶器生产表现出明显的阶段性，早期以手制为主，烧造火候较低，陶色以红陶为主，黑陶、灰陶少见，器类不多，造型简单，仅见觚形杯、钵形鼎、罐形鼎、盆形鼎、钵、豆、罐、杯等。到了中期阶段，红陶数量减少，灰褐陶比例上升，陶器制法仍以手制为主，一般采用泥条盘筑法，开始使用轮制技术，烧制火候较高，器类增多，新出现了实足鬶、浑圆体背壶、大镂空座的豆、盉、扁凿足的折腹鼎等。晚期阶段，已使用快轮制陶生产新技术，陶色以灰、褐陶为主，红陶罕见，新出现了白陶器，器类增多。器形复杂，典型器物有大袋足鬶、白陶背壶、长颈盉、宽肩壶、瓶、折腹鼎。特别是薄胎磨光镂空黑陶高柄杯的生产，代表了当时制陶工艺的最高水平，为山东龙山文化蛋壳陶的生产准备了条件。这一阶段还发现许多模仿动物造型的陶制工艺品。如大汶口遗址的兽形鬶，三里河遗址出土的猪形、狗形、龟形鬶以及北庄遗址出土的鸟形鬶等，反映了当时人们高超的制陶技术和工艺制作水平。烧造如此众多的精美陶器，如果没有高超的专门制陶人员是不行的。由此推测，大汶口文化时期的制陶业已经从农业中分离出来，成为专门的手工业部门，并进入了专业化生产阶段。

大汶口文化的制石制玉业，经历了相当长的发展过程。早期阶段，生产力发展水平较低，石器制作粗糙，而且器类少，只有石斧、石铲、石磨棒等，有的石器采用半打半磨的制作方法，有的则通体琢制，仅刃部磨光。中晚期阶段，石器磨制已经比较精细，较多地使用穿孔技术，多选用硬度比较高的蛋白石等，一般通体磨光，器形规整，器类增多。主要有铲、斧、锛、凿等，新出现了大型有段石锛。在大汶口 M10 和 M117 内还发现了制作精致的玉铲，其中一件为扁平长方形，厚 0.7 厘米，刃极锋利，磨制光滑，制作精美。据统计，大汶口遗址第一次发掘的 133 座墓葬中，有近 30 座墓葬随葬有种类繁多的玉器，主要有头饰、耳饰、项饰、佩饰、指环和臂腕饰等装饰品。其中，M10 发现有 2 串头饰和 1 串颈饰。据观察，一串头饰为 25 件白色大理岩长方形石片及 2 件牙形石片；另一串由 31 件大理岩管状石珠组成。颈饰则是 19 件形状不规则的松绿石片。野店遗址 M22 墓主为一女性死者，其头部有玉环，由玉单环、双连环、四连环以及绿松石串饰等组成，色泽艳丽，造型美观，制作极其精巧，已经达到了相当高的水平。

大汶口文化时期，骨角牙器的制造得到了飞速发展。在刘林遗址发现了刻有猪头的牙质饰件，在大墩子遗址发现一串 10 粒精致的雕花骨珠。在野店遗址还发现了刻花骨匕。大汶口遗址第一次发掘中出土 16 件骨雕筒、10 件花瓣象牙雕筒、7 件象牙琮。其中一件透雕象牙筒，筒身周围布满剔透的花瓣纹样，当时在没有金属工具的情况下，能制出如此精美的器物是十分不容易的。有的骨雕筒还镶嵌有松绿石。筒壁一侧多有 4 个圆孔，以便佩戴。特别是一件透雕十六齿象牙梳保存得相当完整，全长 16.7 厘米，有 16 个细密的梳齿，齿长 4.6 厘米，齿尖扁薄，梳把稍厚，把的顶部刻 4 个豁口，近顶部穿 3 个圆孔，梳把雕镂三道同等距离的微弧短线组成的"8"字形镂空。内填"T"字形图案，外界框由单行短条孔组成"门"形孔。另外，还有制作精细的骨指环、獐牙勾形器等。如此高超的透雕技术和镶嵌技术代表了中国新石器时代骨角牙器制造业的最高水平。

大汶口文化的纺织业已经有了很大的进步，在许多遗址中均发现有陶、石纺轮、骨针、锥、梭形器等纺织缝纫工具。如大汶口遗址的 133 座墓葬中出土纺轮 31 件，其中石质 26 件、陶质 5 件；骨针 20 件，最长的 18.2 厘米，粗者 7 毫米，最细者只有 1 毫米，针顶端有鼻，孔径细的只能穿过一根细线，可见纺织缝纫技术的进步。特别是发现的大量布纹痕迹，足证这一时期布匹的存在。所发现的布纹一种是粗布纹，另一种是细密布纹。在南兴埠遗址发现的甑箅和甑底部的布纹有粗细之分，每平方厘米的经纬线各在 7 ~ 8 根。野店遗址的一件陶盆底部发现印有粗布纹，可能是麻类纤维，为经纬交织组成的平布纹，据分析，每平方厘米的经纬线在 8 根左右。岗上遗址 M7 出土的一件陶罐底部印有麻布纹，每平方厘米平均约有 7 ～ 8 根经纬线[1]。西夏侯遗址两次发掘中发现不少陶器的底部印有布纹，第一次发掘出土的 20 件陶器，如鼎、罐、背壶、尊形器等印有平纹布纹，其中一件背壶底部的布纹细密且清晰可辨，据观察每平方厘米的经纬线各有 10 根，多数为 6 ～ 8 根；在第二次发掘的地层中又发现陶器底部印有布纹的痕迹，每平方厘米有经纬线各约 6 ～ 9 根，出土于上层墓葬中的陶器底部的布纹经纬线分别为 5 ～ 6 根和 8 ～ 9 根。在长岛大钦岛北村三条沟遗址陶器底部发现的布纹经稀纬密，每平方厘米为 8 ～ 11 根，系平纹织法[2]。除上述遗址外。在西公桥、六里井、费县城阳等遗址均发现有大量布纹的痕迹。可见，大汶口文化时期的纺织业是很发达的，可能已经从农业中分离出来，成为专门从事纺织手工业生产的部门。

由于农业生产的不断发展，粮食有了较多的剩余，由此促进了酿酒业的发展，墓葬中出土的大量陶鬶、壶、高柄杯、盉等专用酒器，就是这一时期酿酒业已经出现的重要标志。它从一个侧面说明当时的农业产品已经出现了剩余，也反映出这一时期农业生产的发达程度。例如，大汶口 133 座墓葬中有 42 座随葬高柄杯、筒形杯、单把杯等各种酒器 171 件。大范庄遗址共出土陶器 725 件，其中酒器就有 644 件，占出土陶器总数的 88.8%。1979 年陵阳河遗址发掘中出土陶器 1400 多件，其中高柄杯有 650 多件。如 M6 随葬陶器 160 多件，而高柄杯一类就多达 90 余件。特别是发现的一些器形较大的瓮、壶、漏器等，可作为谷物发酵、储酒、沥酒之用。尤其是墓葬中随葬的二件陶质酿酒工具，质地均为夹砂红陶，直壁，深腹，平底，底部中间有一圆形孔，其中一件口径 55、深 38、孔径为 20 厘米。酿酒工具的发现在山东地区还属首次，它不仅为研究大汶口文化时期的酿酒工艺提供了重要的实物资料，而且为我们正确估计这一时期的农业发展水平提供了重要的参考资料。

文字的发明和使用是人类历史上的重大事件。文献记载，仓颉造字时"天雨粟，鬼夜哭"。由此说明，文字的发明确实是一件"泣天地，动鬼神"的大事。它是古代人类在长期生产实践中，出于沟通思想和传递信息的需要而发明的，是人们记录和传播人类思想的重要工具，也是文明发展进程中不可缺少的手段。因此，在人类历史上具有里程碑的意义，也是文明时代到来的重要标志之一。有的国外学者把文字的书写放在文明诸项要素的首位，看来是有一定道理的。大量考古资料证明，大汶口文化时期已经发明了图像文字（图一），主要发现于陵阳河、大朱家村、

　　[1]　山东省博物馆：《山东滕县岗上新石器时代墓葬试掘报告》，《考古》1963 年第 7 期。

　　[2]　北京大学考古实习队、烟台地区文管会、长岛县博物馆：《山东长岛县史前遗址》，《史前研究》1983年第 1 期。

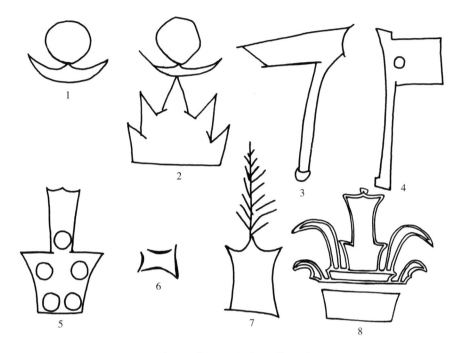

图一　大汶口文化图像文字

1. 炅　2. 炅山　3. 斤　4. 戉　5. 符号甲　6. 符号乙　7. 符号丙　8. 符号丁

杭头、前寨、尉迟寺等遗址出土的陶尊上面，共 20 余枚，约有八九种个体。这些图像文字有的像自然物体，有的像工具和兵器，如斤、斧、锛、炅、戉、旦、封、皇、凡、南、享等等。它们曾被誉为"远古文明的火花"。唐兰先生认为，这些象形文字与商周青铜文字、商代甲骨文字以及陶器文字，都是一脉相承的[1]。李学勤先生认为，大汶口文化陶器上的刻划符号，"同后世的甲骨文、金文形状结构接近，一看就产生很像文字的感受"[2]。裘锡圭先生认为大汶口文化的陶器文字是原始文字，"跟古汉字相似的程度是非常高的，它们之间似乎存在着一脉相承的关系"[3]。总之，大汶口文化图像文字的发现与使用，标志着人类社会已经进入或者已经接近文明时代的门槛了。

　　在人类历史上，金属器的出现是具有划时代意义的重大事件，它代表了当时新的生产力，是人类社会进入文明时代的重要标志之一。在各种金属中，铜是人类最先认识和使用的一种金属，人类采用化学方法，将天然铜矿石熔化，铸造成

[1] 唐兰：《从大汶口文化的陶器文字看我国最早文化的年代》，《大汶口文化讨论文集》，齐鲁书社，1998年。

[2] 李学勤：《论新出大汶口文化符号》，《文物》1987年第3期。

[3] 裘锡圭：《汉字形成问题的初步探索》，《中国语文》1987年第3期。

器皿。这项发明促使社会生产力发生了质的飞跃。根据考古资料，在山东地区。大汶口文化时期已发现了使用青铜器的迹象。例如，大汶口 M1 中出土一件孔雀绿色的骨凿，经中国科学院地质研究所鉴定，含铜量为 0.099%，显然系被含铜物质污染所致。这一例证，虽不能说明大汶口文化时期已经有了冶铜业，但它至少启示我们，大汶口文化时期已经有可能具备了冶炼青铜器的能力。这种推断，期待着今后在考古发掘中能够进一步得到证实。

城址的出现是古代人类社会发展到一定阶段的产物，是与社会生产力的发展、私有制的产生分不开的。与阶级的产生和国家的出现也是息息相关的。正如恩格斯在《家庭、私有制和国家的起源》一书中所说："在新的设防城市周围屹立着高峻的墙壁并非无故，它们的壕沟深陷为氏族制度的墓穴，而它们的城楼已经耸入文明时代了。"[1] 我国城的出现是很早的，古代文献中有许多这方面的记载。如《吕氏春秋·君守篇》有："夏鲧作城。"《淮南子·原道训》也说"昔日夏鲧作三仞之城"。现在看来，上面这些记载与考古发现还是基本吻合的。在山东地区。1994 年，张学海先生在阳谷县阿城镇王家庄村西进行调查时，发现了一座大汶口文化时期的城址[2]。1995 年再次勘察，基本查明城的平面为圆角扁长方形，东北—西南向，南北长 360 米左右，东西宽 120 米以上，面积约 4 万平方米，始建年代可能早到距今 6000 年。同年初夏，在对滕州西康留大汶口文化遗址进行普探时。也发现了一座大汶口文化时期的城址[3]，东垣长约 180 米，略外弧；南垣长约 160 米；西垣南段探出约 45 米，偏向西北；北垣东半探出约 76 米；西北部城垣尚未找到，但城的平面轮廓已比较清楚，应呈不规则方形或五边形。南北长约 195 米，估计面积 35000 平方米左右。该遗址除发现城址外，山东省文物考古研究所在试掘时还发现 3 处夯筑建筑遗迹[4]，其中二处已被证明为台基，平面均呈圆角长方形，但方向和大小不一致。1 号台基位于遗址的中南部。东北—西南向，长 40、宽 20 米，面积约 700 ~ 800 平方米；2 号台基位于遗址的中部，西北—东南向。长 30、宽 10 ~ 15 米，面积约 400 平方米。近年，山东省文物考古研究所在五莲县丹土遗址的发掘中又发现一座大汶口文化时期的城址（图二）[5]。这是目前山东地区唯一在正式发掘中发现的大汶口文化城址。据报道，该城址位于五莲县潮河镇丹土村，中部被村子占压，西北距县城约 40 千米，遗址地势由西南向东北倾斜。城址平面略呈椭圆形，东西

[1] 恩格斯：《家庭、私有制和国家的起源》，人民出版社，1972年，第162页。

[2] 张学海：《浅说中国早期城的发现》，《长江中游史前文化暨第二届亚洲文明学术讨论会论文集》，岳麓书社，1996年。

[3] 张学海：《浅说中国早期城的发现》，《长江中游史前文化暨第二届亚洲文明学术讨论会论文集》，岳麓书社，1996年。

[4] 李鲁滕、孙开玉：《山东滕州西康留遗址调查、发掘简报》，《考古》1995年第3期。

[5] 山东省文物考古研究所：《五莲丹土发现大汶口文化城址》，《中国文物报》2001年1月17日第一版。

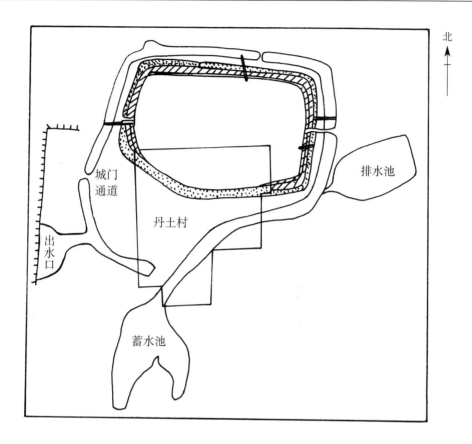

图二 丹土城址平面示意图

长 400 余、南北宽近 300 米, 城内面积 9.5 万平方米; 城壕宽约 10、口至底深约
2.5 米; 城墙仅存墙基部分, 墙体残宽约 10、残高约 1 米, 墙为分层堆筑, 夯层
较平整, 每层厚 0.1 ~ 0.2 米。壕沟形状均为敞口, 平底, 沟壁下部斜直, 上部缓
坡; 城墙均在清理了地表或早期城壕的基础上堆筑, 用土多是挖掘城壕时取出的土,
沟内侧多有护坡。大汶口文化城墙之下有大汶口文化晚期灰坑, 城墙又被大汶口
文化末期的房基垫土、基槽和墓葬打破, 城墙年代可定在大汶口文化晚期偏晚阶段。
大汶口文化城址的不断发现。是中国古代文明起源的又一重要标志, 同时对山东
龙山文化时期大量城址的发现也产生了深远的影响。

四

　　大汶口文化时期的社会经济形态, 早期阶段已经达到了较高程度, 中期以后
又有了飞速发展, 白陶器、薄胎黑陶器、玉器、象牙器、镶嵌工艺的出现以及快

轮制陶技术的应用，说明这一时期部分手工业已经从农业中分离出来，成为相对独立的经济部门。农业、家畜饲养业、各种手工业生产的发展，社会分工的日益精细，新技术和新产品的相继出现，生产领域的不断扩大，产品种类和数量的日益增多，为生产关系的变动、私有制的出现提供了物质前提，促使新的社会管理机制产生；并由此导致贫富分化。在氏族内部出现贫者和富者的严重对立。少数富有者积累了较多的财富，而绝大多数贫穷者则一无所有。经济基础的改变必然导致上层建筑的变化，这种现象在大汶口文化中表现得非常突出。

早期阶段，生产工具种类较少，一般只有石斧、石铲和石磨盘、石磨棒等，而且制作粗糙，浑厚而笨拙。例如，王因遗址出土的生产工具，只发现磨制粗糙且保留打制痕迹的石铲等。陶器多为手制，不仅质地厚重，而且火候较低，极易破碎。墓葬中多数没有随葬品，有随葬品的墓葬一般也只有二三件。在王因墓地，随葬品的种类和数量都不算多，据统计，899 座墓葬中。有随葬品的墓葬为 537 座，占墓葬总数的 60%。各墓之间随葬品的数量多寡差别并不大。早期墓葬中，有随葬品的墓葬比例较小，愈到晚期则随葬品愈多，而且种类和数量也逐渐增多。例如，121 座早期墓葬中，无随葬品的墓葬有 59 座；有 1 至 3 件随葬品的 59 座。两者共占早期墓葬的 97%；其余三座墓葬有 4 件随葬品。376 座中期墓葬中，无随葬品的 164 座，占 43%；有 1 至 3 件随葬品的约占 40%；4 至 25 件随葬品的占 17%。晚期阶段的 402 座墓葬中，无随葬品的 139 座，占 35%；有 1 至 3 件随葬品的占 27%；有 4 至 9 件随葬品的约占 30%；有 10 至 53 件随葬品的占 8%。显然，晚期墓葬的随葬品数量比早、中期墓葬普遍增多，厚葬之风在晚期较盛。总的来看，王因遗址墓葬之间，随葬品的数量差别不大，贫富分化并不悬殊，即使出现个人财富多寡不等的现象，也未能达到贫富分化严重的程度，至少这种现象还没有反映到葬俗上来。"即使随葬品最多的单人葬，也只罗列了日常生活和生产的必需品，看不出是剩余劳动的堆积，尚未构成贫富悬殊或分化的问题。"[1] 这说明氏族成员间的血缘纽带还在起作用，氏族制度尚未解体。但在大汶口文化早期阶段的刘林墓群第二次发掘中，已经初步显示出贫富分化的一些迹象。据统计，所清理的 145 座墓葬中 127 座有随葬品。其中，有 1 至 8 件随葬品的 100 座，有 6 至 15 件随葬品的 19 座，有 19 至 32 件随葬品的 8 座。例如 M182，随葬有鼎、觚形杯、罐、缸、圈足杯，以及穿孔石斧、獐牙勾形器、角锥、骨铲、长方形骨器和龟甲等。大墩子遗址的 343 座墓葬中。有 30 座没有随葬品，但 M44、M38、M32 的随葬品特别丰富。M44 随葬鼎、杯共 11 件，罐、缸、盆、瓶各 1 件，穿孔石器、环各 1 件，獐牙 4 个，獐牙勾形器、角鱼镖、骨管、骨帽各 1 件等。这种比较富裕的墓葬，

---

[1]　李学勤：《中国古代文明与国家形成研究》，云南人民出版社，1997年。

与没有随葬品或只有一两件随葬品的墓葬相比，悬殊明显，说明社会内部已经出现贫富分化，私有财产已经开始萌芽。种种迹象表明，大汶口文化的早期偏晚阶段是社会由大体平等到初步不平等的转变期。在转变后的父系社会中，家族与宗族日益发挥着各自的功能，而氏族纽带的束缚则日趋衰退[1]。

上述贫富分化现象在大汶口遗址 1974 年和 1978 年两次发掘的 46 座墓葬中表现得非常明显。从墓葬规模来看，当时已存在大、小墓之别。大型墓的墓室宽大，小型墓一般都较狭窄。随葬器物的数量和种类也已出现多寡悬殊的情况，少者不过数件或一无所有，多者则随葬成组的石、骨、陶器等百余件。特别是第一墓组中的大型墓多实行厚葬，随葬品达百余件。与其他墓组相比，第一墓组当是富裕家族的墓地。其中，M2005 和 M2019 仅陶器一项就占全部墓葬随葬陶器的四分之一左右，而且还有大量骨器、石器和装饰品等。说明在大汶口遗址早期阶段，贫富差别已经相当明显，同时也表明其经济实力较强，与周围其他同时期遗址相比其生产力水平要高得多，在山东地区乃至全国已处于领先地位。可见大汶口遗址在当时已经成为大汶口文化时期的一个政治、经济、文化的中心区域。

中晚期阶段，社会生产力发展水平较早期阶段又有了很大提高，石质生产工具种类增多，质料多样，在选材上大部分选用硬度高的大理石、蛋白石等；石斧、石铲等则都是通体磨光，棱角分明，刃口锋利。此外，制陶工艺也有了进一步提高，红陶比例下降，黑、灰陶上升，而薄胎黑陶和白陶的出现，更使制陶业达到了新水平。随之而来的是私有制、贫富差别、阶级分化、社会内部的分层等新的社会现象开始产生，贫富分化和阶级对立现象日趋明显，在氏族内部出现了贫者和富者的严重对立，社会组织已经存在不同的等级，少数富有者积聚了大量财富，而多数贫穷者则一无所有。一些特殊富有者的大型墓葬说明，这一阶段社会制度将要发生变化，大汶口遗址第一次发掘的墓葬资料为我们提供了有关这方面的一些信息。在大汶口遗址 133 座墓葬中，同一墓地中的墓葬明显可分为大、中、小三类。小型墓葬的墓坑狭小简陋，只能容放尸体，没有或只有一两件随葬品。其中，八座小墓空无一物，反映了死者生前贫困的社会生活。据统计，40 座小墓的随葬品总和还不及 M10 一座丰富。中型墓少数有木椁，随葬品只有 10 至 20 件。与此相反，少数富有者的大墓，不仅墓穴规模大，而且棺椁俱全，随葬品十分丰富，少者 50 至 60 件，最多的甚至达到 180 余件。墓葬规模之大，随葬品之丰富，完全可以和奴隶社会的一般贵族墓葬媲美。这是中心聚落内部财富与地位不平等以及社会内部分化与分层的生动写照。不仅如此，大、中、小墓葬在随葬品的种类和质量方面也有明显不同。例如，同样是陶器，大型墓葬的要比中型墓葬的好，中型墓葬

---

[1]　王震中：《中国文明起源的比较研究》，陕西人民出版社，1994 年。

的要比小型墓葬的好。最精致的黑陶、白陶、彩陶以及玉器、象牙器、鳄鱼鳞板、镶嵌绿松石的骨雕筒等都出现在大型墓葬中。如 M10，长 4.2、宽 3.2 米，使用"井"字型木椁（图三）。死者头上佩戴三串大理岩和绿松石制成的串饰。右腕佩玉臂环，同时随葬的还有一件晶莹的墨绿色玉铲，精制的骨雕筒、象牙筒、象牙梳、象牙管和 84 块鳄鱼鳞板、2 个猪头以及 80 多件优质陶器，其中仅陶瓶一类就有 38 件（图四）。至于 M10 出土的绿松石、玉器、象牙器等贵重物品，更不是一般人所能使用的东西，而是少数人享用的高级奢侈品，也是墓主人权力、身份、地位和财富的象征物，这是私有财产业已发生、贫富差别已经出现的重要例证。野店遗址的情况也是如此，各墓随葬品的质量和数量差别很大，少的一两件，多的达 40 至 50 件。这些随葬品丰富的大墓出土的器物数量多、质量好，不仅有一般的陶器，还有各种酒器、玉器和彩陶器等。陵阳河遗址的资料也提供了当时部落内部等级分化的一些重要证据。据报道，三次发掘共清理了大汶口文化晚期墓葬 45 座。可分为早、中、晚三期。这里大墓成群，大墓墓室巨大，而且随葬品极其丰富，尤其是酒器和猪下颌骨特别多，各种随葬品少则 40 至 50 件，多者 70 至 80 件，个别大墓的随葬品达到近 200 件。而小墓和大墓对比鲜明，小墓仅能容身，有的仅有 2 件陶器，有的随葬五六件或六七件器物，与大墓相比差别相当明显。这种情况说明这一时期社会内部贵族与平民之间已分成了不同的等级，已经出现少数拥有特权和大量占有社会财富的显贵、首领及一批据有部分权力和财富的中小贵族。这一点从墓葬分布中也看得相当清楚。45 座墓葬共分为四区，属于第一墓区（河滩墓地）的墓葬有 25 座。位于遗址北部，即陵阳河南岸；第二墓区位于第一墓区的西北，两者相距约 50 米；第三墓区在遗址的东北部。距河滩墓地约 60 米；第四墓区在遗址东南，距河滩墓地约 150 米。据研究，第一墓区的 25 座墓葬中，早期墓 3 座、中期墓 9 座、晚期墓 13 座。依西南而东北依次埋葬，说明该家族墓地使用了较长的时间。发现的 19 座中型以上墓葬均集中在第一墓区。而第二至四墓区全是一些小墓，随葬品一般为 7 至 8 件，多者亦不足 30 件。第一墓区的 19 座贵族墓不仅墓室宽大，而且随葬品十分丰富。如 M6，墓室长 4.55、宽 3.8 米，墓主为一成年男性，随葬器物 180 余件，其中猪下颌骨 21 件，陶质器皿中鼎、鬶、罐、双耳壶、豆、盆、盉、厚胎及薄胎镂空高柄杯、瓮、大口尊、漏缸等 160 余件，石铲、石璧、骨雕筒、石凿各 1 件。石坠饰 4 件。又如 M17，使用"井"字形木椁，墓室长 4.6、宽 3.23 米。出土器物 192 件，其中陶器 157 件，包括制作精致的黑陶镂空高柄杯 40 多件，以及鼎、鬶、罐、豆、双耳壶、单耳杯、单耳罐、盆、盉、瓮、厚胎及薄胎镂空高柄杯、刻文陶尊、漏缸、笛柄杯等；另有猪下颌骨 33 件和 2 件石凿。上述几座大型墓葬的随葬品之丰富，已远远超过了一个人实际生活的需要。突出了墓主人凌

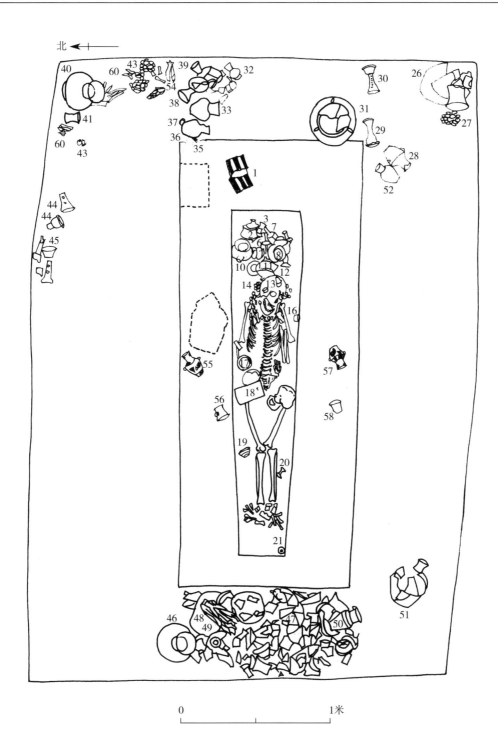

图三　大汶口文化M10平面图

图四　大汶口M10随葬器物组合

1. 象牙雕筒（2件）　2、8、11. 其他鼎　3、32、37、41、56、58. 单把杯　4. 三足盉　5、22. 无鼻壶　6、7. 空足鬶　9、29、30、44、45. 高柄杯　10. 平底盉　12. 象牙梳　13. 笄、有穿长方形石片饰（27件）　14. 管状石珠（31颗）　15. 松绿石串饰（19件）　16. 石斧　17. 臂环　18. 石铲　19. 骨雕筒　20、21. 器盖　23. 笄　24. 象牙管（压在头下）　25. 笄（压在头下）　26、40、46、51. 宽肩壶　27、43. 鳄鱼鳞板　28、33～35、52. 背壶　31、48. 其他罐　38、39、47. 细柄豆　42. 指环　49、54. 猪头骨　50. 瓶　53. 折腹鼎　55、57. 彩陶背壶　59. 象牙片（2件，压在头下）　60. 猪骨　61. 双鼻壶（压在50下）

驾于众人之上一人独尊的地位，这与一般墓地中出现的贫富分化是有很大不同的。"如果成员之间在分配方面发生了比较大的不平等，那么，这就已经是公社开始解体的标志了。"[1]这种不平等，不但是人与人之间的不平等，而且表现为家族与家族、宗族与宗族之间的不平等。据统计，在陵阳河墓葬的随葬品中，制作精致的石钺、石璧、骨雕筒、陶质牛角形号、石环，以及刻划图像文字的陶尊等具有象征身份、权力和地位的随葬品，无一例外。全部发现于河滩墓地的大型墓葬中。因此，可以说陵阳河遗址的河滩墓地是这一地区居民中权贵家族若干代的祖茔地。

花厅遗址的殉人现象，是文明时代即将到来的重要信息。在1987年和1989年发掘的66座大汶口文化墓葬中，十座大墓中就有八座使用殉人。殉人以少儿和幼儿为主，亦有成年女性和成年男性。殉人的位置一般在墓主人的两侧墓边和脚后。例如，M60墓主是一壮年男子，随葬品有150多件，殉葬5人，包括中年男女各1人，在他们的头部上方有一幼儿。右下侧有一少年，另在女殉人身旁发现一儿童骨架。又如，M61墓主是一20岁的成年女性，墓中殉葬一少年女性。再如，M18墓主为青壮年，此墓殉葬有一成年女性和两个婴幼儿，除墓主有大量随葬品外，右侧的成年女子头上方和脚后也随葬有较多的玉器和陶器，手上戴着玉镯，墓主脚后的婴幼儿旁也放置了六七件精美陶器。还有M16坑内西端有1对少年骨架。坑外东端有3具幼童骨架，两侧还发现1至3具幼童骨架。再就是M20内发现3具人骨，墓主为一成年男性，仰身直肢，脚下并排横置2具少年骨架，均应为墓主的殉葬者（图五）。上述几座墓葬中的人骨架均为一次埋葬，骨架排列整齐有序，且骨架齐全，墓内的青少年和儿童均为同时埋人，因此可以认为，这些殉人墓葬，除墓主外，其余均为非正常死亡，应属殉葬无疑。殉人的目的是墓主为了死后继续享受生前的生活，继续奴役其妻妾、奴仆和武士等。这些殉葬者大部分应是墓主身边比较亲近的人，有的可能是社会内部因贫富分化而产生的奴隶。反映了当时社会上尖锐的阶级矛盾和特权阶层权力的扩大，以及自由人与非自由人之间社会地位的不平等。

总之，大汶口、陵阳河、花厅等特大型遗址中的大墓，无论是墓穴规模、葬具，还是随葬品的数量、质量以及品种等。都远非一般墓葬所能比拟，远远超出了个人日常生活所必需，这是社会内部分层和分化均已出现的重要例证。如严文明先生所言，在大汶口，大型墓占少数，小型墓也占少数，多数还是中型墓。而同一文化的别的墓地，如以大汶口做标准，则以中型墓占少数，小型墓占多数。有的墓地即使有大型墓，也没有玉器、象牙器、鳄鱼皮鼓等特殊器物。所以说，大汶口这个聚落的居民无论在财富上还是在社会地位上都比别的聚落为高，它的贵族

---

[1]　恩格斯：《反杜林论》，商务印书馆，1971年，第145页。

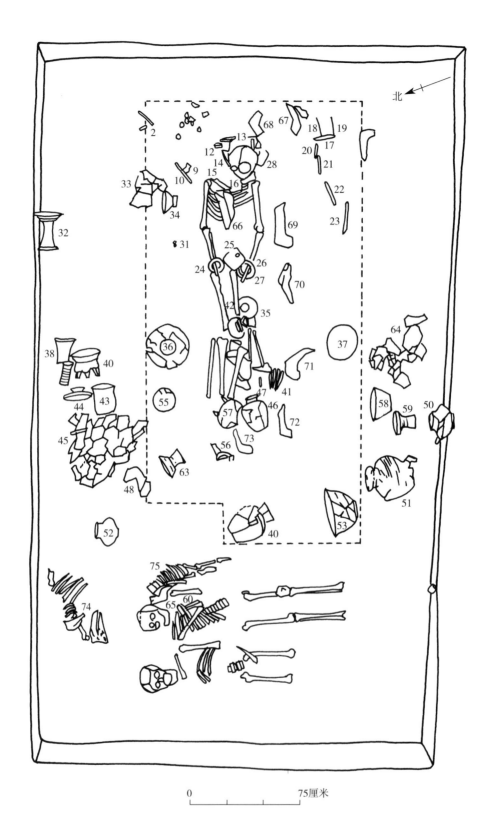

图五　花厅M20平面图及随葬品

1、10～12、16～23、62. 玉锥　2～8. 玉饰　9. 玉镯　13. 双孔石钺　14. 鼓形玉珠　15. 小玉珠　24、26. 玉瑗　25. 石钺　27. 玉环　28. 石铲　29. 陶筒形杯　30、39、43、48、52、55、56. 陶罐　31. 玉珠　32. 高足豆　33、45. 灰陶器　34、35、42、59、63、64. 陶豆　36、50. 陶盉　37、57. 陶鼎　38. 陶高把豆　40. 陶瓦足鼎　41. 石镞　44. 陶器盖　46、49. 陶背壶　47. 骨镞　51. 陶壶　53. 陶圈足盆　54. 红陶器　58. 陶大口钵　60. 残玉镯　61. 穿孔石斧　65. 绿松石耳坠　66、67. 猪头　68～73. 猪颌骨　74. 猪骨架　75. 狗骨架

们不但统治着本聚落的平民，还统治着其他聚落的人民[1]。所以，中心聚落与其周围地区的一些普通聚落，存在着经济上、政治上的不平等以及某种程度上的主从关系。这种不平等或主从关系，是中国古代由原始社会迈向文明时代的一条必经之路。

<h1 style="text-align:center">五</h1>

综上所述，可以看出大汶口文化的中晚期，特别是晚期阶段的社会形态已经发生了深刻变化。随着农业、家畜饲养业以及各种手工业生产的不断发展，尤其是冶金术的出现、文字的产生、城市的兴起、殉人的使用等文明因素的出现，这一时期已经出现了私有制和等级社会，社会形态将要发生本质的变化，即原始社会开始向阶级社会过渡，中华民族已经处在文明时代的前夜。至于大汶口、陵阳河、花厅等这样的特大型遗址，作为中心聚落，应当是当时政治、经济、文化的中心。从生产力发展水平以及诸多文明因素来看，它们可能已经率先进入了文明时代，并建立了国家。正如苏秉琦先生所指出的，"中国文明的起源，恰似满天星斗。虽然各地、各民族跨入文明门槛的步伐有先有后，同步或不同步，但以自己特有的文明组成丰富了中华文明，都是中华文明的缔造者"[2]。

原载《古代文明研究（第一辑）》，文物出版社，2005年

---

[1]　严文明：《中国新石器时代聚落形态的考察》，《庆祝苏秉琦考古五十五年论文集》，文物出版社，1989年。

[2]　童明康：《进一步探讨中国文明的起源——苏秉琦关于辽西考古新发现的谈话》，《史学情报》1987年第1期。

大汶口—龙山文化与良渚文化相关问题探讨

　　大汶口—龙山文化和良渚文化是我国新石器时代两支不同文化面貌的考古学文化。前者主要分布在黄河下游，以泰沂山区为中心的山东地区，东自胶东半岛、西到河南中部、北到辽东半岛南端、南达江苏北部和安徽北部地区。而良渚文化则是继崧泽文化发展起来的一种考古学文化，主要分布在浙江省北部和江苏省南部，大致位于太湖流域为中心的苏沪浙地区。两者在长期的发展过程中，彼此给对方以重大影响，形成了文化上的双向交流。本文主要利用考古资料，就大汶口—龙山文化与良渚文化相关问题进行探讨。着重从物质文化遗存中的陶器、玉石器、图像文字、祭坛等作对比研究，并就墓葬中的分化现象和聚落形态的形成发表看法。

一　两个地区文化的互动关系

　　大汶口—龙山文化与良渚文化地域相毗邻，在长期的交往过程中，它们相互影响，相互渗透，共同发展，关系非常密切，因而出现一些共同的文化因素。如大汶口—龙山文化中包含着良渚文化的典型器物；在良渚文化中也发现有大汶口—龙山文化的代表遗存。

　　资料显示，大汶口文化早期阶段，双方来往较少，大汶口文化中晚期阶段，良渚文化的文化因素在山东地区遗址中开始增多，良渚文化风格的许多文化遗物遍及大汶口文化分布区。如象牙雕筒、象牙梳、玉璧、玉琮、玉串饰、双孔石钺、有段石锛等；陶器中的瓦足鼎，T字形足鼎、四系罐、贯耳壶、浅盘豆、宽把杯、圈足杯等，这些器形都是太湖流域良渚文化的代表器物，然而多次在山东地区大汶口文化遗址中被发现，显然是受到良渚文化影响的产物。另外，在江苏新沂花厅遗址[1]墓葬中，还发现背壶、镂空豆、圈足尊、盉等大汶口文化的典型陶器，与良渚文化的瓦足鼎、贯耳壶、宽把杯、玉琮等典型陶器和玉器共存的现象。

---

[1]　南京博物院：《花厅——新石器时代墓地发掘报告》，文物出版社，2003年。

双鼻壶是良渚文化的常见器物，但在大汶口文化遗址中却经常发现，主要有邹县野店[1]、江苏邳县大墩子[2]、花厅和诸城呈子等遗址。其中大墩子遗址（M302）的贯耳壶与马桥遗址 M9 的同类器物形似，野店遗址的贯耳壶（M31：10）与张陵山遗址的贯耳壶雷同。上述遗址的这类双鼻壶，应是来自良渚文化的遗物或者是受到良渚文化直接影响的产物。有学者统计，《大汶口》报告中有双鼻壶 32 件，其中竖向安鼻者 21 件，双鼻体形较大，安鼻的部位也都不在口缘，而且也不见圈足或假圈足，在形态上，与良渚文化的双鼻壶有一些区别。就制品的色泽而论，良渚文化的双鼻壶全部为泥质灰黑陶，而大汶口墓地不仅有不少红陶制品，而且还有 1 件彩陶的双鼻壶，应是受到良渚文化某种影响而产生的当地制品。因而，认为大汶口文化中的双鼻壶，是良渚文化因素在大汶口文化中的一种表现[3]。

有段石锛是良渚文化的典型器物。这种石器在花厅（M110）、大墩子（M57）、泰安大汶口[4]（M1：5、M4：21）等遗址中均有发现。看来，大汶口文化遗址中发现的这类器物，也应是受到良渚文化影响的产物。玉琮一类玉礼器是良渚文化中特有的器物，在大汶口—龙山文化中也发现过这类玉器，这些玉琮与太湖流域良渚文化遗址中出土的玉琮十分相似，应是受到良渚文化影响而出现的。由此说明了两个地区不同文化之间的双向交流和文化关系。

花厅遗址大汶口文化墓葬出土一批玉器，其玉质和艺术风格等与良渚文化的玉器相似或相同。兽面纹玉琮同反山遗址良渚文化玉琮形管（M18：6）相近似。琮形管与反山遗址（M16：9、M20：107）的同类器雷同。兽面纹锥状饰与瑶山（M：10、M7：22）同类器相类。

由于花厅遗址大汶口文化遗存与良渚文化年代相近，上述器物之间出现的相似性说明，两个文化之间在文化内涵及其玉器上所表现的共性关系，或者说后者是前者的延续和发展。

山东龙山文化时期，也出现许多与良渚文化相同或相似的现象。如兽面纹是良渚文化玉器上的主要纹饰，在日照两城镇遗址玉锛上所刻的神兽纹与长江流域的良渚文化的同类纹饰有某些相似之处，也应是在良渚文化影响下产生的。再如临朐西朱封遗址出土的玉（冠）饰与良渚文化的冠状玉饰较相近或相同；山东龙山文化玉器上的神像与良渚文化玉器上的神像多有一致之处。可以看出，山东龙

[1]　山东省博物馆、山东省文物考古研究所：《邹县野店》，文物出版社，1985年。

[2]　南京博物院：《江苏邳县四户镇大墩子遗址发掘报告》，《考古学报》1964年第2期；南京博物院：《江苏邳县四户镇大墩子遗址第二次发掘》，《考古学集刊·1》，中国社会科学出版社，1981年。

[3]　牟永抗：《试论良渚文化和大汶口文化的关系》，《中国考古学会第七次年会论文集》，文物出版社，1992年。

[4]　山东省文物管理处、济南市博物馆：《大汶口——新石器时代墓葬发掘报告》，文物出版社，1974年。

山文化玉器虽有自己的发展脉络和文化特征，但在其形制、纹饰等方面明显受到了良渚文化玉器的影响，这种现象进一步影响到后来的商代玉器[1]。

在太湖流域，良渚文化遗址中也发现许多大汶口—龙山文化的文化遗物。如陶尊是大汶口文化的典型器物。在莒县陵阳河、大朱家村、诸城前寨、五莲董家营和安徽蒙城尉迟寺遗址[2]都发现刻画陶文的陶尊。这种器物，在良渚文化上海青浦福泉山、马桥、吴县草鞋山、南京北阴阳营等遗址均有发现，这些陶尊，很显然是受到大汶口文化的影响所产生的。如北阴阳营遗址 H2 出土的良渚文化陶尊，无论是造型还是刻画符号，都与山东地区大汶口文化的陶尊相同。背壶是大汶口文化的常见器物，但在福泉山遗址（M53）也发现同类器物，特别是 M67 内随葬的背壶，其器型、花纹等都与大墩子遗址（M107）出土的基本一致。福泉山良渚文化墓葬中发现的彩陶背壶和弦纹玉琮，其形制与大汶口文化的背壶、骨雕筒非常近似。这些事实，都说明大汶口文化与良渚文化关系是相当密切的。陶鬶在大汶口—龙山文化中经常见到，上海青浦果园村、金山亭林，浙江嘉兴雀幕桥[3]等遗址与水井中，也出土了与大汶口文化相似的袋足陶鬶。余杭南湖遗址发现的篮纹陶鼎，钱山漾遗址出土的深釜形陶鼎，都是受到大汶口文化影响的产物。

通过对比，我们发现，良渚文化和大汶口文化的共同因素，主要集中在大汶口文化的后期阶段，大汶口文化前期阶段的有些文化因素，往往和良渚文化的前身——崧泽文化、马家浜文化有关。

关于良渚文化的绝对年代，根据碳-14测年推断，一般认为，大体在距今5000～4000年，相当于大汶口文化的晚期至龙山文化阶段。由此说明良渚文化和大汶口文化之间的共同因素，是同一时期不同文化之间相互交往和交流的产物。

由于大汶口文化分布范围南端与良渚文化接近，良渚文化中有的遗址已经深入到了大汶口文化的分布区，因而常常出现两种文化遗存混淆在一起的现象。这种相互间的影响，不仅丰富了各自的文化内涵，也促进社会的发展和文明的进步进程。正如夏鼐先生指出的："当时各种文化在祖国大地上争妍竞秀，并且常常互相影响，互相渗透，交织成一幅光彩琉璃的瑰丽图景，而且为后来独特的灿烂的中国文明打下了基础。"[4]。

[1]　杜金鹏：《论临朐西朱封龙山文化玉冠饰及相关问题》，《考古》1994年第1期。

[2]　中国社会科学院考古研究所：《蒙城尉迟寺》，科学出版社，2001年。

[3]　浙江省嘉兴博物展览馆：《浙江嘉兴雀幕桥发现一批黑陶》，《考古》1974年第4期。

[4]　夏鼐：《三十年来的中国考古学》，《考古》1979年第5期。

二　陶文的发现及其意义

陶文是刻画在陶器上的文字符号。目前,大汶口文化晚期的图像符号共发现 20 余枚,约有 8 种个体[1]。分别出自陵阳河、大朱家村、杭头及诸城前寨等遗址,另外,在尉迟寺遗址也发现相同的符号。这些图像符号发现于大口尊上或其残片上,大口尊形体硕大,均为夹砂陶,胎壁厚重,器表饰粗细不等的篮纹,常与猪头或猪下颌骨共出。图像大多刻于器物的颈部,仅有个别菱形符号位于器物的底部或近底部,除部分为采集外,余皆出于墓葬中,图像符号一般出于中型以上的墓葬中,随葬品丰富,有木质棺椁,大口尊经有意放置,多竖立于骨架的脚端且图像符号朝向墓主人,如陵阳河 M25:1 和 M19:40。另有竖立或侧放于椁外者,如大朱家村 M17:1 和 M26:3。图像普遍采用单线条阴刻技法,同时附以压印法,多在器表纹饰上刻画,除部分略显草率外,大多笔顺工整流畅,表现出刻印者一定的熟练程度。一件陶尊一般仅刻单个图像符号,亦有两个图像符号共存同件器物的现象。发现至今,许多学者就这些图像符号的性质、含义及用途进行了多方面的探讨和研究。多数学者把陶尊上的这些图像符号纳入文字系统,视为图像文字或原始文字,认为它们对中国文字的起源研究具有重要意义。有的学者把它同良渚文化玉器、陶器上的图像符号作了比较研究。认为大汶口文化与良渚文化有较深的影响关系[2]。

关于刻在陶尊上的图像用途,邵望平先生根据共出的随葬品及其所属墓葬的规格。认为是用于祭祀的礼器[3]。大多数学者支持该观点,并进一步阐释为祭太阳、祭社、祭酒神等,表示祈求、庆祝丰收或吉祥如意。亦有学者认为可能与祭祀无关,仅是制造者或使用者做的标记,表示族徽或所属关系或制作者的地望等。又有学者结合古典文献,通过研究商周及其以后陶器符号用途的方式,进一步探讨史前图像符号,认为它们大多为当时巫师们记录八卦之象而创造的卦象文字,陵阳河 M7 的"旦"字应为《离》卦之象[4]。

大汶口文化的陶文集中发现于诸城、莒县一带,并且所描绘的东西多与良渚文化玉器有关。充分说明大汶口文化与良渚文化之间关系密切。在日照一带发现

[1]　山东省文物考古研究所:《山东20世纪的考古发现与研究》,科学出版社,2005年。

[2]　〔日〕林巳奈夫:《良渚文化和大汶口文化中的图像记号》,《东南文化》1991年第3、4期;刘斌:《大汶口文化陶尊上的符号及与良渚文化的关系》,《青果集——吉林大学考古专业成立二十周年考古论文集》,知识出版社,1993年。

[3]　邵望平:《远古文明的火花——陶尊上的文字》,《文物》1978年第9期。

[4]　蔡运章:《中国文字起源与远古刻画符号——中国古代卦象文字简论》,中国高等科学技术中心"原始农业对中华文明形成的影响"2001年讨论会文集。

的龙山文化玉器和陶器上的兽面纹，显然与当地大汶口文化陶文之间有承传关系。它们只在鲁东南大汶口文化陶文分布区附近发现，绝非偶然。仔细推敲，它们与良渚文化玉器上的神徽之间也存有某种关系[1]。

龙山文化时期发现的文字，是邹平丁公龙山文化遗址出土的[2]。文字整齐地刻在一件泥质磨光灰陶大平底盆底部残片的器内面，计有 5 行 11 个字。这块陶片长 4.6～7.7、宽约 3.2、厚 0.35 厘米。右起一行为 3 个字，其余 4 行每行均为 2 个字。这些刻文笔画流畅，独立成字，刻写有一定章法，排列也很规则，已经脱离了符号和图画的阶段。全文很可能是一个短句或辞章。文字中除一部分为象形字外，有的可能是会意字，表现了一定的进步性。"丁公陶文"的发现，为探讨中国文字的产生与发展，研究中国文明起源等重大历史课题提供了珍贵的实物资料。

良渚文化时期的文字，主要发现在江苏武进寺墩、吴县澄湖、上海马桥、金山亭林、浙江余杭南湖和良渚等遗址内。大多数以陶器作为文字的载体，也有一些刻在玉器的表面。有些符号与大汶口文化的陶器符号相一致。这些刻画符号，被认为是"记号文字"。20 世纪 30 年代，施昕更先生率先在良渚地区发现 5 个陶器上的刻画符号。1937 年，何天行先生也发现陶器上的刻画符号以及陶豆上的 8 个字符，称为"原始图像文字"，并收入《杭县良渚镇之石器与黑陶》一书中。1976 年，苏州吴县澄湖遗址出土一件陶罐（T129∶1），该罐腰部自左至右并列 4 个刻画符号，排列有序。1987 年，在浙江余杭南湖遗址出土 60 多件陶器，其中 5 件刻有陶文符号，以一件黑陶罐最为突出，罐口微侈，广肩鼓腹，圈足外撇，烧制后在肩至上腹部连续刻画出 8 个字符，前 4 个字符与后 4 个字符之间还有一个间隔符[3]。对于这些陶文符号，卫聚贤撰写了《中国最古的文字已发现》的文章，对良渚陶器上的刻画符号作了高度评价。

良渚文化原始文字的进步性，表现在出现了多字排列的完整句，这是原始文字发展过程中的一项突出成就，因为句子能够传递完整的信息，比起只能表达简单意思的单个字来，无疑是一个飞跃[4]。正如李学勤先生指出："在所有发现的史前陶器刻画符号之间，良渚陶器的这些例子最符合严格的文字标准。"因此，可以认为，良渚文化已经有文字的产生。"我们将良渚文化玉器和大汶口文化陶器的刻画符号，释为文字，仅仅是一种试验"[5]。

[1] 杜金鹏：《关于大汶口文化与良渚文化的几个问题》，《考古》1992年第10期。

[2] 山东大学历史系考古专业：《山东邹平丁公遗址第四、五次发掘简报》，《考古》1993年第4期；《专家笔谈丁公遗址出土陶文》，《考古》1993年第4期。

[3] 王凡：《良渚时代的萌芽文字及其意义》，《良渚文化论坛》，浙江古籍出版社，2002年。

[4] 宋健：《广富林考古新发现——梅花鹿石钺图》，《上海文博论丛》2002年第2期。

[5] 李学勤：《良渚文化的多字陶文——吴文化历史背景的一项探索》，《苏州大学学报吴学研究专集（第一辑）》，1992年；《论良渚文化玉器符号》，《湖南省博物馆文集》，岳麓书社，1991年。

总之，文字的产生是人类社会历史发展的产物，是记录语言的一种书写符号。曾一度成为人类社会相互交往的重要媒介，是社会发展进入文明时代的重要标志之一。

三　玉琮、玉钺与祭坛

1.玉琮

玉琮在良渚文化墓葬中经常发现，主要有寺墩、草鞋山、瑶山、反山、福泉山等。玉琮不仅是良渚文化玉器中最重要的器物，而且也是礼地礼天的宗教用品，一度成为最重要的玉礼器之一，在礼仪制度中起着独特的作用。这类玉琮一般多出于规模较大、随葬品丰富的墓葬，随葬玉琮的墓主人均为男性，往往与玉璧同出，有些出土玉琮的墓葬还有殉人。其放置部位多出土于墓主人的头部及肩部，有的则围绕于墓主骨架的四周，反映了一定的宗教含义。从琮的外形来看，分为外方内圆柱筒体，玉镯形扁筒体。琮的形体越高大，器身节数越多，象征着持有者的权势越大，财富越多，身份地位也越高。据统计。琮类玉器，反山墓地[1]出土21件，瑶山遗址[2]发现8件，特别是寺墩遗址[3]M3出土33件之多，除1件镯式外。均为方柱体圆管形，外方内圆，两头一大一小，大头在上，表面皆有兽面纹以凸棱构成嘴、眼和鼻子。其中一件长32厘米，分为11节，精刻44个人纹，是玉质最佳的1件。胸部左侧的玉琮，上下节饰人面，中间为兽面纹，为剔地浅浮雕。是件精美的微雕玉器。看来墓主人有可能是良渚文化中的一个巫师，同时也是一位具有政治权力的领袖。

在山东地区，也发现一些类似良渚文化的玉琮，五莲丹土、滕州庄里西、临沂湖台、莒县杭头等大汶口—龙山文化遗址中均有发现，数量虽然不多，但制作非常精致。如杭头和湖台遗址发现的2件扁平玉琮，是山东史前文化中的典型器物。五莲丹土遗址出土的分节式玉琮是山东地区唯一有明确出土地点的，当为良渚式兽面纹的简化形式。

古代文献把琮作为礼地的"六端"之一，是一种与人们的原始宗教巫术活动有关的器物，当属祭地神的礼器，是天地贯通的象征，是贯通天地的一项手段和法器。它被放置于墓中随葬，很可能具有保佑死者平安吉祥、避祛凶邪的意义。

根据《周礼·春官·大宗伯》记载："以玉作六器，以礼天地四方。以苍璧礼天，

---

[1] 浙江省文物考古研究所：《反山》，文物出版社，2005年。

[2] 浙江省文物考古研究所：《瑶山》，文物出版社，2003年。

[3] 南京博物院：《1982年江苏常州武进寺墩遗址的发掘》，《考古》1984年第2期。

以黄琮礼地,以青圭礼东方,以赤璋礼南方,以白琥礼西方,以玄璜礼北方。"郑玄注:"礼神者必象其类,璧圆象天,琮八方象地。"玉琮作为礼仪重器,在宗教祭祀中发挥着沟通天地的重要作用。张光直先生根据方形琮内圆外方,把圆和方贯通起来的形制,从"天圆地方"的观念来解释,认为"方器象地,圆器象天,琮兼方圆,正象征天地的贯穿;琮的方、圆表示地和天,中间的穿孔表示天地之间沟通。从孔中穿过的棍子就是天地柱。在许多琮上有动物图像,表示巫师通过天地柱在动物的协助下沟通天地。因此,可以说琮是中国古代宇宙观与通天地行为的很好的象征物"[1]。

2.玉钺

钺原来是一种武器,玉钺应是由武器演变来的礼器。就武器来说,钺似乎很早就仪仗化了。"不仅是庆典或出行时的威仪,以及武器与刑具的象征,而且还是墓主人生前地位、权力的指示器。良渚玉钺、石钺的大量出现,同时又是当时军队出现、战争频繁的缩影"[2]。反山、瑶山遗址墓葬中均有玉钺的发现,而且是每墓只出一件,凡出土玉钺的墓葬,随葬品特别丰富。如反山遗址出土的5件玉钺,形制完整均匀,无使用痕迹,且质硬而脆,既不能砍劈,也不能斩杀,显然不是实用的工具或武器,应是武器的象征。特别是 M12:100 的玉钺(号称"钺王"),两面都微刻的神像,从形制、花纹来看,可能象征意义大于使用价值。礼器的玉钺,是一种体现军事统帅权的权杖。有神像的玉钺,正是军权和神权相结合的象征物。这种掌握军权和神权的人物,可能是已具有王权的部族统治者[3]。

美国哈佛大学艺术博物馆收藏一件具有特殊纹饰的玉钺,依纹饰看,确实具有山东龙山文化特征,纹饰与两城镇出土的玉锛相近似,但又具有良渚文化纹饰的风格。日本学者林巳奈夫根据有关玉琮及陶器方面的材料,分析出某些玉琮、玉璧、陶尊上面存在良渚文化的代表图案和大汶口文化的代表图案共刻于一器的现象。看来良渚文化在向北扩展的过程中,大汶口文化不但一定程度地吸收了良渚文化高一层次的文化因素,还与良渚文化居民有着婚姻关系[4]。

除玉钺外,余杭文家山遗址[5]还发现大量石钺,如 M1 内出土石钺 34 件,以多种石料磨制而成,大小各异,长度 10.6～22.2 厘米。随葬如此多的石钺,充分显示了墓主有别于其他贵族墓葬的权力。余杭汇观山遗址 M4,仅石钺就达 48 件之多,

[1] 张光直:《考古学专题六讲》,文物出版社,1986年;《谈"琮"及其在中国古史上的意义》,《文物与考古论集》,文物出版社,1986年。

[2] 林华东:《从良渚文化看中国文明的起源》,《文明的曙光——良渚文化》,浙江人民出版社,1996年。

[3] 吴汝柞:《论良渚文化与大汶口—龙山文化的关系》,《东南文化》1989年第6期。

[4] 〔日〕林巳奈夫:《良渚文化和大汶口文化中的图像记号》,《东南文化》1991年第3、4期。

[5] 赵晔、王宁远:《余杭文家山发现良渚文化显贵墓葬》,《中国文物报》2001年9月28日。

是迄今良渚文化中出土石钺最多的墓葬[1]。

大汶口遗址 M25 出土石钺 6 件，也应该是武器或礼器。胶县三里河遗址[2]出土石钺 20 件，多用硬度高的辉绿岩制成，平面略呈长方形，穿孔偏上，有的石质扁薄，不宜作生产工具。从遗留的把柄痕迹和石钺出土情况观察，与陵阳河遗址出土的一件陶尊上刻的原始象形字图像"戊"一致。西朱封遗址 M203 随葬玉钺 3 件，其中一件为墨绿色，长方形，单孔，有肩，另一件乳白色，近方形，双孔，均制作规整，磨制光滑，且没有砍削使用痕迹，可能作为军事权杖用品。墓葬中随葬玉钺，说明这是墓主人生前身份等级、社会地位较高，并拥有一定社会支配权力的标识。玉钺多掌握在当时社会组织中的上层人物手中，玉钺的社会功能起到了权杖的作用。因为玉钺制作如此精美，又没有任何砍削使用痕迹，只能是仪仗礼仪之物。其宗教性与权威性更是显而易见。它应是权力与地位的象征物权杖类遗物。

对于钺这种器物，林沄先生认为："斧钺这种东西，在古代本是一种兵器，也是用于大辟之刑的一种主要刑具。不过在特殊意义上来说，它又曾长期作为军事统帅权的象征物。""在斧钺作为王权的象征物之前，它本是军事民主制时期军事酋长的权杖"[3]。成组玉琮、玉钺等礼器的出现，反映了当时社会上已存在一定的礼仪制度，玉器代表当时良渚文化时代的一种政治权力，说明这一时期文明时代已经到来了。

3.祭坛

"祭坛"就是祭祀之坛，所谓"坛"，就是用土、石营建的高台。《说文》："坛，祭场也，从土。"换言之。祭坛就是良渚神职人员沟通人与神，祈求神灵庇护的场所。

良渚文化的祭坛主要有瑶山、赵陵山、汇观山、福泉山祭坛和莫角山等。瑶山祭坛，建于距地表高约 20 米的瑶山上，平面呈方形，由里外三重组成。外围边长约 20 米，面积约 400 平方米。祭坛东部为隆起的自然山，其西、南、北三面以黄褐色斑土堆起似覆斗式方形平台。宽约 2 米的深沟内填灰色斑土，使台面形成内外三重，最后在内重加铺红土，外重铺设砾石，从而产生红土、灰沟、砾石面三种颜色。祭坛底部也存在人工修建的多级台地，台地边缘垒砌石塝[4]。汇观山祭坛凿建于汇观山山顶，海拔 22 米，平面长方形，东西长约 45、南北宽约 32 米。祭坛北边中部有一段约 19 米的石塝，护土补平此段原生山基原来的凹缺。台面中部偏西开凿一周方形闭合、宽 2.2～2.5 米的浅沟，填青灰色黏土，将平面分为内

[1] 刘斌、王云路：《余杭汇观山遗址发现祭坛和大墓》，《中国文物报》1991年8月11日。
[2] 中国社会科学院考古研究所：《胶县三里河》，文物出版社，1983年。
[3] 林沄：《说王》，《考古》1965年第6期。
[4] 浙江省文物考古研究所：《余杭瑶山良渚文化祭坛遗址发掘简报》，《文物》1988年第1期；浙江省文物考古研究所：《瑶山》，文物出版社，2003年。

外三重。祭坛立面为覆斗形，东西两端做阶梯状，高差 1 ～ 1.5 米。两侧台地上各有两条南北向小沟，宽 30 厘米 [1]。赵陵山祭坛位于遗址中部，土台以纯净五花土堆筑而成，平面呈方形，东西 60、南北宽约 50、高约 4 米。土台南部有大面积的红烧土堆积 [2]。寺墩祭坛，现存东西长 100、南北宽 80、高约 20 米的人工熟土高台，由于土墩大部分被毁，所以没有发现墓葬，发掘者推测其为一方形祭坛。

资料表明，祭坛是巫觋们用来表现神的存在和神权的专用场所，而祭坛的主事者们（祭师或巫觋），则是神的代言人，是神权的执行者。"狂热的宗教必使人们失去理性，狂热的宗教最终肯定会带来巨大的灾难，狂热的宗教势必使无论贵族还是平民都滑入神秘主义的世界，而不能回到现实中来。而耽于宗教的民族必然不是先进生产力的代表，只会极大地阻碍生产力的进步。故当他们倾其全力而完成他们理想中的'神坛'之时，也就是他们急剧衰亡之时" [3]。

四　墓葬中的分化与分层现象

良渚文化墓葬多发现在人工堆筑的高台地的祭坛上面，主要有反山、瑶山、赵陵山、福泉山等。这些墓地大部分墓葬规模大，随葬品丰富。如反山遗址 11 座良渚文化墓葬，随葬玉器 3200 多件，7 座墓葬有随葬品 739 件（组），而 M14 随葬品 388 件，M17 达 321 件。其中玉器占绝大多数，有斧，钺、琮、璧、环及用于仪仗的玉仗首等。M12 处在墓地中心，随葬品最多，主要有玉、石器、嵌玉漆器和陶器 658 件。仅玉器就达 647 件，而且种类齐全，权杖、大玉琮、大玉钺、玉柱形器等雕琢完整的神人兽面纹玉琮达 6 件，显示了至高无上的"王"者地位。M20 随葬玉器 538 件，种类齐全，玉琮 4 件，石钺 26 件，也反映了墓主人拥有很大的神权和军权。福泉山遗址墓葬一般墓长 4 米左右，宽 1.4 ～ 2 米，大多有墓坑。使用葬具并遗留朱红色彩绘，各墓都有石、陶、玉等，个别还有象牙雕刻器。其中 M2 随葬品 170 件，M5 有 126 件，M6 有玉、石、牙、陶器 119 件。然而一些中小墓葬，一般不挖墓穴，多平地堆土掩埋，无葬具，随葬品不多，有者仅一两件陶器。瑶山遗址 11 座墓葬，随葬陶器 49 件，10 件石器全是钺，玉器 635 件（组），占全部随葬的 90% 以上，有的墓葬达 160 件（组），仅 M7 玉器就有 140 件（组）。赵陵山遗址 85 座墓葬，其中 M77，随葬品有 160 多件，其中玉器 128 件，有琮、

[1] 浙江省文物考古研究所：《浙江余杭汇观山良渚文化祭坛与墓地发掘报告》，《浙江省文物考古研究所学刊》，长征出版社，1997 年。

[2] 江苏赵陵山考古队：《江苏昆山赵陵山遗址第一、二次发掘简报》，《东方文明之光——良渚文化发现 60 周年纪念文集》，海南国际新闻出版中心，1996 年。

[3] 郭伟民：《史前祭坛概论》，《考古耕耘录》，岳麓书社，1999 年。

瑗、镯及各种形状玉饰及簪、珠管等。18 件石器有钺，斧、锛和镞。陶器有鼎、豆、杯和罐等 10 件。另有 4 件牙、骨器。另外一些小墓，没有墓坑，没有随葬品，肢体不全，这些人身份无疑是极其低下的。寺墩遗址是氏族显贵及其家庭成员的墓地。如 M3，为 20 岁左右的青年男子，随葬品有陶制生活用具、玉石制生产工具、玉制装饰品和玉制礼器璧和琮，共达 100 多件，墓内铺琮叠璧，绚丽壮观。24 件玉璧，大小不一，分置头前脚后，身体上下，其中最精致的一件直径 26 厘米。30 多件玉琮环绕墓主一周。左侧上肢旁有一件精致的玉钺，其前端有冠饰，后方稍远处有端饰，全长 68 厘米，木柄已腐朽，但存朱红色残块及 20 多颗玉粒等镶嵌物。另外，还有篮纹簋、高座豆、篦纹盘、贯耳壶等陶器。琮、璧、钺等玉器是象征神权、王权、兵权的礼器，一座墓葬中随葬品数量之多，足见墓主生前极为尊贵，反映出当时社会已经形成严格的礼仪制度，社会形态将要发生质的变化。

　　良渚文化墓葬根据规模大小、葬具有无，随葬品多少和优劣，将其划分为三个等级。大墓墓葬规模较大，随葬品既精美而又数量巨大的墓，一般多有木棺，有的还有木椁，甚至出现人殉或人牲。其随葬品可达百件以上乃至数百件之多，且以玉器为大宗，同时还有少量的象牙器、漆器、嵌玉漆器，以及木器、陶器和石器等。大墓所用玉材几乎全为真玉，其中有数量较多的琮、璧、钺等良渚玉器中的礼器。中型墓指墓葬较小、随葬品只有 10 ～ 30 件、少数为 30 ～ 40 件的墓葬。中型墓多数有独木制成的棺底板，随葬品以陶器和石器为主，也有少量的玉器、骨器或象牙制品及鲨鱼牙等，但玉器质差量少，琮、璧、钺等玉礼器几乎绝迹，代之而起的是陶器和石器明显增加。小型墓葬目前发现最多，不见木质葬具，随葬品大多不足 10 件，且多为陶器，少数有一两件石器或玉器饰品，也有的小墓一无所有 [1]。特别是大墓中随葬的成组玉礼器，不仅说明当时社会上已经有一定的礼仪制度，而且出现了不同层次的等级制度。

　　大汶口文化中晚期至龙山文化时期，随着农业、手工业的发展，社会生产力得到长足进步，社会经济空前繁荣，手工业内部产生了新的分工，制陶从手制转变为轮制，制玉和金属冶铸成为新兴的工业部门，铜器使用已经比较普遍。这些进步致使财富不断增加，产生了社会产品分配的不平等，社会上一些有特殊地位的人，利用手中掌握的权力，多占有他人财富，使贫者越贫，富者越富，逐步形成统治者和被统治者两个相对立的阶级，社会分层现象达到十分尖锐的程度，加速了私有制的产生和贫富两极分化，出现了剥削者和被剥削者、统治者与被统治者之间的对立，逐渐形成两个不同的阶级。

[1]　王震中：《良渚文明研究》，《浙江学刊》2003年增刊。

泰安大汶口遗址 133 座墓葬[1]，同一墓地中，小墓狭窄简陋，只能容放尸体。没有或只有一两件随葬品。少数大墓，不仅墓穴大，而且棺椁俱全，随葬品丰富，少者 50～60 件，最多达 180 件。如 M10，长 4.2、宽 3.2 米，使用井字形木椁。死者头上佩戴三串大理岩和绿松石串饰，右腕佩玉臂环，同时出土的还有一件晶莹的墨绿色玉铲以及骨雕筒、象牙筒、象牙梳、象牙管和 84 块鳄鱼鳞板，2 个猪头和 80 多件优质陶器。至于绿松石、玉器、象牙器等贵重物品，这些不是一般人所使用的东西，而是少数人享用的高级奢侈品，也是墓主人权力、身份、地位和财富的象征物。陵阳河遗址 45 座大汶口文化墓葬[2]，大墓随葬品丰富，酒器和猪下颌骨特别多，随葬品少则 40～50 件，多则 70～80 件，个别近 200 件。而小墓仅能容身，有的只随葬 2 件陶器，有的五六件或六七件，与大墓相比差别明显。如 M6，长 4.55、宽 3.80 米，成年男性，随葬品 180 余件，其中，猪下颌骨 21 件，陶鼎、鬶、罐、双耳壶、豆、盆、盉、高柄杯、瓮、尊、漏缸、石铲、石璧、骨雕筒、石凿、石坠饰等 160 余件，M17，井字形木椁，长 4.60、宽 3.23 米。出土器物 192 件，陶器 157 件，器类有鼎、鬶、罐、尊形罐、豆、双耳壶、单耳杯、单耳罐、盆、盉、瓮、高柄杯、刻文陶尊、漏缸、笛柄杯等。其中，黑陶镂空高柄杯 40 多件，另有 33 件猪下颌骨及 2 件石凿。花厅遗址 66 座大汶口文化墓葬，其中 10 座大墓 8 座使用殉人。殉人以少儿和幼儿为主，亦有成年女性和成年男性，殉人位置一般在墓主人两侧墓边和脚后。如 M60 是一壮年男子，随葬品 150 多件，殉葬 5 人，其中左侧除随葬品外，殉葬中年男女各一人，头上方一幼儿，右下侧一少年，另在女殉人身旁有一儿童骨架。再如 M18 墓主为青壮年，殉葬一侧身成年女性和两个婴幼儿，除墓主有大量随葬品外，墓主右侧成年女子头上方和脚后也随葬较多的玉器和陶器，手上戴玉镯，墓主脚后的婴幼儿旁也放置六七件精美陶器。

可以认为，这些殉人墓葬，除墓主外，其余均为非正常死亡，应属殉葬无疑。其目的，是墓主为死后继续享受生前的生活，继续奴役其妻妾、奴仆和武士等。这些殉葬者大部分应是墓主身边比较亲近的人，有的当是社会内部因贫富分化而产生的奴隶。反映当时社会阶级矛盾的尖锐和特权阶层权力的扩大，已越来越严重，自由人与非自由人之间社会地位的不平等是显而易见的。

临朐西朱封遗址 3 座龙山文化墓葬[3]，墓坑规模大，随葬大批陶、玉、石、骨、

———————————

[1]　山东省文物管理处、济南市博物馆：《大汶口——新石器时代墓葬发掘报告》，文物出版社，1974 年。

[2]　王树明：《陵阳河墓地刍议》；山东省考古所、山东省博物馆、莒县文管所：《山东莒县陵阳河大汶口文化墓葬发掘简报》，《史前研究》1987 年第 3 期。

[3]　山东省文物考古研究所、临朐县文物保管所：《临朐县西朱封龙山文化重椁墓的清理》，《海岱考古（第一辑）》，山东大学出版社，1989 年；中国社会科学院考古研究所山东工作队：《山东临朐朱封龙山文化墓葬》，《考古》1990 年第 7 期。

矛器和一些彩绘木器残迹。其中有精美蛋壳陶杯和黑罍，玉钺、玉头（冠）饰、刀和簪等。如 M202，东西长 6.68、南北残宽 2.20～3.15 米，一棺一椁，棺椁间放置边箱，边箱上有红、白等色绘成的彩绘。箱内有蛋壳陶杯、陶罍、若干鳄鱼骨板。随葬有陶器、石镞、骨镞、砺石和骨匕，玉器中有钺，刀、头饰、簪、坠饰和串饰及 980 多件绿松石薄片。

上述大墓，无论墓穴规模、葬具或随葬品数量、质量以及品种等，绝非一般墓葬所能比拟。远远超出个人日常生活所必需，这是私有财产已经产生、贫富差别及社会内部出现分层的重要例证。然而，众多小墓死者因生前生活非常贫困，死后几乎一无所有。这种贫富差别，明显反映出社会形态已经形成等级分明的金字塔式结构。

五　金字塔式聚落的形成

在山东地区经常发现一些大型聚落遗址[1]，如泰安大汶口、莒县陵阳河以及江苏新沂花厅等遗址，均属于这种特大型中心聚落遗址，其中大汶口遗址面积达到 80 多万平方米，陵阳河遗址面积也在 40 万平方米左右。到龙山文化时期，这类中心聚落遗址面积越来越大，如日照两城镇龙山文化遗址，总面积约 100 万平方米，如果按陶片分布范围计算，遗址面积则超过了 200 万平方米，而临淄桐林龙山文化遗址，遗址的总面积在 300 万平方米左右。这类大型遗址绝不是先民们一般的居住地。而一定是当时所在地区政治、经济、文化的一个中心。尤其像大汶口、陵阳河、桐林、两城镇等特大型的遗址，不仅面积大，堆积厚，而且延续时间长。特别是遗址中的一些大墓，无论墓穴规模、葬具还是随葬品的数量，质量以及品种等，都远非一般墓葬所能比拟，这是社会内部分层和分化均已出现的重要例证。所以，中心聚落与其周围地区的一些普通聚落，出现了经济上、政治上的不平等以及某种程度上的主从关系。

大汶口文化中期稍早。聚落开始分化，产生了等级。综观大汶口文化中晚期聚落址，可分为四个等级。一级聚落址面积 20 万平方米以上（大汶口、焦家、野店等遗址面积都在 30 万～80 万平方米）；二级聚落面积 10 万平方米以上，不足 20 万平方米；三级聚落 3 万平方米以上，不足 10 万平方米；不足 3 万平方米的为四级聚落。到龙山文化时期聚落分化深刻化，等级结构充分发展，龙山遗址已有五个等级。一级遗址面积 30 万平方米以上；二级遗址 20 万平方米以上，不足 30 万平方米；三级遗址 10 万平方米以上，不足 20 万平方米；四级遗址 3 万平方米以上，

[1] 何德亮：《江淮地区史前时期的文明化进程》，《文物研究（第十五辑）》，黄山书社，2007年。

不足 10 万平方米；五级遗址不足 3 万平方米。各聚落群的聚落都有三至五个等级，形成金字塔形等级结构[1]。至于大汶口、陵阳河、花厅等这样的特大型遗址，作为中心聚落，是当时政治、经济、文化的中心，从生产力发展水平以及诸多文明因素来看，它们可能已经率先进入了文明时代，并建立了国家。

良渚文化的聚落形态，据严文明先生研究，"中心地区大体可以分为三个较大的群落。太湖南岸的群落以良渚遗址群为中心，包括嘉兴地区的荷叶地、雀幕桥、千金角等一大批遗址。太湖东岸的群落以福泉山和赵陵山遗址为中心，包括苏州地区的草鞋山、张陵山、绰墩等一大批遗址。太湖北岸的群落以寺墩遗址群为中心，包括常州和无锡地区的高桥墩、嘉陵荡等一大批遗址"[2]。这些遗址群，面积相差悬殊，少则数百、多则数万平方米。多数面积在 1 万平方米以下，1 万～3.5 万平方米的遗址有 45 处，3.5 万～6 万平方米的遗址有 11 处。超过此限的只有塘山和莫角山遗址，面积分别是 13 万和 30 万平方米。根据掌握的资料，莫角山、反山、瑶山、汇观山、塘山为第一层次，其中莫角山为中心遗址；姚家墩、卢村、文家山可以列为第二层次，姚家墩是第二层次的中心遗址之一；庙前、吴家埠、卞家山、梅园里等可以列为第三层次，庙前属于第三层次的中心遗址[3]。

特别是莫角山遗址这座人工建造的大土台，平面呈长方形，东西长约 670、南北宽约 450 米。面积约 30 万平方米，相对高度约 8 米。显示了宏伟的气势。如此大的土方量，绝不是良渚遗址附近一带聚落内人们所能负担得了的，需要在相当大的范围，甚至在整个或近乎整个良渚文化分布范围内调动人力。在 30 万平方米的范围内，以 8 米平均高度计算，整个莫角山所需的工程量可达 240 多万立方米。如此浩大的土方量，从挖掘、运输到堆筑，需要耗费大量人力物力！如果每天安排 1000 个民工，从取土到铺筑，整个过程以人均每天 1 立方米计，正常情况下，要完成此项工程需要花费 2400 多天，即 6 年半的时间。如果再加上天气和环境的干扰，此项工程可能需要 10 年时间来完成。毫无疑问，这项工程的背后隐藏着一个严密的组织和管理系统，没有这个系统，一不会有这么一个工程，二也无法完成这项工程。"如此超凡的场所，绝不会是一般的用途，而只能是良渚文化各部落最神圣的礼仪中心。……遗址从设计、营建、组织指挥、劳动力投入、种种礼仪活动等诸多方面所显示的生产力发展水平、社会组织结构和意识形态，是良渚文化进入文明阶段最具说服力的证据之一"[4]。

[1] 张学海：《山东史前聚落时空关系宏观研究》，《张学海考古论集》，学苑出版社，1999年。
[2] 严文明：《良渚文化与文明起源》，《中日文化研究》第11号；《良渚文化——中国文明的曙光》，日本勉诚社，1996年。
[3] 浙江省文物考古研究所：《良渚遗址群》，文物出版社，2005年。
[4] 浙江省文物考古研究所：《余杭莫角山遗址1992～1993年的发掘》，《文物》2001年第12期。

　　可以看出，莫角山是良渚时期金字塔形社会结构中最高权力的物化形态，是良渚社会文明程度高度发展的核心标志。在数量上，都城仅莫角山一处，次之的城镇近20处，再次之城镇和村落则达100余处；在权力的递承上，则形成都城→中心城→村落这样一个环环相接的线路，是一种典型的"都邑聚"金字塔形等级结构，在这个结构中，权力与财富都有塔基向塔尖集中[1]。"这种聚落金字塔形等级结构，是社会分层秩序和等级结构的缩影，集中反映了莫角山聚落群的社会已存在私有制、阶级和公共权力这些国家社会的本质特征，因而是个国家，可称为莫角山古国。国都莫角山城的宏大殿堂居住着古国的最高统治者君王，都城外围有他们死后的陵墓；都城以下有若干"邑"，应设有古国的二级行政管理机构；"邑"下有数十处村落，构成古国的社会基础，应有许多以宗族为基础的基层社会组织"[2]。

　　据调查，除莫角山这一中心聚落群，还有赵陵山、福泉山、寺墩等次中心聚落群。毫无疑问，以莫角山遗址为中心的聚落群，代表了良渚文化的最高水平。作为良渚方国的统治中心，莫角山聚落群就是都城、王城。在所有遗址中，莫角山以其超大规模成为中心遗址。"莫角山是一座人工营建的巨型长方形土台，遗址主体是一大型夯土平台，面积超过30万平方米。……莫角山如此丰富的内涵中透着独一无二和至高无上的权威，说它是王城并不为过。它无疑是良渚时期金字塔形社会结构中最高权力的物化形态"[3]。各种迹象表明，以莫角山为中心的良渚文化聚落群已经跨入文明时代的门槛，进入到一个新的历史发展时期。

　　由此可见，良渚文化时期存在明显的等级差别，阶级和社会分层已经出现，形成了金字塔式的统治形式。开始出现一批凌驾于部族及一般成员之上的特殊阶层或集团成员，这些部族显贵，不仅拥有巨大财富，而且拥有至高无上的权力。社会财富越来越集中在这些少数人手里，这就为剥削他人劳动提供了条件。尤其是掌权人物中有代代相传的墓地，大墓随葬礼器和大规模祭祀等现象，开始使用人牲以及玉器作为政权、等级和宗教礼仪观念的物化形式已经产生。这一切促进了阶级分化的进程，破坏了部落、氏族组织原有的公有制，从而加速了氏族制度的瓦解。正如苏秉琦先生指出的"良渚文化随葬玉礼器大墓，人工堆筑坛台和大规模的遗址群的相继发现，使这一地区史前文化研究在中国文明起源研究中作出了突出的贡献。良渚文化可能已进入方国时代的问题已经提到日程上来"[4]。

　　[1] 叶维军：《良渚遗址聚落形态研究》，《良渚文化论坛》，中国文化艺术出版社，2003年。
　　[2] 张学海：《论莫角山良渚文化古国》，《张学海考古论集》，学苑出版社，1999年。
　　[3] 赵晔：《余杭良渚文化聚落形态的初步考察》，《东南文化》2002年第3期。
　　[4] 苏秉琦：《迎接中国考古学的新世纪》，《华人·龙的传人·中国人——考古寻根记》，辽宁大学出版社，1994年。

六　结语

　　综上所述，山东地区大汶口文化中晚期至龙山文化阶段，其社会形态已经发生深刻变化。随着农业、家畜饲养业以及各种手工业的不断发展，私有制、贫富差别、等级社会已经出现，阶级分化愈演愈烈，阶级矛盾已经达到不可调和的程度。这一切，都意味着社会形态将要发生本质的变化。即原始社会开始向阶级社会过渡，文明的曙光已经升起，中华民族已经处在文明的前夜，行将步入文明时代的门槛。在太湖流域良渚文化时期，氏族内部也已经开始出现私有制，贫富分化业已产生，等级差别突出，剥削和压迫十分明显，在统治阶级内部，出现了从属关系和地位的高低。氏族贵族驱使大批劳动力为显贵者们堆筑高台墓地，在大墓中陪葬大批玉、石、陶制礼器，有的还发现人殉和祭祀等现象，这不仅反映了墓主人生前掌握原始宗教的祭祀权，而且象征他们手中握有至高无上的统治权力，掌握有生杀大权。从而表明原始氏族制度已经濒临崩溃的前夜，阶级对立已趋于不可调和。这一切，意味着良渚文化时期社会性质开始发生变化，即已经向文明时代转变，开始了文明起源的进程。总之，大约自公元前 3000 年起，无论海岱地区还是太湖流域，社会分化明显，阶级矛盾加剧。随着城市的产生、文字的使用、冶金术的出现以及大型礼仪性建筑、高等级祭坛以及贵族墓葬和殉人等闪耀着火花的文明因素的不断发现，氏族制度已经走到了尽头，社会上一个阶级压迫的机器——国家即将产生。

　　原载《良渚文化论坛》，浙江摄影出版社，2008 年

试论济宁程子崖龙山文化遗存

1986 年秋季。国家文物局举办的第三期田野考古领队培训班，在山东省济宁市郊区程子崖遗址进行了发掘，取得了一批较为丰富的实物资料[1]。对这次发掘的龙山文化遗存，存有不同看法，有认为属于河南龙山文化系统；也有认为其应归入山东龙山文化系统。鉴于上述两种观点。有必要对程子崖龙山文化遗存的文化性质以及与其他同时期遗存的相互关系，进行一些讨论。这里笔者试从文化内涵、特征、分期等方面作初步分析，并就此发表点不成熟的看法，以期得出比较合理的结论。

一

程子崖遗址位于济宁市郊长沟镇程子崖村内，京杭大运河西南约 0.5 千米处。东南距济宁市区 15 千米，北距长沟镇 1 千米。遗址地层堆积较厚，而且延续时间长，从龙山文化、周代，一直到汉代，反映了当时聚落的繁盛以及居住的长久。遗址地层按土质土色的不同，共划分为七层。一至四层是周代至汉代的文化层，五至七层为龙山文化堆积。这里我们讨论的主要是龙山文化遗存，其他时代暂不论及。

这次发掘，龙山文化遗存比较丰富。遗迹方面，主要有房屋、灰坑、灰沟、陶窑等。房屋的建筑方法，为地面起建，形状分圆形和方形两种结构，因破坏比较严重，难以窥其原状。室内多有瓢形灶坑，一般放置盆、罐等陶质生活用品。灰坑数量较多，但破坏也较严重。形状大致有圆形、方形、椭圆形和不规则形诸种。陶窑发现一座，为横穴状，平面呈凹字形，火腔与火道相通，双股东、西排列。窑内有 2 厘米厚的烧土面，并含红烧土块及少量陶片。

遗物方面，主要是陶器。另有少量石、骨器。生产工具以石器为主，器形有长方形石斧、长方形穿孔石铲、梯形石锛、长条形石凿以及骨锥、骨镞等。生活用具均为陶器，陶质以夹砂灰陶为主，泥质灰陶次之，泥质黑陶较少，夹砂褐陶占一定比例，还有少量夹砂红陶，器表装饰以素面为主。多数表面粗糙，且不磨光。

---

[1] 国家文物局考古领队培训班：《山东济宁程子崖遗址发掘简报》，《文物》1991年第7期。

纹饰有篮纹、绳纹、方格纹、弦纹、附加堆纹、镂空、铆钉、盲鼻和鸡冠耳等附加装饰（表一）。制作方法多为轮制，也有少量手制者，未见泥条盘筑制法。多数陶器胎壁厚重。制作较粗糙。所以，精致器皿比较少，但器形规整。部分较大的器物采用分段制作，器物内壁遗有黏接的痕迹。器物造型以平底器为主，三足器次之，圈足器较少，未见圜底器和尖底器。主要器形有罐形鼎、袋足甗、大口罐、折沿深腹罐、袋足鬶、瓮、豆、圈足盘、单把筒形杯、曲腹碗、素面鬲、甑、小口壶、盒、平底盆、三足盆、圈足盆、尊以及覆碗式、覆盆式器盖等。其中以罐、盆数量最多，次之是单把杯及各种器盖。

表一　H149陶片统计表

| | 夹砂 | | | | | 泥质 | | 纹饰 | | | | | | 合计 | 百分比 % |
	红/白衣	灰	褐	黑	红	灰	黑	素面	方格纹	篮纹	绳纹	附加堆纹	盲鼻		
鼎			18					18						18	2.0
鬶	4							4						4	0.4
甗			23					10			13			23	2.5
罐		476			17	123		324	97	121	74			616	68.3
瓮		10						3						10	1.1
盆						77		77						77	8.5
圈足盘						7		5					2	7	0.8
杯							3	3						3	0.3
器盖		82	26	3		33		144						144	16.1
合计	4	568	67	3	17	240	3	588	97	121	87	7	2	总计902	
百分比 %	0.4	63	7.5	0.3	1.9	26.6	0.3	65.2	10.8	13.4	9.6	0.8	0.2		

　　鼎　多残破，完整器较少。多数夹砂，也有少量泥质陶。其形制为方唇、斜折沿、深腹、平底或圜底，均素面。鼎足数量多，形式复杂，分为凿形、鸟首形、侧三角形、V字形、猪嘴形和三棱形诸种（图一，1～4）。

　　甗　均夹砂褐陶，未见完整器。仅有腰及残足。袋足有实足根，呈锥状，腰部多饰一周附加堆纹。器表装饰分为绳纹和素面两种（图一，5）。

　　鬶　均不能复原。多夹砂红陶。有的器表挂白衣。斜流、短颈、袋足，实足尖。素面。绳索状和扁带式鋬。扁带式鋬多刻竖凹槽（图一，6）。

　　鬲　均不能复原。夹砂红褐陶，方唇，斜折沿，深腹。袋足，素面。口沿外侧饰数周凹弦纹（图一，7）。

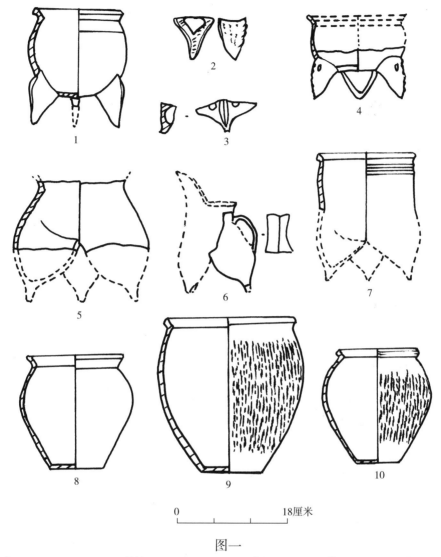

图一

1、4. 鼎G3:1、H172:22　2、3. 鼎足H192:16、H147:2　5. 甗H149:17　6. 鬶H149:15　7. 鬲G3:42　8～10. 罐H176:2、H135:2、H140:5

　　罐　均夹砂灰褐陶，折沿。深鼓腹。小平底，素面。有的腹部饰篮纹、绳纹或方格纹（图一，8～10）。

　　盆　数量较多，有夹砂和泥质两种。平底盆有的按三瓦足。其形制为卷沿，大敞口。斜壁，浅腹，有的腹部一周凸弦纹，按双耳或盲鼻（图二，2）。瓦足盆，为敞口，腹较深，壁内收。底微凹。还有一种盆为深腹，直壁（图二，1）。

　　圈足盘　均残。泥质灰陶，圆唇，窄斜折沿，敞口，斜直壁，浅盘，平底。素面。

　　瓮　均残器口，多夹砂，也有泥质陶。有的上腹一周附加堆纹，肩部素面，下腹饰篮纹。有的带錾形或月牙形錾手,有的上腹还按对称宽横双耳(图二,4～6)。

　　尊　均泥质陶,敞口,深腹,平底。腹饰竹节纹,下部斜收(图二,7、9)。

　　单把筒形杯　多泥质黑陶,深腹,直壁,平底,素面。平圆形錾。有的较扁,靠近底部(图二,8、10)。

　　器盖　数量较多,主要分为覆碗、覆盘两种。覆碗式为平顶,斜壁,素面。有的顶部按桥形纽,还有的按盲鼻(图二,3)。

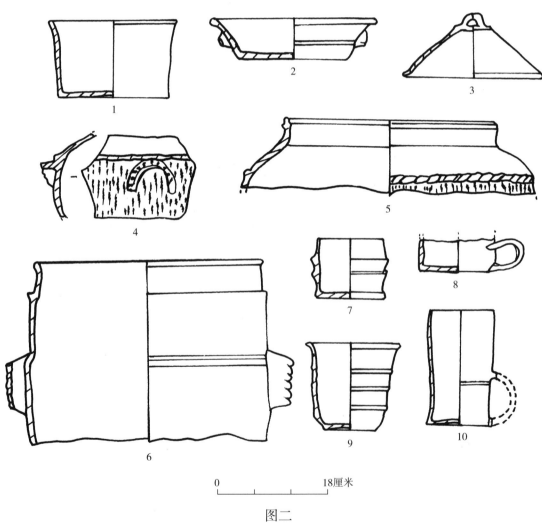

0　　　　　　　　18厘米

图二

1、2. 盆F6:2、H172:4　3. 器盖H172:4　4～6. 瓮H140:4、H181:5、G3:43　7、9. 尊H140:1、H172:2　8、10. 单把杯H199:1、G3:22

二

上面我们对程子崖龙山文化遗存的主要文化面貌进行了介绍，由于早、晚有别，因而有些陶器存在着差异，为了比较清楚地反映该遗址不同阶段的物质文化遗存，我们根据地层打破叠压关系和陶器不同特征的一些变化。将该遗址龙山文化遗存分为三期。

1.早期

以 H172、H176 为代表。该期遗迹单位较少，出土遗物也不多，主要有圆唇、卷沿、敞口、斜壁、浅腹平底盆，鸟首足的罐形鼎；斜折沿、深鼓腹，小平底罐、单把筒形杯、尊以及覆碗式器盖等。

2.中期

以 G3、G4、H147、H155 为代表。出土陶器数量和器物类别较早期均有增加。主要器形有侧三角足的罐形鼎、素面鬲、三瓦足盆、深腹平底盆、单把筒形杯、小口壶、折沿鼓腹罐、盒、甑、曲腹碗、圈足盘、瓮、V 字形、猪嘴形鼎足、覆碗式、覆盘式器盖等。

3.晚期

以 H135、H140、H149 和 F6 为代表。主要出土有袋足鬶、大口罐、鼓腹罐、曲腹碗、甗、尊、单把筒形杯、深腹盆、素面鬲、覆碗式器盖等。

上述三期典型陶器的演变规律为：

罐形鼎　早期折沿，鼓腹，平底，鸟首形足。还发现少量扁凿形足。中期演变成方唇，折沿，鼓腹，平底或圜底，侧三角形足。凿形、鸟首形足消失，开始出现 V 字形和猪嘴形足。晚期，鼎均残器。

鬶　早、中期，斜流，袋足，绳索状把，器表挂白陶衣。晚期，粗短颈，大袋足，实足根，多数无陶衣。

鬲　早期未见，中期，方唇，微折沿，深腹，袋足。晚期，折沿，上腹饰盲鼻。

平底盆　早期，大敞口，斜壁，浅腹，大平底，腹侧有的按双耳。中期，腹部加深。壁近直，腹侧有的按盲鼻。晚期，直壁，深腹。

尊　早期为侈口，深腹，斜壁，平底，腹饰竹节纹。中期，直壁，腹饰凸弦纹。晚期，形体变矮，器壁加厚，子母口，腹部有凸棱。

单把筒形杯　早期，直壁，深腹，圆柱形把。中期，下腹部微内收，扁带式把。晚期，把变扁，并下移至近底部。

上述典型陶器，基本反映了程子崖龙山文化遗存的主要特征。它应归入山东龙山文化系统。具体地说它同东部的两城类型相比较，有明显区别，应属于同一个文化的不同地方类型。同兖州西吴寺[1]、泗水尹家城[2]、茌平尚庄[3]等遗址对照,有许多近似的地方,也有一些差别,亦属于同一个文化的不同文化类型。而同梁山青堌堆[4]、曹县莘冢集[5]、菏泽安邱堌堆[6]等遗址的文化面貌基本一致,应视为同一个文化类型,其分布范围主要在济宁市西部以及菏泽地区,豫东有些遗址可能也属于该类型的范畴。

关于程子崖龙山文化遗存的年代问题,因缺乏碳-14年代的标本,只能根据出土遗物进行比较判断。从程子崖遗址出土的陶器来看,早期同中、晚期相比,文化面貌存在明显差异,看来两者之间尚有较大缺环,不应属于一个文化类型。前者可归西吴寺类型,相对年代相当于西吴寺龙山文化的中、晚期。如罐形鼎、平底敞口盆、折沿鼓腹罐、尊以及覆碗式器盖等在西吴寺遗址均可见到。程子崖遗址的中、晚期,相互联结较紧,两者是一脉相承、连续发展的。其相对年代约同尚庄龙山文化三期,尹家城5、6期大体相当。程子崖龙山文化晚期灰坑的H140,从出土的陶器看,明显晚于其他遗迹单位,特别是尊(H140:1),可能已经距岳石文化早期阶段为期不远了。

三

诚如上述,程子崖龙山文化遗存在发展过程中,尽管具有自身的独特风格。但是由于其地理位置处在东、西两个不同类型文化接壤的中间地带,所以同时也与周围地区不同类型文化相互影响和渗透。从而文化面貌比较复杂,这里既有自身文化的一些特点,同时又包含着东、西两个地区之间不同类型文化的若干因素。现就陶器所反映的某些现象,进行对比。

(一)同西吴寺、尹家城、尚庄等遗存的关系

程子崖龙山文化遗存同西吴寺、尹家城和尚庄遗址对照,在文化面貌上,它们之间既有共同特征,又存在着差别。陶器中都以平底器、三足器和圈足器为主,器物组合均有鼎、鬶、瓿、盆、罐、豆、盘、盒、碗、瓮、尊、器盖等。这些器

---

[1] 国家文物局考古领队培训班:《兖州西吴寺》,文物出版社,1990年。

[2] 山东大学历史系考古专业教研室:《泗水尹家城》,文物出版社,1990年。

[3] 山东省博物馆、聊城地区文化局、茌平县文化馆:《山东茌平尚庄遗址第一次发掘简报》,《文物》1978年第4期。

[4] 中国科学院考古研究所山东发掘队:《山东梁山青堌堆发掘简报》,《考古》1962年第1期。

[5] 菏泽地区文物工作队:《山东曹县莘冢集遗址试掘简报》,《考古》1980年第5期。

[6] 北京大学考古系商周组、山东省菏泽地区文展馆、山东省菏泽市文化馆:《菏泽安邱堌堆遗址发掘简报》,《文物》1987年第11期。

形同程子崖遗址有的相似，个别的甚至相同。如西吴寺的 B 型 IV 式盆（H616：5）同程子崖 B 型盆（T2 ④：21）一致。程子崖的盆（F6：2，H147：1）也同尹家城的盆（M4：12，H50：1）相似[1]，甗（H149：17）同尚庄 II 式甗（H108：12，H108：60），鬲（G3：42）同尚庄 II 式鬲（H120：1）雷同[2]，单把筒形杯（H192：5）同尹家城的（H799：44），盒（G3：36）与尹家城（H1799：33）[3]，尚庄（H75：3）基本一致，鼎（G3：1）也同尚庄 VI 式鼎（H75：60）[4]有许多相似之处。但差别还是相当明显的。首先在陶色方面，程子崖遗址以灰陶为主，器表主要是素面，习见方格纹、绳纹和篮纹。西吴寺、尹家城遗址的陶色灰、黑陶占大多数。纹饰主要是弦纹、附加堆纹和篮纹；乳丁、盲鼻、鸡冠耳等附加装饰比较普遍。也有少量绳纹、方格纹。器物组合程子崖遗址以罐、盆、杯为主，而西吴寺、尹家城等遗址则以鼎、鬶、罐、盆为常见器类。如果程子崖遗址同西吴寺龙山文化遗存相对比的话，除程子崖早期遗存与西吴寺遗址近似外，中、晚期同西吴寺遗址差别明显，这里除了地域因素外，可能主要是两者之间存在着年代上的缺环。我们初步认为，程子崖龙山文化的中、晚期遗存晚于西吴寺龙山文化遗存。当然，这种推断还缺乏地层上和碳 -14 测定的年代数据，因而有待日后工作的进一步证实。

（二）同菏泽地区龙山文化遗存的关系

程子崖遗址，地理位置同菏泽地区毗邻，因而文化面貌较西吴寺、尹家城等遗址更接近，关系更密切，许多文化因素两者互为存在。陶器方面，均以夹砂和泥质灰陶为主，黑陶较少，不见蛋壳陶器。篮纹、方格纹、绳纹等是常见纹饰。器类方面，两者大致相同，多数器形近似，如程子崖遗址的深腹，直壁平底盆（F6：2），罐（F2：2），碗（H177：1），盒（G3：36）皆能在青堌堆遗址中找到相似之处[5]。程子崖遗址的侧三角形鼎足、单把筒形杯、横把手瓮以及方格纹，绳纹罐、圈足盘等在青堌堆遗址都有发现。莘冢集的 I 式罐、I 式盆、II 式单耳杯等在程子崖遗址中也能见到[6]。这些共同的文化特征说明两者互相交往，关系非常密切，应属于同一个文化类型。但也出现一些不同的文化因素。如程子崖遗址的鬲、尊、鸟首形、V 字形，凿形、猪嘴形鼎足以及覆碗式覆盘式器盖等在青堌堆遗址中未见；

[1]　山东大学历史系考古专业、济宁地区文物科、泗水县图书馆：《泗水尹家城遗址第二、三次发掘简报》，《考古》1985 年第 7 期。

[2]　山东省文物考古研究所：《茌平尚庄新石器时代遗址》，《考古学报》1985 年第 4 期。

[3]　山东大学历史系考古专业：《山东泗水尹家城遗址第五次发掘简报》，《考古》1989 年第 5 期。

[4]　山东省文物考古研究所：《茌平尚庄新石器时代遗址》，《考古学报》1985 年第 4 期。

[5]　吴秉楠、高平：《对姚官庄与青堌堆两类遗存的分析》，《考古》1978 年第 6 期。

[6]　菏泽地区文物工作队：《山东曹县莘冢集遗址试掘简报》，《考古》1980 年第 5 期。

安邱堌堆遗址的灰陶鬶[1]，莘冢集遗址的漏斗形器、带流壶以及Ⅰ、Ⅲ式单耳杯[2]等在程子崖遗址中也未发现。另外，在生产工具方面。程子崖遗址主要是石器，未见骨、角、蚌器；而青堌堆遗址除石器外，还发现大量骨、角、蚌器以及许多厚蚌壳和鹿角。说明程子崖遗址同青堌堆等遗址不仅存在着一致性，还存在地域差异。

（三）同河南龙山文化遗存的关系

程子崖遗址位于鲁西南，又临近河南，处于河南、山东两支古文化的交接过渡地带。所以受河南龙山文化影响的色彩比较浓厚。由于地域毗邻，所以它们在发展过程中相互接触，相互影响，因而在文化面貌方面出现了既相同，又有较大差别的中介过渡性质。陶色方面，两者基本一致，均以灰陶为主，方格纹、绳纹、篮纹比较流行。器形两者均有鼎、鬶、罐、盆、杯、瓮、甗、圈足盘、器盖等。有些器形两者共存，如程子崖遗址的杯（H192∶5）同永城王油坊遗址 T25⑥∶5，罐（F2∶2）同王油坊 H21∶5，圈足盘（H192∶7，G3∶44）同王油坊Ⅰ式盘（H5∶7；H34∶9），甑（G3∶22）同王油坊 H29∶16[3]都很近似，淮阳平粮台的平底盆（T41①∶1）、罐（H61∶2）[4]、汤阴白营的单耳直筒杯（F64∶2）、罐（H118∶4）[5]等同程子崖遗址的同类器物也有许多近似之处。但同样存在着一些差别，河南龙山文化的许多器形在程子崖遗址未见到，如罐形斝、扁腹斝、高领双耳瓮、小口深腹罐、四瓦足盆、带把鬲、长颈壶、平口鬶、双腹盆、矮颈肥大袋足鬲、单耳三足杯；方格纹、垂腹、圜底、圆锥足的鼎等一批河南龙山文化的典型器物在程子崖遗址中均未发现。就是程子崖遗址出土的素面鬲同河南龙山文化的袋足鬲也有本质的不同。说明两者文化面貌既有相仿之处，又存在明显差别。看来这是两种不同文化之间的关系，所以不应该属于一个文化系统。因此，有必要将两者分别对待。

至于程子崖、西吴寺、尹家城等遗址发现的绳纹、方格纹等，显然受到了西部河南龙山文化的一定影响，而河南龙山文化中发现的鸟首形足的鼎、袋足鬶等，同样也是受来自山东龙山文化影响的一种反映。造成这些现象的原因，除地理环境、

[1]　北京大学考古系商周组、山东省菏泽地区文展馆、山东省菏泽市文化馆：《菏泽安邱堌堆遗址发掘简报》，《文物》1987年第11期。

[2]　菏泽地区文物工作队：《山东曹县莘冢集遗址试掘简报》，《考古》1980年第5期。

[3]　中国社会科学院考古研究所河南二队、河南商丘地区文物管理委员会：《河南永城王油坊遗址发掘报告》，《考古学集刊·5》，中国社会科学出版社，1987年。

[4]　河南省文物研究所、周口地区文化局文物科：《河南淮阳平粮台龙山文化城址试掘简报》，《文物》1983年第3期。

[5]　河南省安阳地区文物管理委员会：《汤阴白营河南龙山文化村落遗址发掘报告》，《考古学集刊·3》，中国社会科学出版社，1983年。

生产力水平乃至生活习惯外，就是它们各自的居民向周围地区传播、渗透和相互交流的结果。

通过对程子崖龙山文化遗存的分析以及同周围其他地区龙山文化遗存的相互比较，使我们看到程子崖龙山文化遗存的文化面貌是不单纯的，其中包含多种文化因素。这里面，既有山东龙山文化特征，又具河南龙山文化的某些成分。两者相互影响，兼收并蓄，由此而构成了程子崖龙山文化遗存鲜明的地方特色。从整体分析，我们认为，该遗存尽管受到河南龙山文化较深的影响，但还是同山东龙山文化关系比较密切。所以，我们将程子崖龙山文化遗存归入山东龙山文化系统，看来还是比较符合实际的。

程子崖龙山文化遗存的揭示，为探讨山东龙山文化与河南龙山文化之间的相互关系，提供了重要的研究线索。但是，由于发掘面积较小，出土遗物亦不太丰富，因此，有些问题不可能完全解决。我们相信，随着田野工作的不断深入，文化面貌的进一步揭示，它们之间的相互关系更加清楚，许多问题最终将得到圆满解决。

原载《东南文化》1991 年第 6 期

论山东龙山文化西吴寺类型

西吴寺遗址位于山东省兖州县西北约 25 千米的小孟乡西吴寺村东台地上[1]。1984～1985 年在此进行了三次发掘，共开 5 米 ×5 米的探方 138 个，面积 3000多平方米，发现有灰坑、冰井、房屋、墓葬等，获得大量龙山文化和周代陶、石、骨器等文化遗物[2]。本文主要就该遗址龙山文化遗存的文化面貌、分期、年代以及与其他地区龙山文化的关系等问题作些初步探索。

一

经过田野发掘，得知西吴寺遗址的文化堆积厚度在 1～1.5 米，根据土质土色和包含物的不同变化，共划分为 9 层，第一至三层是宋金至今的文化堆积，第四至六层是周代遗存，第七至九层是龙山文化遗存。

龙山文化的遗迹主要有灰坑、房屋、水井、墓葬等；遗物则以陶器居多，还有大量的石、骨、蚌、角器，总计达一千多件，其中陶器八百余件。这些遗迹、遗物的发现，开阔了我们对该地区龙山文化的视野，深化了从区系类型的角度对龙山文化的研究。

通过对西吴寺遗址龙山文化遗迹遗物的全面整理和研究。可以把其文化面貌的轮廓概述如下：

（一）遗迹

1.房屋

仅 3 座，均残破。平面呈长方形，建筑方法分为平地起筑和半地穴式两种，面积一般在 10 平方米左右，居住面采用防潮性能较好的黄土羼和料礓石渣和细砂土铺垫。室内多有椭圆形灶。柱洞分布在房屋四周，底部有的铺垫碎陶片。个别房屋内还放置有完整的陶容器。

---

[1] 国家文物局考古领队培训班：《兖州西吴寺遗址第一、二次发掘简报》，《文物》1986年第8期。
[2] 国家文物局考古领队培训班：《兖州西吴寺》，文物出版社，1990年。

2.灰坑

300 余个，分布比较密集，坑口形状大致分为椭圆形、圆形、方形、长方形和不规则形诸种，其中以圆形和椭圆形数量较多。如 H203，位于 T2513 内，开口于第七层下，圆口、斜壁、平底、口大底小。坑口直径 327、底径 230 厘米。坑口距地表 130、距坑底 160 厘米。坑壁保存较好，并遗留清楚的工具痕迹。坑底部铺有一层厚约 4 厘米的纯净沙土，坑内堆积大致分为 11 小层，黄褐、灰褐和灰黄土层层交叠，各层质地松软均向中心凹曲，呈透镜体状。出土遗物极丰富，陶器多完整或可复原器，有鼎、鬶、罐、盆、盒、甗、环足盘、单把杯、器盖等 30 余件。还有骨笄、骨镞、鹿角锄、纺轮、石镞等。

3.水井

3 眼，口部形状分圆形和方形两种。井壁斜直，向下逐步内收。深度 4 ～ 5 米。井底均发现一些汲水器，主要是各种罐类，特别是带系罐。上半部填土内多是一些日常生活用具，如盆、杯、鼎、罐、盒、瓮、鬶、器盖等，说明是水井废弃后的堆积。如 J10，挖筑在生土层上，圆形口，直径 250 厘米，斜壁、往下逐渐收分，井底直径 90、深 510 厘米。井内堆积分七层，第一至四层出土有陶鼎、鬶、盒、盆、罍、杯、器盖和骨针、笄、镞等；第五层以下出土遗物皆为各种型式的陶罐，均是汲水器。

4.墓葬

9 座，皆长方形竖穴土坑，葬式多单人仰身直肢，面向上，头向东。方向 90° 左右。有随葬品的墓均为 4 件陶器，器形有鼎、高柄杯、觯形杯、单把杯、罐、豆等。放置部位一般在头或足部。

（二）遗物

遗物中数量最多的陶器。陶质分为夹砂、泥质和细泥三大类。其中夹砂陶数量最多，约占全部陶器的 60%，泥质陶次之，细泥陶较少。陶色分灰、褐、黑、红、白五种，以灰、褐陶为主，黑陶次之，龙山文化常见的磨光黑陶较少。以红陶外涂白衣的鬶最具特色。由于烧制环境、温度等原因，器表颜色多数不纯，有烧成缺陷，局部出现灰褐或红褐乃至黑灰色斑点。有些泥质陶外表黑色，胎呈红褐或灰色。多数泥质陶表面不磨光，即使是薄胎陶器，如高柄杯等也是如此。仅有个别单把杯、罍、器盖等曾进行磨光处理。根据山东省博物馆钟华南同志鉴定，这批陶器的制作工艺绝大多数采用拉坯模印成型，未见泥条盘筑制作的器物。特别是蛋壳陶高柄杯采用拉坯与车制相结合的制作工艺[1]，因而器形规整、匀称。仅有

---

[1] 钟华南：《西吴寺遗址龙山文化陶器制法鉴定报告》，《兖州西吴寺》，文物出版社，1990年，附录五。

少数小型器物及个别器物附件，如盲鼻、附耳、器足、把手及匜或鬶的流、口等采用捏塑成型。有些瓮等大型器物则分段做成，因而器物内壁多遗留明显的接合痕迹。

器形主要有鼎、鬶、盆、匜、罐、杯、盒、瓮、甗、箅、盘、豆、壶、高柄杯、单把杯、觯形杯、碗、罍、钵、尊、器盖等二十余种。最具代表性的器形有罐形、盆形、盂形鼎；斜流、长颈袋足鬶；敞口、斜壁、大平底盆；有的底部安三瓦足或圈足。还有折沿深腹小平底罐、薄胎高柄杯、单把杯、瓮等。器表以素面为主，一些器物饰有凹凸弦纹、附加堆纹、刻划纹、镂空、篮纹、绳纹、方格纹、窝纹、竹节纹等。特别流行盲鼻、附耳、铆钉和鸡冠耳等附加装饰。多数器物沿面有凹槽。

从陶器造型的整体看，三足器最多，约占 30.7%，主要有鼎、鬶、甗、环足盘、盒、瓦足盆、三足钵等；平底器次之，有平底盆、罐、瓮、杯、匜、尊、觯形杯、平底盘等，圈足器较少，仅见圈足盘、高柄杯、豆、圈足盆等，未见圜底器和尖底器。现选择部分陶器介绍如下。

1.鼎

数量最多，约占全部陶器的 15.6%，主要分罐形、盆形、盂形三种形式。均为夹砂陶。罐形鼎，斜折沿、鼓腹、平底。凿形或鸟首形足。未见 V 字形、侧三角形及猪嘴形足。腹部多素面，仅少数饰篮纹，口沿外侧及腹部多有盲鼻、乳丁及鸡冠耳装饰。盆形鼎多数个体较大，有的口径在 40 厘米以上。斜弧沿，浅腹折曲，呈双腹形，大平底。均素面，鸟首足，腹部多安双耳或鸡冠耳（图一，1、5）。

2.鬶

数量较多，均夹砂红陶，未见夹砂白陶和泥质黑陶。器表通体挂白衣。多数为长斜流，筒形颈，分档、袋足，腹侧安扁索状鋬，袋足上部多饰凸弦纹，口、流和颈及把手间一般饰铆钉（图一，9）。少数体较矮，粗短颈，袋足略近乳状。

3.甗

完整者较少，上部深腹盆形，多素面，仅 1 件饰绳纹。口沿分为斜折沿和卷沿束颈两种，对称安双耳或盲鼻、铆钉等。下部呈鬲形，弧裆，尖袋足，素面（图一，10）。

4.盆

数量较多，分夹砂和泥质两类。泥质盆为卷沿、敞口、斜壁、大平底、素面。有的腹部饰盲鼻或双耳，器底安三瓦足或圈足（图二，1、2）。还有一类形体较小的泥质盆，敞口、束颈、曲腹、小平底，均素面，多饰乳丁（图二，4）。夹砂盆为大敞口、斜壁、小平底，素面，腹部饰鸡冠耳（图二，5）。

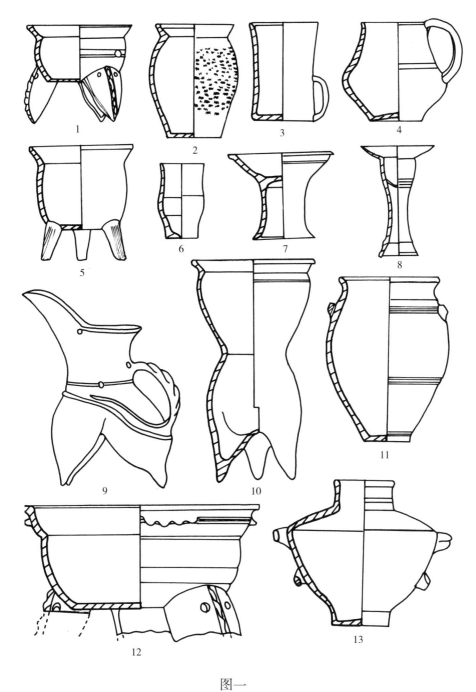

图一

1. 鼎H203：14　2. 罐H735：2　3、4. 单把杯H226：15、H584：1　5. 鼎H4048：1　6. 觯形杯M6：1　7. 豆H147：11　8. 高柄杯M6：3　9. 鬶H254：3　10. 甗H1019：12　11. 瓮H690：1　12. 鼎H160：2　13. 罐J4001③：3

5.盘

均泥质，分环足、圈足和平底三类。环足盘为浅盘、斜壁、小平底，下安三环足。平底盘均浅腹，直壁，大平底，多素面，有的饰瓦纹。圈足盘分高矮两种，均宽折沿，浅腹、平底。其中高圈足盘饰圆镂空（图二，3、6）。

6.罐

数量较多，型式复杂，分夹砂和泥质两种。多斜折沿，深鼓腹，小平底。器表多素面，有的饰篮纹、绳纹或方格纹。另外，还有双系、四系及高领罐诸种（图一，2、13）。

7.瓮

泥质陶，形体较大，高度均40厘米以上，多窄平沿，子母口，束颈，深腹，小平底，素面，肩部对称安双耳（图一，11）。

8.单把杯

多数泥质黑陶，少量夹砂灰陶。深腹，直壁，平底，腹侧安环形把，素面。夹砂陶多为敛口，圆鼓腹，平底或假圈足（图一，3、4）。

9.高柄杯

多细泥黑陶，圜底，宽斜折沿，直腹，细高柄，饰三角镂空（图一，8）。

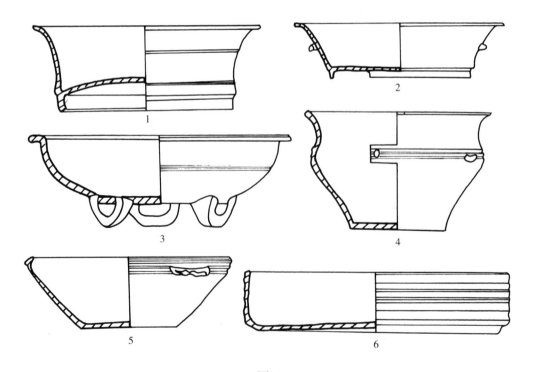

图二

1、2. 盆H3614⑦:2、H203:84　3. 盘H235:7　4、5. 盆H1027:3、H226:33　6. 盘H531:6

10.觯形杯

均泥质陶，高领、直壁、深腹、平底，近底处微内收，素面（图一，6）。

11.豆

数量较少，均泥质，多灰陶，个别黑陶，折沿、敞口、浅盘、喇叭形圈足，柄部多饰圆镂空（图一，7）。

12.器盖

数量最多，达200余种，约占全部陶器的38%，多数为覆盆形或覆碗形。少量覆盅形或覆碟形。覆盆形腹壁多附双耳，覆碗形为平顶，有的安桥形纽。

生产工具数量较少。质料方面可分石、骨、陶、牙、蚌器等。用于农耕和手工业生产的有弧刃石斧、长条形石凿、长方形石锛、半月形石刀及鹿角锄、骨凿、蚌镰等，渔猎工具有柳叶形石镞、骨镖、骨矛、网坠等；纺织工具有纺轮、骨针、骨锥及大量印在器物底部的布纹等。对当时的孢粉分析结果表明，这一时期气候暖湿，植被较茂盛，生长着松、栎、榆、桑、漆树等科属的乔木和藜、蓼、蒿等科的草，以及生长于静水或缓流湖泊、小溪中的环纹藻。发现有一定数量的小麦（近似科）的孢粉存在。兽骨以猪骨为主，还有梅花鹿、麋鹿、狗、禽、獐、龟、牛、豹猫等。所有这些都证明生活在这一地区的古代先民们，过着长期稳定的农耕和畜牧相结合的经济生活，但渔猎经济仍占有相当比重。特别是水井的使用，对于人类同大自然的斗争具有重要意义。

二

由于西吴寺龙山文化遗存堆积时间较长，具有多组典型地层单位之间的叠压、打破关系，且具有多个共存大量完整或可复原陶器的遗迹单位，为进行文化分期创造了良好条件，因此，我们根据地层关系，把龙山文化遗存分为早、中、晚三期（图三）。现将三期陶器的主要特征简述一下：

1.早期

陶器数量较少，器类单纯，仅发现罐形鼎、深腹篮纹或方格纹罐、折沿平底盆、三足钵、高柄杯、觯形杯及残鬹片等。鼎均夹砂，斜折沿，鼓腹，平底，凿形足。多素面，有的腹饰篮纹。足根部有按窝或竖凹槽。罐多夹砂，仅个别泥质陶。宽折沿、深腹、小平底，腹部饰篮纹或方格纹。盆为泥质陶，平折沿、敞口、斜壁、浅腹、大平底、素面。三足钵为泥质黑陶，敞口、斜壁、小平底、矮凿形足、素面。觯形杯为高颈，腹部间有折棱，下腹内收，平底、素面。高柄杯为细泥黑陶，大敞口，宽斜折沿，直壁，圜底，细高柄，喇叭状圈足，柄部饰镂空。

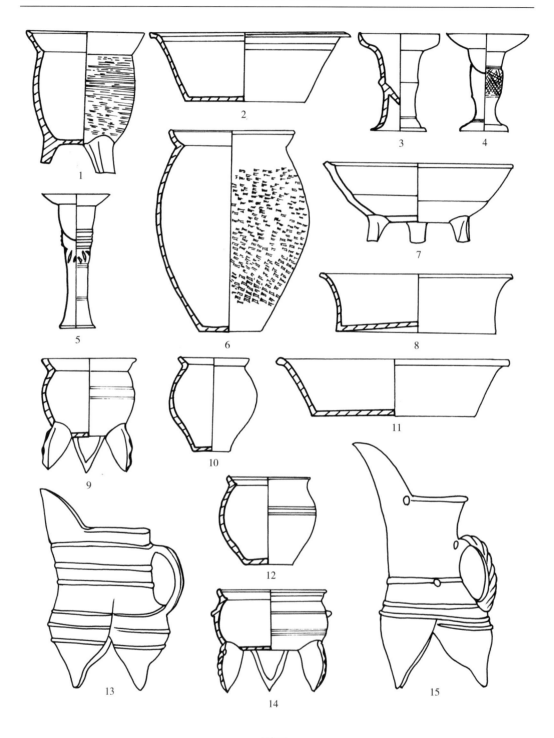

图三

1．鼎H653:4　2．盆H704:5　3、4．单把杯M1003:3、H4182:27　5．高柄杯M8:4　6．罐H653:5　7．钵H702:1　8．盆H4048:1　9．鼎H4349:1　10．罐H226:25　11．盆H701:1　12．罐H4178:1　13．鬶J4001:19　14．鼎H616:1　15．鬶H4182:23　（1、2、5～7早期　4、9～11、15中期　3、8、12～14晚期）

2.中期

陶器数量明显增加，而且器类齐全。不见早期的折沿平底盆、三足钵；扁凿形足的罐形鼎，方格纹和篮纹罐也罕见。流行鸟首足的罐形鼎、盉形鼎和盆形鼎，以及长颈鬶、卷沿瓦足盆、环足盘、单把杯、瓮、罍、盒、器盖等。早期的高柄杯、觯形杯等继续存在，但形制有变化。罐形鼎折沿、深鼓腹、小平底、素面，腹饰弦纹并附加盲鼻、乳丁和鸡冠耳等。盆形鼎为浅腹、敞口、大平底。有的腹部曲折，呈双腹形。盉形鼎形体较小，折沿、浅腹、平底，口沿明显大于腹部。鬶形体较高，长斜流、筒形颈。高裆。圆锥形袋足，扁索状鋬。高柄杯宽沿、直壁、圜底、粗柄、矮体。盆主要为卷沿、侈口、斜壁，浅腹、大平底，有的底部安瓦足。折沿深腹小罐大量存在，新出现了带系罐。

3.晚期

陶器种类基本与中期相同，但数量相对减少，有的器形出现衰落迹象。长颈鬶已经消失，流行短颈袋足鬶。鼎、罐、盆、高柄杯等继续存在。盆仍卷沿，腹加深，壁内收。新出现了圈足盆。罐形鼎腹变浅，底加大。高柄杯柄更粗，体变矮，由大宽沿发展为折沿，个别的胎加厚，已不属于蛋壳陶范围。罐体变矮胖。盘由矮圈足发展为高圈足。

从整体观察，西吴寺龙山文化遗存的三期，虽然早、中期之间存在一定缺环，但器物演变是一脉相承连续发展的。下面再以几种主要陶器为例，观察它们在各期中的发展演变趋势。

罐形鼎　早期宽折沿，深腹，平底，凿形足。腹部以素面为主，有的饰篮纹。中期鸟首足的罐形鼎盛行，特征是折沿、深腹。晚期腹变浅，口径大于腹径。

鬶　早期仅见残片，中期大量存在，流行长颈筒形鬶，高裆，袋足截面近似三角形。逐渐变成低裆，袋足截面近圆形，后足较前两足肥大且后伸，袋足衔接处出现裆沟。中期同时流行粗颈鬶，矮体、斜流、喇叭口，短颈，乳状袋足，后足肥大后伸。逐渐演变为粗直颈，三足接近等距。晚期裆变低，袋足圆鼓，足根尖细，三足接近垂直，把手截面呈C形。

罐　早期形体较大，斜折沿，深鼓腹，小平底，最大腹径居上部。腹饰篮纹或方格纹。中期逐渐变矮。晚期更趋矮胖，腹近圆形。

平底盆　早期平折沿，敞口、斜壁、大平底。中期，卷沿、大敞口，浅腹、斜壁、大平底。晚期，腹变深，壁近直，底微凹。

高柄杯　早期宽斜折沿,直腹,圜底,细高柄,腰内弧,底座外折。中期逐渐粗矮，柄下部内凹，底座宽大。晚期折沿，尖底，粗柄。

关于西吴寺龙山文化遗存的年代问题，我们用 M8 和 M4003 的人骨做了碳 -14

测定，结果是距今 4045±115 年和 4165±135 年（ZK–2409，ZK–2410，经树轮校
正）。再同其他龙山文化遗址的陶器类型学和碳 -14 年代测定作综合比较，西吴寺
龙山文化早期约与尹家城 F3 相当，与邹县南关遗址的 H16 和滕州前掌大遗址的龙
山文化遗存也相去不远，应处于山东龙山文化的早期阶段，西吴寺龙山文化的中、
晚期约同尹家城遗址的 H31，其时代相当于山东龙山文化的中期阶段。

三

　　以西吴寺龙山文化为代表的遗存，目前在鲁中南地区大量发现，主要有泗水
尹家城 [1]、天齐庙、邹县野店 [2]、南关 [3]、晚照寺、七女城、兖州龙湾店、小马青、东
顿、曲阜东魏庄 [4]、西夏侯 [5]、店北头、滕州东曹东、前掌大 [6]、庄里西、西薛河、大
韩、后堌堆、济宁郊区程子崖 [7]、郑堌堆、枣庄市的二疏城、晒米城、南滩子、徐
州高皇庙 [8] 等。就目前所掌握的资料，此类文化遗存的分布范围主要在山东中南部，
即现在行政区划的济宁市、枣庄市和泰安市的部分地区。东起泗水源头，西至鲁
西南平原的东缘，北依泰山，南到枣庄市南部与苏、皖交界附近。其中心地区是
泗河流域。在这一广大的区域内所反映的文化面貌，虽然有一些差别，但主要文
化特征还是一致的。如西吴寺遗址的环足盘（H235：7）同东魏庄的同类器物相似，
鼎（T3014 ⑦：10，H1029：6）同东魏庄的鼎近同 [9]。西吴寺的瓮（H690：1）同野
店的 H8：13 风格基本一致。西吴寺的鬶（H4297：2）同高皇庙的鬶雷同 [10]。
　　将西吴寺遗址的龙山文化遗存同山东龙山文化中被学者指出的两城和城子崖
两个主要文化类型进行比较对照，其间既有共性，又存在明显差异。

（一）同两城类型的关系

　　在器物造型方面，两者都以三足器、平底器和圈足器为主，未见尖底器和圜
底器。器物组合均有鼎、鬶、盆、罐、甗、壶、瓮、尊、高柄杯、盒、单耳杯、

[1]　山东大学历史系考古专业：《山东泗水尹家城第一次发掘》，《考古》1980年第1期。
[2]　山东省博物馆、山东省文物考古研究所：《邹县野店》，文物出版社，1985年。
[3]　国家文物局考古领队培训班：《山东邹县南关遗址发掘简报》，《文物》1991年第2期。
[4]　中国科学院考古研究所山东队：《山东曲阜考古调查试掘简报》，《考古》1965年第12期，图六，1。
[5]　中国科学院考古研究所山东队：《山东曲阜西夏侯遗址第一次发掘报告》，《考古学报》1964年第2期，图版拾壹，1。
[6]　韩榕：《试论城子崖类型》，《考古学报》1989年第2期。
[7]　国家文物局考古领队培训班：《山东济宁程子崖遗址发掘简报》，《文物》1991年第7期。
[8]　江苏省文物管理委员会：《徐州高皇庙遗址发掘报告》，《考古学报》1958年第4期。
[9]　中国科学院考古研究所山东队：《山东曲阜考古调查试掘简报》，《考古》1965年第12期。图六：1。
[10]　江苏省文物管理委员会：《徐州高皇庙遗址发掘报告》，《考古学报》1958年第4期。

碗及各式器盖等。但陶色、纹饰以及某些器类差别相当明显。如两城类型的陶器以黑陶居多，其中以陶质细腻，表面磨光而乌黑光亮者最具特色。而西吴寺遗址却以灰褐陶为主，黑陶较少，特别是磨光黑陶更少。两城类型的陶器多素面磨光，纹饰主要是弦纹、压印纹、附加堆纹、划纹和篮纹，绳纹较少，未见方格纹。西吴寺遗址的陶器表面多数不磨光，除上述几种纹饰外，具有一定数量的方格纹和绳纹。器类方面，两者也存在不同。如两城类型的盉、双耳杯、大口尊、觯形壶等西吴寺遗址未见。曲腹碗、豆等两城类型特别流行，不仅数量多，而且形式多样，但西吴寺遗址却极少。西吴寺遗址的陶鬶，多夹砂红陶，均挂白色陶衣，而两城类型的陶鬶则多橙黄陶或黄白陶，皆不挂白衣。西吴寺遗址的甗，弧裆，袋足。而两城类型的甗多连裆。下附扁凿形足或鸟首形足。在潍坊姚官庄遗址还发现一件平底鸟首足的甗（H56∶3），这种类型的甗，西吴寺遗址未见到。

总的来看，西吴寺类型与两城类型器类基本相同，个别器形近似，甚至相同，故而有的学者把西吴寺龙山文化遗存归入两城类型[1]，由于近年来西吴寺等遗址的大面积发掘，使得有可能重新考虑西吴寺龙山文化遗存的相对独立性。

（二）与城子崖类型的关系

城子崖类型因首先发现于章丘龙山镇附近的城子崖遗址而得名。其分布范围主要在鲁中的济南周围及鲁西北地区，经过发掘的遗址有茌平尚庄[2]、南陈庄[3]、禹城邢寨汪[4]、章丘邢亭山、乐盘、宁家埠、济南大辛庄[5]、邹平丁公[6]等处。从总的文化面貌看，城子崖类型较两城类型更接近于西吴寺龙山文化遗存，但仍有一些差异。如陶系方面，均以夹砂和泥质灰陶为主。属于城子崖类型的尚庄遗址的陶器表面大部分打磨精致，有光泽。夹砂陶往往羼碎蚌片。而西吴寺遗址的陶器表面一般不磨光处理，多数无光泽，而且不使用羼和料。绳纹、篮纹、方格纹是城子崖类型的常见纹饰，西吴寺遗址与之对照比例远逊之。器类方面，两者均有鼎、鬶、罐、盆、甗、豆、杯、瓮、碗、器、盔等。这些器形有的相似，甚至相同。如尚庄遗址的双提梁罐（H167∶21）同西吴寺遗址 H4018∶26 近似，平底盆（H169∶8）、杯（H146∶13）、Ⅲ、Ⅳ式器盖（H202∶6、H167∶20）等均与西吴寺遗址的同类器物存许多相似之处。另一方面，尚庄遗址的深腹方格纹罍（H88∶1），腹饰篮纹

[1] 孙华铎、于之友：《山东兖州史前文化遗存概述》，《史前研究》1985年第2期。
[2] 山东省文物考古研究所：《茌平尚庄新石器时代遗址》，《考古学报》1985年第4期。
[3] 山东大学历史系考古专业、聊城地区文化局、茌平县图书馆：《山东茌平县南陈庄遗址发掘简报》，《考古》1985年第4期。
[4] 德州地区文物工作队：《山东禹城邢寨汪遗址的调查与试掘》，《考古》1983年第11期。
[5] 任相宏：《济南大辛庄龙山、商遗址的调查》，《考古》1985年第8期。
[6] 山东大学历史系考古专业、邹平县文化局：《山东邹平丁公遗址试掘简报》，《考古》1985年第5期。

的盆（H62∶5）、四瓦足盆（H17∶2）、V字形足的鼎（H205∶1）、分裆袋足甗（H108∶2）、单横耳杯（G1∶6）、横耳篮纹罐（G1∶13）、双横耳小罐（H108∶46）、盂（H124∶1）、环足直腹盘（H75∶97）、素面鬲等西吴寺遗址未见。卜骨、蚌铲、蚌锯、蚌镰等城子崖类型较多，而西吴寺类型较少，有些遗址甚至不见。这些差异说明除了地域不同外，可能还有时代早、晚的因素。

通过对发掘资料的全面整理和研究，我们认为，以西吴寺遗址为代表的龙山文化遗存，不仅面积大，文化遗存丰富，而且经过多次发掘，同时具有一定的分布区域和自身的发展脉络，因此，具有一定的典型性。所以，我们提出了以山东龙山文化"西吴寺类型"的概念，这样可以使科学表述更清楚一些。也有的学者根据尹家城与西吴寺龙山文化谱系相同，时代互补的特点提出了"尹家城—西吴寺类型"的意见[1]。

至于以梁山青堌堆遗址[2]为代表的龙山文化遗存，山东地区目前又发表了曹县莘冢集[3]和菏泽安邱堌堆[4]两处遗址的资料。有人归到河南龙山文化的王油坊类型，有的则划入山东龙山文化的城子崖类型，还有的主张另立青堌堆类型。对这一区域的文化类型问题，还有待于将来更多地做工作。

四

上面我们对西吴寺类型的文化面貌、分期与年代以及同其他地区龙山文化类型的关系等问题进行一些探讨，下面再讨论西吴寺类型同大汶口文化和岳石文化的关系，即西吴寺类型的来源与去向问题。

龙山文化是继承大汶口文化发展而来的，这一观点早已被学术界公认。日照东海峪[5]三叠层的发现，为龙山文化晚于大汶口文化找到了地层依据。在鲁中南地区，也有龙山文化打破大汶口文化地层关系的例证。如邹县野店遗址，有一组龙山文化遗迹打破大汶口文化灰坑和墓葬的关系[6]；在曲阜西夏侯遗址也有龙山文化灰坑（H9）打破大汶口文化墓葬（M13）和龙山文化灰坑打破大汶口文化地层的

[1] 高蒙河：《龙山文化的时空框架》，《上海大学学报》1989年第5期。

[2] 中国科学院考古所山东发掘队：《山东梁山青堌堆发掘简报》，《考古》1962年第1期。

[3] 菏泽地区文物工作队：《山东曹县莘冢遗址试掘简报》，《考古》1980年第5期。

[4] 北京大学考古系商周组、山东省菏泽地区文展馆、山东省菏泽县文化馆：《菏泽安邱堌堆遗址发掘简报》，《文物》1987年第11期。

[5] 山东省博物馆、日照县文化馆东海峪发掘小组：《一九七五年东海峪遗址的发掘》，《考古》1976年第6期。

[6] 山东省博物馆、山东省文物考古研究所：《邹县野店》，文物出版社，1985年。

关系 [1]。在西吴寺遗址尚未发现大汶口文化堆积，但从西吴寺类型的早期遗存看已距大汶口文化晚期相去不远。如西吴寺遗址的凿形足鼎（H1052：5、H4084：1）、平底盆（H704：5）等同曲阜南兴埠的鼎（T1 ⑦：8）、盆（T1 ⑦：5）基本相同 [2]；尹家城的匜（F3：22）[3] 也与西夏侯大汶口文化的匜（M13：29）有许多近似之处。由此可见，该地区大汶口文化晚期与龙山文化早期的链条已逐渐衔接起来。

　　龙山文化发展为岳石文化，这一观点也被学术界所接受。在尹家城遗址就曾发现岳石文化堆积直接叠压在龙山文化地层之上层位关系。西吴寺类型晚期与岳石文化还有较大距离，但在尹家城和济宁程子崖龙山文化晚期遗存中都显示出了这种过渡 [4]。

五

　　山东龙山文化西吴寺类型的揭示，有助于我们对泗水流域乃至整个山东龙山文化研究的深化。从宏观角度看，山东龙山文化从大汶口文化发展而来，又演变为岳石文化。进一步分析，山东龙山文化的各地方类型又大都与当地大汶口文化或岳石文化类型有着更直接的亲缘关系。研究这些类型之间的传承和交互影响，以及在构成一个大的考古学文化中所起的作用，进而在动态中考察考古学文化消长变迁，必将促进中国考古学区系类型研究的不断发展。

　　原载《东南文化》1996 年第 2 期

[1] 中国社会科学院考古所山东工作队：《西夏侯遗址第二次发掘报告》，《考古学报》1986年第3期。

[2] 山东省文物考古研究所：《山东曲阜南兴埠遗址的发掘》，《考古》1984年第12期。

[3] 山东大学历史系考古专业：《泗水尹家城遗址第二、三次发掘简报》，《考古》1985年第7期。

[4] 国家文物局考古领队培训班：《山东济宁程子崖遗址发掘简报》，《文物》1991年第7期。

山东龙山文化的类型与分期

一 前言

山东龙山文化又称典型龙山文化，是 1928 年我国考古学家吴金鼎先生在山东历城县(今属章丘市)龙山镇城子崖发现的 [1]。从出土遗物看,是以磨光黑陶为特色,而不同于以彩陶和红陶为特征的仰韶文化, 从而提出龙山文化的命名。

新中国成立初期, 由于受考古资料的限制, 因而相当长一段时间内, 把凡属以黑陶为特征的文化遗存, 都称龙山文化。后来认识到, 有些龙山文化, 由于地域、渊源不同, 文化面貌便存在一些差别, 为避免混乱和便于研究, 在龙山文化前面加上省的名称, 如山东龙山文化、河南龙山文化等。随着考古资料的日益丰富, 20 世纪 70 年代后期, 学术界开展了对龙山文化分期、地方类型、社会性质、族属、来源去向及与同时期周边其他文化的关系等问题的讨论, 从而把对龙山文化的研究提高到了一个新的阶段。

早在 20 世纪 30 年代末, 梁思永先生率先提出沿海区、豫北区和杭州湾区的划分 [2]。稍后, 尹焕章先生将龙山文化分为山东沿海、山东西部、豫东苏北、江淮、杭州湾和闽江六个区域 [3]。尹达先生划分为两城期、龙山期和辛村期 [4]。进入 70 年代, 吴秉楠、高平首先提出今山东境内泰山以西的平原地区还存在着青堌堆类型的文化, 泰山以东丘陵地区及半岛部分则存在着以姚官庄为代表的另一支文化, 即所谓典型龙山文化 [5]。黎家芳、高广仁先生将山东境内的龙山文化分为两城类型和城子崖类型 [6];郑笑梅、吴汝祚先生则提出鲁东类型和鲁西类型 [7];《泗水尹家城》

[1] 傅斯年、李济、董作宾、梁思永等:《城子崖——山东历城县龙山镇之黑陶文化遗址》, 中研院历史语言研究所, 1934 年。

[2] 梁思永:《龙山文化——中国文明的史前期之一》,《考古学报》1954 年第 1 期, 第 5 页。

[3] 尹焕章:《华东新石器时代遗址》, 上海学习生活出版社, 1955 年。

[4] 尹达:《新石器时代》, 生活·读书·新知三联书店, 1979 年。

[5] 吴秉楠、高平:《对姚官庄与青堌堆两类遗存的分析》,《考古》1978 年第 6 期。

[6] 黎家芳、高广仁:《典型龙山文化的来源、发展及社会性质初探》,《文物》1979 年第 11 期。

[7] 山东省文物考古研究所、山东省博物馆、中国社会科学院考古研究所山东队等:《山东姚官庄遗址发掘报告》,《文物资料丛刊·5》, 文物出版社, 1981 年。

中将龙山文化分为尹家城、城子崖、尧王城、姚官庄和杨家圈五个地方类型；高蒙河同志分为两城镇类型、城子崖类型和尹家城—西吴寺类型[1]；徐基先生分为城子崖、两城镇、尹家城、造律台和杨家圈类型[2]；栾丰实同志根据历史地理沿革和自然地理特点，将龙山文化分为胶莱河以东的半岛地区、淄河以东的潍弥河流域、以沂沭河流域为主的鲁东南地区、徒骇河和小清河中上游地区、汶泗流域、鲁豫皖交界地区[3]。上述诸家观点，大体概括了目前关于山东龙山文化地方类型划分的基本内容。这对龙山文化的研究无疑起到了积极的作用。但对此，笔者还有不同看法，认为山东龙山文化依据自然环境的不同按区域大致分为两城、城子崖、西吴寺、杨家圈、青堌堆五个类型，它们相互联系，相互影响，共同构成一个大的考古学文化体系，为山东龙山文化的形成、发展与繁荣作出了贡献。

二 类型及特征

考古资料表明，山东龙山文化从遗迹到遗物，统一性占主导地位。由于延续时间较长，分布范围广大，各个地区反映的文化面貌也不尽相同，形成既相近、又有区别的一些特点，这就需要认真分析，将相同点与差异性区别开来。现根据各文化类型所反映的物质文化遗存进行综合论述，以便开展类型学研究。

（一）两城类型

因首先发现在日照市两城镇遗址而得名。分布范围在山东省东部的潍坊市、日照市和临沂市等。发掘遗址有潍坊姚官庄[4]、狮子行[5]、鲁家口[6]、莒南化家村[7]、日照东海峪[8]、尧王城[9]、诸城呈子[10]、胶县三里河[11]、昌乐邹家庄[12]、后于留、谢家埠、沂

[1] 高蒙河：《龙山文化的时空框架》，《上海大学学报》1989年第5期。
[2] 徐基：《山东龙山文化类型研究简论》，《纪念城子崖遗址发掘60周年国际学术讨论会文集》，齐鲁书社，1993年。
[3] 栾丰实：《青堌堆龙山文化遗存之分析》，《中原文物》1991年第2期。
[4] 山东省文物考古研究所、山东省博物馆、中国社会科学院考古研究所山东队等：《山东姚官庄遗址发掘报告》，《文物资料丛刊·5》，文物出版社，1981年。
[5] 潍坊市艺术馆、潍坊市寒亭区图书馆：《山东潍县狮子行遗址发掘简报》，《考古》1984年第8期。
[6] 中国社会科学院考古研究所山东工作队、山东省潍坊地区艺术馆：《潍县鲁家口新石器时代遗址》，《考古学报》1985年第3期。
[7] 山东大学历史系考古专业、莒南县文物管理所：《山东莒南化家村遗址试掘》，《考古》1989年第5期。
[8] 山东省博物馆、日照县文化馆东海峪发掘小组：《一九七五年东海峪遗址的发掘》，《考古》1976年第6期。
[9] 临沂地区文管会、日照县图书馆：《日照尧王城龙山文化遗址试掘简报》，《史前研究》1985年第4期。
[10] 昌潍地区文物管理组、诸城县博物馆：《山东诸城呈子遗址发掘报告》，《考古学报》1980年第3期。
[11] 中国社会科学院考古研究所：《胶县三里河》，文物出版社，1988年。
[12] 北京大学考古实习队、昌乐县图书馆：《山东昌乐邹家庄遗址发掘简报》，《考古》1987年第5期。

源姑子坪、青州凤凰台[1]、赵铺[2]、郝家庄、安丘峒峪、寿光边线王[3]、临朐西朱封[4]、临沂大范庄[5]、后明坡[6]和湖台[7]等。

房屋建筑多平地起建，亦有半地穴式。平面分为方形、长方形和圆形诸种。尧王城遗址的房子都是单间，面积约12～16平方米，门多朝南，也有的向西，室内垒椭圆形灶，周边有矮墙，其中3座房子使用了奠基石[8]。营造方法最具特色的是东海峪遗址的台基建筑和尧王城遗址的土坯砌墙建筑。

边线王遗址的城堡分大城和小城两个城圈。大城平面呈圆角方形，边长约240米，城内面积达5.7万平方米，城墙有宽约7～8米的基槽，夯层薄者5、厚的超过10厘米，非常坚硬。小城每边长约100米，面积约1万平方米。

墓葬均为长方形土坑竖穴，死者头向大范庄、呈子、尧王城多朝东或东南，姚官庄、三里河、东海峪向西或西北。葬式以单人仰身直肢葬为主，俯身葬和屈肢葬较少。多数一次葬，个别二次葬。合葬墓较少，未见多人合葬墓。墓内多置随葬品，少者一两件，多的五六十件。有的小墓无随葬品。有些墓内还有猪下颌骨。西朱封遗址发现木质双重棺椁的大墓，东海峪遗址有用扁平石板围砌的石棺墓。

生产工具中石质占多数，骨器较少，蚌、角器罕见。石器有铲、刀、斧、锛、镰、镢和凿。骨器有铲、刀、凿。另有蚌刀和蚌镰等。呈子、三里河遗址发现了铜炼渣和残铜器。尧王城遗址出土了10余粒人工栽培的水稻籽实[9]，这是山东龙山文化唯一发现人工栽培水稻的实物证据。

陶器以夹砂和泥质陶为主，细泥占一定比例。陶色以黑色为主，亦有灰、褐、红、白等。黑光亮且薄的陶器较常见，"最精美的陶片都是漆黑色，内外透黑，而其表面是有光泽的"[10]。器表主要是素面，有的经过磨光，纹饰有弦纹、划纹、附加堆纹、篮纹、竹节纹、盲鼻、镂空、乳丁和鸡冠耳装饰。器物以三足器、平底器和圈足器为主，圜底器较少，未见尖底器。器形有盆形鼎、罐形鼎、长颈袋足鬶、粗颈鬶、

[1]　山东省文物考古研究所、山东大学历史系考古教研室、青州市博物馆：《青州市凤凰台遗址发掘》，《海岱考古（第一辑）》，山东大学出版社，1989年。

[2]　青州市博物馆：《青州市赵铺遗址的清理》，《海岱考古（第一辑）》，山东大学出版社，1989年。

[3]　《山东发现四千年前的古城堡遗址》，《人民日报》1985年1月3日。

[4]　山东省文物考古研究所、临朐县文物保管所：《临朐县西朱封龙山文化重椁墓的清理》，《海岱考古（第一辑）》，山东大学出版社，1989年。

[5]　临沂文物组：《山东临沂大范庄新石器时代墓葬的发掘》，《考古》1975年第1期。

[6]　任相宏：《山东临沂市后明坡遗址试掘简报》，《考古》1987年第6期。

[7]　临沂市博物馆：《山东临沂湖台遗址及墓葬》，《文物资料丛刊·10》，文物出版社，1987年。

[8]　中国社会科学院考古研究所：《尧王城遗址第二次发掘有重要发现》，《中国文物报》1994年1月23日。

[9]　中国社会科学院考古研究所：《尧王城遗址第二次发掘有重要发现》，《中国文物报》1994年1月23日。

[10]　梁思永：《龙山文化——中国文明的史前期之一》，《考古学报》1954年第1期，第5页。

浅盘豆、圈足盘、环足盘、瓮、罐、缸、鬶形壶、罍、单耳杯、双耳杯、平底盆、三瓦足盆、管状流盉、盒、碗、壶、匜、鬲、高柄杯、器盖、缸等（图一）。

（二）城子崖类型

因首先发现于城子崖遗址而得名。分布范围以济南为中心，包括鲁西北地区的徒骇河和小清河中上游。韩榕先生将城子崖类型的范围划得比较大，向南包括汶泗流域甚至苏北的徐州左近至新沂一带[1]。现在看来就不合适了。该类型发掘的遗址有章丘城子崖、邢亭山[2]、乐盘[3]、宁家埠[4]、茌平尚庄[5]、南陈庄[6]、李孝堂、禹城邢寨汪[7]、临淄田旺、济南大辛庄[8]、邹平丁公[9]等。

房屋建筑平面分为圆形、方形、长方形和吕字形诸种，结构主要是地面起建和半地穴式。面积小的不足10平方米，大的50多平方米。房基多用草拌泥铺垫，周围有柱洞，门道多数朝南，室内地面涂抹一层白灰，一般垒有灶坑。并放置陶生活用具。

城址平面近方形，城内东西宽430、南北长530米，面积约20万平方米。丁公遗址的城址平面略呈方形，四周城垣较规整，城内南北长350、东西宽310米，面积10万多平方米。城墙宽约20、现存高1.5～2米。夯层厚5厘米，较坚硬，城墙外侧挖有宽20余米的壕沟[10]。

墓葬均为长方形土坑竖穴，葬式以单人仰身直肢为主，俯身和屈肢较少。皆一次葬未见合葬墓。死者头向偏东南，多数墓有随葬品。丁公20座墓葬中有木质葬具、熟土二层台或生土二层台[11]。

灰坑较多，一般容积较大，尚庄遗址有的灰坑口径在8米以上。有的发现台阶式出入口，可能是窖穴。坑内一般包含陶、石、骨、蚌等遗物，个别灰坑内埋有人骨架。城子崖遗址有水井，口呈圆形或椭圆形，深6～7米。填土含大量陶片，

[1] 韩榕：《试论城子崖类型》，《考古学报》1989年第2期。
[2] 北京大学考古实习队：《章丘县邢亭山大汶口文化至商代遗址》，《中国考古学年鉴·1986》，文物出版社，1988年。
[3] 北京大学实习队：《章丘县乐盘大汶口文化至商代遗址》，《中国考古学年鉴·1986》，文物出版社，1988年。
[4] 山东省文物考古研究所、济青公路文物考古队宁家埠分队：《章丘宁家埠遗址发掘报告》，《济青高级公路章丘工段考古发掘报告集》，齐鲁书社，1993年。
[5] 山东省文物考古研究所：《茌平尚庄新石器时代遗址》，《考古学报》1985年第4期。
[6] 山东大学历史系、聊城地区文化局、茌平县图书馆：《山东茌平县南陈庄遗址发掘简报》，《考古》1985年第4期。
[7] 德州地区文物工作队：《山东禹城县邢寨汪遗址的调查与试掘》，《考古》1983年第11期。
[8] 任相宏：《济南大辛庄龙山、商遗址调查》，《考古》1985年第8期。
[9] 山东大学历史系考古专业、邹平县文化局：《山东邹平丁公遗址试掘简报》，《考古》1989年第5期。
[10] 山东大学历史系考古教研室：《邹平丁公发现龙山文化城址》，《中国文物报》1992年1月12日。
[11] 山东大学历史系考古专业：《山东邹平丁公遗址第二、三次发掘简报》，《考古》1992年第6期。

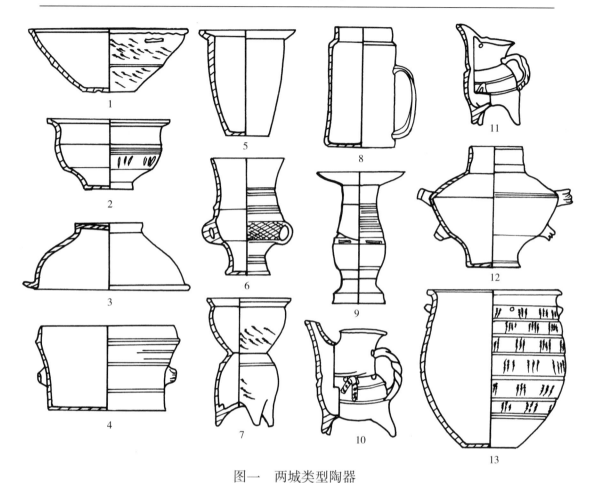

图一　两城类型陶器

1、2. 盆　3. 器盖　4. 盒　5. 罐　6. 双耳杯　7. 甗　8. 单耳杯　9. 高柄杯　10. 盉　11. 鬶　12. 罍
13. 缸　（1、2、7～10、12、13为呈子　余为三里河）

复原陶器较多，井底主要是汲水用的陶罐。

　　生产工具以蚌器为主。石、骨器次之，角牙器较少。蚌器主要是刀、凿、锯、镰和穿孔蚌片。石器有斧、铲、镰、刀、锛、凿等。

　　陶器以夹砂和泥质灰陶为主，褐、黑、红陶次之。个别羼碎蚌末。"普通的陶器常为深灰色，有时外面有一层黑色"。"黑而薄的细致陶器的数量较两城镇少些了；陶鬲却比较的多了一些，鬶形陶器比较少"[1]。器表主要是素面，纹饰有凹凸弦纹、刻划纹、叶脉纹、附加堆纹、篮纹、镂空、圆圈纹、绳纹、方格纹及盲鼻、铆钉、附耳等装饰。器形有鼎、鬶、平底盆、三瓦足盆、四瓦足盆、罐、圈足盆、甗、素面鬲、瓮、单把杯、豆、斝、碗、圈足盘、盒、算和器盖（图二）。丁公遗址还

[1]　尹达：《新石器时代》，生活·读书·新知三联书店，1979年。

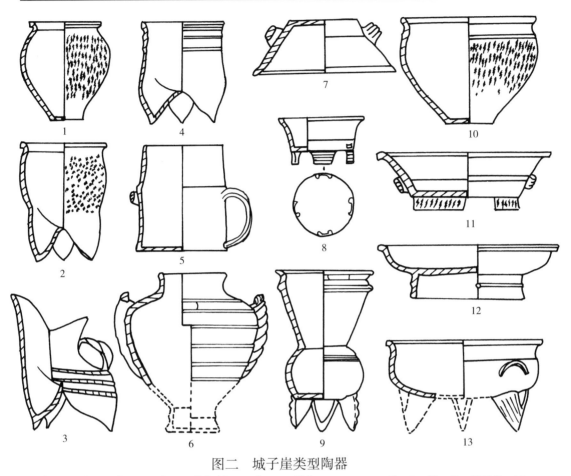

图二　城子崖类型陶器

1. 罐　2. 罸　3. 鬻　4. 鬲　5. 单把杯　6. 瓮　7. 器盖　8、10、11. 盆　9. 甗　12. 圈足盘　13. 鼎　（3、9、11为丁公　余为尚庄）

发现刻在陶片上的 5 行 11 个文字，对于研究中国文字起源具有重要的意义 [1]。

（三）西吴寺类型

以兖州西吴寺遗址为代表 [2]。分布范围主要在鲁中南地区，中心是汶泗流域。发掘的遗址有泗水尹家城 [3]、天齐庙、兖州西吴寺、龙湾店、邹县野店 [4]、南关 [5]、曲阜西夏侯 [6]、滕州前掌大、薛国故城、枣庄二疏城、建新、济宁程子崖 [7] 及徐州高皇

[1]　山东大学考古实习队：《邹平丁公发现龙山文化文字》，《中国文物报》1993年1月3日。
[2]　国家文物局考古领队培训班：《兖州西吴寺》，文物出版社，1990年。
[3]　山东大学历史系考古专业教研室：《泗水尹家城》，文物出版社，1990年。
[4]　山东省博物馆、山东省文物考古研究所：《邹县野店》，文物出版社，1985年。
[5]　国家文物局考古领队培训班：《山东邹县南关遗址发掘简报》，《文物》1991年第2期。
[6]　中国科学院考古研究所山东队：《山东曲阜西夏侯遗址第一次发掘报告》，《考古学报》1964年第2期。
[7]　国家文物局考古领队培训班：《山东济宁程子崖遗址发掘简报》，《文物》1991年第7期。

庙[1]等。有人称这一类型为尹家城类型。

房屋建筑平面分方形、长方形和吕字形三种。有半地穴和地面建筑，面积大的40多平方米，小的10平方米以内。结构以单间为主，尹家城遗址发现吕字形双间房屋[2]。房址周围挖有基槽和柱洞，居住面多经火烤，门向南，室内涂厚约0.1～0.2厘米的白灰面，有的发现灶址。尹家城F204不仅放置90余件陶、石、蚌等生活用具，还埋有人骨。

墓葬均为长方形土坑竖穴，头向东，个别向南，葬式以仰身直肢为主，多数一次葬，二次葬较少，墓内有无人骨或人骨被扰的现象。有的墓使用木质葬具和有熟土二层台。随葬品少则一两件，多者几十件。有葬猪下颌骨及手握獐牙的习俗。

灰坑较多，内含大量灰烬，有的底部用木板铺垫。多数出土陶、石、骨器等遗物，个别灰坑放置动物骨架，西吴寺遗址H4182还有人骨。水井口部呈圆形和方形两种，口大底小，深5米左右，内含大量陶、石器，井底均有汲水时失落的陶罐。

生产工具主要是石器，蚌器亦占一定比例。石器有斧、镰、铲、凿、刀等。蚌器一般用厚且大的蚌壳磨制，器形有铲、镰、刀等。角器仅见鹿角锄。

陶器分夹砂、泥质和细泥三类，其中夹砂陶较多，泥质陶次之，细泥陶较少。陶色以黑灰陶和灰陶为主；黑陶和磨光黑陶较少，褐陶占一定比例，夹砂红陶挂白衣者最具特色。器表以素面为主，纹饰有弦纹、附加堆纹、刻划纹、布纹、绳纹、篮纹、方格纹、镂空等，另有盲鼻、铆钉和鸡冠耳等装饰。器物造型以三足器和平底器为主，圈足器较少，未见圜底器。器形有罐形鼎、盆形鼎、盂形鼎、长颈袋足鬹、粗颈鬹、鬶形器、深腹罐、三足罐、甗、平底盆、瓦足盆、鼓腹小平底盆、圈足盆、豆、匜、瓮、三足盒、平底盒、罍、三足钵、碗、素面鬲、单把杯、高柄杯、盂、簋、小口圈足壶、尊、三足尊、圈足盘、环足盘、平底盘、器盖等（图三）。

（四）杨家圈类型

因首先发现在栖霞市杨家圈遗址而得名[3]。主要分布在山东东部的烟台、青岛及威海市。发掘的遗址有栖霞杨家圈、上桃村、北城子[4]、蓬莱紫荆山[5]、长岛大口[6]、莱阳于家店等。

[1] 江苏省文物管理委员会：《徐州高皇庙地址清理报告》，《考古学报》1958年第4期。
[2] 山东大学历史系考古专业教研室：《泗水尹家城》，文物出版社，1990年。
[3] 山东省文物考古研究所、北京大学考古实习队：《山东栖霞杨家圈遗址发掘简报》，《史前研究》1984年第3期。
[4] 中国社会科学院考古研究所山东工作队、烟台博物馆：《栖霞县北城子龙山文化及岳石文化遗址》，《中国考古学年鉴·1988》，文物出版社，1989年。
[5] 山东省博物馆：《山东蓬莱紫荆山遗址试掘简报》，《考古》1973年第1期。
[6] 中国社会科学院考古研究所山东队：《山东长岛县砣矶岛大口遗址》，《考古》1985年第12期。

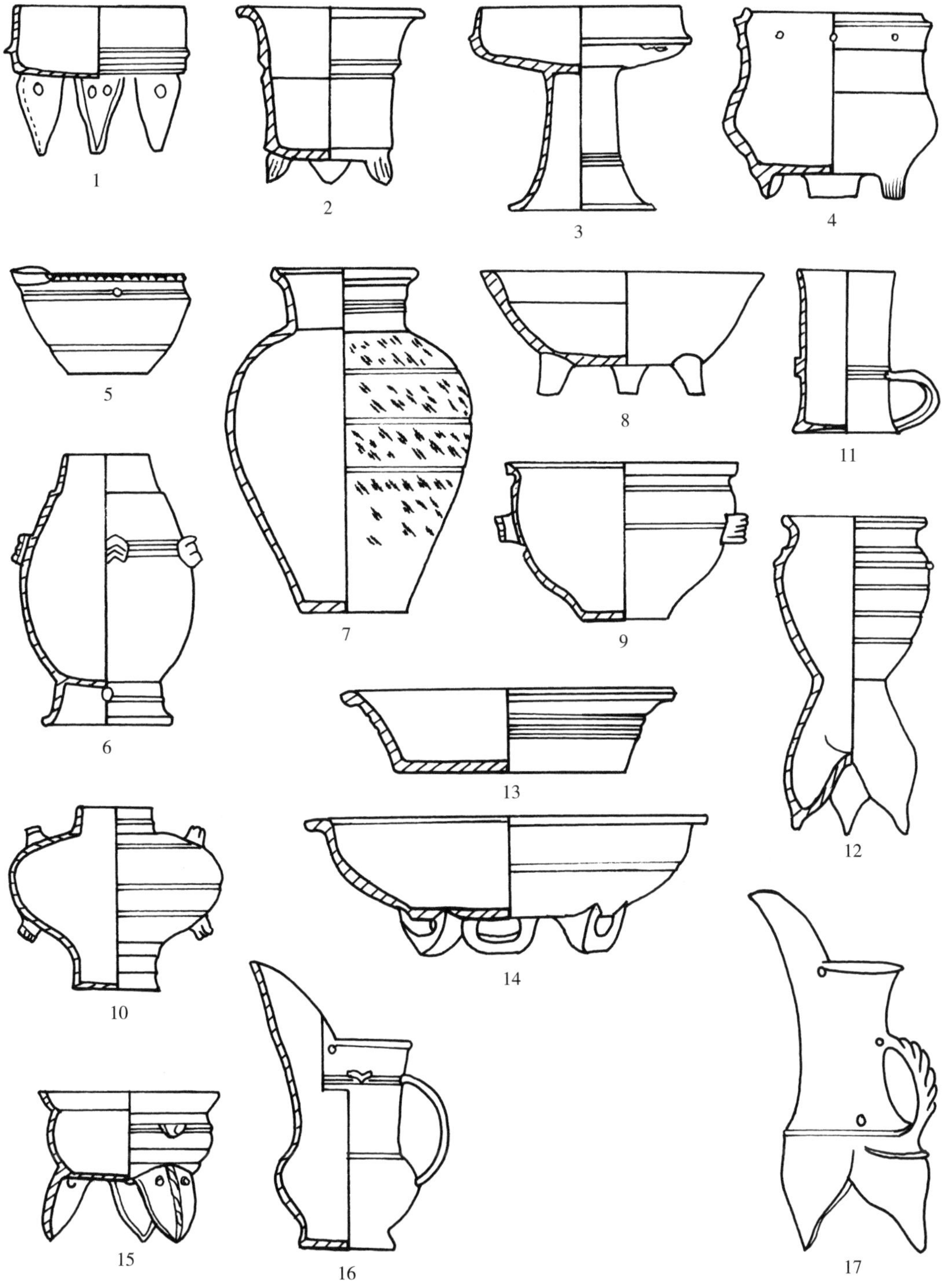

图三　西吴寺类型陶器

1. 三足盒　2. 三足尊　3. 豆　4. 三足罐　5. 匜　6. 壶　7. 罐　8. 三足钵　9、13. 盆　10. 罍　11. 单把杯　12. 甗　14. 环足盘　15. 鼎　16. 鬶形器　17. 鬶

房屋建筑分地面起建和半地穴式两种。杨家圈遗址的房基为平面方形，四周挖有深达 2 米左右的基槽，槽内柱洞排列密集、规整、底平且坚硬、凹角柱坑较大，有的洞底部铺垫天然扁平石板或碎陶片。门向多朝南，面积 30 平方米左右，大的达 50 平方米。房址建在生黄土上，地面经加工，较硬，房内多垒椭圆形灶。

墓葬较少，均单人长方形土坑竖穴，头向多东南，个别向南或向西。葬式主要是仰身直肢，亦有屈肢葬。两臂多自然下垂，有的屈胸前。墓内随葬品较少。大口遗址有的人骨上面还压石块，个别骨架上填一层马蹄螺，并夹海蛎壳和小石子。

灰坑坑壁较直，底部平坦，多锅底状。坑内堆积为红褐色或灰褐色，较松软，内含鼎、罐、盘、杯等遗物。

生产工具以石、骨器为主，牙、角、蚌器较少。石器有斧、铲、锛、锤、刀、凿、矛和镞。多打制或琢制粗磨，通体磨光较少。石斧体厚无孔，长方形或梯形，石铲多扁椭圆形。骨器有凿、镞、针、鱼镖、鱼钩等。杨家圈遗址还发现残铜锥和铜炼渣。

陶器中黑陶占多数，灰陶次之。器物以圈足器、三足器和平底器为主。未见圜底器和尖底器。大部分轮制。器表多素面磨光，纹饰有凹凸弦纹、附加堆纹、镂空、划纹、锯齿纹、网纹、三角形纹、篮纹、窝纹、斜线纹等，另有盲鼻、铆钉等装饰。器形有罐形鼎、盆形鼎、袋足鬶、平底盆、圈足盘、环足盘、筒形罐、深腹罐、高柄杯、筒形杯、单把杯、瓶、碗、钵、瓮、豆、甗及器盖等（图四、五）。

（五）青堌堆类型

因首次发现于梁山县青堌堆遗址而得名[1]。分布范围在菏泽及济宁市西部，包括豫东地区。发掘的遗址有梁山青堌堆、曹县莘冢集[2]、济宁程子崖晚期遗存、菏泽安邱堌堆[3]及河南省永城王油坊[4]等。

青堌堆类型的性质问题意见分歧较大，有的同志认为与豫东商丘地区的龙山文化接近，应属于河南龙山文化王油坊类型[5]或造律台类型[6]。有的认为是介于山东龙山文化与河南龙山文化之间的另一种类型的文化遗存[7]。韩榕先生提出了青堌堆类型不属于河南龙山文化，而为山东龙山文化城子崖类型的观点[8]。笔者认为，这

[1]　中国科学院考古研究所山东发掘队：《山东梁山青堌堆发掘简报》，《考古》1962年第1期。

[2]　菏泽地区文物工作队：《山东曹县莘冢集遗址试掘简报》，《考古》1980年第5期。

[3]　北京大学考古系商周组、山东省菏泽地区文展馆、山东省菏泽市文化馆：《菏泽安邱堌堆遗址发掘简报》，《文物》1987年第11期。

[4]　中国社会科学院考古研究所河南二队、河南商丘地区文物管理委员会：《河南永城王油坊遗址发掘报告》，《考古学集刊·5》，中国社会科学出版社，1987年。

[5]　吴汝祚：《关于夏文化及其来源的初步探索》，《文物》1978年第9期。

[6]　李伯谦：《论造律台类型》，《文物》1983年第4期。

[7]　吴秉楠、高平：《对姚官庄与青堌堆两类遗存的分析》，《考古》1978年第6期。

[8]　韩榕：《试论城子崖类型》，《考古学报》1989年第2期。

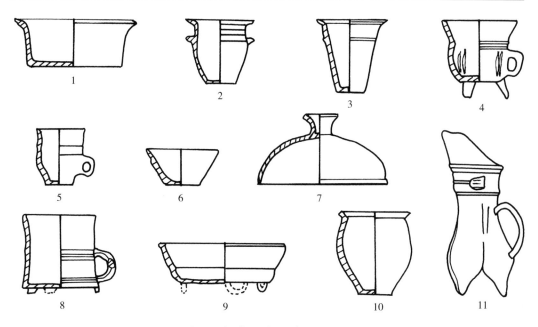

图四　杨家圈类型陶器（一）

1. 盆　2、3、10. 罐　4. 鼎　5、8. 单把杯　6. 碗　7. 器盖　9. 环足盘　11. 鬶　（1、6为店子　2、8为大口　5为紫荆山　余为杨家圈）

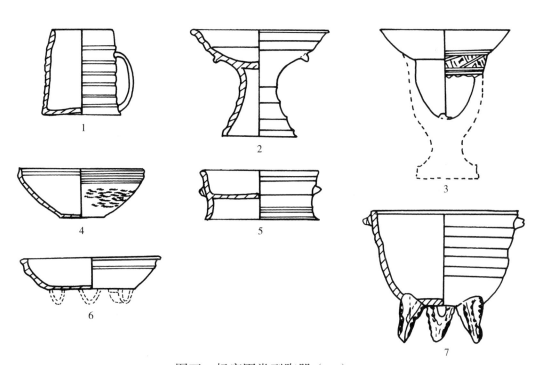

图五　杨家圈类型陶器（二）

1. 单把杯　2. 豆　3. 高柄杯　4. 盆　5. 圈足盘　6. 环足盘　7. 鼎　（1～3为大口　6为紫荆山　余为杨家圈）

类文化遗存资料虽然不多，遗物亦不丰富，但处在东西文化交汇处，地理位置比较重要，因此，应是一个独立的文化类型，我们称青堌堆类型，归属山东龙山文化系统。

　　房屋建筑分长方形和圆形两种。安邱堌堆遗址的房址，面积一般 10 平方米，大者 30 余平方米。墙体和居住面均先抹一层草拌泥，后经火烧烤。房基周边和中部有圆形柱洞，室内砌长方形灶。地基和墙壁使用夯筑，较坚硬。有座房屋门道下发现一具中年女性骨架，可能是建房时埋入的，应与建房仪式有一定关系。

　　灰坑大的口径约 3、小的不足 1 米，坑深一般 0.5 米左右。出土遗物有陶、石、骨、蚌器等。

　　生产工具多蚌器和骨角器，石器较少。蚌器有镰、刀、镞及蚌壳。骨器主要有镖、镞、凿和锥。石器有斧、刀、锛、镰、铲、锤等。另外还有鹿角。

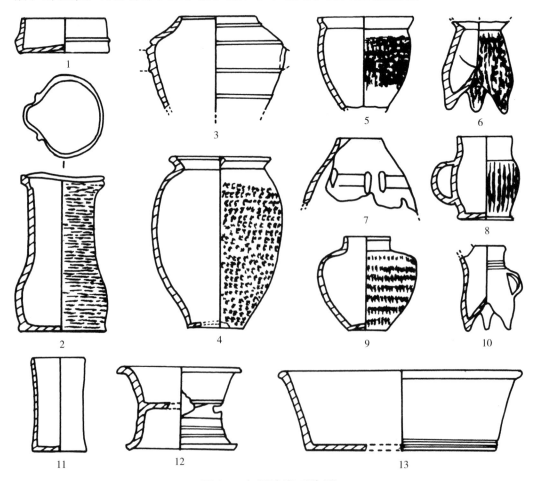

图六　青堌堆类型陶器

1. 盒　2. 带流壶　3、9. 瓮　4. 罐　5、6. 甗　7. 贯耳壶　8. 单把杯　10. 鬶　11. 筒形杯　12. 圈足盘　13. 盆

陶器以夹砂和泥质灰陶为主，黑、褐陶占一定数量，红、白陶少见。黑陶多为黑皮陶，黝黑发亮的蛋壳陶很少。器表以素面为主，纹饰以中方格纹、篮纹、绳纹较多，附加堆纹、弦纹、刺点纹也常见。器形有鼎、鬶、罐、平底盆、皿、豆、钵、单把杯、带流壶、绳纹袋足甗、尊、粗柄圈足盘、贯耳壶、筒形杯、瓮、盒、漏斗形器和器盖（图六）。

三　分期与年代

关于山东龙山文化的分期，尹达先生曾提出三期的划分[1]，认为龙山文化两城期最早，辛村期较晚。从地理分布看，两城镇在沿海日照，辛村在河南北部浚县，从而推想，龙山文化可能是循着自东向西的方向发展的。今天看来，这种观点值得商榷。近年来，学术界对此又进行了有益的探索。吴汝祚、杜在忠先生将两城类型分四期[2]，韩榕先生提出城子崖类型两期四段的划分[3]。栾丰实和高蒙河同志分别提出了六期九段[4]和三期六段的划分[5]。这些都为山东龙山文化的分期研究起了一定的作用。本文拟在此基础上再进行一些分析，并对分期问题谈点不成熟看法。由于青堌堆类型和杨家圈类型资料较少，尽管存在早晚差别，但不具备详细划分的条件，所以对二者暂不讨论。现依据陶器对两城、西吴寺、城子崖类型进行分期。

（一）两城类型分期

根据陶器形制的变化和时间早晚的不同，大致分为四期。

一期：有呈子早期、狮子行一期、三里河一期墓2108和墓280组、尧王城一期、鲁家口早期及大范庄部分墓葬。陶器以灰陶为主，黑陶次之，主要器形有折沿、深腹平底凿形足鼎、浅盘高柄镂空豆、宽沿薄胎高柄杯、浅盘平底环足盘、细长颈袋足鬶、觯形杯、折沿深腹小平底篮纹罐、小缸折沿高领罐、尊、折沿斜壁敞口浅腹平底盆、三足盘和器盖（图七，1～5）。

二期：有呈子中期、狮子行二期、鲁家口晚期、三里河二期墓、尧王城二三期、邹家庄早期、姚官庄早期和东海峪上层。此期黑陶增加，灰陶相对减少。器形有折沿深腹鸟喙足的罐形鼎、粗颈袋足鬶、浅盘环足盘、筒形罐、黑陶罍、双把杯、敞口平底盆、甗、瓮和罐等（图七，6～10）。

[1]　尹达：《新石器时代》，生活·读书·新知三联书店，1979年。
[2]　吴汝祚、杜在忠：《两城类型分期问题初探》，《考古学报》1984年第1期。
[3]　韩榕：《试论城子崖类型》，《考古学报》1989年第2期。
[4]　栾丰实：《龙山文化尹家城类型的分期及其源流》，《华夏考古》1992年第2期。
[5]　高蒙河：《龙山文化的时空框架》，《上海大学学报》1989年第5期。

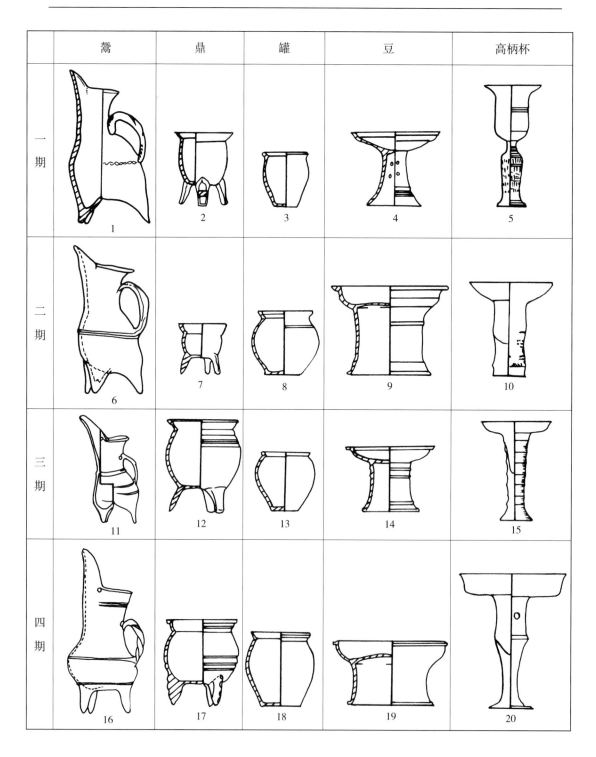

	鬹	鼎	罐	豆	高柄杯
一期	1	2	3	4	5
二期	6	7	8	9	10
三期	11	12	13	14	15
四期	16	17	18	19	20

图七　两城类型陶器分期图

1、5、6～10、12、13、16～20. 三里河　余为呈子

三期：有呈子晚期、狮子行三期、三里河三期、邹家庄晚期和姚官庄的主要文化遗存。陶器以黑陶为主，灰陶相对减少。器物有曲腹盆形、罐形鼎、袋足鬶、盉、细柄豆、管状流盉、单把杯、粗柄圈足豆、双把杯、蛋壳黑陶高柄杯、甗、筒形罐、罍、平底盆、瓮和碗等（图七，11～15）。

四期：有狮子行四期、三里河墓106、墓2100、墓134组及姚官庄部分遗存。陶色仍以黑陶为主，比例基本同三期一致。器形有"V"字形足深腹盆形鼎、鸟喙足浅腹盆形鼎、侧三角足罐形鼎、折沿蛋壳高柄杯、圈足盘、冲天流实足鬶、罍、带盖单把杯、深腹平底盆、敞口曲腹小平底盆、盉及大量小型精致的磨光黑陶盒、皿、杯及各类器盖（图七，16～20）。

（二）城子崖类型分期

根据目前的考古资料，城子崖类型也可以分为四期。

一期：资料较少，仅有丁公早期和宁家埠一期。该期器类简单，数量也不多，主要器形有凿形足的罐形鼎、觯形杯、泥质浅盘喇叭柄豆、实足鬶、泥质折沿敞口平底盆、斜沿深腹小平底罐等（图八，1～5）。

二期：以宁家埠二期、城子崖早期、丁公中期及大辛庄遗址部分遗存为主。陶器有罐形鼎、长颈袋足鬶、敞口卷沿深腹平底盆、单把杯、三足钵、折沿深腹罐、鼎式甗、弧裆甗等。此期折沿平底盆减少，趋于消失，凿形足鼎比例下降，鸟喙足鼎开始盛行（图八，6～10）。

三期：主要有丁公晚期、城子崖中期、宁家埠三期、尚庄二期及邢亭山、乐盘大部分遗存。陶器有短颈袋足鬶、单把筒形杯、深腹平底盆、四瓦足盆、盒、鸟喙足盆形鼎、侧三角足罐形鼎、素面鬲、罐形方格纹斝、大袋足绳纹甗、方格纹罐、瓮和器盖等（图八，11～15）。

四期：遗存减少，仅有尚庄三期和城子崖晚期遗存。陶器有浅腹盆形鼎、方格纹罐、直壁深腹平底盆、素面鬲、单把筒形杯、浅腹盘、双提梁瓮、肥大袋足甗、子母口豆、盒式鼎、盒、短颈大袋足鬶、敞口深腹小平底盆。新出现"V"字形足的鼎（图八，16～20）。

（三）西吴寺类型分期

根据发掘的考古资料，西吴寺类型可以分为四期。

一期：主要有西吴寺一期、尹家城一、二段（包括F3、F205等）、南关H16、前掌大龙山文化遗存。陶器有凿形足的罐形鼎、盆形鼎、粗颈袋足鬶、泥质折沿平底盆、觯形杯、环足盘、三足钵、折沿深腹罐、三足罐、高柄杯、敞口斜沿小

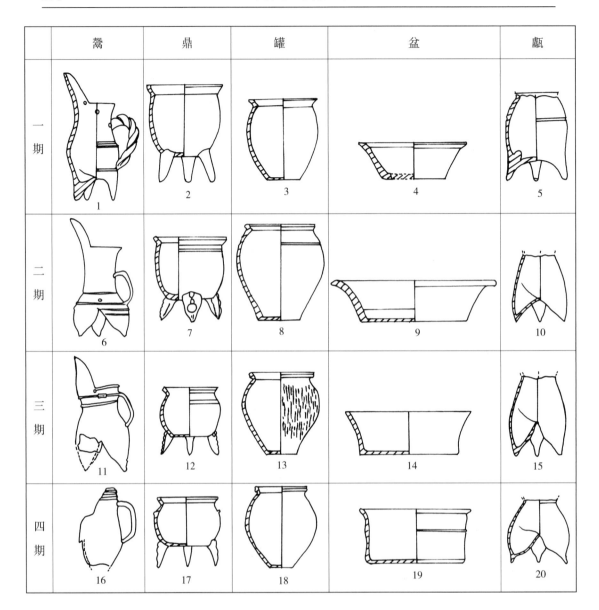

	鬶	鼎	罐	盆	甗
一期	1	2	3	4	5
二期	6	7	8	9	10
三期	11	12	13	14	15
四期	16	17	18	19	20

图八　城子崖类型陶器分期图

1. 宁家埠　2～5、8、9、16. 丁公　6、10、12、15、19、20. 城子崖　7. 大辛庄　11、13、18. 尚庄　14、17. 邢亭山

平底盆、高领壶、匜、碗及覆碗式器盖等（图九，1～6）。

二期：主要以西吴寺二期和尹家城三段遗存为代表。陶器有罐形和盆形鸟喙足鼎、长颈袋足鬶、弧裆甗、卷沿敞口浅腹底平盆、双耳盆、瓦足盆、折沿鼓腹罐、圈足盘、高柄杯、尊、觯形杯、瓮、环足盘、单把杯和各种形式的器盖等（图九，7～12）。

三期：以西吴寺三期、尹家城四段遗存为代表。陶器主要有侧三角足罐形鼎、分裆袋足鬶、分裆袋足甗、平底鬶、大口折沿高柄杯、舌形流匜、敞口深腹曲壁

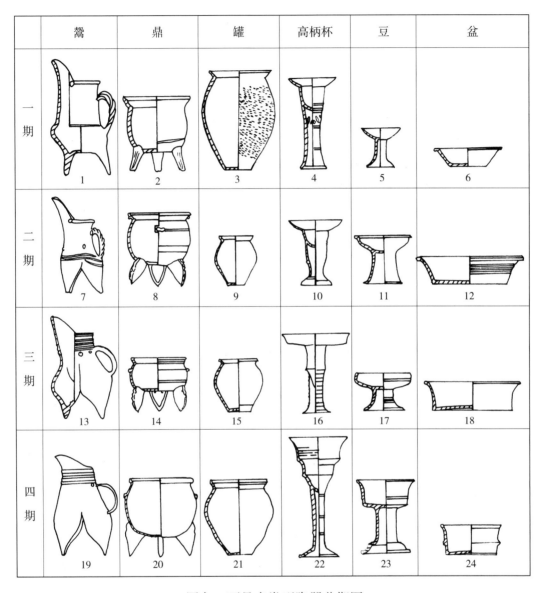

鬶	鼎	罐	高柄杯	豆	盆

图九　西吴寺类型陶器分期图

1、5、13、16、17、19～24. 尹家城　6. 前掌大　余为西吴寺

平底盆、折沿鼓腹罐、三足盒、折沿圈足盘、单把杯等（图九，13～18）。

四期：以尹家城五六段遗存及薛城遗址龙山文化遗存为代表。陶器有"V"字形足罐形鼎、大袋足鬶、分裆大袋足瓹、圈足盘、深腹直壁平底盆、单把杯、壶、罐、素面鬲、盒、三足盒、双耳平底盆、子母口豆、子母口深腹平底盆、圈足盆和瓮等（图九，19～24）。

关于山东龙山文化的年代，一般认为，山东龙山文化的年代跨度在公元前

2500～前 2000 年，前后延续约 500 年，碳 -14 测定的有关数据为我们进行论证提供了依据。

　　山东龙山文化碳 -14 数据已公布 31 个（见表一）。可以看出，三里河 ZK-0364 为公元前 1872～前 1530 年，北城子 ZK-2305 为公元前 1950～前 1440 年（树轮校正年代，下同），略偏晚，应予排除。邹家庄 BK86060 为公元前 3627～前 3363 年，BK86058 为公元前 3308～前 2910 年，尹家城 BK87036 为公元前 3020±185 年，显然偏早。店子 ZK1191 为公元前 2898～前 2615 年，大汶口 ZK1303A 为公元前 2855～前 2466 年，ZK1303B 为公元前 2875～前 2502 年，邹家庄 BK86062 为公元前 2889～前 2594 年，安邱堌堆 BK85013 为公元前 3091～前 2665 年，也略偏早。由于上面 10 个数据出现偏差，所以暂不考虑，其余 21 个数据皆在公元前 2500～前 2000 年范围内，这同器物类型学排出的年代序列基本是吻合的。

　　来源问题学术界也进行了有益的探索，地层上不止一次发现龙山文化与大汶口文化间的相互叠压关系。野店遗址有龙山文化灰坑打破大汶口文化灰坑和墓葬，西夏侯遗址发现龙山文化灰坑（H9）打破大汶口文化墓葬（M13）及地层的叠压关系。首次明确大汶口文化早于龙山文化，从而澄清两个文化时代上的先后，纠正了学术界存在的模糊认识。特别是东海峪遗址三叠层的发现，进一步揭示了大汶口文化和龙山文化相对年代的早晚关系。从器物上看，大汶口文化的鼎、鬶、平底盆、豆、罐、觯形杯、高柄杯等同龙山文化的相类器物的传承关系也是非常清楚的。

　　此文化的去向，学术界早已注意到岳石文化。一致认为，岳石文化相对年代晚于山东龙山文化，是探讨山东龙山文化去向的重要线索。尹家城遗址发现岳石文化早期堆积叠压龙山文化晚期的灰坑，城子崖遗址也有岳石文化遗存叠压在龙

表一　山东龙山文化碳-14数据一览表

实验室编号	标本号	材料	测定年代	校正年代	资料出处
ZK-1191	店子灰坑	木炭	3960±140 2110B.C.	2898～2615 B.C.	ZK一一
ZK-0317	鲁家口T101⑤	木炭	3910±95 1960 B.C.	2456～2048 B.C.	ZK四
ZK-0390	三里河M214	人骨	4290±80 2340 B.C.	2559～2050 B.C.	ZK六
ZK-0321	鲁家口T5④H6	木炭	3655±95 1705 B.C.	2033～1753 B.C.	ZK四
ZK-0363	三里河M2124	人骨	3660±80 1710 B.C.	2032～1777 B.C.	ZK七
ZK-0364	三里河M134	人骨	3480±100 1530 B.C.	1872～1530 B.C.	ZK五

续表一

实验室编号	标本号	材料	测定年代	校正年代	资料出处
ZK-1303A	大口T2（7A）	木炭	4140±80 2190 B.C.	2855~2466 B.C.	ZK一二
ZK-1303B	大口T2（7A）	木炭	4205±80 2255 B.C.	2875~2502 B.C.	ZK一二
BK82036	杨家圈T3③	木炭	3915±90 1965 B.C.	2455~2050 B.C.	BK六
BK82035	杨家圈T21③	木炭	4030±70 2080 B.C.	2559~2333 B.C.	BK六
BK82039	杨家圈T23②	木炭	3670±80 1720 B.C.	2034~1782 B.C.	BK六
BK82038	杨家圈T36②	木炭	3980±70 2030 B.C.	2466~2209 B.C.	BK六
BK82034	杨家圈T51H6	木炭	3990±70 2040 B.C.	2468~2283 B.C.	BK六
BK82041	杨家圈T4③b	草木灰	3850±100 1900 B.C.	2320~2030 B.C.	BK六
BK80039	前寨H40	木炭	4050±80 2100 B.C.	2573~2343 B.C.	BK六
BK82001	前寨T102②b	木炭	3990±80 2040 B.C.	2471~2209 B.C.	BK六
ZK-2305	北城子T226②B	木炭	3480±215 1530 B.C.	1950~1440 B.C.	ZK一八
ZK-2306	北城子T111③	木炭	4075±105 2125 B.C.	2590~2340 B.C.	ZK一八
ZK-2409	西吴寺M4003	人骨	3810±125 1860 B.C.	2290~1930 B.C.	ZK一七
ZK-2410	西吴寺M8	人骨	3710±95 1760 B.C.	2134~1881 B.C.	ZK一七
BK85013	安邱堌堆84F5:1	木炭	4400±150 2450 B.C.	3091~2665 B.C.	BK八
BK86058	邹家庄T201V116	木炭	4520±110 2570 B.C.	3308~2910 B.C.	BK八
BK86060	邹家庄T208H131③	木炭	4840±90 2890 B.C.	3627~3363 B.C.	BK八
BK86061	邹家庄T2437H56	木炭	4080±100 2130 B.C.	2590~2340 B.C.	BK八
BK86062	邹家庄T308V1D	木炭	4270±80 2320 B.C.	2889~2594 B.C.	BK八
BK86063	邹家庄T208H131④	粟类朽灰	4000±80 2050 B.C.	2484~2283 B.C.	BK八

实验室编号	标本号	材料	测定年代	校正年代	资料出处
ZK-1096	尹家城F3	木炭	4080±70 2130 B.C.	2577～2404 B.C.	《泗水尹家城》
ZK-1097	尹家城H31	木炭	3940±110 1990 B.C.	2470～2140 B.C.	《泗水尹家城》
BK87032	尹家城H706	木炭	4000±80 2050 B.C.	2455±135 B.C.	《泗水尹家城》
BK87035	尹家城H248	木炭	4040±80 2090 B.C.	2505±135 B.C.	《泗水尹家城》
BK87036	尹家城F204	木炭	4460±90 2510 B.C.	3020±185 B.C.	《泗水尹家城》

山文化之上的层位关系。这些为解决两个文化间的早晚从地层上提供了可靠证据。另外，陶器方面也反映得很清楚，如岳石文化的泥质平底盆、瓮、高领罐、子母口罐、尊形器、鼎、豆、盒、碗、器盖等大都与龙山文化晚期同类器物有传承关系。碳-14数据的测定也验证了这一推论。牟平照格庄遗址岳石文化碳-14测定年代为公元前1900～前1700年，长岛北庄遗址BK82027为公元前1680～前1440年[1]，其上限与龙山文化晚期相衔接。由此说明，岳石文化是由龙山文化发展而来的。

四 各类型间的相互关系

如前所述，山东龙山文化诸地方类型之间的面貌特征具有广泛的统一性，即以自身特征为主，同时也包含着其他地方类型的文化因素，特别是两个类型的过渡地带，这种现象愈加明显。尽管如此，共同特征始终占主导地位。差异性是第二位的。

在陶器方面，各类型之间均以黑陶和灰、褐陶为主，器物组合皆有盆形鼎、罐形鼎、袋足鬲、折沿鼓腹平底罐、敞口斜壁大平底盆、豆、盒、瓮、环足盘、圈足平底盘、袋足甗、单把杯、壶、高柄杯及各式器盖。造型以平底器和三足器为主；圈足器较少，未见圜底器和尖底器。制作多采用拉坯模印成型技术，因而器形规整、匀称。大器物分段制作、小器皿及附件捏塑成型。器表均以素面为主，有的经过磨光，常见纹饰有凹凸弦纹、刻划纹、绳纹、篮纹、方格纹、乳丁、镂空、附加堆纹等，另有盲鼻、鸡冠耳等装饰。这些共同点，都说明山东龙山文化诸类

---

[1] 中国社会科学院考古研究所：《中国考古学中碳十四年代数据集（1965～1991）》，文物出版社，1992年。

型之间存在着不可分割的联系，应属同一个文化共同体。但是如果将各类型的陶器进行详细排比，做定量分析，可以看出，无论陶质、陶色、器形还是装饰都存在一定差异。就陶色论，两城类型以黑陶为主，其中陶质细腻、表面磨光、黑光亮者最具特征。杨家圈类型也以黑陶为主，但漆黑色的陶器数量较两城类型少。城子崖类型和西吴寺类型灰、黑陶占多数，典型黑陶比例下降。而青堌堆类型则以灰陶为主，黑陶较少，蛋壳陶更少。器物组合两城类型流行的管状流盉、大口尊、瓶、小缸、带把罐形鼎、曲腹碗、三足单把杯、双耳杯、鼎式甗等，其他类型罕见或基本不见。方格纹罍、横耳瓮、横耳罐、四瓦足盆、素面鬲、子母口盆等是城子崖类型的典型器物，特别是素面鬲在丁公遗址中大量存在，其他类型中则不多见。平底鬶形器、三足罐、三足尊、小口圈足壶、挂白衣的陶鬶等是西吴寺类型的代表器物，其他类型少见或未见。漏斗形器仅在青堌堆类型存在，其他类型还没有见到。器表装饰中绳纹、方格纹在青堌堆类型非常盛行，而西吴寺类型和城子崖类型虽有发现，但数量不多，这两种纹饰在两城类型和杨家圈类型中基本不见。

房屋建筑，各类型之间也有一些差别，如城子崖类型和西吴寺类型的吕字形双间建筑，其他文化类型中没有见到。台基式和土坯砌墙技术见于两城类型，深基槽建筑仅杨家圈类型存在，青堌堆类型建房用人奠基的现象也是其他类型中没有见到的。总之，两城类型同杨家圈类型关系密切，文化面貌接近。如大口遗址M4出土的双层蛋壳陶高柄杯制作精细，同姚官庄遗址所出几乎完全相同，所以有人把胶东地区的龙山文化归入两城类型[1]。而西吴寺类型靠近城子崖类型，因此文化面貌受到城子崖类型的影响，从而在陶色、器形、纹饰等方面都与城子崖类型差别不大。而有些器形同两城类型也有许多相似之处，所以也有人将西吴寺龙山文化遗存划归两城类型[2]。由于青堌堆类型距河南较近，因而受河南龙山文化的影响较大，如绳纹、方格纹等便是受河南龙山文化影响的结果。因而有的同志将青堌堆类型归入到河南龙山文化系统，同样，河南龙山文化发现的盉、鬶、鸟首足鼎等也是受山东龙山文化影响的产物。因此我们认为，形成上述现象，不仅同时代早晚、地理环境有关系，而且与周围原始文化的相互交流、相互渗透等也是重要原因之一。

五　结语

综括全文可以看出，主要分布于黄河下游、山东地区的龙山文化，在长达

[1]　佟伟华：《胶东半岛与辽东半岛原始文化的交流》，《考古学文化论集（二）》，文物出版社，1989年。

[2]　孙华铎、于之友：《山东兖州史前文化遗存概述》，《史前研究》1985年第4期。

五百余年的历史进程中，文化面貌基本一致，各地区文化类型的形成与发展尽管不平衡，但大体是同步的，本文所划分的四个大期（每期还可以细分若干小段）也是一脉相承、连续发展的，中间基本没有大的缺环。由于生产力水平及自然地理、习俗习惯的不同，在生产工具、生活用具、埋葬制度等方面出现了既统一、又有差别的地域性特点。这种现象不仅与自身传统文化因素有关，也存在不同文化类型之间的相互传播与影响。尤其在两种文化类型的接壤地区，表现得最明显。鉴于此，我们按照不同的区域划分为五个文化类型进行论述，这样做是一种尝试，提出来与大家共同讨论，以利于山东龙山文化区系类型的深入研究。以后，随着工作的进一步开展，考古资料的不断丰富，还可能分出新的文化类型。关于山东龙山文化的来源去向问题，现在已经清楚，它上接大汶口文化，后续岳石文化。目前这段链条尽管存在某些缺环，但相对年代的先后发展序列是可以确定的。山东地区大汶口文化—龙山文化—岳石文化的考古学编年建立起来了。

原载《考古》1996 年第 4 期

何德亮考古文集

（下）

何德亮　著

文物出版社

山东龙山文化聚落与经济形态之考察

近年来，随着田野工作的进一步深入、考古方法的改进和发掘资料的不断积累，山东龙山文化聚落与经济形态的发掘与研究工作，均取得长足进展，陆续公布大批重要考古资料，相继发表许多具有一定水平和影响力的科研成果，这对聚落与经济形态的研究起到极大的促进作用。在此基础上，本文再就相关问题进行探讨，并提出一些粗浅认识，以求教于学界。

一

山东龙山文化聚落在大汶口文化基础上又得到很大的发展，仅就数量而言，已由大汶口文化时期的 500 余处增至 2000 多处。不仅数量增加，而且分布十分密集。这些遗址多数坐落在适宜农耕的浅山丘陵和河流两岸的冲积平原上，有的聚落遗址面积相当大，达到数十万甚至数百万平方米，且文化堆积非常厚，说明古代人类在此居住的时间是相当长久的。

据资料得知，城子崖遗址的文化层厚度，一般在 3 ～ 5、薄者也在 1.5 米左右，且遗迹间打破叠压关系十分复杂。发现的遗迹主要有房基、灰坑、水井、墓葬以及大量精美陶、石、骨、蚌器等。由此说明城内居住的先民不仅人数众多，而且居住时间长久。正如恩格斯指出的"城市本身表明人口、生产工具、资本、享乐和需求的集中"[1]。据专家推算，当时城内居住了 5000 人以上。这些居民当中，除了农业生产者以外，手工业者和不直接从事生产劳动的人员已占相当的比例，构成原始城市的又一要素[2]。

考古工作者在城子崖遗址发掘的 1000 余平方米范围内，清理出数口水井，这些水井修凿较深，形状极为规整。其中一口水井平面呈椭圆形，口径长约 1.5、宽约 1.1、深度达到 7 米以上。水井的发现，是古代先民战胜自然、改造自然的一种标志。

---

[1] 马克思、恩格斯：《德意志意识形态》，《马克思恩格斯全集》，人民出版社，1960年，第3卷第57页。

[2] 张学海：《张学海考古论集》，学苑出版社，1999年。

对农业生产的进一步发展，具有十分重要的意义。

从遗址的规模、丰富的文化内涵、城内人口与居民身份、水井的发明、高超的制陶技术、明显的城乡分离以及城乡差别等方面进行分析，证实城子崖遗址不可能属于一般的村落遗址，应是该地区一个突出的政治、经济、文化中心，也可能是中国东方某个方国的中心所在，具有明显的"都、邑、聚"三级社会组织结构。

考古调查得知，在城子崖遗址周围的党家乡、黄桑院、宁埠乡、马彭东南、明水镇马鞍庄、枣园镇季官庄、相公乡牛官庄和刁镇小坡等遗址，其面积 3 万～6 万平方米，相当于古国的乡邑，属于二级管理机构。其余 30 余处龙山文化小遗址，可能是当时的一些村落，大都有古国的基层组织。面积一般只有数千到一二万平方米，文化内涵并不特别丰富，这些则是古国的一般村落遗址。其中若干面积较大的，其地位犹如现在的乡镇，依托着城子崖，分布在方圆 20 余千米的范围内，"都、邑、聚"的三级社会结构和城乡差别、城乡对立的格局十分明显，以私有制为基础的多层次的金字塔式的社会结构已经形成。城子崖古国的中心范围，南达泰山北麓，北到刁镇、白云湖一线，东抵长白山西麓，西至小清河支流巨野河附近，东西 30、南北 32、方圆约 25 千米，面积大约 1000 平方千米。在其中心地区，周围分布着 40 多处龙山文化遗址组成的聚落群，是海岱地区一个小区的古文化中心[1]。

在鲁北地区，山东龙山文化遗址数量大幅度增加，较前发生了几何量级的增长。通过对淄、乌河流域的考古调查，发现山东龙山文化聚落 51 处，超出大汶口文化数倍，其中乌河流域 29 处，淄河流域 22 处，从分布情况来看，这些聚落基本都集中于淄、乌河及其支流两岸与两河之间的广大区域。乌河流域的遗址多密集分布于干流及其支流——漯水河道沿岸，大致可分为三组小聚落群，最北一组，以乌河、漯水交叉处的桐林聚落为中心，周围绕以 10 多处小型聚落，其中桐林聚落面积、规模最大，发现有龙山文化时期的城址。沿乌河再向南，发现 7～8 处聚落，面积皆不大，聚落间距数百米。最南一组分布 7 处聚落，面积亦不大，多为中小型聚落。从整个乌河流域的分布情况看，北部的桐林聚落群等级最高，规模最大，其他两组为次一级的小型聚落。淄河沿岸有 16 处聚落较为密集，其中河道左岸相对集中，在河道东岸，以韩六瑞、曹村、高家、荣家等为聚落中心，共有 8 处聚落，南北顺河道走向延伸约 4 千米。另有几处聚落较为分散，有的聚落位于南部山区的河谷地带，有的距河道略远[2]。

————————

　　[1]　张学海：《城子崖与中国文明》，《纪念城子崖遗址发掘60周年国际学术讨论会文集》，齐鲁书社，1993年。

　　[2]　孙波、高明奎：《桐林遗址龙山文化时期聚落与社会之观察》，《东方考古（第9集）》（上册），科学出版社，2012年；山东省文物考古研究所、北京大学考古文博学院：《临淄桐林遗址聚落形态研究考古报告》，《海岱考古（第五辑）》，科学出版社，2012年。

经过全面钻探和多次考古发掘证实，临淄桐林遗址是鲁北地区面积最大的聚落遗址，其范围是相当大的，总面积在 300 万平方米左右。此类大型遗址其文化内涵非常丰富，文化堆积最厚者达 4 米左右，可见该遗址绝不会是一般先民们的村落居住地，而一定是当时所在地区政治、经济、文化的一个聚落中心。这样的特大型遗址，不仅面积大，堆积厚，而且延续时间长。所以，中心聚落与其周围地区的一些普通聚落，存在着经济上、政治上的不平等以及某种程度上的主从关系。龙山文化聚落的层级差别，应该是当时社会组织结构的直接反映[1]。

在东南沿海，日照地区龙山文化遗址更是成倍增加。区域从大汶口文化晚期阶段的陵阳河区一个，增加到龙山文化时期的三至四个。这些区域中心在性质上和陵阳河区是相同的，各代表着一个小的古国，而又聚合成一个更大的统一体。龙山文化时期各区聚落遗址的等级，存在着四个层次。最高一级只有两城镇一处，第二个等级有 3～4 处，第三个等级则有 20 多处，而第四等级更是多达 200 处以上。这四个层次的聚落遗址在数量上亦呈金字塔形结构[2]。

农业的发展，使社会组织日益复杂。遗址数量由大汶口文化时期的 25 处猛增到 400 余处，聚落形态也随之发生巨大变化。北部的两城镇和南部的尧王城这两处新兴的大型中心远远大于先前调查和发掘所确定的面积。根据遗址面积大小，可将本地区整个龙山时代的聚落分为四个等级。具有行政职能的聚落是前三个等级，当时可能已出现国家组织。

位于聚落最顶层的是日照尧王城和两城镇两处遗址。据调查，两城镇遗址总面积为 256 万平方米，尧王城遗址更是超过 300 万平方米。这两个主要中心最大的差别，在于它们周边次一级中心所代表的社会组织的性质。尽管尧王城遗址本身的面积要大一些，但紧靠两城镇外围的聚落的分层却发展得更为充分，而这一点可能与不同的控制和组织策略有关。资料还显示，二级中心的分布相当有规律，尤其是东北部，两城镇距离贾王墩大约 7、与西寺相距约 16 千米。另一个二级中心东王村与两城镇相距约 10 千米，但它仍然可能向两城镇提供物资，有时也可能向尧王城尽同样的义务[3]。

聚落等级的划分是区域聚落形态研究中的一项重要内容，也是考察一个地区社会组织结构、社会性质的主要途径之一。从聚落群来看，鲁东南沿海地区还表现出

[1]　何德亮：《大汶口—龙山文化聚落形态的考察》，《中国聚落考古的理论与实践（第一辑）——纪念新砦遗址发掘30周年学术研讨会论文集》，科学出版社，2010年。

[2]　栾丰实：《日照地区大汶口、龙山文化聚落形态之研究》，《中国考古学跨世纪的回顾与前瞻》，科学出版社，2000年。

[3]　方辉、文德安、加里·费曼等：《鲁东南沿海地区聚落形态变迁与社会复杂化进程研究》，《东方考古（第4集）》，科学出版社，2008年。

另外的一些特点，在区域之内作为中心两城镇和尧王城都拥有最大的规模，外围还有一些规模小一些的次级中心，每个次级中心也拥有小规模的聚落群，这样整个区域之内就形成了所谓中心—级中心——一般聚落的等级结构，或谓之"都邑聚的区域社会结构"[1]。

根据新的区域考古调查资料，日照地区龙山文化聚落形态呈现出明显的等级状分布，可分为密集分布的5群，区域内聚落形态空间布局上形成以两城镇聚落群为"核心聚落群"和周围4个"小聚落形态群"的聚落形态，核心聚落群的位置恰好在中心，各小聚落群同核心聚落群的距离大致相等。核心聚落群对周围小聚落群的控制关系或统属关系比较明显。各聚落群内的遗址等级分化非常明显，各分为2～4个等级，核心聚落群的等级层次最多，最高等级的聚落址是各聚落群的中心聚落，其他一般聚落多围绕中心聚落密集分布，可见，聚落群内中心聚落对其他聚落的控制或统属关系是比较明显的。

以两城镇遗址为中心所形成的高度核心化的聚落形态，显示出该中心同其周围存在着的较小的聚落群之间有着一定程度的经济和社会交往，而两城镇同那些次一级中心聚落之间有规律的空间分布现象，更加增强了这样一种可能：即两城镇中心无论是在政治上还是经济上，都对这一相对广大的地区发挥着一定程度的支配和影响作用[2]。

据钻探资料，两城镇遗址面积相当大，南北1000、东西约1050米，总面积约100万平方米，其规模不仅宏大、等级明显高出同时期各区域中心城址的特大型聚落中心。应是该地区龙山文化的一个统治中心[3]。它不仅控制着整个地区，本身还拥有直属的区域和聚落，在这个区域外围分布众多的以次级中心为核心的小的聚落群。特别是周围簇拥着丹土等几处次级中心，这些较大的聚落距离两城镇都很近，最远的丹土遗址也不超过5千米，包括一般聚落，大多都集中在两城镇遗址周围，特别是次级中心基本上是围绕在两城镇北西南三面，一般聚落则分布在两城镇的西南扇面上。两城镇在聚落形态上是区域中心，其他聚落都是围绕两城镇布局的，显示了其他地区之内的绝对核心地位[4]。

同样情形在鲁西的茌平、阳谷地区也有明显反映。在东西约25、东北到西南约45千米范围内，分布着30余处聚落遗址，"都、邑、聚"的等级社会结构相当

[1] 孙波：《山东龙山文化城址略论》，《中国聚落考古的理论与实践（第一辑）——纪念新砦遗址发掘30周年学术研讨会论文集》，科学出版社，2010年。

[2] 中美两城地区联合考古队：《山东日照地区系统区域调查的新收获》，《考古》2002年第5期。

[3] 中美两城地区联合考古队：《山东日照市两城镇遗址1998～2001年发掘简报》，《考古》2004年第9期。

[4] 孙波：《山东龙山文化城址略论》，《中国聚落考古的理论与实践（第一辑）——纪念新砦遗址发掘30周年学术研讨会论文集》，科学出版社，2010年。

明显，茌平教场铺遗址应是该地区一个突出的政治、经济、文化中心。同时和当地已知的 20 余个村居之间，清楚地反映了城乡分离的格局已经形成。类似情况，在鲁中南薛河流域，鲁西南万福河流域，鲁东南沂、沭河流域，鲁东南沿海，鲁中北洮河、淄河流域等地区都存在，龙山文化时期这些地区应有各自的政治、经济、文化中心，也就是原始城市 [1]。

所以说，特级聚落是聚落群的核心，对聚落群来说，它可能是居于首领地位。在一个大区域内有若干聚落群，形成一个部族，每个聚落群，虽然各有自己的首领和地盘，但是必然有一个特殊的聚落群居于共主地位。居于共主地位的聚落群中，其特级聚落或一级聚落是其中心，是首领人物的居地 [2]。

随着社会复杂化进程的加剧，中心聚落分为好多层。最高政治中心可能成为经济、文化和宗教中心。次级中心可能同样作为小范围的地区中心充当调节物资流动和劳动力调配的角色 [3]。特别是一些最大的中心聚邑、较大的邑落、规模小的一般聚落，它们不仅面积大小有别，实际上在遗址的文化内涵、聚落功能和地位上均出现等级差别。这些聚落之间可能已经由原来的血缘相亲为纽带的对等关系，逐渐形成宗族和政治上的统属关系。

有的学者认为，龙山文化时期已经是一个分层社会，无论墓地、还是城址或者遗址，在面积和陶器等遗物上都存在着规模差别，如果把这些差别看作是聚落等级地位反映的话，可以将龙山文化聚落至少分为三个层级：处于最高级别的聚落如西朱封、尹家城、两城镇遗址；其次一级的如姚官庄、三里河、西吴寺、尚庄遗址；最低一级的如呈子、鲁家口遗址。第一级别是各自文化分布区内中心一级的聚落，其下的两个级别应该是围绕着这个权力中心存在的 [4]。也有的先生按照遗址面积大小，将其划分为五个等级：一级遗址面积 30 万平方米以上；二级遗址 20 万平方米以上，不足 30 万平方米；三级遗址 10 万平方米以上，不足 20 万平方米；四级遗址 3 万平方米以上，不足 10 万平方米；五级遗址不足 3 万平方米。各聚落群的聚落都有三个以上等级，形成金字塔式等级结构 [5]。

[1] 张学海：《试论山东地区的龙山文化城》，《文物》1996年第12期。

[2] 许顺湛：《晋中、晋南夏文化聚落群》，《中国聚落考古的理论与实践（第一辑）——纪念新砦遗址发掘30周年学术研讨会论文集》，科学出版社，2010年。

[3] 陈星灿、刘莉、李润权等：《中国文明腹地的社会复杂化进程——伊洛河地区的聚落形态研究》，《考古学报》2003年第2期。

[4] 李伊萍：《龙山文化——黄河下游文明进程的重要阶段》，科学出版社，2005年。

[5] 张学海：《山东史前聚落时空关系宏观研究》，《苏秉琦与当代中国考古学》，科学出版社，2001年。

二

在原始农业、各种手工业发展的基础上，龙山时代社会形态发生急剧演变。聚落结构方面突出的变化是，聚落之间产生剧烈分化，具有中心地位的大型聚落与周围多少不一的中小型聚落，许多中心聚落往往建成较大型的城址，表现出城址与普通聚落的显著差异，出现了高于普通聚落之上的中心聚落，形成等级和主从关系的聚落群体架构。许多大型聚落一般发展为规模较大的城址，在章丘城子崖、寿光边线王、邹平丁公、临淄林桐、阳谷景阳冈、五莲丹土、江苏连云港藤花落等均发现这样一批龙山文化时期的城址。

上述城址以外，在鲁西平原地区，还发现两组龙山文化城址[1]，其中以一座大型城为中心，周围由数座小城及众多普通遗址组成聚落群。例如景阳冈城西南 8 千米有阳谷皇姑冢城。东北 10 千米为阳谷王家庄城，形状均呈圆角扁长方形，面积分别为 6 万平方米和 4 万平方米。往平教场铺城址，平面呈圆角横长方形，东西约1100、南北约 360 米，面积约 40 万平方米。城内并列有大小两座台址，面积分别为 10 万平方米和 1.6 万平方米。如果以教场铺城址为中心，在南北纵长 20 余千米范围内，依次分布有往平尚庄、乐平铺（三十里铺）、大尉、教场铺和东阿县王集5 座龙山城。

除了教场铺城址，其他 4 座面积均为 3 万～ 3.8 万平方米的小城。在其周围，东北至西南约 45、东西约 25 千米范围内，分布着龙山文化遗址 30 余处。这些城址，基本上呈东西向排列，鲁西地区是以阳谷景阳冈城址为中心的 8 座龙山文化城址，向东是城子崖城址，最东边是边线王城址，而丁公、桐林两城址位居其间，只有丹土城址在其东南部。城址面积各不相同，大的 40 余万平方米，小的不足 10 万平方米，这种差异可能与社会经济实力的强弱有关，看来城址的面积可能已出现大、中、小等级上的差异。这种现象绝不是偶然的，它是伴随着战争的出现而产生的，是残酷的掠夺性战争的产物，是原始社会行将进入文明社会的一个重要标志。"尽管城子崖、丁公、桐林、边线王城址的结构和内部布局还都不太清楚，但大体都是一个地区政治文化中心，而且也似乎有等级的差别。"[2]

考古资料显示，这些城址中，边线王城址面积最小，约为 5.7 万平方米，景阳冈城址面积最大，为 38 万平方米左右，其他都在 10 万～ 25 万平方米。而城子崖、丁公、桐林 3 座城址都可以确定是我国早期的城。从规模、人口、经济、文化发展

---

[1] 山东省考古所、聊城地区文研室：《鲁西发现两组八座龙山文化城址》，《中国文物报》1995年1月22日；张学海：《鲁西两组龙山文化城址的发现及对几个古史问题的思考》，《华夏考古》1995年第4期。

[2] 严文明：《龙山时代考古新发现的思考》，《纪念城子崖遗址发掘60周年国际学术讨论会论文集》，齐鲁书社，1993年。

水平等因素进行考察，这些城址已经不是单纯军事意义上的城堡，而是相对于邑落、村聚而言的区域的政治、经济、文化、军事中心，是我国早期城市。表明当时的中国东方已进入了文明社会[1]。

城址的出现，也说明当时聚落形态已经进入一个新的发展阶段。在已发现的城址中，其规模大致可分为两个等级：城子崖、丁公、田旺、丹土、教场铺、景阳冈龙山城属于一级；边线王、尚庄、乐平铺、大尉、王集、王家庄、皇姑冢龙山城属于二级。一级龙山城不仅具有较大规模，更主要是一个龙山时期聚落的中心。这种龙山聚落群当是一个古国，有的或是一个部落。因而一级龙山城是古国的政治中心，具有"都城"的性质，或是部落和部落联盟的中心。其中教场铺、景阳冈城规模大，是两个龙山古国的统治中心；城子崖、丹土城的规模和内涵都略逊一筹；而田旺、丁公的规模则更小。二级城的规模要比一级城小得多，虽不是古国主要政治中心，但又明显高于村落，因而具有"邑城"的性质，应是古国二级行政中心所在。

从城址已形成不同等级，龙山聚落群中大批一般聚落的存在中，充分反映出当时社会形态已出现"都、邑、聚"的等级结构。如城子崖、教场铺、景阳冈城址分别代表三个龙山古国，都是一个区域内的中心，存在着"都、邑、聚"等不同级别的社会结构。而许多龙山文化地区中心可能都已进入国家社会，海岱龙山时代已是古国时代[2]。正如严文明先生指出的"从一般性聚落遗址发展为聚落群和某些中心遗址，再在中心遗址的基础上发展出最初的城市。这在表面看起来只是聚落形态的变化，而实质上则反映由原始社会向阶级社会的转变，是一部文明起源史的生动体现。那种以为文明起源仅仅是跨越一个门槛而不是一个历史过程的看法，显然是不符合历史实际的"[3]。

在城址的修建过程中，其工程量十分浩大，历来被视为社会权力的体现，是社会控制机制达到相当程度的一种标志，是社会生产力发展的一个象征。同时，城址的规划设计，筑城所需大量人力、物力也是相当大的。"虽然我们不能一见到城堡即断言国家已存在，但在阶级阶层分化的基础上，工程庞大的城墙及城内的庙宇和宫室建筑，充分显示了人力、物力、资源的集中，以及行政控制与组织管理的复杂。"[4]在以石器为主要生产工具的时代，要构筑像边线王这样的城堡，也是一项非常复杂而繁重的大型工程。

据考证，边线王城址仅仅挖掘大城堡的城墙基槽，出土量就达3万多立方米。再经逐层夯筑，还要填回不少于甚至超过挖出的土方量。至于再在墙基上筑城墙，

---

[1]　张学海：《泰沂山北侧的龙山文化城》，《中国文物报》1993年5月23日。

[2]　张学海：《试论山东地区的龙山文化城》，《文物》1996年第12期。

[3]　严文明：《仰韶房屋和聚落形态研究》，《仰韶文化研究》，文物出版社，1989年。

[4]　王震中：《中国文明形成过程中的几个特点》，《中国社会科学院研究生院学报》1993年第5期。

其土方搬运量要远远大于基槽工程。加上城内城外、城上城下的许多建筑设施，所用土方更是难以想象的。构筑这样庞大的原始工程，要动用相当浩大的人力和物力。搬运几万乃至十几万土方，既要有掌握一定原始土木工程技术的专门人员运筹和监督，更要有一个凌驾于氏族和部落之上的权力机构为组织者，才能驱使成千上万的奴役者完成这一巨大的工程。"这样的城不但要有统一的规划，还要组织大量的劳动力才能完成"，"应是某种政治、文化中心的象征，或者说是都城的雏形亦无不可。"[1]甚至有学者认为城垣是检验国家之形成与发展的尺度，即城垣建筑乃是一系列的复杂工程，包括设计、测量、取土、运土、版筑夯实等，不但需要相当成熟的行政组织来指挥大批从事筑城的人员，也需要积存剩余粮食以养活不事生产的劳力，因而标识着资源之集中、人力之控制以及行政组织之复杂化，而这些都是国家机构得以运作的必要条件[2]。

城址的大量发现，是社会发展的必然结果，它对于深入研究我国古代文明的起源与发展发挥了重要作用，其意义是不可低估的。

三

"农业是整个古代世界具有决定性意义的生产部门，现在它更是这样了。"[3]

在农业、家畜饲养业和手工业三大生产中，农业是山东龙山文化时期居民决定性的生业部门，"是使其他一切部门所以能够独立化的自然基础"。农业不仅为人类定居生活提供赖以生存的衣食之源，同时也奠定了古代人类从原始社会进入文明社会的物质基础，因此，在经济生活中农业占据主导地位。形成以种植业为主，家畜饲养业为辅的综合经济。人们过着定居生活，主要种植稻、粟、黍、稷、小麦、大麦、野大豆等农作物，其中以水稻和粟为主。反映出这一时期粮食生产的多样性。

栖霞杨家圈遗址灰坑中出土过粟、黍和稻谷的痕迹[4]。莱阳于家店遗址在一个红烧土灰坑中发现许多粟壳痕迹，与杨家圈的粟粒相同，可以断定为粟[5]。日照尧王城遗址发现10余粒炭化的粳米[6]。滕州庄里西遗址见有大量水稻和其

[1] 严文明：《略论中国文明的起源》，《文物》1992年第1期。

[2] 杜正胜：《夏代考古及其国家发展的探索》，《考古》1991年第1期。

[3] 恩格斯：《家庭、私有制和国家的起源》，人民出版社，1972年，第146页。

[4] 北京大学考古实习队、山东省文物考古研究所：《栖霞杨家圈遗址发掘报告》，《胶东考古》，文物出版社，2000年。

[5] 北京大学考古实习队、山东省文物考古研究所：《莱阳于家店的小发掘》，《胶东考古》，文物出版社，2000年。

[6] 中国社会科学院考古研究所：《尧王城遗址第二次发掘有重要发现》，《中国文物报》1994年1月23日第一版。

他植物果实和种子[1]。兖州西吴寺遗址存在一定数量小麦的孢粉。临淄桐林遗址的农作物中以粟和稻为主，另有豆、黍和稗等植物标本，据统计，其中稻3423粒，出土概率占65.9%，粟7020粒，出土概率占89.4%，黍5658粒，出土概率占75.7%。另外，还发现大量水稻植物硅酸体，其中，扇型、哑铃型和稻壳双峰型都常见[2]。茌平教场铺遗址以种植粟为主，农作物包括粟、黍、稻和小麦。粟的数量占绝对优势，粟和黍出土概率92%，稻出土率3%，小麦出土率为3%[3]。

胶州赵家庄遗址出土丰富的稻遗存，灰坑、水井等遗迹浮选到大量炭化稻，多数灰坑中发现水稻硅酸体，包括扇型、哑铃型和双峰型；石刀上有水稻扇型和哑铃型硅酸体。从炭化种子数量来看，农作物中水稻最多，占总数的61%，出土率谷子为62%，出土概率最高，水稻为52%，居第二位，黍子为28%[4]。发掘中，在遗址的居住区东侧，还清理出大片水田遗迹，这是当时种植水稻最好的佐证。另外，在胶州赵家庄遗址出土10粒小麦和1粒大麦。说明在海岱地区已经开始普遍种植小麦，其历史可能早到4000多年以前的山东龙山文化时期[5]。

五莲丹土遗址壕沟和灰坑中发现大量的水稻植硅体，包括扇型、哑铃型和双峰型，C3每克土壤中水稻植硅体数量达到86万多个，H4018每克土壤中水稻植硅体密度都在50000粒以上[6]。苍山后杨官庄遗址H18内出土的农作物遗存至少包括粟、黍、稻三类，共计13粒。表明该遗址的居民在龙山文化时期已形成稻旱混作的农业种植格局，且农业生产在这一时期达到了较高的水平[7]。

日照两城镇遗址灰坑和地层以及房址中发现许多炭化稻和水稻植硅体。在265份浮选样品中，122份发现炭化种子约4000粒；其中39份含有稻454粒，H93中占68.7%。稻出土概率占49%，粟、黍出土概率占36%，小麦出土概率占4%。在270份浮选土样中，发现的农作物种类较多，主要有粟、黍、稻和小麦；粟的数量占有绝对优势，粟和黍出土概率占92%，稻的出土概率占3%，小麦出土概率

[1] 孔昭宸、刘长江、何德亮：《山东滕州市庄里西遗址植物遗存及其在环境考古学上的意义》，《考古》1999年第7期。

[2] 宋吉香：《山东桐林遗址出土植物遗存分析》，中国社会科学院2007年硕士论文；靳桂云、吕厚远、魏成敏：《山东临淄田旺龙山文化遗址植物硅酸体研究》，《考古》1999年第2期。

[3] 赵志军：《两城镇与教场铺龙山时代农业生产特点的对比分析》，《东方考古（第1集）》，科学出版社，2004年。

[4] 靳桂云、燕生东、宇田津彻郎等：《山东胶州赵家庄遗址4000年前稻田的植硅体证据》，《科学通报》2007年第18期。

[5] 靳桂云、燕生东：《山东胶州赵家庄遗址发现龙山文化小麦遗存》，《中国文物报》2007年2月22日。

[6] 靳桂云、刘延常、栾丰实等：《山东丹土和两城镇龙山文化遗址水稻植硅体定量研究》，《东方考古（第2集）》，科学出版社，2006年。

[7] 王海玉、何德亮、靳桂云：《苍山后杨官庄遗址植物遗存分析报告》，《海岱考古（第六辑）》，科学出版社，2013年。

占 3%[1]。

临沭县东盘遗址新出现小麦和大麦的标本，但水稻仍是当时种植的最重要农作物，数量上升到 34.6%，出土概率达到 38.6%，粟占比例也有所上升，相对百分比为 3.6%，出土概率为 10.5%，黍虽然绝对数量增加到 6 粒，但比例相对下降，小麦在 3 份样品中见到 6 粒，数量上占 0.58%，而大麦仅在一份样品中发现 2 粒[2]。

从上述可以看出，山东龙山文化时期粮食生产的多样化已经出现，这是农业生产不断发展的必然结果。不仅可以增加农产品的产量，还可以通过栽培作物品种规避作物单一带来的风险，进而增加单位土地面积产量，为社会的进步和发展进步奠定坚实的物质基础。

考古资料表明，山东龙山文化时期家畜饲养业得到一定发展，成为当时人们获取肉食资源的一种主要方式，也是先民在农业生产之外新的谋生手段。遗址内发现的大量猪、狗、牛、羊、鸡等骨骼，都是人们饲养的家畜，其中以猪骨数量最多。例如，城子崖遗址发掘中出土相当多的兽骨、鸟骨和一些贝壳标本，种类有马、牛、羊、狗、兔、猪、獐、鹿等。其中猪和狗数量最多，次之是马和牛等。潍县鲁家口遗址，可鉴定种属的 315 件骨骼标本中，猪骨有 210 件，约占总数的 64%。在这些动物中，猪、狗、马、牛已成为当时人们饲养的主要家畜。

苍山后杨官庄遗址[3] 出土龙山文化动物骨骼 27408 件，其中鉴定 21990 件，占标本总数的 80%。主要有田螺、螃蟹、丽蚌、裂嵴蚌、珠蚌、矛蚌、蚬、草鱼、鲤鱼、青鱼、鳖、龟、鸟、仓鼠、狗、猫、兔、猪、斑鹿、麋鹿、獐、鹿、牛、羊等 20 余种。其中，以鱼类最多，占 51%，软体动物约占 23%，哺乳动物约占 24%。另外，还有少量其他动物骨骼。分析发现，鹿科动物和家猪为先民保证主要肉食供应，淡水鱼类、贝类也分担部分肉食供应之需求，总之，捕猎野生动物占有更重要的地位。结合藜属、紫苏属、葡萄属、蔷薇科等野生植物种子和果核的发现，可见采集经济仍是后杨官庄居民生业中不可缺少的内容。

上述说明，山东龙山文化时期，在农业生产得到不断发展的同时，家畜饲养和渔猎采集等辅助经济，仍是当时人们日常生活资料来源的重要组成部分。

生产工具是生产力发展的客观尺度，是人类改造自然能力的物质标志，也是衡量农业生产发展水平的重要因素。如果没有适于农耕的生产工具，农业生产是不可

[1] 凯利·克劳福德、赵志军、栾丰实等：《山东日照市两城镇遗址龙山文化植物遗存的初步分析》，《考古》2004年第9期；靳桂云、栾丰实、蔡凤书等：《山东日照两城镇遗址土壤样品的植硅体研究》，《考古》2004年第9期；靳桂云：《山东新石器时代稻遗存考古的新成果》，《东方考古（第5集）》，科学出版社，2008年。

[2] 王海玉、刘延常、靳桂云：《山东省临沭县东盘遗址2009年度炭化植物遗存分析》，《东方考古（第8集）》，科学出版社，2011年。

[3] 山东省文物考古研究所：《苍山后杨官庄遗址发掘报告》，《海岱考古（第六辑）》，科学出版社，2013年。

能迅速发展起来的。"劳动资料不仅是人类劳动力发展的测量器，而且是劳动借以进行的社会关系的指示器。"[1]

这一时期的生产工具，质料呈现多样化，主要有石、骨、角、蚌器等。石器多为磨制，形状规整，制作精致，通体磨光，并能根据不同工具的需要，选用合适的材料。制作中一般采用先打后琢，再磨光的生产工艺。器形主要有穿孔石铲、长方形双孔石刀及斧、锛、凿、镰、箭镞和用蚌壳制作的镰、刀、镞等，其器形均相当精致。正如《城子崖》发掘报告中推断的那样，城子崖附近并不产制造石器的原料，所出石器应是从附近盛产石料的山区一带制作石器作坊运来的。遗址中出土的骨、角器和蚌器等，可能也是由专门的手工业作坊生产出来的。"如此多样的活动，已经不能由同一个人来进行了；于是发生了第二次大分工：手工业和农业分离了。"[2]

山东龙山文化时期玉器制作水平相当突出，普遍使用两面对钻的管钻技术和水平较高的抛光技术。胶县三里河遗址墓葬中的鸟形、鸟头形玉饰，临朐西朱封遗址的玉头（冠）饰、簪、玉钺和玉矛，临沂湖台遗址墓葬中的玉扁琮，大范庄遗址的玉牙璋，五莲丹土遗址的玉琮、玉璇玑等，均雕琢精致、造型优美，堪称艺术珍品，反映了山东龙山文化时期玉器制作水平达到了很高的程度。最具代表性的是日照两城镇遗址出土的兽面纹玉锛[3]，阴刻线条舒展流畅，制作极其精美，已经达到了相当高的水平。新中国成立前在两城镇遗址[4]发现过成坑的玉器，原料、半成品、成品都有。原料中曾见大块的玉器，长约四五十厘米，形如长条的冬瓜或枕头；半成品多磨成厚薄不等的片状物，形状有三角形、长方形与不规则形等；说明这一时期生产似已开始专业化，并出现了专门制作玉器的作坊。龙山玉器的生产成为社会生产力进步的一种标志。它自成一体，成为中国古代玉器三系之一——古玉海岱系，同时对后来的夏、商、周三代玉业产生了深远影响。

伴随着社会性质的剧变，玉作为非实用性的武器工具和专用的礼器，标志着等级制度为核心的礼制时代的肇始，象征着持有者特殊的权力和地位，它既是社会发展到一定阶段的必然产物，也是历史所赋予的使命。一些贵重和有特定意义的玉器，已被少数人物所垄断。玉器的社会属性被人为地强化，视玉为通灵神物的核心观念全面确立，几种主要玉器在社会礼仪、权力地位、祭祀崇奉、经济财富等等各方面，广为发挥作用。尤其在玉器主要分布区内的少数先进地区，繁荣期的玉器文化在原

---

[1] 马克思：《资本论》，人民出版社，1975年，第一卷第204页。

[2] 恩格斯：《家庭、私有制和国家的起源》，人民出版社，1972年，第160页。

[3] 刘敦愿：《记两城镇遗址发现的两件石器》，《考古》1972年第4期。

[4] 刘敦愿：《有关日照两城镇玉坑玉器的资料》，《考古》1988年第2期。

始社会瓦解和进入阶级社会的过程中，具有独特的意义 [1]。

山东龙山文化时期制陶技术更加完善，烧造工艺更趋合理。陶器生产普遍采用快轮制作技术，器物造型规整、陶胎厚薄均匀，色泽纯正，表里一致，色泽常以黑、光、亮著称于世。对此《城子崖》报告曾做这样的描述："城子崖的陶器十四种颜色中，最能引人注意及艳羡者，为黑亮色。此色之陶质亮而薄，且极坚固，表面显漆黑色之光泽，故亦可称之为漆黑色。又以其轮廓之秀雅，制作之精妙，故自初掘以至今日，凡来参观者目睹此类陶器，莫不赞叹不已。"

由于已经掌握了氧化还原技术和高温焙烧方法，烧制的陶器色调基本一致，颜色多为光洁发亮的磨光黑陶，其次为灰陶、红陶，还有少量白陶。而且烧成温度高，胎质致密坚硬。当时轮制技术相当发达，陶器表面和器底常留有轮旋纹和同心圆切割的痕迹。器表装饰简洁明快，多为素面磨光，常见纹饰有弦纹、划纹、乳丁纹、附加堆纹、镂空，仅见少量篮纹、方格纹和绳纹等装饰。陶器种类较多，器形复杂多样，主要器形有鼎、鬶、罐、罍、盆、杯、豆、甗、甑、瓮、高柄杯和器盖等。

尤其是蛋壳高柄杯，均细泥质黑陶，不含杂质，不用羼和料。器壁一般厚 0.5毫米左右，重量多 50 ～ 70 克，且质地细腻、漆黑光亮，造型优美，制作精细，敲之发出金属之声。人们赞誉它"薄如纸，硬如瓷，声如磬，亮如漆，明如镜"，堪称稀世瑰宝。这样薄的器壁，并不渗水。通过对胶县三里河遗址墓 203 出土的蛋壳陶杯残片进行吸水率实测，得有 4 个数据，0.6%、0.42%（2 个数据）、0.3%，平均值为 0.43%，这样的吸水率，是肉眼所难以观察到的 [2]。如此精美的陶器，达到了我国史前时期制陶业的高峰。

山东龙山文化时期已经掌握了冶铜技术。目前已发现大量铜器或铜炼渣的遗址，主要有胶县三里河、诸城呈子、栖霞杨家圈、长岛北长山岛店子、日照尧王城等遗址。铜器的发明是人类历史上的一个重大进步，标志着手工业生产专门化已经产生，说明这一阶段确实出现一批专门从事制陶、制石（玉）、制骨、冶铜的能工巧匠，于是发生了第二次社会大分工，手工业和农业开始分离，成为各自独立的生产部门。

由此说明，冶铜业的出现，绝不是一种偶然性的行为，而是一项有组织有计划的专门性行业。需要多人参加，专人组织，并要有掌握一定技术的人员进行统一协调。包括采矿、选矿、铸造、修整、运输等一系列复杂的工序，并锻炼出一批熟练的操作者。如果没有一个强制性的组织机构是不行的。所以，冶铜业成了一种专门

---

[1]　何德亮：《山东史前玉器及相关问题探讨》，《东方博物》2007年第22辑。

[2]　吴汝祚：《初探龙山文化的社会性质——兼论中国文明时代产生的多元性》，《文物研究（第五辑）》，黄山书社，1989年。

化的手工业，它标志着当时农业和手工业的专门化生产有了很大的提高。同时，冶金术（青铜）的出现，也意味着阶级的存在和国家的产生。同时，奠定了夏商周时期青铜文化的坚实基础[1]。

四

　　山东龙山文化时期，社会生产力水平的大幅度提高，使聚落得到很大发展，人们的生存空间不断扩大。而城址的产生，使聚落进入新的阶段。蛋壳黑陶、快轮制陶技术的广泛应用，说明社会生产力获得了很大的发展。特别是以冶铜为代表的手工业的出现、标志着当时社会已进入一个崭新的时代。由于社会经济的发展促进了社会内部的分化，中心聚落、专业经济中心和宗教中心开始出现，聚落形态呈现多样化的倾向。到铜石并用时代晚期阶段更是出现了最初的城市，从而产生城市与乡村相互对立与相互依存的新的社会格局。城市成为经济文化的中心，并将逐步发展为政治中心。东方文明的曙光就这样在城头上冉冉升起[2]！

原载《海岱考古（第九辑）》，科学出版社，2016年

---

[1]　何德亮：《山东地区早期铜器及其相关问题初探》，《东岳论丛》2007年第5期。

[2]　严文明：《中国新石器时代聚落形态的考察》，《庆祝苏秉琦考古五十五年论文集》，文物出版社，1989年。

谈谈山东龙山文化的历史地位

山东地处黄河下游，这里河道纵横，土地肥沃，雨量充沛，气候宜人，为人类社会发展提供了极为有利的自然条件。所以，从遥远的古代起，我们的祖先就在此生息、繁衍，他们用勤劳的双手，卓越的智慧，在得天独厚的自然条件中，创造了光辉灿烂的古代文化，为中华民族文化的形成与发展，作出了突出的贡献。大量考古资料已经证明，山东地区古代文化的发展水平是相当高的，在我国原始文化中，许多方面处于领先地位，甚至有些领域在其同时期文化中独占鳌头，因而，使山东地区成为黄河流域古代文明最早的发祥地区之一。本文主要依据考古发掘资料，就山东龙山文化的历史地位以及对同时期原始文化的影响谈点粗浅意见，以期得到史学界、考古学界同仁的批评指正。

一

山东龙山文化是黄河下游地区的一支考古学文化，1928 年由我国考古学家吴金鼎先生在山东省历城县（今章丘市）龙山镇附近的城子崖遗址发现的。1930 ～ 1931 年中研院历史语言研究所先后对该遗址进行过两次正式发掘，从而揭开了山东地区田野考古的序幕，这在中国考古学史上是具有重大意义的。正如李济先生在城子崖报告序言中所说"由这遗址的发掘，我们不但替中国文化原始问题的讨论找了一个新的端续，田野考古的工作也因此得了一个可循的轨道。与殷墟的成绩相比，城子崖的虽比较简单，却是同等的重要"[1]。"在学术上，这是继瑞典地质学家安特生在河南渑池县仰韶村发现以彩陶为特征的史前文化之后，被认为是最有价值的发现"[2]。六十多年过去了，我国的文物考古事业蓬勃发展，特别是新中国成立以来，山东龙山文化的考古调查、田野发掘和科学研究都取得了前所未有的成果，大大丰富和深化了我们对此类文化遗存的认识。随着大规模的文物普查与考古

[1] 傅斯年、李济、董作宾、梁思永等：《城子崖——山东历城县龙山镇之黑陶文化遗址》，中研院历史语言研究所，1934年。

[2] 蔡凤书、栾丰实：《龙山文化研究的历程与展望》，《管子学刊》1990年第4期。

发掘工作的开展，新发现的龙山文化遗址越来越多，据不完全统计，已发现遗址达千处以上，除新中国成立前发掘的城子崖和日照两城镇[1]遗址外，发掘的遗址还有，潍坊姚官庄[2]、胶县三里河[3]、诸城呈子[4]、日照东海峪[5]、尧王城[6]、潍县鲁家口[7]、狮子行[8]、临沂大范庄[9]、寿光边线王[10]、青州凤凰台[11]、赵铺[12]、昌乐邹家庄[13]、邹平丁公[14]、临朐西朱封[15]、临淄桐林、兖州西吴寺[16]、龙湾店、泗水尹家城[17]、天齐庙、蓬莱紫荆山[18]、栖霞杨家圈[19]、济南大辛庄[20]、章丘邢亭山[21]、乐盘[22]、宁家埠[23]、济宁程子崖[24]、

[1]　尹达：《新石器时代》，生活·读书·新知三联书店，1979年。

[2]　山东省文物考古研究所、山东省博物馆、中国社会科学院考古研究所山东队等：《山东姚官庄遗址发掘报告》，《文物资料丛刊·5》，文物出版社，1981年。

[3]　中国社会科学院考古研究所：《胶县三里河》，文物出版社，1988年。

[4]　昌潍地区文物管理组、诸城县博物馆：《山东诸城呈子遗址发掘报告》，《考古学报》1980年第3期。

[5]　山东省博物馆、日照县文化馆东海峪发掘小组：《一九七五年东海峪遗址的发掘》，《考古》1976年第6期。

[6]　临沂地区文管会、日照县图书馆：《日照尧王城龙山文化遗址试掘简报》，《史前研究》1985年第4期。

[7]　中国社会科学院考古研究所山东工作队、山东省潍坊地区艺术馆：《潍县鲁家口新石器时代遗址》，《考古学报》1985年第3期。

[8]　潍坊市艺术馆、潍坊市寒亭区图书馆：《山东潍县狮子行遗址发掘简报》，《考古》1984年第8期。

[9]　临沂文物组：《山东临沂大范庄新石器时代墓葬的发掘》，《考古》1975年第1期。

[10]　山东省文物考古研究所、潍坊市博物馆、寿光博物馆：《寿光县边线王龙山文化城堡遗址》，《中国考古学年鉴·1987》，文物出版社，1988年。

[11]　山东省文物考古研究所、山东大学历史系考古教研室、青州市博物馆：《青州市凤凰台遗址发掘》，《海岱考古（第一辑）》，山东大学出版社，1989年。

[12]　夏名采：《青州市赵铺遗址的清理》，《海岱考古（第一辑）》，山东大学出版社，1989年。

[13]　北京大学考古实习队、昌乐县图书馆：《山东昌乐县邹家庄遗址发掘简报》，《考古》1987年第5期。

[14]　山东大学历史系考古专业、邹平县文化局：《山东邹平丁公遗址试掘简报》，《考古》1989年第5期。

[15]　山东省文物考古研究所、临朐县文物保管所：《临朐县西朱封龙山文化重椁墓的清理》，《海岱考古（第一辑）》，山东大学出版社，1989年。

[16]　国家文物局考古领队培训班：《兖州西吴寺》，文物出版社，1990年。

[17]　山东大学历史系考古专业教研室：《泗水尹家城》，文物出版社，1990年。

[18]　山东省博物馆：《山东蓬莱紫荆山遗址试掘简报》，《考古》1973年第1期。

[19]　山东省文物考古研究所、北京大学考古实习队：《山东栖霞杨家圈遗址发掘简报》，《史前研究》1984年第3期。

[20]　任相宏：《济南大辛庄龙山、商遗址调查》，《考古》1985年第8期。

[21]　北京大学考古实习队：《章丘县邢亭山大汶口文化至商代遗址》，《中国考古学年鉴·1986》，文物出版社，1988年。

[22]　北京大学实习队：《章丘县乐盘大汶口文化至商代遗址》，《中国考古学年鉴·1986》，文物出版社，1988年。

[23]　山东省文化厅济（南）青（岛）公路工程考古队：《章丘县宁家埠新石器时代至汉代遗址》，《中国考古学年鉴·1988》，文物出版社，1989年。

[24]　国家文物局考古领队培训班：《山东济宁程子崖遗址发掘简报》，《文物》1991年第7期。

茌平尚庄[1]、南陈庄[2]、菏泽安邱堌堆[3]、曹县莘冢集[4]、禹城邢寨汪[5]、梁山青堌堆[6]等四十余处。通过上述遗址的发掘，使我们获得了一大批新的考古资料，大致使我们弄清了山东龙山文化的内涵、特征，弄清了它的分布范围、年代序列、来龙去脉、文化类型及其同周围地区同时期文化的关系等一系列问题，为我们正确评估其社会经济形态、生产力发展水平等，也提供了实实在在的物质依据。

二

由大汶口文化发展而来的山东龙山文化，无论是农业生产，还是手工业生产技术，都较大汶口文化晚期有了明显的提高。

农业在山东龙山文化经济生活中占据主导地位，形成了以种植业为主，家畜饲养业为辅的综合经济。粮食以粟、黍为主，兼种水稻。1980 年秋在杨家圈遗址龙山文化灰坑中就发现过粟和稻谷的痕迹，经中国农业科学院作物品种资源研究所俞履圻教授初步鉴定为粳稻[7]。另外，在西吴寺遗址还发现一定数量的小麦孢粉，说明其种植小麦也是有可能的。据上述，龙山文化时期农作物品种已由单一型向多样化发展。再从发现的众多规模较大的窖穴和大型瓮、缸、罐等储藏器以及鬶、盉、杯等酒器分析，当时粮食的收获量已经有了很大增长。

生产工具是生产力发展的重要标志，也是生产关系改变的决定因素。龙山文化时期的生产工具不仅数量多，而且品种复杂，主要有石质的铲、斧、镰、刀、镢，以及蚌铲和骨铲等等，还发现许多石质的锛、凿等木器加工工具。如尚庄遗址在窖穴坑壁上就发现有双齿木耒的痕迹。此类工具痕过去在河南陕县庙底沟遗址也曾发现过。我国原始社会使用木质农具，文献屡有记载。

如《易·系辞·下》曰："神农氏作，斫木为耜，揉木为耒，耒耜之利，以教天下。"

《淮南子·氾训论》云："古者剡而耕，摩蜃而耨……后世为之耒耜。"

《白虎通·卷一·号》云：神农时"制耒耜，教民农作。"

尚庄遗址龙山文化的考古发现充分证明，我国原始社会有木质生产工具之说，

[1] 山东省文物考古研究所：《茌平尚庄新石器时代遗址》，《考古学报》1988年第4期。

[2] 山东大学历史系考古专业、聊城地区文化局、茌平县图书馆：《山东茌平县南陈庄遗址发掘简报》，《考古》1985年第4期。

[3] 北京大学考古系商周组、山东省菏泽地区文展馆、山东省菏泽市文化馆：《菏泽安邱堌堆遗址发掘简报》，《文物》1987年第11期。

[4] 菏泽地区文物工作队：《山东曹县莘冢集遗址试掘简报》，《考古》1980年第8期。

[5] 德州地区文物工作队：《山东禹城县邢寨汪遗址的调查与试掘》，《考古》1983年第11期。

[6] 中国科学院考古研究所山东发掘队：《山东梁山青堌堆发掘简报》，《考古》1962年第1期。以下引用该文不另注。

[7] 严文明：《略论中国栽培稻的起源和传播》，《北京大学学报》1989年第8期。

是足可征信的。再又，这一时期人们已经掌握挖掘水井的技术。截至目前，已在西吴寺、城子崖、凤凰台遗址中发现六口。浅的近 2、深的达 7、一般 5 米左右。口部呈圆形或方形，有的呈椭圆形，口大底小，多数井底部发现大量完整或可复原的陶罐，这应是当时人们汲水时失落的。

不难理解，开掘水井是龙山文化居民对大自然控制的一项伟大发明，也是社会生产力发展的一项重要标志，它不仅解除了人类对江河湖泊为日用水源的依赖，而且适应了村落定居和农业生产日益发展的需要，因此，在人类文明史上井的使用与发明是具有重要意义的。

农业生产工具的发展，促进了农业生产的发展，农业生产的发展又促使手工业生产达到了更高的阶段，由此进一步加速了农业与手工业的分工。

山东龙山文化的制陶业在大汶口文化晚期高度发展的基础上又有了更加突出的进步，无论质地、造型、还是制作工艺都达到了可谓登峰造极的地步。特别引人注目的是蛋壳陶的制作。这种器物均细泥黑陶，不含杂质，不用羼和料，器表漆黑光亮，造型优美，器壁薄如蛋壳，有的仅厚 0.3 ～ 0.5 毫米，重量不足 50 克，因而有"黑如漆，明如镜，薄如纸"的赞誉，堪称稀世瑰宝。

这一时期玉、石器的制作也达到了很高的水平。三里河遗址墓葬中出土的雕琢精细的鸟形、鸟头形、半月形穿孔玉饰，朱封遗址出土的头（冠）饰、簪串饰等，小巧精致、造型优美。反映了玉器制作已达到相当娴熟的程度。特别是两城镇遗址出土的两件兽面纹石锛[1]，线条匀称、加工细致，表面抛光，制作极其精美。这两件遗物，由于器形扁薄，不实用，看来不会是生产工具，有可能是一种礼器。当时由于玉料稀少，雕琢技艺要求高，难度大，在没有金属工具的情况下，绝非短期内所能完成的，所以，这一时期发现的玉器，不会是一般人的享用物，应是龙山文化居民权力、身份、地位也或者是财富的象征。

另外，两城镇遗址还发现成坑玉器[2]，其中有成品、半成品和制玉原料，最大的玉材长约四十到五十厘米。这一重要发现无疑证明，龙山文化时期已有一批专门从事研磨琢制玉器的玉工，并出现一定规模的专业性较强且相对集中的制玉作坊，这是手工业进一步分工、当时已有专业人员长期从事玉器生产的重要例证。

值得注意的是，这一时期发现了铜器，冶铜业登上了历史舞台。在我国古代典籍记载中，夏代才开始出现铜器。

《越绝书·卷第十一》说："禹穴之时，以铜为兵。"

《史记·封禅书·第六》曰："黄帝作宝鼎三，象天地人。禹收九牧之金，铸九鼎。"

[1] 刘敦愿：《记两城镇发现的两件石器》，《考古》1978年第4期。
[2] 刘敦愿：《有关日照两城镇玉坑玉器的资料》，《考古》1988年第2期。

《左传·宣公三年》说："昔夏之方有德也，远方图物，贡金九牧，铸鼎象物。"

辑佚《世本》一书也有"以金作兵"传说的记载，因无实物资料为证，在一个相当长的时期内冶铜业在我国究竟出现于何时，一时无法肯定。近年来，随着田野考古工作的全面展开，考古资料一再证明，我国早在与夏代早期大致相当的龙山文化时期就开始使用铜器，也证明了夏代有冶铜的传说是可信的。1978年呈子遗址第二次发掘时发现了残铜片，1981年杨家圈遗址发现一段残铜锥和铜炼渣，尧王城遗址也发现了一些铜炼渣，1982年长岛店子遗址在一个灰坑中发现了残铜片。1974年三里河遗址发现两段铜钻，从成分和金相组织观察，含有铁、铅、锡、硫等杂质，可能是利用含有铜锌的氧化共生矿石用木炭做燃料，采用氧化还原方法提炼而得到的[1]。

因受技术水平的限制，目前已发现的铜质制品多为刀、锥等小件物品，虽然其加工尚嫌简单、粗糙，但它毕竟向人们昭示，人类文明的一个伟大时代，青铜时代即将到来。

卜骨是原始社会人们进行宗教迷信活动的遗物。城子崖、尚庄、邢寨汪、苹冢集等遗址均有发现。这些卜骨，主要是牛、猪、鹿、羊的肩胛骨。有的钻孔，有的并无修整，有的仅见灼痕。由此说明当时占卜是很盛行的，可能已经出现了维护其统治权势者利益、并与鬼神沟通关系专门从事宗教迷信活动的巫与觋。

房屋建筑有了飞跃的进步，不仅采用台基式建筑，而且掌握了夯筑技术。东海峪遗址发现的房屋，即夯筑而成。尧王城遗址还发现了用土坯建造的房屋，这些都为后来大型宫殿建筑的修造奠定了技术基础，也为建造城防设施奠定了技术基础。

城的产生是人类社会发展到一定阶段的产物，是社会发展史上的重要里程碑，它伴随着国家的出现而出现，因此，城是国家的象征，是王权出现的标识，也是中国古代社会进入文明时代的重要标志之一。

稽诸载籍，城的产生有着悠久的历史，古代文献中这方面的记载颇多。

《吕氏春秋·君守篇》曰："夏鲧作城。"

《礼记·祭法》引《世本》曰："鲧作城郭。"

《艺术类聚·卷六三》引《博物志》云："禹作城，强者攻，弱者守，敌者战，城郭自禹始也？"

《淮南子·原道训》也说："夏鲧作三仞之城。"

索诸文献记载，远古传说城市出现大致在夏代初期，此说也早已与夏初相当的龙山时代诸多城址的发现所证实。

---

[1] 严文明：《论中国的铜石并用时代》，《史前研究》1984年第1期。

早在 20 世纪 30 年代，发掘城子崖遗址时，曾发现一座南北长约 450、东西宽约 390 米的夯筑城墙，编著者曾明确指出那是龙山文化时期的城垣。1984 年，为配合益羊铁路修建工程，又在边线王龙山文化遗址，发现了城墙遗迹[1]。该城平面呈圆角方形，每边长约 240 米，城内面积达 5.7 万平方米。城墙挖有上宽下窄呈梯形的基槽，宽度 7～8、深 5～7 米，槽内夯土都经过夯筑，非常坚硬。夯层十分清楚，其厚薄不一，薄者 5、厚的超过 10 厘米。有的夯面铺细砂。夯层内还发现奠基时埋葬的完整人、狗、猪等的骨架，这种奠基的人，可能出于某种信仰而特意安排的。1986 年发掘时，又在城内发现一座小城，位置与大城基本相同，大致居中稍偏东南，每边长约 100 米，面积 1 万多平方米，其结构同大城相似，均属龙山文化时期。从陶片分析，大城晚于小城。大城堡的绝对年代距今 3800 年前后，小城堡的时代偏早，大约距今 3900 年，估计早于大城堡 100 余年。

边线王龙山文化古城遗迹的发现与确认，证明山东龙山文化时期有城是毋庸置疑的。

近年来。山东省文物考古研究所对城子崖遗址进行了较大规模的勘探试掘工作[2]，再次肯定了该遗址有城垣遗迹，并确定了城址的相对年代。证明 20 世纪 30 年代发现的那座龙山文化城址是岳石文化时期的。这次城子崖发现的龙山文化城址，平面近方形，东、南、西三面城垣比较规整，北面城垣弯曲并向北外凸，城垣拐角处呈弧形。城内东西宽约 430、南北最长处约 530 米，面积约 20 万平方米。残存城墙深埋于地表以下 2.5～5、残宽 8～13 米。据探测和试掘得知，城墙经过多次修补，大部分挖有基槽，有的部位在沟壕淤土上夯筑起墙。城墙夯土结构有两种，一种用石块夯筑，另一种采用单棍夯筑。表明城墙时代可能有早、晚之分。反映出龙山文化时期的夯筑技术有一个发展过程。这是迄今所发现的最大的龙山文化城址。其面积是边线王龙山文化城址的三四倍。

人类社会文明发展的历史也告诉我们：原始社会末期，由于生产力的提高，社会分工的出现，商品交换的扩大，原始农业得到了飞速发展，人们创造的社会财富，除生产者本身生活所需外，还有一定剩余，这就为一部分人占有另部分人的剩余产品提供了可能。特别是部落联盟出现以后，部落之间经常发生以扩张领土和掠夺财富为目的的战争。因为"进行掠夺在他们看来是比进行创造的劳动更容易甚至更荣誉的事情。"[3] 一般认为，我国古史中关于舜的传说，大概相当于大汶口文化晚期到龙山文化过渡这一历史时期。据范祥雍《古本竹书记年辑校订补》记载：

[1] 杜在忠：《边线王龙山文化城堡的发现及其意义》，《中国文物报》1988年7月15日第三版。
[2] 山东省文物考古研究所：《城子崖遗址又有重大发现 龙山岳石周代城址重见天日》，《中国文物报》1990年7月26日。
[3] 恩格斯：《家庭、私有制和国家的起源》，人民出版社，1972年，第162页。

尧之末年，"舜囚尧于平阳，取之帝位……后稷放帝子丹朱于丹水……益干启位，启杀之。"

可从这段记载中看出，大汶口文化末期到龙山文化时期，掠夺性战争是极其频繁的，也是相当激烈的。为了防御这种战争，于是城郭沟池一类防御设施也就应运而生了。正如恩格斯所指出的"用石墙、城楼、雉堞围绕着石造或砖造房屋的城市，已经成为部落或部落联盟的中心，""同时也是危险增加和防卫需要增加的标志[1]。如果说，国家是阶级矛盾不可调和的产物，那么，城的出现则是文明出现前后，野蛮人进行掠夺战争的物质标识。也恰如恩格斯所说："在新的设防城市的周围屹立着高峻的墙壁并非无故：它们的壕沟深陷为氏族制度的墓穴，而它们的城楼已经耸入文明时代了。"[2]

关于我国原始战争的情况，考古材料也多少留下一些这方面的痕迹。在这一时期有的墓地中，死者无固定葬式，姿式不一，且骨架残缺不全，或有躯无首，或缺臂少腿，或身首异位。如三里河遗址98座龙山文化墓葬，人骨架不全的38座，占全部墓葬的38.7%，9座没有头骨，25座缺少股骨，墓207、231、271只有头骨，墓299仅一块腭骨，墓258、272只有股骨，而墓2210则无骨架。又比如尹家城遗址墓209，为青年男性，20～22岁；头骨近右侧顶节处有打击时穿透的致命伤痕。另外，在河北邯郸涧沟龙山文化遗址的一个房址里还发现4颗被砍下来的头骨[3]，死者可能是战争中的俘虏或奴隶。这些无疑都是战争所留下的遗迹。可见在文明到来的前夜，部落与部落之间存在着频繁而激烈的战争，这种战争进行得是相当残酷的。

由于掠夺战争的逐步扩大和升级，有的军事首领的权力越来越大，他们化公为私，不断积累个人财富，形成了贫富的尖锐对立，由此加速了贫富分化的过程，这就为私有制的产生和阶级的形成创造了物质前提。对此，马克思、恩格斯说得十分清楚，在城市存在的条件下，"掠夺战争加强了最高军事首长以及下级军事首长的权力……而整个氏族制度就转化为自己的对立物；它从一个自由处理自己事务的部落组织转变为掠夺和压迫邻人的组织，而它的各机关也相应地从人民意志的工具转变为旨在反对自己人民的一个独立的统治和压迫机关了。"[4]龙山文化时期这方面的墓葬材料也为我们提供了一些证据。

尹家城遗址发现龙山文化墓葬65座，其中有随葬品的39座，占总数60%，一无所有者26座，占总数40%。墓葬之间差别相当严重，最大的墓室面积25.3平方

[1] 恩格斯：《家庭、私有制和国家的起源》，人民出版社，1972年，第160页。
[2] 恩格斯：《家庭、私有制和国家的起源》，人民出版社，1972年，第162页。
[3] 张驭寰：《中华文明史》，河北教育出版社，1989年，第一卷第279页。
[4] 恩格斯：《家庭、私有制和国家的起源》，人民出版社，1972年，第162页。

米，二椁一棺，最小的只 0.54 平方米，有的无墓圹，有的则弃尸灰坑中。在随葬品的数量方面，悬殊也较大，多的 40 余件，少者 1 件，一般 3～4 件。整个墓地出土猪下颌骨 118 个。5 座大墓随葬 102 个，占总数 86.4%，每墓平均 20 个，其中墓 138 随葬 38 个。我们根据墓葬大小、随葬品数量多寡以及葬具的有无，将这批墓葬大致分为大、中、小三类。

1. 大型墓

有 5 座，一般长 4 米左右，最大者长 5.8、宽 2.5、最宽达 4 米。葬具多一椁一棺，有的两椁一棺。随葬品 40 件以上。如墓 15，墓室呈圆角长方形，东西长 5.8、南北宽 4.36 米，两椁一棺，随葬品十分丰富，陶器有罐、甗、鬶、高柄杯、盆、匜、壶、盒和器盖共 23 件，猪下颌骨 20 个，50 件陶质圆锥体和 130 余块扬子鳄鱼骨板。此类大墓西朱封遗址也有发现[1]。如墓 202，墓室长 6.68、南北残宽 2.2～3.15 米，生土二层台，一椁一棺，单人仰身直肢，头向 108°，两手置骨盆上。墓主为成年个体。随葬有鬶、罍、罐、鼎、盆、单耳杯、蛋壳陶杯、器盖、玉钺、玉刀、头（冠）饰、簪、坠饰、串饰、砺石、石锛、骨匕、骨镞、牙片、鳄鱼骨板及 980 多枚绿松石片。又如，墓 203，东西长 6.30～6.44、南北宽 4.10～4.55 米，重椁一棺，单人仰身直肢，头向 118°，随葬陶器 50 件。计有鼎、鬶、罍、罐、盆、豆、盂、盒、单耳杯、石镞、石钺、玉坠饰、玉环以及 95 枚绿松石片。

这类墓葬规模大，随葬品丰富，完全可以和奴隶社会的贵族墓葬相媲美。因此绝非一般氏族成员的墓穴，而是生前具有某种特殊身份、地位显赫，且高居当时社会之上的显贵人物，或许就是某一权力集团中的当权者。

2. 中型墓

29 座，墓室长 2.5～3、宽 1～1.8 米，多使用木质葬具，随葬品多的 30 余件，少的 3～5 件，每墓平均 10 件。如墓 111，墓室长方形，东西长 2.68、南北宽 1.5 米，仰身直肢，男性，使用木质葬具，随葬有高柄杯、觯形杯、豆等 6 件，獐牙 2 枚。

3. 小型墓

25 座（其中 4 座无墓圹），墓室长 2 米以内，宽在 0.3～1 米，均无葬具，多无随葬品。如墓 129，东西长 2.2、南北宽 0.38～0.40 米，只随葬一件骨笄。

上述三类墓葬在规模、随葬品种类和数量等方面形成了鲜明的对比，反映出当时贫富分化已相当悬殊，贵重的蛋壳陶，精美的玉器，绝不是一般人的享用之物，应是专门为少数显贵人物生产的高级奢侈品。财产分配方面出现的不平等，这是私有财产已经产生，贫富差别业已出现的重要例证。马克思主义认为"随着分配上差

---

[1] 中国社会科学院考古研究所山东工作队：《山东临朐朱封龙山文化墓葬》，《考古》1990 年第 7 期。

别的出现,也出现了阶级差别。""如果成员之间在分配方面发生了比较大的不平等,那么,这就已经是公社开始解体的标志了。"[1]

大家知道,原始公社的解体,意味着一种新的社会制度的到来。不难想象,处在这一历史发展阶段的山东龙山文化时期,尤其是一些先进发达的地区,可能已经步入文明时代的门槛了。

三

由上文综合分析,可以看出,山东龙山文化时期社会生产力发展的水平是很高的,因而成为中华远古文化中一颗灿烂的明珠,在中国历史发展中是有过杰出贡献的。同时,在与外界的相互交往和融合中,又把自身先进的生产技术和物质文化向周围其他地区进行扩散和传播,并给以积极影响,对其他原始文化的发展也起着一定的推动作用。但是这种影响从来都是相互的,因此并不排斥这一考古学文化在其发展过程中,接受或者吸收其他地区一些原始文化的优秀成果,从而共同创造出我们中华民族光辉灿烂的古代文化。

(一)对中原地区的影响

山东地区与中原地区毗邻,关系十分密切,因而给中原地区的古代文化许多影响。特别在山东西部地区,由于彼此之间的交往日趋频繁,所以在文化面貌方面表现尤为明显,如河南龙山文化中发现的陶鬶、陶盉等都具有山东龙山文化的一些特点。鸟首足的鼎、敞口平底盆、筒形杯等在河南地区龙山文化各遗址中均有发现。又如河南汤阴白营遗址出土的白陶鬶(T10②:5)、Ⅳ式鼎(H56:10)以及敞口平底盆、覆盆式器盖等显然也是受到山东龙山文化一定影响的结果[2]。从目前所掌握的考古资料看,东方地区的物质文化遗存常常给中原地区以重大影响,如河南登封玉树遗址发现一件夏代陶爵,其形状与潍坊姚官庄龙山文化Ⅱ式陶鬶非常相似,很显然,这种陶爵是从姚官庄一类的陶鬶演变来的[3]。再就是夏商周时代所使用的许多礼器、酒器和食器,如鼎、豆、壶、尊、瓿、鬶、盉、匜、簋等以及铜器上的兽面纹,也应是源于山东龙山文化的陶器和玉器上。中原地区流行的袋足鬲、斝等同样是山东地区袋足器的变体。推而远之,我国夏商周时代的青铜文化也吸收了许多山东龙山文化的精华。正如石兴邦先生所指出的:"考古材料所反映的

[1] 恩格斯:《反杜林论》,人民出版社,1970年,第145页。
[2] 河南省安阳地区文物管理委员会:《汤阴白营河南龙山文化村落遗址发掘报告》,《考古学集刊·3》,中国社会科学出版社,1983年。
[3] 邹衡:《夏商周考古学论文集》,文物出版社,1981年。

物质文化特点和生产力发展水平，东方比西方高，工艺技术较中原地区发达。中原地区早期文明社会中渗透了很多东方文化的因素，在山东地区解决中国国家早期构成形态是很有希望的。"[1] 石先生的这一提法可谓一语中的，是合乎历史发展实际的。

（二）对辽东半岛的影响

辽东半岛与山东半岛地缘较近，隔海相望。从很早很早以前就存在着经济和文化的互相交流关系。辽东半岛上发现的原始文化很多方面受到山东地区原始文化的影响，这种影响在龙山时代尤为盛行。山东龙山文化通过海上传播到了辽东半岛。例如，20世纪40年代在旅大四平山积石墓中出土的袋足鬶、豆、单耳杯等的特征，就明显具有山东龙山文化的因素。又比如旅顺老铁山积石墓[2]中出土的Ⅱ式平底单耳杯（简报图四，2）与砣矶大口一期M21：1、三里河M2108：4以及两城镇遗址的黑陶杯也十分相似。其出土陶豆与鲁家口遗址出土的一致。与紫荆山遗址上层出土的器物在造型风格上也有许多共同点。特别是以小珠山上层为代表的文化类型中也发现许多山东龙山文化时期的典型器物，如三足盆形鼎、三环足器、袋足鬶、镂空豆、盉及蛋壳黑陶杯、有段石锛等等，都具有浓厚的山东龙山文化的特点，显然是受山东龙山文化的影响而产生的[3]。有人甚至还提出它可能是山东龙山文化的一个地方变体[4]。再如，在大连郭家村遗址上层出土的磨光蛋壳黑陶，无疑，也是受山东龙山文化影响的结果[5]。

不仅如此，辽东半岛青铜文化初期的于家村下层文化（即双砣子一期）的粗柄镂空豆、大把黑陶杯等，仍然还保持着某些山东龙山文化的因素。说明山东龙山文化不仅对辽东半岛原始文化有较大影响，而且对后来该地区的青铜文化的某些领域也产生了一定的影响。

与此同时，辽东半岛对山东半岛原始文化的影响也能看到一点线索，如具有辽东半岛原始文化特点的压印席纹在山东长岛就时有发现，大钦岛北村出土的口饰附加堆纹的筒形罐，明显可见辽东半岛原始文化影响的因素。但是，这种现象仅在庙岛群岛有所发现，山东大部分地区还不很明显，也可以说是少见的。所以，我们在谈到辽东半岛古文化因素对山东地区的影响时，就考古资料而言，辽东地区对山东地区原始文化的影响则是次要的。

[1]　石兴邦：《山东地区史前考古方面的有关问题》，《山东史前文化论文集》，齐鲁书社，1986年。
[2]　旅大市文物管理组：《旅顺老铁山积石墓》，《考古》1978年第2期。
[3]　许玉林：《辽东半岛新石器时代文化初探》，《考古学文化论集（二）》，文物出版社，1989年。
[4]　安志敏：《略论三十年来我国的新石器时代考古》，《考古》1979年第5期。
[5]　辽宁省博物馆、旅顺博物馆：《大连市郭家村新石器时代遗址》，《考古学报》1984年第3期。

（三）对南方诸文化的影响

山东龙山文化与南方诸考古学文化所处自然环境不同，但地域相连，因此，也存在着一些文化交流，相互之间产生某些影响，文化面貌存在许多共同因素。如良渚文化与山东龙山文化，陶器都以黑陶为主，器表装饰多素面。陶器造型均以平底器和三足器为主，鼎、豆、鬶、盉、杯等为常见器物。其中鬶、豆、杯等器物形制比较接近。良渚遗址出土的高柄杯、竹节纹豆与潍县狮子行的豆（采：42）非常相似[1]。良渚文化雀幕桥遗址墓1发现的3件袋足鬶与三里河龙山文化M2113出土的3件羊乳式袋足鬶极雷同。龙山文化的喇叭形细高圈足的折腹豆与良渚文化的假腹豆相同。浙江吴兴钱山漾遗址出土的陶鬶和三里河遗址的陶鬶有相似之处。背壶、石斧上的兽面纹和黑陶片上的云雷刻纹都具有一定共性[2]。又如，安徽宿县芦城孜遗址出土的泥质黑陶罍、泥质敞口深腹平底盆以及覆碗式器盖等也具有山东龙山文化的特点。另外，在湖北屈家岭文化中发现的陶鬶特别是蛋壳彩陶可能也是受山东地区制造薄胎磨光黑陶技术的影响而产生的[3]。说明山东龙山文化同屈家岭文化也发生过一些联系。但是，由于山东龙山文化同南方诸考古学文化分属不同的文化系统，所以，从文化面貌看，差异性占主导地位。族属方面，山东龙山文化是东夷人创造的，由大汶口文化发展而来，其后继者为岳石文化。而良渚文化则是古越族所创造的，由崧泽类型晚期文化发展而来，其去向可能是青铜时代早期的几何形印纹硬陶文化。

由于南北诸文化之间的相互影响，相互交流，不仅丰富了它们各自的文化内涵，而且也反映了这一时期南北诸文化融合统一的大趋势，这是历史发展的必然规律。

四

纵观山东龙山文化，无论农业生产还是手工业技术都达到了相当高的水平，新型农具的使用，促进了原始农业的发展。冶铜业的问世，反映了手工业的巨大进步。特别是城防设施的迭次发现，这是山东龙山文化居民已进入文明时代的一个重要标志。生产力的提高，经济的增长，大大加速贫富分化和私有制产生的进程，最终导致了阶级和国家的出现。据以上诸端判断，山东龙山文化时期已是阶级社会，也已

[1] 蔡凤书：《山东龙山文化与周围同时期诸文化的关系》，《山东大学学报》1989年第1期。
[2] 浙江省文物管理委员会：《吴兴钱山漾遗址第一、二次发掘报告》，《考古学报》1960年第2期。
[3] 湖北省荆州地区博物馆：《湖北松滋县桂花树新石器时代遗址》，《考古》1976年第3期。

进入了文明时代，应是可以成立的。由上文所述还可看出：山东龙山文化在中华远古文明形成的过程中，可不勉强地说，曾一度处于领先地位，在其长期发展中，由于同周围中原地区、辽东半岛以及南方诸原始文化的不断接触、融合和渗透，促使诸考古学文化逐步趋向统一，最后汇集于以中原地区为中心的华夏三代文明之中。可见，山东龙山文化不仅在我国诸考古学文化中具有重要的历史地位，而且对夏、商、周三代华夏文明的形成与发展也有着不可磨灭的贡献。

原载《纪念城子崖遗址发掘 60 周年国际学术讨论会文集》，齐鲁书社，1993 年，后摘编收入《中国文明起源研究要览》，文物出版社，2003 年

试论青州地区的东夷文化

青州市位于山东省中北部，地处鲁沂山区与鲁北平原交接地带。地貌西南部低山丘陵东南是岗丘、中北部则以平原为主。境内河网密布，主要有弥河、河南（北）阳河、洗耳河、跃龙河等，其中淄河和弥河为主干流。

青州在古代是"九州"之一，其得名甚早，远古时为东夷之地，据《周礼》记载"正东曰青州"，并注释说："盖以土居少阳，其色为青，故曰青州。"至夏商间，先后为爽鸠氏、季则氏、逢伯陵氏所据。周初封吕尚为齐侯，地始归于齐。历春秋战国之世，均为齐属。

传说大禹治水后，按照山川河流走向，把全国划分为青、徐、扬、荆、豫、冀、兖、雍、梁九州，青州是其中之一。《尚书·禹贡》中就有"海岱惟青州"的记载。此处的"海"即渤海，"岱"指泰山。青州的范围大体指泰山以东至渤海的一片区域。这一广袤区域是古代人类繁衍、生息、劳作的理想之地，也是我国古代文明起源的重要发祥地区。许多古文化遗址，都集中河旁高地或两条河流交汇处的三角地带。其中以淄、弥河两岸最集中，这里属于土质肥沃的古弥河冲积扇，水源丰富，气候适宜，四季分明，日照充分，气候适宜。为人类的发展与繁荣提供极为有利的条件，形成山东境内罕见的古文化遗址聚落群。

一　东夷文化的面貌特征

青州地区的文物考古工作，经过历代文物考古工作者不懈努力，取得很大成绩，通过田野考古调查，众多古文化遗址不断被发现。据统计，仅史前文化遗址就达 90 多处 [1]，其中北辛文化遗址 1 处，大汶口文化遗址 20 处，龙山文化遗址 76 处，岳石文化遗址 9 处。这些遗址，有的文化层厚度达 2 ～ 3 米以上，几个文化上下相互叠压，说明古代先民在此居住时间非常的久远。

目前，青州境内尚未发现后李文化遗存，但已基本建立起北辛文化、大汶口文化、山东龙山文化以及岳石文化发展序列。其中桃园、赵铺、凤凰台、郝家庄等

---

[1]　青州市博物馆：《青州市新石器遗址调查》，《海岱考古（第一辑）》，山东大学出版社，1989年。

遗址进行过考古发掘，出土大量遗迹、遗物，成为研究该地区东夷文化的重要实物资料。

1.北辛文化时期

北辛文化因首先发现在滕县（今山东省滕州市）北辛遗址而得名[1]。经碳-14测定，大致距今 7500～6200 年，可以分为早、中、晚三个发展时期。

北辛文化遗址主要有桃园、李集村、口埠、孙板村、五里村等。其中桃园遗址进行小规模试掘。桃园遗址于 20 世纪 70 年代曾进行过试掘，80 年代初，北京大学考古系又对遗址进行了调查，采集石器主要有铲和磨棒等。铲均为板岩质，形体宽大扁平，其中一件通体磨光。为正锋，刃部有使用痕迹。磨棒为砂岩，是专门用来加工粟类粮食的，长 15.5 厘米，因长期磨用，棒体已变成扁平状。

陶器以夹砂陶为主，其次为泥质红陶、红褐陶、灰褐陶和灰陶等。器表装饰有曲尺形、斜栅形划纹、附加堆纹和指甲纹。可辨器形有鼎、壶、器盖等。鼎均为泥质褐陶，深腹、圜底、三圆锥状足。口沿外侧有附加堆纹组成的各种纹饰。钵为泥质陶，口沿处有一周红色宽带，又称"红顶钵"。壶为泥质红陶。小口，肩部有对称小耳，腹为球形。器盖为泥质红陶。覆碗形，素面。

2.大汶口文化时期

大汶口文化因首次发掘泰安大汶口遗址得名[2]。距今年代在 6100～4600 年，学术界一般划分为早、中、晚三个阶段。

大汶口文化遗址，主要有桃园、王盘石、大关营等 20 余处，其中大部分遗址没有经过考古发掘。

桃园遗址遗物较少，仅存陶器，可辨器形有鼎、钵、盘和鼓等。王盘石遗址陶器以泥质红陶为主，次之为泥质灰陶，彩陶多为黑色宽带纹、网纹等。器形有鼎、背壶、罐、鬶、豆、高柄杯等。背壶腹一面鼓，另面近平，小平底。壶盘口，高领，鼓腹，小平底。表面磨光，腹部饰二周黑色宽带纹，肩部饰多组三角纹。钵圆唇。敛口。表面磨光，火候较高，制作精致。罐数量较多，一类，圆唇，侈口，斜高领，广肩，圆腹，小平底。肩部饰对称的方形扁突饰和不规则黑彩三角网纹，腹部三道黑宽带纹。另类为圆唇，喇叭口，高领，折肩，深腹，下部斜内收，平底。折肩处附对称的两半环耳，肩部饰一周黑色三角网纹和二周宽带纹，腹部饰四周黑宽带纹。

下关营遗址陶器有鼎、鬶、高柄杯、罐、豆、壶、背壶等。鼎，圆唇，侈口，翻沿，鼓腹，平底，凿形足。豆一类粗矮柄，敞口，浅盘，喇叭形足。柄部饰圆形

[1] 中国社会科学院考古研究所山东队、山东省滕县博物馆：《山东滕县北辛遗址发掘报告》，《考古学报》1984 年第 2 期。

[2] 山东省文物管理处、济南市博物馆：《大汶口——新石器时代墓葬发掘报告》，文物出版社，1974 年。

镂空。一类细高柄，敞口浅盘，喇叭形足，柄部有圆形镂空。背壶为圆唇，喇叭形口，束颈，一面鼓腹，一面较平，平腹处两侧各附小耳，鼓腹处有鸟喙形突饰，平底。壶一类为圆唇，喇叭口，粗颈较高，腹下垂，平底。另类为圆唇，直口平折沿，直颈，折腹，平底。罐为圆唇，侈口，鼓腹，平底。

3.山东龙山文化时期

山东龙山文化因首次发现在章丘龙山镇城子崖遗址而得名[1]。这一时期，青州地区古文化得到空前发展，遗址多达 70 余处，经过发掘的主要是赵铺和凤凰台遗址。周边地区诸城呈子、潍坊姚官庄、潍县鲁家口、昌乐邹家庄、临淄桐林、临朐西朱封、寿光边线王等遗址也进行了考古发掘。

赵铺遗址[2]的房址为半地穴式，圆形袋状。口径2.2、底径2.4米，面积4.5平方米。现存壁高0.7米，经过简单拍打加工，活动面经过夯打，较为平整光滑。其西部被破坏，未发现门道和烧灶。在坑口发现许多柱洞，均排列凌乱。均为圆形，内填灰土，底部较硬。

生产工具是石器和骨器，石器有斧、铲、刀、凿、锛等。斧呈梯形，通体磨光，弧刃、双面锋。铲呈长方形，平顶，双面刃，中间有对钻圆孔，棱角分明，磨制精致。刀通体磨光，单面刃，双孔对钻。一类长方形，平顶，直刃。一类半圆形，弧顶，直刃。凿，呈长条形，弧顶。横断面为梯形，单面刃。通体磨光。锛形体较小，呈梯形，单面刃。

陶器有罐形鼎、实足规鬶、罐、三足盘、豆、盆、碗、壶、器盖等。鼎为敞口，斜折沿，鼓腹，小平底。凿形足。腹部饰篮纹。足上有竖条附加堆纹。鬶腹挂红或白陶衣。斜流，矮粗颈，圆裆，颈腹分界处有折线。实足。腹部饰附加堆纹一周或数周。绳索状把手。

凤凰台遗址[3]清理有灰坑、水井、墓葬、房址等遗迹，出土生产工具、生活用具、装饰品等各类遗物达千余件。

灰坑分为长方形、袋形、椭圆形和不规则形诸种。其中 H137 内发现一具散乱的人骨架，属于非正常埋葬。墓葬为长方形土坑竖穴。头向东，葬式为仰身直肢，墓内无葬具，也无随葬品。

遗物主要是陶器、石器、骨器、蚌器等。石器有斧、刀、锛、镰和石抹子等。斧长条形，断面为椭圆形和长方形两种。刀为半圆形，双孔，单面刃。锛单面刃，

[1] 傅斯年、李济、董作宾、梁思永等：《城子崖——山东历城县龙山镇之黑陶文化遗址》，中研院历史语言研究所，1934年。

[2] 夏名采：《青州市赵铺遗址的清理》，《海岱考古（第一辑）》，山东大学出版社，1989年。

[3] 山东省文物考古研究所、山东大学历史系考古教研室、青州市博物馆：《青州市凤凰台遗址发掘》，《海岱考古（第一辑）》，山东大学出版社，1989年。

刀部微弧，较锋利。铲背端平整，有一双面对钻的穿孔。石抹子制作精巧，适合人拇指、食指、中指捏合。陶纺轮均泥质，制作规整，平面一侧平，另侧隆起，中间一圆孔，外沿饰一周凹槽。也有的纺轮用陶片改制，外缘不太规整。骨器有锥、针、镞、簪等。蚌器仅有铲和刀。铲圆角方形，刀部内凹，极锋利，中间一孔。刀呈长方形，背端钻有双孔。

陶器分为夹砂和泥质两种，其中泥质陶少于夹砂陶，泥质陶多数磨光。陶色有黑、褐、灰陶等。器表以素面为主，纹饰有篮纹、弦纹、附加堆纹、划纹等。器物分为三足器、平底器、圈足器等。器形有鼎、鬶、罐、盆、碗、杯、盒、壶、瓮、豆、圈足盘、器盖等。鼎分为双腹形、罐形和盆形多种，鸟喙式足。鬶夹砂褐陶，圆唇，侈口，短宽流，颈较粗，鼓腹，足为袋形和实足两类，绳索状把手。流和腹部饰乳丁纹，腹和足上则有数周弦纹。罐分为中口、鼓腹、环足等，有的腹为素面，有的腹饰篮纹。盆分为平底、三足、环足和带流盆等。

二　东夷族的古史传说

众所周知，山东地区是古代东夷族的聚集地。《说文》："夷，从大从弓，东方之人也。"夷是后来出现的会意字，造字时人们还知道东方曾有一个民族是身高大又善于射猎的。这种传说已为考古资料所证实，曲阜西夏侯大汶口文化男性的"平均身长为 171.3 厘米 [1]，而大汶口遗址"男性身长估计为 166.59 ～ 178.35 厘米，"平均为 172.26 厘米，较半坡组男性身长 169.45 厘米、与宝鸡组男性身长 168.82 厘米为高 [2]。平均身长比中原地区仰韶文化先民高出三至四厘米，可谓是当时的"山东大汉"。看来文献记载的东夷人为"大人也"并非虚言。"大"字有的写成形体较大的箭形。这可能与东夷人最早发明弓和箭有一定关系。或东夷人使用大型弓箭，显示东夷人弓箭的巨大威力。

《说文通训定声》云："东方夷人好战，好猎，故字从大持弓会意，大人也。""夷"字的弓缠绕在"大"字的中间，象是人背弓之形，弓放在人身上背着，必是大弓，非小弓。

《山海经·海内经》云："少昊生般，般是始为弓矢。"《说文·矢部》："古者夷牟初作矢。"夷牟，即牟夷，东夷族的一支。由此看来，东夷人最早发明弓箭大概无误。以致后来"齐"字，其初文大概与箭有关。而夷人首领之一羿善于射猎的故事，也一直为我国汉代民族所传颂。

---

[1]　颜訚：《西夏侯新石器时代人骨的研究报告》，《考古学报》1973年第2期。
[2]　颜訚：《大汶口新石器时代人骨的研究报告》，《考古学报》1972年第1期。

　　文献记载，夷名始见于夏代。《礼记·王制》："东方曰夷。"史籍中记载夷人有许多种，诸如嵎夷、莱夷、淮夷、于夷、畎夷、阳夷、方夷、风夷、白夷、赤夷、黄夷、蓝夷、鸟夷、岛夷等。大汶口文化及其以后的山东龙山文化，都应当是远古夷人的文化。

　　刘敦愿先生在《古史传说与典型龙山文化》中指出，典型龙山文化是以太昊、少昊为代表的东夷族的原始文化。山东是古代东夷族的聚居地，山东又是典型龙山文化的主要分布区，典型龙山文化应该是古代东夷族的一种原始文化遗存。还认为，古史传说与典型龙山文化的时空具有一致性，所以，龙山文化是东夷族的原始文化。

　　在古史传说中，东夷族的先祖有太昊和少昊两个集团，还可能有蚩尤的九黎集团。太昊集团略偏西南，时代应在大汶口文化晚期。少昊集团及其后人遍布汶、泗、沂、潍、淄流域。

　　太昊和少昊的关系，论及颇多。有学者认为："太昊和少昊，都是国家的名称。太和少等于大和小，是相对的。这两个称为昊的国家，可能有先后之分，在少昊强盛的时期，太昊已经衰落了。""太昊大概在少昊前，所以关于少昊的文献比较多……少昊之国在黄河与淮河之间。又继承太昊炎帝之后，所以发达得比较早。"[1]

　　也有学者认为太昊和少昊是同时并存。指出："大皞少皞两族都是风姓，也就是以风鸟为其氏族图腾，氏族图腾相同，也就说明有着共同的起源，大皞、少皞是相对的称谓，所谓大（太）与少，也就是大与小，长与幼，两者是兄弟部落的意思非常明显。现代原始社会史的研究认为，氏族的起源，最初总是表现为'二元组织'的（或名之为'两合组织'的），原始部落最初由两个原始氏族组成，在以后的发展中，由两个胞族组成……风姓大皞少皞两族的关系也是这种'二元组织'关系的表现。"[2]

　　昊又作皞。太昊即大皞，从大、小对称来看，他们的关系非常密切，不是同时并兴，就是一前一后，大概以二昊嬗代相继较为合乎历史实际[3]。

　　关于太昊的传说较少，《左传》昭公十七年说"陈，太皞之虚也。"在今河南淮阳县。太昊的后人多居山东西南。《左传》僖公二十一年说："任、宿、须句、颛臾，风姓也，实司太皞与有济之祀，以服事诸夏。"太皞即太昊。陈在今河南东部淮阳一带，任、宿等为太昊之后人，分布在鲁西南地区。任在今济宁，宿在东平县，须句在东平县东，颛臾在费县西北。如果这些记载不误，太昊的时代就应在大汶口文

　　[1]　唐兰：《中国奴隶制社会的上限远在五六千年前》，《从大汶口文化的陶器文字看我国最早文化的年代》，《大汶口文化讨论文集》，齐鲁书社，1981年。
　　[2]　刘敦愿：《古史传说与典型龙山文化》，《山东大学学报》1963年第2期。
　　[3]　安作璋主编：《山东通史（先秦卷）》，山东人民出版社，1993年。

化晚期阶段，因为只有这时大汶口文化才分布到淮阳一带。而太昊的后人既多在山东，说明有北迁的趋势[1]。

而少昊的传说相对较多，活动范围主要是在今以曲阜为中心的鲁中南地区。《左传》定公四年："因商奄之民，命以伯禽，而封于少皞之虚。"杜注："少皞虚，曲阜也，在鲁城内。"看来少昊的活动在山东曲阜一带。史传少昊嬴姓，嬴或作盈。《汉书·地理志》说"郯故国，少昊后，盈姓。"地在今郯城县，在城阳郡莒县下说"故国，盈姓……少昊后，"地在今莒县。故少昊集团及其后人实已遍布汶泗、沂沭、潍淄流域。

学术界对太昊、少昊属于东夷集团似无大争议。蚩尤的传说则众说纷纭，有学者考证后认为，蚩尤属于东夷集团，是东夷人的一大领袖[2]。传说中的蚩尤是一位或一群威震天下的英雄。蚩尤兄弟81人，铜头铁额，食沙石子，造五兵，最早动武作乱，并成为后世的兵主战神。这方面，在《史记·五帝本纪》和《逸周书·尝麦解》都有记载。在《盐铁论·结和篇》中也写道："黄帝战涿鹿，杀两曎、蚩尤而为帝。"其中两曎当即两皞或昊。这是华夏族同东夷族的一次大斗争，在考古学遗存上则表现为两大史前文化体系的一次激烈碰撞。山东西部与河北、河南交界地带新石器文化往往受到东西两方面的深刻影响，应是这一历史实际的直接反映。

古史传说并非妄说。上述文献记载，已经得到考古学的验证。有学者认为，大汶口文化为少昊（蚩尤）文化，陵阳河一带出土的由日、火、山组成的"图像文字"是太昊和少昊的"昊"字。有的学者根据大汶口遗址出土的象牙制品和有虞氏（舜）为驯象之族的文字考证，认为是有虞氏部族遗留下来的遗存。还有学者分析了莒县、诸城出土的"图像文字"，结合仓颉造字的历史传说，指出这一带大汶口文化是帝舜太昊部族仓颉氏的遗存，也是殷商远祖创造的物质文化。

有的学者还考察了太昊、少昊（皞）部族所处时代和地望资料，指出所在年代与大汶口文化中晚期（距今5000年）相当，少昊（皞）部族主要分布在泰山南北两侧地区，太昊（皞）部族则分布于豫东、皖北、鲁西南地区。豫东、皖北地区大汶口文化与鲁东南沂沭河流域有更多的共性，其居民应由此迁徙而来。也有学者依据大汶口文化居民拔牙习俗和《山海经》《淮南子》等文献记载的东方地区凿齿民族，推定大汶口文化居民是古夷人。亦有学者甚至把山东地区包含大汶口文化在内的史前考古统称之为东夷考古[3]。

可以断定，《左传》记载的太昊和少昊，其上限不会早于大汶口文化中期阶段。太昊部族本居近海的沂、沭河流域和日照沿海地区，大汶口文化中期后段开始，太

[1]　严文明：《东夷文化的探索》，《文物》1989年第9期。

[2]　徐旭生：《中国古史的传说时代》，文物出版社，1985年。

[3]　山东省文物考古研究所：《山东20世纪的考古发现和研究》，科学出版社，2006年。

昊部族中的相当一部分人沿着沂、沭河淮河的北侧，向皖北豫东迁徙，并在这一带定居下来，到晚期阶段达到高潮。由东方而来的大汶口人，融合和吸收当地的土著文化，形成了当地富有特色的大汶口文化[1]。

三　东夷族的鸟图腾崇拜

大家知道，东夷族的一个显著特点是以鸟为图腾，其特征就是崇拜鸟。传说东夷人是以凤凰作祖先，风姓；风即凤凰的凤，说的是东夷人以凤凰作为图腾崇拜。

东夷族全以鸟为名号，多以鸟为图腾来进行崇拜。所以，历史上又称这一带的古代居民为鸟夷。文献记载，东方一带东夷族就有鸟崇拜的传说。如《汉书·地理志》："冀州鸟夷。"《大戴礼记·五帝德》说："东方鸟夷民。"《左传》昭公十七年所记载的"以鸟命官"：秋，郯子来朝，公与之宴。昭子问焉，曰："少皞氏鸟名官，何故也？"郯子曰："吾祖也，我知之……我高族少皞挚之立也，凤鸟适至，故纪于鸟，为鸟师而鸟名……自颛顼以来不能纪远，乃纪于近。为民师而命以民事，则不能故也。"郯子还对昭公谈了以鸟命官的许多官名职司，其中爽鸠氏之地望在齐国境内。《左传》昭公二十年晏子答齐侯问时说："爽鸠氏始居此地，季荝因之，有逢伯陵因之，蒲姑氏因之，而后太公因之。古若无死，爽鸠氏之乐，非君所愿也。"

上述记载已经为考古学文化所印证。大汶口文化、龙山文化都发现有以鸟为题材的雕塑艺术品。如广饶五村遗址，在一件褐色陶片上面发现用赭彩画有2只鸟纹，似在空中飞翔，形象逼真生动，栩栩如生[2]。胶县三里河遗址发现4件鸟形玉饰。标本M203：13，形体较小，鸟头形。M203：11，为鸟形青玉饰，鸟喙部分玉色稍浅，喙与头之间有一条浅褐色纹。头向前伸，尾上翘，体下垂呈半月形。标本M203：15，鸟体呈弧形，鸟喙向外伸。标本M203：20，器体较小。鸟喙较明显，上面有管钻的小孔。

在凤凰台遗址也出土2件鸟形陶塑艺术品，均为器盖纽，手制。一件为夹砂灰陶。正侧面均为三角形，尖下颌，尖顶，二铆钉纹眼，造型简单而生动。另一件夹砂褐陶。上有白衣。为鬶盖的纽，头、颈表现细致，嘴向前伸，用铆钉纹组成二角，造型生动准确。此类盖纽，姚官庄遗址也出土过4件[3]，形象各不相同，鸟头皆用写实手法捏塑，制作粗糙且简单，但非常逼真，多用贴塑泥饼表示眼睛。喙尖，有

[1]　栾丰实：《大汶口文化的发现与研究》，《海岱地区考古研究》，山东大学出版社，1997年。
[2]　山东省文物考古研究所、广饶县博物馆：《广饶五村遗址发掘报告》，《海岱考古（第一辑）》，山东大学出版社，1989年。
[3]　山东省文物考古研究所、山东省博物馆、中国社会科学院考古研究所山东队等：《山东姚官庄遗址发掘报告》，《文物资料丛刊·5》，文物出版社，1981年。

的张嘴也有的闭嘴，造型生动有趣，这类鸟头形盖纽，在蓬莱紫荆山、莒县陵阳河、日照两城镇、章丘城子崖等遗址均有发现。

正如尹达先生指出的："龙山文化遗址器盖上的纽子多像鸟头，鬶形器多像鸟的全身。"这正和台湾高山族以蛇为图腾，就在任何器物上都塑着蛇形，是同样崇奉图腾的一种表现。刘敦愿先生也指出："东夷族以鸟为图腾是其突出的特征，小型的陶鸟及鸟头形纽的器盖屡有发现。陶器全形拟立鸟之状，或部分结构如鸟喙的情况更是多见。"[1]

另据考古资料，大汶口文化和龙山文化中，鸟的形象在陶器、玉器上反复出现，有的作鸟形纹饰，有的作鸟的造型，后者如"过去称为鬼脸式鼎足的，实则是鹰类鸟头的塑形"，再如"东方文化中的标准化石——鬶……则是鹤、雁或鸠等鸟的形象"[2]。陵阳河遗址墓葬中发现一件白陶双鋬鬶，通高34厘米，肥大的后腹足上部正中，以泥片附加一个扁平的鸟尾，器鋬增加一个，对称地分列于肩部，象征鸟的双翼。赵铺遗址出土的鸟形陶鬶为斜流、矮粗颈、圆裆，上饰白陶衣，两侧各有一圆形孔，似鸟的两只眼睛。整体形状像一只大鸟。这种现象和东部沿海地区盛行的鸟图腾崇拜有一定关系。

又如，龙山文化的"鬼脸式"鼎足，可能也是模拟鸟喙的形状制作的。其足部还保留着鸟体的某些形态，最流行的是用鸟头作脚，形成扁凹形的三角状，鸟嘴着地，喙脊鼓起，中有棱脊，两侧穿以圆形大眼，成窝穴状或以镂空表示之，颜面作雏脊纹，其形如鹰鸷等猛禽类，可能为少昊氏族之图帜[3]。对此，刘敦愿先生进行了认真研究，"造型奇特而优美的陶鬶，是东夷文化中的典型器物，其形体变化多端，整体形状是模拟鸟的形象，学术界一般认为鬶的形制象征鸟形，即鸟的化身。这种陶器大部分前二足较小而略高，流部尖长前伸或上仰，的确像鸟的形状。其变化规律为早期是长颈带把扁腹形的实足鬶，把手翘起，尾端扁平翘起，似鸟尾。中后期鬶的鸟形塑体更加神似，长颈如鸟颈，流如鸟喙。腹部三袋足，前两袋足呈圆鼓状，如鸟之胸脯，后足下垂，如鸟尾着地。鬶的体态多姿，细审之，或作昂首鸣啼状，或瞌视状，或平视状，极似长颈水鸟，如鹤、鹭之类。"不过这种'鸟形的'器皿，只能说是运用几何形体——许多优美的曲线、球体、柱体、圆锥形，有机地组合在一起的抽象的鸟。"[4]

[1] 刘敦愿：《古史传说与典型龙山文化》，《山东龙山文化研究文集》，齐鲁书社，1992年。
[2] 石兴邦：《山东地区史前考古方面的有关问题》，《山东史前文化论文集》，齐鲁书社，1986年。
[3] 石兴邦：《我国东方沿海和东南地区古代文化中鸟类图像与鸟祖崇拜的有关问题》，《中国原始文化论集》，文物出版社，1998年。
[4] 刘敦愿：《试论中国青铜时代艺术中的东方史前文化因素》，《史前研究》1985年第4期。

另外，在长岛北庄遗址还发现一件鸟形陶鬶[1]，系模仿海鸟形状制成的，器身平背圆腹，鸟头为柄，鸟尾为流，两旁有小翅。体呈夹砂灰褐色。鸟首前仰而顶部较平，一条细锯齿纹的窄泥被精心做成鸟罐模样，扁而微张的鸟喙被巧妙用作器物的流。鸟眼位于鸟头部后端，眼球略微向外突出，格外有神。上翘的喇叭口形鸟尾中空与身体连通，可用作注入溶液的罐口，鸟身体两侧贴塑有半圆形短翼，起到鋬手功能。鸟身体下部附三个圆锥形矮足。塑造出一只在水面游动的水鸟形象。日照两城镇龙山文化遗址中还发现一件陶塑小鸟，全长仅约 3 厘米。为泥质灰黑色，捏塑而成，高额，大眼（系用泥丸附加而成），突胸，翘尾，腹下附二个乳头状细足。造型小巧，古拙可爱，反映出先民对美的追求[2]。

这些独具的文化特征，与文献记载的历史传说恰好相符，从大汶口文化是少昊文化或东夷文化，典型龙山文化与大汶口文化前后相继的角度来看，无疑证明少昊以鸟为图腾是真实可靠的历史事实[3]。

四　东夷时期的经济形态

1.农业的起源

农业是当时决定性的生产部门，在人们的经济生活中占据主导地位。青州地区农业的出现，当在 8000 多年前的后李文化时期，在临淄后李遗址的孢粉分析中发现有禾本科植物花粉，其形态酷似现在的谷子[4]。看来后李文化时期的先民可能已经学会农作物的栽培，食物来源主要靠种植谷物，并辅以狩猎、捕鱼和采集。

大汶口文化时期，农业得到很大发展。农作物则以粟、黍为主。广饶傅家遗址一件陶鼎内曾发现过粟粒[5]，龙山文化时期的农业在大汶口文化基础上发展起来，三里河遗址[6]窖穴内发现大量碳化粟粒，在一座不足 8 平方米，容积约 3.5 立方米的椭圆形半地穴式库房内，储备 1.2 立方米的碳化粟粒，粮食放在窖穴内经过数千年，体积自然会变小，据推算，当折合新粟三四千斤，说明当时农业收获量十分可观。另外，在样品中还发现完整粟粒印痕，红烧土块上亦印有叶子痕迹，鉴定为粟叶痕。经过对桐林田旺遗址植物硅酸体分析[7]，其中多数样品发现水稻植物硅酸体，

[1] 魏峻：《鸟形鬶》，《中国文物报》1999年1月31日。
[2] 刘敦愿：《日照两城镇龙山文化遗址调查》，《考古学报》1958年第1期。
[3] 安作璋主编：《山东通史（先秦卷）》，山东人民出版社，1993年。
[4] 严富华、麦学舜：《淄博临淄后李庄遗址的环境考古学研究》，中国第二届环境考古学术讨论会论文，1994年，油印稿。
[5] 山东省文物考古研究所、广饶县博物馆：《山东广饶新石器时代遗址调查》，《考古》1985年第9期。
[6] 中国社会科学院考古研究所：《胶县三里河》，文物出版社，1983年。
[7] 靳桂云、吕厚远、魏成敏：《山东临淄田旺龙山文化遗址植物硅酸体研究》，《考古》1999年第2期。

说明位于黄河下游青州地区水稻栽培已经比较普遍。证实龙山文化时期该地区是人工栽培稻的一个重要地区。

2.饲养业的形成

农业的不断进步，为饲养业提供雄厚的物质基础。在青州地区，以养猪为主的家畜饲养业发展起来。遗址中猪、狗、牛、羊、鸡等骨骼，都是人们饲养的家畜，其中以猪骨数量最多。前埠下遗址 [1] 猪遗骸约有 3000 件，可代表 261 头不同年龄、不同性别的个体。这批家猪，虽然经过驯化，但驯化程度远不能与现代家猪相比，属于较为原始的或半驯化的家猪。说明山东地区已有 8000 多年饲养家猪的历史。

三里河遗址 [2]66 座大汶口文化墓葬，用猪下颌骨随葬现象相当普遍，经鉴定多已超过宰杀年龄，其中 18 座墓葬有猪下颌骨 144 件，最多者 37 件。又如，遗址中一个袋状灰坑内出土五具完整幼猪骨骼，看来可能是一个猪圈，足见当时已能人工繁殖小猪。鲁家口遗址 [3] "可鉴定到种属的 315 件骨骼标本中，有猪骨 201 件，约占总数的 63.809%。牛骨标本 30 件，占全部骨骼标本的 9.523%，鸡骨 15 件，占1.761%。潍坊姚官庄遗址还发现有羊的骨骼。说明龙山文化时期不仅养猪，还开始饲养牛、羊、鸡等各类家畜家禽。

3.水井的使用

山东地区早在北辛文化时期已经发明水井。大汶口文化则多有发现。龙山文化时期使用已经非常普遍。在兖州西吴寺、城子崖等遗址中发现的水井，浅的近 2、深的达到 7、一般 5 米左右。如凤凰台遗址的水井，口呈圆形，口径 1.25、深 1.90、底径 1 米。井壁光滑垂直，局部有塌落现象。井内填土分为 3 层，各层均含大量陶片。

水井的发明和使用，是生产力发展的一种标志，有了水井大大方便人们的生产和生活，减少对江河湖泊的依赖，人们可以离开河旁、湖畔，到广阔的平原上去定居生活，从事农业生产，在肥沃的冲积平原、山间盆地开发土地，灌溉农田，可以大大增加农作物的产量，对农业生产的进一步发展具有革命性的意义。

4.纺织业的产生

大汶口、龙山文化时期纺织业已经产生，遗址中出土的许多纺轮、骨针、骨锥、骨梭等纺织工具以及印在陶器底部的布纹，就是纺织业出现的有力证明。

大汶口文化时期细布纹密度一般在每平方厘米 7 ～ 8 根。如曲阜南兴埠遗址甑

---

[1]　山东省文物考古研究所、寒亭区文物管理所：《山东潍坊前埠下遗址发掘报告》，《山东省高速公路考古报告集》，科学出版社，2000 年。

[2]　中国社会科学院考古研究所：《胶县三里河》，文物出版社，1983 年。

[3]　中国社会科学院考古研究所山东工作队、山东省潍坊地区艺术馆：《潍县鲁家口新石器时代遗址》，《考古学报》1985 年第 3 期。

算和甑底部都印有细布纹,每平方厘米经纬线各在 7 ～ 8 根。而邹县野店遗址布纹,其经纬线的密度同南兴埠遗址布纹的密度完全相同 [1]。长岛北村三条沟遗址,陶罐底部的布纹是每平方厘米 8 根 ×11 根,经线细而纬线密 [2]。说明大汶口文化时期纺织业已经产生。

龙山文化时期,纺织业得到进一步提高。姚官庄、凤凰台、鲁家口、呈子等遗址都发现大量陶、石纺轮及骨针、骨锥等缝纫工具。其中鲁家口遗址出土骨针 6 件;姚官庄遗址发现陶、石纺轮多达 50 余件;布纹较大汶口文化晚期的细布纹紧密而纤细,每平方厘米的经纬线已达到 10 ～ 11 根 [3]。鲁家口遗址陶罐底部,其布为平纹,经纬线密度为每平方厘米 9 ～ 11 根 [4]。由此推知,青州地区纺织业已经从农业中分离出来,成为专门从事纺织手工业生产部门。

5.乐器的发现

陶鼓是一种打击乐器,先民们利用最简单的材料制作出各种各样的陶鼓,以此来表达思想感情。这类陶鼓,在桃园遗址曾发现过一件 [5],为泥质灰陶。圆唇,敛口,直腹,下腹部残,口沿下各饰网纹、划纹和长方形突饰,可惜已残缺,不能复原。这是大汶口文化早期阶段,在青州地区首次发现的陶质打击乐器,距今已有 6000 多年的历史。

陶埙是一种吹奏乐器,在姚官庄遗址曾出土过,为泥质灰陶,用手工捏塑。造型呈圆球形,小巧玲珑,质地细腻均匀,表面光滑,非常美观,中间空,中央一个圆形吹孔,旁边一个调音小孔,吹奏时能发出清脆响亮的乐音 [6]。音乐专家对此进行初步测音,正常吹奏所得两个音构成一个小三度的音程。如果运用变换吹奏位置和控制气流强弱时,除发原来两音外,又能得到三个新的音。在五个音中,已包括小二度、大二度、小三度、大三度、小六度、纯四度和纯五度的音程关系 [7]。可以认为,我国五声音阶和七声音阶在龙山文化时期可能已经形成。

[1] 山东省文物考古研究所:《山东曲阜南兴埠遗址的发掘》,《考古》1984年第12期。

[2] 北京大学考古实习队、烟台地区文管会、长岛县博物馆:《山东长岛县史前遗址》,《史前研究》1983年创刊号.

[3] 山东省文物考古研究所、山东省博物馆、中国社会科学院考古研究所山东队等:《山东姚官庄遗址发掘报告》,《文物资料丛刊·5》,文物出版社,1981年。

[4] 中国社会科学院考古研究所山东工作队、山东省潍坊地区艺术馆:《潍县鲁家口新石器时代遗址》,《考古学报》1985年第3期。

[5] 青州市博物馆:《青州市新石器遗址调查》,《海岱考古(第一辑)》,山东大学出版社,1989年。

[6] 山东省文物考古研究所、山东省博物馆、中国社会科学院考古研究所山东队:《山东姚官庄遗址发掘报告》,《文物资料丛刊·5》,文物出版社,1981年。

[7] 周昌富:《古老的吹奏乐器——陶埙》,《山东文物纵横谈》,中国广播电视出版社,1992年。

五 结语

由此看出,青州地区东夷文化时期,从 7000 多年前的北辛文化,到大汶口文化、山东龙山文化,在全国一直处于领先地位。形成了以青州地区为中心的古文化小区,一度成为山东境内一个突出的政治、经济、文化中心。为后来齐文化的形成和繁荣奠定了雄厚的物质基础,如果没有东夷文化的繁荣与发展,就不可能出现后来一个国富民安,实力强盛的齐国,正如苏秉琦先生指出的:"在这不足一百公里之内的齐国都城附近,上下跨越几千年间,竟能既与周围保持着多方位的文化接触联系,又长期保留自成一系的文化特色。齐国政治中心也就是古青州地。然则,青州与齐就是一家人?因此,把这一地区考古划为'青州考古',或许对工作开展有利"[1]。

原载《管子学刊》2009 年第 1 期,后收入《东夷文化与青州——山东青州东夷文化研讨会文集》,齐鲁书社,2009 年

---

[1] 苏秉琦:《环渤海考古与青州考古》,《考古》1989年第1期。

海岱与中原地区史前文化的交流

海岱是古代山东的统称，源于《尚书·禹贡》："海、岱惟青州。""海、岱及淮惟徐州。"所谓青、徐二州主要指地处中国东部沿海、黄河下游的山东地区。河南位居"天下之中"，历来称为中原。早在《诗经》中就有"瞻彼中原"的叙述。古代中原主要包括现在河南省全部、山东西部小部分、河北中南部、山西南部和陕西东部。这一广袤区域内，古代人类繁衍生息，创造出大量丰富多彩的物质文化遗存，一度成为我国东部沿海与西部腹地古代文化相互交流、互为影响和碰撞的重要地区。同时，也是我国文明起源的重要发祥地区之一。有鉴于此，本文利用所发表的有关考古资料，就上述两个地区史前文化的交流进行初步探讨。

一　海岱与中原地区史前文化概述

（一）海岱地区史前文化序列

在海岱地区，已经建立起后李文化—北辛文化—大汶口文化—山东龙山文化四个大的发展阶段。

1.后李文化

后李文化年代距今 8500～7500 年。主要遗迹有房址、壕沟、灰坑和墓葬等。房址均为半地穴式，平面多圆角方形或长方形，面积一般 30～50 平方米，大者50 余平方米。居住面有的经过烧烤，室内多发现灶址和陶器、石器等。墓葬流行长方形土坑竖穴，排列比较整齐，个别挖墓室，均未见葬具。死者头朝东，有的向北。葬式均单人仰身直肢，多无随葬品，少数置蚌壳，个别见陶支脚。墓室一般长约 2 米，宽 0.6～0.8 米。陶器以红褐陶为主，红、灰褐、黑褐、青灰褐陶次之。制作工艺为泥条盘筑，器表多素面，器形以圜底器为主，平底器和圈足器较少。主要器类有釜、罐、壶、盂、盆、钵、碗、匜形器、杯、盘、器盖和支脚等[1]。

---

[1] 王永波、王守功、李振光：《海岱地区史前考古的新课题——试论后李文化》，《考古》1994年第3期。

2.北辛文化

北辛文化年代距今 7500～6300 年。主要遗迹有房址、灰坑、墓葬、窑址、水井、壕沟等。房址平面多为椭圆形和圆形。以半地穴和浅穴式为主，地面建筑少见，面积多在 5～10 平方米。门向以东和东偏南为主，个别北向，门道分为台阶式和斜坡式，多有柱洞。灰坑为圆形和椭圆形两种。墓葬以长方形土坑竖穴占多数。大部分无葬具。墓向以东居多，个别朝北。葬式以单人仰身直肢为主，少量侧身屈肢葬。另见合葬、二次葬和迁出葬等。墓主头向多朝东。大部分墓葬无随葬品，有者一般 1～3 件。陶器以泥质和夹砂陶为主。手制。器表多素面。器形有釜形鼎、红顶钵、三足钵、小口双耳罐、三足罐、碗、器盖、支座等。石器分打制和磨制两种。打制者有砍砸器、刮削器、盘状器、斧、锛、刀等，磨制为斧、铲、刀、镰、磨盘、磨棒等[1]。

3.大汶口文化

大汶口文化的年代距今 6300～4600 年。主要遗迹有房址、灰坑、水井、城址、陶窑、夯土台基和墓葬等。房址为圆形、圆角方形、长方形及不规则形，面积一般 10 余平方米，小者 3～4 平方米，大者近 30 平方米。分半地穴式和地面式两种，多单间，个别双间。门向不一，以东、东南、西南向居多，也有朝北、西北者。墓葬多长方形土坑竖穴，少量椭圆形、方形及不规则形。墓圹一般长 2～2.8、宽 0.8～1.2 米；大墓长 3 米左右，宽 1.5 米以上，大墓使用"井"字或长方形木质葬具。以单人仰身直肢一次葬为主，另有两人或多人合葬、成年男女合葬、成年与儿童合葬、二次葬、侧身葬、屈肢葬和俯身葬等。多人合葬一般 3～5 人，多者 20 余人，死者手握獐牙，存在拔牙和头骨枕部人工变形习俗，部分死者口含陶球，常见齿弓人工变形，流行随葬猪头或猪下颌骨现象。大部分墓葬有数量不等的随葬品。遗物分陶、石（玉）、骨、牙角、蚌器等。陶器为夹砂和泥质两类。陶色有红、红褐、灰褐、灰、黑、青灰及白陶等。主要器形有鼎、罐、鬶、豆、盉、背壶、钵、壶、碗、盆、瓮、鼓、瓶、缸、觚形杯、筒形杯、高柄杯、鬵、匜、甑、箅、器盖等[2]。

4.山东龙山文化

山东龙山文化年代距今 4600～4000 年。主要遗迹有房址、城址、灰坑、水井、墓葬等。房址分为半地穴式、地面式和台基式，形状有圆形、方形和长方形，多数单间，用白灰面涂抹墙壁。半地穴式有台阶或斜坡式门道。地面建筑多在平地上挖基槽，槽内挖柱洞，结构有木骨墙、夯土墙和土坯墙。城址面积小的不足 10 万平方米，大者超过 40 万平方米，一般在 10 万～30 万平方米。墓葬为土坑竖穴，以

---

[1] 中国社会科学院考古研究所山东队、山东省滕县博物馆：《山东滕县北辛遗址发掘报告》，《考古学报》1984年第2期。

[2] 山东省文物管理处、济南市博物馆：《大汶口——新石器时代墓葬发掘报告》，文物出版社，1974年。

单人仰身直肢葬为主，屈肢葬、俯身葬次之，发现少数二次葬。随葬品有陶、玉、石、骨、蚌器等。大墓为重椁并带边箱，用蛋壳陶和玉器随葬。陶器以黑、灰陶为主，少量褐、白、红陶。制法一般使用快轮拉坯成型技术。器形有鼎、鬶、豆、罐、甗、壶、盆、盒、鬲、匜、杯和器盖等[1]。

（二）中原地区史前文化序列

在中原地区，已经建立起了裴李岗文化—仰韶文化—河南龙山文化的发展序列。

1.裴李岗文化

裴李岗文化[2]年代距今9000～8000年。分布范围主要在河南省中部地区，以嵩山为中心，北到太行山东麓，南到大别山北麓，西到豫西山地东部。房屋建筑有单间、双间、三间或四间式，形状分为圆形、方形、半地穴式等。舞阳贾湖遗址还发现半地穴式建筑为主的环壕聚落。经济生活以种植水稻和从事渔猎为生，主要以原始旱地农业为主，种植粟、黍和水稻，并饲养家畜，兼有渔猎和采集。从生产工具和生活用具看，当时居民已经过着以原始农业为主的定居生活，耕作方式基本告别刀耕火种，进入锄耕农业时代。农业生产工具主要有石质的铲、镰、斧以及粮食加工工具的磨盘和磨棒；陶质生活用具有三足钵、圜底钵、小口双耳壶、鼎、三足罐、三足罐、圈足碗等。贾湖的龟甲刻符、骨笛以及巫师墓等都是时代最早的新发现。墓葬均为长方形竖穴土坑，以单人仰身直肢葬为主，也有少数多人合葬墓。女性多随葬石磨盘，男性多随葬石斧、石镰、石铲等[3]。

2.仰韶文化

仰韶文化距今7000～5000年。主要分布在河南、山西和河北南部广大地区。其中以渭、汾、洛等黄河支流汇集的中原地区为中心。农业经济较裴李岗文化更趋稳定，聚落规模进一步扩大。人们过着定居生活，房屋有圆形、方形地面或半地穴式建筑，而始终以半地穴式房屋最为流行。房基凹入地下数十厘米，坑壁即是墙壁，设台阶或斜坡门道以通往室外。室内中心设火塘,有的灶坑内发现保存火种的陶罐。人们主要从事农业生产，同时饲养家畜，兼营采集、狩猎、捕鱼，还要进行多种手工业生产。农业生产可能还采用刀耕火种，实行土地轮休的耕作方式。生产工具主要是石质的斧、锛、锄、铲等。早期还使用尖木棒类工具。农作物有粟、稻、黍和高粱以及白菜和芥菜等蔬菜。制陶工艺处于手制阶段，一般用泥条盘筑法。后来普遍采用慢轮修整技术，彩陶是最有成就的一项原始艺术。墓葬以单人葬为主，葬式

[1] 傅斯年、李济、董作宾等：《城子崖——山东历城县龙山镇之黑陶文化遗址》，中研院历史语言研究所，1934年。
[2] 开封地区文管会、新郑县文管会：《河南新郑裴李岗新石器时代遗址》，《考古》1978年第2期。
[3] 河南省文物考古研究所：《舞阳贾湖》，科学出版社，1999年。

除仰身直肢葬外，还有二次葬、俯身葬、屈肢葬，个别为实行同性合葬，死者头向西，部分墓葬有随葬品[1]。

3.河南龙山文化

河南龙山文化年代距今 5000～4000 年，大致相当于父系氏族社会解体阶段，也是私有制、阶级和国家即将产生或刚刚产生的大变革时期。主要分布在豫西、豫北和豫东一带。农业、畜牧业和各种手工业均有了很大发展。房址既有半地穴式单间方形、长方形或圆形建筑，又有地面起建的长方形连间建筑，有的用草拌泥在地面叠筑土墙，居住面还用白灰面涂抹，在许多遗址都发现用土坯砌筑的墙壁。农业生产工具种类增加，除石斧、石铲外，新发现了双齿叉形木耒。特别是石刀、石镰、蚌刀、蚌镰等收割工具的大量发现，说明农作物收获量有了提高。水井的出现，为先民的定居和农业生产的发展提供了非常便利的条件。制陶业有明显进步，普遍使用轮制。陶器种类增多，品种齐全，其中罐、甑、鼎、鬲、斝、鬶、盉等炊器尤为丰富。墓葬均为土坑，绝大多数为仰身直肢葬，一般无随葬品。在废弃的窖穴中经常发现埋葬人骨架，其散乱不堪，与正常埋葬明显不同[2]。

二 海岱与中原地区文化因素对比分析

关于海岱与中原地区史前文化的交流，早在后李文化时期就已经开始，虽然后李文化与舞阳贾湖遗址相距遥远，但存在着一些共同的文化因素。如二者都发现浅地穴或半地穴式房子，椭圆形和圆形筒状窖穴。墓葬都以单人仰身直肢一次葬为主，均为土坑竖穴。排列整齐有序。陶器均以夹砂陶为主，器表均有涂陶衣现象，陶色以不纯正红陶和红褐陶为主，并见夹云母和蚌片现象。器形方面，二者都有敞口钵、假圈足碗、敞口盆、牛角形陶支脚等。石器均见斧、铲、砺石、磨盘、磨棒、锤、研磨器等。骨、角器都有锥、镖、镞、凿等。这些共同文化因素，说明二者处于同一历史发展阶段[3]。

北辛文化时期两地的文化交流得到了进一步加强。例如，滕县北辛遗址的小孩瓮棺葬（M702、M703）[4]，显然是受到来自中原地区仰韶文化的影响，小口壶属于仰韶文化的典型器物，但北辛遗址的小口壶（H506∶1）与石固∶20、下王岗（M698∶1）

[1] 安特生：《中华远古文化》，《地质汇报》1923年5号；河南省文物考古研究所：《渑池仰韶遗址1980～1981年发掘报告》，《史前研究》1985年第3期。

[2] 河南省文物研究所：《河南考古四十年（1952～1992）》，河南人民出版社，1994年。

[3] 河南省文物考古研究所：《舞阳贾湖》，科学出版社，1999年。

[4] 中国社会科学院考古研究所山东队、山东省滕县博物馆：《山东滕县北辛遗址发掘报告》，《考古学报》1984年第2期。

的同类器物基本一致，亦应是从中原地区仰韶文化传播而来的产物，北辛遗址中发现的一些彩陶纹饰，同样是受中原地区仰韶文化影响的结果。在仰韶文化早期阶段，海岱地区的北辛文化和中原地区的早期仰韶文化之间，明确存在着文化上的往来与交流。双方之间的交流以互相影响为主，其趋向似以中原地区对东方的影响稍占上风[1]。

到大汶口文化早期阶段，受到来自中原地区仰韶文化的影响更为明显，同时，也吸收了仰韶文化的某些因素，并得到进一步充实与发展。例如，在兖州王因、泰安大汶口、邹县野店以及江苏邳县刘林、大墩子等遗址的陶器中曾发现许多仰韶文化的因素，如白衣花瓣纹、弧线勾连纹的彩陶钵、彩陶盆和绘八角形图案的彩陶盆等。这些彩陶器皿，从器形、质地、色彩以及纹饰等方面，均与当地大汶口文化出土的器物迥然不同，而和中原地区仰韶文化庙底沟类型的一些彩陶图案以及技法颇为相似。由此可见，在海岱地区大汶口文化的早期阶段，受到来自西方仰韶文化影响因素多些，同时又吸收来自中原地区仰韶文化的某些文化因素。反过来又影响了仰韶文化，某些器形特征被仰韶文化所吸收。

大汶口文化中、晚期亦即仰韶文化晚期到龙山文化早期阶段，海岱地区大汶口文化开始向西发展，许多大汶口文化遗址，已经遍及河南省商丘、周口、平顶山、许昌、郑州、洛阳、南阳、信阳等地，其中一支势力向西发展，到达了河南中部地区，其发展趋势是由东往西、往南，最后一直到达洛阳和信阳地区。然后与当地的仰韶文化晚期相接触，两者相互交流，逐渐融合，形成了河南境内的大汶口文化[2]。

从调查和发掘的资料看，许多仰韶文化晚期遗址中出土较多大汶口文化因素的遗物，有的遗址仰韶文化与大汶口文化并存。有的是大汶口文化叠压在龙山文化层之下，或包含在龙山文化早期遗存中，还有的叠压在仰韶文化之上，也有的是大汶口文化遗址或墓葬单独存在。河南仰韶文化庙底沟类型中的鼎、圈足器和镂空器，多是大汶口文化的典型器物，为当地仰韶文化所吸收。郑州大河村、禹县谷水河、鄢陵故城等仰韶文化晚期遗址中，在偃师古滑城、孟津寺河南、偃师二里头、上蔡十里铺，段寨、钓鱼台、蟠虎寺、晒书台等龙山文化遗址以及平顶山寺岗、商水章华台、郸城段寨等地的墓葬内，均发现有大汶口文化的遗物，其中陶器有鼎、罐、鬶、豆、盃、背壶、筒形杯、高柄杯和器盖等，有的器形近似甚至相同。

经过对比发现，中原地区平顶山遗址的豆、圈足尊、筒形杯，淮阳平粮台遗址的折沿罐等与山东大汶口文化有许多相似之处[3]。告成北沟遗址的镂空高柄豆（H1：9）、郑州西山遗址的圈足尊（H14522：31）、偃师二里头遗址的平底尊（H1：3）

[1] 栾丰实：《试论仰韶时代东方与中原的关系》，《考古》1996年第4期。

[2] 武津彦：《略论河南境内发现的大汶口文化》，《考古》1981年第3期。

[3] 杨育彬：《关于河南地区仰韶文化的两个问题》，《论仰韶文化》，《中原文物》1986年特刊。

等都与大汶口文化晚期同类器形相同或相近。周口烟草公司仓库清理的5座大汶口文化墓葬，有的死者拔除切齿，有的枕骨人工变形，均与山东大汶口文化葬俗及随葬品相同或相似。背壶（M1：3）与滕县岗上的背壶（M1：1）近似，Ⅱ式壶与大汶口遗址Ⅲ式无鼻陶壶近似。石铲与大汶口遗址的Ⅱ式石铲近似[1]。郸城段寨遗址的背水壶（M2：4）、长颈壶（H8：3）、宽肩壶（H8：2）、盘形豆（D32、D48）分别与岗上村的背壶（M5：4）、大汶口的宽肩壶（M64：1）、蒙城尉迟寺遗址的短颈壶（T110H02：29）、大汶口的盘形豆（M47：45、M117：45）相近似。墓2女性拔掉外侧门齿以及随葬猪牙等，均系海岱地区大汶口文化晚期的典型器物和葬俗。另外，出土的彩陶花纹如网纹、平行线纹亦均为海岱地区大汶口文化的典型花纹图案[2]。郑州大河村遗址F20的盘形豆，H66的陶盉与大汶口墓葬中的同类器物相似。禹县谷水河遗址的宽肩壶（Y1：73、Y1：35）、袋足鬶（Y1：35）、镂空豆、罐形豆、盆形豆、长颈小壶、高柄杯、瓠形杯等分别与大汶口文化的同类器物相同或相似。背壶（M9：1、M9：2）与西公桥遗址的背壶（M13：8）、大汶口的背壶（M13：13）相似。圈足尊（T6、T7④：26）、平底尊（H66：2）分别与大汶口的圈足尊（M54：28）、平底尊（M63：1）相似。偃师滑城的背壶（M1：1）、高柄豆（M1：2）分别与大汶口的背壶（M117：60）、高柄豆（M47：21）相似[3]。

除正式发掘的遗址外，在众多调查的遗址中，也发现有大量大汶口文化遗物。如在潢川霸王台遗址下层采集到带十字镂空的豆柄，临汝北刘庄遗址二期的背壶，唐河湖阳的红陶鬶等都与大汶口文化同类器物相近。而太康方城的陶盉则与大汶口遗址Ⅰ式盉相似。禹县瓦店一期的宽肩壶、长颈壶则分别与大汶口的宽肩壶、背壶形似。瓶形制同大汶口遗址的敛口杯。淮滨沙冢遗址墓1随葬猪下颌骨和猪牙，死者颈有玉饰，陶器中的杯类多高足、饰圆形或三角形镂空等都与大汶口文化的习俗和器物风格相同。信阳阳山出土的壶状高柄杯的镂空等也具有大汶口文化的风格。固始县刘楼遗址的钻孔石铲、鼎足也富有大汶口文化的特征[4]。这些富有大汶口文化特征的陶器，反映出河南中部地区仰韶文化晚期和龙山文化早期阶段，曾受到来自海岱地区大汶口文化的影响。

资料显示，河南境内大汶口文化与海岱地区大汶口文化联系非常紧密，它们之间存在许多共同点。其墓葬习俗以及出土陶器、石器等出现许多相同或相似之处。

墓葬均有长方形土坑和圆形土坑两种，葬式为仰身直肢或二次葬，死者头向以

---

[1]　周口地区文化局文物科：《周口市大汶口文化墓葬清理简报》，《中原文物》1986年第1期。

[2]　曹桂岑：《郸城段寨遗址试掘》，《中原文物》1981年第3期；郸城文化馆：《河南郸城段寨遗址出土一批大汶口文化遗物》，《考古》1981年第2期。

[3]　中国科学院考古研究所洛阳发掘队：《河南偃师"滑城"考古调查简报》，《考古》1964年第1期。

[4]　河南省文物研究所：《河南考古四十年（1952～1992）》，河南人民出版社，1994年，第94页。

朝东、北者为主，墓主人拔除切齿或门齿、枕骨人工变形，随葬猪牙及猪下颌骨，随葬石铲于死者腰间等习俗等，均与海岱地区大汶口文化墓葬中习俗相同。

遗物方面，陶器种类形制也多与海岱地区大汶口文化陶器相同或接近。如河南大汶口文化陶器中棕红陶的大量存在，经常出现的背壶、鸭嘴形足的鼎，豆、杯类的高柄镂空等都是海岱大汶口文化的典型特征。表明二者之间有非常密切的亲缘关系。同时，二者之间也存在着一定的差异，如大汶口文化墓葬中随葬猪头、龟甲、象牙或骨雕饰品。死者手握獐牙或獐牙勾形器等习俗，陶器中的钵形鼎、双腹鼎、双腹豆、圈足盉、双耳瓶等在河南大汶口文化中至今尚未发现或很少发现。而郸城段寨墓葬中的盂形豆、盏形豆、釜形鼎，灰坑中的高领罐，周口烟草公司仓库的折腹杯、钵，商水章华台的实足鬶，瓦店的圈足罐、折腹簋等均不见于海岱地区大汶口文化中。两者文化内涵主体十分接近，决定了河南境内的这类文化遗存实属大汶口文化范畴，表现出的一些不尽相同之处，应是地域关系的差异[1]。

这种差异，是由于海岱地区大汶口文化在进入颍水流域后，与向北挺进的属于江汉民族的屈家岭文化产生了接触，并相互产生影响，在南阳、信阳、驻马店等地及禹县谷水河、郑州大河村等遗址中，两种文化共存的现象时有发生。如在谷水河遗址中，不但有大汶口文化的镂空高柄豆、宽肩壶、袋足鬶等，也有屈家岭文化的圈足杯、宽扁瓦状鼎足等。淮滨沙冢龙山早期墓葬中随葬的钵形豆、高柄壶形罐、圈足壶形罐等均为屈家岭文化常见器物，同时也有些器物反映出大汶口文化的因素，如高柄镂空豆，随葬猪下颌骨的习俗等。河南大汶口文化中的折腹簋、壶形圈足杯等显然是受到了屈家岭文化的影响。屈家岭文化的钵形盂、高柄豆与大汶口文化同类器物比较接近。在两种文化的接触过程中，随着地域的变化，而出现强弱变化的趋势。如在颍河流域，以大汶口文化为主体，含有屈家岭文化的因素；而豫南的南阳、信阳地区，屈家岭文化的因素则明显比大汶口文化强得多。这些考古发现，不但为仰韶文化、大汶口文化和龙山文化三者之间相对年代发展序列找到了证据，也为研究黄河中、下游地区，新石器时代文化之间的相互融合和影响提供了重要实物资料。

综上所述，发现于中原地区颍水中、上游和伊、洛下游的大汶口文化遗存，其文化内涵之主体，与海岱地区汶、泗流域的大汶口文化大汶口类型十分接近，从而决定了该类遗存实属大汶口文化范畴。而同时，它又表现出一些与大汶口类型不尽相同之处，且其分布地域与大汶口类型区域之间相距数百华里，故而不宜将其归入大汶口类型之中。有学者提出了"大汶口文化颍水类型"的命名。该类型来源于大汶口类型，是大汶口类型的一个分支在河南境内的一个地方变体。其归宿，可能是

[1] 河南省文物研究所：《河南考古四十年（1952～1992）》，河南人民出版社，1994年，第96页。

早期河南龙山文化[1]。

三　海岱与中原地区文化交流及其影响

河南境内早期大汶口文化遗存的年代，相当于海岱地区大汶口文化的中期，晚期则同于河南龙山文化早期阶段。其兴衰过程，实则反映出东夷集团的海岱民族与属华夏集团的中原民族交往、融合的历史。在大汶口文化中期阶段，中原地区则相当于仰韶文化晚期时代，东部海岱民族的势力逐渐强大，向东、南扩展，其势力范围已达颍河流域，并融合了当地的土著文化，形成了河南境内的大汶口文化。

到河南龙山文化早期阶段，这种文化进一步向西、向南发展。但到河南龙山文化晚期，随着中原民族的崛起，海岱民族势力的衰落，中原文化向东向南发展，形成了今天所称的"王油坊类型"。由此说明，河南境内的大汶口文化，其主体应由大汶口文化早期发展而来，但在其产生的过程中，受到仰韶文化、屈家岭文化等的影响，融合当地的土著文化，形成一个新的地方类型，在长期的交流和发展过程中互相融合，最终融入龙山文化之中[2]。正如有学者指出的，"中原地区也曾接受过来自黄淮地区原始文化的因素，尤其是大汶口文化晚期对中原文化仰韶文化和早期龙山文化的影响较为突出"，"说明当时大汶口文化的先民至少有一部分定居中原，并成为文化交流的使者"[3]。

在仰韶文化庙底沟类型时期，由于文化发展的不平衡，中原实力强大而周边相对落后，文化传播以中原对周边影响为主，到仰韶文化晚期，周边诸原始文化发展起来，其实力又超过中原地区，此时，文化传播便表现为周边对中原的传播为主。大汶口文化的传播给中原地区带来了先进的生产技术，为中原原始文化的发展注入了新的活力，大大促进了史前民族大融合，为中国古代文明最终在中原地区的形成准备了条件，奠定了基础[4]。这些自东方迁徙而来的大汶口人，对当地社会经济和文化的发展，作出了卓越的贡献。他们将自身的传统文化逐渐与当地文化融于一体，极大地丰富了中原地区龙山时代早期文化的内涵。其中许多成分又被当地先后继起的王湾类型龙山文化和二里头文化所继承，成为夏文化的渊源之一[5]。

尤其是大汶口文化中、晚期阶段，大汶口文化向西发展确实给予中原地区原

[1]　杜金鹏：《试论大汶口文化颍水类型》，《考古》1992年第2期。

[2]　河南省文物研究所：《河南考古四十年（1952～1992）》，河南人民出版社，1994年，第97页。

[3]　赵芝荃、吴加安：《中原地区原始文化中的几个问题》，《中国原始文化论集》，文物出版社，1989年。

[4]　张翔宇：《中原地区大汶口文化因素浅析》，《华夏考古》2003年第4期。

[5]　栾丰实：《试论仰韶时代东方与中原的关系》，《考古》1996年第4期。

始文化一定影响，同时吸收、凝聚融合了诸多地区文明的精华，并加以发展，对周围地区原始文化发挥了辐射和影响作用，形成了多元一体到以中原为核心的多元一体，再发展到多元一统的道路。一个大体上平等的多元一体格局正向以中原为核心的多元一体格局发展，这是中国早期文明形成的一个重要标志[1]。正如张光直先生指出的，中原文化中的东方因素绝大部分是与统治阶级的宗教、仪式、生活和艺术有关的。是的，只有四方的文明精华才会辐辏于中原。这种辐辏并非简单的混合，而是经王朝官工的提炼、加工，赋予王朝礼制的内涵，以更高的文明成果，再辐射于四夷。进贡与赏赐、辐辏与辐射这种双向交流，是多元一统的中国古代文明团聚、融合的主要途径。这也是中国古代文明重大特质之一[2]。

　　由于中原地区不断吸收了周围诸文化的因素，同时，又给周围文化以不同程度的影响，共同为中华民族文化的形成与发展奠定了基础。所以，中原地区一度成为中国古代文明的中心，同时又是中国最早进入文明时代的地区。中国文明时代的第一个王朝——夏王朝就产生在中原地区。鉴于中原地区地理位置居中的特点，古代文化可以向四面八方发展的特点，同时又便于吸收周围文化的先进因素，所以，在河南中部的仰韶文化中，既包含有屈家岭文化因素，又有大汶口文化因素的存在；河南南部的屈家岭文化中同样也有大汶口文化的因素。这种文化间的相互融合，所带来的必定是中原文化的提高与发展，从而也较早地将中原文化与长江文化、海岱文化连接到了一起[3]。

　　到龙山文化和二里头文化时期，这种对周边先进文化的吸收仍然继续着，并且保持着强劲的势头。可以看出中原龙山文化和二里头文化与南方的石家河、东方的龙山文化、岳石文化，甚至与东南的良渚文化产生碰撞和交流，为中原文化吸收周边地区文化中的先进因素提供了条件和可能[4]。"在历史上，黄河流域确曾起到重要的作用，特别是在文明时期，它常常居于主导地位。但是，在同一时期内，其他地区的古代文化也以各自的特点和途径在发展着。各地发现的考古资料越来越多地证明了这一点。同时，影响总是相互的，中原给各地以影响，各地也给中原以影响。在经历了几千年的发展之后，目前全国还有五十六个民族，在史前时期，部落和部落的数目一定更多。他们在各自活动的地域内，在同大自然的斗争中创造出丰富多彩的物质文化是可以理解的。"[5]

　　[1]　严文明：《东方文明的摇篮》，《文化的馈赠》，北京大学出版社，2000年。
　　[2]　邵望平：《中原文化中的东方因素》，《中原文物》2002年第2期。
　　[3]　何德亮：《海岱地区与中原文明起源新探》，《中原文物》2007年第6期。
　　[4]　张得水：《中原文明形成过程中的几个特点》，《华夏考古》2002年第4期。
　　[5]　苏秉琦：《关于考古学文化的区系类型问题》，《苏秉琦考古学论文选集》，文物出版社，1984年，第226页。

四　海岱与中原地区在古代文明中的地位

大量考古资料显示，海岱与中原地区史前文化的发展水平是很高的，在农业、家畜饲养业、手工业高度发展的基础上，铜器、文字和城市的出现，则一度成为中国古代文明起源的重要标志。

（一）铜器

在山东龙山文化时期，已发现多处含有铜器或铜炼渣的遗址，主要是胶县三里河、诸城呈子、日照尧王城、栖霞杨家圈、长岛北长山岛店子以及临沂大范庄遗址[1]。三里河遗址[2]发现的两段铜锥，其中一段较粗，如果对接，则接头的面积形状相差不多，可能是同一件标本残断所致。杨家圈遗址[3]发现一段铜条，长18毫米，两端均残，原先可能是铜锥。同时，在许多探方的龙山层中还发现有碎铜末，均不能成形，最大的直径仅5～6毫米，也应是小件铜器锈坏的残渣。另外，在店子遗址一个灰坑中也发现过残铜片。岳石文化是继山东龙山文化而兴起的一种考古学文化，铜制品无论数量还是种类都较山东龙山文化时期增多，证明这一时期人们掌握了青铜冶炼技术，社会形态已经进入早期青铜时代。

中原地区龙山文化中发现多处含铜器的遗址。早在20世纪50年代前期，郑州牛砦遗址中发现的铜炉壁残片，中间还包含有一块铜[4]。王城岗遗址一个窖穴出土过青铜鬶腹底残片，表面平整，残留一小段合范缝[5]。南临汝煤山遗址发现的炼铜坩埚残片，其内壁保留有一层层铜液[6]，周边翘起，中部内凹，坩埚壁厚约1.4厘米，上面保存附有六层冶铜液。H40的冶铜坩埚残片上的铜液，含铜量95%，属于红铜。平粮台遗址的铜渣，呈绿色，断面近方形，四边均为0.8厘米[7]。陶寺遗址的铜铃[8]，器表素面，器体横断面近似菱形，口部较大，顶部中间有圆形小孔。孔系整器铸成

---

[1] 严文明：《论中国的铜石并用时代》，《史前研究》1984年第1期。

[2] 中国社会科学院考古研究所：《胶县三里河》，文物出版社，1988年。

[3] 山东省文物考古研究所、北京大学考古实习队：《山东栖霞杨家圈遗址发掘简报》，《史前研究》1984年第3期；北京大学考古系、烟台市博物馆：《胶东考古》，文物出版社，2000年。

[4] 安金槐：《试论河南地区龙山文化的社会性质》，《中原文物》1989年第1期；河南省文化局文物工作队：《郑州牛砦龙山文化遗址发掘报告》，《考古学报》1958年第4期。

[5] 李先登：《王城岗遗址出土的铜器残片及其他》，《文物》1984年第11期；河南省文物考古研究所、中国历史博物馆考古部：《登封王城岗与阳城》，文物出版社，1992年。

[6] 中国社会科学院考古研究所河南二队：《河南临汝煤山遗址发掘报告》，《考古学报》1982年第4期。

[7] 河南省文物研究所、周口地区文化局文物科：《河南淮阳平粮台龙山文化城址试掘简报》，《文物》1983年第3期。

[8] 中国社会科学院考古研究所山西工作队、临汾地区文化局：《山西襄汾陶寺遗址首次发现铜器》，《考古》1984年第12期。

后再加工钻成。器胎不匀称，顶部较薄。顶部和器壁各有一处不规则形的残痕和透孔，系浇铸中出现的缺陷，其含铜量为 97.86%、铅 1.54%、锌 0.16%，系纯度较高的红铜。河北唐山大城山遗址发现 2 件铜牌，很像小型穿孔石斧，成分都以铜为主，并含少量银、铅、镁和微量铁、砷等杂质[1]。

可见在中原地区龙山文化遗址中出土铜器是非常普遍的，看来该地区龙山文化时期已进入了青铜时代。

（二）文字

山东地区最早的文字是刻划在北辛文化陶器上的，在器底和器腹上各发现一个刻划符号，符号是在烧制陶器以前就刻上去的。其中，一个刻在泥质灰陶器底部，另一个是刻在泥质红陶腹片上面[2]。大汶口文化已经发明了图像文字，莒县陵阳河、大朱家村、杭头、诸城前寨等遗址陶尊上面，共 20 余枚，有八九种个体，其笔画工整、规则，具有写实、图形化的特点，有的像自然物体，有的似工具和兵器，如斤、斧、锛、炅、戌、旦、封、皇、凡、南、享等，曾被誉为"远古文明的火花"。唐兰先生认为，这些象形文字跟商周青铜文字、商代甲骨文字以及陶器文字，都是一脉相承的[3]。李学勤先生认为大汶口文化陶器上的刻划符号，"同后世的甲骨文、金文形状结构接近，一看就产生很像文字的感受"[4]。裘锡圭先生认为大汶口文化的陶器文字是原始文字，"跟古汉字相似的程度是非常高的，它们之间似乎存在着一脉相承的关系"[5]。

龙山文化新出现了多字成行或成段的文字，邹平丁公遗址[6]一件刻在泥质磨光灰陶大平底盆底部残片的 5 行 11 个字。刻文笔画流畅，独立成字，刻写有一定章法，排列也很规则，已经脱离了符号和图画的阶段。全文很可能是一个短句或辞章。文字中除部分为象形字外，有的可能是会意字，表现了一定的进步性，为研究中国文明起源等提供了珍贵的实物资料。

中原地区的文字，是在八九千年前的贾湖裴李岗文化遗址中发现的。这些文字是刻划在龟甲、骨器、石器和陶器上，构形与商周甲骨文、金文相似的原始文字[7]。

[1]　河北省文物管理委员会：《河北唐山市大城山遗址发掘报告》，《考古学报》1995年第3期；安志敏：《中国早期铜器的几个问题》，《考古学报》1981年第3期；北京钢铁学院冶金史组：《中国早期铁器的初步研究》，《考古学报》1983年第3期。

[2]　中国社会科学院考古研究所山东队、山东省滕县博物馆：《山东滕县北辛遗址发掘报告》，《考古学报》1984年第2期。

[3]　唐兰：《从大汶口文化的陶器文字看我国最早文化的年代》，《大汶口文化讨论文集》，齐鲁书社，1981年。

[4]　李学勤：《论新出大汶口文化陶器符号》，《文物》1987年第12期。

[5]　裘锡圭：《汉字形成问题的初步探索》，《中国语文》1978年第3期。

[6]　山东大学考古实习队：《邹平丁公发现龙山文化文字》，《中国文物报》1993年1月3日。

[7]　河南省文物考古研究所：《舞阳贾湖》，科学出版社，1999年。

21 个刻划符号中，已认识的 11 个字，分别属于反映《离》《坤》两卦之象的卦象文字，也是一种特殊的纪事文字 [1]，说明中国使用至今的汉字，早在 8000 多年前就已产生。因此，贾湖裴李岗文化遗址发现的卦象文字，对研究中国文字乃至中华文明和人类文明的起源，都具有划时代的意义，堪称中华文明乃至人类文明的绚丽曙光 [2]。

古城寨遗址出土有一定数量的龙山文化时期，陶文符号，如"×、人、人、一二二二二二二二"等，书写方法前 3 个文字符号是用刀刻在陶器表面上；后边一排数码是用硬质物在器表捺印。符号技法娴熟，捺印文字数码整齐规整，推测当时人们已有熟练书写文字的能力，看来文字已经产生。特别是捺印文字符号的出现，将给我国印章文字的起源与形成，提供了原始的资料依据 [3]。王城岗城址发现一件刻有"共"字的陶片。山西陶寺遗址一个扁壶上面，有用朱砂写的"文"字。与甲骨文同字的形体、结构非常相像，因而引起学术界的广泛关注。这件朱书"文"字偏于扁壶鼓凸面一侧，有笔锋，似为毛笔类工具所书 [4]。"这个字同大汶口陶文、殷墟甲骨文和现在通行的汉字属同一个系统。"用极简练的一句话概括了距今 5000 年以来的一部中国文字发展史，以及陶寺朱书文字在其承前启后的历史地位 [5]。

（三）城址

海岱地区的城址主要有五莲丹土、阳谷景阳冈、章丘城子崖、寿光边线王、邹平丁公、临淄桐林、茌平教场铺及江苏藤花落等。

丹土城址有大汶口文化和龙山文化时期两个城圈。大汶口文化城址呈椭圆形，东西长 400 余米，南北宽近 300 米，面积 9.5 万平方米；城壕宽约 10、深约 2.5 米；墙基残宽约 10、残高约 1 米，墙为分层堆筑，夯层较平整，每层厚 0.1 ～ 0.2 米。壕沟均敞口、平底、沟壁下部斜直、上部缓坡；沟内侧多有护坡 [6]。城子崖城址近方形，东南西三面城垣规整，北面城垣弯曲外凸，拐角呈弧形。城内东西宽约 430、南北最长 530 米，残存城墙深埋地下 2.5 ～ 5、残宽 8 ～ 13 米，城墙多挖基槽，经多次修补，有的沟壕淤土上起墙。夯土用石块和单棍夯筑 [7]。丁公城址面积 16 万平方

[1] 蔡运章：《中国古代卦象文字》，中国文字起源学术研讨会论文，2000 年。

[2] 蔡运章、张居中：《中华文明的绚丽曙光——论舞阳贾湖发现的卦象文字》，《中原文物》2003 年第 3 期。

[3] 蔡全法：《古城寨龙山城址与中原文明的形成》，《中原文物》2002 年第 6 期。

[4] 李键民：《陶寺遗址出土的朱书"文"字扁壶》，《中国社会科学院古代文明研究中心通讯》第 1 期，2001 年 1 月。

[5] 高炜：《陶寺出土文字二三事》，《中国社会科学院古代文明研究中心通讯》第 3 期，2002 年 1 月。

[6] 山东省文物考古研究所：《五莲丹土发现大汶口文化城址》，《中国文物报》2000 年 1 月 17 日。

[7] 山东省文物考古研究所：《城子崖遗址又有重大发现 龙山岳石周代城址重见天日》，《中国文物报》1990 年 7 月 26 日。

米，近圆角方形，面积 10.8 万平方米。城墙宽约 20、现存高度 1.5～2 米，墙体外陡直，内侧较平缓。夯层厚 5 厘米左右，城墙为五花土，夯土坚硬。城墙外壕沟宽 20 余、深 3 米。墙基有涵洞式排水设施[1]。边线王城址为挖槽建筑，深 2～3 米。有大、小城两座城址，大城圆角方形，边长约 240 米，城内面积近 5.7 万平方米，四边中部各开一个门，小城在大城东南部，平面同大城近似，亦圆角方形，城墙边长约 100 米，城内面积 1 万平方米左右，东、北城墙各开一个门。小城基槽宽 4～6 米，斜坡平底状。夯层 5～15 厘米，夯层明显，夯窝清晰，有椭圆形和长条形两种，大者 10、小的 5～6 厘米。多采用河卵石或木棍制作[2]。景阳冈城址呈圆角长方形，长约 1150、宽 300 米，面积 38 万平方米。城内大、小台基 2 座。前者位于南部，方向与城墙一致，面积 9 万余平方米。小台基位于大台基北面，略呈方形，面积约 1 万平方米。所见夯层分明，夯土坚实，厚 5～10 厘米。夯窝圆形圜底，直径 3～7、深 1 厘米以上，以单棍夯为主。有的似用鹅卵石夯筑，直径约 10 厘米[3]。教场铺城址呈椭圆形，东西长 230、南北宽约 180 米，城内面积近 5 万平方米。城外壕沟，上口宽 13.35、清理深度 1.7 米。城墙系分层夯筑，局部夯层清楚，每层厚 5～8 厘米，夯窝不明显[4]。

中原地区仰韶文化的城址是郑州西山，平面略近圆形，西墙垣残长约 70、西北和北城垣长约 180、东城垣残长 50 米，东、西城垣相距约 200 米，城内面积 3.4 万平方米左右。城垣建筑采用小板块夯筑法，厚 4～8 米，其外还有宽 5～7.5、深 4 米左右围绕城垣的城壕[5]。

龙山文化城址主要有安阳后冈、登封王城岗、新密古城寨、淮阳平粮台、郾城郝家台、辉县孟庄以及山西襄汾陶寺等。孟庄城址呈方形，城垣边长 400 米，面积 20 余万平方米，发现有夯土城墙、城壕、城门、房基、窖穴等[6]。平粮台城址面积仅 3.5 万平方米。城垣形状十分规整，平面略呈正方形，每边长约 185、墙残高 3.5、下部宽约 13、顶部宽 8～10 米。墙外侧有较宽的护城河。南墙正中有城门，城门两边设有门房，门道正中有陶质地下排水管等配套设施[7]。古城寨城址呈长方形，

[1] 山东大学历史系考古教研室：《山东邹平丁公发现龙山文化城址》，《中国文物报》1992年1月12日。
[2] 杜在忠：《边线王龙山文化城堡的发现及其意义》，《中国文物报》1988年7月15日；《边线王龙山文化城堡试析》，《中原文物》1995年第2期。
[3] 山东省文物考古研究所、聊城地区文化局文物研究室：《山东阳谷县景阳冈龙山文化城址调查与试掘》，《考古》1997年第5期。
[4] 贾笑冰：《山东茌平教场铺龙山文化城址第四次发掘获重要成果》，《中国文物报》2004年12月22日。
[5] 张玉石、杨肇清：《新石器时代考古获重大发现——郑州西山仰韶晚期遗址面世》，《中国文物报》1995年9月10日。
[6] 袁广阔：《辉县孟庄发现龙山文化城址》，《中国文物报》1992年12月6日。
[7] 河南省文物研究所、周口地区文化局文物科：《河南淮阳平粮台龙山文化城址试掘简报》，《文物》1983年第3期。

面积 17.6 万平方米。不仅城墙、城门和护城河保存相当好，而且城内东北部还清理出大面积夯土高台建筑遗迹。主要是大型宫殿基址和大型廊庑式建筑[1]。郝家台城址系长方形，面积 3.3 万平方米，城外有壕沟。城内发现数座长条形排房，长者10 间左右相连，有的房基地坪还铺木地板，构筑十分讲究[2]。王城岗城址为东西两座城堡，东城仅存西南角，西城略呈方形，周长 92 米，面积 8500 平方米[3]。遗址中还发现一座大城，面积在 30 万平方米左右[4]。陶寺城址其长、宽皆在 700 米以上。墙垣宽 8 ～ 14、残高 1.8 米。墙体由夯土筑成，十分坚硬，面积大约 50 万平方米以上，这是中原地区所发现的最大城址[5]。

城的出现，具有划时代的意义。它是人类社会发展到一定历史阶段的产物，属于一定地域内政治、经济、文化的中心。同时，也是中国古代社会进入文明时代的一个重要标志。

五　结语

总括全文看出，海岱与中原地区史前文化的交流非常早，两者关系是十分密切的。文明化程度与周围其他地区诸文化进行比较，其发展水平也是很高的。它们在长期发展过程中，互为渗透，相互作用，彼此影响，从而促进了不同文化之间的融合，逐渐从多元一体走向以中原为核心、以黄河流域和长江流域为主体的多元一统格局。正如严文明先生所说："中国文明的起源不是在一个狭小的地方，也不是在边远地区，而是首先发生在地理位置适中、环境条件也最优越的黄河流域和长江中下游的广大地区。"[6] 随着农业的发展，手工业生产的进步，社会财富不断增多，加速了私有制产生、贫富分化的出现和阶级对立的形成。特别是两地铜器、文字、城址等文明要素的普遍出现，可以认为，在海岱和中原地区，龙山文化时期或许已经进入文明社会，开始了迈向国家形成的征程。

原载《海岱考古（第六辑）》，科学出版社，2013 年

---

[1]　蔡全法：《河南新密市发现龙山文化重要城址》，《中原文物》2000年第5期。

[2]　河南省文物研究所、郾城县许慎纪念馆：《郾城郝家台遗址的发掘》，《华夏考古》1992年第3期。

[3]　河南省文物考古研究所、中国历史博物馆考古部：《登封王城岗与阳城》，文物出版社，1992年。

[4]　方燕明：《登封王城岗遗址考古新发现及其意义》，《中国社会科学院古代文明研究中心通讯》第9期，2005年1月。

[5]　中国社会科学院考古研究所山西工作队、临汾地区文化局：《山西襄汾县陶寺遗址发掘简报》，《考古》1980年第1期；《1978～1980年山西襄汾陶寺墓地发掘简报》，《考古》1983年第1期。

[6]　严文明：《文明起源研究的回顾与思考》，《文物》1999年第10期。

山东新石器时代环境考古学研究

环境考古学是一门新兴的交叉学科，属于考古学的一部分。最近几年，在山东地区，环境考古已经引起学术界的广泛关注。有关专家学者利用自然科学手段，采集遗址中的动物骨骼、孢粉和植物遗存探讨当时当地的生态环境；根据植物硅酸获取的环境信息，分析原始农业的发展状况；利用古文化遗址的分布对河流改道、海岸线、沼泽、湖泊的变迁等进行研究。经过一系列艰苦细致的工作，取得了大批重要的学术成果。有力地推动了环境考古学研究的深入进行。鉴于此，笔者拟在前人研究的基础上，依据田野发掘所获取的考古资料，就山东新石器时代的自然环境进行初步探讨。

一　自然地理概况

山东省位于我国东部沿海地区，地处黄河下游，大致在北纬 34° 25′～38° 23′ 与东经 114° 36′～122° 43′，属于北半球中纬度偏南地带。山东境域主要分为内陆和半岛两部分，东西长约 700 千米，南北宽约 400 千米。而面积约 153 万平方千米，北接河北，南连苏皖，西南与河南省交界、东部的胶东半岛伸入渤海与黄海之间，隔海与辽东半岛遥相对峙，庙岛群岛像一条海上长城，横列于渤海海峡。

山东号称"山东丘陵"，实际低山、丘陵仅占总面积的 35% 左右、平原地区则占一半以上。全省地貌复杂，大体可以分为中山、低山、丘陵、台地、盆地、山前平原、黄河冲积扇、黄泛平原、黄河三角洲共九个基本地貌类型。境内中部山地突起，西南、西北低洼平坦，东部缓丘起伏，形成以山地丘陵为骨架，平原盆地交错、环列其间的地形大势，泰山雄踞中部，为全省最高点，黄河三角洲为全省陆地最低处。

全省地形一般分为鲁中南丘陵、胶东丘陵和鲁西北平原三区。鲁中南丘陵区内，有泰、鲁、沂、蒙、徂徕诸山，高度都在千米以上。胶东丘陵起伏和缓，大都为低丘广谷，仅有少数峭拔的山峰。昆嵛山海拔 928 米，构成半岛东部的脊梁。鲁西北冲积平原，呈弧形环绕在鲁中南丘陵北部和西部，海拔一般在 50 米以下，是华北大平原的一部分。在鲁中南丘陵与胶东丘陵之间，是低平的胶莱平原，它与鲁西北平原实际连成一片。

境内河流纵横分布，全省平均河网密度为 0.24 千米 / 平方千米，形成发达的河道网。其中省内 50 千米以上的河流有一千多条，分属黄河、淮河、海河和一些边缘水系。黄河斜贯鲁西北平原，经垦利入海。京杭大运河则纵贯西部平原。在鲁中南丘陵与鲁西北平原的接触带上，分布着一连串湖泊，分别是南阳湖、独山湖、昭阳湖和微山湖，统称为南四湖，为全国十大淡水湖之一，这就是山东著名的湖群区，它们水域相连，宛如一湖。

境内土壤属棕壤、褐土地带，分为棕壤、褐土、潮土、砂浆黑土和盐碱土五大类型。在分布上，鲁东丘陵区以棕壤为主，鲁中南山地丘陵区棕壤与褐土则呈复合状镶嵌分布。潮土主要分布于鲁西—北平原及山间河谷平原内；砂浆黑土集中在洼地；盐碱土除在鲁西—北与潮土镶嵌分布外，沿海地带亦有发育。山东属暖温带季风气候，季节分明，温暖湿润。春季天气清明，雨量少而多风；夏季炎热多雨；秋季天高气爽，气候温和；冬季寒冷干燥。年平均气温为 12℃～ 14℃，植被为暖温带落叶阔叶林带，可以划分为针叶林、落叶阔叶林、灌木丛、灌草丛、草甸、沼泽、沙生植被和水生植被等，其中鲁东以赤松、黑松为主。鲁中南以油松及侧柏为主，平原区常见杨、柳、泡桐、臭椿和楸等。湖沼区有芦苇、菖蒲等沼泽植被与黑藻等水生植被 [1]。

综上所述可以看出，山东地区的自然地理、生态环境是十分优越的，它不仅为我国古代文化的形成与发展、古代人类的生产与生活创造了极为有利的条件，也为中国古代文明的起源与发展作出了重大的贡献。

二　文化发展序列

山东地区的田野考古工作，始于 1928 年历城县（今章丘市）龙山镇城子崖遗址的发现 [2]。70 多年来，经过广大考古工作者长期不懈地努力，目前，已发现新石器时代遗址两千余处，经过正式发掘的大约有 50 余处。这些古文化遗址年代编年序列清楚，发展谱系一脉相承，基本建立起后李文化—北辛文化—大汶口文化—山东龙山文化四个大的发展阶段。

---

[1]　山东省地方史志编纂委员会：《山东省省志·自然地理志》，山东人民出版社，1996 年；孙庆基等：《山东省地理》，山东教育出版社，1987 年。

[2]　傅斯年、李济、董作宾、梁思永等：《城子崖——山东历城县龙山镇之黑陶文化遗址》，中研院历史语言研究所，1934 年。

1.后李文化

后李文化因首次发掘淄博市临淄区后李遗址而得名[1]。其分布范围在泰沂山系的北侧，经过正式发掘的有临淄后李，潍坊前埠下，张店彭家庄，章丘小荆山、西河，邹平孙家，西南村，长清月庄等。经碳–14测定，年代距今8500～7500年。

遗迹有房址、壕沟、灰坑和墓葬等。房址均为半地穴式，平面多圆角方形或长方形，面积一般30～50平方米，大者50余平方米。居住面有的经过烧烤，多发现灶址和陶、石器等（图一）。墓葬流行长方形土坑竖穴，排列比较整齐，个别挖墓室，均未见葬具。死者头大多朝东，有的向北。葬式均为单人仰身直肢葬。多无随葬品，少数放置蚌壳，个别见陶支脚，墓室一般长2米左右，宽在0.6～0.8米。陶器以红褐陶为主，红、灰褐、黑褐、青灰褐陶次之。制作工艺为泥条盘筑。器表多素面，器形以圜底器为主，仅少量平底器和圈足器。器类主要有釜、罐、壶、盂、盆、钵、碗、匜形器、杯、融、器盖和支脚等。

图一　后李文化房址（西河F58）

[1]　王永波、王守功、李振光：《海岱地区史前考古的新课题——试论后李文化》，《考古》1994年第3期。

2.北辛文化

北辛文化因首先发现在滕县（今山东省滕州市）北辛遗址而得名[1]。目前，大约发现 50 余处，经过发掘的遗址主要有滕州北辛、兖州王因、西桑园、泰安大汶口、汶上东贾柏、济宁玉皇顶、张山、长清张官、章丘王官庄、邹平西南庄、临淄后李、青州桃园、烟台白石村、邱家庄等。相对年代距今在 7500 ～ 6300 年。

遗迹有房址、灰坑、墓葬、窑址、水井、壕沟等。房址平面多为椭圆形和圆形。以半地穴和浅穴式为主。地面建筑少见，面积多在 5 ～ 10 平方米。门向以东和东偏南为主，个别北向，门道分为台阶式和斜坡式两种。房址多有柱洞。灰坑为圆形和椭圆形两种。墓葬以长方形土坑竖穴占多数。大部分无葬具。墓向以东居多，个别朝北，葬式以单人仰身直肢为主，少量侧身屈肢葬。另见合葬、二次葬和迁出葬等。墓主头向多朝东。大部分墓葬无随葬品，有随葬品一般 1 ～ 3 件。陶器分泥质和夹砂陶，色泽以黄褐陶为主，手制。器形有釜形鼎（图二）、红顶钵、三足钵、小口双耳罐、三足罐、碗、器盖、支座等，器表多素面。石器分打制和磨制两种。打制石器有砍砸器、刮削器、盘状器、斧、锛、刀等，磨制石器有斧、铲、刀镰、磨盘、磨棒等。

3.大汶口文化

大汶口文化因首次发现在泰安大汶口遗址而得名[2]。主要分布在黄河下游山东地区，西到河南中部，东至辽东半岛南端，南达江苏北部和安徽北部。目前已发现遗址 550 处。经过发掘的主要有泰安大汶口、曲阜西夏侯、兖州王因、邹县野店、泗水天齐庙、滕州岗上、西公桥、枣庄建新、茌平尚庄、诸城呈子、前寨、潍县鲁家口、安丘景芝镇、潍坊前埠下、广饶五村、傅家、莒县陵阳河、大朱家村、杭头、胶县三里河、日照东海峪、五莲丹土、烟台白石村、栖霞杨家圈、蓬莱紫荆山、长岛北庄、福山邱家庄等。相对年代距今为 6300 ～ 4600 年。

遗迹有房址、灰坑、水井、城址、陶窑、夯土台基和墓葬等。房址为圆形、圆角方形、长方形及不规则形，面积一般 10 余平方米，小者 3 ～ 4 平方米，大者近30 平方米。分半地穴式和地面式两种，多单间，个别双间。门向不一，以东、东南、西南向居多，也有朝北、西北者。城址平面略呈椭圆形，东西 400 余、南北近 300米，面积约 9.5 万平方米。墓葬多长方形土坑竖穴，少量椭圆形、方形及不规则形。墓圹一般长 2 ～ 2.8、宽 0.8 ～ 1.2 米，大墓长约 3 米，宽 1.5 米以上，大墓使用"井"字或长方形木质葬具。以单人仰身直肢一次葬为主，另有两人或多人合葬、成年男

---

[1] 中国社会科学院考古研究所山东队、山东省滕县博物馆：《山东滕县北辛遗址发掘报告》，《考古学报》1984年第2期。

[2] 山东省文物管理处、济南市博物馆：《大汶口——新石器时代墓葬发掘报告》，文物出版社，1974年。

图二　北辛文化陶鼎（北辛遗址出土）　　　　图三　大汶口文化彩陶豆
　　　　　　　　　　　　　　　　　　　　　　　　　（大汶口遗址出土）

女合葬、成人与儿童合葬、二次葬、侧身葬、屈肢葬和俯身葬等。多人合葬一般 3～5
人，多者 20 余人，手握獐牙，存在拔牙和头骨枕部人工变形习俗，部分死者口含
陶球、齿弓人工变形常见，流行随葬猪头或猪下颌骨现象。多数墓葬有数量不等的
随葬品。以陶器为主，器形有鼎、觚形杯、罐、壶、豆、背壶、鬶、盉、筒形杯、
高柄杯、瓶等。遗物分陶、石（玉）、骨、牙、角、蚌器等。陶器为夹砂和泥质两类。
陶色有红、红褐、灰褐、灰、黑、青灰及白陶等。器表以素面为主，纹饰有锥刺纹、
附加堆纹、鸡冠耳、镂空、按压纹、凹凸弦纹、划纹、方格纹绳纹和彩陶等。主要
器形有鼎、罐、鬶、豆（图三）、盉、背壶、钵、壶、碗、盆、瓮、漏缸、瓶、缸、
觚形杯、筒形杯、高柄杯、甗、匜、甑、箅及器盖等。

4.山东龙山文化

　　山东龙山文化因首先发现在章丘城子崖遗址而得名。分布范围主要在山东、苏
皖北部及河南东部地区。目前已发现龙山文化遗址 1500 余处，经过发掘的遗址有
城子崖、邹平丁公、寿光边线王、潍坊姚官庄、潍县鲁家口、临朐西朱封、日照两
城镇、东海峪、尧王城、五莲丹土、泗水尹家城、兖州西吴寺、阳谷景阳冈、栖霞
杨家圈等。相对年代在距今 4600～4000 年。

　　遗迹有房址、城址、灰坑、水井、墓葬等。房址分为半地穴式、地面式和台基
式。形状有圆形、方形和长方形，多数单间，用白灰面涂抹墙壁。半地穴式有台阶
或斜坡式门道。地面建筑多在平地上挖基槽，槽内挖柱洞，结构有木骨墙、夯土墙

和土坯墙。发现的 6 座城址，面积小的不足 10 万平方米，大的超过 40 万平方米，一般在 10 ～ 30 万平方米。墓葬为土坑竖穴，以单人仰身直肢葬为主，屈肢葬、俯身葬次之，发现少数二次葬。随葬品有陶、玉、石、骨蚌器等。大型墓葬为重椁并带边箱，使用蛋壳陶（图四）和玉器。随葬陶器以黑、灰陶为主，少量褐、白、红陶。制法一般使用快轮拉坯成型技术，器表多素面磨光，纹饰为篮纹、绳纹、附加堆纹、刻划纹、弦纹等。器形有鼎、鬶、豆、罐、甗、壶、盆、盒、鬲、匜、杯和器盖等。

图四　山东龙山文化蛋壳陶
（左起姚官庄、东海峪、大范庄）

三　考古资料反映的环境信息

自然环境是由气候、动植物遗存、山川地貌，水文、河流、土壤、海洋湖泊等诸多要素组成的自然综合体。这些自然综合体，给古代人类提供了必需的生活资料和劳动手段，是人类文化发展的物质基础。所以说，自然环境的优劣对古代人类社会起着非常重要的作用，它在一定程度上可以直接影响并制约着人类社会生产发展的进程。由此看来，深入探讨古代人类当时当地的自然环境是非常重要的。

山东新石器时代的自然环境，有关专家学者已经进行过研究[1]，在此基础上，

---

[1]　高广仁、胡秉华：《山东新石器时代生态环境的初步研究》，《环境考古研究（第一集）》，科学出版社，1991年；高广仁、胡秉华：《山东新石器时代环境考古信息及其与文化的关系》，《中原文物》2000年第2期。

笔者主要利用考古发掘所提供的有关环境信息，再对该地区不同时期所处的自然环境进行一些分析。

1.后李文化的自然环境

后李文化的环境信息，主要来自后李、前埠下、小荆山遗址。通过对孢粉、动物、硅酸体的鉴定与分析，对于恢复这一时期的自然环境起到非常重要的作用。

一定的植物群落包含有一定的孢粉组合，根据不同的孢粉组合可以恢复当时当地的古植被与古环境。后李遗址的孢粉分析发现[1]，样品中均以草本植物花粉居优势，最多可占孢粉总数的 76.3% ～ 91.1%。在草本花粉中依据数量的多少，依次为蒿、乔本科、藜科及菊科，还有少量蓼、莎草及香蒲等。木本植物花粉次之，主要以针叶植物松居多数，还有少量的桦、栎榆及胡桃等阔叶植物花粉。蕨类植物孢子较少，有卷柏、水龙骨科等。可以推论，这一时期，后李遗址的植被具有明显的草原特征，草本植物比较茂盛，在低洼、沼地及积水之处主要生长着香蒲、莎草、狐尾藻及水蕨等，大量中生、旱生的蒿、藜及禾本科等分布于平原低地及开阔平坦之处，遗址附近的低山、丘陵之上生长着松、桦、桤木及胡桃等针、阔叶植物。气候环境是温和稍干中掺杂着暖湿，属温带大陆性季风气候。特别是一些好暖湿的阔叶植物花粉，如榆、栎、胡桃等在遗址中部含量较多，上下部含量相对较少，可以看出遗址堆积期间由下而上植被和气候曾发生明显的变化，中期或中部，气候相对较佳，温暖较湿。栎、榆等喜暖的阔叶林植物花粉含量较高，还发现今天只能生长在长江流域淡水中的水蕨属植物孢子。由此证明，这一时期气候暖湿，可能比今高 2℃～ 3℃，一度较为优美，既有旱生植物、水草及灌木丛，也有低地及水体，当时居住区域，地势比较平坦，接近河边，有不少野生动物栖息与嬉戏在这里。另外，还见有一些禾本科植物花粉，形态酷似现在的谷子。看来当时先民可能已经学会农业栽培，食物来源主要靠种植谷物，也辅以狩猎和捕鱼。前埠下遗址的植物硅酸体样品中[2]，含量丰富且保存完整。不仅有成组的方形棒形硅酸体，还含有大量的炭屑。统计到的硅酸体类型有棒形、尖形、哑铃形、长方形、扇形、方形、中鞍形、帽形、芦苇形、毛发形等。其中以长方形和方形硅酸体为主，各占 30% 和 26% 左右；其次为棒形、尖形和扇形。分析结果提供了下列环境信息：植物硅酸体组合以长方形和方形为主，表明当时遗址周围生长

---

[1] 严富华、麦学舜：《淄博临淄后李庄遗址的环境考古学研究》，中国第二届环境考古学术讨论会论文，1994年，油印稿。

[2] 靳桂云：《前埠下遗址植物硅酸体分析报告》，《山东潍坊前埠下遗址发掘报告》，《山东省高速公路考古报告集（1997年）》，科学出版社，2000年，附录一。

了大量反映温暖湿润环境的一些植物种类。遗址中的动物遗骸种类较多[1]，经过鉴定主要有丽蚌、蓝蚬、青蛤、青鱼、草鱼、鲶鱼、鳖、鸡、中华鼢鼠、狗、狐、貉、狗獾、野猪、家猪、獐、梅花鹿、鹿、水牛等。这些动物习性，同样反映出后李文化后期直至大汶口文化早、中期阶段，文化面上的自然景观，前埠下一带为大河入海处的森林—草甸环境；南边远处的山坡上覆盖着森林，水量充足的潍河经前埠下向北流入大海；河两岸的草地上分布着大大小小的沟湾港汊和积水洼地，河岸湖滨的埠丘上灌木丛生。虎、猫、水牛、梅花鹿等出没于丛林或游荡于灌木丛中；獐、鹿、野猪、狗獾等则穿梭于林间草地与河浜芦苇丛中；狐、貉等常在河浜捕食鱼虾。可见当时气候温和、降水充沛，年平均气温可能比现在高4℃～5℃，大致与现在福建一带的气候相似。先民就在这滨河临海的埠丘附近过着渔猎和农耕生活。

　　小荆山遗址是后李文化时期一处重要遗址，发掘中发现717件动物遗骸[2]，经鉴定有软体动物、鱼类动物、爬行类动物、鸟类动物和哺乳动物五大类，至少可以代表22个种属。主要有圆顶珠蚌、珠蚌、扭蚌、剑状矛蚌、楔蚌、丽蚌、蓝蚬、青鱼、草鱼、鳖、雉、斑鹿、鹿、羊、牛、马、野猪、家猪、狼、家犬、狐、貉等。在这些动物中，其中有7种淡水软体动物，2种淡水鱼，1种鳖，1种鸟，6种野生兽类和5种家畜。淡水软体动物主要以珠蚌、楔蚌和丽蚌等为代表，是一些流水型软体动物。淡水鱼为吞食能力很强的青鱼和草鱼。这些淡水软体动物和鱼类动物是先民们主要捕捞和食用的对象。两块鳖甲表明先民们曾猎捕过这类爬行动物。野生动物主要是斑鹿、鹿、狼、狐、貉和野猪等。在家畜中，猪的遗骸最多，可代表10余头不同年龄、不同性别的个体，这些猪属于较原始类型或半驯化的家猪。其次是狗，与狼有较大差别，属于驯化类型。特别是各种楔蚌、丽蚌等，现主要分布于温暖湿润的南方省区，栖居在河流及与河流相通的湖泊中，这类生物的发现，表明当时的气候比较温暖、湿润，降水丰富，年平均气温可能要比现在高4℃～5℃，大致与现在的南方省区气候相似；同时说明当地有能够适应于这类软体动物生存的流水环境，即浜崖底质为泥沙，并有流量中等的河流及湖泊的存在。鱼、鳖等生物依赖于水域而生活，貉也是在河浜捕食鱼类及各种小动物，看来遗址周围曾经是水草丰美、鱼戏兽逐河、湖之滨，为斑鹿、牛、羊等生物的理想居所。狐、野猪等常栖身于河流、湖泊附近的灌木丛或山林之中。狼骸的出土，进一步表明遗址附近曾有便于狼栖居的山林、丘壑。看来，动物鉴定结果与植物

---

　　[1]　孔庆生：《前埠下新石器时代遗址中的动物遗骸》，《山东潍坊前埠下遗址发掘报告》，《山东省高速公路考古报告集（1997年）》，科学出版社，2000年，附录二。

　　[2]　孔庆生：《小荆山遗址中的动物遗骸》；山东省文物考古研究所、章丘市博物馆：《山东章丘小荆山遗址调查、发掘报告》，《华夏考古》1996年第2期，附录。

群落所反映的自然景观基本是一致的。

2.北辛文化的自然环境

这一时期自然环境的考古资料,主要有北辛、王因、东贾柏和西桑园等。北辛遗址是北辛文化的代表遗址,位于滕州市区 25 千米的薛河流域,中国科学院考古研究所山东队等单位进行两次发掘,不仅出土大量文化遗物,还发现许多兽骨、鱼骨和贝壳等动物遗骸,经鉴定种类有家猪、牛、梅花鹿、獐、四不像、貉、獾、鳖、龟、青鱼、丽蚌、中国圆田螺及狗或貉的粪便等。

一定的植物生长在一定的生态环境里,植被的演替不仅是环境变化的结果,而且是环境变化的直观表现。不同沉积物中保留的孢子花粉则是不同时期植被的"缩影"[1]。

北辛遗址的植被群落比较丰富,基本反映出遗址周围的古植被状况。为了解遗址当时所处的自然环境,采集土样进行了孢粉分析[2]。鉴定结果 1 号样品发现苋科花粉 7 粒、藜科 7 粒、禾本科 6 粒、夹竹桃科 2 粒、水龙骨科 3 粒和豆科、菊科、槲属、蕨尾、紫草科、粉骨蕨孢子各 1 粒。还发现有生长在潮湿环境下的双星藻、同心环纹藻等。2 号样品发现榆属 3 粒、禾本科 2 粒、蕨属 2 粒、藜科 3 粒、凤尾藻孢子 1 粒。采自第四层的 7 号样品中发现栎属 8 粒、松属 1 粒、夹竹桃科 2 粒、藜科 3 粒、蒿属 2 粒、菊科 2 粒、水龙骨孢子 3 粒、榆属 4 粒、桦科 1 粒、柳属 1 粒。鉴定认为,第②文化层,湿生植物孢粉含量较高,此时气候可能较今潮湿,沼泽湖泊较今范围大些,但气温和目前相仿。第四文化层,木本科植物和喜暖栎属等的花粉含量较高,说明北辛文化时期的气温不仅要比现在高些,可能高 2℃~3℃;而且附近水域广阔,湖沼密布,芦苇杂草丛生,先民们在水边草地和树林间捕获各种动物和果实。以弥补生活食物之不足。另外,遗址中还发现水稻花粉,说明北辛文化时期已经开始种植水稻一类农作物。

王因遗址[3]位于泰沂山前,东平湖东岸与汶、泗冲积平原上,古代此处是一个广阔而低洼的湖沼河流交错地区,当时有着优越的自然条件和丰富的水产资源。该遗址下文化层属于北辛文化遗存,出土的动物种类有家畜、家禽、野生哺乳动物、鱼类及介壳类遗骸,还有炭化的果核,其总数达 3000 以上。可见渔猎、采集和饲养家畜在当时经济生活中占有相当大的比例。经过鉴定,家畜有猪、狗、猫、牛,野兽有虎、熊、狼、鹿、麋鹿、狍、獐、貂、獾、狐,两栖类动物有鳄,家禽有鸡、

---

[1] 中国社会科学院考古研究所:《胶东半岛贝丘遗址环境考古》,社会科学文献出版社,1999 年,第 185 页。

[2] 中国社会科学院考古研究所山东队、山东省滕县博物馆:《山东滕县北辛遗址发掘报告》,《考古学报》1984 年第 2 期。

[3] 中国社会科学院考古研究所:《山东王因——新石器时代遗址发掘报告》,科学出版社,2000 年。

水生动物有青鱼、草鱼、龟、蚌、螺等。

在北辛文化的灰坑和地层当中，猪作为一种驯养动物，其数量居于首位，次之是鹿和獐的遗骸。说明王因遗址有适宜鹿、獐生存的条件，同时，也是当时人们狩猎的对象，特别是20多具扬子鳄遗骸。应该是生存在附近的一种动物，这种两栖动物要有特定的生存环境，必须临近水域，还要具备气候温暖、雨量充沛等条件，北辛文化遗址附近具备了这样的地理环境。另外，从动物群习性分析。该遗址的自然环境十分优越，附近有广阔的水域，湖泊、沼泽遍布，草木丛生。森林茂密，雨量充沛，气候较今日温暖、湿润。年平均气温比现在高2℃～3℃，与现在长江流域的气候条件基本相似。人们生活于林草茂盛、温暖湿润的自然环境中，极有利于原始农业生产和渔猎活动的开展。

3.大汶口文化的自然环境

反映大汶口文化早期阶段自然环境的考古资料，主要以王因遗址最重要。高广仁先生已进行了认真研究[1]。该遗址上层属于大汶口文化时期。发掘中利用地层与遗迹中采集的大量动植物标本，对王因遗址的自然环境进行了探讨。这些动物遗存总数近3000个个体，软体动物壳重达30公斤。经鉴定有猪、獐、鹿、狍、麋鹿、貉、獾、狐、虎、牛、狗、猫、鸡、青鱼、草鱼、龟、鳖、鳄、蚌、螺等。上述动物遗骸在王因北辛文化时期也能见到，说明北辛文化至大汶口文化早期阶段王因遗址周围的自然环境并没有发生明显的变化，遗址周围有高亢平坦的地势，附近有大片的湖泊、大河等水域，并有丰富的水生资源。同时，这里曾经丛林茂密，气候温暖湿润，自然环境十分优越。既有耕作的沃土，又有渔猎的便利，却无旱涝之忧，为古代人类的生存与发展提供了十分有利的自然环境。

中、晚期阶段，环境考古材料十分丰富。20世纪50年代，大汶口墓地因出土了生活于长江中下游或以南地区的扬子鳄、象和麋鹿等骨骼，曾一度引起学术界的关注[2]。近年来，在建新、六里井、西公桥、五村、前埠下、鲁家口、三里河等遗址又发现大量有关自然环境方面的资料。例如，在鲁中南地区的建新遗址[3]，用浮选法从房基、灰坑提取的生物遗存有粟粒，鱼脊椎骨、眼眶骨和其他脊椎动物的牙齿等。采取土样进行的孢粉分析显示。除有栎、胡桃、榆等暖温带落叶阔叶乔木树种外，还有喜温干的松树以及中旱生的草本和小半灌木如蓼、藜、蒿、禾本科、麻黄以及生于森林区及森林草原带的干燥山坡上呈匍匐状的中华卷柏，组合中未见到

[1] 高广仁：《王因遗址形成时期的生态环境》，《庆祝苏秉琦考古五十五年论文集》，文物出版社，1989年。

[2] 李有恒：《大汶口墓群的兽骨及其他动物骨骼》，《大汶口——新石器时代墓葬发掘报告》，文物出版社，1974年，附录二。

[3] 孔昭宸、杜乃秋：《建新遗址生物遗存鉴定和孢粉分析》，《枣庄建新——新石器时代遗址发掘报告》，科学出版社，1996年，附录五。

水生植物孢粉、亚热带乔木树种花粉，但出现了现生亚热带，一般要求温度变幅不大、生长在潮湿的林木下或沟谷的草本状蕨类。如紫萁、中华里白等。有限的孢粉资料和动物残片可能表示当时的先民既可采摘胡桃、栎、榆的果实。又可捕取鱼类和狩猎。随着聚落的扩大，人口的增加，单纯的自然索取已不能满足人口日益增长的需要，因此在特定丘陵环境下还种植适宜性较强的粟等耐旱农作物。总的看。当时的气候仍较今略显温暖潮湿。残存的亚热带蕨类的存在，说明森林已遭到不同程度的破坏。在建新遗址植物硅酸体分析的样品都是禾草类的[1]，其中以羊茅类禾草占优势，形态类型有：方形～矩形、棒形、扇形、芦苇扇形、尖形、圆形～椭圆形、哑铃形、竹类鞍形、颖片和叶片硅化表皮，能够鉴定到属一级的有芦苇和竹子。羊茅类禾草是一些较高的禾草，一般喜生长于较为湿润的环境，遗址周围生长的羊茅类禾草和芦苇植物，也在一定程度上反映出当时的气候是较为湿润的。由于遗址位于山前丘陵地带，气温比大汶口文化早期阶段略低一些，也相对干燥些，但仍较今日稍显温暖湿润，西公桥遗址植物硅酸体分析的7个样品中[2]。均含有丰富的炭屑；其中扇形、方形和长方形硅酸体较多，多数样品中都有芦苇扇形硅酸体的存在。根据对现代植物硅酸体的研究，扇形、长方形和方形硅酸体主要产于禾本科植物中，代表比较温暖的环境状况。所以，植物硅酸体组合表明，当时遗址周围生长的禾本科植物，代表的是温暖的自然环境。发现的少量哑铃形和阔叶树硅酸体也能说明这个问题，芦苇扇形硅酸体的存在反映遗址附近一度有水域的存在。

六里井遗址[3]的情况与之相似，不过该遗址位于泰沂山脉西侧的平原地带。通过对动物骨骼进行鉴定，发现主要有猪、牛、獐、麋鹿、鹿犬、豹猫和淡水贝类的河蚌、蚬及铜锈黄棱螺。表明当时遗址周围或附近有一定规模水域的存在。从出土的动物种类以有蹄类和小型食肉类为基本构成分析，这一时期该区域森林覆盖率还很高。通过植物硅酸体及孢粉鉴定看出，硅酸体以扇形、芦苇扇形为优势，其次是方形或矩形。其中，扇形占硅酸体总数的49%，而芦苇扇形亦占30%。由于样品中以反映温暖潮湿环境的扇形、方形和鞍形等禾本科植物中的硅酸体为主，而生长在旱地环境下的禾本科硅酸体则含量甚微。另外，样品中还出现榆、栎、木犀科、藜和禾本科的花粉。特别是大量芦苇形硅酸体的发现，表明这里可能分布着湿地，

[1] 姜钦华：《建新遗址几个样品的植硅石分析》，《枣庄建新——新石器时代遗址发掘报告》，科学出版社，1996年，附录六。
[2] 靳桂云、何德亮、高明奎、兰玉富：《西公桥遗址植物硅酸体研究》，《海岱考古（第二辑）》，科学出版社，2007年。
[3] 范雪春：《六里井遗址动物遗骸鉴定》；孔昭宸、陈怀城：《六里井遗址植物硅酸体及孢粉分析鉴定报告》，国家文物局考古领队培训班：《兖州六里井》，科学出版社，1999年。

当时的气候应该温暖潮湿。虽然遗址中的孢粉浓度较低，但出现的植物均属于暖温带生长的乔木树种，估计鲁中南地区的森林已遭一定程度的破坏，这一点可以从遗址中生土层的炭屑得到验证。

前埠下遗址植物硅酸体分析的样品[1]，能够统计到的硅酸体类型有棒形、尖形、哑铃形、长方形、扇形、方形、中鞍形、帽形、齿形、芦苇扇形、短鞍形、多铃形、毛发形、导管形、十字形、蕨类植物硅酸体，其他古生物化石有菊科、禾本科及海绵古针等。植物硅酸体提供了下列信息：硅酸体组合中以棒形为主，长方形、方形硅酸体较后李文化时期有所减少，表明遗址周围生长的植物，反映干凉气候的种类增多，而代表温暖湿润气候的植物有所减少，看来气候发生了变化；中鞍形和芦苇扇形是芦苇植物中特有的硅酸体类型，而芦苇属于禾本科芦竹亚科芦竹族，生长于沼泽、河岸、湖边和草地，说明大汶口文化时期，遗址周围不仅有较大范围的水域，而且有丰富的水生植物可供古人利用。通过对动物遗骸鉴定后确认，为无脊椎软体动物的腹足纲、瓣鳃纲及脊椎动物的鱼纲、爬行纲、鸟纲和哺乳纲，至少代表35个属种。其中属于大汶口文化时期的动物有中华圆田螺、圆顶珠蚌、珠蚌、背瘤丽蚌、失衡丽蚌、丽蚌、扭蚌、蓝蚬、文蛤、草鱼、鲤鱼、鲶鱼、黄桑鱼、鳖、龟、鸡、中华鼢鼠、狼、狗、狐、貉、狗獾、虎、猫、野猪、家猪、麂、獐、梅花鹿、鹿、羊、牛、水牛等。

在鲁北地区，环境信息主要出自五村遗址[2]，发掘中发现的动物骨骸和蚌壳，是研究这一地区自然环境的重要资料。经鉴定，其种类有软体动物、鱼类动物和哺乳动物三大类21个属种。有毛蚶、文蛤、牡蛎、圆顶珠蚌、扭蚌、圆头楔蚌、楔蚌、短褶矛蚌、背瘤丽蚌、楔形丽蚌、失衡丽蚌、无齿蚌、青鱼、家猪、牛、羊、野猪、豺、狗獾、鹿、麋鹿。以上21种动物，以野生动物为多，以鹿类为主。水生动物有鱼类和蚌类。其中有三种海生软体动物，九种淡水生软体动物，一种淡水鱼，三种家畜和五种野生动物。海生软体动物主要是生活于河流入海口处泥沙质中的丽蚌、楔蚌和珠蚌等。淡水鱼为吞食能力很强的青鱼。是遗址中动物遗骸的主要种类之一。在家畜中，以猪的遗骨最多，可代表30余头不同年龄、不同性别的个体。猪可能是人们饲养的主要家畜之一。野生动物主要是鹿、麋鹿、野猪和狗獾等的遗存。麋鹿生活于水草丰茂地带，而野猪和狗獾则栖居在灌木杂生的土丘或水边，进而表明遗址周围必定有这些自然景观的存在，因为环境与生物总是相互适应的。从遗址中出土的动物组合来看，现生的毛蚶、文蛤等大多生活在河流入海口处的沙泥质沙滩

---

[1] 靳桂云：《前埠下遗址植物硅酸体分析报告》，《山东省高速公路考古报告集（1997年）》，科学出版社，2000年，附录一。

[2] 孔庆生：《广饶五村大汶口文化遗址中的动物遗骸》，《广饶五村遗址发掘报告》，《海岱考古（第一辑）》，山东大学出版社，1989年，附录。

中，但在遗址中有这样浅海半咸水相软体动物遗骸存在，说明五村遗址一定不会距海太远，否则，先民们就难以赴海捕捞这些生物。楔蚌、丽蚌等皆属流水型软体动物，现生种主要分布在温暖湿润的南方省区的河流以及与河流相通的湖泊中，而遗址中出土了大量这类生物的双壳，表明当时的气候比较温暖、湿润，降水经常，年平均气温可能比现在高 4℃～5℃。从植被品种和动物群习性观察，气候应与现在的南方省区的气候相似。温暖而潮湿，滨海平原，水草丛生，大量野生动物与人类共存其间，在这优越的自然环境条件下，古代人类从事农耕、捕捞等各项生产活动。

三里河遗址是一处包含大汶口文化和龙山文化的遗址 [1]。大汶口文化的自然遗物数量较多。经鉴定，以软体动物的贝壳为主，种类较复杂，主要有海生的疣荔枝螺、锈凹螺、脉红螺、朝鲜花冠小月螺、珠带拟蟹受螺、纵带滩栖螺、毛蚶、青蛤、义蛤、蛤仔、近江牡蛎、四角蛤蜊、亚克棱蛤等，在胶州湾沿岸，这些软体动物，主要生活在潮间带至潮下带的浅海泥沙质海底或岩上，至今仍是沿海居民采集的食物。遗址里还有针乌贼壳和生活在淡水中的圆顶珠蚌和剑状矛蚌，又有少量乌贼骨等。H118 内还发现鱼鳞，经鉴定都属于黑鲷。此外，棘皮动物仅有海胆碎壳片，节肢动物有日本蟳的螯等。还有少量猪骨和四不像鹿角等。龙山文化时期的动物遗骸基本与大汶口文化相似，说明两个文化时期的自然环境是基本相同的。潍县鲁家口遗址包含龙山文化和大汶口文化两个时期的文化堆积。大汶口文化的动物种类与龙山文化相同，但鱼骨及蚌片、蛤壳较多，并有龟、鳖等水生动物遗存。

4.山东龙山文化的自然环境

这一时期的自然环境与大汶口文化中晚期基本相同。鲁家口遗址 [2] 地处渤海莱州湾畔，是一片低湿地冲积平原。堆积厚度 3 米以上。发掘中采集的动物遗骸，至少可以代表 21 个种属，包括家猪、牛、鸡、猫、鼠、东北鼢鼠、四不像、梅花鹿、獐、狐、蛤、獾、青鱼、草鱼、龟鳖、文蛤、毛蚶、螺类、蟹类和一些大型禽类。其中有猪、牛、猫、鸡四种家畜家禽。野生动物多为沼泽和森林附近的种类，以鹿类为主。如獐、四不像等都是栖息在沼泽及河边芦苇中的动物。这些动物属于龙山文化的动物种类，主要是猪、牛、鸡、猫、貉、狐、獐、鹿、四不像、东北鼢鼠等。水生动物主要是淡水鱼类，文蛤等是栖息在海水盐度较低的河口附近沙质海底的贝类，说明捕捞活动在当时经济生活中有一定的重要性，但当时人们活动的水域似乎限于河

---

[1]　中国社会科学院考古研究所：《胶县三里河》，科学出版社，1988年。

[2]　中国社会科学院考古研究所山东工作队、山东省潍坊地区艺术馆：《潍县鲁家口新石器时代遗址》，《考古学报》1985年第3期。

流和河流入海的口岸边，尚未深入海洋作业。

西吴寺遗址[1]位于鲁中低山丘陵和鲁西平原交接过渡地带，属于汶泗流域。发掘中出土了大量陶、石等文物及一些动物遗骸，经过鉴定，主要有家犬、豹猫、家猪、獐、梅花鹿、麋鹿、黄牛以及少量蚌壳、龟甲及禽骨（似鸡）等。其中獐是一种喜温性动物。龟甲属陆生的地平龟（Ferrapenesp）。从野生兽类的种类组成分析，龙山文化时期森林覆盖度较好，间有沼泽与草地。当时的经济生活是以农业为主，家畜饲养为辅的经济类型。孢粉分析结果表明，这一时期气候暖湿，植被较茂盛。生长着松、栎、榆、桑、漆树等科属的乔木和藜、蓼、蒿等科的草，以及生长于静水或缓流湖泊、小溪中的喜暖湿环境的环纹藻等，表明当时的湖泊面积较大。还发现有丰富的禾本科植物和一定数量小麦（近似种）孢粉的存在。说明龙山文化早期阶段气候还比较暖湿，到后来变得干凉了。这种前期植被较繁茂，而后期植被较凋零现象，与全新世中、晚期的气候变化基本是一致的。与西吴寺遗址相近的尹家城遗址[2]，是鲁中南地区一处重要的龙山文化遗址。鉴定的动物遗骸有猪、狗、黄牛、羊、鸡和野生的鹿、虎、狐等；软体动物中有中国圆田螺、梨形环棱螺、纹沼螺、河蚌、短褶矛蚌、圆顶珠蚌、中国尖脊蚌；水生动物有鳢鱼、龟、鳖、扬子鳄。植物种子发现有莲，鉴定结果表明，在山东龙山文化时期泗水一带的植被比较茂盛。特别是一些后来南移的动物，如扬子鳄等在遗址中被发现。说明龙山文化时期气候较现在温暖湿润。研究认为，5000abp.以来，扬子鳄的分布北界向南退缩了3～5个纬度。20世纪30年代初，在日照两城镇遗址发掘的灰坑中找到的炭化竹节，说明5000abp.仰韶文化以来，竹类分布的北界向南退缩了1～3个纬度。

就全球气候来看，距今4000多年前的龙山文化晚期阶段，总的气候趋势是向干凉方向发展，雨量减少，湖沼水域收缩。这种自然条件，比较适合各类农作物的生长、繁育。如杨家圈遗址龙山文化灰坑中曾发现过粟（Sitaria italica L.）、黍（Panicum miliaceum L.）和稻谷（Oryza Sativa）的痕迹[3]，庄里西遗址发掘中也发现有人口栽培的水稻（图五）[4]。并从一些灰坑内浮选出植物果实和种子。浮选的炭化稻米，孔昭宸等先生鉴定后确认，是当时人工栽培的粳稻的米粒。与粳米伴存的尚有黍、野大豆、葡萄、酸枣的果核以及大量蔷薇科植物果核。除一些植物遗存外，

---

[1] 卢浩泉：《西吴寺遗址兽骨鉴定报告》，周昆权、赵芸芸：《西吴寺遗址孢粉分析报告》，《兖州西吴寺》，文物出版社，1990年，附录二、三。

[2] 卢浩泉、周才武：《山东泗水尹家城遗址出土动、植物标本鉴定报告》，《泗水尹家城》，文物出版社，1990年，附录一。

[3] 山东省文物考古研究所、北京大学考古实习队：《山东栖霞杨家圈遗址发掘简报》，《史前研究》1984年第3期；北京大学考古系、烟台市博物馆：《胶东考古》，文物出版社，2000年。

[4] 孔昭宸、刘长江、何德亮：《山东滕州市庄里西遗址植物遗存及其在环境考古学上的意义》，《考古》1999年第7期。

图五　山东龙山文化稻米
（滕州庄里西出土）

大部分灰坑内还保存有猪、鹿、牛骨。大量鱼、蚌、螺、龟等水生动物遗骸的发现，足以说明，庄里西遗址所反映的自然环境是动物饲养和农耕文化特征。其中生物遗存则代表鲁中南平原丘陵和水域内的较小地理范围的地方性生物群特征。表明遗址附近，地形起伏不大，分布着林地，灌木丛和淡水湖沼、河流等水域，再加上当时气候较为温暖、湿润，属于多雨的季风特征，这种自然环境不仅为水稻的种植提供了适宜的自然条件，而且林地、灌木丛、湿地又是先民采集酸枣、葡萄、李、野大豆的理想场所。当时，由于社会生产力还十分落后，先民适应不同的环境状态，以渔猎采集为主。随着人口的增多、聚落的扩大和城址的出现，社会生产力有了很大的提高，人类征服自然的能力进一步增强，使原始农业得到空前的发展，完成了从狩猎采集到饲养栽培经济的飞跃。

最近，考古工作者对田旺遗址灰坑内的 8 个样品进行了硅酸体分析[1]。其中多数样品都发现水稻植物硅酸体，可鉴定为稻属的硅酸体有三种类型，即特征扇形、平行排列状哑铃型和颖壳硅酸体。说明龙山文化时期，黄河下游地区水稻的栽培已经比较普遍。进一步证实龙山文化时期山东地区是人工栽培稻的重要地区，这为亚洲稻向东传播提供了可靠依据，对于深入研究黄河下游地区史前时期稻作农业具有重要意义。

四　自然环境与古代文化的关系

自然环境是人类赖以生存和发展的客观载体，而文化只不过是人类适应和改造

[1]　靳桂云、吕厚远、魏成敏：《山东临淄田旺龙山文化遗址硅酸体研究》，《考古》1999年第2期。

自然环境的中介与产物。在特定条件下，自然环境往往制约甚至决定着人类的生存与生产方式，亦即在不同的自然环境中常常存在着不同经济类型文化，以及与之相适应的居住生活方式等。所以，人类所创造的文化遗存包括聚落形态等无不深深地保留着自然环境的烙印和特征 [1]。

全新世以来，全球气候变化的总特点是明显转暖，进入温暖的间冰期。但在这个间冰期中，气候冷暖波动相当频繁，波动幅度最多可达 +5℃～ −6℃，一般在 +2℃～ +3℃至 −2℃～ −3℃，最小 ±0.5℃ [2]。由于气候的波动，开始出现一系列环境指标的变化首先使植物群发生多次更替，由桦、针叶林及草原型植被代表气候变冷的新冰期，由阔叶林或混交林为代表的气候变暖的新高温期。

青岛地区有关 8000 ～ 5000 abp. 时段的孢粉资料表明。当时沿海曾生长着一些亚热带的乔木，如常绿栎类、枫香、山核桃、山矾、杨梅、冬青、水青冈以及水蕨、凤尾蕨、紫萁等。似乎反映该地区植被属于温带落叶林与亚热带常绿阔叶林的过渡类型。因此，当时气候明显较今温暖潮湿。而至 5000 ～ 3000 abp.，以松为主要组成的针叶植物比例增加，一些亚热带阔叶树种和蕨类减少乃至消失。尤其是在 5000 abp. 时，由于松的增加，落叶阔叶树种的减少。似乎一度演替成松栎林 [3]。在胶东半岛的乳山市翁家埠遗址孢粉组合记录了距今 5830 ～ 5200 年气候由暖变冷的演变过程 [4]。其中④层和③层堆积阶段是一个温暖湿润气候，以阔叶树为主的针叶森林植被。第③层文化堆积物中出现较多的冷杉属花粉，说明该时期气候已经有了变凉的趋势。第②层气候明显降温，在冷凉湿温条件下发育了冷杉、云杉、松属等针叶树为主的针、阔叶混交林植被。由于环境的变化，植物群的更替。给古人类的捞贝、捕鱼等生存活动带来很多不便，由于降温事件持续时间短。因此，基本没有改变当时人们捞贝、捕鱼的活动范围和生产方式。

据统计，在胶东半岛从东到西，包括远离大陆的庙岛群岛的广大区域，发现 70 多处贝丘遗址，其位置多在海边，也见于湖泊和河流的沿岸，一般在海拔 20 ～ 30 米的台地上，以包含大量古代人类食后抛弃的贝壳为特征（图六）。这类遗址大都属于距今五六千年前的新石器时代。地貌特征基本一个模式，多在离海不远的岗丘上，一般距海有数千米。周围有低矮的群山与河流，一面连接纵横的丘陵及茂密山林，一面俯临辽阔的大海，既有一定高度，坡势又较平坦；且遗址一带土层深厚，属于富含腐殖质的棕壤。这些因素适合发展山地农业，也为牧、渔、采、

[1] 钱耀鹏：《中国史前城址与文明起源研究》，西北大学出版社，2001年。

[2] 徐馨、沈志达：《全新世环境》，贵州人民出版社，1990年，第218页。

[3] 张丕远主编：《中国历史气候变化——中国气候与海面变化及其趋势和影响》，山东科学技术出版社，1996年。

[4] 齐乌云：《山东乳山市翁家埠遗址孢粉分析研究》，《考古》2001年第6期。

图六　贝丘遗址（即墨市丁戈庄）遗址地表散见的贝壳

猎提供了便利。当时人们食用的贝壳及动物种类有蛤仔、牡蛎、文蛤、泥蚶、河豚、黑鲷、猪、鹿、猪獾等。

　　通过调查[1]，发现半岛北岸的贝丘遗址蛤仔壳很多，而南岸的泥蚶壳数量最大。由此说明，不同的贝类有着不同的生存环境。蛤仔生息于沙滩，要求有潮间带环境。而北岸海岸线比较平直，其沙质地形正是蛤仔生长的潮间带环境。面对大海的胶东半岛北岸的蓬莱南王绪贝丘遗址，是出土蛤仔类贝丘遗址的典型代表。南岸多曲折海岸形成的海湾，加上由陆地泥土通过水流积淀于海边，泥沙混杂的环境最适于泥蚶的生长。南岸的人捕食泥蚶，北岸的人则捕捞蛤仔，这是远古人类受环境制约的具体表现。另外，在南岸的翁家埠遗址发掘中出土了较多的鹿骨，猪骨、鱼骨稍少；而在北岸蓬莱大仲家等遗址发掘中则出土较多的猪骨，河豚鱼骨也有发现，但鹿骨罕见。由于当时生产力极端低下，居住在南北两岸地区的先民们只能依赖不同自然环境提供的食物来源生存。

　　烟台白石村遗址中出土了大量贝壳和一些海鱼骨骼[2]，其中 14 种贝壳都是沿海

---

　　[1]　胶东半岛贝丘遗址研究小组：《胶东半岛北岸贝丘遗址环境考古学研究》，《中国文物报》1996年3月10日第3版；袁靖、焦天龙：《胶东半岛南岸贝丘遗址的环境考古学研究》，《中国文物报》1997年3月30日第三版；刘洋：《新石器时代的人与环境——胶东半岛的贝丘遗址与环境考古学研究》，《中国文物报》1997年8月24日。

　　[2]　成庆泰：《烟台白石村新石器时代遗址出土鱼类的研究》；齐钟秀：《烟台白石村新石器时代遗址出土软体动物的鉴定》；周本雄：《烟台白石村新石器时代遗址出土动物鉴定》，北京大学考古系、烟台市博物馆：《烟台白石村遗址发掘报告》，《胶东考古》，文物出版社，2000年。

图七　堌堆遗址（定陶官堌堆遗址）

居民广泛食用的鱼骨分属 4 种鱼类，有黑鲷、真鲷（加吉鱼）、鲈鱼和鲀鱼，基本是现在海产经济鱼类。从鱼类的习性看，除有河口性和沿海近海种类外，还有较深海底的鱼类。可知在新石器时代，生活在白石村遗址附近的人们捕鱼能力有很大的提高，能够捕捞各种不同习性、水深的鱼类。

　　日照地区亦属于鲁东沿海，生活在这里的人们生活方式与胶东半岛地区有明显的不同，由于该地区史前时期定居农业出现相对较晚，迄今为止，还没有发现贝丘遗址存在的迹象，说明在新石器时代，当时不存在适应海洋生活的史前人类[1]。

　　生活在不同自然环境中的先民其生活方式有明显区别，目前，鲁西南的菏泽地区分布着数百处为避水患而居住的堌堆遗址（图七）[2]，之所以形成高大的堌堆遗址，与当时的沼泽横溢和黄河泛滥有关系。文献记载，这一带有古黄河、济水、濮水以及大（巨）野泽、菏泽、雷（夏）泽等水域，加上该地区多属平原洼地，易积水、不易排泄，一到雨季遭受水患的几率特别高，据我国长江及黄、淮、海等河流洪水记载洪水灾害相当严重，例如，黄河在近 2000 年间就决口 1500 次，黄河夺淮的 500 年中，水灾达 350 次。研究表明，史前黄河下游河道曾在河北平原与淮北平原间多次南北游荡、改道，正处于黄河冲积扇范围之内的鲁中南山地外围平原地带，首当其冲遭受洪水的灾害一度造成河流漫溢改道、湖泊遍布的地貌景观[3]"当尧之

[1]　中美两城地区联合考古队：《山东日照地区系统区域调查的新收获》，《考古》2002年第5期。

[2]　郅田夫、张启龙：《菏泽地区的堌堆遗存》，《考古》1987年第11期。

[3]　王青：《试论史前黄河下游的改道与古文化的发展》，《中原文物》1993年第4期。

时，天下犹未平，洪水横流，泛滥于天下，草木畅茂，禽兽繁殖，五谷不登，禽兽逼人，兽蹄鸟迹之道，交于中国"（《孟子·滕文公上》）又说："当尧之时，水逆行，泛滥于中国，蛇龙居之，民无所定，下者为巢，上者为营窟"（《滕文公下》）。面对如此恶劣的自然环境，先民们为了生活有的被迫经常迁徙，甚至远走他乡，寻找更加适合居住的地区。留下来的先民们为了避开水患，不得不修筑高台"陵阜而居"（《墨子·辞过》），或在平地上"积壤而丘处"（《淮南子·本经》）。于是就形成许多高大的堌堆遗址，这种现象反映了古代先民征服自然、改造自然的能力有了很大的提高。

可以看出，人类活动对自然环境影响的程度越来越强烈，人们一方面适应自然环境，利用自然环境，同时也在不断地改变着环境，但有些地区却出现人为破坏环境的现象。长岛砣矶岛和大钦岛遗址提供了有关的一些信息[1]，在文化层采集的23块孢粉分析样品中，发现较多的孢粉和藻类，种类有松、杉科、柏科、麻黄、栎、栗、榆、榛、胡桃、枫杨、枫香、柳、桑科、芸香科、鼠李科、蒿藜科、禾本科、蓼、菊科、莎草科、毛茛科、十字花科、伞形科、水鳖科、百合科、箬草、打碗花属、水龙骨科、卷柏、石松、碗蕨科、苔藓孢子、双星藻、环纹藻。从分析结果可以看出庙岛群岛一带环境变化的一些规律：大约在4500年以前，岛上生长着大量的松、栎枫香、桑、柏、柳、榛、栗等乔木。林中及山脚下草木茂盛，百花争艳，森林景观郁郁葱葱，气候温和，环境宜人。生活在长岛的先民受于这青山绿水，在此定居繁衍。人们以渔为生，对自然植被还没有多大的影响。在4500～3000年，岛上森林消失，只在局部山地还长着少量松树，大量的淡水环纹藻、双星藻和藜、蒿等草本植物交替出现。在雨量充沛的年份，局部积水成沼，气候稍有变凉。为什么长岛森林植被消失得这么快？在孢粉分析的样品中，镜下发现大量灰烬。有关冶炼场的存在而引起森林消失的实例早有报道[2]。可见长岛有限的森林，由于几经刀砍火烧，早在几千年前就被砍伐殆尽。采伐的人，百家成群，千夫为邻，逐之不可，禁之不从。林区被延烧者一望成灰，砍伐者数里如扫[3]。反映出当时人为损坏森林、破坏自然环境的现象是相当严重的。

由于自然环境遭到了严重的破坏，所以，在4000 abp.前后，龙山文化突然衰变为岳石文化[4]。与前期的龙山文化相比，分布范围变小，遗址数量由山东龙山文化时期的1000余处到岳石文化时期只发现300多处，文化面貌与龙山文化相比也

[1]　吕厚远：《庙岛群岛古人类活动对植被的影响》，《考古》1989年第6期。

[2]　中国科学院《中国自然地理》编辑委员会：《中国自然地理·古地理》（上册），1984年。

[3]　史念海：《河山集》（二集），生活·读书·新知三联书店，1981年。

[4]　俞伟超：《良渚文化与龙山文化衰变的奥秘——致"纪念城子崖遗址发掘60周年国际学术讨论会"的贺信》，《文物天地》1992年第3期。

失去了昔日的威风和光彩[1]。在甘青地区，也出现与龙山文化相似的现象[2]，发达的农业经济体系彻底解体衰落了，在迈向文明门槛的过程中发生了断裂现象。这种巨变被认为与4000 abp.前后的气候变化有关。而南方，几乎在大致同一时间正遭受着洪水袭击。关于良渚文化、石家河文化、山东龙山文化衰落的原因，俞伟超先生指出，4000 abp.前后的洪水事件是导致良渚文化、石家河文化、山东龙山文化衰变的主要原因。他认为，当时黄河和长江下游，尤其是长江三角洲地区变为一片汪洋，原有的发达的龙山、良渚文化的种种设施顷刻便被摧毁，农田也常年被淹，无法生产，更谈不上文明发展了。资料表明，在中国南方地区以及东部平原地区都不适合人类居住，当时中国第2阶梯与第3阶梯交接部位的中原地区是人类生活得较为理想的地区。可以说，4000 abp.前后的降温和洪水事件导致了地理限制的形成[3]。

五　自然环境与海岸的变迁

人类生活环境是自然环境的综合体。人类的生存与社会的发展，都是在特定环境背景下开展各种相关活动的，自始至终离不开环境。在山东半岛，海岸是海陆交互作用地带，是环境演变的敏感地区之一，气候演化、海岸变迁、海平面的升降对海岸带古代人类生存活动的空间范围、获取食物资源的类型、利用自然资源的方式等影响很大。因此，环境的变化必然首先影响到人类的活动和生活。所以，环境对古代人类社会的形成与发展起着非常重要的作用，它直接影响并制约着人类社会生产发展的进程。

1.自然环境的变化

众所周知，全新世气候总特点是温暖潮湿的，但在最近一万年以来，气候发展是相当复杂的，经过若干冷暖和干湿气候旋回，冷暖差一般在5℃～6℃，最大变幅可达8℃～10℃；降水量随着温度变化而相应地发生多次变化[4]。但总体上表现为一个气温回升过程，早期由晚更新世末期的寒冷气候而逐渐升温，山东沿海区域为温暖湿润的气候环境。青岛胶州湾地区，距今8500～5000年前，气候温暖湿润。以木本含量占优势，阔叶树花粉显著增加，松属含量也较多，栎属花粉含量呈现最大值，其次是栗属，还有少量榆属、桦属、鹅耳枥属、柏科、榛属及个别枫香

---

[1]　高广仁、邵望平：《中华文明的发祥地之一——海岱历史文化区》，《史前研究》1984年第1期。

[2]　水涛：《论甘青地区青铜时代文化和经济形态转变与环境变化的关系》，《环境考古研究（第2集）》，科学出版社，2000年。

[3]　吴文祥、刘东生：《4000 abp.前后降温事件与中华文明的诞生》，《第四纪研究》第21卷第5期，2001年。

[4]　徐馨、沈志达：《全新世环境》，贵州人民出版社，1990年，第55页。

属、金合欢属、山毛榉属、胡桃属、枫杨属等北亚热带植物成分。草本以藜科、蒿属、香莆属为主，蕨类属有水龙骨科和少量水蕨属。水蕨属目前只生长在江淮及其以南地区，目前山东、华北地区已经绝迹。植被面貌大致相当于我国温暖带南部的淮河平原地区 [1]。其中在距今 6500 年前以阔叶栎林为主，气候变成温和湿润。距今 6500～5000 年时，水热条件比前阶段更好，植被以阔叶树种占优势，并含有少量亚热带成分，是一个暖湿的气候最适宜期。自 5600 年开始以松、冷杉、云杉为主的针叶林面积明显扩大，在全新世的大暖期中出现了短暂的降温事件。距今 5000～4500 年的气候温和湿润，水热条件较前时期略有下降。距今 4500～3600 年温暖略干，温度条件较前一阶段上升，水分相对减少，为草原植被发展时期，也是早期古土壤发育时期 [2]。也就是说古气候表现出由温凉→凉湿→暖湿→温湿→温干→温湿→凉干这样一个变化过程 [3]。

从孢粉分析看，胶东半岛南部在距今 8500～5000 年前发现一定数量的现在只生长在江淮及江淮以南地区的植物，当时的植被面貌大致相当于现在我国淮河平原地区，在我国淮河平原地区，当时的气温高出现在 2.5℃左右。从距今 5600 年前开始针叶树略有增加。而从距今 5000 年以后，逐渐转变为以针叶树为主的森林、草原植被，气候温和略干。在胶东半岛北部距今 7000～6500 年前乔木花粉含量增加，气候显示出温和略湿，并且不断变暖的趋向。到 6500～5000 年，出现少量喜温暖湿的南方树种，反映当时的气候温暖湿润，与现在的淮河流域北部相似，当时的气温高于现在 2℃左右。但是从距今 5600 年开始针叶树略有增加。而从距今 5000 年以后，一些旱生、盐生的草本植物增多，反映气候趋向温和略干 [4]。在植物上，主要以松为主，阔叶树减少，草本植物自下而上增加。由此推断，古气候可与现代黄淮平原北部区相当。年均气温当在 14℃～15℃。比现代高 2℃左右。年均降水量在 800mm 以上，比现代多 100～300mm 以上 [5]。竺可桢先生也曾指出 [6]：在 5000～3000 abp.（大暖期后半段），黄河中下游的平均气温较今高出 2℃，冬季温度则高出现在 3℃～5℃的结论。

[1] 王永吉、李善为：《青岛胶州湾地区20000年以来的古植被与古气候》，《植物学报》1983年第25卷第4期。

[2] 俞伟超：《良渚文化与龙山文化衰变的奥秘——致"纪念城子崖遗址发掘60周年国际学术讨论会"的贺信》，《文物天地》1992年第3期，第188页。

[3] 赵济、李容全、杨运恒等：《胶东半岛沿海全新世环境演变》，海洋出版社，1992年。

[4] 俞伟超：《良渚文化与龙山文化衰变的奥秘——致"纪念城子崖遗址发掘60周年国际学术讨论会"的贺信》，《文物天地》1992年第3期，第190、191页。

[5] 韩有松、孟广兰、王少青等：《华北沿海中全新世高温期与高海面》，施雅风、孔昭宸：《中国全新世大暖期气候与环境》，海洋出版社，1992年。

[6] 竺可桢：《中国近五千年来气候变迁的初步研究》，《考古学报》1972年第1期。

据研究[1]，当时的亚热带北部区界，曾从现代淮河—南阳—汉中一线（33°N附近），向北推移至徐州—郑州—西安或兖州—菏泽一带（34°30′～35°33′N），位移2个纬度左右。位于此线以北的华北沿海区域，仍处于暖温带。出现比现代更暖湿的过渡性气候特征，当与海陆分布、地势及季风气候有关。另据孢粉记录，全新世中期长江中下游地区亚热带北界至少在连云港（江苏）—郯城（山东）—丰县（江苏）一线，大约在34.5°N一线。若依据古生物或考古资料，界线可能还要北移，大约在两城镇（山东）—兖州（山东）一线，即35.5°N。这就是说，全新世中期北亚热带北界比现今北界北移2.5个纬度，其北移的直线距离约250千米[2]。

2.海面上升与海侵事件

自15000年前冰进高潮开始退却以后，海平面逐渐上升。由于当时全球气温普遍升高，造成冰川融化，海水涌上陆地，海平面最高时比现在要高4米以上。因海平面升高而出现的沼泽地，可能是当时东部沿海地区常见的自然景观。伴随着陆地水位上升和排水条件的恶化，全新世早期海平面确实升高了。大约距今一万年以来的几千年间，半岛地区经历了海平面从升到降，海岸线后退到前移的变化过程。

据海洋部门的资料，山东沿海地区，全新世初期，随着海面急剧上升，海岸线迅速向陆地推进。在胶东半岛北岸到达莱州湾东岸的西由附近。这次海侵后，在距今8000年左右接着发生海退，在莱州湾东岸的西由附近，海岸线至少退至低于现代水深11米以外。距今7300～7000年海岸线推进到现代海岸线附近。到距今6000～5000年海岸线继续向陆地推进到最大范围，这一时期的海岸线比较清晰和明确，在莱州湾沿岸深入陆地30余千米。而在基岩港湾海岸大致与5米等高线相一致，海侵到达最大范围后，大约于距今4500年前海岸线开始后推，距今4000～3000年前海平面降到现代海平面以下，距今3000年以来，海平面在现代海平面上下小幅度浮动[3]。生活在这里的原始社会的先民们，在海进后的一段时间里，适应环境变化，因地制宜，在临海的高台地上建立了住处，开展了以捞贝捕鱼为主，兼及狩猎和采集的生存活动。由于长时间捕捞同一种贝类，影响到贝类自然生长的规律，遗址中发现的贝类呈现越来越小的趋势，这是人类既受环境影响，又

[1] 韩有松、孟广兰、王少青等：《华北沿海中全新世高温期与高海面》，施雅风、孔昭宸：《中国全新世大暖期气候与环境》，海洋出版社，1992年。

[2] 张丕远主编：《中国历史气候变化——中国气候与海面变化及其趋势和影响》，山东科学技术出版社，1996年，第102页。

[3] 中国社会科学院考古研究所：《胶东半岛贝丘遗址环境考古》，社会科学文献出版社，1999年，第183～185页。

影响环境的一种表现。经过长时间的发展，其后，当地的先民们又接受山东内陆地区农耕文化的影响，迈开了由狩猎捕鱼捞贝、采集向农耕转变的步伐，开始了人类改变自然环境的新生活。邵望平先生指出 [1]，大约在公元前 3000 年后，气温下降，海平面出现回落，在中国东部沿海的许多地区，先前的沼泽地也变成了适宜于人类定居的陆地。

学术界普遍认为，此次海面升高主要是气候转暖，致使冰川融化并伴以大量降雨的结果，也是陆地上出现洪水的主要原因。在距今 12000 年左右，海平面急剧上升，引起了大规模的海侵。随着海平面的上升，海水逐渐由黄海侵入到青岛地区，在距今 8000 年前，海水进而侵入现在的滨海河谷平原，深入内陆达 5 ～ 20 千米，在胶州湾西岸可达胶县李小庄、营海、洋河崖一线。在大沽河河谷，侵入内陆达 20 千米以上，至蓝村以南的胶济铁路线一带。距今 6000 ～ 5000 年前海侵最盛时，海水曾淹没了沿海海拔 5 米以下的陆地，形成了大沽河麻湾和丁字湾两个古河口湾等。当时的海平面比现代海面高 2 ～ 3 米，出现高海面。在距今 4000 ～ 3000 年前，海平面出现回降趋势，加上陆源入海泥沙的堆积作用，海水又从河口湾退出去，海平面回降到现代海面附近 [2]。由于受海侵影响，沿海一带部分地点为海水淹没，海水沿河流回灌，水域扩大，地下水位抬高，大约在距今 10000 年，中国东部海面已上升至 -28 米，其上升速度是十分惊人的。海洋环境向陆地方向扩展，海水淹没了早先的沼泽和森林，使河流沦为溺谷。在距今 8000 年左右，人类遇到了进入新石器时代以来的第二次洪水，在随后的一千年时间内，海平面升高 14 米，亦即距今 7000 年前的海平面位置为 -4 米。此后，海平面上升速度有所减缓，但仍未停止。至距今 6000 年左右，海面上升至较现今海面高 2 ～ 4 米的高度 [3]。

据不同研究材料反映，在胶东半岛西北部海岸较低，地势平坦，海侵时的海岸线深入陆地约 35 千米。而在胶东半岛其他海岸地区的基岩地带，地形起伏明显，海侵时海水不可能超过海拔 5 米以上的等高线，故进入陆地的范围有限，在一般基岩海岸为 2 千米左右，而在沟壑河谷的地形里进入陆地最深处可达 10 千米以上。大约到距今 4500 年前海水开始后退，气候呈现波动下降趋势，海平面没有发生过大的起伏，也在稳定中出现缓降。在海水后退过程中遗留的多道贝壳堤，标志着海水已向东退去，反映了海面升降与海岸线变化的相对稳定期。

[1] Shao Wangping 2000, The longshan period and Ancient Civilization，Journal of East Asian Archaeology（Festschrift in Honor of K C Chang），2（1-2），p195-266.

[2] 韩有松、孟广兰：《青岛沿海地区20000年以来的古地理环境演变》，《海洋与湖沼》1986年第17卷第3期。

[3] 刘方复：《中国史前的洪水》，《文物天地》1993年第3期。

3.海岸线的变迁

由于气候的变化，气温下降，海岸也发生了升降。在 7 ～ 5kbp. 海湾扩张期，海侵在现代海岸曾向沿海低地入侵数 10 至 100 千米。最大海侵的古海岸线，在莱州沿岸分布于莱州、昌邑、潍坊、广饶北部一带；向北经过黄河三角洲平原的北镇、无棣，然后进入渤海湾西岸，穿过沧州与黄骅之间，经静海、天津西侧，折而东北行，抵宝坻县城附近；又东南行，沿更新世滦河冲积扇前缘延伸，东至乐亭县马头营和昌黎海岸沙丘内侧，止于秦皇岛[1]。

北辛文化时期山东的地形发生了极大的变化。黄河不断建筑着的冲积扇，在公元前 5500 年左右已经接触到原来是海中岛屿的鲁中南丘陵地。继而发生了海面的下降。不断冲积的黄土形成一个平原，其前端联结了山东而使之成为半岛。从那时起泰沂山区周围已开始形成适宜人类长期居住的平原地形[2]。在鲁北地区，北辛文化时期，邹平以及桓台大部分地区已为陆地，距莱州湾当不甚远。邹平东北广饶，向西北至滨州附近，滨州至阳信再延伸至庆云东侧，其时的海岸应在其附近[3]。大汶口文化时期，海岸变迁最明显的是鲁北—胶莱平原与淮北平原区，前者在 B.P.6000 年海侵向陆地推进到最大范围，在沿今惠民—广饶、昌邑北—平度新河—掖县沙河—虎头崖一线；B.P.5000 年至龙山期，这时的海岸线在今山东滨县—寿光郭井子—掖县虎头崖一线[4]。根据古文化遗址的分布进一步推断，在距今七千年时，山东北部的陆地边缘至少应划在今邹平县境以北，也就是说应越过今小清河，达到了今黄河南岸地带，距今 6000 ～ 5000 年间，人类在鲁北地区的活动范围较前有明显的扩展。即距现渤海西南岸海岸线直线距离不足 60 千米的今阳信县东部一带。距今 5000 年时，渤海西南岸的海岸线的位置大致应在今阳信线东部以北，今滨州市滨城镇以东或略外移，也就是说，鲁北海岸线要比原来向前推进许多[5]。山东龙山文化时期的遗址分布大致反映了海岸变迁的有关情况。发现从黄县起环绕半岛至日照一带的海岸线基本定型，唯有一些河流入海处、浅滩地区略有变化[6]。

---

[1]　韩有松、孟广兰、王少青等：《华北沿海中全新世高温期与高海面》，施雅风、孔昭宸：《中国全新世大暖期气候与环境》，海洋出版社，1992年。

[2]　丁骕：《中国地形》，1954年。

[3]　胡秉华：《山东史前文化遗迹与海岸、湖泊变迁及相关问题》，《中国考古学会第九次年会论文集》，文物出版社，1997年。

[4]　王青：《大汶口文化环境考古初论》，《辽海文物学刊》1996年第2期。

[5]　徐其忠：《从古文化遗址分布看距今七千年——三千年间鲁北地区地理地形的变迁》，《考古》1992年第11期。

[6]　胡秉华：《山东史前文化遗迹与海岸、湖泊变迁及相关问题》，《中国考古学会第九次年会论文集》，文物出版社，1997年。

考古工作者根据胶东半岛 100 余处新石器遗址的分布范围恢复了当时的海岸线，这些遗址中有不少为贝丘堆积，有的厚达几米，其中距今 7000～6000 年前的遗址 2 处，距今 6000～5000 年前的遗址 50 余处，距今 4000 年前的遗址 60 余处。从上面看出，六七千年前的新石器时代遗址发现较少，可能已被海水淹没了。到距今五六千年时，海面上升，其海面高度比现在高 2～4 米。这样，河流入海口向内陆推进几十千米，迫使居住地内迁。到距今五六千年以后，海平面下降，海岸线距离越来越大。上述推论遗址的分布就充分证明了这一点。从贝丘遗址的堆积来分析，当时的海岸线应离遗址不会太远，先民们采集海产品是比较方便的[1]。由此表明，古代人类既依赖自然环境，同时又对自然环境产生一定影响。

六　结语

通过以上初步分析，我们得出以下几点认识：山东新石器时代的自然环境较今日有很大的不同。从动物遗骸、孢粉组合、硅酸体分析等有关环境资料看，该地区曾经是气候温暖，水网密布的亚热带景观。原始人类正是在这样的自然环境下从事生产活动、繁衍生息，并创造出光辉灿烂的古代文化。

（1）后李文化时期人类的活动范围相对较小，只局限在山前冲积扇平原上。目前仅仅发现在泰沂山系的北侧，但所见遗址并不多，这是因为末次冰期结束后，海面急剧上升海域向陆地推进，人类的生产生活受到了自然环境的制约。孢粉显示，这一时期，气候温暖湿润，遗址附近有沼泽和大面积水域，山地有森林覆盖，反映为湿热的亚热带气候环境，其植被具有明显的草原特征。

（2）北辛文化时期人类活动有所扩大，已经遍及各个角落，社会经济有了较大发展。气候较今日温暖湿润，山林灌木丛生，芦苇草地茂密，河谷湖泊发育，大致与现在长江流域的气候条件基本相似，非常适合农业耕作和野生植物的栽培。

（3）大汶口文化时期人越来越多，经济生活得到较大提高，人类活动空间进一步扩大，遗址成倍增加（由北辛文化的 50 余处增至大汶口文化的 550 余处），自然环境更加适宜人类的生存。资料表明，大汶口文化早期阶段，气候、地貌、自然景观与今日有别，气候温暖湿润，处于大西洋期，一般称之为气候最宜时期。气温高出现在 4℃～5℃，降雨较前为多。植被以阔叶树种占优势，并含少量亚热带成分。森林茂密，草木繁茂，湖沼交错，水域面积较大。中、晚期，气温较早期阶段略有下降，变得温凉、干燥，降水明显减少，但仍较现在略高。特别是

---

[1]　王锡平：《从胶东半岛新石器遗址的分布看海岸的变迁》，《海洋科学》1985 年第 9 卷第 2 期。

松、冷杉、云杉等针叶林面积的扩大，说明该地区部分森林植被遭到一定程度的破坏。

（4）山东龙山文化时期的自然环境与大汶口中、晚期基本相同，温和略干，气温有所下降。晚期阶段，自然环境发生急剧变化，大规模的洪水和降温事件，使已经跨入文明时代门槛的山东龙山文化，这支充满生机的优秀遗产突然中断，继而后起的是比较落后的岳石文化，遗址分布范围明显缩小，其数量锐减，人类文明活动受到了极大的限制。这一显著变化，足以说明自然环境对古代文化的形成、发展、消亡所产生的影响是十分巨大的。这种现象对于我们今后如何保护好环境保护好地球，维护好自己的家园能起到很好的借鉴作用。

原载《东方博物（第 11 辑）》，浙江大学出版社，2004 年

山东新石器时代农业试论

农业的产生，是人类社会发展史上的一次伟大革命，是人类由旧石器时代进入新石器时代的重要标志。它使人类完全摆脱了依赖自然的被动局面，由消极适应自然转向积极改造自然、利用自然的光辉历程。从某种意义上来说，自从发明了农业，人类社会才真正开始了自己的历史。

关于山东地区新石器时代的原始农业，已有多位专家学者对此进行过研究，笔者在此基础上，主要根据最近新发展的考古资料，再对这一地区的原始农业以及与此相关问题进行一些分析、探讨。

一

生产工具是社会生产力发展的客观尺度，是人类改造自然能力的物质标志，也是衡量农业生产发展水平的重要因素。如果没有适于农耕的生产工具，农业生产是不可能迅速发展起来的。"劳动资料不仅是人类劳动力发展的测量器，而且是劳动借以进行的社会关系的指示器"[1]。农业生产工具的不断进步，无疑是社会生产力发展的标志，它代表着人类利用自然、改造自然的方式和能力均达到了很高的水平，也为农业生产的发展提供了物质保证。最初的农业工具比较简单。主要采用原来使用过的尖木棒、鹤嘴锄等。随着石器制作水平的不断提高，人们可以选用一些硬度高的石料来制造型式多样的农业工具。主要有石斧、石铲、石镰、石刀、石镢、石磨盘、石磨棒、石杵、石臼以及利用动物骨骼和一些蚌壳来制造骨铲、蚌铲、蚌镰、蚌刀等。这些工具的发明和使用对于开垦土地，发展农业生产起到重要使用。

（一）石质工具

1.石斧

为砍伐工具。早期是手握使用，称为手斧，以后发展为木柄。一般器形较大，平面呈长方形或梯形。上窄下宽，平顶，双面刃。横剖面作椭圆形。在王因遗址斧

---

[1] 马克思：《资本论》，人民出版社，1975年，第一卷，第204页。

肩部琢磨出的凹槽，则是绳索捆绑木柄后而形成的。学术界多认为，石斧属于农业
生产工具，有的甚至根据其数量多寡来判断农业生产的发展水平。对此，陈文华先
生认为，石斧一类工具是一种用途最广泛的生产工具，它既可以用于狩猎，又可以
作为防身武器，还可以作为加工工具。因此，在刀耕火种农业中，它既是砍伐树木
的主要工具，也是原始农业开垦土地的农具之一[1]。茌平尚庄遗址 H218 坑壁上曾遗
留有石斧加工的痕迹。

2.石铲

从耜分化出来，是一种翻土工具。长方形，体扁薄。多有钻孔，平面呈梯形或
圆角长方形，个别为方形。通体磨光，制作比较精致，多数有使用痕迹。在北辛遗
址部分横长方形铲的顶部一侧往往发现有弧形凹面，可能也与绳索捆绑木柄有关。

3.石镰

收割工具，由石刀发展而来。形体扁薄，尖圆头，刃口内凹，弧背，单面刃，
后端平面略宽。有的刃部呈锯齿状，有的刃口则为凹弧形，非常锋利，使用石镰大
大增强了收割功能，提高了功效，对后代收割工具的产生具有一定影响。

4.石刀

收割工具，体扁薄，平面呈圆角长方形或半月形，刃平直或呈弧刃，刃部非常
锋利，有明显的使用痕迹。背部大多有两个圆形孔，多数通体磨光。

5.石镢

挖土、翻土工具。呈子遗址发现 2 件。器体较厚重，平面多为上窄下宽的长条
形，窄面中段略有弯度，两侧微呈亚腰状。

6.石楔

是劈裂木材的工具，部分包括在石斧当中。这类石楔，在临朐西朱封遗址曾发
现过，为青灰质石质。平面为扁平舌状，顶部残损，刃部圆钝。有明显使用痕迹。

7.石磨盘与石磨棒

粮食加工工具。石磨盘形制多为椭圆形或圆角长方形，平面大部分内凹，均有
使用痕迹，个别安装四足。石磨棒横断面多呈椭圆形，使用宽而平，通体光滑。

8.石臼

粮食加工工具。西公桥遗址发现 1 件(H138②: 66)，为绢白云母片岩。底部残破。
平面近椭圆形，一端较窄，另端略宽。臼窠为椭圆形凹坑，臼沿上有两道细凹槽。

9.石杵

粮食加工工具。呈子遗址发现 2 件。磨制，有的用条形卵石加工而成。圆角方
柱形，平顶，平底或圆底，底部有使用痕迹。长度多在 10 ～ 12 厘米。有的遗址还

---

[1]　陈文华：《试论我国农具史上的几个问题》，《考古学报》1984年第1期。

发现过陶杵。

（二）蚌质工具

制作方法比较简单，多由丽蚌、矛蚌和似褶纹冠蚌壳稍加修整加工而成，主要有铲、镰、锯、刀等。由于取材容易，加工方便，所以在一些遗址中经常见到，因而成为当时重要的农业工具。

1.蚌铲

翻土工具。在泗水尹家城、青州凤凰台等遗址均有发现。平面圆角方形，近平顶，有的弯背平刃。琢钻单孔。个别穿双孔。孔呈长方形或近方形。个别顶部穿8字形孔，单面刃，锋利内凹，刃部有使用磨损痕迹。尹家城遗址出土的蚌铲顶中部打出凹缺，里面有宽约2厘米的凹痕，顶缺至双孔有纵向摩擦痕迹。当为加柄所致。

2.蚌镰

收割工具。大汶口、尚庄、鲁家口、呈子、三里河等遗址发现的蚌镰，平面多呈半月形，弧背，向上隆起，刃内凹，单面刃。刃部有使用痕迹。

3.蚌锯

收割工具。茌平尚庄遗址出土过4件。半月形。刃部磨成锯齿。一般长15厘米左右。

4.蚌刀

收割工具。用蚌壳磨制而成。广饶五村、潍县鲁家口、青州凤凰台、尚庄、尹家城等遗址均有发现。大部分不完整。平面一般为圆角长方形，有的近长方形或呈半月形。单面刃。直背，刃内弧，近背部对钻双孔，多数有使用痕迹。

（三）骨质工具

1.骨铲

主要利用兽骨加工而成。为翻土工具。滕州西公桥、胶县三里河和诸城呈子遗址均有发现。铲身扁薄，刃部磨制。柄部有切割加工痕迹，平面多呈长方形或舌形，刃部较锋利，有使用痕迹。

2.骨镰

大汶口遗址发现1件。用近矩形骨片磨制，两端有尖，双面刃，相当锋利，一端穿孔，可绑扎装柄。

（四）角质工具

1.鹿角锄

因形如鹤嘴又称鹤嘴锄。为松土工具，由鹿角加工而成。主要利用鹿角的主干部分作柄，在分叉处把短的一侧磨制成斜面刃，一般长40～50厘米。前埠下、大汶口、三里河、西公桥、西吴寺等遗址均有发现，大部分有使用痕迹。三里河遗址出土的鹿角鹤嘴锄，鹿角较细部分为锄柄。较粗部分加工为锄头。M2110：5，只在刃部加工成斜弧形，有使用痕迹，其他部分基本保持鹿角原形。柄末端利用鹿角分叉截制呈燕尾形，长51厘米。另一件把鹿角劈取一部分，使锄身扁而薄，长48厘米。这种鹿角锄可用作中耕松土，也可作为种植时开沟播种或挖坑点种时使用。我国云南苦聪人、怒族曾使用木、竹鹤嘴锄刨土和采集，也用于播种和中耕。播种方法主要有两种，一种是把种子漫撒到地里，不经过掩埋，任其生长。而独龙族、苦聪人、黎族、佤族地区，都使用尖木棒点穴下种。人们为了使尖木棒沉重，利于刺土，往往在尖木棒偏下部套一件石器，即所谓穿孔重石。

2.鹿角镰

收割工具。三里河遗址大汶口文化中仅发现1件。利用粗壮鹿角的分叉处，截取需要部分，再从中切去约2/3，将截取部位磨光，柄部较长，刃部稍短，磨有锯齿，由于长期使用，磨损过甚，有的锯齿比较圆钝；镰端可以安柄使用，大大提高了工作效率。

（五）牙质工具

1.牙镰

收割工具。主要发现在大汶口遗址墓葬中。平面呈月牙形，用猪獠牙劈成薄片，在牙弧一侧磨出锋利的刃。有的把端穿一圆孔。

2.牙刀

收割工具。53件牙刀均出土在大汶口7座墓葬当中。利用猪獠牙削磨而成。一般都有极为尖锐的尖和锋利的刃。可以用来收割、切削、刮磨、钻镂等，是一种多种用途的工具。多主刃在牙弧内，有的刃在背部，均非常锋利。

（六）木质工具

耒和耜

均为农耕时用于翻土的工具。过去人们盛行用一种尖木棒作为播种工具。后来在近端处添加一根供脚踩的短横木，就发明了耒，掘土时利用脚踩的力量，把尖端刺入土中，效率高，且省力。耒有单齿和双齿之分，有的还安脚踏横木。由于木质难以保存，目前尚未发现实物标本，但茌平尚庄遗址龙山文化的窖穴（H201、G1）坑壁上发现过双齿木耒的工具痕迹。耒齿间距为5～6厘米[1]。

---

[1]　山东省文物考古研究所：《茌平尚庄新石器时代遗址》，《考古学报》1985年第4期。

民族志资料认为，新中国成立前西藏门巴族的青冈权就是单齿木耒的形式。耜与耒相似，在耒下接插一叶形平板，可以增加掘土面，因而比耒进步。西藏珞巴族的青冈锹、云南拉祜族的木铲，都属于耜的范围。耒的发明，为人工翻地提供了锋利的农具，不仅改变土壤结构，提高了单位面积产量，还延长了土地使用年限，为原始农业的发展发挥了重要作用。

二

在山东地区，经过广大文物考古工作者的不懈努力，已经建立了后李文化（距今 8400～7500 年）、北辛文化（距今 7500～6300 年）。大汶口文化（距今 6300～4600 年）和山东龙山文化（距今 4600～4000 年）的发展谱系。下面按照不同时期的考古学文化对山东新石器时代的农业进行论述：

（一）后李文化时期的农业

后李文化时期由于生产力比较落后，农业生产还不发达，工具种类有石质的斧、铲、镰、刀、锛、凿、磨盘、磨棒、研磨器和磨石等。主要利用砂岩、花岗岩和页岩制作而成。这些工具多先打制、后琢修再进行磨制。斧多以石质较硬的花岗岩、橄榄岩为料。平面略呈梯形，横断面为椭圆形，形体较小。铲形体扁薄，多长方形，偏锋或正锋，弧刃。磨盘大部分经琢制，使用面光滑。也有的两面均留有使用痕迹。平面多圆角长方形、椭圆形或鞋底形，磨面较平，中部下凹。磨棒一般呈长条状，横断面有圆形、椭圆形、三角形和圆角长方形等。

后李文化时期的农作物目前尚未见到，仅在后李遗址的孢粉分析中却发现有禾本科（Gramineae）植物花粉 [1]，其形态酷似现在的谷子。对章丘西河和小荆山遗址土壤样品进行的植物硅酸体分析中，也得出与上述同样的结论，如 1997 年在西河遗址采集的 15 个土壤样品进行植物硅酸体分析，在 H62 和 H78 土样中发现一些哑铃形硅酸体含量较高，这种哑铃形硅酸体是构成粟类植物的重要硅酸体形态。看来后李文化时期的先民可能已经学会农作物的栽培。食物来源主要靠种植谷物，并辅以狩猎、捕鱼、采集。

与这一时期原始农业密切相关的是家畜饲养业。遗址中出土的大量猪、狗、牛、羊、鸡等骨骼，都是人们饲养的家畜，其中以猪骨数量最多。章丘小荆山后李文化遗址 [2] 发现 10 余头不同年龄、不同性别的个体，经鉴定，属于较原始类型或半驯

---

[1]　严富华、麦学舜：《淄博临淄后李庄遗址的环境考古学研究》，中国第二届环境考古学术讨论会论文，1994 年，油印稿。

[2]　山东省文物考古研究所、章丘市博物馆：《山东章丘市小荆山遗址调查、发掘报告》，《华夏考古》1996 年第 2 期。

化家猪。前埠下遗址[1]猪的遗骸有3000余件，可代表261头不同年龄、不同性别的个体。这些猪的下颌骨较长，牙齿亦相当粗大，与野猪很难区分。因此前埠下遗址的这批家猪，虽然经过驯化，但驯化程度远不能与现代家猪相比，属于较为原始的或半驯化的家猪。这为家猪是由当地野猪直接驯化而来的理论提供了实证。同时也说明在山东地区已有8000多年饲养家猪的历史了。除猪骨外，后李文化时期还发现一些以家猪为题材的艺术品。如小荆山遗址的陶猪[2]，为夹砂青灰陶，长条状，浑圆体，横断面为圆形，张嘴，四只短足，脊背两侧各一圆孔，脊中部以及两侧各一组戳刺孔，每组两排。全器通长11厘米。1991年该遗址2号房基内（编号F2）西北角还发现1件，长约13、高6.4、宽约4厘米，有一孔贯穿腹部正中，造型生动逼真，且保存相当完整（图一，3）。另一件出自西河遗址[3]，夹砂红褐陶，头部尖锥状，吻部前突，嘴闭合，两个圆鼻孔，细长眼，对称小耳，体近圆形，后半部残。体径4.4、残长11.4厘米。

（二）北辛文化时期的农业

北辛文化时期的农业比后李文化时期有了一定进步。生产工具方面，器类主要有石质的斧、敲砸器、铲、刀、盘状器等。制法有打制和磨制两种，其中打制石器数量较多。磨制石器以铲为大宗。另有刀、镰、磨盘、磨棒、斧等。制作工艺一般先打制成坯形再经琢或磨。其中许多石器如铲类仅沿边交互打制而成，斧类多为打制，只在刃部精磨。这些生产工具多数同农业耕作相联系，泰安大汶口遗址[4]北辛文化发现的115件石器，其中47%左右与农业有关。滕县北辛遗址[5]出土石斧有100多件。其中15件铲制作精致，另有残块一千多件，多是利用残石铲加工其他器物的剩余物。还有打制的圆角方形和长条形小铲。磨制的石刀略呈长方形，或半月形。打制的石刀多利用石片加工制成，这是一种收割工具。人们利用石斧砍伐树木，用石铲翻松土地。说明北辛文化时期已经脱离了刀耕火种的农业阶段，特别是石铲和鹿角锄等松土工具的广泛使用，说明北辛文化时期的原始农业已进入早期锄耕阶段。

1.水稻（Oryza Sativa）

本来是我国南方地区的主要粮食作物，因为该地区属于热带、亚热带地

---

[1]　山东省文物考古研究所、寒亭区文物管理所：《山东潍坊前埠下遗址发掘报告》，《山东省高速公路考古报告集》，科学出版社，2000年。

[2]　山东省文物考古研究所、章丘市博物馆：《山东章丘市小荆山遗址调查、发掘报告》，《华夏考古》1996年第2期。

[3]　山东省文物考古研究所：《山东章丘市西河新石器时代遗址1997年的发掘》，《考古》2000年第10期。

[4]　山东省文物考古研究所：《大汶口续集——大汶口遗址第二、三次发掘报告》，科学出版社，1997年。

[5]　中国社会科学院考古研究所山东队、山东省滕县博物馆：《山东滕县北辛遗址发掘报告》，《考古学报》1984年第2期。

带，气候温暖湿润，非常适合水稻的栽培。但在北方地区的山东兖州王因遗址[1]77sywT4016内却发现有数粒禾本科（Cramineae）植物的花粉；这种花粉具有微弱的颗粒状纹饰，明显的单孔，大小48毫米左右。通过与现生小麦、水稻、粟、薏米、玉米等栽培作物花粉比较，77sywT4016内的禾本科植物的花物有可能属于稻。这样的话，山东地区已有六千多年种植水稻的历史。

另外，在滕县北辛遗址[2]还发现一些陶碗、陶钵及小口壶的底部均印有粟糠痕迹。济宁张山遗址[3]碗底上面也发现有似粟糠一类物质的印痕。由此说明北辛文化时期不仅栽培水稻，而且还种植粟类农作物。

2.粟（Setafia italiea）

在我国古代叫禾，又叫谷子，是一种耐旱作物，它由狗尾草（Setaria viridis（L.）Beauv.）驯化而来，是我国最古老的人工栽培植物之一，有着悠久的栽培历史。粟的生长期比小麦和水稻短，也较耐旱，生育前期要求温度渐高，光照加长，生育后期要求渐低，光照缩短，才能正常开花结果，因此，很适合在我国北方各省区栽培繁育。而且含有10%～14%的蛋白质，高于黍、稷和水稻、玉米和高粱，产量也比黍、稷高，又便于久藏，所以，特别适合于黄河流域的土壤和气候条件，一直是我国华北地区的一种主要粮食作物。这一时期的家畜饲养得到一定发展，在王因遗址[4]动物鉴定中确认为家畜的有猪、黄牛、水牛、狗和鸡等，其中猪骨的数量可占鉴定标本的65.38%，牛、狗、鸡数量较少，王因H35出土有完整的牛头骨等动物骨骼和一些钙化粪球，此类灰坑废弃前可能是豢养家畜的畜圈。说明王因遗址是以农业和家猪饲养业为主，辅以狩猎和采集经济结构。在北辛遗址[5]H14内近底部，曾发现放置6个个体的猪下颌骨，集中堆放在一起。在这堆猪下颌骨之上有石板覆盖。H51近底部有两个相当完整的猪头骨，经鉴定认为是"家猪形"成年猪。汶上东贾柏遗址房基内还发现埋有猪骨架。除猪骨外，大汶口遗址还出土1件[6]北辛文化时期的陶猪，为夹细砂红陶，全身仅长约5.5、器高3厘米，用手直接捏制，比

[1]　中国社会科学院考古研究所山东队、济宁地区文化局：《山东兖州王因新石器时代遗址发掘简报》，《考古》1979年第1期；中国社会科学院考古研究所：《山东王因——新石器时代遗址发掘报告》，科学出版社，2000年。

[2]　中国社会科学院考古研究所山东队、山东省滕县博物馆：《山东滕县北辛遗址发掘报告》，《考古学报》1984年第2期。

[3]　济宁市文物考古研究室：《山东济宁市张山遗址的发掘》，《考古》1996年第4期。

[4]　中国社会科学院考古研究所山东队、济宁地区文化局：《山东兖州王因新石器时代遗址发掘简报》，《考古》1979年第1期；中国社会科学院考古研究所：《山东王因——新石器时代遗址发掘报告》，科学出版社，2000年。

[5]　中国社会科学院考古研究所山东队、山东省滕县博物馆：《山东滕县北辛遗址发掘报告》，《考古学报》1984年第2期。

[6]　山东省文物考古研究所：《大汶口续集——大汶口遗址第二、三次发掘报告》，科学出版社，1997年。

较粗糙。仅具猪的雏形，猪腹较瘦，大耳，尖嘴色。微前伸，尾巴稍上翘，四足扁平直立，后腿力蹬，作站立状，尾巴扬起，非常生动。背上的筒状口，仅捏出一圆窝，这是家猪用艺术手法再现的一种表现形式。反映了猪和先民的生活已非常密切，在先民心目中占据重要地位，并成为当时经济生活中一个不可缺少的部分。

（三）大汶口文化时期的农业

大汶口文化时期的农业与北辛文化相比又有较大提高。首先在生产工具方面，打制石器明显减少，多通体磨光，制作比较精致，刃部锋利。主要有斧、铲、镰、刀、角锄、牙刀、牙镰等。早期阶段，石质生产工具种类较少，一般只有斧、铲、穿孔的铲和磨盘、磨棒等，而且制作比较粗糙。浑厚笨拙。中、晚期阶段，石质生产工具种类增多，质料多样，选材上大部分选用硬度高的大理石、蛋白石等；斧、铲等都是通体磨光，棱角分明，刃口锋利，有的达到鉴人程度。大汶口墓地[1]133座墓葬出土石铲27件（含玉铲2件）、石斧10件、石刀11件、牙刀53件、牙镰21件、蚌镰3件。从随葬的生产工具看，收割工具占一定比例，反映了这一时期粮食的收获量是比较大的。

这一时期的农作物以粟、黍为主。广饶傅家遗址[2]一件鼎内曾发现过粟粒，莒县陵阳河遗址 M12 人骨经碳十三测定发现食谱中有约 1/4 为 C4 成分[3]，而 C4 成分一般认为应是粟类植物。在枣庄建新遗址发掘中，通过水洗法，从灰坑内获取了60 粒轻炭化的粟粒[4]。

这些粟粒多为卵圆形、长 1.2～1.0、宽 0.8～0.6 毫米。其背部隆起有沟，胚位背面的沟内，长为颖果的 1/2～1/3。尽管遗址中未能浮选出具有鉴定意义的外包籽实的稻和颖片，但从其籽实的形态仍有把握鉴定是粟的标本，而有别于腹部具短宽沟的黍。特别是三里河遗址[5]窖穴内发现大量碳化粟粒，粮食放在窖穴内经过数千年，体积自然会变小，据推算，当折合新粟三四千斤，说明当时农业的收获量是十分可观的。另外，在三里河遗址样品中还发现完整的粟粒印痕，红烧土块上有叶子的痕迹，通过鉴定为粟叶痕。在胶东半岛长岛县北庄遗址一期文化红烧土的墙皮中曾发现掺有许多黍子的皮壳[6]。

[1] 山东省文物管理处、济南市博物馆：《大汶口——新石器时代墓葬发掘报告》，文物出版社，1974年。

[2] 山东省文物考古研究所、广饶县博物馆：《山东广饶新石器时代遗址调查》，《考古》1985年第9期。

[3] 蔡莲珍、仇士华：《碳十三测定和古代食谱研究》，《考古》1984年第10期。

[4] 山东省文物考古研究所：《山东枣庄建新遗址第一、二次发掘简报》，《考古》1995年第1期；山东省文物考古研究所、枣庄市文化局：《枣庄建新——新石器时代遗址发掘报告》，科学出版社，1996年。

[5] 中国社会科学院考古研究所：《胶县三里河》，文物出版社，1983年。

[6] 北京大学考古实习队、烟台地区文管会、长岛县博物馆：《山东长岛北庄遗址发掘简报》，《考古》1987年第5期；吴诗池：《山东新石器时代农业考古概述》，《农业考古》1983年第2期。

农业生产的不断进步，为养猪为主的家畜饲养业提供了雄厚的物质基础，所以，家猪的饲养得到很大发展。墓葬中盛行用整猪、猪头或猪下颌骨进行随葬，猪已经成为私有财富的象征，或者具有更深刻的社会意义。大汶口遗址[1]133座墓葬有1/3随葬家猪，其中43座墓葬随葬猪头96个，最多者有14个，这些猪头，经鉴定成年母猪占较大比例，多是成年较大的个体，这些猪大多数在宰食年岁以上，有的在3～4岁以上。曲阜西夏侯遗址[2]发现的3个猪头，经鉴定，均为雄性个体，其中2个猪头的年龄在两岁半以上，1个在一岁半以下，均属青年期。大朱家村遗址[3]18座墓葬放置猪下颌骨80多个，陵阳河遗址[4]45座墓葬中有25座墓葬随葬猪下颌骨160多个，每墓平均7个，最多者为墓17，放置猪下颌骨33个，胶县三里河遗址[5]发现墓葬66座，用猪下颌骨随葬的现象相当普遍，其中18座墓葬随葬猪下颌骨144件，最多者37件。经鉴定多已超过宰杀年龄。又如，三里河遗址一个袋状灰坑（可能是一个猪圈）内出土五具完整幼猪骨骼，可见当时已能人工繁殖小猪。野店遗址清理的2座猪坑。每坑各埋有1头猪。大量猪骨的发现，充分说明了这一时期养猪业的兴旺发达，同时也说明当时农业生产有了较大的发展。另外，这一时期还发现一些以猪为题材的艺术品，如王因遗址[6]大汶口文化灰坑中出土的2件猪形陶塑。均泥质红陶，嘴微翘，眼圆睁，耳竖立，腹身肥圆，足矮。身长5、高3.8厘米，手制，背部有一圆筒状口，实体。全形似“猪状形器”，身高1.8、残长2.6厘米。手制。器形较小，头残失，短足，似猪状。章丘焦家遗址发现2件陶猪[7]，均为泥质红褐陶，一件嘴巴微张，翘鼻，无眼，耳朵下垂，胖体，下有两行六只乳，腹、臀尾残缺，长23.2、残高8.8厘米。另一件嘴巴紧闭，鼻子上翘，无眼，耳朵向后摆，细颈、高脊，圆腹，尖臀，腿和尾巴残缺。身长23.3、残高8.4厘米（图一，4）。曲阜尼山遗址发现的陶猪[8]，为夹砂红陶，手捏，身长8.8、高4.5厘米，躯体肥胖、丰满，嘴部噘出，两耳直立，前伸，小尾，有四足。特别是三里河遗址

[1] 山东省文物管理处、济南市博物馆：《大汶口——新石器时代墓葬发掘报告》，文物出版社，1974年。

[2] 中国科学院考古研究所山东队：《山东曲阜西夏侯遗址第一次发掘报告》，《考古学报》1964年第2期；《西夏侯遗址第二次发掘报告》，《考古学报》1986年第2期。

[3] 山东省文物考古研究所、莒县博物馆：《莒县大朱家村大汶口文化墓葬》，《考古学报》1991年第2期。

[4] 山东省考古所、山东省博物馆、莒县文管所：《山东莒县陵阳河大汶口文化墓葬发掘简报》，《史前研究》1987年第3期。

[5] 中国社会科学院考古研究所：《胶县三里河》，文物出版社，1983年。

[6] 中国社会科学院考古研究所山东队、济宁地区文化局：《山东兖州王因新石器时代遗址发掘简报》，《考古》1979年第1期；中国社会科学院考古研究所：《山东王因——新石器时代遗址发掘报告》，科学出版社，2000年。

[7] 章丘市博物馆：《山东章丘焦家遗址调查》，《考古》1998年第6期。

[8] 山东省博物馆：《山东曲阜新石器时代遗址调查》，《考古》1963年第7期。

1 2

3 4

图一

1. 山东滕州庄里西龙山文化遗址出土的野生大豆　2. 山东滕州庄里西龙山文化遗址出土的稻米　3. 山东章丘小荆山后李文化遗址出土的陶猪　4. 山东章丘焦家大汶口文化遗址出土的陶猪

墓葬中出土的猪形鬶[1]，夹细砂灰褐色，身长 21.6、残高 18 厘米。陶鬶腹部塑成猪形，猪头方向与流相反，颈与流安装在猪身后部、靠近臀部，身后睾丸显露，显然是头公猪。鋬手安在猪背部，猪足即是鬶足，四肢残缺。这件猪形陶鬶头部耳朵较小，嘴角两侧獠牙外露，短尾上翘，胴体长而浑圆，陶色与猪皮近似，形象逼真，立体感强，其成年家猪特征相当明显。大汶口遗址还发现一件猪形器[2]，夹砂红陶，通体挂红衣，头部圆浑。面短，拱鼻，张口，双耳上耸，四足，短尾上翘，耳穿小孔，

[1]　中国社会科学院考古研究所：《胶县三里河》，文物出版社，1983年。

[2]　山东省文物考古研究所：《大汶口续集——大汶口遗址第二、三次发掘报告》，科学出版社，1997年。

器身肥壮，作兽形、中空、背提梁，臀部有可注液体的简状口，嘴亦可注水，高21.6厘米。新泰市大汶口文化陶鬶上则发现一件猪形浮雕[1]，其位置在颈、腹与肩衔接处。为半立体状家猪形象，团头拱嘴，两个大耳贴伏在头两侧，两个鼻孔和眼睛分明，形体修长而浑圆，逼真的四只蹄伏卧，把经过驯养的家猪形象活灵活现地造出来。

由于农业、家畜饲养业的发展，促进了酿酒业的发展，墓葬中出土的大量陶鬶、壶、高柄杯、盉等专用酒器，就是这一时期酿酒业已经出现的重要标志。它从一个侧面说明农业产品已经出现剩余，也反映了当时农业生产的发达程度。例如，泰安大汶口133座墓葬有42座随葬高柄杯、筒形杯、单把杯等各种酒器171件。临沂大范庄遗址[2]出土陶器725件，其中酒器有644件，占陶器总数的88.8%。1979年莒县陵阳河遗址出土陶器1400多件，高柄杯有650多件，其中墓6随葬陶器160多件，高柄杯多达90余件。特别是发现的一些器形较大的瓮、壶以及两件陶质酿酒工具，不仅为研究当时的酿酒工艺提供了重要实物资料，也为正确估计农业发展水平提供了重要的参考资料。

（四）龙山文化时期的农业

龙山文化时期的农业较大汶口文化时期又有了相当大的进步，生产工具方面，质料主要有石、骨、蚌、陶等。石器制作规整，磨制精致，并根据不同用途的工具选用合适的石料，其硬度在5～10度。一般先打后琢再进行磨光，穿孔多采用琢钻和管钻的方式。主要器形有锛、斧、铲、长方形双孔刀、镰等。蚌质生产工具多是淡水厚蚌壳制成的刀、铲、镰等。胶县三里河遗址[3]230件石器中，属于农业生产工具的石铲36件和大量斧、刀及鹿角锄、鹿角镰和骨刀等。收割工具的刀25件，砍伐树木、开垦土地的斧8件。泗水尹家城遗址[4]石器236件，其中锛41件、刀25件、钺22件、斧29件、凿11件、铲15件、镰6件，在106件蚌制工具中，仅刀就有63件，占59.4%。潍坊姚官庄遗址[5]194件石器，其中刀47件、镰5件、铲18件、斧34件、凿3件、锛4件。收割工具的大量发现，从一个侧面反映了当时粮食收获量的增大和农业生产水平的提高。

1.稻和黍

[1] 崔秀国：《大汶河流域的史前文化》，山东大学历史系考古教研室：《纪念山东大学考古专业创建20周年文集》，山东大学出版社，1992年。

[2] 临沂文物组：《山东临沂大范庄新石器时代墓葬的发掘》，《考古》1975年第1期。

[3] 中国社会科学院考古研究所：《胶县三里河》，文物出版社，1983年。

[4] 山东大学历史系考古专业教研室：《泗水尹家城》，文物出版社，1990年。

[5] 山东省文物考古研究所、山东省博物馆、中国社会科学院考古研究所山东队等：《山东姚官庄遗址发掘报告》，《文物资料丛刊·5》，文物出版社，1981年。

这一时期的农作物主要是稻和黍。1980年秋栖霞杨家圈遗址[1]灰坑内发现过稻谷的痕迹，将H6和H9出土的红烧土块交中国科学院遗传研究所李璠先生鉴定，认为部分红烧土中"都有稻壳的印痕，稻粒已炭化，稻颖壳呈椭圆形，具二脉，颖壳宽为3～3.5、长为6.5～7毫米。稻谷形态特征与现今的粳形稻种相似（椭圆形），而与籼型稻种（长扁形）有较明显不同。另外，又在土块中发现稻叶、茎秆的印痕，脉纹清楚，断定为普通栽培稻（Oryza Sativa），并可能属于粳型稻种。后来又将相同灰坑的红烧土交日本佐贺大学农学部佐野喜久先生鉴定，在两块土中各发现十几个稻壳，结论同样是粳型稻。日照尧王城遗址[2]发掘中，在不同层次的堆积和灰坑中采集了一定数量含腐殖质较多的灰土，用水洗法筛选出炭化植物遗存，经鉴定有10余粒炭化水稻。可能是人工栽培的粳稻。

1995年山东省文物考古研究所在滕州庄里西遗址[3]发掘中也发现有人工栽培的水稻，采用水浮选法对13个含腐殖质较多的典型灰坑进行浮选，从H41、H52、H62、H77、H100等灰坑内浮选出大量的植物果实和种子，尽管这些植物遗存已经轻度炭化。但从外部形态仍能确切鉴定出其科属，其中H77发现炭化稻米162粒。通过对280余粒稻米统计，米粒长宽之比均在2：1左右。经中国科学院植物研究所孔昭宸等先生鉴定后确认，庄里西遗址灰坑中浮选出来的稻米，是当时人工栽培的粳稻的米粒。这批炭化稻米作扁椭圆形，质脆呈黑色，所见标本仍保留原形，大多数完整无损、颗粒饱满（图一，2）。另外。与粳米伴存的尚有黍、野大豆、葡萄、酸枣（Ziziphus jujuba Mill. var. spinosa）以及大量蔷薇科（Rosaceae）的植物果核。还有，用植物硅酸体（Phytolith, Plant opal）分析的12个样品中[4]，其中8个样品都含有水稻的植物硅酸体。H10、H7、H52中发现了大量水稻壳的硅化表皮细胞碎片，这7个样品均有产自水稻叶子的特殊哑铃形和扇形硅酸体。H64虽没有发现水稻壳的硅化表皮细胞碎片，但含有产自水稻叶子的特殊哑铃形和扇形硅酸体。在分析的样品中，H41发现有炭化稻米存在，但样品中没有发现产自水稻的植物硅酸体。而在没有发现稻米的H9、H13、H7、H33、H34、H64中均发现了水稻植物硅酸体的存在。通过植物硅酸体分析，可以肯定，庄里西遗址不仅有炭化稻米存在，而且还有大量水稻叶子和水稻壳的植物硅酸体。由此分析，这一区域已经进行较大规模

[1] 山东省文物考古研究所、北京大学考古实习队：《山东栖霞杨家圈遗址发掘简报》，《史前研究》1984年第3期；北京大学考古系、烟台市博物馆：《胶东考古》，文物出版社，2000年。

[2] 中国社会科学院考古研究所：《尧王城遗址第二次发掘有重要发现》，《中国文物报》1994年1月23日第一版。

[3] 孔昭宸、刘长江、何德亮：《山东滕州市庄里西遗址植物遗存及其在环境考古学的意义》，《考古》1999年第7期。

[4] 中国社会科学院考古研究所考古科技实验研究中心、山东省文物考古研究院：《滕州庄里西遗址龙山文化植硅体分析报告》，《海岱考古（第十二辑）》，科学出版社，2019年。

的稻作农业的生产。

　　通过对日照两城镇遗址 20 个土壤样品进行分析[1]，发现 45% 的样品含有水稻硅酸体，其中 54% 的遗迹可能是稻谷加工或储藏的场所，表现龙山文化时期两城镇居民的稻作农业具有一定的规模。在对临淄桐林田旺遗址灰坑内的 8 个样品进行的植物硅酸体分析[2]，其中多数样品中都发现水稻植物硅酸体，可鉴定为稻属的硅酸体有三种类型，即特征扇形、平行排列状哑铃型和颖壳硅酸体。在样品 H4、H6、H7 中，水稻硅酸体数量明显多于其他样品，看来这几个灰坑可能是储存或加工稻谷的地方。由此说明在山东龙山文化时期，位于黄河下游的山东地区水稻的栽培已经比较普遍。进一步证实龙山文化时期该地区是人工栽培稻的重要地区之一，这为亚洲稻的向东传播提供了可靠的依据，对于深入研究黄河下游地区史前时期的稻作农业具有重要意义。

　　莱阳于家店遗址[3]在 T5D8 一个红烧土坑中发现不少粟壳痕迹，经中国科学院遗传研究所李瑶先生鉴定，其整粒直径为 12 ～ 13 毫米，与杨家圈的粟粒相同，可以推断为粟。在杨家圈遗址 H6 一块红烧土中掺杂了粟的皮壳和茎叶，外墙皮中则有大量粟粒及颖壳，脉纹印痕清晰。其中粟的粒度较小，宽 1.2、长 1.2 ～ 1.3 毫米。在鉴定的 H6 另一块红烧土中掺杂了粟、黍的皮壳和茎叶。外墙皮中则有大量粟壳及颖壳，脉纹印痕清晰。其中粟的粒度较小，宽 1.2、长 1.2 ～ 1.3 毫米。

2.黍、稷（Panicum mi1iaceum）

　　黍和稷是同类农作物。黍具有黏性，不黏的是稷，现在叫糜子。黍、稷生长期短，分蘖力强，耐旱、耐瘠、耐盐碱，在当时杂草丛生、粗放耕作的条件下，比粟或其他农作物更容易栽培，因而成为黄河流域先民的一种主要粮食作物。在滕州庄里西遗址[4]H41 内发现 2 颗黍粒标本。米粒呈黑色，近球形，长 1.71、宽 1.63 ～ 1.72、厚 1.8 ～ 1.84 毫米。裂沟状胚区长 1.23 ～ 1.25、宽 1.3 ～ 1.6 毫米。此炭化的黍粒较现代黍米粒要小，但较炭化粟粒要大。如杨家圈遗址发现的黍粒较大，宽 1.5、长约 2 毫米。而现代黍宽 2.2、长 2.5 毫米。由此推断，山东龙山文化时期的先民除栽培稻谷外，还种植粟（Sitaria ita1iea1 L.）和黍（Panicum mi1iaceum L.）等农作物。

3.小麦（Tritrcum aeastium）

　　在我国的栽培历史较晚，至今只在新疆孔雀河下游地区出土四千年的小麦、

---

　　[1]　靳桂云：《日照两城镇遗址水稻植物硅酸体初步研究》，《全国第六届科技考古学术讨论会论文摘要汇编》，广州，2001年。

　　[2]　靳桂云、吕厚远、魏成敏：《山东临淄田旺龙山文化遗址植物硅酸体研究》，《考古》1999年第2期。

　　[3]　北京大学考古实习队、山东省文物考古研究所：《莱阳于家店的小发掘》，《胶东考古》，文物出版社，2000年。

　　[4]　孔昭宸、刘长江、何德亮：《山东滕州市庄里西遗址植物遗存及其在环境考古学的意义》，《考古》1999年第7期。

甘肃民乐东灰山遗址[1]中找到大量半炭化小麦籽粒，形态完整，椭圆形，胚部和腹沟清晰可见，与现在栽培小麦形态相似，在小麦分类上属于普通小麦（Triticum aestivum）。碳化麦粒体积有大有小，最大的5.7mm×3.7mm×3.7mm，最小的为3mm×2mm×2mm（皆20粒平均数），居其间者占多数。目前，在盛产小麦的山东地区还未发现新石器时代小麦的遗物。仅兖州西吴寺遗址[2]发现有一定数量小麦（近似种）孢粉的存在，绝大多数与小麦的花粉相似，目前暂定为小麦相似种。由此推测，山东地区种植小麦的历史有可能早到四千多年以前。

4.高粱

在滕州庄里西遗址[3]还发现有高粱（Sorghum vu1agare Pers）的颖片，该颖片呈倒卵形。长3.5、宽2毫米，顶端略尖，颖片中间脊状，尽管表面为黑色，但仍显出较强的光泽。由于该颖片的形状及光泽与高粱相似,但较现代高粱的颖片要小（现代的颖片长约5、宽约3.2毫米），故是否为高粱，存在疑虑，尚待更多标本的发现进行补充修正。

5.野大豆

庄里西遗址H41内发现的野大豆（G1ycine soja Sieb et. Zucc.）的豆粒。呈椭圆状矩圆形，略扁，长2.8～3.2、宽2～2.5、厚1.5～2毫米。作椭圆形。在脐中间有脐沟。较现代野大豆粒略小（图一，1）。野大豆系一年生的缠绕草本。茎细瘦，其荚果矩形，长约3厘米。密生黄色长的硬毛。尽管野大豆分布广，适应性强，但因其喜水耐湿，故大都生长于海拔300～1300米间的山野、河流及沿海的湿地。山东地区何时将野大豆培育成大豆。目前尚缺乏有关考古学和生物学方面的证据。

龙山文化时期的家畜以猪的数量最多，如潍县鲁家口遗址[4]，可鉴定到种属的315件骨骼标本中，有猪骨210件，约占总数的64%。尹家城、三里河、呈子等遗址的墓葬中，均发现大量猪骨作为随葬品，以此作为财富的象征。反映了猪在当时人们生活中的重要地位。另外，在鲁家口遗址发现牛骨标本30多件。占全部骨骼标本的9.5%，还发现鸡的骨骼，姚官庄遗址则发现了羊的骨骼。说明龙山文化时期不仅养猪，还开始饲养牛、羊、鸡等家畜家禽。除动物骨骼外，在泗水尹家城遗址还发现一件石雕猪，躯体圆浑，通体琢制，嘴、鼻、眼、耳轮廓清楚，头部不及全身长度的四分之一，应是家猪形象[5]。

---

[1]　甘肃省文物考古研究所、吉林大学北方考古研究室：《民乐东灰山考古》，科学出版社，1998年。

[2]　国家文物局考古领队培训班：《兖州西吴寺》，文物出版社，1990年。

[3]　孔昭宸、刘长江、何德亮：《山东滕州市庄里西遗址植物遗存及其在环境考古学的意义》，《考古》1999年第7期。

[4]　中国社会科学院考古研究所山东队、山东潍坊地区艺术馆：《潍县鲁家口新石器时代遗址》，《考古学报》1885年第3期。

[5]　山东大学历史系考古专业教研室：《泗水尹家城》，文物出版社，1990年。

　　大量考古资料说明，家猪与农业生产关系最密切，与人类的生产生活息息相关，它不但是人们肉食的主要来源，并且成为人们日常生活的一种补充，起到弥补粮食不足的作用，因此，最适合定居人们的饲养。同时，家猪还具有生长快、成熟早、耐粗食、繁殖能力强，又吃杂食等特点，曾在当时人们的生活中起着非常重要的作用，所以受到先民的普遍重视。遗址不仅出土猪骨数量多，而且墓葬内随葬猪骨的习俗也很盛行，人们把猪作为财富的象征，又作为美的形象在陶塑艺术方面有所反映。如果当时没有对家猪的长期饲养与认真观察，是不可能塑造出生动逼真的艺术形象。说明家猪在人们的经济生活中占有十分重要的地位。

　　根据目前所掌握的考古材料，山东地区早在六千多年以前的北辛文化时期已经发明水井 [1]。大汶口文化时期则多有发现。龙山文化时期使用已经非常普遍。在西吴寺、城子崖、青州凤凰台等遗址发现的水井，浅的近 2 米，深的达到 7 米，一般 5 米左右。如西吴寺遗址 [2] 的水井，一种井口呈圆形，直径 250 厘米，斜壁，往下逐渐收分，在深 200 厘米处内收出一周宽 14 厘米的棱台。另一种也是圆形口，斜壁，口大底小，口径 156、底径 110、深 450 厘米。第三种是长方形口，长 220、宽 160、深 430 厘米，斜壁平底，底为圆形，直径 90 厘米。在井内均出土了各种吸水器及其他陶器。说明水井使用的时间是很长久的。

　　水井的发明和使用，是生产力发展的一种标志，有了水井大大方便了人们的生产和生活，减少了对江河湖泊的依赖，人们可以离开河旁、湖畔，到广阔的平原上去定居生活，从事农业生产，在肥沃的冲积平原、山间盆地开发土地，灌溉农田，可以大大增加农作物产量，对农业生产的进一步发展具有革命性的意义。

三

　　大量考古资料表明，山东地区的原始农业从后李文化、北辛文化、大汶口文化、到龙山文化有一个发生发展的渐进过程。后李文化时期由于社会生产力水平较低，人类的活动范围相对较小，只局限在泰沂山区系北侧的冲积扇平原上，但所见遗址不多，且堆积较薄，灰坑和窖穴也不丰富，说明当时人们在同一个地方居住的时间较短。农业生产方面，由于当时生产工具比较少，器类也很单调，特别是用于收割庄稼的工具更少。因而，当时实行的是放火烧荒的一种农业耕作模式。这种古老的农耕方法，又称刀耕火种。或称砍倒烧光。它包括砍伐树木、焚烧草木、播种、看护和收割等主要过程。后李文化时期的农业大致处在与此相同的阶段。

[1]　济宁市文物考古研究室：《山东济宁市张山遗址的发掘》，《考古》1996年第4期。
[2]　国家文物局考古领队培训班：《兖州西吴寺》，文物出版社，1990年。

北辛文化时期生产力水平有所提高，社会经济有了较大发展，人类的活动范围不断扩大，已经遍及各个角落，遗址由后李文化时期的十几处增至 50 余处。从北辛遗址文化层厚达 2 米来看，当时居民的生活比较稳定，并在此居住了比较长的时间。如果农业生产不发达的话，是根本不可能长期居住的。另外，从北辛遗址石铲上遗留下的使用痕迹判断，其入土的深度在 7 厘米左右。能在土中下翻如此深度，从一个侧面再次证实当时已经基本脱离了刀耕火种的农业耕作方式。进入早期锄耕农业阶段。农业已经成为人们物质生活资料的主要来源，也是他们定居生活得以巩固的重要保障。

大汶口文化时期人口越来越多，经济生活得到较大提高，人类活动空间进一步扩大，遗址由北辛文化时期的 50 余处增至大汶口文化的 550 余处，扩大了近 10 倍，而且居住时间比较长。如枣庄建新遗址 [1] 文化层厚 1.5 米左右，发掘中清理房基 28 座，灰坑、窖穴、水井等 200 多个。这些遗迹相互之间的打破叠压关系十分复杂。根据研究人们在此生活了大约 500 年。又如广饶五村遗址 [2] 发掘中清理灰坑 500 余个，不仅分布密集，且打破关系非常复杂。由此说明当时人们在同一地点居住的时间是比较长的，这种现象是以农业生产发达为基础的。另外，这一时期发现的生产工具质料多样，数量增加，种类繁杂，用途趋向多功能化。一般采用石、骨、角、牙和少量贝壳等加工而成。石斧主要用于砍伐树木，楔、锛、凿等多用于修整制造木质工具；石铲、鹿角锄多用于翻耕土地，后者还兼有挖坑点种的功能；刀、镰（石质或蚌质）等用于收割庄稼；石磨盘、磨棒、石杵、石臼等用于加工粮食。斧、铲类大型石器多作为复合工具使用，可以说，这时的农业已具备了较完备的生产工序，可能已经彻底脱离刀耕火种的原始生产模式，进入较为先进的锄耕农业阶段。

龙山文化时期社会空前繁荣，遗址数量已经达到 1000 处左右，这些遗址多数坐落在适宜农耕的浅山丘陵和河流两岸的冲积平原上，分布十分密集，有些遗址面积达到数十万平方米，且文化堆积较厚，经常发现相当多的经过特殊加工的窖穴，或经过烘烤，或涂抹草泥，有的带台阶式出入口，这些窖穴很可能是用来贮藏粮食的。另外，很多遗址都出土相当多的瓮、罐、缸等大型容器，高度都在 50 厘米以上，多小口、大鼓腹，这种结构大概与存放粮食有关系。表明当时人们有意识在环境较好的地点居住相当长的时间。而这种长时间定居需要稳固的农业经济作为基础。当然，稳定的定居生活是农业发展的前提。如茌平尚庄遗址 [3] 发现窖穴 139 个，分布密集，打破关系复杂。形制规整，坑壁较直。底部平坦，有的经过特殊处理。

[1] 山东省文物考古研究所：《山东枣庄建新遗址第一、二次发掘简报》，《考古》1995年第1期；山东省文物考古研究所、枣庄市文化局：《枣庄建新——新石器时代遗址发掘报告》，科学出版社，1996年。

[2] 山东省文物考古研究所、广饶县博物馆：《广饶县五村遗址发掘报告》，《海岱考古（第一辑）》，山东大学出版社，1989年。

[3] 山东省文物考古研究所：《茌平尚庄新石器时代遗址》，《考古学报》1985年第4期。

或用黄砂土加工硬底，有的坑壁上就遗留有加工痕迹。邹平丁公城址[1]城内堆积厚达 1.5～2 米。遗迹和遗物十分丰富，遗物有精美的蛋壳陶，白陶鬶以及袋足鬲等各类陶器近千件，石、骨、蚌器 1500 余件。遗迹主要有房址、陶窑、窖穴和墓葬。房址分为半地穴式和地面建筑两类，前者面积较小，一般不超过 10 平方米；后者面积较大，有的近 50 平方米。田旺城址[2]城内文化内涵也很丰富，文化堆积最厚者 4 米左右，1981 年在一个直径约 3 米的灰坑内出土 7 鼎、3 甗、4 鬶、3 平底盆等。其形态大小相次，应是一组礼器；其中最大的陶甗高 116 厘米。可见田旺遗址绝不是一般的村落居住遗址，应是该地区一个聚落中心。城子崖遗址[3]城内文化层堆积非常厚。一般在 3～5 米，薄者 1.5 米左右，遗迹间打破关系十分复杂，发现有房基、窖穴、水井、墓葬以及大量精美的陶器、石器和蚌器等，说明城内居民不仅数量多，而且居住时间长久。据推算，当时城内居住着大约 5000 人以上。这些人，除农业生产者外，家庭手工业者、巫医、统治者等非农业生产者和非生产者占一定比例。另外，城子崖遗址周围分布着 40 处以上的龙山文化遗址，一般面积在几千至万平方米左右，显然是一些村落遗址；其中若干面积较大的，其地位有如今天的乡镇。它们依托着城子崖，分布在方圆 20 余千米的范围内。"都、邑、聚"的三级社会结构和城乡差别、城乡对立的格局昭然若揭，由此可见，城子崖城址是海岱地区一个突出的政治、经济、文化中心，是中国东方某一方国的中心。

四

　　综上所述可以看出，山东新石器时代的农业生产，在当时人们的经济生活中占据主导地位。从后李文化时期的刀耕火种耕作方式到北辛文化的早期锄耕农业，发展至大汶口文化和龙山文化时期比较发达的锄耕农业阶段，经历了相当长的发展过程。在这一漫长的发展进程当中，形成了以种植业为主，家畜饲养业为辅、渔猎和采集为补充的综合经济模式。在这里人们过着稳定的定居生活，利用自己勤劳的双手，聪明的智慧，进行农业生产，种植粟、黍和水稻等农作物，以满足人们日益增长的物质生活的需要。同时也为中华民族的形成和古代人类的发展作出了重大的贡献。

　　原载《农业考古》2004 年第 3 期

　　[1]　山东大学历史系考古教研室：《邹平丁公发现龙山文化城址》，《中国文物报》1992年1月12日。

　　[2]　魏成敏：《临淄区田旺龙山文化城址》《中国考古学年鉴·1993》，文物出版社，1995年。

　　[3]　《城子崖遗址又有重大发现》，《中国文物报》1990年7月26日；张学海：《城子崖与中国文明》，《纪念城子崖遗址发掘60周年国际学术讨论会文集》，齐鲁书社，1993年。

山东史前玉器初探
——重要出土玉器遗址与品类

中国古代玉器的研究，是一个非常重大的学术课题，已引起学术界众多专家学者的极大关注，近年来发表诸多有关玉器研究的文章和论著，这对于推进古代玉器的研究具有非常重要的意义。在人类历史发展的长河中，玉器的发明与广泛应用，不仅促使生产力发展水平发生质的提升，而且表明社会生产力与生产关系将要发生巨大的变革。玉器作为人类社会即将进入文明时代的重要标志，对于促进农业与畜牧业、农业与手工业的分工发挥了积极作用，同时对于中国古代文明起源的研究也深具意义。因此，探讨中国古代早期玉器的产生、发展以及在古代社会文明进程中的历史地位，无疑非常重要。鉴于此，本文主要依靠田野考古发掘所获资料，就山东史前时期出土的部分代表性玉器进行介绍，并就相关问题作初步探讨。

一 玉器发现概况

山东省位于中国东部沿海，地处黄河下游，风光秀丽，气候宜人，生态环境优越，非常适合古代人类的生存和繁衍。自 1928 年历城县（今章丘市）龙山镇城子崖遗址发现以来，经过广大文物考古工作者长期不懈的努力，已发现了大量古文化遗址。据不完全统计，仅史前文化遗址就有两千多处，初步建立起了后李文化—北辛文化—大汶口文化和山东龙山文化四个大的发展阶段。目前，经过正式发掘且发现有玉器的古遗址大约 30 余处，出土玉器 300 余件（见附表）。主要有潍坊前埠下，兖州王因、泰安大汶口、章丘焦家、董家村，邹县野店，广饶五村、傅家，曲阜西夏侯，安丘景芝镇，安丘老峒峪，桓台李寨，滕县岗上、庄里西，胶县三里河，莒县陵阳河、大朱家村、杭头，平阴周河，临朐西朱封，日照两城镇、尧王城，五莲丹土、董家营，临沂大范庄、湖台、海阳司马台，泗水尹家城等。下面对出土玉器较多的几处重要遗址进行简要概述。

附表　山东史前玉器一览表

地点	文化类型	器物名称	数量	资料出处
红土埠	大汶口文化	环	1	《枣庄市南部地区考古调查纪要》，《考古》1980年第4期
岗上	大汶口文化	人面像	1	《山东滕县古遗址调查简报》，《考古》1980年第1期
于家店	大汶口文化	镞形器	1	《莱阳于家店的小发掘》，《胶东考古》，文物出版社，2000年
白石村	大汶口文化	玉饰	1	《烟台白石村遗址发掘报告》，《胶东考古》，文物出版社，2000年
李寨	大汶口文化	镯2、璧、瑗、圭形坠6	10	《桓台文物》，山东画报出版社，1998年
老峒峪	龙山文化	璇玑	1	《山东安丘老峒峪遗址再调查》，《考古》1992年第9期
景芝镇	大汶口文化	镯、璧、坠、珠	10	《山东安丘景芝镇新石器时代墓葬发掘》，《考古学报》1959年第4期
陵阳河	大汶口文化	笄、坠、珠、玉石	6	《山东莒县陵阳河大汶口文化墓葬发掘简报》，《史前研究》1987年第3期
陵阳河	大汶口文化	铲、镞形器	3	《莒县文物志》，齐鲁书社，1993年
大朱家村	大汶口文化	钺	1	《莒县大朱家村大汶口文化墓葬》，《考古学报》1991年第2期
大汶口	大汶口文化	铲、笄、环、指环、小玉管	10	《大汶口》，文物出版社，1974年
城阳	大汶口文化	钺、环等	?	《费县城阳大汶口文化遗址》，《中国考古学年鉴（2002）》，文物出版社，2003年
西夏侯	大汶口文化	镞形器	1	《西夏侯遗址第二次发掘报告》，《考古学报》1986年第3期
平阴周河	大汶口文化	璧、三联璧、牙璧	3	《山东大学文物精品选》，齐鲁书社，2002年
尚庄	大汶口文化	镯	1	《茌平尚庄新石器时代遗址》，《考古学报》1985年第4期
杨家圈	新石器时代	刀	1	《栖霞、乳山、荣成、蓬莱新石器时代遗址调查》，《胶东考古》，文物出版社，2000年
尧王城	龙山文化	斧	1	《日照两城镇等七个遗址初步勘查》，《文物参考资料》1955年第12期
两城镇	龙山文化	斧、簪、残玉璧、不知名器	6	《有关日照两城镇玉坑玉器的资料》，《考古》1988年第2期
两城镇	龙山文化	铲、玉板	3	《山东日照龙山文化遗址调查》，《考古》1986年第8期

续附表

地点	文化类型	器物名称	数量	资料出处
两城镇	龙山文化	刀、玉板	2	《日照两城镇龙山文化遗址调查》，《考古学报》1958年第1期
两城镇	龙山文化	兽面纹玉锛、刀	2	《记两城镇发现的两件石器》，《考古》1972年第4期
两城镇	龙山文化	斧	1	《来自碧落与黄泉》，1998年
西朱封	龙山文化	钺5、刀、环、头（冠）饰、簪、坠饰9、串饰18	36	《山东临朐西朱封龙山文化墓葬》，《考古》1990年第7期
西朱封	龙山文化	坠饰、管饰	2	《临朐西朱封龙山文化重椁墓的清理》，《海岱考古（第一辑）》，山东大学出版社，1989年
西朱封	龙山文化	铲、环、矛、璇玑	8	《山东临朐县史前遗址普查简报》，《海岱考古（第一辑）》，山东大学出版社，1989年
姚官庄	龙山文化	雕刻器	1	《山东姚官庄遗址发掘报告》，《文物资料丛刊·5》，文物出版社，1981年
司马台	龙山文化	牙璋、璇玑	2	《山东省海阳县史前遗址调查》，《考古》1985年第12期
罗圈峪	龙山文化	镯、锛	2	《山东沂南县发现一组玉、石器》，《考古》1998年第3期
丹土	龙山文化	戚、钺、刀、琮、璇玑	9	《山东五莲丹土遗址出土玉器》，《故宫文物月刊》14卷2期，1996年
丹土	龙山文化	刀	1	《山东五莲、即墨县两处龙山文化遗址的调查》，《考古》1958年第4期
前埠下	后李、大汶口文化	凿、锛、璧、佩、璜、坠、锥	9	《山东潍坊前埠下遗址发掘报告》，《山东省高速公路考古报告集（1997）》，科学出版社，2000年
野店	大汶口文化	矛9、镞形器1、环41（单连环、双连环、四连环组成）	51	《邹县野店》，文物出版社，1985年
董家庄	大汶口文化	斧	1	《山东文物精萃》，山东美术出版社，1996年
王因	大汶口文化	斧	1	《山东兖州王因新石器时代遗址发掘简报》，《考古》1979年第1期
杭头	大汶口文化	扁琮	1	《山东莒县杭头遗址》，《考古》1988年第12期
傅家	大汶口文化	璧	2	《山东广饶县傅家遗址的发掘》，《考古》2002年第9期
五村	大汶口文化	环、指环、串珠	7	《广饶县五村遗址发掘报告》，《海岱考古（第一辑）》，山东大学出版社，1989年

续附表

地点	文化类型	器物名称	数量	资料出处
焦家	大汶口文化	斧、铲、锛、璧、环、管璜、牙璧、指环、坠、龙形饰	48	《山东章丘市焦家遗址调查》,《考古》1998年第6期
尹家城	龙山文化	刀、斧形器、锛	3	《泗水尹家城》,文物出版社,1990年
三里河	大汶口文化、龙山文化	璇玑、镞形器、鞍形饰、三角形饰、钏、马蹄形饰、耳坠、管、鸟形饰、珠等	49	《胶县三里河》,文物出版社,1988年
仕阳	大汶口文化	铲	1	《莒县文物志》,齐鲁书社,1993年
尚庄	大汶口文化	镯	1	《茌平尚庄新石器时代遗址》,《考古学报》1985年第4期
湖台	龙山文化	扁琮、双孔铲、笄	3	《山东临沂湖台遗址及墓葬》,《文物资料丛刊·10》,文物出版社,1987年
庄里西	龙山文化	琮、牙璧	2	《枣庄文物概览》,齐鲁书社,2001年
大范庄	龙山文化	牙璋2、铲2	2	《山东临沂市大范庄遗址调查》,《华夏考古》2004年第1期
董家营	大汶口文化	璧、耳坠等	?	《中国考古学年鉴(2002)》,文物出版社,2003年

1.前埠下遗址[1]

位于潍坊市寒亭区朱里镇前埠下村西50米处。1996年为配合潍(坊)莱(芜)高速公路建设,山东省文物考古研究所对遗址进行了考古发掘。出土玉器9件,其中后李文化玉器2件,主要是凿和锛,这是山东史前文化中发现的最早玉器;大汶口文化玉器7件,器形有凿、璧、佩、璜、坠、锥等。

2.焦家大汶口文化遗址[2]

位于章丘市西北约20千米的焦家村西北约800米处。近年来,市博物馆组织业务人员对遗址进行了考古调查和清理工作,收集到大批文化遗物,最重要的是48件大汶口文化时期的玉器。这批玉器制作精致,器型规整,主要是一些生产工具和装饰品,其中有铲、斧、锛、璧、环、管、璜、璇玑、龙形饰、锥和指环等。

[1] 山东省文物考古研究所、寒亭区文物管理所:《山东潍坊前埠下遗址发掘报告》,山东省文物考古研究所:《山东省高速公路考古报告集(1997)》,科学出版社,2000年。

[2] 章丘市博物馆:《山东章丘市焦家遗址调查》,《考古》1998年第6期。

3.三里河遗址[1]

位于胶县（今山东省胶州市）城南约 2 千米北三里河村西河旁高地上，20 世纪 70 年代，中国科学院考古研究所等单位对该遗址进行了两次考古发掘，出土了大量大汶口文化、龙山文化时期的文化遗物，包括玉器 49 件，这批玉器用青玉和白玉制成。其中大汶口文化玉器有 35 件，器形主要为镞形器、环、璇玑形环、鞍形饰、三角形饰、马蹄形饰、铆、耳坠、管等；龙山文化玉器 14 件，器形有璇玑形环、镞形器、鸟形玉饰、珠、半月形、长方形穿孔玉饰等。

4.景芝镇遗址[2]

位于安丘县城东南约 24 千米。1957 年秋，山东省文物管理处在此清理 7 座大汶口文化时期的墓葬；除陶器外，还发现 10 件大汶口文化晚期的玉器，器类有镯和璧、坠、管形珠等，其中镯 2 件、璧 1 件、坠 4 件、管形玉珠 3 件。

5.大汶口遗址[3]

位于泰安市泰山区和宁阳县交界处。1959、1974 年和 1978 年先后由山东省文物管理处、济南市博物馆以及山东省博物馆进行三次大规模发掘，出土大量北辛文化、大汶口文化陶、石、骨等各类文物；其中发现玉器 10 件，器类有钺 2 件，笄 4 件，环、臂环、指环和小玉管各 1 件。

6.野店遗址[4]

位于邹城市（原邹县）城南 6 千米的峄山乡野店村。山东省博物馆 1971、1972 年连续两次进行发掘，清理大汶口文化墓葬 89 座，出土各类文物 1000 余件；其中发现大汶口文化玉器 50 余件，这批玉器主要是矛头和一些玉环。矛头均磨制，一类矛头略圆尖，铤部作锥状，铤与身界限不明显，另类铤与身界限清晰。玉环大多成组随葬，其中 M15、M31、M47、M49 等以单环为主，有的在死者头部、枕部等处。而 M22 出土的头部玉饰由单环、双连、四连环等组成，再加上松绿石坠等，色泽艳丽，造型美观，制作精巧，是一件艺术佳品。M47 男性死者的双臂附近分别放置两组玉单环，M31 男性死者头部的玉环刻有似花状齿牙。

7.西朱封遗址[5]

位于临朐县城南约 5 千米的西朱封村南的高台地上。1987 年，山东省文物考古研究所清理 1 座龙山文化重椁墓葬，发现 1 件玉耳坠和 1 件玉管饰。1989 年中

[1] 中国社会科学院考古研究所：《胶县三里河》，文物出版社，1988年。

[2] 王思礼：《山东安丘景芝镇新石器时代墓葬发掘》，《考古学报》1959年第4期。

[3] 山东省文物管理处、济南市博物馆：《大汶口——新石器时代墓葬发掘报告》，文物出版社，1974年。

[4] 山东省博物馆、山东省文物考古研究所：《邹县野店》，文物出版社，1985年。

[5] 中国社会科学院考古研究所山东工作队：《山东临朐朱封龙山文化墓葬》，《考古》1990年第7期；山东省文物考古研究所、临朐县文物保管所：《临朐县西朱封龙山文化重椁墓的清理》，《海岱考古（第一辑）》，山东大学出版社，1989年。

国社会科学院考古研究所山东队又清理 2 座龙山文化墓葬，其中发现玉器 36 件，墓 202 出土有钺 2 件、刀、头（冠）饰和簪各 1 件、坠饰 4 件、串饰 18 件，此外还发现 980 多件绿松石薄片；墓 203 出土钺 3 件、环 1 件、坠饰 5 件，以及绿松石片 96 件。近年来，各级文物部门在对西朱封遗址的多次调查中，还发现 8 件龙山文化玉器，其中有钺 4 件、璇玑 2 件、环和矛各 1 件。

8.丹土遗址[1]

位于五莲县潮河镇丹土村周围，因出土大量玉器而闻名。比较集中的是 20 世纪 50 年代山东省文物普查中发现的，大部分已经发表在《山东文物选集》（普查部分）一书中。60 年代以来，又陆续出土了一些玉器，主要是玉钺、玉戚和玉璇玑等。

9.两城镇遗址[2]

位于日照市城区东北方向约 20 千米，是中国著名的龙山文化遗址。早在 20 世纪 50 年代，山东大学刘敦愿先生就曾对遗址进行过调查。发现 1 件扁平穿孔玉刀和 1 件大型玉质板材。60 年代又发现 1 件玉刀和 1 件兽面纹玉锛。80 年代，刘敦愿先生又对过去两城镇遗址发现的玉坑玉器资料进行了追述报道，玉坑出土物中，原料、半成品、成品都有。原料中曾见大块的玉器，长 40～50 厘米，形如长条的冬瓜或枕头；半成品多磨成厚薄不等的片状物，形状有三角形、长方形与不规则形等；成品中有 3 件穿孔石斧、1 件玉璧残段和 1 件不知名玉器以及其他小件工具。近年来，当地文物部门在对两城镇多次调查中又发现 2 件玉钺和 1 件玉板。

10.大范庄遗址[3]

位于临沂市东 20 千米的河东区相公镇大范庄村西约 200 米的一片高地上。近年来，当地文物部门曾多次对遗址进行调查，发现大量陶、石、玉等文化遗物；其中发现的 2 件龙山文化时期的玉钺和 2 件牙璋最引人瞩目。

11.湖台遗址[4]

位于临沂市城西南约 9 千米处。1980 年市博物馆在此发掘 4 座龙山文化时期的墓葬，其中发现 3 件玉器，器形有笄、钺和带槽长条玉器各 1 件；另外还出土有石扁琮，其含义与玉琮应该是一致的。

[1] 山东省文物管理处：《日照两城镇等七个遗址初步勘查》，《文物参考资料》1955年第12期。

[2] 刘敦愿：《日照两城镇龙山文化遗址调查》，《考古学报》1958年第1期；日照市图书馆：《山东日照龙山文化遗址调查》，《考古》1986年第8期。

[3] 冯沂：《山东临沂市大范庄遗址调查》，《华夏考古》2004年第1期。

[4] 临沂市博物馆：《山东临沂湖台遗址及墓葬》，《文物资料丛刊·10》，文物出版社，1987年，图四，2、4。

二　玉器的品种和类型

山东史前时期玉器的种类较多，器类复杂，主要有斧、铲、钺、锛、刀、凿、镞、矛、琮、璧、璇玑、二联璧、四联璧、牙璋、坠、璜、玦、珠、人面形饰、头（冠）饰、龙形饰、鸟形佩等。下面按照装饰品类、礼器类和象征性工具或武器类分别予以介绍。

（一）装饰品类

目前，所发现的装饰品数量和种类较多，主要有环、镯、臂环、指环、簪、笄、锥形饰、串饰、项饰、管、坠、璜、玦、珠、人面形饰、头（冠）饰、龙形饰、鸟形佩等。人们佩戴这些玉器装饰品，不仅出于美观，也有其宗教方面的考虑。

1.玉串饰

野店遗址 M22 出土（《山东文物精萃》图 2），这件串饰是大汶口文化居民生前佩戴于颈部的一种装饰品，是人类精神生活丰富的反映，也是大汶口人装饰审美的新观念的一种表现，同时说明当时居民已经有了装饰打扮的风俗习惯。它由单环、双环、四连环及松石坠等 11 件组成，单环直径 3 ～ 5.1、双环长 6.8、四连环长 4.8 厘米，绿松石坠长 3 厘米。串饰由青玉和白玉琢制，玉色莹润，制作不甚规整，其中近好的部位较薄，有的呈偏心圆。双环、四连环其造型类比花朵形（图一）。这种串饰是山东史前文化中具有代表性的组佩造型，它占据该地区玉器装饰品的主体地位，其组合形成的造型及艺术特征成为传统单体佩玉形式的突破。串饰的结构，强调组合中单个玉佩造型的大体相同或相谐，造成整体串饰结构及视觉效果的和谐统一，可视为自西周至西汉流行的组佩的先导。

2.人面形玉饰

1976 年岗上大汶口文化遗址[1]出土（《山东文物精萃》图 3），是山东地区迄今为止发现时代最早的 1 件以人面为题材的工艺品，距今 6000 年左右。这类人面形雕塑艺术品极为少见，它反映了当时先民们开始把人类自身作为艺术创作题材的事实。这件人面形玉饰，质呈深褐色，高 3.2、宽 3.9 厘米，略呈近正方形，四边略向外凸，突出人的眼、鼻和口。正面阴线刻出人的头形和五官，面部作正视状，以阴线刻橄榄形眼眶，眼眶内刻一横线作目，双目横连；以一阴线刻等腰三角形作鼻；口为一阴线刻短横线，面部表情祥和，神态庄重。背面中部有一垂直突脊，突脊中部刻有桥形纽，可以穿绳佩戴（图二）。据报道[2]，在法国巴黎赛努奇博物馆还收藏 1 件山东龙山文化时期的玉雕人像，色肉红，有褐色斑，长 20.8、宽 2.54、厚 0.48 厘米。

---

[1]　中国社会科学院考古研究所山东队、滕县博物馆：《山东滕县古遗址调查简报》，《考古》1980年第1期。

[2]　李学勤：《海外访古续记三》，《文物天地》1993年第1期。

 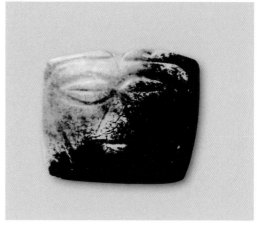

图一　玉串饰　　　　　　　　　　　　　图二　人面形玉饰

邹县野店遗址M22出土（《山东文物精粹》图2），由　　　1976年滕县岗上大汶口文化遗址出土（《山东文物精
青玉和白玉琢制，共11件组成，单环直径3～5.1、双环　　　粹》图3），距今年代约6000年，高3.2、宽3.9厘米
长6.8、四连环长4.8、绿松石坠长3厘米

玉人头戴冠，冠上有小扉棱，披发，粗眉大眼，阔口露齿。耳下有珥。通体似赤裸，挺胸叉腰，赤足，蹲踞姿态。有的学者认为蹲踞是东夷的一种习俗，玉人作蹲踞形，可能同夷人的俗尚有关。

3.玉镯

尚庄遗址[1]墓葬 27 中出土（《中国玉器全集》图 35）。玉质呈豆青色。内圆外方，镯内圈略呈椭圆形，外圈呈圆角方形，四边微外弧。镯边光滑，有一周浅凹槽。周边中部各钻一圆孔，未钻穿镯身，镯已残缺一角。边长 6.1 ～ 6.4、宽 2.2、内径 5.4 ～ 5.7、肉厚 0.4 ～ 1.0 厘米（图三）。

4.龙形玉饰

中华民族自古以来就把龙作为吉祥的象征。闻一多先生说：龙是中华民族"发祥和文化肇端的象征"。所以龙的起源与中国古代文明的形成与发展关系非常密切。焦家大汶口文化遗址中出土的这件龙形玉饰，在山东史前文化中为首次发现（编号 ZJ：1）。质呈白色。整体弧形，口部及下颌部、颈部有 3 个透雕孔，须、鳞为浅浮雕，造型和雕工精美；长 8.5、宽 4、厚 1.4 厘米（图四）。

5.鸟形玉饰

均发现在三里河遗址。M203：13，形体较小，呈鸟头形（图五，1）。M203：11，为鸟形青玉饰，鸟喙部分的玉色稍浅，喙与头之间有一条浅褐色纹。

[1]　山东省博物馆、聊城地区博物馆、茌平县文化馆：《山东省茌平县尚庄遗址第一次发掘简报》，《文物》1978年第4期；山东省文物考古研究所：《茌平尚庄新石器时代遗址》，《考古学报》1985年第4期。

图三　玉镯

茌平尚庄遗址M27出土（《中国玉器全集》图35），边长6.1～6.4、宽2.2、内径5.4～5.7厘米

图四　龙形玉饰

章丘焦家大汶口文化遗址中出土，长8.5、宽4、厚1.4厘米

鸟头部向前伸，尾部上翘，体部呈下垂的半月形（图五，2）。M203：15，鸟体呈弧形，鸟喙向外伸（图五，3）。M203：20，器体较小，鸟喙较明显，厚0.6厘米，其上有直径0.3厘米的小孔，用管钻穿制（图五，4）。

6.玉璜

遗址中多有发现，是古代居民日常使用的一种装饰品。前埠下遗址大汶口文化墓葬中出土的这件玉璜（M3：26），白色叶蜡石，半圆形，肉部内缘圆钝，外移较尖，一端有一钻孔。肉宽1.1、厚0.2厘米（图六）。焦家遗址发现2件玉璜，其中1件（ZJ：211）为白玉，面上钻大小不一的8个孔；弧长10、最大宽度2.2、厚0.6厘米（图七）。另1件（ZJ：533），淡黄色玉。两端各钻一小孔，通体磨制。弧长10、宽2、厚0.4厘米（图八）。

7.玉笄

是束发的一种实用器，在山东地区目前发现数量较多，其形制多为碧玉质，扁平体，一端钝尖，另一端有榫，榫上多有横穿小孔，颇似良渚文化的锥形饰。两城镇遗址发现的1件玉笄[1]，其造型颇为精巧，玉质呈淡绿色；通长9.4、最宽处1.4厘米，一端圆浑，长1.1、直径约0.2厘米，断面圆角长方形，尖部呈细圆形。向上一段突然鼓起，至2.4厘米处收缩成细腰，直径约0.4厘米；另一端平斜，剖面呈尖状，两侧刻有缺口各一，然后逐渐鼓起，断面呈圆角长方形，宽约0.8厘米（图九）。

8.玉簪

也是一种束发用器，其用途与笄基本相同。如西朱封遗址出土的这件玉

---

[1] 刘敦愿：《有关日照两城镇玉坑玉器的资料》，《考古》1988年第2期，图一，2。

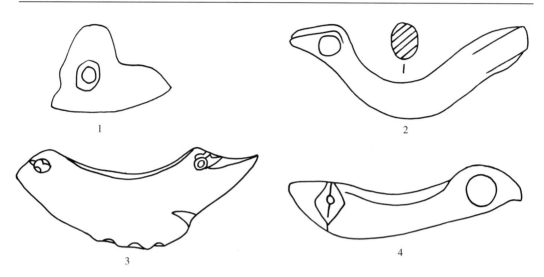

图五　鸟形玉饰

1. 胶县三里河遗址出土（M203：13），形体较小，呈鸟头形　2. 胶县三里河遗址出土（M203：11）青玉饰，鸟体呈下垂的半月形　3. 胶县三里河遗址出土（M203：15），鸟体呈弧形　4. 胶县三里河遗址出土（M203：20），形体较小，厚0.6、上有直径0.3厘米管钻小孔

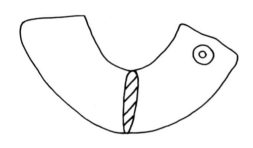

图六　玉璜

潍坊前埠下遗址大汶口文化墓葬出土（M3：26），白色叶蜡石，肉宽1.1、厚0.2厘米

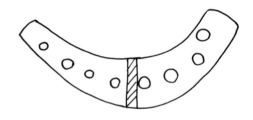

图七　玉璜

章丘焦家遗址出土）ZJ：211），白玉，面上钻大小不一的8个孔，弧长10、最大宽度2.2、厚0.6厘米

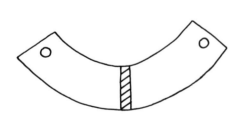

图八　玉璜

章丘焦家遗址出土（ZJ：533），淡黄色玉，两端各钻1小孔，弧长10、宽2、厚0.4厘米

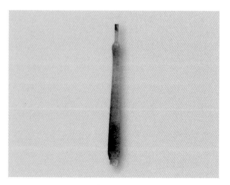

图九　玉笄

日照两城镇遗址出土，长9.4、最宽处1.4厘米

簪（M202：3）。乳白色，呈半透明状，两侧共有 3 个浮雕人面像，长 10.3 厘米（图一〇）。

9.头（冠）形玉饰

1 件，是在西朱封龙山文化遗址中发现的。它系由头（M202：1）、柄（M202：2）两件组合而成（图一一）。出土于墓主头部左侧近旁，通长 23 厘米。柄部为青灰色圆锥体，形似玉笄，横切面略呈扁圆形，通体饰有竹节状凹弦纹、竹节纹，长 18.5 厘米；头部呈乳白色，有褐斑，平面似蝶状，表面镂空透雕，玲珑剔透，抛磨光润，镂空形状各异，左右下侧的圆孔中均镶嵌绿松石片，正、背面均刻划凹字形、工字形和丁字形主题花纹，镂空及刻纹基本上左右对称。头部下端正中有浅槽，与柄部上端的卯口正相吻合，浅槽旁边的一对小圆孔，当是为了加强柄、头结合而设的系孔；高 4.9、宽 9、厚约 0.36 厘米。对于这件头玉冠饰的含义和性质，有的学者认为并不是一件装饰品 [1]，头部所表现的是头戴"皇冠"的"神"之形象，一种地位和权力的标志物，称为"神徽"或"神像"。因此，墓主人应是具有某种特殊身份地位高居于当时社会组织上层的显赫人物；拥有玉冠饰——神徽，正是其特殊地位和权力的重要标志。

（二）礼器类

玉礼器主要是指在宗教祭祀、政治礼仪等公共场合所使用的玉器。山东史前时期的玉制礼器数量较多，种类比较复杂，主要有玉璧、琮、璜等。

1.玉璧

中国古代最重要的玉器之一，在考古发掘中经常发现。其平面是一种扁平圆形或椭圆形、正中有孔的器物，《说文》释璧为"瑞玉，圆器也"。与璧类似的还有环和瑗。《尔雅·释器》云："肉倍好为之璧……""肉"指周围的边郭；"好"指中心的孔。早期的玉璧形制较小，制作也不规整，到后期则形制渐大，制作也进一步精致规整，已成为权力、财富和祭祀的礼器。平阴周河大汶口文化遗址共发现 3 件玉璧 [2]，其中 1 件玉璧，质呈浅白色，平面为圆形，素面，制作规整，质地精良。外径 5.0、内径 2.4 厘米（图一二）。另外 1 件为三联璧，玉质呈灰白色，三圆孔，底边略宽，两侧有浅槽，磨制精致，长 5.5、宽 2.5 厘米（图一三）。还有 1 件玉璧，质呈黄白色，周边有 3 个齿牙，似璇玑；磨制精良，外径 4.2、内径 1.1 厘米（图一四）。

2.玉牙璋

数量较少，目前在山东地区仅发现 3 件。其中大范庄 2 件、司马台 1 件。大范

---

[1]　杜金鹏：《论临朐朱封山文化玉冠饰及相关问题》，《考古》1994年第1期。

[2]　山东大学考古学系、山东大学博物馆：《山东大学文物精品选》，齐鲁书社，2002年，图2至图4。

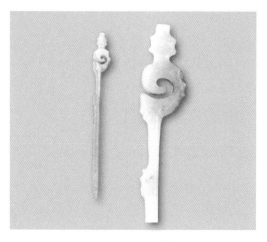

图一○　玉簪

临朐西朱封遗址出土（M202：3），两侧共有3个浮雕人面像，长10.3厘米

图一一　头（冠）形玉饰

临朐西朱封遗址出土（M202：1）、（M202：2），通长23厘米

图一二　玉璧

平阴周河大汶口文化遗址出土，外径5.0、内径2.4厘米

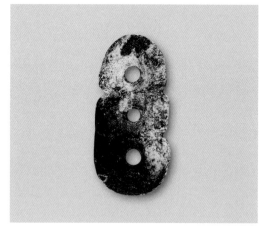

图一三　三联璧

平阴周河大汶口文化遗址出土，长5.5、宽2.5厘米

庄遗址出土的这件牙璋（LD：210）为扁平长条形，表面呈灰绿色，有褐色斑纹，柄部顶呈斜形，上端一面钻一圆孔，两阑齿，为肩突式，一边高一边矮，矮边阑齿较大；刃部锋利，为双尖内弧单面刃，一尖微残；通长30.2～32.9、刃宽9.9、柄宽6.2、厚0.5～1.4、孔径1.2厘米；器体厚度不均匀，两侧边缘较厚，中部较薄，器表不平，稍呈斜翘（图一五）。另外1件牙璋（LD：211）为扁平长条形，表面抛光层已黯然无光，呈灰白色，质松且轻，比重很小，似为玉石经高温长时间烧烤所致；长方形柄，上面钻一圆孔，两边有突起的阑齿。刃呈内凹形，尖角有残。通长26.6～27.3、刃宽8.1、柄宽5.8、厚0.4～1.1、孔径0.9厘米。出土时已碎裂数片，

图一四　玉璧

平阴周河大汶口文化遗址出土，外径4.2、内径1.1厘米

图一五　玉牙璋

临沂大范庄遗址出土（LD：210），双尖内弧单面刃，
通长30.2～32.9、刃宽9.9、柄宽6.2、孔径1.2厘米

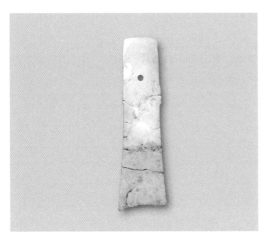

图一六　玉牙璋

临沂大范庄遗址出土（LD：211），通长26.6～27.3、
刃宽8.1、柄宽5.8、厚0.4～1.1、孔径0.9厘米

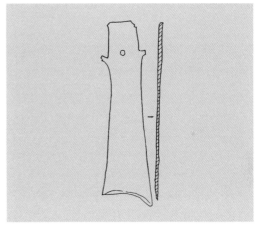

图一七　玉牙璋

海阳司马台遗址出土墨玉，长27.2、宽8、厚0.4厘米

现已修复（图一六）。海阳司马台遗址[1]出土的牙璋为墨玉制成，制作规整，磨制精细光亮；长27.2、宽8、厚0.4厘米（图一七）。

3.玉璇玑

山东地区发现较多。其形制是一种圆形片状璧形器，周边向外顺向突出角形，突角多为3个，个别为4或6个。这类璇玑在三里河、西朱封、丹土、庄里西、司马台、西朱封、老峒峪等遗址均有发现。丹土遗址出土的这件龙山文化玉璇玑[2]，玉质呈

---

[1]　王洪明：《山东省海阳县史前遗址调查》，《考古》1985年第12期。

[2]　山东文物事业管理局：《山东文物精萃》，山东美术出版社，1996年，图七。

青黄色，大部已沁作白色，局部有褐色沁痕；圆作三分，三齿同向左斜出，全器磨制精细；外径16.3、内径13、厚0.7厘米（图一八）。庄里西龙山文化遗址1978年出土1件璇玑（又名多齿三牙璧）[1]，现藏山东省博物馆。全器呈青灰色，磨制光滑，制作精致，带有光泽，局部有褐色浸斑；体扁平，形如璧；外缘为3个形状相同、向同一方向旋转的牙以及三组凹齿形纹，每组长约4.2厘米，每个齿牙突脊有四组小锯齿，每组3齿；直径15.5、孔径为6.7厘米（图一九）。

4. 玉琮

发现数量虽然不多，但制作都非常精致。如丹土龙山文化遗址发现的这件玉琮[2]，玉质莹润，全器外方内圆，呈矮方柱体，中有大圆孔；器外表四面平整，每面由较宽的竖槽一分为二，由3条很窄的横槽分为相等的四节，全器制作规整，磨制光滑；口径7.1、孔径6.6、边宽7.3、通高3.5厘米（图二〇）。1982年庄里西遗址出土的玉琮[3]，质为浅青色，浸有黑斑；高3.7厘米，琮体为四角倭角的长方柱体，四角饰有阴线刻弦纹各8道，四面的中上下各排列2个圆圈纹，弦纹和圆圈组成的纹饰，是兽面纹的简化形式（图二一）。中国历史博物馆收藏的1件玉琮[4]，系由岫岩软玉雕制而成，深碧色，方柱形，圆口，上大下小，有对穿圆孔，造型规整，光润细腻；高49.2、上宽6.4、下宽5.65厘米。器身纹饰分为19节，其上端正中刻有阴线三角（△）形纹饰，细若毫发；每节上刻三道直线纹，其两侧各以一圆圈为目，以折角方块为口，以直线纹为额，构成一形象极简略的兽面纹。此琮扉棱对称，四角磨平，堪称玉琮之王。莒县博物馆收藏的1件玉琮[5]，是1978年群众捐献的，玉质呈黄玉色，方筒形，中间有圆孔，饰数周凹弦纹；高7.2、边长7、孔径7厘米。曲阜孔子故里博物院收藏的1件玉琮[6]，属于孔府传世品；高33.2、上端7厘米×7厘米。曾经火烧，琮体呈黑色和灰白色；体外分13节，每节分别以边棱为中线，以中央垂直凹槽为界，用若干道阴阳弦纹和两个圆圈形纹，组合成四组简化变形的兽面纹（图二二）。湖台遗址还发现1件扁玉琮，其形状为方形，中间略厚，四边稍薄，边长13.5、厚0.5厘米，中间有直径6.5厘米的圆孔，孔径6.8厘米；每边中间有长1.2、宽0.2厘米的凹口（图二三）。另外，杭头遗址[7]还出土1件扁石琮（M8：16），灰绿色角闪岩质，方形，中间为圆孔，四边圆滑，通体磨制光滑；边长12.6、孔径6.5、厚0.8厘米（图二四）。

[1] 中国玉器全集编辑委员会：《中国玉器全集》，河北美术出版社，1992年，图版42。

[2] 山东文物事业管理局：《山东文物精萃》，山东美术出版社，1996年，图六。

[3] 翟力军：《馆藏玉器概述》，《枣庄文物概览》，齐鲁书社，2001年，图46上。

[4] 石志廉：《最大最古的◎纹碧玉琮》，《中国文物报》1987年10月1日第57期。

[5] 苏兆庆：《莒县文物志》，齐鲁书社，1992年，第171页上图。

[6] 《孔子故乡四千年文物大展》，中国台北，1995年，第52页左图。

[7] 山东省文物考古研究所、莒县博物馆：《山东莒县杭头遗址》，《考古》1988年第12期，图六，2。

图一八　龙山文化玉璇玑

五莲丹土遗址出土，玉质呈青黄色，大部分已沁作白色，外径16.3、厚0.7厘米

图一九　玉璇玑（又名多齿三牙璧）

滕州庄里西龙山文化遗址1978年出土，现藏山东省博物馆，外缘三组凹齿形纹，每组长约4.2厘米，每组齿牙突脊有四组小锯齿，每组3齿，直径15.5、孔径6.7厘米

图二〇　玉琮

五莲丹土龙山文化遗址出土，外方内圆，矮方柱体，口径7.1、孔径6.6、边宽7.3、通高3.5厘米

图二一　玉琮

滕州庄里西遗址1982年出土，琮体为四角倭角的长方柱体，高3.7厘米

（三）象征性工具或武器类

象征性工具或武器主要指玉斧、铲、钺、戚、刀、锛等。山东史前时期遗址中出土了许多这样的武器和工具，其形状多为扁平穿孔梯形弧刃，磨制精细，没有刃口，非实用器。从刃部磨损情况看，绝大多数已脱离实用阶段，只是作为一种标志和象征，运用于一些仪仗、礼仪场合，具有一定的特殊意义。

图二二　玉琮
曲阜孔子故里博物院收藏，高33.2、上端7厘米×7厘米

图二三　扁玉琮
临沂湖台遗址出土，边长13.5、厚0.5厘米，中间有直
径6.5厘米的圆孔，孔径6.8厘米

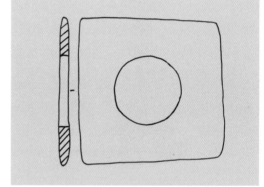

图二四　扁石琮
莒县杭头遗址出土，灰绿色角闪岩质，边长12.6、孔
径6.5、厚0.8厘米

1.玉斧

　　形似石斧。兖州王因遗址[1]大汶口文化墓214出土的这件玉斧，是目前山东地区发现时代最早的。其玉材为粗糙的青玉，通体磨光，舌状，穿孔系琢后管穿而成，从上端残毁的穿孔观察，可能是利用废品再次加工而成；长7.2、宽4.2厘米。章丘董家村大汶口文化遗址出土1件玉斧[2]，平面作扁平梯形，玉质呈淡青色，玉质莹润，有彩纹，通体磨光，刃部稍宽，刃口锋利，顶端略作弧形，近端处管钻一圆孔；长13.7、宽7.6、厚1.4厘米（图二五）。

　　[1]　中国社会科学院考古研究所山东队、济宁地区文化局：《山东兖州王因新石器时代遗址发掘简报》，
　　　　《考古》1979年第1期，图八，23。
　　[2]　山东文物事业管理局：《山东文物精萃》，山东美术出版社，1996年，图一、五。

图二五　玉斧

章丘董家村大汶口文化遗址出土，长13.7、宽7.6、厚1.4厘米

图二六　单孔玉钺

章丘董家村大汶口文化遗址出土（M117：8），长17.8、刃宽7.2、厚0.9厘米

2.玉钺

山东史前遗址中发现较多，形制多为长方形，均钻有单孔或双孔。单孔玉钺发现时代最早的是大汶口遗址出土的2件。1件（M117：8），呈淡黄色，扁平长方形，三面刃，正刃为近似钝角三角形的弧刃，极锋利，制作精美，磨制光滑；长17.8、刃宽7.2、厚0.9厘米（图二六）。另1件（M10：18）玉质呈墨绿色，扁平长方形，长19、厚0.9厘米（图二七）。两城镇遗址出土的1件钺[1]，大体呈梯形，碧绿色，有墨绿色条纹形晕斑。上部正中有一穿孔，两面对钻而成，正面孔大，直径约2厘米，背面孔稍小，约1.7厘米；通体打磨光润，上部一侧微有损处，似是玉材本身缺陷使然；全器长17.2、上宽8、下宽9.7、厚1.1～1.2厘米（图二八）。两城镇遗址出土的另外1件玉钺[2]，上端残断，残长21.8、中宽10、下宽9.5厘米，一面磨平，一面中部隆起，厚0.9厘米，边缘圆浑；孔系一面穿透，上孔直径1.5、下孔直径0.9厘米，不圆整，灰绿色；左侧边线平直，尚留相对切割的线状痕迹；全器上部走向呈弧形，右侧边线稍直，估计上部相当狭窄，刃部微有残缺（图二九）。丹土遗址的1件玉钺[3]，质呈绿色，多处有白色沁斑。平面略呈长方形，器形小但器重，拱背，无刃，中上部有一圆孔，一面钻；长5.3、宽9、厚0.4厘米（图三〇）。丹土龙山文化遗址出土的另外1件玉钺[4]（《山东文物选集》未收入，山东省博物馆馆藏号为1.187），玉质呈浅绿色，局部有褐斑，多纹理，打磨精细，器体略呈长方形，三面刃；

[1]　山东文物事业管理局：《山东文物精萃》，山东美术出版社，1996年，图一、五。
[2]　山东大学考古学系、山东大学博物馆：《山东大学文物精品选》，齐鲁书社，2000年，图10。
[3]　山东省文物管理委员会、山东省博物馆：《山东文物选集》（普查部分），文物出版社，1959年，图三
[4]　杨波：《山东五莲县丹土遗址出土玉器》，《故宫文物月刊》14卷2期，1996年，图四。

图二七　单孔玉钺

章丘董家村大汶口文化遗址出土（M10：18），长19、
厚0.9厘米

图二八　单孔玉钺

日照两城镇遗址出土，上部正中有一两面对钻的穿
孔，长17.2、上宽8、下宽9.7、厚1.1～1.2厘米

图二九　单孔玉钺

日照两城镇遗址出土，残长21.8、中宽10、下宽9.5厘米

图三〇　单孔玉钺

五莲丹土遗址出土，长5.3、宽9、厚0.4厘米

背部及底刃均微弧，中上部有一圆形钻孔，一面钻。全器长 1.1、宽 8.4、厚 0.2 ～ 0.4
厘米（图三一）。西朱封龙山文化墓葬出土的 1 件玉钺（M202：8），玉质呈乳白色，
长方形，单孔；长 10.3、宽 7.5 ～ 8、厚 0.8 厘米（图三二）。

3.双孔玉钺

在大汶口文化时期发现较少，但在湖台、两城镇、丹土、西朱封等龙山文化遗
址中均有发现。湖台遗址出土的玉钺[1]，质呈淡黄色；扁平长方形，平顶，上下有刃，

---

[1] 文化部文物局、故宫博物院：《全国出土文物珍品选（1976～1984年）》，文物出版社，1987年，图版
112。

图三一　单孔玉钺

五莲丹土遗址出土，长11.1、宽8.4、厚0.2～0.4厘米

图三二　单孔玉钺

临朐西朱封龙山文化墓葬出土（M202：8），长10.3、宽7.5～8、厚0.8厘米

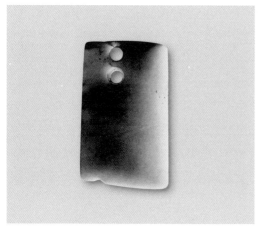

图三三　双孔玉钺

临沂湖台遗址出土，长9.7、宽6、厚0.7厘米

图三四　双孔玉钺

临朐西朱封龙山文化墓葬出土（M203：16），通长12.3～12.9、宽12.2～12.9、厚0.6厘米

上为平齐刃，下为弧刃；左上端有两圆孔，均为单面管钻，钻孔方向相反；长9.7、宽6、厚0.7厘米（图三三）。西朱封龙山文化墓葬出土的玉钺，均磨制光滑，制作规整；其中（M203：16），玉质呈乳白色，近方形，双孔；通体长12.3～12.9、宽12.2～12.9、厚0.6厘米（图三四）。两城镇大孤堆墓2随葬的玉钺[1]，质呈淡绿色，平直正刃，形制简洁，制作精美；长11.3、宽8.5、厚0.7厘米（图三五）。丹土遗址1件玉钺[2]，质呈浅绿色，局部赭褐色，有白色沁斑，通体光洁；体扁平，略呈

[1]　台北史语所：《来自碧落与黄泉——台北史语所文物精选录》，1987年。

[2]　山东省文物管理委员会、山东省博物馆：《山东文物选集》（普查部分），文物出版社，1959年，图六、七。

图三五　双孔玉钺
日照两城镇大孤堆墓2随葬，长11.3、宽8.5、厚0.7厘米

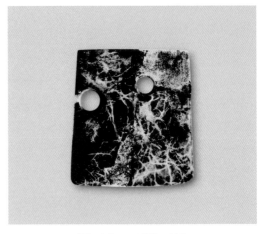

图三六　双孔玉钺
五莲丹土遗址出土，长11.2、宽10.4、厚0.2～0.3厘米

梯形，直背，三面有刃，边刃近直，底刃微弧；中上部有两钻孔，近边刃的孔较大，为一面钻，中部一孔较小，孔为两面钻；全器长 11.2、宽 10.4、厚 0.2～0.3 厘米（图三六）。丹土遗址另外 1 件玉钺 [1] 质呈褐绿色，体扁平，略呈长方形；直背微弧，三面刃，中上部有两钻孔，顶部圆形，一面钻，其下一椭圆形孔，亦用一面钻；全器长 13.3、宽 6.9、厚 0.2～0.4 厘米（图三七）。还有 1 件玉钺是丹土遗址 1978 年出土的 [2]，器体原色青灰，现大部分沁作白色，局部赭褐色；平面呈长方形，三面刃，直背，直刃；背部正中有一半圆形小钻孔，一面钻，其下有一较大的圆形钻孔。中部靠边刃处另有一圆孔，内镶嵌一短柱形绿松石；长 30.8、宽 8.8、厚 1 厘米。除此外，山东省博物馆现收藏安丘县出土的 1 件玉钺 [3]，出土地点不清楚；玉质呈浅绿色，局部白色沁痕；平面略呈方形，直背，三面有刃；底部有缺口；上端中部有一圆形钻孔，一面钻；顶端左侧有一半圆形小孔，一面钻，系钻孔后割锯开的；长 15、宽 13.8、厚 0.5 厘米（图三八）。

4. 玉戚

发现数量较少，仅丹土遗址出土 1 件 [4]。质呈褐绿色，平面略呈梯形；有白色沁斑，通体光滑，斜直背，三面刃，底部为斜刃；两面刃均有三处齿牙，其中一侧的上部齿牙残缺，器体上端中部有一钻孔，为两面对钻，正面孔小；直径 1.8 厘米，背

[1] 山东省文物管理委员会、山东省博物馆：《山东文物选集》（普查部分），文物出版社，1959 年，图六、七。

[2] 杨波：《山东五莲县丹土遗址出土玉器》，《故宫文物月刊》14 卷 2 期，1996 年，图九。

[3] 杨波：《山东五莲县丹土遗址出土玉器》，《故宫文物月刊》14 卷 2 期，1996 年，图十。

[4] 杨波：《山东五莲县丹土遗址出土玉器》，《故宫文物月刊》14 卷 2 期，1996 年，图十一。

图三七　双孔玉钺

五莲丹土遗址出土，长13.3、宽6.9、厚0.2～0.4厘米

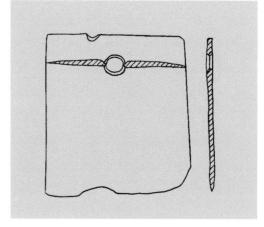

图三八　双孔玉钺

安丘县出土，现藏山东省博物馆，长15、宽13.8、厚0.5厘米

面孔稍大，直径2.5厘米；该孔右上侧另有钻孔，系一面钻法，上口大下口小，上口直径1.3、下口直径1.1厘米，横剖面作梯形；全器长16.7、宽13.5、厚0.2～0.3厘米（图三九，1、2）。

5.玉锛

由石锛转化而来，其礼仪性和象征性是非常明显的。1963年两城镇遗址曾出土1件龙山文化时期的神兽纹玉锛[1]。这件玉锛长18、刃宽4.5、厚0.85厘米；玉料呈墨绿色，局部有白色斑和乳白色浸蚀；器形规整精巧，体扁平，中部断为两截；背端平直，磨制光滑，单面刃。此兽面纹以目纹为中心，纹饰纤细繁复，如行云流水，令人叹为观止；这件玉锛非实用生产工具，而是玉制礼器，似为玉圭雏形，属于玉器中的珍品。玉锛一端两面均阴刻神兽纹，一面目圆而小，上有冠饰，线条繁缛；另一面目圆而大，线条简练，两图案皆突出眼和鼻口，线条纤细，行刀流畅，刚劲有力。兽面以目纹为中心，并以旋转的曲线围绕目纹展开，形象狰狞（图四〇）。现收藏于台北故宫博物院的1件玉圭上的纹样与两城镇出土的这件玉锛上的纹样很近似，有的学者认为该圭属山东龙山文化遗物[2]。清代宫廷旧藏的1件山东龙山文化的兽面纹墨玉斧[3]，身长21.8、刃宽5.5、最厚1厘米，呈墨黑色，扁平体，两面斜削成刃，身上部有一喇叭形孔，是单面钻所致，无使用痕迹；斧中部亦有多组平行弦纹和抽象化的兽面纹组成的精美图案，质地细腻，结构匀称，造型优美，其礼仪性质一目了然，是中国古代精品玉器之一。

[1] 山东文物事业管理局：《山东文物精萃》，山东美术出版社，1996年，图四。

[2] 巫鸿：《一组早期的玉石雕刻》，《美术研究》1979年第1期。

[3] 昭明、利群：《古代玉器》，中国书店，1999年，第50页，图十二，2。

1.双孔玉钺

2.玉戚

图三九　玉钺与玉戚

1. 五莲丹土遗址出土，长16.7、宽13.5、厚0.2～0.3厘米　2. 五莲丹土遗址出土，有白色沁斑，斜直背，三面刃，底部为斜刃；两面刃均有三处齿牙

图四〇　龙山文化时期神兽纹玉锛

日照两城镇遗址1963年出土，这件玉锛非使用生产工具，而是玉制礼器，长18、刃宽4.5、厚0.85厘米

图四一　玉矛

临朐西朱封遗址采集，通长10.4、宽2.8厘米

6.玉矛

出土数量较多，但最精美的还是西朱封遗址普查中采集的这件玉矛[1]，质呈墨绿色；平面作桂叶形，截面为菱形，锥状铤，非常锋利；通长10.4、宽2.8厘米（图四一）。

---

[1] 山东文物事业管理局：《山东文物精萃》，山东美术出版社，1996年，图八。

图四二　龙山文化四孔玉刀
（原称穿孔扁平大型铲）

日照两城镇遗址1969年出土，现藏山东省博物馆，
长48、宽13、厚0.5厘米

图四三　龙山文化双孔玉刀

五莲丹土遗址出土，长11.9、宽7、厚0.2～0.4厘米

7.玉刀

由石刀发展演变而来，基本都是边刃器，背部均有穿孔。1969年两城镇遗址出土1件龙山文化四孔玉刀[1]（原称穿孔扁平大型铲，现藏山东省博物馆）。玉质青绿色，质地不纯，硬度不高，周身有褐沁；上部边缘平直，刀作长方形双面刃，通体磨制光滑，全器长48、宽13、平均厚度0.5厘米；单面穿四孔，近刀背处三孔，孔径为1.7～1.8厘米，尾端中部一孔，孔径为1.1厘米（图四二）。丹土遗址出土的1件龙山文化双孔玉刀[2]，质呈浅绿色。有白色沁痕，平面呈扁梯形，四边均圆钝，无刃部；器身有两钻孔，均为两面钻；近背处孔较小，中部左侧孔较大；长11.9、宽7、厚0.2～0.4厘米（图四三）。另外1件四孔玉刀是西朱封龙山文化遗址墓葬中出土的，玉质呈灰褐色，刀为长方形，制作规整，器体扁薄，平顶，四面平直，近梯形，直刃；刀背部三孔，左侧下端增加一孔；全器通长23.5厘米（图四四）。尹家城遗址M139出土的这件龙山文化玉刀为单孔（M139：11）（《山东大学文物精品选》图12）[3]，平面呈长方形，器体扁薄。平顶，顶面保留对面切割的沟槽痕迹，近顶端中部有对面铤钻孔；下面有双面刃，刃面较短，刃部微弧，右侧边中部以下部分有锋利的单面刃；全器呈青绿色，半透明，通体磨制精细；通体长16.1、宽

[1]　山东省博物馆编：《山东省博物馆藏品选》，山东友谊出版社，1991年，图113。

[2]　山东省文物管理委员会、山东省博物馆：《山东文物选集》（普查部分），文物出版社，1959年，图四。

[3]　山东大学历史系考古专业教研室：《泗水尹家城》，文物出版社，1990年，图五七，1，图版一八，3。

图四四　四孔玉刀

临朐西朱封龙山文化遗址墓葬出土，通长23.5厘米

图四五　龙山文化单孔玉刀

泗水尹家城遗址出土（M139：11）（《山东大学文物精品选》图12）

图四六　玉刻刀

泗水尹家城遗址采集，残宽9.1厘米

6.8～8.1、厚0.06～0.15厘米（图四五）。刻刀1件，尹家城遗址采集[1]，玉质为黄色，刻刀柄，断面呈方形，刃呈斜弧面；残宽9.1厘米（图四六）。

三　相关问题的初步考察

（一）制作工艺

山东史前时期的先民早在7000多年前的后李文化时期就已经开始了玉制品的制作，特别是到大汶口文化中晚期，先民们已经熟练地掌握了对玉石器材料的选择、琢磨、钻孔等项制作技术。从考古资料看，玉器制作工艺是极其复杂的，需要极高的切割、琢磨、钻孔、抛光等工艺技术；据初步研究，玉器制作大体要经过切割取材、琢磨、钻孔、抛光四个步骤。如大汶口遗址117号墓所出的黄玉铲，钻孔工艺比较特殊，它是由先琢后钻法完成的，即先在需钻孔的部位用尖锐的工具反复琢刻，

<hr />

[1] 山东大学考古学系、山东大学博物馆：《山东大学文物精品选》，齐鲁书社，2000年，图1上。

使玉料上形成圆穴，然后在圆穴上再行锥钻钻孔。在玉器生产过程中，玉料的选材也是比较讲究的，大部分选用玉质较好的材料，一般用青玉、白玉、灰青玉、黄玉、碧玉、大理石、绿松石和岫玉等。造型方面，主要有玉璧、牙璋、璇玑、琮、扁平穿孔玉钺、锛、笄和鸟形玉饰等。玉材多采自泰山、邹县和莱阳等地。但有一些地区并不产玉，考古发掘中所发现的一些玉器有的可能是通过交换的方式取得的，如杭头遗址 8 号墓出土的 1 件玛瑙钺，这在山东地区是首次发现；由于山东地区古代不产玛瑙，可见这件玛瑙钺可能由其他地区交换来的。再如山东不产岫玉，发现的岫玉可能来自辽东半岛的岫岩县。到龙山文化时期，手工业制作中的制玉技术更为突出，普遍使用两面对钻的管钻技术和较高的抛光技术。最具代表性的是兽面纹玉锛，阴刻线条舒展流畅，制作极其精美，看来这一时期玉器的生产已经专业化，开始出现专门从事制作玉器的作坊；同时说明了玉器制作工艺水平的提高，也是社会生产力进步的一种具体反映。

（二）用玉的含义

东汉许慎在《说文解字·玉部》中说："玉，石之美。"就是说，玉是指一些晶莹光泽的美石。杨伯达先生在《中国古代玉器鉴定》一书中说："玉器诞生之初，日渐演化为东部原始人群的部落图腾徽号，并因其服务于巫术和原始宗教而被神秘化；接着又成为少数贵族人物的装饰品，最终演绎为权力的标志，涂上了浓厚的政治色彩。"后来，玉器大多被上层贵族所占有，而下层和平民百姓一般不拥有或很少使用。从发掘的一些墓葬中可以看出，一些氏族首领和王侯贵族等往往随葬大量精美的玉制品，反映出他们奢豪的经济实力和特殊的政治权势。实际上"玉器的社会功能已超越一般装饰品，附加上社会意识，成为统治者或上层人物'德'的象征。没有社会分工生产不出玉器，没有社会分化也不需要礼制性的玉器。"[1] 所以说，玉礼器的出现既非随原始信仰的产生而产生，也非一成不变的，玉制礼器的最初雏形不是也不可能是为宗教产生的，它是一定的实用器物在一定的社会条件下，被笼罩上神秘的外衣而上升到这一特殊地位的 [2]。

（三）关于斧钺

古代文献中对斧、铲、钺无明显区分。许慎《说文解字》曰："戉，大斧也。"段注："俗多金旁作钺。"《尚书·顾命》云："一人冕，执钺。"郑玄注："钺，大斧。"皆以斧为钺作注。由此看来，钺可能是由穿孔扁平石斧演变而来的；而玉斧则由石

[1]　苏秉琦：《关于重建中国史前史的思考》，《中国考古学论丛》，科学出版社，1993年，第6、7页。
[2]　昭明、利群：《古代玉器》，中国书店，1999年，第29页。

斧演变而来。一般认为，以最厚长的为斧，而以较薄宽的为铲。有的学者从形制和用途等方面对此进行了研究，认为斧、钺、铲都是带刃的扁平长方体，较相似；而铲和斧的形态十分相似，但从器身的横断面看，它们之间又有不同点。斧，器身多厚重，横断面较宽厚，近椭圆孔形，穿孔者较少；钺，器身多扁平，横断面较为窄薄，均有穿孔；铲，横断面近似钺，但比钺要宽厚，也见有穿孔者。三者刃部也不尽相同。斧为双面刃，刃锋纯厚；钺也为双面刃，刃锋较斧锐利；铲以单面刃为特点，刃锋也较锋利 [1]。夏鼐先生认为："狭义的斧指较为厚重的一种，厚宽比约为 1：2 或更厚，扁平而宽的称为铲，铲作为武器的称为扁平斧或钺。" [2] 整体扁薄，通体磨光，有一穿孔，外形似生产工具的石铲，但实为礼器，是部落首领的祭器或权力的象征物。山东地区的玉制礼器以玉铲为多。铲类农具逐渐脱离实用向钺礼器转变，并带有某些原始宗教的含义，是权力和威严的一种象征。这种大型象征性武器工具以及原始信仰性质的礼器的出现，标志着等级观念和原始宗教观念渗入玉制品之中，使其成为祭祀工具或等级权力的象征物，所以人们才会在造型和纹饰上耗费巨大的精力，用以表达其中丰富的、逐渐明确起来的精神内涵 [3]。

就目前资料看，斧、铲、钺开始是被当作生产工具使用的，后来很快演变为武器和礼器。其形制多扁薄，背部中央有圆形穿孔。最初的石钺，器形比较厚重，刃部使用痕迹明显，并且崩裂的豁口很大，只有在砍伐森林、树木等作用力较大的情况下才会出现这种使用痕迹，证明它确实曾被作为生产工具使用。可是作为生产工具的时间较短，很快就变得非常扁薄，刃部也很少使用痕迹，即使有其崩裂豁口也较小，显然不是在较大作用力撞击下形成的。

随着时间的推移和社会的不断发展，人民已赋予它新的意义，石钺已慢慢失去了最初作为生产工具的功能，而成为武器和礼器。如西朱封墓葬中随葬的玉钺，制作相当规整，磨制非常光滑，且没有砍削使用痕迹，可能作为军事权杖用品，是用来表明墓主人生前身份等级、社会地位，并拥有一定社会支配权力的标识，社会功能起到了"权杖"的作用。在文献记载中，斧钺的礼仪和象征意义是很明确的。首先，王在布政议事、册命诸侯以及举行其他仪式时，王一定要即位于画有大斧钺的屏风之前，如《礼仪·觐礼》："天子设斧扆于户牖之间，左右几，天子衮冕，负斧扆。"《逸周书·明堂》："天子之位，负斧扆，南面位。"显示了这种军权的神圣性和神授性。在礼仪仪仗用品中，主要有玉斧、玉锛、玉刀、玉钺、玉戚等。玉斧是对石斧的礼仪化的产物，多为扁平穿孔梯形弧刃，制作精细，没有刃口，非实用器。玉钺

---

[1]　任伟：《殷墟玉礼器研究》，《东南文化》2000年第9期。

[2]　邵望平：《海岱系古玉略说》，《中国考古学论丛——中国社会科学院考古研究所建所四〇年纪念》，科学出版社，1993年。

[3]　昭明、利群：《古代玉器》，中国书店，1999年，第66页。

制作如此精美，又没有任何砍削的使用痕迹，只能是仪仗礼仪之物。其宗教性与权威性更是显而易见，将它作为当时权力与地位的象征物——权杖的一种。

就武器来说，钺似乎很早就仪仗化了，从形制、花纹并结合文献来看，可能象征意义大于使用价值。如《说文》引《司马法》云："夏执玄戈，殷执白戚，周左杖黄戊右秉白髦。"《史记·卷三·殷本纪第三》："……汤自把钺以伐昆吾，遂伐桀。"《尚书·周书·牧誓》说："（武）王左杖黄钺，右秉白旄以麾。"都把授钺、操钺作为掌握军队指挥权的象征。反映了钺并不完全是一般战斗中使用的兵器，而且是军力、权力和执行征伐任务的象征；是统帅军队的权杖。正如林沄先生所指出的："斧钺这种东西，在古代本是一种兵器，也是用于大辟之刑的一种主要刑具。不过在特殊意义上来说它又曾长期作为军事统帅权的象征物。""在斧钺作为王权的象征物之前，它本是军事民主制时期军事酋长的权杖"[1] 从这里也可以反映出军权威的日益上升，社会权力日渐集中到一些少数人手中。

至于玉戚，其作用与斧钺相同。《说文》曰："戚，戊也。"刘熙《释名》："戚，慽也，斧以斩断，见者皆慽惧也。"古人认为，戚应是与斧、钺相类的器物。什么样的器物可以定名为"戚"目前学术界看法不一；从古代文献记载中多拿斧和钺来为戚作注来看，戚应是一种形状近似斧钺的器物。学术界一般都把近似斧钺，但器身两侧加有齿牙的器物定名为戚。至于戚的功用，文献记载十分明确，除了作兵器外，也是武乐之器。《礼记·祭统》云："朱干玉戚，以舞大武。"《三经通义》："持朱干玉戚而舞，所以增威武也。玉取其德。"古人认为使用玉戚，其作用就是在祭祀或举行庆典时耍舞，意在增加威武气氛。每逢重大典庆，玉戚成了敬神祭祖，干戚并舞、以舞降神的礼器。作为当时社会上出现的凌驾于氏族之上的首领或原始国家中的王，他们集军、政、巫权于一身，手持豪华型玉戚作权杖，以显示自己的地位，对外有征战杀戮的权力，对内有通辖属下的权力。由此可见玉戚不可能为人人拥有，它应与玉钺一样具有身份、地位和权力的象征。

考古资料显示，玉制武器是从石制武器工具中直接升华而来的，从大多数没有使用痕迹和在墓葬中所处的显要位置看，这些玉制品不仅完全脱离劳动工具的范畴，而且在当时已具有相当高的象征地位。具体地说，生产工具的玉制化，标志着当时社会生产流域已出现享有特殊权力的阶层。而兵器的玉制化，则标志着世俗权力（主要是军事权力）极度膨胀。玉钺当为某一氏族、部落或部落联盟军事首长特殊军事权力的标志，对外拥有征伐杀戮，对内拥有统帅部落成员的特权。它代表着世俗权力，是中国几千年王权形成前的特殊一页，亦即"公天下"时的王权统治，是与当时的社会发展状况相吻合的。

---

[1] 林沄：《说王》，《考古》1965年第6期。

（四）璜与玦

在山东史前文化遗址中亦发现有璜与玦，但数量并不多，构不成山东史前玉器的重要因素。璜一般作片状弧形。《说文》释曰："半璧也，从玉黄声。"关于璜的起源和功能目前学术界意见不一。有的学者认为，璜的起源可能与新石器时代的石镰有关，从考古发掘资料看，遗址中出土的半月形璜与石镰颇为相似。玉璜一般放置于死者人骨架的颈部或中部，且璜的两端或一端多有一至两个穿孔，显然是作装饰品用的，多为女性饰物，男性则比较少用。随着时代的发展，璜一度成为一种重要的礼仪用品。玦是一种环形有缺口的珮玉，《说文》释为"玉珮也"；《广韵》注为"珮如环而有缺。"考古发现证明玉玦一般发现在墓葬中，多放置在死者头骨的两侧，显然是饰于耳垂的耳环之类的装饰品。璜、玦等作为身份的标志，多被赋予了礼器的性质。

（五）关于琮和璧

琮和璧是礼地礼天的宗教用品。以璧祭天，以琮祭地，古人认为天圆地方，璧的外形为圆，用以礼天，琮的外形八方正是地的象征，所以琮礼地也。另外，玉琮在丧礼中也是一种重要的礼器。湖台遗址出土的玉琮除太扁外，已具备玉琮内圆外方的基本特征，可能属于玉琮的原始形态。

在中国古代文献中，琮、璧作为玉礼器是相互配合而使用的。《周礼》曾有"黄琮礼地"的记载，当属祭地神的礼器；与江浙地区良渚文化玉琮相似。《说文》释琮曰："瑞玉大八寸，似车釭。"《白虎通·文质篇》载："圆中牙身方外曰琮。"汉代经学家将其琮释为钝角八方或直角正方形。其特征是内圆外方，如一中空的圆筒套在方柱中。张光直先生根据方形琮内圆外方，把圆和方贯通起来的形制，从"天圆地方"的观念来解释，认为琮不仅仅是用于祭地，"琮是天地贯通的象征"；"是贯通天地的一项手段或法器"[1]。琮的形体越高大，器身节数越多，象征着持有者的权势越大，财富越多，身份地位也越高。琮最初起源于母系社会对女性的崇拜，中国各地出土的大量原始社会时期的玉琮就是这种表现的实物。例如，《周礼》："以黄琮礼地"，天为阳，地为阴，也含有此意。《周礼·春官·典瑞》记载："疏璧，琮以敛尸。"郑玄注："璧在背，琮在腹……疏璧琮者，通天地。"古代社会人们将人的腹、背象征天地之阴阳，因此，玉琮在丧礼中具有礼地之意。总之，玉琮的发现对研究中国古代文明的起源，以及当时的社会性质等都具有重要的价值和意义；也为研究大汶口文化的变化增添了极为珍贵的实物资料和新的内容。

---

[1] 张光直：《谈"琮"及其在中国古史上的意义》，《文物考古论集》，文物出版社，1987年。

　　根据文献记载，璧的用途非常广泛，其中，礼天是玉璧最重要的用途之一。如《周礼·春官·大宗伯》又云："以玉作六器，以礼天地四方。以苍璧礼天，以黄琮礼地，以青圭礼东方，以赤璋礼南方，以白琥礼西方，以玄璜礼北方。"郑玄注："礼神者必象其类，璧圆象天，琮八方象地。"还有学者认为它的功能，可能和某种财富观念有关。此外，玉璧还具有敛葬、辟邪、装饰等作用；以琮、璧为代表的大型礼器达到了中国史前巫术发展的最高水平。玉琮作为礼仪重器，在宗教祭祀中发挥着沟通天地的重要作用。

（六）关于璇玑

　　玉璇玑在山东地区新石器时代遗址中经常发现。关于璇玑的用途，旧说此器为观测天文的，多认为是巫师用来观测天文之仪器，即后世所谓的璇玑玉衡。璇玑又称睿玑，是浑天仪的前身；有的学者认为是一种特殊用途的礼仪用器；还有学者认为是玉环的变种，属于崇拜自然神灵的礼器。实际上璇玑是一种片状璧形器，周边向外顺向突出角形，多为3个，个别4或6个。《尚书·舜典》云："在璇玑玉衡，以齐七政。"自汉代起许多人认为璇玑玉衡是古代天文仪器浑仪的一个部件，直到现在有些学者仍坚持这种观点。经夏鼐先生考证后认为[1]，璇玑形器的用途，不管是三牙璧或多齿三牙璧，它们的用途都是装饰品，可能同时带有礼仪上或宗教上的意义；但是并不是天文仪器，更不能叫"睿玑"。璇玑实质是一种异形璧。这种玉璧与良渚文化的玉琮应具有同样的功能，即祭祀天地所用的祭器，中孔代表天或通天之路，四方边代表大地，即红山文化人们信奉"天圆地方"，是宇宙观的具体表现。

（七）关于牙璋

　　牙璋是中国古代玉器的一种。据不完全统计，全国出土牙璋的地点有20多处，分布于山东、河南、山西、陕西、四川、湖北、湖南、福建、广州和香港等地区。其形制虽有差异，但共同的特点是器体狭长扁薄而两侧无刃，刃部为双尖，刃作凹弧的弯月状，器体与柄部交接处有突出于体侧、装饰华丽的阑齿，阑部或柄部通常有一圆孔。据《周礼》记载："大璋中璋九寸，边璋七寸，牙璋中璋七寸……"而《古玉图录》和《古玉图考》等则记载了璋的形制和用途，并把璋作为古代礼玉"六玉"中璧、琮、圭、璋、琥、璜之一。临沂大范庄遗址出土的牙璋，不但造型优美，制作精致，而且年代较早，被学术界视为不可多得的稀世珍宝。《周礼·春官·典瑞》载："典瑞掌玉瑞，玉器之藏，辨其名物与其用事。"《周礼·春官·大宗伯》载："以玉作六瑞，以等邦国。王执镇圭，公执桓圭，侯执信圭，伯执躬圭，子执谷璧，男

---

[1] 夏鼐：《所谓玉璇玑不会是天文仪器》，《考古学报》1984年第4期。

执蒲璧。"可见在古代玉瑞和礼玉称谓以及品类是不同的，而且每一种礼器都代表祭祀不同的神灵。

许慎《说文解字》曰："璋，剡上为圭，半圭为璋。"宋人聂崇义《三礼图》把牙璋绘成一种剡处带锯齿的璋形器。而《古玉图谱》将边璋身雕刻有几何形的锯齿形纹饰谓之牙璋。《古玉图考》则将上端一道斜边或有凹刃长身，身与柄之间突出的部分谓之牙璋。清人吴大澂以其所藏古玉，参照《周礼》把一种玉钺定名为牙璋，并谓："首似刀两旁无刃……有旁出之牙，故曰牙璋。"关于牙璋的用途，或为武器，或为工具。可能是生产工具或兵器演化而成的，与玉戚、玉钺、玉戈、玉圭类器物一样，是用作礼仪或显示威武的玉制礼器。也是《周礼》中的六种礼器（璧、琮、圭、璋、琥、璜）之一。有的学者认为应与新石器时代农业工具的骨铲或耒耜有关，也可能是臿的雏形。这种认识也是有一定道理的，因为在原始社会后期，农业已经成为主要经济来源，为立国之本，故祈年、朝日、报天乃秉耒耜或臿铲以为礼，对农业工具的重视以及特定功用均置于重要地位。为此，由农业工具逐渐变为祭祀、朝聘之礼器，是完全可以理解的。《周礼·春官·典瑞》记载："牙璋以起军旅，以治病守。"由此说明，牙璋的持有者，具有一种权力的象征，表示社会地位荣誉以及权威礼仪之物。

总之，玉作为非实用性的武器工具和专用的礼器，标志着等级制度为核心的礼制时代的肇始，象征着持有者特殊的权力和地位，它既是社会发展到一定阶段的必然产物，也是历史所赋予的使命，表明氏族制度已濒临崩溃，国家即将出现；玉器鼎盛的时期正是中华民族跨入文明的前夜。

（八）与周围地区原始文化玉器的比较

从上文可以看出，山东地区的玉器制作水平是很高的，因而在中国古代文明进程中发挥了重要作用。它在与周围地区原始文化的交往中，不仅吸收了一些先进的文化因素，同时还对周围地区其他文化产生积极影响，扩散和传播自身先进文化的优秀成果，两者相互融合，共同创造了中华民族光辉灿烂的古代文明。

大汶口文化地处北方红山文化和南部良渚文化之间，因此，在三个文化的玉文化发展过程中，会发生由地缘关系而出现的相互影响或传播的现象。例如，在大汶口文化玉器中，可明显地看出，它们在造型和纹饰方面，保留有红山文化及良渚文化玉器的某些现象。野店遗址中所出的串饰，包括二联璧和四联璧形式的饰件，虽其形体略小，但同红山文化的双连玉璧、三连玉璧制作手法近似。这两种器物的造型，可能来源于红山文化中牛河梁遗址所出的同类器。反之，大汶口文化中出土的玉串饰，与周围地区的同类器也存在着一些差异，它强调的是单个饰件之间的有序组合；而其他各考古学文化中发现的环、璧、管、珠等，都是以单个玉佩的佩戴方式出现的。虽然良渚文化也发现有串饰，但不是装饰品的主体。再如，1978 年新沂花厅大汶口文化遗址墓葬出土的一批玉器，其玉质和艺术风格等与良渚文化出土的玉器相似或相同。所出的兽面纹玉琮同反山良渚文化玉琮形管 M18：6 相似。花厅所出琮形管，与反山 M16：9、M20：107 的同类器相似。花厅遗址出土的兽面纹锥状饰，与瑶山 M：10 和 M7：22 同类器相类。花厅大汶口文化与良渚文化年代相近，上述几种器物之间的相似性，说明两个文化之间在文化内涵方面，其玉器上所表现的共性关系，或者说后者是前者的延续和发展。

大汶口文化延续时间较长，一般分为早中晚三期，从绝对年代上来看，大汶口文化中晚期与良渚文化早中期相当。因而大汶口文化曾与良渚文化发生过比较深刻的相互影响现象，尤其是大汶口文化分布范围南端与良渚文化接近，良渚文化中有的遗址已经深入到了大汶口文化的分布区，因而常常出现两种文化遗存混淆在一起的现象。到山东龙山文化时期，也出现许多与良渚文化相同或相似的现象。如西朱封遗址出土的玉（冠）饰与良渚文化的冠状玉饰较相近或相同；山东龙山文化玉器上的神像与良渚文化玉器上的神像多有一致之处。但两者之间玉器上的差别也是非常明显的，除去玉器的主要种类不同外，在神像上亦有区别：据研究，良渚文化具象的鸟神是一种温顺娟秀的雀鸟，而山东龙山文化具象的鸟神则是伟壮凶猛的鹰鸟。考古资料表明，山东龙山文化玉器是继承当地大汶口文化发展而来，而非良渚文化玉器之衍生物。山东龙山文化玉器上与良渚文化玉器相类似之诸多因素，多半是从大汶口文化那里间接继承过来的[1]。

美国哈佛大学艺术博物馆收藏 1 件具有特殊纹饰的玉钺，依纹饰看，确实具有山东龙山文化特征，纹饰与日照两城镇出土玉锛上的相近似，但又具有良渚文化纹饰的风格。日本学者林巳奈夫根据有关玉琮及陶器方面的材料，分析出某些玉琮、玉璧、陶尊上面存在良渚文化的代表图案和大汶口文化的代表图案共刻于一器的现象。对此他认为"在目前将其理解为是代表了异族间通婚关系也许是妥当的"[2]。由此看来，良渚文化在向北扩展的过程中，大汶口文化不但一定程度地吸收了良渚文化高一层次的文化因素，还与良渚文化居民有着婚姻关系。又如山东史前文化中发现的扁平玉器、双孔玉钺、扉牙玉戚和镶嵌技术等，是该地区玉器的主要特征之一。这些玉器其厚度一般不超过 0.4 厘米，充分体现了山东地区玉器扁薄这一特征；尤其双孔或者三孔玉钺，一度成为该地区史前玉器的传统特征。特别是山东地区出土的琮璧与东北红山文化的内圆外方玉器以及良渚文化玉琮，都有相似之处，这显示了三个文化之间的交流关系。杭头和湖台遗址发现的 2 件扁平玉琮，是山东史前文

[1]　杜金鹏：《论临朐朱封龙山文化玉冠饰及相关问题》，《考古》1994年第1期。
[2]　〔日〕林巳奈夫：《良渚文化和大汶口文化中的图像记号》，《东南文化》1991年第3、4期。

化中一种典型的玉琮形制。丹土遗址出土的分节式玉琮是唯一有明确出土地点的，当为良渚式兽面纹的简化形式。两城镇遗址玉锛上所刻的神兽纹，与长江流域的良渚文化的同类纹饰有某些相似之处。而曲阜孔府故里博物院所收藏的这类玉琮以及莒县当地人捐献的那件玉琮，出土地点虽不清楚，但不管怎样，两件玉琮都作良渚分节形式，与南方太湖流域史前文化存在着一定关系。可以看出，山东龙山文化玉器虽有自己的发展脉络和文化特征，但在其形制、纹饰等方面明显受到了良渚文化、红山文化玉器的影响，这种现象进一步影响到后来的商代玉器。

在江汉平原地区，石家河文化遗址中所发现的一些玉器，其风格特征与山东地区同时期文化的一些原始玉器也存在相似之处，许多玉器具有浓厚的山东龙山文化的特征。由于两者地理分布颇远，直接的文化交流有些困难。对此，杨建芳先生曾提出"移民"说观点，来解释两者间出现的这一奇特现象。事实上，虽然石家河文化玉器上具有一些山东龙山文化的风貌，但如果仔细进行对比，两者仍存在着一些差异。这种差异一方面是地域的原因，另一方面也可能是由于不同文化之间的文化因素所造成的。因为"造成文化趋同现象的原因，不排除有些文化传播、交流、吸收、融合的结果，更多地却反映了同一文化发展水平下人们共同的心理因素与信仰习俗"[1]。

四　小结

中国古代玉器是中华古代早期文明的重要组成部分，是中华民族传统文化宝库的瑰宝，因此具有非常丰富的文化内涵。尤其在新石器时代中晚期阶段，位于黄河下游的山东史前文化中制玉的工艺水准是很高的，虽不及红山文化与良渚文化的精美，但其数量众多，品种齐全，种类繁杂，形式多样，而具有其独到的艺术风格。从小型装饰品到大型祭祀礼器，使用非常广泛，可以说是延伸到人类古代社会生活的各个方面。自大汶口文化中期开始，制玉业作为一种独立的特种工艺部门迅速发展，以满足社会上层各方面的需要。进入龙山文化以后，制玉业已经有相当的规模，一度成为突出领先的手工业部门，看来玉器生产已经脱离了萌芽状态，出现了从事玉器生产的专业性作坊；它自成一体，成为中国古代玉器三系之一——古玉海岱系，同时对后来的夏、商、周三代玉业产生深远影响。特别是玉器在中国史前时期古史的传说时代（亦即新石器时代晚期）上层领域内占有相当重要的地位，并在当时发挥过极其重要的作用。伴随着社会性质的剧变，一些贵重和有特定意义的玉器，已被少数人物所垄断。玉器的社会属性被人为地强化，视玉为通灵神物的核

---

[1]　潘守永：《海外收藏中国古玉及研究情况概述》，《文物春秋》1993年第3期。

心观念全面确立，几种主要玉器在社会礼仪、权力地位、祭祀崇奉、经济财富等各方面，广为发挥作用。尤其在玉器主要分布区内的少数先进地区，繁荣期的玉器文化在原始社会瓦解和进入阶级社会的过程中，具有独特的意义。不仅是作为高技术、强专业的治玉劳动部门，重要的还在上层领域起了很大的社会作用，它是这类地区迈向文明时代的特殊指示物之一，成为中国文明社会的一个显著特点，对中国玉器文化产生深远的历史影响[1]。以至于张光直先生所认为的，玉器在中国社会史上占据着从原始社会向国家城市社会过渡的中间转变阶段，具有无与伦比的重要意义。

原载《历史文物》第 18 卷第 6、7 期，2008 年

---

[1] 任式楠：《中国史前玉器类型初析》，《中国考古学论丛——中国社会科学院考古研究所建所四〇年纪念》，科学出版社，1993年。

山东史前时期的陶塑艺术

陶塑艺术的产生与发展有着悠久的历史，在山东地区，生活在这里的先民们通过世世代代的劳动，不仅发明了陶器，同时也创作出一些优美的陶塑艺术作品。据考古资料介绍，在距今 8000 多年以前的后李文化遗址中就有许多陶塑艺术品的发现，这些陶塑艺术品不仅形体较小，且造型简单，制作粗糙，有的仅具轮廓，表现出滥觞时期的一些特点。到北辛文化时期，特别是大汶口文化、龙山文化时期，随着制陶业的不断进步，人们思维能力的不断提高，陶塑艺术得到很大的发展，曾烧制出各种各样的动物形象和人体塑像，这些陶塑艺术品，内容比较广泛，形式更加多样化，除人面（头）外，以动物为题材的作品比较丰富，如鸟、猪、狗、龟、猴以及乐器类和建筑类陶塑等等。它们始终是人们进行艺术创作的主要对象，特别是塑造的一些家畜形象，构成了该地区陶塑艺术的一个重要特点，并在我国原始艺术宝库中占有相当重要的地位。因此，本文根据所发表的考古资料，依照器类就山东地区（含苏北地区）发现的一些陶塑艺术品予以介绍，并就相关问题进行探讨。

一

（一）动物形陶塑

1.猪形陶塑

猪　章丘小荆山后李文化遗址第二次发掘中出土（标本 F3：2）[1]。这件陶猪为夹砂青灰陶，整体呈长条状，浑圆体，横断面为圆形，张嘴，四只短足，脊背两侧部各有一圆孔，脊中部以及两侧各有一组戳刺孔，每组两排。全器通长 11 厘米（图二，3）。另一件为章丘西河后李文化遗址发掘中发现的（标本 F65：23）[2]，为夹砂红褐陶，头部呈尖锥状，吻部前突，嘴闭合，两个圆鼻孔，细长眼，对称小耳，体近圆形，后半部残。体径 4.4、残长 11.4 厘米（图二，4）。1992 年济

---

[1]　山东省文物考古研究所、章丘市博物馆：《山东章丘市小荆山遗址调查、发掘报告》，《华夏考古》1996 年第 2 期，图一二，5。

[2]　山东省文物考古研究所：《山东章丘市西河新石器时代遗址 1997 年的发掘》，《考古》2000 年第 10 期。

图一

1. 猪形鬶　2. 猪形罐　3. 兽形器　4. 狗形鬶　5. 鸟头形盖纽　6. 鸟形鬶

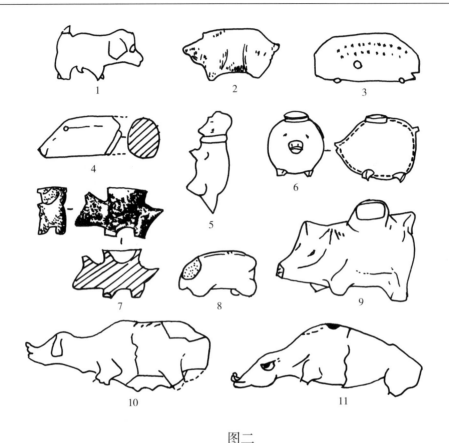

图二

1. 狗 2~4、7~11. 猪 5. 猴 6. 猪形罐 （1、10、11焦家 2尼山 3小荆山 4西河 5西朱封 6花厅 7大汶口 8、9王因）

南市文物管理处在小荆山后李文化遗址第一次发掘中还发现1件，造型生动逼真，且保存相当完整，资料未发表，现藏于济南市考古研究所。此类陶猪，最近章丘市博物馆在本市焦家大汶口文化遗址调查中曾发现过2件[1]，均为泥质红褐陶。一件（标本 ZJ：647）嘴巴微张，翘鼻，无眼，耳朵下垂，胖体，下有两行六只乳，腹、臀尾残缺，长23.2、残高8.8厘米（图二，10）。另一件（标本 ZJ：648）嘴巴紧闭，鼻子上翘，无眼，耳朵向后摆，细颈，高脊，圆腹，尖臀，腿和尾巴残缺。全身长23.3、残高8.4厘米（图二，11）。这类陶猪在曲阜尼山大汶口文化遗址还发现1件[2]，为夹砂红陶，手捏而成，身长8.8、高4.5厘米，躯体肥胖、丰满，嘴部噘出，两耳直立，前伸，小尾，有四足（图二，2）。

除陶猪外，在考古发掘中还出土一些近似猪形的陶塑艺术品，它们虽然器形

[1]　章丘市博物馆：《山东章丘焦家遗址调查》，《考古》1998年第6期。

[2]　山东省博物馆：《山东曲阜新石器时代遗址调查》，《考古》1963年第7期。

小，但数量较多。1974年泰安大汶口遗址北辛文化地层中发现1件[1]。这件猪形器，出自探方74第5A层下柱洞内（标本T74⑤A：22）。夹细砂红陶，形体较小，全身仅长约5.5、器高3厘米。用手直接捏制而成，比较粗糙，仅具猪的雏形，猪腹较瘦，大耳，尖嘴微前伸，尾巴稍上翘，四足扁平直立，后腿力蹬，作站立状，尾巴扬起，非常生动。背上的筒状口，仅捏出一圆窝（图二，7）。此类猪形陶塑艺术品，中国社会科学院考古研究所山东队在发掘兖州王因遗址大汶口文化灰坑中还出土过2件[2]。均泥质红陶，嘴微翘，眼圆睁，耳竖立，腹身肥圆，足矮。标本T4018H3：131，全身长5、高3.8厘米，手制。背部有一圆筒状口，实体，全形似"猪状鬶形器"（图二，9）；标本T448H411上：102，全身高1.8、残长2.6厘米，手制，器形较小，头残失，短足，似猪状（图二，8）。

　　猪形鬶　胶县三里河遗址大汶口文化墓葬中出土（标本M111：3）[3]。夹细砂灰褐陶，全身长21.6、残高18厘米。陶鬶腹部塑成猪形，猪头方向与流相反，颈与流安装在猪身后部靠近臀部处，身后睾丸显露，显然是一头公猪。鋬手安在猪的背部，猪足即是鬶足，四肢已经残缺。这件猪形陶鬶头部耳朵较小，嘴角两侧獠牙外露，短尾上翘，体长而浑圆，陶色与猪皮近似，形象逼真，立体感很强，其成年家猪特征相当明显，因而成为大汶口文化时期一件非常成功的雕塑艺术品（图一，1；图三，3）。

　　猪形罐　南京博物院1987年江苏新沂花厅大汶口文化遗址墓葬中曾发现1件（标本M21：4）[4]。该器塑成猪形，为泥质黑皮陶，系采用写实写意和夸张手法塑成。以肥胖浑圆的胴体作罐身，臀部圆鼓，颈躯间无界限，猪嘴微张，拱鼻，嘴上方有一对浅刻的菱形小眼，腹为圜底，下附四只矮锥状足，短双尾，背中部有一可供注水的矮喇叭形口，体态肥壮，造型生动逼真，是一件十分精致的陶塑艺术品。全器长10.6、高8.9厘米（图一，2；图二，6）。

　　兽形器　这件兽形器近似家猪形象，但足部与家猪有所不同。该器是1959年山东省文物管理处与济南市博物馆在发掘大汶口遗址墓葬中发现的（标本M9：1）[5]。夹砂红陶，通体挂红陶衣，头部圆浑，面短，拱鼻，张口，双耳上耸，四足，短尾上翘，耳穿小孔，器身肥壮，作兽形，中空，背有提梁，臀部有可注入液体的筒状口，嘴亦可注水，高21.6厘米（图一，3；图三，5）。

　　[1] 山东省文物考古研究所：《大汶口续集——大汶口遗址第二、三次发掘报告》，科学出版社，1997年。

　　[2] 中国社会科学院考古研究所：《山东王因——新石器时代遗址发掘报告》，科学出版社，2000年。

　　[3] 昌潍地区艺术馆、中国科学院考古研究所山东队：《山东胶县三里河遗址发掘简报》，《考古》1977年第4期；中国社会科学院考古研究所：《胶县三里河》，文物出版社，1989年。

　　[4] 南京博物院：《1987年江苏新沂花厅遗址的发掘》，《文物》1990年第2期，图一四，8；彩色插页下。

　　[5] 山东省文物管理处、济南市博物馆：《大汶口——新石器时代墓葬发掘报告》，文物出版社，1974年，图七六、图版八八。

猪形浮雕　这是在新泰市光明水库一件大汶口文化陶鬶上面发现的（图三，2）[1]，其位置在颈、腹与肩衔接处。图案为半立体状家猪的形象，它团头拱嘴，两个大耳贴伏在头的两侧，两个鼻孔和眼睛分明，形体修长而浑圆，逼真的四只蹄伏卧，把经过驯养的家猪形象活灵活现地塑造出来。

2.狗形陶塑

狗　是章丘市博物馆在焦家大汶口文化遗址调查中发现的（标本 ZJ：531）[2]。这件陶狗为泥质黑陶，口微张，大眼睛，耳朵下垂，翘尾残缺，腹底阳物裸出。手捏制，形象逼真，比例协调。全身长 5.5、高 3 厘米（图二，1）。此类陶狗在江苏邳县大墩子大汶口文化遗址墓葬中还发现过 2 件（标本 M213：7、M313）[3]，均用手捏制，比较粗糙。

狗形鬶　是中国社会科学院考古研究所山东队在胶县三里河遗址发掘时，在大汶口文化墓葬中发现的（标本 M267：1）[4]。该器系模拟狗的形象塑成的，鬶的口颈部安置在狗的前部，尾部已残。质地为夹砂褐陶，昂首张嘴，双耳竖立，脖颈鼓胀伸直，作吠叫状，鼓腹卷尾，四脚蹬地，令人有观其形闻其声之感。当时的工匠巧妙的构思和成功的塑造，把狗的机警表现得活灵活现，可谓传神之作（图一，4；图三，4）。从结构观察，与大汶口遗址出土的兽形器造型基本相似，也是提梁安在背部，有圆筒状口，但前者筒状口在提梁之后，此器则在提梁之前。

3.鸟形塑

猫头鹰（？）　这是山东省文物考古研究所在章丘西河后李文化遗址发掘中发现的（标本 F56：11）[5]。夹砂红褐陶，呈半圆形，高鼻梁，圆眼睛，弧形眉毛，上部圆形，下半部分残缺。形状似人面亦像猫头鹰。其制作工艺为先做成一个圆形泥饼，又在泥饼上贴有泥条，塑成鼻梁和眉毛，再在鼻梁两侧贴上两个小泥饼构成眼眶，最后用管状物戳上两个圆孔作为眼珠。宽 5.6、残高 4.1 厘米（图四，6）。

鸟头形泥塑　中国社会科学院考古研究所山东队在兖州王因大汶口文化遗址中发现 1 件（标本 T448H411 上：130）[6]。泥质灰陶，似鸟头形，喙较明显，头部有三个穿孔。手制，高 4.8 厘米。

鸟头形盖纽　在山东地区许多大汶口文化、龙山文化遗址中均有发现。蓬莱紫

[1]　崔秀国：《大汶河流域的史前文化》，《纪念山东大学考古专业创建20周年文集》，山东大学出版社，1992年。

[2]　章丘市博物馆：《山东章丘焦家遗址调查》，《考古》1998年第6期。

[3]　南京博物院：《江苏邳县大墩子遗址第二次发掘》，《考古学集刊·1》，中国社会科学出版社，1981年。

[4]　昌潍地区艺术馆、中国社会科学院考古研究所山东队：《山东胶县三里河遗址发掘简报》，《考古》1977年第4期；中国社会科学院考古研究所：《胶县三里河》，文物出版社，1989年。

[5]　山东省文物考古研究所：《山东章丘市西河新石器时代遗址1997年的发掘》，《考古》2000年第10期。

[6]　中国社会科学院考古研究所：《山东王因——新石器时代遗址发掘报告》，科学出版社，2000年。

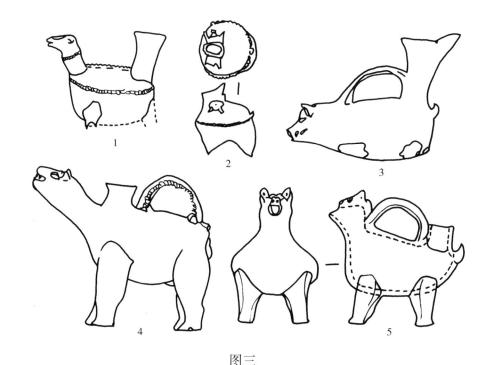

图三

1. 鸟形鬶　2. 猪形浮雕　3. 猪形鬶　4. 狗形鬶　5. 兽形器　　（1北庄　2新泰光明水库　3、4三里河　5大汶口）

荆山大汶口文化遗址出土过 1 件[1]，但造型很简单。1979 年春，在莒县陵阳河遗址大汶口文化墓葬中曾发现过 8 件厚胎高柄杯，均为泥质黑陶，盖为覆蝶式，纽为鸟头形[2]，这些鸟头既当纽把，也起装饰作用。其中 1 件为细长颈，尖嘴，鼻孔用锥刺成，眼球外突，形象非常逼真[3]（图一，5）。这类盖纽在潍坊姚官庄龙山文化遗址发掘中出土过 4 件[4]，形象各不相同，鸟头皆用写实手法捏塑而成，制作粗糙且简单，但非常逼真，多用贴泥饼表示眼睛。喙尖，有的张嘴也有的闭嘴，造型生动有趣。标本 H88：8，细砂黄白陶，施白色陶衣，鸟头较明显，用圆饼状堆纹作双眼。标本 0104，细砂橙黄陶，鸟头上昂，双眼也用圆饼状堆纹做成。标本 H166：2，细砂灰陶，制作较粗糙，两眼呈圆形内凹，长颈。标本西 ET6：2，细砂黑陶，制作也粗糙，头大而较圆，张嘴，两眼也用圆饼堆纹做成，头顶部穿有一个小孔（图四，1～4）。日照两城镇龙山文化遗址发现一件器盖[5]为泥质红陶，中央纽作鸟头形，

[1]　山东省博物馆：《山东蓬莱紫荆山遗址试掘简报》，《考古》1973年第1期，图六，7。

[2]　山东省考古所、山东省博物馆、莒县文管所：《山东莒县陵阳河大汶口文化墓葬发掘简报》，《史前研究》1987年第3期。

[3]　山东省文物考古研究所：《山东史前陶器图录》，齐鲁书社，1985年，图版四九。

[4]　山东省文物考古研究所、山东省博物馆、中国社会科学院考古研究所山东队等：《山东姚官庄遗址发掘报告》，《文物资料丛刊·5》，文物出版社，1981年。

[5]　刘敦愿：《日照两城镇龙山文化遗址调查》，《考古学报》1958年第1期。

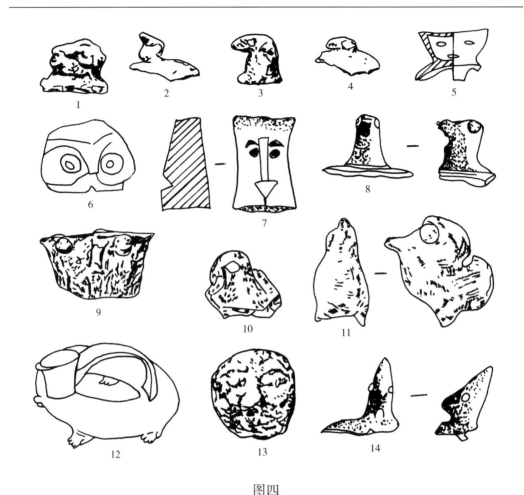

图四

1～4、8、10、14. 鸟头形盖纽　5. 人面形盖纽　6. 猫头鹰（？）　7. 人面形鼎足　9. 鬼脸式鼎足　11. 小鸟　12. 龟形鬶　13. 人面塑像　（1～4、9、13姚官庄　5尼山　6西河　7小管村　8、14凤凰台　10城子崖　11两城镇　12三里河）

系手捏而成，以泥丸作眼，整个器盖造型非常别致。城子崖龙山文化遗址出土的2件鸟头形盖纽[1]，均残断，一件简单示意，另一件塑造具体生动，可能是鹰的形象（图四，10）。此类盖纽，在青州凤凰台龙山文化遗址发掘中还发现2件[2]，一件（标本T115：7）为夹砂褐陶，为鬶的盖纽，上部已残，手制。器表施白衣，兽头形象，头和颈部表现细致，用铆钉组成二角，造型生动准确。残高4.8厘米（图四，8）；另一件（标本T634⑥：6）夹砂灰陶。正侧面均为三角形，尖下颌，尖顶，二铆钉

---

[1]　傅斯年、李济、董作宾等：《城子崖——山东历城县龙山镇之黑陶文化遗址》，中研院历史语言研究所，1934年，图版一一，10、11。

[2]　山东省文物考古研究所、山东大学历史系考古教研室、青州市博物馆：《青州市凤凰台遗址发掘》，《海岱考古（第一辑）》，山东大学出版社，1989年，图一六，1、2。

纹眼，造型简单生动。残高4.7厘米（图四，14）。

鸟形鬶　1984年北京大学考古系在长岛县大黑山岛北庄大汶口文化遗址发掘中出土[1]这件鸟形陶鬶系模仿海鸟形状制成的水器类艺术品，器身平背圆腹，鸟头为柄，鸟尾为流，两旁有小翅。器身全长23.5厘米，三实足残断，现存最高19厘米，总体呈夹砂灰褐色。鸟首前仰而顶部较平，一条压印着细锯齿纹的窄泥条被精心做成鸟罐模样，扁而微张的鸟喙被巧妙用作器物出水的流。鸟眼位于鸟的头部后端，眼球略微向外突出，显得格外有神。上翘的喇叭口形鸟尾中空与身体连通，可用作注入溶液的罐口，鸟的身体两侧贴塑一对半圆形短翼，起到鋬手的功能。鸟的身体下部附三个圆锥形矮足，虽足残断，经磨平仍继续使用。该件陶塑艺术品造型奇特，别致新颖，塑造了一只在水面游动的水鸟的形象。原始艺术工匠高超的观察力，抓住了鸟的个性特征，将其栩栩如生地表现出来，反映出作者高超的艺术想象力（图一，6；图三，1）。

此类鸟形陶鬶在宁阳县磁窑镇某作坊取土烧砖时还发现1件[2]。该器呈泥质黄褐色，器身大致呈椭圆形，平底，背部隆起，装有粗短斜出的筒状流，前部捏出弧形嘴部。底部装有三个凿形实足，全器素面，只在器身左右捺压有暗纹——筒状流根部与器身相接处有一条弧形纹，左右又各一条，再在其中画多少不等的平行斜线，排列疏朗。从所在部位与表现形式看，所画正是鸟的两翼。这件陶鬶通高14.1、前后残长11.5厘米，是一件小巧玲珑的饮器。全器造型单纯，装饰简练，点缀不多而生趣盎然，虽然模拟鸟形，但形象含蓄，介乎于似与不似之间，将审美的形体塑造与器物实用的功能相统一，不失为大汶口文化时期一件优秀的陶塑艺术品。

小鸟　日照两城镇龙山文化遗址中发现[3]。泥质灰黑色，捏塑而成，高额大眼（系用泥丸附加而成），突胸，翘尾，腹下附二个乳头状细足。造型小巧，古拙可爱，反映出先民对美的追求。这件陶塑小鸟，全长约3、厚1.6厘米（图四，11;图五，1）。

4.龟形鬶

1979年11月在胶县三里河史前文化遗址中出土[4]，属于大汶口文化时期的作品。该器是模拟龟的形象塑造的，为泥质红陶，用云母作羼和料，手制，器表磨光。腹体呈圆筒形，前有流，中间安有提梁，腹下装有四足，流下塑成龟形头，体后端肛门下有两个睾丸，以象征雄性生殖器。器身高10.5、流至尾端长20.5、宽19、深7厘米（图四，12；图五，2）。

---

[1]　魏峻：《鸟形鬶》，《中国文物报》1999年1月31日。

[2]　刘敦愿：《宁阳磁窑镇鸟形陶鬶》，《文物天地》1996年第4期。

[3]　刘敦愿：《日照两城镇龙山文化遗址调查》，《考古学报》1958年第1期。

[4]　李林：《山东胶县三里河出土一件陶鬶》，《文物》1981年第7期；国家文物局：《中国文物精华（1992）》，文物出版社，1992年，图版四。

5.小猴

这是山东省文物考古研究所与临朐县文物管理所在临朐西朱封龙山文化遗址墓葬中发现的（标本 M1：2）[1]。这件陶塑小猴，为泥质灰陶，系用写实手法捏塑而成，面部逼真，形象生动，由于烧制火候较低，一触即碎。全器体长约 6 厘米（图二，5）。这类陶塑小猴在山东地区仅此 1 件，但在湖北地区石家河文化遗址中却大量发现。

6.蜥蜴

这是中国科学院考古研究所山东队在发掘潍县鲁家口遗址龙山文化地层中发现的（标本 T103③：17）[2]。其制法是用泥条贴塑在黑陶器皿外壁上，形似蜥蜴，眼睛戳成两个小圆窝，位于头部两侧，四肢向前弯曲，残长约 4 厘米。这种在陶器腹片上附贴的蜥蜴形象，造型逼真，生动自然，但并不具有实用意义，这在山东龙山文化中是比较少见的。

（二）人头（面）形陶塑

人面塑像　这是北京大学考古实习队于 1983 年在长岛大黑山岛北庄大汶口文化遗址 69 号灰坑内出土的[3]。人面塑像呈红褐色，全长 15 厘米，上宽下窄，呈倒三角形，厚 4.7 厘米。人面上额宽阔而微向前突，眉脊部分细长而高，起伏平缓，眼眶深陷，眼珠系对捏而成，鼻梁部分细长高耸，鼻尖已残，嘴巴较小，唇微张，下巴向前突起，整个人面显得瘦长而且略微下凹。人面制作不精细，前额及面颊高低不平，并留有手指的按窝。从人面背部断裂周缘向外延伸，以及尚未塑出脑袋后半部分判断，此人面当时是直接按塑在墙体上的（图五，3）。另一件陶塑人面是1960 年在发掘姚官庄龙山文化遗址的灰坑内出土的（H1：2）[4]。为男性人面，呈橙红色，捏塑而成，可称之为浮雕。头呈扁圆体，秃顶无发，额面显低，额骨较高，眉脊隆起，眼球外凸，双眉弯如半月，眼睛作闭合状。鼻子扁而低，但颧骨高，嘴部下凹不甚明显，眼、鼻、嘴均雕刻而成。背部呈不规则内凹，穿有未透的小孔。形象憨厚，技法朴拙，高 6.5、最宽 5.9 厘米。整个人面立体感较强，是山东地区罕见的陶塑人像杰作（图四，13；图五，4）。

镂空人面形盖纽　这是山东省博物馆 1958 年夏季，在调查曲阜尼山大汶口文

[1]　山东省文物考古研究所、临朐县文物保管所：《临朐县西朱封龙山文化重椁墓的清理》，《海岱考古（第一辑）》，山东大学出版社，1989 年，图四，3。

[2]　中国社会科学院考古研究所山东工作队、山东省潍坊地区艺术馆：《潍县鲁家口新石器时代遗址》，《考古学报》1985 年第 3 期，图版八，6。

[3]　魏峻：《陶塑人面》，《中国文物报》1999 年 1 月 31 日。

[4]　山东省文物考古研究所、山东省博物馆、中国社会科学院考古研究所山东队等：《山东姚官庄遗址发掘报告》，《文物资料丛刊·5》，文物出版社，1981 年。

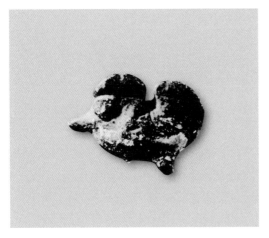

图五
1. 小鸟　2. 龟形鬶　3、4. 人面塑像

化遗址中发现的[1]，共2件。其中1件为泥质黑陶，通体施红色彩绘，盖部断失，形制正面上宽下窄，断面上尖下圆，左右各伸出一角，两面都镂有象征鼻。眼睛的三条长孔，近似人面形（图四，5）。

　　人面形鼎足　是中国社会科学院考古研究所山东队和烟台市文管会在乳山小管村遗址发掘中发现的（标本T5④：6）[2]。这件人面形鼎足为夹砂红褐陶，方形平头足。外侧刻划一人面，形象逼真，仅高6.8厘米（图四，7）。

　　[1]　山东省博物馆：《山东曲阜新石器时代遗址调查》，《考古》1963年第7期。
　　[2]　北京大学考古实习队、烟台市文物管理委员会：《乳山小管村的发掘》，《胶东考古》，文物出版社，2000年，图四，9；图版五〇，3。

图六
1. 人头　2. 牛角形号　3. 埙　4. 蚌形响器

人头　这是 1981 年秋，北京大学考古实习队与山东省文物考古研究所在发掘栖霞杨家圈遗址的龙山文化地层中发现的（标本 T14 ②：42）[1]。为泥质灰陶，尖髻圆颅，面部微仰，鼻子隆起，眼、口、鼻均戳成孔状，高鼻微下勾，细颈，整体圆润丰满。两耳残缺。口部横置椭圆形，呈讲话或喊话状。面高 2.5 厘米。此件人头形象写实，比例匀称，人面刻划逼真生动。形体虽然甚小，但塑造得很有立体感（图六，1）。

[1]　北京大学考古实习队、山东省文物考古研究所：《栖霞杨家圈遗址发掘报告》，《胶东考古》，文物出版社，2000 年，图版四五，3。

（三）乐器类陶塑

1.牛角形号

共出土 2 件。一件是 1979 年春，山东省博物馆与莒县文管所在莒县陵阳河大汶口文化遗址墓葬内发现的（标本 M19：25）[1]。黄褐色夹砂陶，手制，为弯形水牛角状，喇叭口，中空，一端细。口径 8.5、通长 39 厘米。号身刻三组微凸的弦线，间刻斜线纹，外形美观，写实。这是一件模仿牛角号的实用品，因首次发现，弥足珍贵（图六，2；图七，4）。另一件是在发掘莒县大朱家村大汶口文化墓葬中发现的（标本 M26：20）[2]。泥质褐陶，呈牛角状，质软，素面，未能复原。

2.羊角形号

在泰安大汶口遗址发现 1 件（标本 H82：6）[3]。泥质灰陶，素面。形似羊角，略弧曲，中空，两端为一大一小的圆孔。从小圆孔吹之有响声，称之号角。该器全长 10.2、大孔径 3.9、小孔径 1.2 厘米（图七，7）。

3.埙

古代文献《尔雅注疏·释乐》："埙，烧土为之，大如鹅子，锐上平底，形如秤锤，六孔，小者如鸡子。"据考古资料介绍，在距今六千多年以前的青莲岗文化、大汶口文化中已经发现，其中江苏邳县大墩子遗址发现过两件[4]。一件（标本 T102：9）塑成兽形，一端作兽头，一端作兽尾，空心，两端钻小孔，吹之有声，长 12.6 厘米。另一件（标本 T102：19）为泥质红陶，形如小鸭，头尾已残，器身两侧各有三孔，底下一孔，尾部一孔。此类陶埙，在山东地区曾多次发现过，潍坊姚官庄龙山文化遗址中出土的这件陶埙（标本 H119：11）[5]，为泥质灰陶，手工捏塑成形，整体呈圆形，中间空，中央有一个圆形吹孔，旁边有一个调音小孔，吹之仍能发出清脆响亮的乐音。该器通高 3.1、大孔径 0.9、小孔径 0.25 厘米（图六，3；图七，9）。禹城邢寨汪龙山文化遗址 T2 内发现的陶埙[6]，全器呈卵形，平底，一端略尖，有一吹孔，腹有两音孔，器形完整，可奏出 1、2、3 三个音阶，音律准确（图七，6）。

4.铃

共发现 3 件。其中大汶口遗址的陶铃（标本 H10：1）[7]，为泥质红陶，有顶无底

---

[1]　山东省考古所、山东省博物馆、莒县文管所：《山东莒县陵阳河大汶口文化墓葬发掘简报》，《史前研究》1987年第3期，图八，14。

[2]　山东省文物考古研究所：《莒县大朱家村大汶口文化墓葬》，《考古学报》1991年第2期。

[3]　山东省文物考古研究所：《大汶口续集——大汶口遗址第二、三次发掘报告》，科学出版社，1997年。

[4]　南京博物院：《江苏邳县大墩子遗址第二次发掘》，《考古学集刊·1》，中国社会科学出版社，1981年。

[5]　山东省文物考古研究所、山东省博物馆、中国社会科学院考古研究所山东队等：《山东姚官庄遗址发掘报告》，《文物资料丛刊·5》，文物出版社，1981年。

[6]　德州地区文物工作组：《山东禹城县邢寨汪遗址的调查与试掘》，《考古》1983年第11期，图四，4。

[7]　山东省文物考古研究所：《大汶口续集——大汶口遗址第二、三次发掘报告》，科学出版社，1997年。

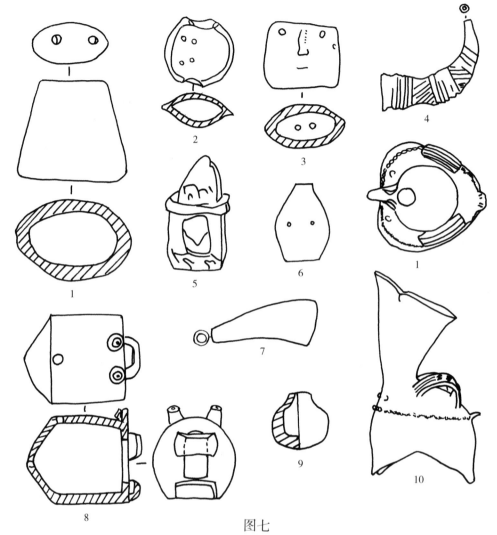

图七

1～3. 铃　4. 牛角形号　5. 房屋模型　6、9. 埙　8. 畜舍模型　7. 羊角形号　10. 鬶　（1、7大汶口　2东海峪　3宁家埠　4、10陵阳河　5大墩子　6邢寨汪　8狮子行　9姚官庄）

的空心梯形器，横截面呈扁椭圆形。顶部穿有两个小孔，正背两面近顶处各穿三个小孔。高4、长径4.1、短径2.3厘米（图七，1）。另一件是在发掘章丘宁家埠龙山文化遗址中发现的（H431：1）[1]，为泥质褐陶，正面略呈梯形，饰人面纹，椭圆形口，顶部有两孔。口宽5、高4厘米（图七，3）。还有一件陶铃是日照市图书馆和临沂地区文管会调查龙山文化遗址时，在日照东海峪遗址中发现的[2]。这件陶铃为泥质

[1]　济青公路文物考古队宁家埠分队：《章丘宁家埠遗址发掘报告》，《济青高级公路章丘工段考古发掘报告集》，齐鲁书社，1993年，图八，13。

[2]　日照市图书馆：《山东日照龙山文化遗址调查》，《考古》1986年第8期，图十八，15。

黑陶，器形中凸边薄，平面呈椭圆形，上镂四个小圆孔，周边有两处用手捏制的凹缺口，剖面似杏核形，背面靠边沿处有两对称内弧形开口，器内空，里面放 7 颗直径 8～9 毫米的泥质黑陶丸（图七，2）。

5.蚌形响器

1985 年在胶南市西寺村龙山文化遗址中出土[1]，现藏胶南市博物馆。该器直径 9 厘米，形状作腹背两面隆起的椭圆形，上大下小，形如蚌壳。腹两侧有对称的弧形缺口，如同蚌口微开。下腹一侧有 4 个不规则的圆口，腔内有 3 个小泥球，摇动蚌壳时能发出响声，透过圆孔可见泥球在其中滚动。它是一件响器，又是有趣的玩具。其构思巧妙，实可为罕见之物（图六，4）。此类陶响器 1990 年在章丘城子崖龙山文化遗址发掘中还出土 1 件，形似龟壳，下面有圆孔，内有陶球，现藏于山东省文物考古研究所。

（四）建筑类陶塑

1.房屋模型

在江苏邳县大墩子大汶口文化遗址中共出土过 3 件[2]。一件为立面方形，前有门，左右及后壁开窗，攒尖顶，四壁及顶部四面坡上均刻画狗的形象；一件为立面三角形；另一件横断面呈圆形，攒尖顶有五道戳脊，上有一周突檐。这三件陶房虽然塑造粗糙，但造型逼真，再现了当时人们房屋建筑的立体形象（图七，5）。

2.畜舍模型

在潍县狮子行龙山文化遗址中发现 1 件（采集：55）[3]，该器呈卧式圆仓形，正面长方形门，上下二插关，顶部二烟囱形气眼，尾部短锥形，有一孔，顶部后面一孔。该器全长 14、高 11.5 厘米（图七，8）。此类畜舍模型在邳县大墩子大汶口文化遗址中还发现过。

二

在山东地区，特别是到大汶口文化的后期阶段，由于社会生产力水平的不断提高，使得制陶技术有了长足的进步，随之而来的是陶塑艺术水平得到很大的发展。人们常常把身边一些熟悉的可爱动物甚至人类自身形象，如人面（人头）、家畜（主要是猪、狗）和鸟类等，经过艺术加工成一些情趣盎然又不失使用价值的艺术品。

---

[1] 国家文物局：《中国文物精华（1992）》，文物出版社，1992年，图版一二。

[2] 吴山菁：《略论青莲岗文化》，《文物》1973年第4期。

[3] 潍坊市艺术馆、潍坊市寒亭区图书馆：《山东潍县狮子行遗址发掘简报》，《考古》1984年第8期，图十四，图版三，2。

这些丰富多彩的陶塑艺术品经过匠人的精心制作，自然而传神，充分反映了古代先民丰富的艺术想象力，一度成为这一地区古老文化的精髓。

关于人面或人头陶塑作品，比起动物形象来，在山东史前考古资料中是比较少见的，弥足珍贵。这种现象，正如有的学者所指出的 [1]，我国新石器时代考古中虽然也积累了一些有关人体形象的材料，但多为器物上的贴塑、附饰，形体特征都很简略，性特征也多不明确。雕塑技术亦较粗糙，还处在原始稚拙阶段，但却有十分重要的意义。这是古代先民用陶塑艺术来表现自己的一种形式，反映了当时的人们已经开始把人类自身作为艺术创作的题材，体现着远古人类对自身形象、面貌特征的认识和艺术再现能力的升华，作为艺术作品是非常珍贵的。目前，山东地区史前文化中所发现的人面塑像，多为附贴在其他物体之上的，仅在杨家圈遗址龙山文化中发现 1 件陶塑人头。这件陶塑人头艺术作品，表现虽然质朴简单，但艺术大师把着眼点放在最能体现人们心理和面部表情的五官部分来加以塑造，以局部来展现整体，用面部神情作为人物形象塑造的重点，因而给予后代的人物造型艺术以重大影响。

家猪是与农业生产关系最密切的一种家畜，与人类的生产生活息息相关，它不但是人们肉食的主要来源，作为人们日常生活的一种补充，还起到弥补粮食不足的作用。因而，最适合相对定居生活人们的饲养，同时，家猪还具有生长快、成熟早、耐粗食、繁殖能力强，又吃杂食等特点，曾在当时人们的经济生活中起着非常重要的作用，因而受到先民的普遍重视当是很自然的。《三国志·魏志·东夷传》载，古代东夷肃慎，"好养豕，食其肉，衣其皮。冬以豕膏涂身厚数分以御风寒。"《旧唐书·北狄传》也载，我国古代东北的乌洛侯、驱度寐、勿吉、靺鞨等少数民族大都好养猪，并且是"食其肉而以其皮"。大量考古资料也说明，养猪业在新石器时代就很发达，不仅出土猪骨数量多，而且墓葬内随葬猪骨的习俗也很盛行。人们把猪作为财富的象征，又作为美的形象在陶塑艺术方面有所反映，如三里河遗址出土的猪形陶鬶，其造型惟妙惟肖，除猪头的肖妙之外，胴体修长而圆浑。既体现了家猪形象的特点，同时又用作器腹，结合实用也很自然 [2]。如果当时人们没有对家猪的长期饲养与认真观察，是不可能塑造出这样生动逼真的艺术形象。反映出家猪的饲养在新石器时代的社会经济生活中占有十分重要的地位。

动物形陶鬶是大汶口文化晚期阶段的一种典型器物，但龟形陶鬶形体如此简练，表现手法如此夸张在山东地区还是首次发现。作为容器的陶鬶，是用来加热的饮器，腹体做成圆筒状在火上受热面积大，甚为实用；陶塑艺术与实用功能结合如

---

[1]   郭大顺、张克举：《辽宁省喀左县东山嘴红山文化建筑群址发掘简报》，《文物》1984年第11期。
[2]   刘敦愿：《试论中国古代雕刻艺术及有关问题》，《美苑》1982年第3期。

此巧妙为过去所未见，确是新石器时代陶器中的精湛之作。众所周知，龟是一种吉祥动物，在远古人类心目中，不是一般的动物和物品，而是四灵之一，能通天、通神。人们对龟有深刻的认识，在古代神话中称作水母，水陆都能生存。夏商时期龟甲曾作过货币，也可用来占卜吉凶。《大戴礼·易本命》曰："有甲之虫三百六十，而神龟为之长。"《史记·龟策列传》亦云："龟者是天下之宝也。""龟甚神灵，降于上天，陷于泞渊，此禽兽而知吉凶者也。"把龟和龟甲作为通神灵、知吉凶的神物，是龟灵崇拜的一种反映。这种现象，考古资料中有所反映。例如，在大汶口文化一些墓葬中往往随葬有龟甲，在已发现的龟甲中，大部分有数量不等的穿孔，作为挂于腰部的佩戴之物。有的甲内放置四到六粒，或数十粒小石子，或骨针、骨锥等。此类现象，应与巫术信仰有关。

狗是被古代先民最早驯化的一种动物，它们与人类长期相处，关系尤为密切，并建立起相互信赖的感情联系。曾一度成为人类从事狩猎活动的得力助手和人类安全的忠诚卫士。因而狗的作用愈来愈引起了人们的重视。这种现象反映在陶塑艺术方面，也是很正常的。它与大汶口文化墓葬中用狗进行随葬含义是一致的。上面所介绍的几件狗形陶塑艺术品，特别是胶县三里河遗址出土的狗形陶鬶，把狗的形态、习性和机警雕塑得惟妙惟肖，趣意横生，充分体现了古代人类对狗的认识和了解。

鸟类题材丰富是山东地区新石器时代陶塑艺术的一个重要特点。史前时期山东地区的东夷氏族部落各氏族全以鸟为名号，多以鸟类为图腾来进行崇拜。所以历史上又称这一带的古代居民为鸟夷。因此，大量以鸟类为题材的雕塑艺术品是这一地区陶塑艺术的又一特色。从大汶口文化、龙山文化一直都有鸟类艺术品发现。根据文献记载，东方一带的居民如东夷族有鸟崇拜的传说。如少昊氏以"鸟名官"，《左传》昭公十七年郯子言："我高祖少皞挚之立也，凤鸟适至，故纪于鸟，为鸟师而鸟名……"《汉书·地理志》："冀州鸟夷。"《大戴礼记·五帝德》说："东方鸟夷民。"春秋时期鲁国的"祀爰居"（爰居是一种海鸟的名称）等等。从文献记载中可知东方夷人以鸟为图腾。这种现象考古资料中得到充分反映，如造型奇特而优美的陶鬶是东方沿海地区大汶口文化、龙山文化中的典型器物，其形体变化多端，整体形状是模拟鸟的形象。学术界一般认为鬶的形制象征鸟形，即鸟的化身。这种陶器大部分前二足较小而略高，流部尖长前伸或上仰，的确像鸟的形状。其变化规律为早期是长颈带把扁腹形的实足鬶，把手翘起，尾端扁平翘起，似鸟尾。中后期鬶的鸟形塑体更加神似，长颈如鸟颈，流如鸟喙。腹部三袋足，前两袋足呈圆鼓状，如鸟之胸脯，后足下垂，如鸟尾着地。鬶的体态多姿，细审之，或作昂首鸣啼状，或睨视状，或平视状，极似长颈水鸟，如鹤、鹭之类。"不过这种鸟形的器皿，只能说是运用几何形体——许多优美的曲线、球体、柱体、圆锥形，有机地组合在一起的抽象的鸟"[1]。如莒县陵阳河大汶口文化墓葬中发现一件白陶双鋬鬶，通高34厘米，肥大的后腹足上部正中，以泥片附加一个扁平的鸟尾，器鋬增加一个，对称地分列于肩部，象征鸟的双翼（图七，10）。这种鸟延续时间相当长，曾被誉为东方文化的标准化石。尹达先生在《中国新石器时代》一书中指出："龙山文化遗址器盖上的纽子多像鸟头，鬶形器多像鸟的全身。"这正和台湾高山族以蛇为图腾，在任何器物上都塑着蛇形，是同样崇奉图腾的一种表现。刘敦愿先生在《古史传说与典型龙山文化》一文中也指出："山东是古代东夷族聚居所在，东夷族以鸟为图腾是其突出的特征，小形的陶鸟及鸟头纽的器盖屡有发现。陶器全形拟立鸟之状，或部分结构如鸟喙的情况更是多见"[2]。又如山东龙山文化时期的盆形鼎其足部还保留着鸟体的某些形态，最流行的是用鸟头作脚，形成扁凹形的三角状，鸟嘴着地，喙脊鼓起，中有棱脊，两侧穿以圆形大眼，成窝穴状或以镂空表示之，颜面作雏脊纹，其形如鹰鸷等猛禽类，可能为少昊氏族之图帜[3]。再从民族志的资料来看，"阿拉斯加一带土人的木皿有作鸟状者，其两端雕刻鸟的头部与尾部，羽翼张于两旁。爱斯基摩人的骨器，也惯刻为鸟头，桶柄又作鱼形"[4]。在台湾泰雅族以鸟为图腾，流行着富有诗意的鸟生传说。西伯利亚东部土著居民盛行鸟生传说和鸟崇拜。美洲西北海岸的印第安人也流行鸟崇拜。"由于鸟能腾空飞翔，具有一种神奇的魔力，因而使原始人对它产生一种崇敬心情，而予以神化崇拜是很自然的"。还有一种器物的附加装饰，如圆腹子口罐外侧的三个附加装饰，形似小钩，看来也应是模拟鸟喙的形状（图四，10）。再如，山东龙山文化的"鬼脸式"鼎足可能也是模拟鸟喙的（图四，9）。这种现象和东部沿海地区盛行的鸟图腾崇拜有一定关系。

牛角号是我国古代较早的一种原始乐器，在南方一些少数民族的巫术活动中，是经常使用的，并被赋予神力的一种法器，一度成为巫师发号施令的工具之一。"它不仅可以招鬼送鬼，而且还可以吹开天门地户，招使天兵下降。它的法力……被神化了"[5]。对此，邓光华先生在《"傩坛巫音"与音乐起源"巫觋说"》一文中也认为，"这个在一般人听起来异常刺耳的声音，却是傩坛巫师们招神遗灵的重要手段。在各项仪式中，只要鸣角三声，便能惊动天地之神"。"牛角声在这里并不是音乐声，而是一种阴阳交感的信号，在傩坛活动中，人与神，神与鬼，鬼与人之间都是靠这种信号来进行沟通的。这种信号凡人无法领悟，因为它是有其自身奥秘的。这种奥秘，

[1] 刘敦愿：《试论中国青铜时代艺术中的东方史前文化因素》，《史前研究》1985年第4期。

[2] 刘敦愿：《古史传说与典型龙山文化》，《山东龙山文化研究文集》，齐鲁书社，1992年。

[3] 石兴邦：《我国东方沿海和东南地区古代文化中鸟类图像与鸟祖崇拜的有关问题》，《中国原始文化论集》，文物出版社，1998年。

[4] 岑家梧：《图腾艺术史》，商务印书馆，1939年。

[5] 张紫晨：《中国巫术》，上海三联书店，1990年。

也许是神的玄机，也许是一种隐喻性的内涵，这些只有巫师和鬼神才能通晓。"如居住在高山地区的傈僳族，在农业生产中对他们威胁最大的是风灾来临时，对着风吹牛角号，就可以止住风灾[1]。陵阳河等大汶口文化遗址墓葬中发现的牛角形陶号，就是当时先民们在巫师活动中使用的一种器具，其形态与黄牛角形状有别，而与水牛角相似，应是受南方史前文化的影响。可能由于黄河流域缺乏水牛，不得不以陶质仿制成水牛角形的角号。它的发音与水牛角号相似，因而也被认为在巫术活动中仍可发挥其神力[2]。参考我国民族学资料，它可能是当时部落或氏族进行集会和集体生产活动时，以及部落或氏族间进行争斗时发号施令的一种号角。

古代人类在长期的生活实践中，经过认真观察，积累了丰富的经验，逐渐产生了审美观念。由于人们对动物特征比较熟悉。而且观察细致入微，特别是对各种动物的生活习性了如指掌，因此，反映在艺术作品中对动物的重要器官都能塑造得栩栩如生。做到了把动物形象与器物结构巧妙地结合起来，实现了美观与实用的统一，充分表现了古代艺术家们丰富的艺术想象力和创造力。艺术大师们依靠自己娴熟的技艺和巧妙的构思，以禽畜为题材，塑造出许许多多形形色色的日用工艺品，每一件艺术品，都为我们留下了一批极其珍贵的物质财富和精神财富。这些艺术品不仅为日后陶塑艺术的发展奠定了良好的基础，同时，也为商周时代乃至后来的鸟兽形青铜艺术品的制造开创了先河。

陶塑艺术在长期的历史发展过程中，取得了辉煌的成就，其中许多作品是极其珍贵的艺术瑰宝，堪称佳作，犹如闪耀的繁星，放射出夺目的光彩，充分显示出古代艺术大师卓越的创作才能。说明他们不仅是物质财富的创造者，也是精神财富的创造者。艺术大师们创造出来的许许多多优秀艺术作品，都是古代人类智慧的结晶，都是劳动实践的产物，如果没有劳动实践，就没有原始艺术。

原载《文物世界》2003 年第 1 期

---

[1] 秋浦主编：《萨满教研究》，上海人民出版社，1985年。

[2] 吴汝祚：《牛角形陶角号》，《文物天地》1993年第4期。

山东史前乐器初探

山东史前文化是丰富多彩的，从8000多年前的后李文化，经北辛文化、大汶口文化到4000年前的山东龙山文化，在长期的历史发展长河中，先民们利用勤劳的双手，不仅能够生产大量的陶器、石（玉）器以及骨、牙、蚌、角器等各种类型的生产工具和装饰品，而且创造出许多优美的彩绘和雕塑艺术品。随着生产领域的不断扩大和物质生活的日益改善，人们还创造出一些适合自己特点的打击乐器和吹奏乐器，如鼓、埙、铃、哨、号角、响器、笛柄杯等（见附表），这些乐器虽然比较原始，形制也很简单，但却成为当时先民们精神文化生活中不可缺少的一个重要组成部分。因此，本文依据田野考古发掘资料，就山东地区史前时期出土的乐器进行论述，并发表一点不成熟的意见。

一　陶鼓

陶鼓是我国古代最早产生的一种打击乐器，有人曾认为乐器之中最早出现的是各种各样的鼓，这方面历史文献中有许多的记载：

《世本》说："夷作鼓，盖起于伊耆氏之土鼓。"

《礼记·明堂位》："土鼓、蒉桴、苇籥，伊耆氏之乐也。"

《周礼·春官·籥章》："掌土鼓豳籥。"杜子春云："土鼓，以瓦为匡，以革为两面，可击也。"

《黄帝内经》载："黄帝蚩尤战，玄女制夔牛鼓。"

《周易通卦验》说："冬至，鼓用马革，夏至，鼓用牛皮。"

《礼记·礼运》云："夫礼之初，始诸饮食，其燔黍捭豚，汙尊而抔饮，蒉桴而土鼓，犹若可以致其敬于鬼神。"注："土鼓，筑土为鼓也。"

山东地区史前文化遗址中所发现的陶鼓多为泥质红陶，陶胎较一般器皿明显厚重，其口部外侧靠下处均有泥铆状凸纽，当为蒙生革而特意设置的。腹壁或器底均有一些数量多少不等的小圆镂空，它在声学中称为"释放孔"。这些小圆孔虽然不大，但在发音时却能发挥重要的作用。因为鼓在拍打时能产生不同的震率，陶制材

附表 山东史前遗址出土乐器一览表

地点	名称	文化性质	数量	资料出处
广饶五村	陶鼓	大汶口文化	2	《考古》1997年第12期
泰安大汶口	陶鼓	北辛文化 大汶口文化	5 1	《大汶口续集》，科学出版社，1997年
泰安大汶口	陶铃	大汶口文化	1	《大汶口续集》，科学出版社，1997年
泰安大汶口	陶号	大汶口文化	1	《大汶口续集》，科学出版社，1997年
泰安大汶口	龟铃	大汶口文化	20	《大汶口》，文物出版社，1974年
兖州王因	陶鼓	大汶口文化	2	《山东王因》，科学出版社，2001年
兖州王因	龟铃	大汶口文化	3	《山东王因》，科学出版社，2001年
邹县野店	陶鼓	大汶口文化	9	《邹县野店》，文物出版社，1985年
邹县野店	龟铃	大汶口文化	1	《邹县野店》，文物出版社，1985年
茌平尚庄	龟铃	大汶口文化	1	《考古学报》1985年第4期
青州桃园	陶鼓	大汶口文化	1	《海岱考古（第1辑）》，山东大学出版社，1989年
章丘城子崖	陶响器	龙山文化	1	《中国音乐文物大系·山东卷》，大象出版社，2001年
胶南西寺村	陶响器	龙山文化	1	《中国文物精华（1992）》，文物出版社，1992年
章丘宁家埠	陶铃	龙山文化	1	《济青高级公路章丘工段考古发掘报告集》，齐鲁书社，1993年
日照东海峪	陶响器	龙山文化	1	《考古》1986年第8期
莒县陵阳河	陶号	大汶口文化	1	《史前研究》1987年第3期
莒县陵阳河	笛柄杯	大汶口文化	1	《史前研究》1987年第3期
莒县大朱家村	陶号	大汶口文化	1	《考古学报》1991年第2期
泗水尹家城	口哨	龙山文化	2	《泗水尹家城》，文物出版社，1990年
烟台邱家庄	陶埙	新石器时代	1	《中国音乐文物大系·山东卷》，大象出版社，2001年
禹城邢寨汪	陶埙	龙山文化	1	《考古》1983年第11期
潍坊姚官庄	陶埙	龙山文化	1	《文物资料丛刊（5）》，文物出版社，1981年

料无韧性，一旦拍打产生的震率与材质强度发生共振，陶鼓将碎裂，但小圆孔解决了这一问题。这是先民们在长期实践中所悟出的道理。所以这些小镂空应为散音、共鸣和敲击时使气流易于逸出而设。所发现的陶鼓虽然形式多样，但尚未脱离缸、罐、杯等陶质器皿的形制，表明陶鼓类乐器是从日用陶质器皿中刚刚衍生出来。因此，它是我国黄河流域时代较早，形制较为原始的一种打击乐器。这种乐器在距今6400年左右的北辛文化晚期开始出现，大汶口文化被广泛使用，至大汶口文化晚期阶段数量明显减少，到龙山文化时期已经基本绝迹。

截至目前，该地区共发现陶鼓20余件，主要出土在兖州王因、邹县野店、泰安大汶口、广饶五村、青州桃园等遗址，下面选择部分遗址出土的陶鼓进行介绍：

泰安大汶口遗址在第二、第三次发掘[1]中发现6件陶鼓（原报告称为漏器）。其中属于北辛文化时期的有5件，大汶口文化时期的有1件。北辛文化的陶鼓，均泥质红陶，出于遗址的灰坑、地层或房址内，仅1件完整器。如H2：4，方唇，口微敛。腹上部呈圆筒形，下腹微鼓，圜底。上腹饰平行凹弦纹，中部饰一圈竖行半圆形附加堆纹。腹下部附对称环形耳，耳旁各穿一圆孔。通高37.2、口径36.41厘米（图一，1）。大汶口文化时期的陶鼓是在墓葬（M1018：24）内发现的，为泥质红陶。尖唇，敛口，束腰式长筒腹。下腹内折呈大平底，上腹近口处饰一圈鸟喙形附加堆纹凸泥饰。腹和底部各穿有小圆孔，腹部的圆孔作两两对称分布，底正中有一小孔，腹部用白色、深红色和深褐色等三种色彩分两层分别绘弧线三角纹和卵点，组成四瓣花图案。底、腹之间又饰一圈锯齿状刻纹。通高41、口径30厘米（图一，2）。

中国科学院考古研究所山东队1975～1978年在兖州王因遗址[2]考古发掘中发现大汶口文化陶鼓2件（原报告称尊形漏器），夹砂红陶和泥质红陶各1件，均出自第2层墓葬内。器体较大，壁厚，腹身和底部均有圆孔。如M174：13，夹砂红陶，器壁最厚处达3厘米。侈口，方唇，深腹近底部稍鼓，平底，沿下有一周较大的喙状突，腹中部发现5个圆孔，底部正中有一孔。器表素面抹光无纹饰。通高19.5、口径16.8厘米（图二，1）。另一件（M2402：1）为泥质红陶，器形不甚规整。侈口，束颈，直腹，近底部折收为平底，底不甚平，颈部有一周15个鸟喙状突纽。腹部两侧上下各有2个圆孔，底部正中有1圆孔。通高17～19、口径17.2厘米（图二，2）。

邹县野店遗址[3]发现大汶口文化陶鼓9件（原报告称为漏器），多出于墓葬内，大部分腹壁施彩。有的在器腹上绘4个白彩长方框，在白彩框内填入白色大

[1] 山东省文物考古研究所：《大汶口续集——大汶口遗址第二、三次发掘报告》，科学出版社，1997年。

[2] 中国社会科学院考古研究所：《山东王因——新石器时代遗址发掘报告》，科学出版社，2000年。

[3] 山东省博物馆、山东省文物考古研究所：《邹县野店》，文物出版社，1985年。

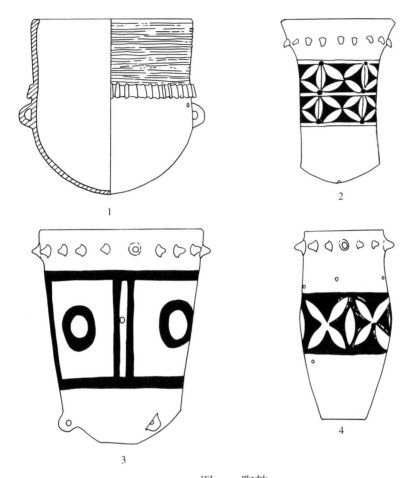

图一　陶鼓

1. H2：4　2. M1018：24　3. M22：24　4. M47：51　（1、2大汶口　3、4野店）

圆圈，颜色鲜艳，风格特殊，有的在器腹绘有深褐色和白色相间的四瓣花等彩绘图案，最简单的是在腹间绘深褐色和白色相间的平行带纹，色彩以深褐色和白色为主，显得庄重素雅。如 M22：24，泥质红陶，敛口，平唇略向内凹，器身呈上大下小的桶状，下腹微折，收为小平底，折腹处附 3 个环状足，腹壁和底部各设小圆镂空，口沿外饰一周 20 个乳丁状凸纽。腹部着紫红色陶衣，上绘 4 个白彩长方框，将全器分为 4 部分，白框内填白色大圆圈。全器通高 36、口径 25.5 厘米（图一，3）。M47：51，泥质红陶，直口、方唇、长圆腹、小平底，器腹和器底至少有 5 个小圆镂空，口沿下的乳丁状凸纽最少有 14 个，腹部中间绘有深褐色和白色相间的四瓣花等图案。通高 31、口径 12 厘米（图一，4）。M22：18，泥质红陶，敛口，平唇略向内凸，直筒腹下作大圆底，腹部一侧有圆环状把手，口沿外侧一周约有 16 个高乳丁状凸纽，腹壁和底部至少有 3 个小圆镂空，在把手上下的腹部，绘

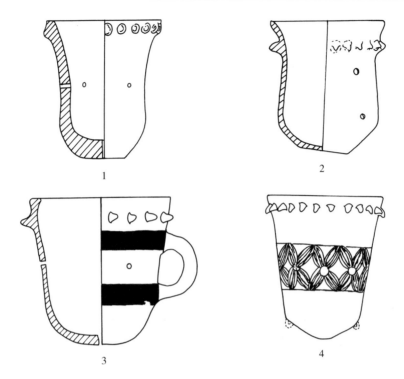

图二　陶鼓
1. M174∶13　2. M2402∶1　3. M22∶18　4. M49∶06　（1、2王因　3、4野店）

有深褐色和白色相间的平行彩带纹，通高 19、口径 18 厘米（图二，3；图四，1）。
M49∶06，形制与 M22∶24 基本相同，而腹部着色和图案装饰等有所不同。外加红
色陶衣，腹部绘有深褐色四瓣花朵，并以白彩勾边组成宽彩带等装饰（图二，4）。

1985 年秋，广饶县博物馆在五村遗址调查时发现 2 件大汶口文化的陶鼓[1]，均
泥质红陶，现藏东营市历史博物馆。其中一件形体较大，通体施红陶衣，素面，器
壁较厚，为泥条盘筑而成。侈口，尖圆唇，沿外饰突状纽，器腹上中部略细，呈桶
状，下腹折收为小平底。下腹近底处饰一周锥刺纹。腹部有 5 对相距 8 毫米左右的
小圆形镂空。口径 27、通高 50.5 厘米。另一件残缺，不能复原，腹中部施红、白、
赭色相间的花瓣纹，色泽非常鲜艳。

江苏邳县刘林遗址第二次发掘[2]中还发现 3 件大汶口文化时期的陶鼓（原报告
称为陶罐）。其中（M145∶5）为泥质红陶。侈口，长鼓腹，平底。腹部上有一周
喙形乳突。在底部和腹部穿有一个和两个小圆孔，直径 25、通高 26 厘米。另一件
为（M148∶1）泥质红陶。喇叭形敞口。深筒形腹，下折收为小平底。腹上部亦有

[1] 刘桂芹、王建国：《山东广饶县五村遗址发现大汶口文化陶鼓》，《考古》1997 年第 12 期。
[2] 南京博物院：《江苏邳县刘林新石器时代遗址第二次发掘》，《考古学报》1965 年第 2 期。

一周喙形乳突。底部和腹部亦穿有一个和两个小圆孔，直径28、通高29厘米。

泰安大汶口遗址 M10 是一座大汶口文化晚期的大型墓葬，长 4.2、宽 3.2 米，墓内随葬品十分丰富，其中发现一件白陶宽肩壶（M10：40），在其附近出土 84 块鳄鱼鳞片。李纯一先生认为可能原来有一大张鳄鱼皮蒙在陶壶口上，因而推测那个陶壶可能是一件土鼓 [1]。这一说法虽然有些道理，但还无法得到考古学上有力的证实。

这类陶鼓，目前在我国分布范围比较广泛，其中长江流域、甘青地区、中原地区以及东北地区普遍存在，特别是大溪文化、马家窑文化、仰韶文化、红山文化中经常见到，只是名称上有些混乱，多数称为喇叭形器、异形器、尖底缸、筒形器或缸、罐、漏器等，这些都有待今后进行深入研究，取得统一的认识。

另外，在山西陶寺龙山文化遗址中还发现有木鼓 [2]，系用树干截断挖制而成的，鼓身下粗上细，中空，两端蒙皮，出土时鼓皮已朽。从鼓腔内发现散落的数枚或数十枚鳄鱼骨板分析，当时可能选用鳄鱼皮做鼓皮。此外，在鼓腔内还发现一些黑褐色小圆锥体，有人推测其用途可能是用来调音的。

二 笛柄杯

这件笛柄杯是 1979 年春山东省博物馆与莒县文管所发掘莒县陵阳河遗址时在一座大汶口文化晚期墓葬（M17）中发现的，现藏山东省文物考古研究所，并已经收入《中国音乐文物大系·山东卷》。笛柄杯的发现，在中国音乐史上具有特殊的意义。

该杯柄极细，为细泥质黑陶，柄圆中空，粗细均匀，柄内为圆筒状。高 16.4、柄高 8.4、柄径 1.5、柄壁厚 0.3 厘米，细柄中部饰两道节棱明显的竹节纹，柄部对侧各雕镂一个大小相同、不相对称的直径为 0.8 厘米的小孔（图三，1），出土时杯部涂朱 [3]。经过试吹与测音，证明柄孔的音响，都有固定的高音，并能演奏简单的曲调。将杯横置，按堵柄部的一孔或底座的喇叭形孔，或者同时按堵这两孔，横吹陶杯柄部的另一镂空，便可奏出纯四度、减五度、纯五度、大二度和半程音 4 个不同音质的乐音，音响优美，音质明亮、纯厚、清脆悦耳，与今之口笛或不贴膜竹笛声音相似，音域可达 10 度左右。山东艺术学院横笛专家曲广义教授根据陶杯柄部涂有朱彩，饰竹节纹，柄部镂空奇大，不对称，能演奏出不同的乐音，推定这一造

[1] 李纯一：《山东地区音乐考古及研究课题》，《中国音乐学》1987年第1期。

[2] 中国社会科学院考古研究所山西工作队、临汾地区文化局：《1978～1980年山西襄汾陶寺墓地发掘简报》，《考古》1983年第1期。

[3] 王树明：《山东莒县陵阳河大汶口文化墓葬中发现笛柄杯简说》，《齐鲁艺苑》总第5期，1986年。

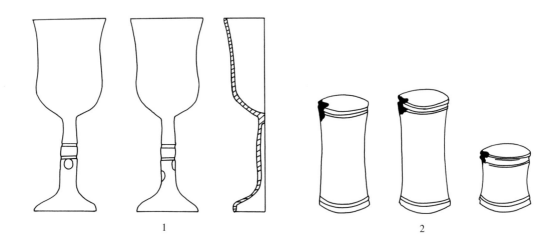

图三

1. 笛柄杯　2. 陶文"凡"字实物复原图

型奇特的陶杯之柄，可能是陵阳河人模仿当时的横吹笛类乐器——竹笛而制作的，也是我国古代最早的一件陶制横吹管乐器[1]。迄今为止，陵阳河、大朱家村乃至整个大汶口文化中，尚无琴、瑟、丝、竹一类乐器发现，陵阳河 M17 笛柄陶杯的发现却告诉我们，在莒县陵阳河乃至大汶口文化中，竹制一类乐器早已存在了。这一推论在陵阳河和大朱家村遗址出土的陶文中得到了证实。所发现的陶文中有称为"凡"字的刻文，就其形态观察，这一陶文似也是摹画吹奏一类乐器的图像刻文。曲广义先生对这一刻文进行了模拟、复原研究[2]，认为该陶文的原始摹画，大体为一整节两端由竹节封闭之竹筒制成，顶端有一竖吹的吹口，一个按指孔，可发出 2～4个音的口哨一类吹奏乐器（图三，2）。今日西南少数民族中还有吹骨笛或竹笛的习惯，以模仿鸟的鸣声，尤其是竹笛，又称口笛，制作古朴，仅用竹管一节，中一吹孔，用二拇指按住竹管两端，结合气流的变化演奏音阶，可模拟出各种鸟禽鸣叫，音乐十分圆润动听[3]。

三　陶响器

陶响器是用陶土捏塑成形的，整体呈圆形或动物形，中空，内装有陶弹丸、石子或砂粒，摇动时发出沙沙响声，故称陶响器。这类陶响器在我国四川、湖北、湖南、

[1]　曲广义：《笛柄杯音乐价值初考——对笛柄杯柄部的研究及推测》，《齐鲁艺苑》总第5期，1986年；曲广义：《笛柄杯——大汶口文化中发现的唯一一件乐器》，《中国音乐》1987年第3期。

[2]　曲广义：《山东莒县发现竹制笛类乐器图像虞幕（听协风）新解》，《齐鲁艺苑》1978年第2期。

[3]　肖鸣：《原始社会骨哨》，《上海博物馆集刊》，上海古籍出版社，1982年。

安徽、江苏、河南、甘肃等省区均有发现，特别是在长江中下游使用比较普遍，其中心地区在湖北省境内。东到鲁东，西抵川东，南达湖北，北至豫南，以大溪文化和屈家岭文化居多。如湖北京山屈家岭遗址出土数十件，京山朱家嘴遗址发现 20件，而安徽薛家岗遗址则出土 73 件；山东地区出土的陶响器比较少，仅发现有 3 件，多呈龟形或蚌形，其中龟形陶响器是 1990 年秋笔者在发掘章丘龙山镇城子崖龙山文化遗址时发现的 [1]，现藏山东省文物考古研究所，并收入《中国音乐文物大系·山东卷》。该器为泥质黑陶，呈椭圆形，长 8.8、宽 7.8、厚 3.5 厘米，体积适合握于手中，外形酷似一个缩头乌龟，扁圆器身分制成阴阳两面，阳面磨光凸起似龟背，阴面粗糙略凹似龟腹，阴阳两面之间环绕器身塑出 6 个长条形的凸，恰似龟头、尾和 4 条短腿，凸的两侧有细长方形孔，通过小孔可以窥见空心的腹中装有数粒硬质泥丸，泥丸直径约 4 毫米，龟的腹部也留有 4 个直径约 3 毫米的圆形小孔，这些细长方形和圆形孔应为出音孔，因为摇动龟体，腹中泥丸就会滚动撞击器壁，发出清脆悦耳的响声，充分体现了古代先民丰富多彩的生活情趣和制陶工匠独具匠心（图四，3、4）。另一件蚌形陶响器是 1985 年在胶南市西寺村龙山文化遗址中出土的 [2]，现藏胶南市博物馆。该器直径 9 厘米，形状作腹背两面隆起的椭圆形，上大下小，形如蚌壳。腹两侧有对称的弧形缺口，如同蚌口微开。下腹一侧有 4 个小规则的圆口，腔内有 3 个小泥球，摇动蚌壳时能发出响声，透过圆孔可见泥球在其中滚动。它是一件响器，又是有趣的玩具。其构思巧妙，实为罕见之物（图四，2）。还有一件陶响器（简报称陶铃）是日照市图书馆和临沂地区文管会在调查东海峪遗址中发现的 [3]，为泥质黑陶，器形中凸边薄，平面呈椭圆形，上镂 4 个小圆孔，周边有两处用手捏制的缺口，剖面似杏核，背面靠边沿处有两对称内弧形开口，器内腔空，里面放 7 颗直径 8 ~ 9毫米的泥质黑陶丸（图四，5、6；图五，1）。这种陶响器，在河南地区当地称为土响当，是一种小孩玩具。它是用黄土捏制的，先做两个半球形泥坯，挖空。外表饰以花纹，有若干镂空，然后将两个半球合在一起，内装几个弹丸。晒干后，小孩可握在手中摇动，能发出沙沙的响声 [4]。

四　陶铃

陶铃是把撞击发声的两个部分合为一体，通过外力作用使之发出声响的一种摇

[1]　《中国音乐文物大系·山东卷》，大象出版社，2001年；山东文物丛书：《陶瓷》，山东友谊出版社，2002年。

[2]　国家文物局：《中国文物精华（1992）》，文物出版社，1992年。

[3]　日照市图书馆：《山东日照龙山文化遗址调查》，《考古》1986年第8期。

[4]　宋兆麟：《陶响球和古球戏》，《史前研究》1987年第1期。

图四

1. 陶鼓（邹县野店）　2. 陶响器（胶南西寺村）　3. 陶响器正面（章丘城子崖）　4. 陶响器背面（章丘城子崖）　5. 陶响器正面（日照东海峪）　6. 陶响器背面（日照东海峪）

响乐器。到目前为止，这类乐器在山东史前文化遗址中发现 2 件。其中，泰安大汶口遗址[1] 出土一件北辛文化时期的陶铃（H10：1），为泥质红陶，有顶无底的空心梯形器，横截面呈椭圆形。顶部穿有两个小孔，正背两面近顶处各穿 3 个小孔。高 4、

[1]　山东省文物考古研究所：《大汶口续集——大汶口遗址第二、三次发掘报告》，科学出版社，1997年。

长径 4.1、短径 2.3 厘米（图五，7）。另一件陶铃是在发掘章丘宁家埠龙山文化遗址 [1] 时发现的（H431：1），为泥质褐陶，正面略呈梯形，饰人面纹，椭圆形口，顶部有两孔。口宽 5、高 4 厘米（图五，9）。另外，在山西陶寺龙山文化遗址 M3296 内还出土一件铜铃 [2]，这是目前我国发现年代最早的铜乐器。

五　龟铃

龟铃有称龟响乐器，一般是用小石子装在龟甲内摇动发声，最早发现于河南舞阳贾湖遗址。这样的龟铃在山东地区的兖州王因、茌平尚庄、泰安大汶口及江苏邳县大墩子遗址中均有发现，如泰安大汶口遗址 [3] 发现的 20 件龟铃（原报告称为龟甲），出土于 11 座墓葬中，这些龟铃有的涂朱彩，其边缘常有穿孔，有的里边装一些砂子或小石子，如 M47 内随葬的龟铃（M47：18、M47：28），两副龟甲内各装小石子数十粒，小的如豆，大的像樱桃。这些内装石子的龟甲壳，摇动起来可以发声，故称为龟铃 [4]。关于龟铃的用途，学术界存在多种认识，有“发声说”“巫术说”“甲囊说”和“多功能说”等解释，还有学者认为龟铃是某种宗教仪式或仪式性舞蹈中所用的乐器和法器的一种集合体 [5]。

六　陶号

陶号是我国古代较早的一种原始乐器，目前，在山东史前文化遗址中，共发现 3 件，分为羊角形和牛角形 2 种。

陶羊角形号在泰安大汶口遗址 [6] 发现一件（H82：6），该器为泥质灰陶，素面。形似羊角，略弧曲，中空，两端为一大一小的圆孔。从小圆孔吹之有响声，称之号角。该器全长 10.2、大孔径 3.9、小孔径 1.2 厘米（图五，2）。发现的 2 件陶牛角形号，一件是 1979 年秋山东省博物馆与莒县文管所在发掘莒县大朱家村大汶口文化墓葬中发现的 [7]（M26：20），该器为泥质褐陶，呈牛角状，质软，素面，未能复原；另一件是 1979 年春山东省博物馆与莒县文管所在陵阳河遗址大汶口文化墓地

[1] 济青公路文物考古队宁家埠分队：《章丘宁家埠遗址发掘报告》，《济青高级公路章丘工段考古发掘报告集》，齐鲁书社，1993年。

[2] 中国社会科学院考古研究所山西工作队、临汾地区文化局：《1978～1980年山西襄汾陶寺墓地发掘简报》，《考古》1983年第1期。

[3] 山东省文物管理处、济南市博物馆：《大汶口——新石器时代墓葬发掘报告》，文物出版社，1974年。

[4] 吴钊：《贾湖龟铃骨笛与中国音乐文明起源》，《文物》1991年第3期。

[5] 黄厚明、陈云海：《中国史前音乐文化状况初探》，《中原文物》2002年第3期。

[6] 山东省文物考古研究所：《大汶口续集——大汶口遗址第二、三次发掘报告》，科学出版社，1997年。

[7] 山东省文物考古研究所、莒县博物馆：《莒县大朱家村大汶口文化墓葬》，《考古学报》1991年第2期。

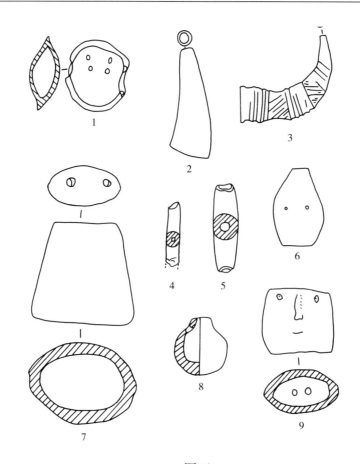

图五

1. 陶响器（日照东海峪）　2. 羊角形号（泰安大汶口）　3. 牛角形号（莒县陵阳河）　4. 骨哨（泗水尹家城）
5. 陶哨（泗水尹家城）　6、8. 陶埙（禹城邢寨汪、潍坊姚官庄）　7、9. 陶铃（泰安大汶口、章丘宁家埠）

发现的[1]（M19：25），现藏山东省文物考古研究所。该墓墓室长 3.3、宽 1.76 米，有
长方形木椁葬具，墓主人为男性，随葬陶器 66 件，还有石钺、骨雕筒、骨梳、骨
瓶、玉坠、猪下颌骨等。陶器有鼎、鬶、豆、壶、罐、瓮、盆、单耳杯、厚胎和薄
胎高柄杯、大口尊和牛角形陶号角等。此墓出土的牛角号是放置在墓主人的右臂外
侧，为黄褐色夹砂陶，圆唇，窄平沿，喇叭口，手制，为弯形水牛角状，中空，一
端细，而后渐粗至尾端圆阔，手制，号身刻三组微凸的弦纹，间以斜线纹，外形
美观。口径 8.5、通长 39 厘米（图五，3）。笔者曾在发掘现场吹过此号，吹出的
声音洪亮，但没有旋律和节奏，只能发出简单的曲调，可能作为狩猎、战争时集
合或发号施令之用。这件陶质牛角形号是模仿牛角的实用品，因首次发现，颇为

[1]　山东省考古所、山东省博物馆、莒县文管所：《山东莒县陵阳河大汶口文化墓葬发掘简报》，《史前研
究》1987年第3期。

珍贵。

牛角形号在我国南方一些少数民族的巫术活动中，是经常使用并被赋予神力的一种法器，一度成为巫师发号施令的工具之一，"它不仅可以招魂送鬼，而且还可以吹开天门地户，招使天兵下降。它的法力在巫师手中被神化了。"[1] 对此，邓光华先生在《"傩坛巫音"与音乐起源"巫觋说"》一文中认为，"这个在一般人听起来异常刺耳的声音，却是傩坛巫师们招神遣灵的重要手段。在各项仪式中，只要鸣角三声，便能惊动天地之神。""牛角声在这里并不是音乐声，而是一种阴阳交感的信号，在傩坛活动中，人与神，神与鬼，鬼与人之间都是靠这种信号来进行沟通的。这种信号凡人无法领悟，因为它是有其自身奥秘的。这种奥秘，也许是神的玄机，也许是一种隐喻性的内涵，这些只有巫师和鬼神才能通晓。"如居住在高山地区的傈僳族，当在农业生产中对他们威胁最大的风灾来临时，对着风吹牛角号，就可以止住风灾 [2]。陵阳河等大汶口文化遗址墓葬中发现的牛角形陶号，就是当时先民们在巫师活动中使用的一种器具，其形态与黄牛角形状有别，而与水牛角相似，应是受南方史前文化的影响。可能由于黄河流域缺乏水牛，不得不以陶质仿制成水牛形的角号。它的发音与水牛角号相似，因而也被认为在巫术活动中仍可发挥其神力 [3]。参考我国民族学资料，它可能是当时部落或氏族进行集会和集体生产活动时，以及部落或氏族间进行争斗时发号施令的一种号角。

七　哨

哨是一种原始横吹乐器。其中，骨哨是我国目前发现数量最多的一种吹奏乐器，仅浙江河姆渡遗址就出土 160 余件，外形呈圆柱形，中空，一侧有 2～4 个不等的圆孔。在山东地区史前文化遗址中发现的口哨数量不多，仅在泗水尹家城遗址龙山文化的墓葬和灰坑内出土 2 件 [4]。其中一件为骨哨（M128：16），是用骨管制成的，中间粗，两端较细，表面磨光。长 4.3、直径 1.3、孔径 0.4 厘米（图五，4）。另一件是陶哨（H444：1），为泥质黑陶，整体呈圆柱状，两端略细，中空。残长 4 厘米（图五，5）。这种陶哨在该遗址岳石文化中还发现 3 件。

八　陶埙

[1] 张紫晨：《中国巫术》，上海三联书店，1990年，第44、45页。
[2] 秋浦主编：《萨满教研究》，上海人民出版社，1985年，第157页。
[3] 吴汝祚：《牛角形陶角号》，《文物天地》1993年第4期。
[4] 山东大学历史系考古专业教研室：《泗水尹家城》，文物出版社，1990年。

　　陶埙是我国最早的古老吹孔乐器之一，曾在我国音乐文化发展史上占有重要的地位。这种陶埙在距今6000多年前的河姆渡文化、仰韶文化、青莲岗文化时期开始出现，郑州大河村、西安半坡、山西万荣荆村等遗址均有出土，它是用陶土烧制而成的。据有关专家研究，开始往往是一种配合生产的工具，认为"最原始的埙，只有吹孔而无音孔"，"有音孔陶埙应被视为按照一定的音阶或调式而制成的旋律乐器，并从而断定在这些乐器出现的时代里已有若干音阶或调式"[1]了。

　　我国古代文献《尔雅注疏·释乐》载："（埙），烧土为之，大如鹅子，锐上平底，形如秤锤，六孔，小者如鸡子。"

　　《说文》云："埙，乐器也，以土为之，六孔。"

　　《通历》说："帝喾造埙。"《路史》记载："庖牺灼土为埙。"

　　《世本》称"暴辛公作埙"；又《风俗通义》："埙，烧土也，圆五寸半，长三寸半，有四孔，其二通，凡六孔。"

　　《诗经》中还有"伯氏吹埙，仲氏吹篪"的诗句。

　　据考古资料介绍，埙在大汶口文化遗址中也有发现，如江苏邳县大墩子遗址曾出土过2件[2]，其中一件（T102∶9），塑成兽形，一端作兽头，一端作兽尾，空心，两端钻小孔，吹之有声，长12.6厘米；另一件（T102∶19）为泥质红陶，形如小鸭，头尾已残，器身两侧各有三孔，底下一孔，尾部一孔。此类陶埙，在山东史前文化遗址中多有发现。1979年烟台市福山区邱家庄新石器时代遗址发现一件陶埙[3]。为泥质红陶，已碎裂，有残缺。整体略呈长圆形，口细窄，一端尖起，有小圆孔，另一侧残，下端稍小，平底。高7.4、底径3.6厘米（图六，1）。这件陶埙已收入《中国音乐文物大系·山东卷》。禹城邢寨汪龙山文化遗址T2内发现的陶埙[4]，全器呈卵形，平底，一端略尖，有一吹孔，腹有两音孔，器形完整，可奏出1、2、3三个音阶，音律准确（图五，6；图六，2）。1960年潍坊姚官庄龙山文化遗址中出土过一件陶埙（H119∶11）[5]，为泥质灰陶，捏塑成形。整体造型呈圆球形，小巧玲珑，质地细腻均匀，表面光滑闪亮，非常美观，中间空，中央有一个圆形吹孔，旁边有一个调音小孔，吹奏时能发出清脆响亮的乐音。这件陶埙，不仅是一件实用的吹奏乐器，而且也是一件不可多得的艺术珍品。该器通高3.1、体径2.8厘米。顶部有一个隆起的小吹孔，旁有一个音孔，大孔径0.9、小孔径0.25厘米（图五，8；图六，

　[1]　李纯一：《原始时代和商代的陶埙》，《考古学报》1964年第1期。
　[2]　南京博物院：《江苏邳县大墩子遗址第二次发掘》，《考古学集刊·1》，中国社会科学出版社，1981年。
　[3]　中国音乐文物大系总编辑部：《中国音乐文物大系·山东卷》，大象出版社，2001年。
　[4]　德州地区文物工作组：《山东禹城县邢寨汪遗址的调查与试掘》，《考古》1983年第11期。
　[5]　山东省文物考古研究所、山东省博物馆、中国社会科学院考古所山东队等：《山东姚官庄遗址发掘报告》，《文物资料丛刊·5》，文物出版社，1981年。

1 2 3

图六　陶埙
1. 福山邱家庄　2. 禹城邢寨汪　3. 潍坊姚官庄

3）。1980年有关音乐专家对姚官庄遗址这件陶埙进行了初步测音[1]，正常吹奏所得到的两个音构成了一个小三度的音程。如果运用变换吹奏位置和控制气流强弱的方法吹奏时，除发原来两音外，又能得到三个新的音。在所吹的五个音中，已包括小二度、大二度、小三度、大三度、小六度、纯四度和纯五度的音程关系。由此认为，我国五声音阶和七声音阶在龙山文化时期可能已经形成。"任何一种吹奏乐器，特别是埙这种吹乐器，即使是一音孔陶埙，大概也是在人们对于某种音阶已经有所认识之后才能制造出来，绝不是在这以前。任何一种一音孔或一音孔以上的陶埙的制作，必然反映了当时人们对于某种音阶的认识，不能想象人们对某种音阶还没有认识，就会预先制造能吹奏某种音阶或其中某几个音的乐器。"[2]有人根据半坡和荆村无音孔陶埙推测，可能是模仿一节竹管、一段骨管之类的自然天籁而制成的。开始并不一定有吹乐的目的，可能是一种配合生产活动的工具。一般认为，吹奏乐器的发明，应与狩猎活动有密切的联系，原始人通过长期狩猎生产积累下丰富的实践经验，创作了诱捕飞禽走兽的拟声工具，以捕获更多的猎物。吹奏乐器应是在这种拟声工具启迪下，进一步改造而出现的。

　　原始音乐是由声乐和器乐组成的。乐器的出现比歌舞要晚，最初的歌舞并无乐器伴奏，人们只是有节奏地用手拍和助兴，来表达人们的思想感情。有时还伴随着舞蹈，以表现人们喜怒哀乐的内心世界。后来，随着生产的不断进步，人类的生产活动日益丰富，"原始人在劳动时总是伴随着歌唱，音调和歌词完全是次要的，主要的是节奏。歌的节奏恰恰再现着工作的节奏——音乐起源于劳动。视工作之为一

[1]　周昌富：《古老的吹奏乐器——陶埙》，《山东文物纵横谈》，中国广播电视出版社，1992年。
[2]　吕骥：《从原始氏族社会到殷代的几种陶埙探索我国五声音阶的形成年代》，《文物》1978年第10期。

人所做或为一群人所做，歌也分为独唱的或和唱的。"[1] 由此产生了劳动的歌声，同时形成了原始音乐。其后，出现了原始乐器。正如普列汉诺夫所说，乐器是"从劳动工具与其对象接触时发出的声音中产生出来的。这是用加强这些声音，使他们的节奏增加某种花样。总之使它们适合于表现人的感情这样一些办法来完成的。但要做到这一点，必须首先改变劳动工具，而这样一来，它们就变成乐器了"[2]，乐器的发明，是从原始人劳动和生活中产生的。人们在集体劳动中，有意无意地配合生产的动作，发出有节拍的呼声，发展了对于声音的节奏感。并把它用于抒情，用于统一劳动者的意志，激发劳动者的干劲，以表达劳动者的感情。所以说，乐器的产生源于古人的劳动，源于人们的劳动实践，是劳动的产物，智慧的结晶。它在我国远古音乐史上占有非常重要的地位。

原载《中原文物》2003 年第 4 期

---

[1]　〔俄〕普列汉诺夫：《唯物主义历史观》，《普列汉诺夫哲学著作选辑》，生活·读书·新知三联书店，1961年，第2卷第755页。

[2]　〔俄〕普列汉诺夫：《论艺术》，生活·读书·新知三联书店，1973年，第36、37页。

山东史前宗教祭祀遗存探析

我国古代宗教祭祀非常广泛，它在人们的精神生活中占据相当重要的位置，已成为当时高于一切的社会活动。"国之大事，在祀与戎"充分说明了这一点。最近几年，在山东地区考古发掘中，出土许多与宗教祭祀活动相关的文化遗存。这些资料虽然比较零碎，种类也较单调，但是研究中国古代宗教祭祀活动等意识形态方面的重要实物资料。鉴于此，笔者主要利用所获的考古资料，结合有关民族志和文献记载，就山东地区史前时期宗教祭祀遗存作初步探讨，并就相关问题发表点不成熟的看法。

一 祭祀遗存的表现形式

（一）人骨的非正常埋葬

人骨的非正常埋葬，主要见于龙山文化遗址中，且以儿童居多，死者多数没有墓穴，无随葬品，无一定葬式，或与牲畜一同埋葬，表明死者身份应低于或不同于一般氏族成员。如兖州西吴寺遗址[1]发现3例灰坑内埋葬有人骨，其中H4178和H4189内为儿童。H4182内埋葬的一具人骨，仰身直肢，头向南，年龄和性别未鉴定。坑内包含物除陶器外，还有兽骨、鱼刺、鹿角和蚌壳等。其中仅完整或复原的陶器就有13件之多. 包括鼎、匜、盆、鬶、单把杯、高柄杯和尊等。青州凤凰台遗址[2]H137，略呈椭圆形，平底，坑内一具散乱人骨架。枣庄建新遗址H69[3]，坑底部一具人骨架，俯身屈肢，颅骨上有二穿孔，女性，25岁左右。茌平尚庄遗址[4]H108平面圆形，口径8.8、深0.3～1.15米，坑内埋2个人头骨。泗水尹家城

[1] 国家文物局考古领队培训班：《兖州西吴寺》，文物出版社，1990年。

[2] 山东省文物考古研究所、山东大学历史系考古教研室、青州市博物馆：《青州市凤凰台遗址发掘》，《海岱考古（第一辑）》，山东大学出版社，1989年。

[3] 山东省文物考古研究所、枣庄市文化局：《枣庄建新——新石器时代遗址发掘报告》，科学出版社，1996年。

[4] 山东省文物考古研究所：《茌平尚庄新石器时代遗址》，《考古学报》1985年第4期。

遗址 [1]H812 坑内有 3 个个体的人骨架，其中 1 号人骨位于坑东部正中，骨架完整，头东脚西，为 35 岁左右男性；2 号人骨位于 1 号人骨下肢稍偏下部位，仅保留几块肢骨与肋骨，为 5～6 岁儿童，性别不详；3 号人骨，位于坑底，紧靠南、西两壁，骨架完整，为一成年男性。H259 坑内中部偏西处一人头骨，面部向南，为 5～6 岁儿童，紧挨头骨右侧放置两块残上肢骨和头骨残片，还出土部分完整或近似完整的陶器，器形有鬶、盆、三足盒、杯、器盖和纺轮等。

此类遗迹也见于河南地区，如渑池班村遗址一个大坑，周围环绕 7 个小坑。大坑平面椭圆形，最大径约 2 米，内有 4 具人骨架。肢骨有的被钝器打断，有的被击伤，有的被解体，显然系非正常死亡，在人骨旁边还有殉葬的兽骨。人骨兽骨同埋一坑，又作规律排列，应与原始祭仪有关。坑中人骨应是祭祀时的牺牲，也可能是被俘虏的其他氏族成员 [2]。这些埋葬在灰坑中的死者，身份与墓葬内人骨有一定区别，从尸骨摆放姿势看，多属非正常埋葬，或许与复杂的社会因素或原始宗教有关。由于当时低下的生产力水平，人们的劳动还不能生产超出本身所需的生活资料，在这种情况下，俘虏很难被收编到本氏族来，于是他们常常充当牺牲。尤其是对于那些曾经伤害过对方氏族成员的俘虏来说，最终也逃脱不了充当祭祀的牺牲品。这样是对殉难战士灵魂的安慰 [3]。

除灰坑外，墓葬中也能见到非正常埋葬现象。胶县三里河遗址发掘出 5 座大汶口文化断肢葬墓 [4]。其中 M122 缺少脊椎骨；M136 缺少头骨；M2112 缺少头盖骨和右上臂骨；M266 缺少头骨和右上臂骨；M211 缺少头骨、左手臂骨、左侧肋骨和左股骨。而 98 座龙山文化墓葬中，9 座没有头骨；只埋葬头骨的 3 座，还有一座只有一块下颌骨；两座仅有股骨；其他 14 座墓葬骨架凌乱残缺。M217 在墓坑一侧整齐排放着左右两根下腿骨，另一侧放置 3 个人头骨。M239 墓穴保存非常完整，无破坏痕迹，锁骨到墓边仅有 10 厘米，很难放置一具人头骨。说明有的死者在埋葬前就缺少头骨，另外还有缺少左右股骨的，缺少左右两臂的，缺少手指和脚趾的，缺少脊椎和肋骨的等，这显然属于宗教葬仪，或与祭祀有关。对于这种埋葬方式，有的学者称为"割体葬仪"，有的学者则认为死人割体是一种"厌胜巫术"，目的是使死者不能为祟降灾。也有的学者认为，其含义可能与活人的自我伤残一样，切割死者的指骨、腿骨、趾骨，用以供奉阴间神明，祈求死者在阴间得到保佑 [5]。

[1] 山东大学历史系考古专业教研室：《泗水尹家城》，文物出版社，1990年。

[2] 黄展岳：《中国古代的人牲人殉新资料概述》，《考古》1996年第12期。

[3] 王吉怀：《中国远古暨三代宗教史》，人民出版社，1994年，第102、119页。

[4] 中国社会科学院考古研究所：《胶县三里河》，文物出版社，1988年。

[5] 黄展岳：《中国古代的人牲人殉》，文物出版社，1990年，第11页。

（二）奠基中的祭祀现象

除人骨的非正常埋葬外，在山东史前遗址中，曾发现城址或在住房建筑过程中使用活人或动物作祭品的习俗。因多数发现在房基下或房基中，所以有的称为奠基牲。这些被埋在房基下或居住面下的死者，应是建筑房屋过程中举行某种祭祀仪式时所使用的牺牲。如汶上东贾柏遗址[1]F12，堆积一层红烧土块，其下埋有3只猪骨架，可能属祭祀类建筑遗存。建新遗址F27发现一猪坑[2]（H265），大部分压在房基下，坑内埋葬1具完整猪骨架，仰身，头西尾东，四肢向上，似捆绑状。骨骼保存较好，为成年家猪。滕州西公桥遗址一座大汶口文化房址[3]，1具完整人骨架，头向东南，头部突出房基坑外，仰身直肢，双脚并拢，似经捆缚，可能是建筑时祭祀的人牲。阳谷景阳冈龙山文化城址，清理一个祭祀坑，出土陶器30余件，内有一具完整牛骨架，试掘时，还在H8和H13内发现有狗骨架。两坑北部相连，同时挖成。H8在坑北部下面发现完整狗头骨及后肢骨。H13呈不规则形，一端宽、另端窄，在坑底北侧发现一具完整狗骨架[4]。荏平教场铺龙山文化遗址也发现一些奠基坑[5]，多分布在房址周围，可能与房屋建筑有关。奠基牺牲者有成人、儿童和狗三类。如在大台基北部偏西的一处夯土台基，其东部边缘发现有奠基坑，坑内埋一具成年人遗骸，其埋葬方式较为特殊，系俯身直肢葬，右手置于腹部，左手反剪于背后并呈半握拳状，左侧颈部有一骨匕斜插于颈椎和锁骨间，这可能是死者致死的主要原因。看来死者系非正常死亡，他应该是台基建筑中用于祭祀的人牲。菏泽安邱堌堆遗址[6]一座长方形房基门道下面的夯土中，埋葬一具中年女性骨架，牙齿磨损严重。但无墓圹、葬具和随葬品。显然是在建房时埋入的，应与某种建房仪式有关。寿光边线王龙山文化城址[7]，在外城东北角西侧基槽填土中，有人、猪、狗骨架，是在已经筑好的夯层上挖出不甚规整的长方形或椭圆形小坑，再置入人或畜，有的还放置完整陶器。夯层内发现有人和兽骨埋在一起的奠基坑或祭祀坑，有的数人同埋一

---

[1]　中国社会科学院考古研究所山东工作队：《山东汶上县东贾柏村新石器时代遗址发掘简报》，《考古》1993年第6期。

[2]　山东省文物考古研究所、枣庄市文化局：《枣庄建新——新石器时代遗址发掘报告》，科学出版社，1996年。

[3]　山东省文物考古研究所：《滕州西公桥遗址考古发掘报告》，《海岱考古（第二辑）》，科学出版社，2007年。

[4]　山东省文物考古研究所、聊城地区文化局文物研究室：《山东阳谷县景阳冈龙山文化城址调查与试掘》，《考古》1997年第5期。

[5]　贾笑冰、周海铎：《鲁西教场铺龙山文化遗址发掘获重要收获》，《中国文物报》2001年9月2日。

[6]　北京大学考古系商周组、山东省菏泽地区文展馆、山东省菏泽是文化馆：《菏泽安邱堌堆遗址发掘简报》，《文物》1987年第11期。

[7]　杜在忠：《边线王龙山文化古城堡的发现及其意义》，《中国文物报》1988年7月15日第三版。

坑，当是奠基或祭祀遗存。

这种奠基牲遗存，在河南龙山文化房基中也经常发现，一些面积较大且比较讲究的房基下或居住面下，往往埋置婴儿和儿童，少数也有用成年男女。一些被用于奠基的人牲，没有墓圹，没有随葬品，多数被处死后埋入。如永城王油坊遗址[1] F20 东北角墙基内有 3 具成人骨架，左右两具压在中间一具上面。无墓圹，无随葬品，3 具人骨头向北，额骨以上全被砍去，左右两具全下颌上翻。经鉴定，3 具均为 25 ～ 35 岁的男性。另在 F20 西南角墙根处，埋葬一具儿童骨架，可能是房子建成后的祭祀牲。登封王城岗遗址[2] 发现一些夯筑圆形奠基坑，坑内夯层中发现有成人和儿童骨架。1 号奠基坑呈圆形带状，坑底部夯土中发现人骨 7 具。从坑底上数第 3 层填一儿童，第 4 层填一成人男性，第 5 层填成年男女各一具，第 6 层填一青年女性和两个儿童。埋在坑中夯土层与夯土层之间的人骨架，应是坑上建筑的人牲，可能与奠基或祭祀有一定关系。

从考古资料看，最早使用人祭的遗存见于仰韶文化晚期阶段。郑州西山古城址内房基下幼童为奠基的牺牲[3]，辽宁喀左县东山嘴红山文化祭祀遗址中发现的石圈形台址附近亦有人骨架[4]。

（三）用火遗迹与特殊祭祀场所

1.用火遗迹

火是自然崇拜中最普遍的对象之一，用火遗迹在长岛砣矶岛大口遗址有 10 处[5]。略呈椭圆形的有 4 处，圆形 1 处，不规则 3 处，圆角长方形和鞋底形各 1 处。其中圆形的是在地面上用泥条围成一个圆圈。这些用火遗迹都在穷人顶的山麓下，地势为北高南低，呈缓坡而下，故其形状为北深南浅，略呈簸箕形。坑内均有黑灰土。底部和周壁都烧成较硬的红烧土，可能与山祭有关。

关于我国古代对火的崇拜，商周文献资料中有一些记载，《尔雅·释天》："祭天曰燔柴，祭地曰瘗埋。"为了表示对火的崇拜，殷商时代，还设有"自火"的官职来专门管理火。周代设有"司爟"的官职，专门"掌行火之政令，四时变国火以救时疾"（见《周礼·司爟》）。上述材料说明，古人把火看作神圣的东西，作为经常进行崇拜的对象，也就不足为怪了。

---

[1]　中国社会科学院考古研究所河南工作队：《河南永城王油坊遗址发掘报告》，《考古学集刊·5》，中国社会科学出版社，1987年。

[2]　河南省文物考古研究所、中国历史博物馆考古部：《登封王城岗与阳城》，文物出版社，1992年。

[3]　杨肇清：《中原地区早期古城址的发现与初步研究》，《四川大学考古专业创建三十五周年纪念文集》，四川大学出版社，1999年。

[4]　郭大顺、张克举：《辽宁省喀左县东山嘴红山文化建筑群址发掘简报》，《文物》1984年第11期。

[5]　中国社会科学院考古研究所山东队：《山东省长岛县砣矶岛大口遗址》，《考古》1985年第12期。

据民族志介绍，1949 年以前，鄂温克人对火崇拜非常虔诚，在吃饭和饮酒的时候，他们常常举行简单的祭火仪式，把一些饭菜酒肉投入火中，然后进餐。他们在搬家时也不敢扑灭火种，甚至对危害性很大的山林野火也不敢扑灭，因为他们认为那是火神放的，是火神在驱除恶魔。云南莲山景颇族虽然已经开始使用火柴或火刀，但在新中国成立初期有些人还用竹片或木头摩擦的火种去烧地，并请巫师向火神祈祷，他们认为这样做才能取得丰收。许多原始部族在自己能够随时生火之后，还是保持长年不断火，以此表示对火的崇拜。我国台湾高山族就有长年不断火的习惯，并且禁止病人接近火堆，遇有不祥之事还须转移火堆，在另一地方生起一堆火来。汉族民间祭祀时点长明灯和燃蜡烛的风俗，可能也是原始宗教不断火种的迷信残余[1]。

2.特殊祭祀活动场所

除用火遗迹外，特殊祭祀活动场所仅在三里河遗址[2]发现过两处。一处是用河卵石铺成的长方形石块建筑，长 0.9、宽 0.6 米。选用 20 多块大小均匀的河卵石，铺砌相当规整，在遗迹西南约 1 米处，发现一具完整的狗骨架，头向正东。看来这具狗骨架是有意识放置的。在狗骨架下，整齐地平铺着一些陶片，附近还有一座墓葬，看来石块建筑、狗骨架与墓葬，三者可能有一定关系，它是一处特殊活动场所，或许带有祭祀性质。另一处是用河卵石铺底的圆坑遗迹，在坑内底部先垫一层 3 厘米厚且经过加工的硬黄土，再在其上和坑壁施加一层灰白色硬土，厚 4～10 厘米，灰白色硬土之上为一层黄灰色硬土，厚 5 厘米。坑周壁施加厚 13 厘米左右黄灰色硬土，最后在坑底铺上河卵石块。石圆坑外径为 1.2、内径 0.85、深 0.19 米。石圆坑附近还分布有墓葬，北偏西约 1 米处有 M106、其东北有 M115、M112 和 M119。由此推测，这个石圆坑也是一处举行特殊活动的场所，应与墓葬有关，是一处墓祭迹。西吴寺遗址[3]H203，坑底部铺有一层厚 4 厘米纯净黄砂土，此坑出土遗物非常丰富，仅完整或复原的陶器就达 34 件，另外还有少量石器和骨器。有学者认为，将灰坑内的遗物视为丢弃物是不妥当的，这类灰坑，也可能是人们举行祭祀活动的场所[4]。

类似遗迹在甘肃永靖大何庄齐家文化墓地中也有发现[5],5 处用河卵石围起来的石圆圈中，有卜骨或牛、羊的骨架等。如 F1，内有一具被砍掉头的母牛骨架，腹内还遗有尚未出生的小牛。F5 西侧出土一具不完整的羊骨架。F3 南边出 2 块卜骨。这种祭祀遗迹显然与原始宗教活动中的祖先崇拜有关，说明这里也是一处与原始宗

[1] 朱天顺：《原始宗教》，上海人民出版社，1978年，第38、39页。
[2] 中国社会科学院考古研究所：《胶县三里河》，文物出版社，1988年。
[3] 国家文物局考古领队培训班：《兖州西吴寺》，文物出版社，1990年。
[4] 李伊萍：《新石器时代"灰坑葬"中所见祭祀现象》，《青果集》，知识出版社，1998年。
[5] 中国科学院考古研究所甘肃工作队：《甘肃永靖大何庄遗址发掘报告》，《考古学报》1974年第2期。

教活动有关的场所。

这种特殊活动场所在世界其他地区也能见到，西欧、北欧地区一种巨石建筑遗迹，被认为是宗教崇拜建筑。此种建筑以使用巨大石头为特征，构成墓室。这种形式从公元前 5000～前 4000 年，曾广泛地流行于地中海一带，其后在亚、非、美各洲都有发现。这种巨石建筑遗迹，长期被当作传说中的巨人、神灵所为 [1]。以石为社神，古代文献中曾有记载，如《周礼·春官·小宗伯》郑玄注：“社之主盖用石为之。”《吕氏春秋·贵直论》：“（晋文公）城濮之战，五败荆人，围卫取曹，拔石社，定天子之位，成尊名于天下。”《淮南子·齐俗训》：“殷人之礼，其社用石（高诱注：以石为社主也）”。以大石为社神直到现在（1980 年 10 月所见）还存在，在江苏丹徒县一带许多村子的村口，往往还有一个“石婆婆”，一般每村一个 [2]。

（四）埋葬家畜的宗教含义

家畜埋葬在后李文化、北辛文化中少见。大汶口文化时期则比较突出。其早期阶段，主要用狗殉葬，如江苏邳县刘林遗址 197 座大汶口文化墓葬 [3]，有 8 座随葬 8 只狗，狗骨架都侧卧在人骨架的腿部之上，头向与人骨相一致。M179 在墓主人腿部殉葬一具狗架，狗架侧卧，头向北。邳县大墩子遗址也发现两座墓葬分别用 3 只猪和 1 只狗殉葬 [4]。M40 狗骨架放在墓主人脚下，左手还握有一对獐牙钩形器，看来具有浓厚的宗教意识。上海广富林良渚文化墓葬中也发现有完整狗骨架，发掘者认为，这在当时很可能是作为殉葬用的。“众所周知，犬是人类最早驯化的动物，是最早的家畜。人类赋予它看守、追猎的职责，有些地区和民族还驱狗运输，狗还给人类提供肉食和毛皮。某些地区当文化发展到一定阶段时又将它用于献祭神灵。”[5]

大汶口文化中晚期阶段，墓葬中盛行用整猪、猪头或猪下颌骨随葬，猪不仅是私有财富的象征，而且具有一定的宗教意义。泰安大汶口遗址 133 座墓葬 1/3 随葬猪 [6]，有的把猪头放在浅盘陶豆中。据统计，43 座墓葬随葬猪头 96 个，最多的一座墓随葬有 14 个。曲阜西夏侯遗址发现 3 个猪头 [7]，经鉴定，均为雄性个体，其中 2 个猪头年龄在 2 岁半以上，1 个在 1 岁半以下，均属青年期。莒县大朱家村遗址 18

[1] 《中国大百科全书·考古卷》，中国大百科全书出版社，1986年，第358页。

[2] 俞伟超：《连云港将军崖东夷社祀遗迹的推定》，《先秦两汉考古学论集》，文物出版社，1985年。

[3] 南京博物院：《江苏邳县刘林新石器时代遗址第二次发掘》，《考古学报》1965年第2期。

[4] 南京博物院：《江苏邳县大墩子遗址第二次发掘》，《考古学集刊·1》，中国社会科学出版社，1981年。

[5] 高广仁、邵望平：《中国史前时代的龟灵与犬牲》，《中国考古学研究》，文物出版社，1986年。

[6] 山东省文物管理处、济南市博物馆：《大汶口——新石器时代墓葬发掘报告》，文物出版社，1974年。

[7] 中国社会科学院考古研究所山东队：《山东曲阜西夏侯遗址第一次发掘报告》，《考古学报》1964年第2期。

座墓葬放置猪下颌骨 80 多个 [1]。莒县陵阳河遗址 45 座墓葬中有 25 座墓葬随葬猪下颌骨 160 多个，每墓平均 7 个，其中 M17 放置猪下颌骨 33 个 [2]。三里河遗址共发掘墓葬 66 座，其中 18 座墓葬随葬猪下颌骨 144 件，最多者 37 块 [3]。其中一个猪下颌骨上面，发现有用火对灼的两个对称穿孔，并出现用鹿头随葬现象。诸城呈子遗址 9 座墓葬随葬猪下颌骨 42 个，最多的一座墓葬随葬 13 个 [4]。

在原始宗教祭祀遗存中，埋葬家畜作为杀牲祭祀习俗在当时相当普遍。作为新石器时代的一种宗教形式，葬猪也具有一定的宗教意义。随着社会发展，墓葬中随葬猪和专门埋葬猪的现象，由此染上了宗教祭祀色彩，尤其是专门设立的家畜埋葬坑，更是与当时杀牲祭祀有着密切关系。如滕县北辛遗址 [5]H14 在近底部发现 6 个个体的猪下颌骨，集中堆放在一起。在这堆猪下颌骨之上，有石板覆盖。H51 近底部放置两个相当完整的猪头骨。刘林遗址一条大汶口文化灰沟底部有 20 个猪牙床集中放在一起 [6]。新沂花厅遗址 [7] 一个猪坑，内埋有 2 具两背相向的完整猪骨架，足后还有 2 个猪头骨，墓葬区埋葬猪骨架可能与祭祀有关。邹县野店遗址 [8] 两个大汶口文化的猪坑，每坑各埋 1 头猪。其中一个坑内埋一具完整猪骨架，在埋葬的整猪上下，各用缸片铺盖。另一猪坑位于墓葬和房子附近，显然是为祭祀房子建成或祭祀墓中的死者而设立的。这种特殊葬猪方式，具有明显的宗教意义。三里河遗址 [9] 一个大汶口文化袋状灰坑（H227）掩埋 5 具完整幼猪骨骼；龙山文化 H126 近底部发现一头成年大猪，骨架比较完整，只臀部以下被破坏，头向北稍偏西，前后脚在一起，似捆缚状。西公桥遗址 [10]H66，底部靠西壁横置一具完整猪骨架，身长 140 厘米，侧卧，头向西北，前肢伸直交叉，后肢蜷缩弯曲，且上下叠压。尹家城遗址 [11] 龙山文化 H 69，坑底东部放置一具完整狗骨架，头南面东，四肢向内侧蜷曲，显然是有意而为，应是一座祭祀坑。尚庄遗址一条灰沟底中部和南端发现狗骨架 4 具、狗头骨 1 个、小动物 2 个，另出土陶罐、盆、鬶、鬲、碗、杯、器盖和骨针、蚌铲、

[1]　山东省文物考古研究所、莒县博物馆：《莒县大朱家村大汶口文化墓葬》，《考古学报》1991 年第 2 期。

[2]　山东省考古所、山东省博物馆、莒县文管所：《山东莒县陵阳河大汶口文化墓葬发掘简报》，《史前研究》1987 年第 3 期。

[3]　中国社会科学院考古研究所：《胶县三里河》，文物出版社，1988 年。

[4]　昌潍地区文物管理组、诸城县博物馆：《山东诸城呈子遗址发掘报告》，《考古学报》1980 年第 1 期。

[5]　中国社会科学院考古研究所山东队、山东省滕县博物馆：《山东滕县北辛遗址发掘报告》，《考古学报》1984 年第 2 期。

[6]　南京博物院：《江苏邳县刘林新石器时代遗址第二次发掘》，《考古学报》1965 年第 2 期。

[7]　南京博物院：《花厅——新石器时代墓地发掘报告》，文物出版社，2003 年。

[8]　山东省博物馆、山东省文物考古研究所：《邹县野店》，文物出版社，1985 年。

[9]　中国社会科学院考古研究所：《胶县三里河》，文物出版社，1988 年。

[10]　山东省文物考古研究所：《滕州西公桥遗址考古发掘报告》，《海岱考古（第二辑）》，科学出版社，2007 年。

[11]　山东大学历史系考古专业教研室：《泗水尹家城》，文物出版社，1990 年。

锯、刀等[1]。

在埋葬整猪遗存中，有的把猪摆成一定姿势。西夏侯遗址一个灰坑，在其东南部另挖一个小浅坑，内埋着一具完整猪骨架，头东尾西，向南侧卧，四肢弯曲，规整地合拢在一起，似捆绑后埋入的。另外，3 具猪骨架，都是头东，朝南侧卧。南边一具仅存肩胛骨以下部分，无前肢骨。北边一具残存破碎头骨、半块肩胛骨和两块前肢骨及小部分脊椎骨、肋骨。另一具保存完整，头东尾西，向南侧卧，前肢弯曲叠放胸前，后肢弯曲又开分放。前肢下压一根人的肢骨。附近陶片较多，这些埋放比较规则的猪骨架，可能与同层的墓葬有关。这种埋葬现象并不偶然，应是受到一定意识支配，与当时的祭祀活动有关[2]。

这种兽骨坑在大口遗址发现 9 个[3]，以埋猪为主，也有少数用狗的。这些坑均呈椭圆形，大小不一，其中一个坑内埋有一头猪，在其上面压有 5 块大石头，几乎把整个猪骨都盖住了，在坑东北角又有 1 块大石头。有的坑内填有马蹄螺夹海蛎壳以及小石子等。兽骨的头向，均向东、西、北，未见向南的。而岳石文化中 2 个兽骨坑，均埋葬猪和狗。其中一个为东西向，长方形竖穴，在兽骨架上部添有一层马蹄螺，并夹有海蛎壳和小石子等。在该坑西北部又发现一个不规则圆形坑内上下叠压着三层石块，上层为 1 块大石，中层为 3 块较大的石块，略呈"品"字形排列，下层即为坑的底部，铺有一层小石块。这三层石块紧密地相互叠压着，可能是墓地内作为祭祀等特殊活动有关的遗迹。另一个兽骨坑，位于墓地东部，长方形竖穴，兽骨头向东南，尾向西北，向西南侧卧，整个骨架上压有较大的石块 6 块，把整个骨架基本都压住了。发掘者认为，这些特殊的兽坑可能是祭祀山神的。

依据江苏铜山丘湾商代人畜共存祭祀遗迹表现的性质可以说明，遗址中心是矗立在地上的 4 块天然大石，周围有人骨架 20 具、人头骨 2 个、狗骨架 12 具。人架大多俯身屈膝，双手反缚，性别、年龄可辨者有六男四女，皆青、中年。都是被杀后就地用黄土掩埋的。人骨架中，一半左右头骨破碎，有的在头骨旁或腕骨旁出一石块，似表明主要是被砸死的。发掘的同志根据掩埋深度，把人骨架和狗骨架分为两层：下层有人骨架 3 具、人头骨 1 个、狗架 10 具；上层有人骨架 17 具、人头骨 1 个、狗骨架 2 具。部分人骨架和狗骨架，有的同层叠压，有的上下层叠压，而全部人骨架和狗骨架的头向又都对着中心大石。俞伟超先生根据铜山遗址发现的祭祀遗迹，认为人、狗被杀是以中心大石为神祇进行祭祀，中心大石当是社神。如果这种看法不错的话，那么，1 号兽骨坑西北部的圆形石坑内上层覆盖的大石，可能也

[1] 山东省文物考古研究所：《茌平尚庄新石器时代遗址》，《考古学报》1985年第4期。
[2] 中国社会科学院考古研究所山东队：《西夏侯遗址第二次发掘报告》，《考古学报》1986年第3期。
[3] 中国社会科学院考古研究所山东队：《山东省长岛县砣矶岛大口遗址》，《考古》1985年第12期。

代表社主[1]。由此说明，以大石为社神这种宗教习俗是由来已久的。

在河南安阳鲍家堂仰韶文化遗址，清理了两个袋状形灰坑。其中一个底部埋葬一具完整猪骨架，两前肢和两后肢分别合拢，似为捆绑后埋入，猪骨架后边放置一件彩陶罐，罐内放一件带孔蚌锥。另一个灰坑有4层堆积，每层都埋有完整猪骨架，第1层1具，第2层3具，第3层2具，第4层4具，共10具。有单具摆放，有的3具叠压，骨架全为前后合拢，似捆绑后埋入的。这两个灰坑均在陶窑附近，并且同出一层，可能是为烧制陶器过程中的一种牺牲，反映了人们对烧制陶器的重视。郑州大河村遗址[2]曾出土过两具完整猪骨架。河南白营遗址[3]还有专门为祭祀而设立的羊坑，坑内侧放置一具羊骨架，头曲至背部中间，头向西北，前后肢皆重叠，似经捆绑，羊骨架位于41号房基西北侧，看来与祭祀房屋的奠基有一定关系。庙底沟遗址9个灰坑发现有人、猪和狗的骨架。共埋人骨架5具、猪骨架2具、狗骨架9具。河北武安磁山文化遗址许多灰坑堆有粮食，底部常出完整猪狗骨架和一些完整陶器。如H12、H14和H265内的猪骨架均出于粮食堆积底部，H5粮食堆积底部有两具猪骨架。坑底堆放凌乱的猪骨，可能具有某种象征意义，同坑埋入的粮食必然与宗教活动有关，两者应是祭祀的奉献，均与祈求丰年有关，而不是被储藏的食物[4]。墓葬中用猪下颌骨随葬，已成为普遍现象。齐家文化秦魏家、大河庄、皇娘娘台等遗址，都有丰富的猪下颌骨资料以及埋葬整猪实例。甘肃天水西山坪遗址[5]墓葬和房屋附近，发现一个完整猪骨埋葬坑（H17），该坑底部清理5具比较完整的幼猪骨架，其中坑中央3具排成"T"字形。这些猪都是一次性有意识埋入的，可能与房屋或墓葬的祭祀有关，具有明显的宗教意义。这表明宗教意识在人们的生活中占据了相当重要的位置。所以说，对猪神的崇拜，也是原始社会宗教信仰中拜物教的一种形式。

（五）占卜——原始宗教的重要形式

作为宗教活动的占卜，是古代东方民族用于宗教信仰的一种工具，在人们精神生活中占有非常重要的地位。考古发现中的用牛、羊或鹿的肩胛骨占卜的卜骨就是当时居民崇尚宗教的遗骸，为东方民族崇尚占卜的见证。《太平御览》七百二十六卷记载："《杨方五经钩沉》曰，东夷之人，以牛骨占事，呈吉示凶，无往不中，牛

---

[1]　俞伟超：《铜山丘湾商代社祀遗迹的推定》，《考古》1973年第5期。

[2]　郑州市文物研究所：《郑州大河村》，科学出版社，2001年。

[3]　河南省安阳地区文物管理委员会：《汤阴白营河南龙山文化村落遗址发掘报告》，《考古学集刊·3》，中国社会科学出版社，1983年。

[4]　河北省文物管理处、邯郸市文物保管所：《河北武安磁山遗址》，《考古学报》1981年第3期。

[5]　中国社会科学院考古研究所：《师赵村与西山坪》，中国大百科全书出版社，1999年。

非智物，骨者若此之效。"《初学记》卷二十九牛第五中载："东夷之人以牛骨占事，呈示吉凶，无往不中。"《后汉书·东夷传》："杀牛以蹄占吉凶。"又《魏志·东边传》："夫余国……杀牛祭天以其蹄占吉凶。"纬书《五经钩沉》也说："东夷之人以牛骨占事。"此类遗物在章丘城子崖、茌平尚庄、禹城邢寨汪等龙山文化遗址中曾多次发现，标志着这一阶段原始宗教有了一定程度的发展。这些卜骨，有的钻孔，有的并无修整，仅见灼痕。尚庄遗址[1]出土 5 件卜骨，皆为牛、羊肩胛骨经烧灼而成，无钻、凿，长度有的达 25 厘米。章丘城子崖遗址[2]发现 15 片卜骨，其中牛肩胛骨 12 片，鹿肩胛骨 1 片，未注明质料者 2 片。这些肩胛骨 6 片未经过人工刮平直接用于占卜，其中 5 片是没有钻凿的。经过刮治和钻凿的卜骨，其刮治方法非常简陋，骨面磨光也十分粗率、粗糙，有的完全未经刮治，有的只将背面骨脊根以上刮去。钻窝直径大小不等，骨臼部分未经切除，均没有刻辞。说明早期骨卜是用不经过加工的兽骨来进行的，后来使用经过人工粗刮、粗钻的兽骨，最后才使用像殷墟那种削掉骨臼、刮去骨脉并经过磨光、精细钻窝槽的卜骨。白营遗址[3]的 8 块卜骨都是牛肩胛骨，未经任何加工，仅在骨面上留有灼痕。陕西客省庄二期文化的 6 块卜骨，选用羊肩胛骨，不加任何修整，保持着原始形状。卜骨没有钻凿，只见骨面上有火灼痕迹。但未见兆文。齐家文化占卜之风非常盛行，几乎所有遗址，均见卜骨出土。甘肃武威黄娘娘台遗址卜骨资料非常丰富，发现很多牛、羊、猪的胛骨，其中 26 块为占卜的胛骨。一般不进行钻凿，仅有轻微的刮削痕迹，大多有明显的灼痕。看来卜骨制作技术比较简单，形状原始简陋，占卜技术还处在原始阶段。但说明这一时期社会上已经出现一批脱离生产劳动的"绝地天通"者，这些人是专门从事宗教迷信活动、高居上层的巫师一类人物。

这种占卜活动在我国西南少数民族地区非常地流行。彝族、羌族、纳西族等普遍用动物肩胛骨占卜，并多用羊肩胛骨，故又称为"羊卜骨"，反映出羊在人们心目中占有崇高的地位。蒙古族以艾灼羊胛骨占卜，史书上称为"勃焦"或"跋焦"。《辽史·西夏》记载，"凡出兵先卜，有四：一灸勃焦，以艾灼羊胛骨。"我国松花江下游的赫哲族也用麋鹿的肩胛骨进行占卜。《论衡》里也有"猪肩羊膊，可以得兆"的记载。可见，猪骨卜也是古代骨卜的一种。台湾高山族人，因为相信精灵，恐惧精灵，所以，在他们的宗教中，曾广泛流行着占卜习俗，一般在出猎、祭祀、建筑或农事之前，他们都要进行占卜以问吉凶。占卜的形式有虎卜、鸡卜、兽骨卜、鸟卜、

[1]　山东省文物考古研究所：《茌平尚庄新石器时代遗址》，《考古学报》1985年第4期。

[2]　傅斯年、李济、董作宾、梁思永等：《城子崖——山东历城县龙山镇之黑陶文化遗址》，中研院历史语言研究所，1934年。

[3]　河南省安阳地区文物管理委员会：《汤阴白营河南龙山文化村落遗址发掘报告》，《考古学集刊·3》，中国社会科学出版社，1983年。

梦卜、竹卜、草卜等，凡是各种自然现象和社会现象，都可视为吉兆或凶兆。据沈括《梦溪笔谈》卷十八记载："西戎用羊卜……以艾灼羊胛骨，视其兆"，表明宋代我国西北地区仍盛行用羊骨进行占卜的活动。

（六）陶尊上的祭祀图像

山东史前时期发现的祭祀图像，主要在陵阳河、大朱家村、杭头、诸城前寨和安徽蒙城尉迟寺等大汶口文化遗址的陶尊上面。这种硕大无比的陶尊，邵望平先生认为，似乎总与社会上受尊敬者、富人或权贵结有不解之缘。陶尊并非日常生活用具，可能与死者生前的地位有关，更可能与祭祀有关，属于一种祭器，是巫师类人物所使用的特殊随葬品。

据统计，陶尊上面共发现刻划图像 20 余枚，约有八九种个体，其文字笔画工整、规则，具有写实、图形化的特点。有的像自然物体，有的像工具和兵器，如斤、斧、锛、戾、戉、旦、封、皇、凡、南、享等，曾被誉为"远古文明的火花"。

1.日月山图像

很明显，陶器上面所刻的日月山图像，下面像一座山，中间像一个月亮，上面像一个太阳。这种图像把日、月、山这些常见的自然现象反映了出来。于省吾先生认为，上部的图形像日形，中间的像云气，下部是有 5 个山峰的符号，是山上的云气承托着初出的太阳，其为早晨旦明的景象，是一个会意字，应释为原始的"旦"字。认为这是"用三个偏旁构成的会意字"[1]。这说明当时已有简单独体字演化成的复体字，所以，大汶口文化晚期"是原始文字由发生而日趋发展的时期"。

关于日月山图像的原始含义，有的学者认为，应是远在四千八百余年前，居住在今山东诸城、莒县一带古代东夷部族，为祈祷农业丰收，庆祝春季到来，摹画对太阳神举行祭祀场面的一个图像文字。这从侧面证明，居住在今山东诸城、莒县一带大汶口文化晚期的人们，已经初步有了季节的概念[2]。

对于祭祀天地以及祭山、祭海现象，考古调查中多有发现[3]。如邹城市长山遗址位于市区西南 22.5 千米，凫山北端余脉不足百米的长山山头上，山下为后犁把峪村。山顶面积不大，无水源，山石裸露，仅一层贫瘠薄土。然而就在山石之间却拣到不少大汶口文化晚期红陶篮纹鼎片、带沟槽鼎足、陶片、鹿角及厚壳蚌等。这些绝非后世搬运而来，确系遗址无疑。这种不宜农耕、不宜居住的遗址，属于祭祀遗址，准确说应是祭天遗址。另一处是曲阜马鞍山遗址，位于海拔 120 米的双峰小

[1] 于省吾：《关于古文字研究的若干问题》，《文物》1973年第2期。
[2] 王树明：《先莒文化及其族系源流》，《莒文化研究专辑（一）》，1999年。
[3] 高广仁：《海岱区史前祭祀遗迹的考察》，《海岱区先秦考古论集》，科学出版社，2000年。

山之上，从山脚、山坡的路上，直到山顶石峰中，发现了历经四五千年的大汶口文化、龙山文化的鼎腿、器口和陶片，应为祭祀遗址，或者说是祭天遗址。祭海遗址也有 2 处，如日照项家沟遗址地处当地最高的山岭——驻足岭北坡，显然与中国北方地区居址选择阳面的习惯不同，但这一地点却有龙山文化直到周代、汉代的陶片。据当地人反映，驻足岭很早开始便是当地百姓祭祀供奉海神的地方，最近的海神庙只是在几十年前才被拆掉。

这种祭祀方式古代文献中多有记载。如《尚书·尧典》："乃命羲和，钦若昊天，历象日月星辰，敬授人时。分命羲仲，宅嵎夷，曰旸谷，因宾出日，平秩东作。"东汉马融作注："嵎，海隅也，夷，莱夷也。"《史记》："……分命羲仲居郁夷，曰旸谷。敬道日出，便程东作。"索隐："旧本作汤谷。"《礼记·祭法》："燔柴于泰坛，祭天地，瘗埋于泰折，祭地也。埋少牢泰昭，祭时也。相近于坎坛，祭寒暑也。王宫，祭日也。夜明，祭月也。幽宗，祭星也。雩宗，祭水旱也。四坎坛，祭四方也。山林、川谷、丘陵，能出云，为风雨，见怪物，皆曰神。有天下者祭百神。"《献酒经》云：不祭日、月、星辰之时，"荣日不显光，明月多晦暗，星宿也无光，黑暗暗，昏沉沉似然"。当祭祀之后，便是"荣日耀月明，星宿多辉煌，俯察于地里，四时不反光"。所以产生了对天体、日月星辰神化崇拜现象。

由于原始社会，人类生活在生产力低下的时代，天上的日月星始终伴随着他们，因而，天时的变化，构成了古人生活的重要组成部分。早在帝尧时代，就已经有专职的天文官从事观象授时。羲仲在东方嵎夷旸谷之地，专司祭祀日出。这样"历象日月星辰"的观天和"寅宾出日"的祭天都已经出现了。民族资料介绍，永宁普米族人曾相信太阳月亮和星星都是神灵的象征，相信这些神灵能掌握自己的命运，崇拜它会给家人带来吉祥平安。因此，他们习惯用白石灰在房子上画日、月、星图案[1]。

2.工具或兵器类图像

大汶口文化中发现的工具类或兵器类图像，有的似斧和锄的象形字。唐兰先生释为"戉"和"斤"。似"斤"的象形字，所画是锄斧一类农具，似短柄的锛，与大汶口遗址采集的一件鹿角锄十分相似，应与农事有关。因为在远古时代，锛一类砍斫工具与锄一样，是同农事密切相关联的。释"戉"字的图像，字形似长柄的大斧。随葬刻有陶文"戉"字的墓主人，生前可能是主管军事的首领。戉为兵器，是权杖的象征物。文献中早有记载。《牧誓》说："（武）王左杖黄钺，右秉白旄以麾。"由此反映了钺并不完全是一般战斗中使用的兵器，而且是军力、权力和执行征伐任务的象征，是统帅军队的权杖。如林沄先生所说："斧钺这种东西，在古代本是一种兵器，也是用于大辟之刑的一种主要刑具。不过在特殊意义上来说，它又曾长期

---

[1]　宋兆麟、黎家芳、杜耀西：《中国原始社会史》，文物出版社，1987年，第462页。

作为军事统帅权的象征物。""在斧钺作为王权的象征物之前，它本是军事民主制时期军事酋长的权杖。"[1]

3.树神图像

树神图像似土埠上生长着一棵茂盛的树木，植树为界且加土堆，有祈祷丰收之意。李学勤先生认为，这个字从"丰"从"土"，应释为"封"，亦见于西周初的康侯封鼎[2]。墓内随葬刻有"封"字的陶文，此陶器的主人生前可能是负责农事的，在农作物成熟时，主持举行庆祝丰收的祭祀典礼。也有学者认为，这是大汶口人崇拜地母，以大地为神，封土为坛，又植以树木的形象。并进而推定该文上部刻画为柏树的图像，其形态与甲骨文"南"字之形相类，因而推断该文为甲骨文中"南"字的祖型。

据文献记载，商、周以来，社神用树来代表。《论语·八佾》曰："哀公问社于宰我。宰我对曰：'夏后氏以松，殷人以柏，周人以栗'。"《周礼·地官·大司徒》曰："设其社稷之壝，而树之所宜木，遂以名其社与其野。"由此看来，大汶口文化以树为社神是可信的。

大汶口文化陶文的出现，说明社会上已出现了既能祭天、观象，又能刻文画字的"知识阶层"。它是闪现在我们眼前远古文明的火花。

（七）人殉——残忍而野蛮的宗教行为

人殉是指用活人来为原始社会死去的氏族首领、家长以及奴隶制的大小奴隶主、封建主等的殉葬。《左传》成公二年郑玄注："杀人以葬，旋环其左右曰殉。"这说明被殉葬者多是死者的近亲、近臣、近侍以及战争中的俘虏等。

泰安大汶口墓地[3]M35是一座夫妻与儿童的合葬墓，从墓中看出，当时男女之间的地位是极不平等的。三人都是一次埋在同一墓穴里，男性仰身直肢，位于墓穴中央，左边是一成年女性和一儿童作陪葬，显然是一个一夫一妻的家庭。既然他们不是同时死去，但又同时埋在一个墓穴里，看来家长或丈夫对妇女儿童握有生杀予夺的权力。墓内20多件随葬品，全部放在男性一边，更说明男性具有占有一切的权力。在通常情况下，男女是不可能同时死亡的，女子屈肢葬于男子一侧，必然是殉葬。这种埋葬方式青海柳湾遗址也有发现，如M1112是一座成年男女合葬墓，男性埋在独木棺内，系仰身直肢，女性放在棺外，为侧身屈肢，并且身首分离，主从关系非常明显。这种以男子为主体，而把女子作为从属的葬式，反映了父系制社

---

[1]　林沄：《说王》，《考古》1965年第6期。

[2]　李学勤：《论新出大汶口文化陶器符号》，《文物》1978年第12期。

[3]　山东省文物管理处、济南市博物馆：《大汶口——新石器时代墓葬发掘报告》，文物出版社，1974年。

会已经确立，女子已降居从属或被奴役的地位。

江苏新沂花厅遗址[1]10座大汶口文化大型墓葬，其中8座发现殉人，殉葬数量达18人，其中幼童和少儿15人。殉人有的采用妻妾殉夫葬式，即男性居中，女性侧身屈肢面向男性，较多的用1～5个幼童殉葬。即使在类似妻妾殉夫式的墓葬中，也兼用幼童殉葬。从殉人部位、布局、葬式、人数、年龄、性别等判断，大体有一定规律。M20、M34、M50殉人都在墓主脚后，并列横置，仰身直肢，头向大都向南，均为少年或幼儿，有的置少量随葬品。M35在墓主脚后横置一幼儿。由此说明当时已流行用小孩殉葬的习俗，这种习俗可能带有原始的宗教观念。而M16、M18、M60和M61没有固定方向和葬式，大人和小孩混杂，殉人2～5人，有的同猪狗埋在一起。M16殉人二具，在墓主左侧下方陪葬一男性少年，脚下放置7件精美陶器，而墓主脚后横置一俯身少年女子。M18骸骨4具，其中1具成年男性居左，仰身直肢，另1具成年女性居右，侧身面向男性。在男性右胸前有1具幼儿骸骨，脚后另有1具幼儿骸骨。男性右手握磨制精致石钺，两手腕套玉瑗、玉环，头部和胸腹部有珠、管、琮、坠等玉饰品。腿部和脚下分别放穿孔石斧和猪下颌骨，当是墓主。女性头插琮纹玉簪，两手腕也有玉瑗、玉环，似为殉死者。二幼儿无随葬品，应与成年女性同时殉葬。此墓随葬玉器、石器、陶器50余件。M20人骨架3具。其中1具为成年男性，仰身直肢，腿部略弯曲，成年男性头枕双孔石钺，口含玉琀，两手套玉瑗、玉环，颈佩两串珠饰。随葬陶器、玉器、穿孔石斧、三孔石刀以及猪下颌骨等70多件，当是墓主。在男性脚下横向并列2具人骨架，均作仰身直肢葬，为少年个体。脚下二少年应是殉人。近脚端殉人佩戴绿松石耳坠和玉镯，脚后有穿孔石斧，头部上方一残猪骨架，左侧一狗骨架。旁边另一殉人则无随葬品。二殉人身份虽然有区别，但均为墓主的殉葬者。M34墓主脚后并列殉葬2具儿童骨架，南北向。东侧一具年龄10岁左右，仰身直肢，脚下放置一猪下颌骨，还有玉锥，以及小陶壶、小陶杯、小陶罐等。西侧一具为女性，年龄在10～12岁，仰身直肢，面向西，下肢交叉似捆绑，腹部和脚下放置2个猪颌骨和1件红陶壶。M35墓主脚后殉葬1具儿童骨架，头向南，仰身直肢，在墓主骨架脚后集中放置8个猪颌骨。M50墓主为25岁左右强壮男性，仰身直肢，在脚后并排殉葬少儿骨架2具，殉葬者头向南，面部侧向西，仰身直肢，年龄8～11岁。M60墓主为男性，年龄30岁左右，仰身直肢，殉葬5人，其中2人在墓主左侧，男女各一，皆成年，侧身直肢葬。2个成年殉人头上方有一幼儿骨架，右下侧有一少年骨架。另在女殉人身旁有一儿童骨架。这3具孩童亦作侧身直肢葬，从5个殉人表现情况判断，可能是一个家庭同时遭残害的成员，其身份可能是家内奴隶。M61墓主为青年女性，约20岁，

---

[1]　南京博物院：《花厅——新石器时代墓地发掘报告》，文物出版社，2003年。

左侧置一女性少年，两腿交叉，似被捆绑。墓内随葬品丰富，说明墓主地位高贵，而左下方少年女子则屈居从属地位，看来她们是主仆关系，被殉葬的少年男女即是家内奴隶。他（她）们应与随葬的猪狗一样，是被杀死后殉葬的。

由此看来，大汶口文化墓葬中使用殉人现象比较普遍，而且用幼儿作为殉人非常突出，人们对死后生活的安排应是其生前生活的缩影，墓主与殉人身份出现如此差异，说明社会阶层已有普通自由人和非自由人之分，两者地位的不平等是非常显著的。反映当时部落内部重要首领人物死后使用人殉已成为一种固定的习俗或礼仪。

二 与宗教祭祀遗存相关问题的考察

第一，原始社会由于生产力水平低下，人们对自然界出现的一些灾害感到无能为力，从而产生一种畏惧心理。他们看来，人们的生老病死，自然界的阴阳晦明，都由神灵主宰。神灵无所不在，随时监督着人们的一切。为免除日常生活中的灾害，于是产生了最原始的宗教观念。开始原始人崇拜的只是一些与人类日常生活有利害关系的自然现象，例如日、月、水、火、雨、雷电等，且把这些自然现象当作有人格、有意志的实体加以崇拜。然而最初的崇拜却很简单，开始可能只是通过语言或姿态向崇拜对象表示敬意、感谢、祈求、屈服，随后才有祭品和牺牲的供奉。他们相信神灵生活在另一世界，照样要吃饭、睡觉。要永葆神灵的青春常在，祈求神灵消灾赐福，就要杀戮牲畜祭奠。而杀人祭奠，以人肉为盛馔，贡献于神灵之前，则是对神灵的最大敬意。他们错误地把自然现象超自然化并加以崇拜，正是反映了当时经济上的狭隘性和消极因素，即人类在生产中软弱无力和对于自然力的无知和依赖性。由此可见，宗教是作为人类社会发展到一定阶段的社会存在的反映，即作为一种社会意识而产生出来的。他们认为，周围的一切事物都有神秘性，任何动物，任何植物，任何一种自然现象，都可能直接影响着他们的生活。所以，原始人认为一切存在着的东西，都具有神秘的属性，他们被一些复杂的意识状态包裹着，宗教意识也就在他们的心灵深处占据着固定的位置。

最初的宗教乃是人们对于自然力的错误认识和对待这些自然现象的一种错误态度。这种认识是与当时经济生活水平相适应的。人们正是以这种低下的思维能力，去适应当时生产和生活实践中所要求解释的自然过程的原因和各种自然现象间的联系，以及它们与人之间的关系而创造了宗教。"……劳动生产力处于低级发展阶段，与此相应，人们在物质生活生产过程内部的关系，即他们彼此之间以及他们同自然之间的关系是很狭隘的。这种实际的狭隘性，观念地反映在古代的自然宗教和民间宗教中。"[1]

第二，在长期的生产、生活过程中，人与动物的关系非常密切。由于动物与人类的生活方式直接相关，于是逐渐产生动物和人一样的信念，认为它们也有神灵。

猪在商代被大量用于祭祀活动，甲骨文中有许多辞例，祭祀有大牢和少牢之别，牛、羊、猪是主要的祭品。据考证，牛是奴隶主的祭品，羊是巫师的祭品，猪是士庶以下普通平民的祭品[2]。据《隋书·流求传》记载："俗事山海之神，祭以酒肴，斗战杀人，便将所杀人祭其神。"《魏书·獠传》载："其俗畏鬼神，尤尚淫祀，所杀之人，美鬓髯者必剥其面皮，笼之于竹，及燥，号之曰'鬼'，鼓舞祀之，以求福利。"可见，杀头祭祀是一种古老的表现形式。

我国鄂温克人认为，人与动物都有灵魂，因而把动物看成是精灵居住的实体。他们还流行着对山羊尸体埋葬的习俗。西南地区的普米族、拉祜族的苦聪人，也有敬狗习俗。他们认为狗是猎手的伙伴和助手，草原上的牧民更认为狗是牧场的忠实保卫者，当狗死了以后，便要为它进行慎重的埋葬[3]。云南西盟佤族人常常以猪为祭品，在猎获之后，猎人第二天须用一口小猪敬兽神。他们有时还杀一头怀孕的母猪，取出小猪，埋在通往敌人阵营的道路上，祈求保佑出击获胜[4]。而在云南永定纳西族人中，把平时吃剩下的猪下颌骨挂在室内墙上，以表深情。佤族宗教信仰中，曾流行一种"剽牛"习俗。凡是重大节日，需要祭祀的时候，都要"剽牛"。"剽牛"之后，主人再把牛头悬挂在屋外墙上[5]。西藏察隅一带的僜人，认为送小鬼要杀鸡，送中鬼要杀猪，送大鬼要杀牛，这样才能求得吉祥，免去灾或祸[6]。海南岛黎族曾流行用猪或牛下颌骨祭奠死人，并有随葬于墓中的习俗。海南黎族以猪为祭牲，在人死以后，亲人便要带上猪、羊和酒前往吊祭。丧家当日即杀牲送鬼，未出葬前，在祭台上放几碗饭菜，中间一碗要加上一块牛或猪的下颌骨。入殓后，把已宰的猪牛下颌骨连同其他随葬品放在木棺上。或用木棒把下颌骨挑立在坟家上[7]。

由此说明，猪在史前先民心目中是审美价值的体现物，它在新石器时代象征着生命力和生殖力，在红山文化和仰韶文化的母系家庭中曾被尊奉为"家神"。同时，由于它是地母复活生命能力的化身或象征物，又被大量用于随葬。猪的肥胖丰硕是生命力旺盛的标志，而生殖、丰产和生命力是史前先民审美心理的最主要的追求目标。世界其他古代民族，亦有以猪为"上牲"者，"在雅典，人们把在菲斯莫弗利

[1] 马克思：《资本论》，《马克思恩格斯全集》，人民出版社，1972年，第23卷第96页。

[2] 姜亮夫：《家字之来源与中国古代士庶庙祭考》，《民族杂志》第一卷。

[3] 王吉怀：《中国远古暨三代宗教史》，人民出版社，1994年，第102、119页。

[4] 宋恩常：《略论云南边境山区民族的原始宗教》，《学术研究》（云南哲学社会科学版）1963年第9期。

[5] 黄少槐、叶永华：《我国少数民族宗教和习俗》上册，民族出版社，1958年。

[6] 中国社会科学院民族研究所：《僜人社会历史调查报告》，1978年5月。

[7] 志远：《海南岛黎族人民的葬俗》，《考古通讯》1958年第7期。

亚节杀死的猪肉残余作为纪念物保存起来，据说它们是因为献祭而解放出来的精灵的住所"[1]。

葬猪习俗不仅作为一种财富的标志，反映的是一种原始的宗教观念。"神圣的东西最初是人们从动物界取来的，就是动物……"[2]而猪正是作为这样一种神圣的动物而进入原始宗教范畴的。其用意在于象征地母的猪作为巫术施法的工具，以促成死者复活。这一点与古人的丧葬观和生死观是直接联系在一起的。

殷周时代的祭牲以牛、羊、豕为主，这大概是民族融合的结果。汉代至南北朝墓葬中的滑石猪。应该是远古葬猪的孑遗。唐代元和以后，许多墓葬里出现了铁猪、铁牛，这一风俗在中原地区一直延续到元代。在近代山东荣成一带，还保留着杀猪还神愿的风俗，当地人认为还愿"必将猪头留下，方能有效"，如此看重猪头，颇有大汶口文化遗风[3]。

第三，在野蛮时代初期，盛行以人为祭品的风俗，这种人祭风俗，是指杀死活人作为供奉给神灵、祖先"食用"的牺牲，作为祭品的人如同作为祭品的狗、猪等牲畜的用途一样。最初是自然崇拜，宗族制度确立后，又含有祖先崇拜的内容，其目的是祈求风调雨顺、农业丰收、战争胜利，表达对神灵和祖先的畏惧、崇拜等宗教观念。"对于自然的依赖感，再加上那种把自然看成一个任意作为的、有人格的实体的想法，就是献祭这一自然宗教的基本行为的基础。"[4]人们利用牺牲对墓中死者进行祭祀，往往带有祖先灵魂崇拜的因素。以牺牲作祭品，目的是祈求神灵保佑后人平安。对房屋的祭祀，也具有万物有灵的内容，所以，埋葬动物总是带有宗教的色彩，这是宗教活动发展到一定时期的必然结果，是原始时代社会生活的一种反映，这种宗教意识和观念，是人们在同自然界的关系中产生和发展的。杀牲祭祀，就是运用一种宗教观念，企图摆脱自然界造成的压迫。拉法格指出："在生命中和在自然中都存在着许多谜，这些谜常常占据着人的脑力，一当人们开始思想，他们就试图来解答，并且尽其所能和按照他们的知识所允许的限度内解答了它们，原始人的这些解答，许多次都不得不是错误的，却变成了无可争辩的真理，做了思想的结构的基础。"[5]

远古时代，人们居住的房子可能遭受过某种自然灾害，人们特别是对火灾等产生畏惧感，于是在房子奠基时杀人祭奠，以求神灵庇护，或以为这种人祭可能是一

[1] 王仁湘：《新石器时代葬猪的宗教意义》，《文物》1981年第2期。

[2] 《恩格斯致马克思》（1882年12月8日），《马克思恩格斯全集》，人民出版社，1971年，第35卷第121页。

[3] 户晓辉：《猪在史前文化中的象征意义》，《中原文物》2003年第1期。

[4] 《马克思恩格斯文选》（两卷本），人民出版社，1958年，卷二第292页。

[5] 拉法格：《思想起源论》，生活·读书·新知三联书店，1978年，第21页。

种驱鬼避邪的活动。在菲律宾群岛，当播种前，还流行着杀人以祭地神的宗教习俗。

作为古代社会的人祭，无论用于建筑祭祀，还是农业祭祀，都具有原始宗教的性质，所反映的是人与神灵之间的关系。如古人在建房时埋有人骨，可能是主人为祈求地神保佑自己在住这座房屋时平安无事。这些被埋置在房基下或居住面下的死者，应是建筑房屋过程中，举行某种祭祀仪式时所使用的牺牲，反映了当时在建筑上的一种礼俗，同时也说明了当时社会关系中的某种状况。有人认为，历史上把一些活的动物埋于建筑基础下或墙基里面，也具有祭祀地神的意义，这样可以平地神之怒。据此认为，史前时期的人祭，便应是原始初民祈求农业和其他生产活动的丰收，而对"地母"等神灵所奉行的原始宗教自然崇拜的习俗。人们总是想通过超自然的力量来支配自然，以期达到取得生活资料的目的。

民族志介绍，许多原始民族都有用血祭奠土地，祈求恢复地力，获得丰收的信仰。他们在祭祀土地、山川、河流、太阳以及动植物图腾、死者灵魂的时候，都有以人作祭品的现象。人类为了祈求神灵赐福免祸，有时以外族的小孩，甚至以自己的长子作为祭品，这是人祭中最残酷的一种形式，也是人类所付出的重大牺牲。以小孩作祭品，是世界许多地区都曾存在过的宗教习俗。在印度康达（KoHga），人们把外地的小孩偷来，精心喂养，然后将小孩插满鲜花，打扮得漂漂亮亮的，吊在树上，将其尸体切开，分给大家埋在田地里，以此祈求来年粮食丰收[1]。如今太平洋伊里安岛上的阿斯马特部落，就迷信人头能够驱鬼。因为"阿斯马特人是惧怕鬼魂的，在晚上睡觉时把头盖骨当作枕头用，因为他们相信这个枕在下面的头盖骨的灵魂能够保护他自己"[2]。

又据国外资料，墨西哥玛雅人，秘鲁印加国印第安人和非洲阿沙特人中都曾广泛流行过人祭习俗。其对象主要是战争中的俘虏，或是被征服的部落中人，一般为数人或数十人，太平洋岛屿上波利尼西亚人，在举行祭祀大典时要用100多名俘虏。墨西哥阿兹台克人，每年都要用活人祭奠太阳神，并要吃掉人祭的肉。腓尼基人和迦太基人，都流行用初生儿子作为祭品。印度康达人则使用偷来的儿童作祭品[3]。

在古希腊神话中，把土地称为"地母"。春天耕种时，人们祈求地母保佑，秋天收获之后，人们要报答地母的恩情。春祈和秋报便成为农业民族中最重要的祭祀，一祈一报，都要贡献牺牲，比较重要的要杀人献祭。许多原始民族信仰中都认为，只有用人血祭奠土地，才能使土地恢复地力，使农作物获得丰收。因为农业已经成为当时人们主要生活资料来源，出于对农业依赖性的增加，发生了对地母和农神的

[1] 李健民：《略谈我国新石器时代的人祭遗存》，《中原文物》1981年第3期。
[2] 吴胜明：《阿斯马特的猎头部落》，《化石》1979年第2期。
[3] 《中国大百科全书·考古学》，中国大百科全书出版社，1986年，第410页。

崇拜，随之也出现杀人祭祀地母的现象。对于地母和农神的崇拜，英国卡纳博士指出，对于那些开始以农业生产为主要生活来源的原始部落来说，除了天上的神灵之外，土地就成为最主要的崇拜对象。他们不但要求风调雨顺，而且要求保持土地的肥沃。人们当时还没有肥料的概念，他们把活人当牺牲，将人血流在田地上，把烧化的骨灰撒在田地里，这样做了以后，如果多长出庄稼，就认为是神灵的力量[1]。

古代社祀的性质与含义，多跟奉献"粟米之神"、祈求食物等生活资料的农事祭祀活动有关。据历史文献和考古资料介绍，这种社祀，多用人祭，其发端"就是源自原始氏族——部落对'地母'的共同崇拜"。随着对农业依赖性的增长，亦发生了对地母和农神的崇拜。商、周以来，人们也是以社为地母，稷为农神。《说文·示部》有"社，地主也"，说的是社为土地之神。《礼记·月令》郑玄注"社，后土也，使民神焉，神其农业也"，把社祀的含义讲得非常清楚。

第四，人殉制起源于原始社会的宗教信仰，他们相信人有灵魂，相信人死后还有另一个世界，为了到另一世界去继续过现世的生活，就必须有一些他所崇信和亲近的人从死，以便继续为他服务。殉人多为墓主的妻妾、亲信、侍从等，即近亲相殉，一般不用战俘作为殉人。其目的是继续享受生前的生活，继续奴役其妻妾、奴仆、武士等。殉人的出现，反映了私有观念的影响和父权的威严。葬礼中的杀殉，也是为了死者的阴间生活，人们相信奴隶被杀后，其灵魂仍会在阴间当主人的奴隶，死者的妻（妾）被杀后，仍会作为妻妾服侍夫君。在这种迷信思想的支配下，在人的价值不为社会所重视的时代，就有很多人为殉葬而死亡。《左传》成公二年孔颖达疏引郑玄注："杀人以卫死者曰殉，言殉环其左右也。"又定公三年孔颖达疏："邾子好洁，以人为殉，欲备地下扫除。"由此说明，殉人是卫护和服务于主人而死的。这也决定了殉者必然是死者的近亲、近臣和近侍。在阶级出现的时代里，人殉成为一种广泛流行的古代丧葬仪式。

在中国古代人殉出现较晚，它产生在父系氏族制确立后的历史时期。最初表现为女人为男人殉死，属于男性对女性的奴役。随着国家的出现，人殉逐渐成为阶级对立的牺牲品。人殉制度的变化，反映了人与人之间不平等关系的加剧，这是社会发展的一种必然结果。在五千多年前的大汶口文化中晚期阶段，当时部落内部重要首领人物死后用人殉十分通行，成为一定的习俗或礼仪。殉葬人的身份可能是家族或氏族内的奴隶，殉葬的规模不大，主要是少年个体。这利用大规模的社会奴隶做人殉的时代尚远，但它为中国奴隶制文明的起源提供了确凿的证据。

国外其他民族使用人殉的实例也很多，如大洋洲斐济岛父权制部落中就盛行这样的风俗：家富望高的男子死后，常把留下的妻子中的一个绞死，以跟随丈夫而去。

---

[1]　〔英〕哈里·卡纳著、方弘智译：《性崇拜》，湖南文艺出版社，1988年，第30页。

近代非洲达荷美土人，相信生前获得的利益在彼岸世界仍可永远享用，因此国王的妻子为了一心想在死后仍旧能保持王后的地位，在国王死后进行集体自杀，以从国王。可以看出，殉人的身份并不是典型的生产奴隶，而是家内奴仆，还有相当一部分是贵族，而且殉者又往往出于某种信仰而自愿殉死的。这是中国古代人殉的特点，也是世界不少民族人殉的共同特点。

三　余论

宗教属于一种特殊的意识形态，是人类社会发展到一定历史阶段的产物，是社会在人们头脑中歪曲的、颠倒的、虚幻的反映，是人们受自然力压迫，软弱无力，迷惘不安的一种表现。人类历史上，宗教的产生，绝不是偶然现象，它是在原始社会生产力水平极其低下、物质文化十分落后、精神生活非常贫乏的背景下产生的，是人们对自然界认识的愚昧无知和压迫屈从的一种结果。可以看出，宗教既是人类社会生产力发展到一定阶段的产物，又是生产力水平不高的体现，同时也反映了人类在生产斗争中的软弱无力和对大自然控制力的盲目依赖性。

大量考古资料表明，山东史前时期乃至其他文化遗址中出现的许多宗教祭祀现象，都是与当时社会大背景相吻合的。从后李文化、北辛文化到大汶口文化早期阶段，当时大家共同劳动、平均分配，尚处在没有阶级、没有压迫和剥削的原始共产主义社会。所产生的各种原始宗教意识，如大自然崇拜、动物崇拜、图腾崇拜、祖先崇拜等，都是以一种自然崇拜的形式出现的，而不是阶级矛盾的产物。到大汶口文化中、晚期阶段，由于生产力水平的不断提高，当时社会上出现产品分配的不平等，一些有特殊地位的人，利用手中的地位和权力，占有大量财富，由此加速贫富的两极分化，逐渐形成两个不同的阶级，出现了剥削者和被剥削者、统治者与被统治者之间的对立。正是由于私有制的确立，经济上的不平等才导致社会分层的加剧。特别是花厅遗址大量殉人墓葬的发现，说明社会阶层的划分已存在自由人和非自由人之别，原先建立在平等原则上的氏族制度开始衰败。大汶口文化中的殉人现象就是在这样的形势下产生的，这不仅是人们灵魂不灭观念的反映，也是与当时社会生产力水平、人们的意识形态以及私有观念相吻合的。这一点必须给予应有重视。只有这样才能对原始宗教产生的原因、含义以及社会背景等做出比较准确的判断。

原载《海岱考古（第四辑）》，科学出版社，2011 年

海岱地区古代社会的文明化进程

海岱一词属于地理概念，是古代山东地区的统称，源于《尚书·禹贡》："海、岱惟青州。""海、岱及淮惟徐州。"所谓青、徐二州主要指地处中国东部沿海、黄河下游的山东地区。这里自 8000 多年前的后李文化，经北辛文化、大汶口文化，至山东龙山文化时期已经逐渐形成一个相对独立、相对稳定、持续发展的地区。有学者称为海岱历史文化区。该称谓在考古学文化研究中已经得到大部分专家学者的认同。该地区以其优越的自然地理条件和悠久的古代文化，在中国古代文明的起源与发展过程中具有十分重要的地位。

一　文明诸要素的形成

关于中国古代文明的起源，一直是近年来大家所关注的学术课题。夏鼐先生早在《中国文明的起源》中就指出，探讨文明的起源，首先应该探索文明要素的起源和发展，如青铜冶铸技术、文字的发明和改进、城市和国家的起源等。关于文明诸要素，高广仁、邵望平先生认为，原始文字、金属工具以及城堡等是文明的诸要素 [1]。孙守道、郭大顺先生认为，文明的因素很多，如农业和水利灌溉的发展、城堡和城市的形成、文字的出现，以及阶级和国家的产生等 [2]。杨一民先生提出文明或文明时代的起源，是以物质生产力发展到特定水平，并由此直接导致的脑体分工、城乡分离，为其产生的本质根据和真正标志的 [3]；纪仲庆先生认为文明诸要素主要有城市的出现、文字的书写、冶金术和金属工具的使用、密集型的农业、宗教的统一力量、礼仪性的建筑等；宋建先生认为讨论中国文明起源应该是社会阶层的分化、城市、大型工程建筑、青铜器和与青铜器礼制观念来源有关的玉器 [4]；何柄棣先生则从自然生态、农业、养畜业、陶器、青铜器、文字和其他方面详细论证了中原黄

[1]　高广仁、邵望平：《中华文明发祥地——海岱历史文化区》，《史前研究》1984年第1期。
[2]　孙守道、郭大顺：《论辽河流域的原始文明与龙的起源》，《文物》1984年第6期。
[3]　杨一民：《试论文明的起源》，《晋阳学刊》1984年第4期。
[4]　白云翔、顾智界整理：《中国文明起源研讨会纪要》，《考古》1992年第6期。

土地带是中国文明乃至整个东方文明的摇篮[1]。上述观点对于海岱地区古代社会的文明化进程的研究具有重要的参考价值。笔者认为，在分析古代社会文明化进程时，应该从农业生产的发展、手工业技术水平，特别是应把国家的产生作为文明时代最根本的标志，因为国家是文明的概括，它高度集中体现了所在地区的文明化程度。鉴于此，本文首先对这一地区的农业和手工业生产水平进行探讨，并就文字的使用、铜器的产生、城市的萌芽等文明诸要素及由此产生的贫富分化和阶级对立现象进行考察，进而对周围地区考古学文化在文明进程中产生的诸多文明要素作比较研究。

1.农业生产发展概况

农业生产的发展与古代文明的起源关系非常密切，是中国古代文明社会形成和发展的物质基础。在农业、家畜饲养业和手工业生产中，农业是整个古代世界具有决定性意义的生产部门，"是使其他一切部门所以能够独立化的自然基础"。

关于海岱地区的原始农业，可以追溯到 8000 年以前的后李文化时期，这一时期的社会生产力水平较落后，可能还处在刀耕火种阶段。生产工具器类少，品种单调，主要有石质的斧、铲、镰、凿、支脚、磨盘和磨棒等。支脚一般仅打制成毛坯，磨棒、磨盘和有些支脚经精心琢修。斧、凿、铲和镰等多先打制、琢修后再进行磨制。后李文化农作物标本目前尚未见到，仅后李遗址孢粉分析中发现有禾本科植物花粉，其形态酷似现在的谷子。在对西河遗址土壤样品植物硅酸体分析中，发现一些哑铃形硅酸体，这是构成粟类植物的重要硅酸体形态。看来后李文化时期先民可能已经学会谷物类农作物的栽培。

北辛文化农业生产水平与后李文化差别不大，生产工具有打制和磨制两种，其中打制石器占较大比例，器类主要有石质的斧、敲砸器、铲、刀、盘状器和鹿角锄等。磨制石器以铲为多，另有刀、镰、磨盘、磨棒、斧、锛、凿、匕首、棒形器等。制作工艺一般先打制成坯再经琢制或磨制。从石铲上留下的使用痕迹观察，石铲入土深度约 7 厘米。石铲、鹿角锄等松土工具的广泛使用，说明北辛文化已经脱离刀耕火种，进入早期锄耕农业阶段。农作物遗存虽然未见实物标本，但在兖州王因遗址发现有数粒禾本科植物花粉，可能属于水稻[2]。滕县北辛遗址[3]一些陶碗、陶钵及小口壶的底部印有粟糠痕迹。济宁张山遗址[4]碗底上也发现似粟糠类物质印痕，说

　　[1]　Ho，Ping-ti, The Cradle of the East: An Inquiry into the Indigenous Origins of Techniques and Ideas of Neolithic and Early Historic China, 5000-1000 B.C.：Chicago & Hong Kong. 1975.

　　[2]　中国社会科学院考古研究所：《山东王因——新石器时代遗址发掘报告》，科学出版社，2000年。

　　[3]　中国社会科学院考古研究所山东队、山东省滕县博物馆：《山东滕县北辛遗址发掘报告》，《考古学报》1984年第2期。

　　[4]　济宁市文物考古研究室：《山东济宁市张山遗址的发掘》，《考古》1996年第4期。

明北辛文化时期不仅栽培水稻，而且还种植粟类农作物。

大汶口文化农业生产水平有了一定提高，早期阶段，石质生产工具种类较少，一般只有斧、穿孔的铲和磨盘、磨棒等，而且制作粗糙，浑厚笨拙。中、晚期石质生产工具多制作精致，种类增多，质料多样。选材上大部分是硬度高的大理石、蛋白石等。主要有铲、镰、刀以及角锄、牙刀、牙镰等工具，斧、铲等通体磨光，棱角分明，刃口锋利。收割工具的增多，说明这一时期已进入比较发达的锄耕农业阶段，如农作物的品种和数量均有了大幅度增加，在莱阳于家店遗址发现粟壳[1]，广饶傅家遗址陶鼎内见到粟粒[2]。陵阳河遗址 M12 人骨经碳十三测定发现食谱中约 1/4 为 C4 成分，认为应是粟类植物[3]。栖霞古镇都和长岛北庄遗址人骨测定结果均以 C4 类为主，粟类的可能性较大[4]。建新遗址发现 60 粒轻度炭化的粟粒[5]。胶县三里河遗址一座 8 平方米左右、容积约 3.5 立方米的椭圆形储藏粮食的大型窖穴，内有约 1.2 立方米的粟粒，当折合新粟三四千斤[6]，说明当时农业的收获量十分可观。

龙山文化的农业在大汶口文化基础上发展起来，生产工具形状规整，制作精致，并能根据不同工具需要选用合适石料。一般采用先打后琢再磨光的制作工艺，穿孔采用琢钻和管钻方式进行。石质工具，主要器形有铲、长方形双孔刀、镰、斧以及一些锛、凿等木器加工工具。蚌质生产工具是用淡水厚蚌壳制成的刀、铲、镰等。收割工具的大量发现，从一个侧面反映了当时粮食收获量的增大和农业生产水平的提高。栖霞杨家圈遗址龙山文化灰坑发现过粟、黍和稻谷的痕迹[7]。兖州西吴寺遗址有一定数量的小麦孢粉[8]。滕州庄里西[9]、日照尧王城遗址[10]均发现人工栽培的水稻。临淄田旺遗址灰坑土样分析中，多数样品有水稻植物硅酸体[11]。对日照两城

[1] 北京大学考古实习队、山东省文物考古研究所：《莱阳于家店的小发掘》，《胶东考古》，文物出版社，2000年。

[2] 山东省文物考古研究所、广饶县博物馆：《山东广饶新石器时代遗址调查》，《考古》1985年第9期。

[3] 蔡莲珍、仇士华：《碳十三测定和古代食谱研究》，《考古》1984年第10期。

[4] 张雪莲、王金霞、冼自强、仇士华：《古人类食物结构研究》，《考古》2003年第2期。

[5] 山东省文物考古研究所、枣庄市文化局：《枣庄建新——新石器时代遗址发掘报告》，科学出版社，1996年。

[6] 中国社会科学院考古研究所：《胶县三里河》，文物出版社，1983年。

[7] 北京大学考古系、烟台市博物馆：《栖霞杨家圈遗址发掘报告》，《胶东考古》，文物出版社，2000年。

[8] 国家文物局考古领队培训班：《兖州西吴寺》，文物出版社，1990年。

[9] 孔昭宸、刘长江、何德亮：《山东滕州市庄里西遗址植物遗存及其在环境考古学上的意义》，《考古》1999年第7期。

[10] 中国社会科学院考古研究所：《尧王城遗址第二次发掘有重要发现》，《中国文物报》1994年1月23日。

[11] 靳桂云、吕厚远、魏成敏：《山东临淄田旺龙山文化遗址植物硅酸体研究》，《考古》1999年第2期。

镇遗址土壤样品进行分析,其中 45% 的样品含有水稻硅酸体 [1]。说明龙山文化时期,海岱地区水稻栽培已经比较普遍,对于研究我国稻作农业具有重要意义。

2.家畜饲养业的发展

海岱地区家畜饲养业,以猪为主,章丘小荆山后李文化遗址 [2] 发现 10 余头不同年龄、不同性别的个体,属于较原始类型或半驯化家猪。潍坊前埠下遗址 [3],猪骨有 3000 余件,可代表 261 头不同年龄、不同性别的个体,属于较为原始的或半驯化的家猪。除猪骨外,在小荆山、西河遗址还发现以家猪为题材的陶塑艺术品,说明该地区已有 8000 多年饲养家猪的历史。北辛文化养猪业得到一定发展,北辛遗址 [4]H14 内发现 6 个个体的猪下颌骨集中堆放在一起。H51 近底部有两个相当完整的猪头骨,经鉴定是"家猪形"成年猪。在兖州王因遗址 [5] 猪骨占鉴定标本总数的 65.38%。到大汶口文化中、晚期,家畜饲养进一步发展,墓葬中盛行用整猪、猪头或猪下颌骨随葬,大汶口遗址 133 座墓葬有 1/3 随葬猪,其中 43 座墓葬随葬猪头 96 个,最多者 14 个,这些猪头母猪占较大比例,多是成年较大个体,宰食年岁多数在 3～4 岁 [6]。曲阜西夏侯遗址 3 个猪头均属青年雄性个体 [7]。大朱家村遗址 18 座墓葬放置猪下颌骨 80 多个 [8],陵阳河遗址 45 座墓葬有 25 座墓葬置猪下颌骨 160 多个,每墓平均 7 个,最多者 33 个 [9]。胶县三里河遗址 66 座墓葬中 18 座墓葬随葬猪下颌骨 144 件,最多者 37 件,多已超过宰杀年龄。又如,三里河遗址一个袋状灰坑内有 5 具完整幼猪骨骼,看来是一个猪圈 [10]。大量猪骨的发现,不仅反映了养猪业的兴旺发达,也说明当时农业生产有了较大的发展。

3.手工业生产技术

[1] 靳桂云:《日照两城镇遗址水稻植物硅酸体初步研究》,《全国第六届科技考古学术讨论会论文摘要汇编》,2001年。

[2] 山东省文物考古研究所、寒亭区文物管理所:《山东潍坊前埠下遗址发掘报告》,《山东省高速公路考古报告集》,科学出版社,2000年。

[3] 山东省文物考古研究所、章丘市博物馆:《山东章丘市小荆山遗址调查发掘报告》,《华夏考古》1996年第2期。

[4] 中国社会科学院考古研究所山东队、山东省滕县博物馆:《山东滕县北辛遗址发掘报告》,《考古学报》1984年第2期。

[5] 中国社会科学院考古研究所:《山东王因——新石器时代遗址发掘报告》,科学出版社,2000年。

[6] 山东省文物管理处、济南市博物馆:《大汶口——新石器时代墓葬发掘报告》,文物出版社,1974年。

[7] 中国科学院考古研究所山东队:《山东曲阜西夏侯遗址第一次发掘报告》,《考古学报》1964年第2期;中国社会科学院考古研究所山东工作队:《西夏侯遗址第二次发掘报告》,《考古学报》1986年第3期。

[8] 山东省文物考古研究所、莒县博物馆:《莒县大朱家村大汶口文化墓葬》,《考古学报》1991年第2期。

[9] 山东省考古所、山东省博物馆、莒县文管所:《山东莒县陵阳河大汶口文化墓葬发掘简报》,《史前研究》1987年第3期。

[10] 中国社会科学院考古研究所:《胶县三里河》,文物出版社,1983年。

农业生产的发展，为手工业生产奠定了坚实的物质基础。特别是大汶口、龙山文化时期制陶、石、玉、骨、角、牙器等，在全国史前文化中居领先地位。

制陶

海岱地区陶器生产，表现出明显的阶段性。后李文化的陶器以红褐陶为主，红、灰褐、黑褐、青灰褐占一定比例。陶器制作比较落后，均为手制，烧成温度较低，多数质地疏松。器形有釜、钵、碗、壶、盂、盆、匜、盘、杯、支座等，其中釜占陶器总数的 70%～80%。北辛文化的陶器分泥质和夹砂两种，陶色以黄褐陶为主，手制。器类简单，仅有鼎、罐、釜、小口双耳罐、钵、碗、盂、豆、盘、盆、器盖、支脚等。大汶口文化早期制陶技术仍以手制为主，烧造火候比较低，陶色以红陶为主，黑陶、灰陶少见，器类不多，造型简单，仅见觚形杯、钵形鼎、罐形鼎、盆形鼎、钵、豆、罐、杯等。中期阶段，红陶减少，灰褐陶上升，制法仍以手制为主，一般采用泥条盘筑，开始使用轮制技术，烧制火候较高，器类增多，新出现实足鬶、浑圆体背壶、大镂空柄豆、盂、扁凿足折腹鼎等。晚期阶段，使用快轮生产新技术，陶色以灰、褐陶为主，红陶罕见，新出现白陶，器类增多，器形复杂，典型器物有大袋足鬶、白陶背壶、长颈盂、宽肩壶、瓶、折腹鼎，特别是薄胎磨光镂空黑陶高柄杯，代表了当时制陶工艺的最高水平。龙山文化时期陶器生产普遍采用快轮制作技术，器物造型规整，陶胎厚薄均匀，色泽纯正，表里一致，火候较高，最能反映当时制陶水平的是蛋壳高柄杯，这种器物均细泥质黑陶，陶质细腻，漆黑光亮，造型优美，不使用鬶和料器壁一般厚 0.5 毫米，重 50～70 克，这样薄的器壁，并不渗水。中国社会科学院考古研究所化验室对三里河遗址 M203 出土蛋壳陶杯残片进行吸水率实验，得出 4 个数据，为 0.6%、0.42%（两个数据）、0.3%，其 4 个数据平均值为 0.43%，这样的吸水率，是眼睛所难以观察到的 [1]。

制石、制玉

大汶口文化早期阶段，只有石斧、石铲、石磨棒等，有的采用半打半磨，有的则通体琢制，仅刃部磨光。到中、晚期，石器制作已经比较精细，较多地使用穿孔技术，多选用硬度较高的蛋白石等，一般通体磨光，器形规整，器类增多。主要有铲、斧、锛、凿等，新出现大型有段石锛。泰安大汶口遗址 [2]133 座墓葬中，有近 30 座墓葬发现种类繁多的玉器，主要有玉铲、头饰、耳饰、项饰、佩饰、指环和臂腕饰等，在 M10 内发现两串头饰和一串颈饰，其中一串为 25 件白色大理岩长方形石片及 2 件牙形石片；另一串则由 31 件大理岩管状石珠组成，颈饰则是 19

[1]　吴汝祚：《初探龙山文化的社会性质——兼论中国文明时代产生的多元性》，《文物研究（第五辑）》，黄山书社，1989年

[2]　山东省文物管理处、济南市博物馆：《大汶口——新石器时代墓葬发掘报告》，文物出版社，1974年。

件形状不规则的绿松石片。章丘焦家遗址[1]的玉雕龙以及邹县野店遗址[2]M22死者头部的玉单环、双连环、四连环和绿松石串饰等，色泽艳丽，造型美观，制作极其精巧，已经达到相当高的水平，龙山文化玉器在大汶口文化基础上又有新发展，三里河遗址墓葬中鸟形、鸟头形玉饰[3]，临朐西朱封遗址的玉头（冠）饰、簪、玉矛[4]，临沂湖台遗址的玉扁琮[5]，大范庄遗址的玉璋[6]，日照两城镇遗址的神兽纹玉锛（斧）[7]，五莲丹土遗址[8]的玉琮、玉璇玑等，均雕琢精致、造型优美，不仅反映出龙山文化时期玉器制作相当高的水平。而且表明出现了一批专门从事制陶、制石、冶铜的能工巧匠，使手工业变成独立的经济部门。

骨、角、牙器

海岱地区的骨、角、牙器，主要有江苏邳县刘林大汶口文化早期遗址出土的刻有猪头的牙质饰件[9]。邳县大墩子遗址的一串10粒精致雕花骨珠[10]。野店遗址的雕花骨匕[11]，大汶口遗址[12]的16件骨雕筒和10件花瓣纹象牙雕筒以及7件象牙琮，其中一件透雕象牙筒，筒身周围布满剔透的花瓣纹样。有的骨雕筒镶嵌有松绿石，筒壁一侧多镂有4个圆孔。大汶口遗址的透雕16齿象牙梳，全长16.7厘米，有16个细密的梳齿，齿长4.6厘米，齿尖扁薄，梳把稍厚，把的顶部刻4个豁口，近顶部穿3个圆孔，梳把雕镂三道同等距离的微弧短线组成的"8"字形镂空，内填"T"字形图案，外界框由单行短条孔组成"门"形孔。另外，还有制作精细的骨指环、獐牙勾形器等。

4.文字的使用

文字作为记录和传播人类思想的工具，其产生是人类发展史上的重大事件，是文明化进程中不可缺少的重要内容，因此，在人类历史上具有里程碑意义。考古资

[1]　章丘市博物馆：《山东章丘焦家遗址调查》，《考古》1998年第6期。

[2]　山东省博物馆、山东省文物考古研究所：《邹县野店》，文物出版社，1985年。

[3]　中国社会科学院考古研究所：《胶县三里河》，文物出版社，1983年。

[4]　山东省文物考古研究所、临朐县文物保管所：《临朐县西朱封龙山文化重椁墓的清理》，《海岱考古（第一辑）》，山东大学出版社，1989年；中国社会科学院考古研究所山东工作队：《山东临朐朱封龙山文化墓葬》，《考古》1990年第7期。

[5]　临沂市博物馆：《山东临沂湖台遗址及墓葬》，《文物资料丛刊·10》，文物出版社，1987年。

[6]　临沂文物组：《山东临沂大范庄新石器时代墓葬的发掘》，《考古》1975年第1期。

[7]　刘敦愿：《记两城镇发现的两件石器》，《考古》1972年第4期。

[8]　吕常凌主编：《山东文物精萃》，山东美术出版社，1996年。

[9]　南京博物院：《江苏邳县刘林新石器时代遗址第一次发掘》，《考古学报》1962年第1期；南京博物院：《江苏邳县刘林新石器时代遗址第二次发掘》，《考古学报》1965年第2期。

[10]　南京博物院：《江苏邳县四户镇大墩子遗址发掘报告》，《考古学报》1964年第2期；南京博物院：《江苏邳县四户镇大墩子遗址第二次发掘》，《考古学集刊·1》，中国社会科学出版社，1981年。

[11]　山东省博物馆、山东省文物考古研究所：《邹县野店》，文物出版社，1985年。

[12]　山东省文物管理处、济南市博物馆：《大汶口——新石器时代墓葬发掘报告》，文物出版社，1974年。

料证明，大汶口文化时期已发明了图像文字，主要发现在陵阳河、大朱家村、杭头、前寨、尉迟寺等遗址的陶尊上面，共 20 余枚，有八九种个体。这些图像文字，笔画工整、规则，具有写实、图形化的特点，有的像自然物体，有的像工具和兵器，如斤、斧、锛、炅、戉、旦、封、皇、凡、南、享等，曾被誉为"远古文明的火花"。于省吾先生认为上部的图形像日形，中间的像云气，下部像有五个山峰的符号，是山上的云气承托着初出的太阳，其为早晨旦明的景象，是原始的旦字，也是一个会意字[1]。唐兰先生认为，这些象形文字跟商周青铜文字、商代甲骨文字以及陶器文字，都是一脉相承的[2]。李学勤先生认为大汶口文化陶器上的刻划符号，"同后世的甲骨文、金文形状结构接近，一看就产生很像文字的感受"[3]。裘锡圭先生认为大汶口文化的陶器文字是原始文字，"跟古汉字相似的程度是非常高的，它们之间似乎存在着一脉相承的关系"[4]。

龙山文化时期文字得到一定发展，单字孤立存在的现象已经消失，新出现了多字成行或成段的文字。邹平丁公遗址[5]发现的一件刻在泥质磨光灰陶大平底盆底部残片上的 5 行 11 个字。这块陶片长 4.6～7.7、宽约 3.2、厚 0.35 厘米，右起一行为 3 个字，其余 4 行每行均为 2 个字。这些刻文笔画流畅，独立成字，刻写有一定章法，排列也很规则，已经脱离了符号和图画的阶段，全文很可能是一个短句或辞章，文字中除一部分为象形字外，有的可能是会意字，表现了一定的进步性。经有关专家学者鉴定，绝大多数学者对丁公陶文持肯定意见。丁公龙山文化陶文的发现，为研究中国文明起源等问题提供了珍贵的实物资料。

5.铜器的产生

铜器的发明和使用，是人类社会生产力发展水平进入新阶段的标志。是中国古代文明形成的催化剂。大汶口文化已发现铜器的迹象，在大汶口[6]M1 中出土一件铜绿色骨凿，经鉴定，含铜量为 0.099%，显然系被含铜物质污染所致。这一例证，虽不能确切说明大汶口文化已经产生冶铜业，但它给我们以启示，这一时期已经具备冶炼青铜器的能力。

由于生产力的不断发展，到龙山文化时期已发现多处含有铜器或铜炼渣的遗址[7]，它们是胶县三里河、诸城呈子、日照尧王城、栖霞杨家圈和临沂大范庄等。

[1] 于省吾：《关于古文字研究的若干问题》，《文物》1973年第2期。

[2] 唐兰：《从大汶口文化的陶器文字看我国最早文化的年代》，《大汶口文化讨论文集》，齐鲁书社，1981年。

[3] 李学勤：《论新出大汶口文化符号》，《文物》1987年第3期。

[4] 裘锡圭：《汉字形成问题的初步探索》，《中国语文》1987年第3期。

[5] 山东大学考古实习队：《邹平丁公发现龙山文化文字》，《中国文物报》1993年1月3日。

[6] 山东省文物管理处、济南市博物馆：《大汶口——新石器时代墓葬发掘报告》，文物出版社，1974年。

[7] 北京钢铁学院冶金史组：《中国早期铜器的初步研究》，《考古学报》1981年第3期。

这些遗址出土的铜器大部分未作鉴定，只有对三里河遗址的铜锥做了测试。从金相组织和成分来看，该铜锥系铸造而成。在栖霞杨家圈遗址发掘时发现一段铜条，经鉴定是铜器残段，原先可能是锥，由于锈蚀厉害，又不便切开，故而未进行成分分析，只能确定是铜。另外，在许多探方发现有碎铜末，均不能成形，最大的直径仅5～6毫米，应是小件铜器锈坏的残渣。据地质部门提供的资料，潍坊、烟台、临沂等地区，铜锌或铜锌铅共生矿资源十分丰富，胶东地区福山县拥有铜锌共生矿，平度市发现含铅的铜锌共生矿，还发现古代采矿、炼渣、炉衬材料等遗迹。五莲县曾开采过含铅的铜锌矿床。日照开采的一些小矿山有铜锌共生的。此外，安丘、昌乐等地也都有这类共生矿在开采生产。

岳石文化的铜器，比龙山文化时期数量增多，在牟平赵格庄遗址发现一件铜锥[1]，较完整，表面锈蚀严重，尖锋利，剖面近三棱形，长6.2、直径0.5厘米。经激光光谱分析含铜为大量，锡为中等，还有少量铁、银、铬和微量铅，是一种含杂质的锡青铜。泗水尹家城遗址则发现14件岳石文化的铜器[2]，器形有镞、刀、锥、环和铜片。上述铜制品，均为小件器物，其中以工具为主，形制较为简单，多为单面范铸成，反映了铸造技术的原始性。只有2/3的器物在铸造后进行刃部、脊部或整体的锻打，有冷锻也有热锻，这是该批铜器较为突出的特点。经北京科技大学冶金史研究室鉴定，多数为铜、锡等合金的锡青铜，少数为铅青铜，还有一件砷铜。目前，虽然发现的青铜制品还不多，但足以证明，岳石文化时期人们已经掌握了青铜冶炼技术，并已进入了早期青铜时代。

6.城市的萌芽

城市的出现是社会进入文明时代一种最显著的标志，"是国家物化形式的集中表现，是各种文明因素的总汇"[3]。作为诸多文明要素之一的城市，是统治阶级集中居住和从事活动的地方，具有一定规模，是一定地域范围内政治、经济、文化的中心。只要有了这样的大城市，就应该属于进入文明时代了。

在海岱地区，已发现众多史前时期的城址，据说，在6000多年前的大汶口文化早期阶段已经发现了阳谷王家庄城址，但是未见相关资料的报道[4]。经过正式发

[1] 中国社会科学院考古研究所山东队、烟台市文管会：《山东牟平赵格庄遗址》，《考古学报》1986年第4期。

[2] 山东大学历史系考古专业教研室：《泗水尹家城》，文物出版社，1990年。

[3] 严文明：《文明研究的回顾与思考》，《文物》1999年第10期。

[4] 张学海：《东土古国探索》，《华夏考古》1997年第1期。

掘或钻探的城址主要有章丘城子崖[1]、邹平丁公[2]、临淄田旺[3]、寿光边线王[4]、阳谷景阳冈[5]、五莲丹土[6]、江苏连云港藤花落[7]等。这些城址面积最小的是边线王，只有5.7万平方米，其他都在10万～30万平方米以上。丹土大汶口文化城址东西长400余米，南北宽近300米，城内面积9.5万平方米；城壕宽约10、口至底深约2.5米；城墙仅存墙基部分，墙体残宽约10米，残高约1米，墙为分层堆筑，夯层较平整，每层厚0.10～0.20米；壕沟形状均敞口、平底，沟壁下部斜直、上部缓坡。城墙均在清理了地表或早期城壕基础上堆筑，用土多是挖掘城壕时取出，沟内侧多有护坡。城址年代在大汶口文化晚期偏晚阶段。

藤花落龙山文化城址，外城呈圆角长方形，由城墙、城壕、城门等组成，面积14万平方米。墙体宽21～25、残高1.2米，由堆筑和版筑相结合筑成。外城墙外侧环绕城壕，宽7.5～8、残深0.8米，弧壁、凹圜底。内城呈圆角方形，面积约4万平方米。墙宽14、残高1.2米。主要由版筑夯打而成，版筑块大小不一，厚薄不均。城内房址分长方形单间、双间、多间排房，回字形和圆形等形状，看来有明显的等级差别。正如任式楠先生指出的："到龙山文化，随着社会分化的加剧和族群集团间冲突的尖锐，为适应社会动荡变化的需要，城址的兴建日趋增多。以厚实的城垣或兼有护城壕（河）为设施工程的城址，是在一定历史阶段出现的一种全新的聚落形态，它是社会内部严重分化和战争冲突频繁的产物，也是社会大变动产生深刻变化的一种历史性标志。……这便是夏代王朝国家建立前数百年之久'万国林立'的邦国时代。"[8]由此判断，山东龙山文化时期已经进入了文明社会。

二　古代社会文明化进程的考察

中国古代文明的起源和文明社会的产生，是中国古代社会发生巨大变化的时期，任何文明要素的出现到文明社会的形成都经历其发生、发展和成熟的不同历史阶段，都要有一个由量变、渐变到质变的飞跃。海岱地区也同样经历了这一相当漫

[1] 山东省文物考古研究所：《城子崖遗址又有重大发现》，《中国文物报》1990年7月26日。
[2] 山东大学历史系考古教研室：《邹平丁公发现龙山文化城址》，《中国文物报》1992年1月12日。
[3] 魏成敏：《临淄区田旺龙山文化城址》，《中国考古学年鉴·1993》，文物出版社，1995年。
[4] 吴增祥：《山东发现四千年前的古城堡遗址》，《人民日报》1985年1月3日。
[5] 山东省文物考古研究所、聊城地区文化局文物研究室：《山东阳谷县景阳冈龙山文化城址调查与试掘》，《考古》1997年第5期。
[6] 山东省文物考古研究所：《五莲丹土发现大汶口文化城址》，《中国文物报》2000年1月17日。
[7] 南京博物院、连云港市文物管理委员会、连云港市博物馆：《江苏连云港藤花落遗址考古发掘纪要》，《东南文化》2001年第1期。
[8] 任式楠：《中国史前城址考察》，《考古》1998年第1期。

长的历史阶段。

1.后李文化时期

由于生产力发展水平较低，人类的活动范围受到了限制，不仅遗址少，而且居住时间较短。墓葬中多数没有随葬品，仅少数有河蚌壳，个别用陶支脚随葬。

2.北辛文化时期

生产力水平与后李文化时期基本相似，墓葬中随葬品数量比较少，部分墓葬根本没有随葬品，即使有随葬品的墓葬一般也只有二三件，主要是陶器，器形有鼎、钵、支座、碗、壶等，生产工具仅见骨镞和牙镞，各墓之间随葬品的种类和数量多寡悬殊差别并不明显。

3.大汶口文化早期阶段

生产力发展水平与北辛文化相比，虽然有明显进步，但仍然比较低。生产工具种类较少，一般只有石斧、石铲、穿孔石铲和石磨盘、石磨棒等。兖州王因遗址[1]的生产工具，只发现磨制粗糙且保留打制痕迹的石铲等。陶器多手制，质地厚重，火候低，极易破碎。墓葬中多数没有随葬品，有随葬品的墓葬种类和数量都不算多，899座墓葬有随葬品的537座，早期墓葬各墓之间随葬品数量多寡差别不大，愈到晚期随葬品则愈多，而且种类和数量逐渐增多，但随葬品数量差别不大，贫富分化不悬殊，虽然出现个人财富多寡不等现象，也未达到贫富尖锐对立的程度。说明大汶口文化早期阶段，氏族成员间的血缘纽带还很牢固，氏族制度尚未解体。

大汶口文化早期偏晚阶段，随着生产力的提高，生产规模有所扩大，农业、手工业进一步分工，使社会财富不断增多，除生活必需外，产品出现一定剩余，这就为私人占有产品提供了条件，社会上一些特殊身份的人，利用手中的权力，占有社会产品，使社会上产生初步的贫富差别和社会地位的分化，这种现象在大汶口遗址[2]已经出现。墓葬规模存在着大小差别，大墓墓室宽大，小墓一般都较狭窄。随葬品数量和种类多寡悬殊，少者数件或一无所有，多者则随葬成组石、骨、陶等百余件。如M2005和M2019仅陶器一项就占全部墓葬陶器的1/4左右，而且还有大量骨器、石器和装饰品。可见在大汶口遗址早期偏晚阶段贫富差别已相当明显。

刘林遗址[3]145座墓葬，其中18座一无所有，127座有随葬品，1～8件的有100座，6～15件的19座，19件以上的8座，随葬品多寡不均现象晚期比早期更为明显。据统计，随葬品在19件以上的早期墓仅1座，晚期达到7座。大

---

[1]　中国社会科学院考古研究所：《山东王因——新石器时代遗址发掘报告》，科学出版社，2000年。

[2]　山东省文物考古研究所：《大汶口续集——大汶口遗址第二、三次发掘报告》，科学出版社，1997年。

[3]　南京博物院：《江苏邳县刘林新石器时代遗址第一次发掘》，《考古学报》1962年第1期；南京博物院：《江苏邳县刘林新石器时代遗址第二次发掘》，《考古学报》1965年第2期。

墩子遗址[1]343座墓葬，30座没有随葬品，但M44、M38、M32随葬品却特别丰富，说明社会内部氏族成员之间在社会产品分配方面开始出现不平等。所以说，在6000～5500年，在海岱地区各种文明因素得到了初步发展，是中国古代社会文明诸因素的孕育期。然而，这一时期是一个很长的过程，最先发生社会分层和分化，从而迈开走向文明的第一步，当不晚于公元前4000年；公元前3500～前2600年是普遍文明化的过程；公元前2600～前2000年当已初步进入文明社会；夏商周是中国古代文明高度发达的时代。秦汉帝国建立以后进入新的发展时期，而在边疆的某些少数民族地区仍然经历着逐步文明化的过程[2]。

4.大汶口文化中、晚期阶段

生产力飞速发展，手工业内部有了新的分工，社会财富急剧增多。加速了私有制、贫富差别和阶级分化的产生。财富分化和阶级对立的日趋明显，使氏族内部出现了贫者与富者的严重对立，社会分层现象达到比较尖锐的程度。这在大汶口墓地[3]中非常清楚，同一墓地，小墓葬坑狭小简陋，只能容放尸体，没有或只1～2件随葬品。中型墓少数有木椁，随葬品10～20件。而少数富有者的大墓，不仅墓穴大，而且棺椁俱全，随葬品十分丰富，少者50～60件，多者甚至180余件。如M10，长4.2、宽3.2米，使用"井"字型木椁。死者头上佩戴三串大理岩和绿松石串饰，右腕戴玉臂环，随葬一件晶莹墨绿色玉铲，还有精制的骨雕筒、象牙筒、象牙梳、象牙管和84块鳄鱼鳞板，2个猪头以及80多件优质陶器，仅陶瓶就38件，这是私有财产业已发生、贫富差别已经出现的重要例证。

陵阳河遗址[4]三次发掘清理大汶口文化墓葬45座，这里大墓墓室大，随葬品丰富，酒器和猪下颌骨特别多，各种随葬品少则40～50件，多则70～80件，个别墓葬近200件。而小墓仅能容身，只随葬几件陶器。说明这一时期社会内部贵族与平民之间已分成了不同的等级。这批墓葬分为四区，第一区25座墓葬，19座中型以上墓葬均集中在此，而第二区～第四区，全是小墓，随葬品一般7～8件，多者亦不足30件。特别是第一区墓葬，不仅墓室宽大，而且随葬品十分丰富。如M6，随葬器物180余件，其中猪下颌骨21件，陶器鼎、鬶、罐、双耳壶、豆、盆、盉、厚胎及薄胎镂空高柄杯、瓮、大口尊、漏缸等160余件，石铲、石璧、骨雕筒、石凿各1件，石坠饰4件。又如M17，使用"井"字形木椁，随葬品192件，陶器

[1] 南京博物院：《江苏邳县四户镇大墩子遗址发掘报告》，《考古学报》1964年第2期；南京博物院：《江苏邳县四户镇大墩子遗址第二次发掘》，《考古学集刊·1》，中国社会科学出版社，1981年。

[2] 严文明：《文明研究的回顾与思考》，《文物》1999年第10期。

[3] 山东省文物管理处、济南市博物馆：《大汶口——新石器时代墓葬发掘报告》，文物出版社，1974年。

[4] 山东省考古所、山东省博物馆、莒县文管所：《山东莒县陵阳河大汶口文化墓葬发掘简报》，《史前研究》1987年第3期。

157 件，猪下颌骨 33 件，器类有鼎、鬶、罐、尊形罐、豆、双耳壶、单耳杯、单耳罐、盆、盉、瓮及制作精致的薄胎镂空高柄杯、刻文陶尊、漏缸、笛柄杯。上述大墓随葬品之丰富，远远超过一个人实际生活的需要，突出了墓主人凌驾于众人之上的地位，说明已经出现少数拥有特权和大量占有社会财富的显贵、首领及一批具有部分权力和财富的中小贵族。

江苏新沂花厅遗址[1]贫富分化现象也很严重。有的大墓长 5、宽 3 米以上，面积 15 平方米左右，随葬品百件以上，其中以陶器和玉器为主，陶器有鼎、鬶、豆、罐、盉、盆、碗、簋、壶、背壶、筒形杯、钵等。玉器有琮、钺、璜、琮形器、镯、环、串饰等。花厅遗址的殉人现象相当严重，发掘的 66 座大汶口文化墓葬，其中 10 座大墓有 8 座使用殉人。殉人以少儿和幼儿为主，亦有成年女性和成年男性，殉人位置一般在墓主人两侧墓边和脚后。如 M60 墓主是壮年男子，随葬品 150 多件，殉葬 5 人，其中左侧随葬品外殉葬中年男女各 1 人，在他们头上方有一幼儿，右下侧有一少年，另在女殉人身旁有一儿童骨架。M18 墓主为青壮年，殉葬一侧身成年女性和两个婴幼儿，除墓主有大量随葬品外，右侧成年女子头上方和脚后也有较多玉器和陶器，手上戴着玉镯，墓主脚后的婴幼儿旁也放置六七件精美陶器。M20 墓主为一成年男性，仰身直肢，脚下并排横置两具少年骨架，应是墓主的殉葬者。这些殉葬者大部分应是墓主身边比较亲近的人，有的当是社会内部因贫富分化而产生的奴隶，反映了当时社会上阶级矛盾的尖锐和特权阶层权力的扩大。

5.龙山文化时期

龙山文化时期社会生产力得到长足进步，制玉和金属冶铸成为新兴的工业部门。铜器使用已经比较普遍，制陶从手制转变为轮制为主。社会经济空前繁荣。这就使当时社会上一些有特殊地位的人，利用手中已有的地位和权力，占有大量财富，产生了社会产品分配的不平等。这种分配的不平等，加速了贫富的两极分化，出现了剥削者和被剥削者、统治者与被统治者之间的对立，逐渐形成为两个不同的阶级，显示出了私有制逐步发展的种种迹象。

泗水尹家城遗址[2]最大的墓室 25.3 平方米，二椁一棺，最小的只有 0.54 平方米。有的墓葬还发现人骨被捆绑现象。随葬品多的 40 余件，少的 1 件，一般 3～4 件。M15 规模最大，两椁一棺，随葬品有 23 件陶器和 50 件陶质小圆锥体及 20 副幼猪下颌骨。在两端有鳄鱼骨板各一堆，推测应是木鼓鼓腔腐朽后的遗留物。小圆锥体可能是放置鼍鼓的。说明墓主人生前在家族中的地位非常高，所拥有的财富与

---

[1]　南京博物院：《花厅——新石器时代墓地发掘报告》，文物出版社，2003年。

[2]　山东大学历史系考古专业教研室：《泗水尹家城》，文物出版社，1990年。

小型墓葬相比悬殊较大。

临朐西朱封遗址[1]大小墓葬分开埋葬。东北部是一些小墓,西南部3座都是大墓。其中两座墓为两椁一棺,一座为一椁一棺。棺椁上均有彩绘。这类大墓,墓坑规模大,随葬器物丰富,多放在边厢和脚厢内,有的置于棺椁之间或棺内。主要是陶器和一些玉器、石器、骨器、牙器等,还有大量彩绘木器残迹。陶器中精美的蛋壳陶杯,无任何使用价值,可能属于礼器,这些显然是墓主生前财富、地位的一种反映。玉钺磨制光滑,且无使用痕迹,作为军事仪仗用品,权威性十分清楚。另外还有玉头(冠)饰、刀和簪等,抛光晶莹,工艺精湛,说明这些墓主人生前不仅掌握大量财富,而且有很高的社会地位,当是统治集团内部的显贵人物。他们所拥有的财富与一无所有的小墓主人相比悬殊,反映出社会形态已经成为等级分明的金字塔式结构。

三 与其他地区诸多文化的比较

海岱地区的史前文化与周围其他地区诸文化比较,发展水平是很高的,特别是大汶口文化中、晚期阶段,向西发展曾给予中原地区原始文化一定影响,同时吸收、凝聚、融合了诸多地区文明的精华,并加以发展。一个大体上是平等的多元一体格局正向以中原为核心的多元一体格局发展,这是中国早期文明形成的一个重要标志[2]。也就是说,中国古代文明的形成与发展是多源的、各有特色的。诸多文明要素的积累从量变到质变,其间经历了一个具体的极为复杂的历史发展过程:

1.与中原地区河南龙山文化的关系

河南龙山文化是在仰韶文化基础上发展起来,大致相当于父系氏族社会解体阶段,是私有制、阶级和国家即将产生或刚刚产生的大变革时期。这一时期农业、畜牧业和各种手工业较仰韶文化有了较大发展。文字、古城址和礼制遗存均已经存在。在河南临汝煤山、郑州牛寨等遗址还发现青铜铸造遗存。特别是大量城址的发现,为中国古代文明起源研究提供了重要资料。如郾城郝家台城址内发现了成排房基,有的房基地坪还铺木地板。辉县孟庄龙山文化城址,发现有夯土城墙、城壕、城门、房基、窖穴等。新密古城寨城址不仅城墙、城门和护城河保存相当好,而且城内东北部还清理出大面积的夯土高台建筑遗迹。登封王城岗城址城内发现有夯土建筑基址和奠基坑。淮阳平粮台城内不仅有高台建筑,而且南墙中间设正门,门道两边有

---

[1] 山东省文物考古研究所、临朐县文物保管所:《临朐县西朱封龙山文化重椁墓的清理》,《海岱考古(第一辑)》,山东大学出版社,1989年;中国社会科学院考古研究所山东工作队:《山东临朐朱封龙山文化墓葬》,《考古》1990年第7期。

[2] 严文明:《东方文明的摇篮》,《文化的馈赠》,北京大学出版社,2000年。

门卫房，中间有陶质排水管道等配套设施。

山西陶寺遗址 1000 余座墓葬 [1]，大墓集中埋葬，一般长 3、宽 2 ～ 2.75 米，均使用木棺，棺内铺朱砂，随葬有陶鼓、彩绘木案、俎、仓、匣盘、豆、彩绘陶器、玉钺、成套石斧、石锛、石镞等一二百件。中型墓多分布在大墓周围，有较丰富的随葬品，一般 20 余件，死者大都是年轻女性，彩绘木棺，佩戴精美头饰和臂饰，也随葬一些彩绘陶器，说明死者不仅富有，而且有较高的社会地位。而 87% 以上的小墓，宽仅 0.5 米左右，既无葬具，又无随葬品。大墓中随葬的彩绘木器、陶器和玉、石、骨、蚌器，尤其是龙纹陶盘、大石磬、玉钺和成对鼍鼓等礼乐重器以及成组漆木器，已初步显示出礼制的一些特征，也是墓主特殊身份的标志。钺作为一种兵器，是军事首领必备的权杖。墓葬中使用鼍鼓、大石磬、玉钺的死者，生前当是部落军事首长或者属于部落一级的首领。扁壶上刻划的一个字符与甲骨文非常相像，看来文字已经产生。而发现的城址长、宽皆在 700 米以上，墙垣宽 8 ～ 14、残高 1.8 米，墙体由夯土筑成，质地十分坚硬，面积在 50 万平方米以上，这是中原地区所发现的最大城址，对于研究中国古代文明起源有重要意义。

大量考古资料说明，陶寺遗址已经出现诸多文明迹象，如红铜铃与砷青铜齿轮形器，朱书"文字"，分级墓葬包括大型"王墓"，礼乐重器包括"土鼓"、鼍鼓、特磬等多种物质遗存。城内的大型仓储功能区是早期国家所具备的。总之，陶寺城址如此大的规模和复杂的结构，开始显现出惊人复杂的社会组织和高度发达的政治权力机构以及早期国家的某些特征 [2]。

2.与江浙地区良渚文化的关系

江浙地区的良渚文化，主要有浙江余杭反山 [3]、瑶山 [4]、汇观山 [5]、文家山 [6]、赵陵山 [7] 和上海青浦福泉山 [8] 遗址等。这些墓地均为人工堆筑的高台地，上面墓葬规模大，随葬品丰富。如反山遗址 7 座墓葬有随葬品 739 件（组），其中 M14 随葬品多达 260 件(组)。M17 也达到 106 件。这些随葬品玉器占绝大多数，其中有斧、钺、琮、

[1] 中国社会科学院考古研究所山西工作队：《山西襄汾陶寺遗址发掘简报》，《考古》1980年第1期；《1978～1980年山西襄汾陶寺墓地发掘简报》，《考古》1983年第1期。

[2] 何驽、严志斌：《黄河流域史前最大城址进一步探明》，《中国文物报》2002年2月8日。

[3] 浙江省文物考古研究所：《浙江余杭反山发现良渚文化墓地》，《文物》1986年第10期；《浙江余杭反山良渚墓地发掘简报》，《文物》1988年第1期。

[4] 浙江省文物考古研究所：《瑶山》，文物出版社，2003年。

[5] 浙江省文物考古研究所、余杭市文物管理委员会：《浙江余杭汇观山良渚文化祭坛与墓地发掘简报》，《文物》1997年第7期。

[6] 赵晔、王宁远：《余杭文家山发现良渚文化显贵墓葬》，《中国文物报》2001年9月28日。

[7] 江苏省赵陵山考古队：《江苏昆山赵陵山遗址第一二次发掘简报》，《东方文明之光》，海南国际新闻出版中心，1996年。

[8] 上海市文物管理委员会：《福泉山》，文物出版社，2000年。

璧、环以及用于仪仗的玉杖首等。从墓地堆筑营造规模、墓葬规格、随葬品的丰厚等判断，这里应是部落显贵们的墓地。特别是像反山这种高台墓地，仅动用土方就在 2 万方以上，能够驱使大量劳动力构筑如此规模的墓地，看来绝非一般氏族成员。瑶山遗址的大型墓葬，主要埋在大型祭坛上面，随葬品以玉器为主，有的达 160 件（组），其中 M7 随葬玉器 140 件（组）。汇观山遗址的 4 座大墓，随葬大量玉质的琮、璧、钺以及三叉形器、冠状器等，像 M4 棺椁俱全，随葬品非常丰富，48 件石钺，似乎表明墓主人具有强大的征战能力和执法权力。文家山遗址 M1 随葬的 34 件石钺，充分显示墓主有别于其他贵族墓葬的权力。福泉山遗址墓葬规模也很大，大都有墓坑，使用葬具并遗留朱红色彩绘，各墓都有石、陶、玉等器物，个别墓还出土象牙雕刻器，数量多，制作精致，造型优美。如 M2 随葬器物 170 件，M5 有 126 件，M6 有玉、石、牙、陶器 119 件。而共存的一些中小墓葬，一般不挖墓穴，多平地堆土掩埋，无葬具，随葬品也不多，有者仅一两件陶器。看来不同墓地之间存在着明显的等级差别。赵陵山遗址两次发掘墓葬 85 座，其中 M77，随葬品 160 多件，玉器就有 128 件，包括琮、瑗、镯，各种形状玉饰及簪、珠管等，18 件石器中有钺、斧、锛和镞，10 件陶器有鼎、豆、杯和罐，另有 4 件牙、骨器，这是随葬器物最多、规格最高的一座大墓，突出地显示了他生前显赫的身份权力和崇高的威望。良渚文化的这些大墓与无墓坑、没有随葬品，且肢体不全的一些小墓相比悬殊。

由此可见，良渚文化社会上存在明显的等级差别，已经出现一批凌驾于部族及一般成员之上的特殊阶层或集团，这些人作为部族显贵，不仅拥有巨大财富，而且掌握至高无上的权力。社会财富越来越集中在这些少数人手里，这就为剥削他人劳动提供了条件。特别是掌权人物中有代代相传的墓地，大墓使用礼器和大规模祭祀等现象，开始使用人牲，玉器作为政权、等级和宗教礼仪观念的物化形式已经产生。这一切促进了阶级分化的进程，破坏了部落、氏族组织原有的公有制，从而加速了氏族制度的瓦解。因此，张忠培先生认为，远在距今 5200～5300 年，良渚文化已进入了文明时代。只是在良渚文化分布范围内还没有形成一尊统治的局面，而是被众多权贵分割统治，并分化为若干具有国家性质的实体[1]。

3.与辽河流域红山文化的关系

红山文化主要分布在辽西和昭乌达盟大凌河、西喇木伦河地区。在辽源牛河梁发现的神庙、祭坛和积石冢，标志着祭祀礼制的初步形成。这组石建筑基址，其结构布局相当讲究，尤其在总体布局上，按南北轴线分布，注重对称，有中心和两

[1] 张忠培：《良渚文化的年代和其所处社会阶段——五千年前中国进入文明的一个例证》，《文物》1995 年第5期。

翼的主次之分，南北方圆对应，表现出引人注意的特点[1]。庙内大型泥塑女神、猪龙和禽类神像应是供人膜拜的神灵。建筑群中，设计出中轴线、主体与附属建筑配置的格局，突出女神庙的中心地位，并用壁面绘彩等手法衬托女神的威严。积石冢结构复杂，冢内大、小墓有别，墓内只随葬玉器，墓外排列彩陶筒形器。"女神庙"的建筑形制和结构非常复杂，其设计和技术水平达到了相当高的程度：盖顶、墙体采用木架草筋、内外敷泥、表面压光或施彩绘，具有承重合理、稳定性强的特点；主体建筑既有中心主室，又向外分出多室，以中轴线左右对称，另配置附属建筑，形成一个有中心、多单元对称而又富于变化的殿堂雏形[2]。如此宏伟的庙、坛、冢的修建与管理，大型祭祀礼仪活动的组织都"说明我国早在 5000 年前，已经产生了根植于公社，又凌驾于公社之上的高一级的社会组织形式……这一发现把中华文明史提前了 1000 年，但还不是我国文明的起点，寻找比这还早的文明，是下一步工作的重点"[3]。郭大顺等先生认为红山文化晚期已进入原始文明阶段[4]。

4.与甘青地区齐家文化的关系

齐家文化是继马厂类型发展起来的一种考古学文化。由于农业的发展，齐家文化各种手工业也日益兴盛起来。特别是玉石器制造业达到很高的水平，主要有玉璜、凿、铲等，其中在武威皇娘娘台遗址[5]出土玉璧 264 件，表明当时已有一批专业人员从事玉石器的生产。除玉器外，各个遗址普遍发现一些铜器，数量已达 50 多件，主要有斧、刀、凿、钻头、匕、指环、铜镜和饰件等。其中，青海贵南尕马台出土的一件铜镜是我国目前已知最早的。这些铜器的制作工艺有冷锻，也有冶炼，既使用合范，也有单范铸造，这表明当时已出现一定规模的冶铜业，并有一批专业人员能掌握铸造和热处理等一系列的冶炼技术。

礼仪性建筑在齐家文化中已经出现，甘肃永靖大何庄与秦魏家有多处"石圆圈"遗迹，这是当时进行礼仪性祭祀等宗教活动的场所。在周围还发现有卜骨与被砍头的牛、羊骨架。皇娘娘台遗址 M48 是座三人男女合葬墓，墓坑规模较大，随葬陶、玉、石器等 90 余件以及大量白或绿色小石子。但有的小墓不仅规模小，且随葬品也少，看来贫富差别相当明显。合葬墓都是男性仰身直肢，女性均侧身屈肢，面向男性，说明男性在社会上居统治地位，而女子则降至从属地位。柳湾遗址 M314 内的青年女性可能是为墓主人殉葬的女奴隶。总之，齐家文化时期的社会形态发生了深刻的

[1]　郭大顺、张克举：《辽宁省喀左县东山嘴红山文化建筑群址发掘简报》，《文物》1984年第11期。

[2]　辽宁省文物考古研究所：《辽宁牛河梁红山文化"女神庙"与积石冢群发掘简报》，《文物》1986年第2期。

[3]　苏秉琦：《中华文明的新曙光》，《东南文化》1988年第5期。

[4]　孙守道、郭大顺：《论辽河流域的原始文明与龙的起源》，《文物》1984年第6期。

[5]　甘肃省博物馆：《甘肃武威皇娘娘台遗址发掘报告》，《考古学报》1960年第2期。

变化，私有制、贫富分化与阶级分化已经出现，文明诸要素已经基本具备，如礼仪性建筑、铜器、卜骨、原始文字、殉人墓葬等。因此认为"齐家文化已进入初级奴隶社会但还保留着较多的原始公社的残余"。

5.与长江流域石家河文化的关系

在长江流域的石家河文化中，已发现多处古城址，主要有湖北石家河、荆门马家垸、江陵阴湘城、石首走马岭等，这些城址面积达 10 万～20 万平方米，最大的石家河古城，面积竟达 100 万平方米，是同时代城址中面积最大的。这些城垣有的仍高立于地面之上，外面多有环壕，城内有宫殿群和小规模居民区及宗教活动场所等。城外除居民区外，还有铸铜、制骨、制陶等一批手工业作坊，如果按调查者保守估计，城内外居民人数在 3 万～5 万人，可以肯定地说，石家河古城及其所属聚落群则已经具备了中国古代早期城市的雏形。像这样的特大工程绝非一般性防卫体系，它标志着战争的升级和防卫力量的加强。而营建所需的人力物力绝非一般工程可比，也绝不是单靠一个部落的力量能够完成的。

石家河文化墓葬随葬品多寡不一，大墓多达 100 多件，其中有象征墓主身份地位的石钺，而一般墓葬只有 20～30 件，少数小墓只随葬三四件或不见随葬品，两者形成鲜明对照。如湖北肖家屋脊遗址 [1] M7 是石家河文化早期的一座大墓，有二层台，随葬品达 106 件，其中包括精美的酒器和一件象征墓主身份的石钺。而旁边一座同期小墓，则墓穴狭小，没有随葬品。邓家湾 M32 墓主为 10 岁的儿童，随葬品却有 50 余件。等级差别与对立，社会分层现象已十分明显。

综合考察各地的考古发现可以看出，从铜石并用时代早期即公元前 3500 年开始，各文化区都加快了迈向文明的步伐 [2]。这一时期，农业生产有了很大发展，人口增殖，聚落规模扩大。手工业更是空前发达：普遍使用快轮制陶；开始制造和使用铜器；已可以用蚕丝织布；玉器的加工达到了很高水平。建筑业更是异军突起，夯筑技术被广泛应用。高等级的房屋较多采用夯土台基。出现了大规模夯土城垣、祭坛和坟山等，到处散发着文明的气息 [3]。

四　结语

综上所述，海岱地区的后李文化和北辛文化时期，社会生产力发展水平相对较低，农业生产亦不发达，手工业技术水平比较落后，还没有出现进入文明时代的迹

[1]　湖北省荆州博物馆、湖北省文物考古研究所、北京大学考古学系：《肖家屋脊》，文物出版社，1999年。

[2]　严文明：《中国文明起源的探索》，《中原文物》1996年第1期。

[3]　樊力：《略论三苗族及其文化在中华文明进程中的地位和作用》，《中原文物》1998年第1期。

象。大汶口文化晚期阶段，随着生产力的不断发展，贫富分化，社会分层和等级现象日益严重，阶级矛盾进一步激化，使文明化程度向前提高了一大步。龙山文化时期，农业生产不断发展，手工业生产技术的进步，使社会财富不断增多，由此加速了私有制的产生、贫富分化的出现和阶级对立的形成。特别是中国文明时代的一些文明因素和基本标志大多已经产生，有的已见其雏形，如城址的建造、文字的产生、铜器的冶铸、玉器的制作、大型宗教建筑、墓葬制度上随葬的成套礼仪用品等。大量城址的存在，正是邦国林立，战争不断，相互展开军事兼并、掠夺的一种反映。当时已经形成了一个强大的管理实体，只有这样一个机构，才能调集大量人力、物力来兴建这么巨大的建筑工程，才能调集足够的军事力量来守卫，这时作为一个初期国家权力中心已经形成。考古资料说明，龙山文化时期铜器已经普遍存在，制陶业已经从手制为主转化为快轮为主，有些建筑用人和牲畜奠基，人祭现象开始出现，墓葬反映的阶级和等级分化更为尖锐。上述现象表明，这一时期的文明化程度又向前提高了一步，或许已经进入了文明社会。

由于物质文化上的差异，在中国古代早期进入文明社会的地区，文明化进程有所不同，各个文化之间互为渗透，相互作用，彼此影响，从而促进了不同文化之间的融合，逐渐从多元一体走向以中原为核心、以黄河流域和长江流域为主体的多元一统格局。这一格局的形成是中国古代文明起源的重要特点，进一步完善和扩大文化的对外交流，是文明化进程的必要条件。"中华古代文明相对于世界其他文明发生中心来说，是独立起源、本地起源的，而就中华本土范围来说，她又是多源的、多根系的。"[1]海岱地区与中原及其周围地区的先民一起共同缔造了中国古代文明的形成。"总起来看，在龙山时代，每个考古学文化大概都已走进文明社会的门槛，有的甚至已迈入早期文明社会，从这个意义来说，中国文明不是单元而是多元起源的。不过这些文化并非彼此孤立，而是相互联系相互影响和相互激发，形成一个相互作用圈。从这个意义来说，中国文明的起源又似乎是整体性的，最后发展为光辉灿烂的夏、商、周文明。"[2]

原载《中原文物》2005年第4期

[1]　高广仁、邵望平：《中华文明发祥地——海岱历史文化区》，《史前研究》1984年第1期。
[2]　严文明：《略论中国文明的起源》，《文物》1992年第1期。

海岱地区与中原文明起源新探

海岱与中原均属于地理概念。海岱是古代山东地区的统称，源于《尚书·禹贡》"海、岱惟青州。""海、岱及淮惟徐州。"所谓青、徐二州主要指地处中国东部沿海、黄河下游的山东地区。河南位居"天下之中"，历来被称为中原。本文主要利用发表的考古资料，就海岱地区与中原文明起源问题进行初步探讨。

一 海岱地区与中原古文化序列

在海岱地区，已经建立起后李文化—北辛文化—大汶口文化—龙山文化的文化发展序列。

后李文化[1]，年代距今 8500 ～ 7500 年。遗迹有房址、壕沟、灰坑和墓葬等。房址均为半地穴式平面多圆角方形或长方形，面积一般 30 ～ 50 平方米，大者 50 余平方米。室内多发现灶址和陶、石器等。墓葬流行长方形土坑竖穴，个别挖墓室，均未见葬具。死者头朝东，有的向北。葬式均单人仰身直肢，多无随葬品，少数置蚌壳，个别见陶支脚。墓室一般长约 2、宽 0.6 ～ 0.8 米。陶器以红褐陶为主，红、灰褐、黑褐、青灰褐陶次之。制作工艺为泥条盘筑，器形以圜底器为主，平底器和圈足器较少。

北辛文化[2]的年代距今 7500 ～ 6300 年。遗迹有房址、灰坑、墓葬、窑址、水井、壕沟等。房址平面多为椭圆形和圆形。以半地穴和浅穴式为主，地面建筑少见，面积多为 5 ～ 10 平方米。门道分为台阶式和斜坡式，多有柱洞。灰坑为圆形和椭圆形两种。墓葬以长方形土坑竖穴为主，大部分无葬具。墓向以东居多，个别朝北。葬式以单人仰身直肢为主，少量侧身屈肢葬。另见合葬、二次葬和迁出葬等。墓主头向多朝东。大部分墓葬无随葬品，有者一般 1 ～ 3 件。陶器以泥质和夹砂陶为主，手制。器形有釜形鼎、红顶钵、三足钵、小口双耳罐、三足罐、碗、器盖、支座等。

[1] 王永波、王守功、李振光：《试论后李文化》，《考古》1994年第3期。
[2] 中国社会科学院考古研究所山东队、山东省滕县博物馆：《山东滕县北辛遗址发掘报告》，《考古学报》1984年第2期。

大汶口文化[1]的年代距今6300～4600年。遗迹有房址、灰坑、水井、城址、陶窑、夯土台基和墓葬等。房址为圆形、圆角方形、长方形及不规则形，面积一般10余平方米，小者3～4平方米，大者近30平方米。分半地穴式和地面式两种，多单间，个别双间。墓葬多长方形土坑竖穴，少量椭圆形、方形及不规则形。墓圹一般长2～2.8、宽0.8～1.2米，大墓长3、宽1.5米以上，大墓使用"井"字或长方形木质葬具。以单人仰身直肢一次葬为主，另有两人或多人合葬、成年男女合葬、成年与儿童合葬、二次葬、侧身葬、屈肢葬和俯身葬等。多人合葬一般3～5人，多者20余人，死者手握獐牙，存在拔牙和头骨枕部人工变形习俗，部分死者口含陶球，常见齿弓人工变形，流行随葬猪头或猪下颌骨现象。大部分墓葬有数量不等的随葬品。

龙山文化[2]的年代距今4600～4000年。遗迹有房址、城址、灰坑、水井、墓葬等。房址分为半地穴式、地面式和台基式。形状有圆形、方形和长方形，多数单间，用白灰面涂抹墙壁。半地穴式有台阶或斜坡式门道。地面建筑多在平地上挖基槽，槽内挖柱洞，结构有木骨墙、夯土墙和土坯墙。墓葬为土坑竖穴，以单人仰身直肢葬为主，屈肢葬、俯身葬次之，发现少数二次葬。大墓为重椁并带边箱，用蛋壳陶和玉器随葬。陶器以黑、灰陶为主，还有少量褐、白、红陶。制法一般使用快轮拉坯成型技术。

在中原地区，已经建立起了裴李岗文化—仰韶文化—河南龙山文化的发展序列。

裴李岗文化的年代距今9000～8000年。房屋建筑有单间、双间、三间或四间式，形状分为圆形、方形、半地穴式等。经济生活以种植水稻和从事渔猎为主，主要以原始旱地农业为主，种植粟、黍和水稻，并饲养家畜，兼有渔猎和采集，过着以原始农业为主的定居生活，告别了刀耕火种耕作方式，进入锄耕农业时代。生产工具主要有石质的铲、镰、斧以及磨盘和磨棒等；陶质生活用具有三足钵、圜底钵、小口双耳壶、鼎、三足罐、圈足碗等。裴李岗、舞阳贾湖遗址[3]的氏族公共墓地，均为长方形竖穴土坑墓，以单人仰身直肢葬为主，也有少数多人合葬墓。社会形态应属于发达的母系氏族社会阶段。

仰韶文化的年代距今7000～5000年。农业经济更趋稳定，聚落规模进一步扩大，人们过着定居生活。房屋有圆形、方形或半地穴式建筑。而始终以半地穴式房屋最为流行。当时人们主要从事农业生产，同时饲养家畜，兼营采集、狩猎、捕鱼，还要进行多种手工业生产。农业生产可能采用刀耕火种、土地轮休的耕作方式，生产

[1] 山东省文物管理处等：《大汶口——新石器时代墓葬发掘报告》，文物出版社，1974年。

[2] 傅斯年、李济、董作宾、梁思永等：《城子崖——山东历城县龙山镇之黑陶文化遗址》，中研院历史语言研究所，1934年。

[3] 河南省文物考古研究所：《舞阳贾湖》，科学出版社，1999年。

水平较低。生产工具主要是磨制的石斧、石锛、石锄和石铲等。早期还可能使用尖木棒一类工具。种植的农作物有粟、稻、黍和高粱以及白菜和芥菜等。制陶处于手制阶段，一般用泥条盘筑，后来普遍采用慢轮修整技术，其中彩陶是最有成就的一项原始艺术。墓葬以单人葬为主，葬式除仰身直肢葬外，还有二次葬、俯身葬、屈肢葬，个别实行同性合葬，死者头向西。部分墓葬有随葬品。社会发展阶段处于母系氏族公社的繁荣时期。

河南龙山文化的年代距今 5000～4000 年。农业、畜牧业和各种手工业有了很大发展。房址既有半地穴式单间方形、长方形或圆形建筑。又有地面起建的长方形连间建筑，有的用草拌泥在地面叠筑土墙，居住面还用白灰面涂抹，许多遗址发现用土坯砌筑的墙壁。农业生产工具种类增加，除石斧、石铲外，新发现双齿叉形木耒。收割工具的大量存在，说明农作物收获量有了提高。水井的出现，为先民定居和农业生产发展提供了非常便利的条件。制陶业有明显进步，普遍使用轮制。陶器种类增多，品种齐全。墓葬均为土坑，大多数为仰身直肢葬，一般无随葬品。在废弃的窖穴中经常发现人骨架，散乱不堪，与正常埋葬明显不同。

二　海岱地区与中原古文化的关系

海岱地区与中原古文化的关系，早在仰韶文化时期就已经开始。在海岱地区大汶口文化早期阶段，曾受到仰韶文化影响并吸收了仰韶文化的某些因素，并得到充实与发展。如兖州王因、泰安大汶口、邹县野店以及江苏邳县刘林、大墩子等遗址的陶器中就发现有白衣花瓣纹、弧线勾连纹的彩陶钵、彩陶盆和绘八角形图案的彩陶盆等。这些彩陶器皿，从器形、质地、色彩以及纹饰等方面，均与当地大汶口文化出土的器物迥然不同，而和中原地区仰韶文化庙底沟类型的一些彩陶图案以及技法颇为相似。可见在海岱地区大汶口文化早期阶段，受到了西方仰韶文化的一些影响，并吸收了中原地区仰韶文化的某些文化因素。

大汶口文化中、晚期阶段，海岱地区的大汶口文化开始向西发展，已经遍及河南省商丘、周口、平顶山、许昌、郑州、洛阳、南阳、信阳等地市，然后与当地的仰韶文化晚期相接触，某些陶器特征被仰韶文化所吸收。两者相互交流逐渐融合，形成了河南境内的大汶口文化后又反过来影响了仰韶文化，在郑州大河村、禹州谷水河等遗址出土的一些具有大汶口文化特征的陶器，其中有陶鼎、罐、鬶、豆、灰陶尊、敛口盒、背壶、筒形杯、高柄杯和器盖等，有的器形近似甚至相同。在谷水河遗址还出土了一批盆形豆、罐形豆、长颈壶、宽肩壶、觚形杯、镂空高柄杯、深腹罐和袋足鬶等近似大汶口文化的器物，反映河南地区仰韶文化晚期和龙山文化早期。

受到大汶口文化中晚期的强烈影响。正如有的学者所指出，"中原地区也曾接受过来自黄淮地区原始文化的因素，尤其是大汶口文化晚期对中原仰韶文化和早期龙山文化的影响较为突出"，"说明当时大汶口文化的先民至少有一部分定居中原，并成为文化交流的使者"[1]。

从考古资料看出，在庙底沟类型时期，中原实力强大而周边相对落后，文化传播以中原对周边影响为主，到仰韶文化晚期，周边诸原始文化发展起来，其实力又超过中原地区，此时，文化传播便表现为周边对中原的传播为主。尤其是大汶口文化中、晚期阶段，大汶口文化向西发展确实给予中原地区原始文化一定影响。同时吸收、凝聚融合了诸多地区文明的精华，并加以发展，对周围地区原始文化产生了辐射和影响作用，形成了多元一体到以中原为核心的多元一体，再发展到多元一统的道路，这在世界文明发展史上可是独一无二的。一个大体上是平等的多元一体格局正向以中原为核心的多元一体格局发展，这是中国早期文明形成的一个重要标志[2]。

鉴于中原地区地理位置居中的特点，古代文化具有向四面八方发展的特点，同时又便于吸收周围文化的先进因素。所以，在河南中部仰韶文化中，既包含有屈家岭文化因素，又有大汶口文化因素的存在；河南南部的屈家岭文化中也同样有大汶口文化的因素。这样文化间的相互融合，所带来的必定是中原文化的提高与发展，从而也较早地将中原文化与长江文化、海岱文化连接到了一起。

到龙山文化和二里头文化时期，这种对周边先进文化的吸收仍然继续着，并且保持着强劲的势头。这时仍可以看出中原龙山文化和二里头文化与南方的石家河、东方的龙山文化、岳石文化，甚至与东南的良渚文化产生碰撞和交流，为中原文化吸收周边地区文化中的先进因素提供了条件和可能[3]。

由于中原地区不断吸收了周围诸文化的因素，同时，又给周围文化以不同程度的影响，共同为中华民族文化的形成与发展奠定了基础，所以，中原地区一度成为中国古代文明的中心，同时又是中国最早进入文明时代的地区，中国文明时代的第一个王朝——夏王朝就产生在中原地区。

三　诸多文明要素的形成与发展

目前，国内外学者在探讨中国古代文明起源问题时，一般都把城市、青铜器、

---

[1]　赵芝荃、吴家安：《中原地区原始文化中的几个问题》，《中国原始文化论集》，文物出版社，1981年。

[2]　严文明：《东方文明的摇篮》，《文化的馈赠》，北京大学出版社，2000年。

[3]　张得水：《中原文明形成过程中的几个特点》，《华夏考古》2002年第4期。

文字和大型礼仪性建筑的出现作为人类文明的标志或文明产生的基本要素。

1.城址的产生

中原地区仰韶文化时期的城址是郑州西山 [1]，年代为公元前 3300 ～前 2800 年。城址平面略近圆形，东、西城垣相距约 200 米，城内面积 3.4 万平方米左右。城垣建筑采用小板块夯筑法，厚 4 ～ 8、其外还有宽 5 ～ 7.5、深 4 米左右的城壕。河南龙山文化的城址，主要有安阳后岗、登封王城岗、新密古城寨、淮阳平粮台、郾城郝家台、辉县孟庄以及山西襄汾陶寺等。孟庄城址 [2]，平面方形，面积 20 余万平方米，有夯土城墙、城壕、城门、房基、窖穴等平粮台城址 [3]，面积仅 3.5 万平方米。城垣形状十分规整，平面略呈正方形，每边长约 185、墙残高 3.5、下部宽约 13、顶部宽 8 ～ 10 米。墙外侧有较宽的护城河。南墙正中有城门，城门两边设有门房，门道正中有陶质地下排水管等配套设施。古城寨城址 [4]，平面长方形，面积 17.6 万平方米。郝家台城址 [5]，长方形，面积 3.3 万平方米，城外有壕沟。王城岗城址 [6]，为东西两座城堡，面积 8500 平方米。近年又在王城岗遗址发现一座大城，面积 30 万平方米左右。陶寺城址 [7] 面积 50 万平方米以上，城内面积 1400 平方米的祭祀和观象授时台基建筑表明，这里不是一般的酋邦中心聚落，而是已经具备国家形态的王都或者都城。并开始显现出惊人复杂的社会组织和高度发达的政治权力机构以及早期国家的某些特征。

海岱地区的城址主要有五莲丹土、阳谷景阳冈、章丘城子崖、寿光边线王、邹平丁公、临淄桐林、茌平教场铺以及江苏藤花落等。丹土城址 [8] 有大汶口文化和龙山文化两个城圈。大汶口文化城址平面略呈椭圆形，城内面积 95 万平方米；城壕宽约 10、口至底深约 2.5 米；城墙仅存墙基部分，墙体残宽约 10、残高约 1 米，壕沟形状均敞口、平底，沟壁下部斜直，上部缓坡，沟内侧多有护坡。城子崖城址 [9] 近方形，城内东西宽约 430、南北最长 530 米，残存城墙深埋于地表以下 2.5 ～ 5、

[1]　张玉石、杨肇清：《新石器时代考古获重大发现——郑州西山仰韶晚期遗址面世》，《中国文物报》1995年9月10日。

[2]　袁广阔：《辉县孟庄发现龙山文化城址》，《中国文物报》1992年12月6日。

[3]　河南省文物研究所、周口地区文化局文物科：《河南淮阳平粮台龙山文化城址试掘简报》，《文物》1983年第3期。

[4]　蔡全法：《河南新密市发现龙山文化重要城址》《中原文物》200年第5期。

[5]　河南省文物研究所、郾城县许慎纪念馆：《郾城郝家台遗址的发掘》，《华夏考古》1992年第3期。

[6]　河南省文物考古研究所、中国历史博物馆考古部：《登封王城岗与阳城》，文物出版社，1992年。

[7]　中国社会科学院考古研究所山西工作队：《1978～1980山西襄汾陶寺墓地发掘简报》，《考古》1983年第1期。

[8]　山东省文物考古研究所：《五莲丹土发现大汶口文化城址》，《中国文物报》2000年1月17日。

[9]　山东省考古研究所：《城子崖遗址又有重大发现》，《中国文物报》1990年7月26日。

残宽 8 ～ 13 米，城墙多挖基槽，有的在壕沟淤土上夯筑起墙。丁公城址 [1] 面积 16 万平方米，平面近圆角方形，面积 10.8 万平方米。城墙宽约 20、现存高度 1.5 ～ 2 米，夯层厚 5 厘米左右。城墙外有宽 20 余、深 3 米多的壕沟。墙基部有涵洞式排水设施。边线王城址 [2] 有大、小城两座，大城呈圆角方形，城内面积近 5.7 万平方米，四边中部各开一个城门，门宽 10、基槽宽 7 ～ 8 米。小城在大城东南部，平面亦为圆角方形，城内面积约 1 万平方米，东、北城墙各开一个城门。小城基槽宽 4 ～ 6 米，基槽内夯层厚薄不均，一般 5 ～ 15 厘米，夯层明显。景阳冈城址 [3] 为圆角长方形，面积 38 万平方米。在城内发现大、小台基 2 座。大台基略呈长方形，方向与城墙一致，面积 9 万余平方米。小台基位于大台基北面，略呈方形，面积 1 万平方米以上。夯土厚 5 ～ 10 厘米。教场铺城址 [4] 略呈椭圆形，城内面积近 5 万平方米。城外有壕沟，城墙系用较纯净的黄沙混合少量红黏土分层夯筑，局部夯层比较清楚，每层厚 5 ～ 8 厘米。藤花落城址 [5] 外城呈圆角长方形，由城墙、城壕、城门等组成。城周长 1520 米，南北长 435、东西宽 325 米，面积 14 万平方米。墙体宽 21 ～ 25、残高 1.2 米。城墙中间有垄状墙心，截面上部呈半圆形，底部为凹弧形。外城墙外侧环绕城壕。内城平面呈圆角方形，南北长 207 ～ 209、东西宽 190 ～ 200 米，城周 806 米，面积约 4 万平方米。墙宽 14、残高 1.2 米。

城的出现。是战争规模经常化和激烈化的产物，也是长期进行残酷战争的必然结果。所以说，城的产生是人类社会发展到一定历史阶段的产物，是中国古代社会即将进入文明时代的重要标志，它为中国古代文明起源研究提供了重要资料。

2. 铜器的制造

在海岱地区，龙山文化时期发现多处含有铜器或铜炼渣的遗址，分别是胶县三里河、诸城呈子、日照尧王城、栖霞杨家圈、长岛北长山岛店子以及临沂大范庄遗址。三里河遗址发现有两段铜锥 [6]。杨家圈遗址发现有一段铜条 [7]，剖面似为三棱形，经鉴定认为是铜器残段，原来可能是锥。同时，在许多探方龙山文化层中还发现有碎铜末，均不能成形，也应是小件铜器锈坏的残渣。另外，在店子遗址的一个灰坑

[1] 山东大学历史系考古教研室：《山东邹平丁公发现龙山文化城址》，《中国文物报》1992年1月12日。

[2] 杜在忠：《边线王龙山文化城堡的发现及其意义》，《中国文物报》1988年7月15日。

[3] 山东省文物考古研究所、聊城地区文化局文物研究室：《山东阳谷县景阳冈龙山文化城址调查与试掘》，《考古》1997年第5期。

[4] 中国社会科学院考古研究所山东队：《山东茌平教场铺遗址龙山文化城墙的发现与发掘》，《考古》2005年第1期。

[5] 南京博物院、连云港市文物管理委员会、连云港市博物馆：《江苏连云港藤花落遗址考古发掘纪要》，《东南文化》2001年第1期。

[6] 中国社会科学院考古研究所：《胶县三里河》，文物出版社，1988年。

[7] 北京大学考古系、烟台市博物馆：《胶东考古》，文物出版社，2000年。

中也发现过残铜片。

岳石文化发现的铜器主要是泗水尹家城遗址的 14 件铜器[1]，主要有镞、刀、锥、环和铜片等，均为小件器物，其中以工具为主，形制较为简单，多为单面范铸成，只有 2/3 的器物在铸造后进行刃部、脊部或整体的锻打。牟平赵格庄遗址[2] 的铜锥，基本完整，表面锈蚀较重，尖锋利，剖面近三棱形，长 6.2、直径 0.5 厘米。岳石文化铜制品的发现。无论数量还是种类都较龙山文化增多，证明这一时期人们掌握了青铜冶炼技术，社会形态已经进入早期青铜时代。

20 世纪 50 年代，郑州牛砦龙山文化遗址中曾出土炼铜炉壁的残片，而且中间还包含有一块铜[3]。王城岗龙山文化遗址一个窖穴中出土过青铜鬶的腹底残片，残高 5.7、残宽 6.5 厘米，表面平整，残留一小段合范缝，厚度 0.2 厘米，经测定，系含锡 7%，并含有一定量的铅。临汝煤山遗址的龙山文化炼铜坩埚残片[4]，其内壁保留有一层层铜液。其中 H28 内最大的长 5.3、宽 4.1、厚 2 厘米，周边翘起，中部内凹，坩埚壁厚约 1.4 厘米，上面保存附有六层冶铜液。平粮台遗址 H5 近坑底发现的一块铜渣，呈绿色，长 1.3 厘米，断面近方形，四边均为 0.8 厘米。陶寺遗址还发现一件铜铃[5]。河北唐山大城山遗址出土两件形状很像小型穿孔石斧的铜牌[6]。由此说明，中原地区龙山文化遗址出土铜器非常普遍，看来这一地区龙山文化时期已进入青铜时代。

3.文字的使用

文字的使用是人类文明伊始一个最准确的标志。作为记录和传播人类思想的工具，在人类历史发展长河中具有里程碑意义。中原地区早在八九千年前的贾湖裴李岗文化遗址中就发现有刻画在龟甲、骨器、石器和陶器上与商周甲骨金文构形相似的原始文字，经测定距今 8600～7800 年，这是目前世界上年代最早的原始文字。21 个刻画符号中，目前已认识的有 11 个字，有学者认为是属于反映《离》《坤》两卦之象的卦象文字，是一种特殊的纪事文字，堪称中华文明乃至人类文明的绚丽曙光。

仰韶文化时期，刻画在陶器上的符号，种类和数量都大大增加。刻写的文字符号技法娴熟，推测当时人们已有熟练书写文字的能力。王城岗城址内发现一件刻有"共"字的陶片。在陶寺遗址中一个扁壶上面，还发现有用朱砂写的文字，因而引起学术界的广泛关注。

[1] 山东大学历史系考古专业教研室：《泗水尹家城》，文物出版社，1990年。
[2] 中国社会科学院考古研究所山东队、烟台市文管会：《山东牟平赵格庄遗址》，《考古学报》1986年第4期。
[3] 河南省文化局文物工作队：《郑州牛砦龙山文化遗址发掘报告》，《考古学报》1958年第4期。
[4] 中国社会科学院考古研究所河南二队：《河南临汝煤山遗址发掘报告》，《考古学报》1982年第4期。
[5] 中国社会科学院考古研究所、临汾地区文化局：《山西陶寺遗址首次发现铜器》，《考古》1984年第12期。
[6] 河北省文物管理委员会：《河北唐山市大城山遗址发掘报告》，《考古学报》1995年第3期。

海岱地区的文字最早是在北辛文化陶器上发现的，在陶器的器底和器腹上各发现一个刻画符号，是烧制陶器以前刻上的。其中，一个刻在泥质灰陶器底部，一个是刻在泥质红陶片上面。大汶口文化时期已经发明图像文字，在莒县陵阳河、大朱家村、杭头、诸城前寨等遗址的陶尊上面，共发现20余枚，约有八九种个体，其笔画工整、规则，具有写实、图形化的特点，有的像自然物体，有的像工具和兵器，被誉为"远古文明的火花"。

龙山文化时期新出现了多字成行或成段的文字，如邹平丁公遗址出土的一件刻在泥质磨光灰陶大平底盆底部残片的5行11个字。这些刻文笔画流畅，独立成字，刻写有一定章法，排列也很规则，已经脱离了符号和图画的阶段。全文很可能是一个短句或辞章。文字中除一部分为象形字外，有的可能是会意字，表现了一定的进步性。陶文的发现，为研究中国文明起源等提供了珍贵的实物资料，对于人类沟通思想、传递信息、扩大交流也发挥了重要作用。

四　文明进程中社会分层与分化现象

考古资料显示，在中原地区裴李岗文化、仰韶文化时期，海岱地区的后李文化、北辛文化以及大汶口文化早期阶段，氏族内部没有发生明显的贫富分化，氏族成员之间未产生私有财产和阶级对立，其社会地位基本平等。大汶口文化晚期至龙山文化阶段，生产力的发展、物质产品的日益丰富，使一部分人通过掠夺方式来获取他人剩余劳动成为可能。反映在墓葬方面，其规模、有无葬具和随葬品多少优劣等差别明显，大墓有棺或椁，随葬品丰富；小墓无葬具，随葬几件或没有随葬品。如陵阳河遗址[1]，大墓墓室巨大，随葬品非常丰富，酒器和猪下颌骨特别多，少则40～50件，多则70～80件，最多的近200件。而小墓则仅能容身，随葬品只有1～2件陶器，有的5～7件，与大墓差别相当明显，说明这时期社会内部贵族与平民之间已分成了不同的等级，并出现了少数拥有特权和大量占有社会财富的显贵、首领及一批具有部分权力和财富的中小贵族。

诸城呈子龙山文化墓葬[2]，大墓有二层台、木椁，随葬品质高量多，随葬猪下颌骨和精美薄胎黑陶高柄杯、小墓墓穴仅容尸骨，皆无葬具，随葬品数量少，质量低，一般不超过3件。有的既无葬具又无随葬品。尹家城遗址[3]最大墓室面积为25.3平方米，二椁一棺，小的只有0.54平方米。随葬品多者40余件，少者1件，一般3～4

[1]　山东省考古所、山东省博物馆、莒县文管所：《山东莒县陵阳河大汶口文化墓葬发掘简报》，《史前研究》1987年第3期。

[2]　昌潍地区文物管理组、诸城县博物馆：《山东诸城呈子遗址发掘报告》，《考古学报》1980年第1期。

[3]　山东大学历史系考古专业教研室：《泗水尹家城》，文物出版社，1990年。

件。西朱封遗址墓葬规模大，随葬器物丰富，有大批陶器和一些玉、石、骨、牙器以及大量彩绘木器残迹，还有精美的蛋壳陶杯、黑陶罍等。玉器中有象征权威的钺、玉头（冠）饰刀和簪等。看来这些死者绝非一般氏族成员，而应当是具有某种特殊身份，地位显赫，高居于当时社会组织上层的显贵人物，或许就是属于当时统治这一地域的权力集团中某个阶层中的当权者，说明氏族内部贫富分化相当严重，已经形成比较严格的等级制度，其社会形态已经形成等级分明的金字塔式结构。

陶寺遗址有 1000 余座墓葬，大墓集中埋葬，仅占 1.3%，一般长 3、宽 2 ～ 2.75 米，均使用木棺，棺内铺朱砂，随葬有陶鼓、彩绘木案组、仓、盘、豆、彩绘陶器、玉钺、成套石斧、石锛、石镞等一二百件。而 87% 以上的小墓，宽 0.5 米左右，既无葬具，又无随葬品。这种等级分明现象，正是当时社会分化的有力证明。尤其是龙纹陶盘、大石磬、玉钺和成对鼍鼓等礼乐重器以及成组漆木器，互为配套，已初步显示出礼制的一些特征也是墓主特殊身份的一种标志。

除墓葬外，遗址中的等级分化现象也非常突出。如洛阳王湾遗址[1]流行"丛葬坑"，常在废弃的水井、窖穴和地层中埋葬人骨架，有成年男女、老人和孩子。骨架大多凌乱，有的身首分离，肢体残缺，有的则砍手断足，有的表现出明显的挣扎状。另外，一些房基或居住面下往往埋置婴儿和儿童，有的埋置少数成年男女。这些被用于奠基的人牲，没有墓圹，没有随葬品，多数是被处死后埋入的。永城王油坊遗址 F20 东北角墙基内有 3 具成人骨架[2]，左右两具压在中间，一具在上面，头向北，额骨以上全被砍去。3 具人骨均为 25 ～ 35 岁男性。另在 F20 西南角墙根处，埋一具儿童骨架，可能是房子建成后的祭牲。王城岗遗址 20 多个埋人骨的奠基坑，把人填埋在建筑基址的夯土内或坑底部，其中有男女成年人、青年人和幼童。每坑多则 7 人，少则二三人，有的只埋解体的肢骨或头骨。孟津小潘沟遗址 9 座墓[3]中的人骨多肢体残缺不全或呈挣扎状，其中 M3 中的人骨腹部以上骨骼全无。邯郸涧沟遗址[4]一个圆形袋状坑内埋 10 具人骨架，7 个成年人，3 个小孩。有一位 30 ～ 40 岁男性头骨上有 6 处伤痕。经鉴定，9 具人头骨上有清晰的斧砍伤痕和剥头皮的刀割痕。有一水井废弃后埋 5 层人骨架，其中有男有女，有老有少，均作挣扎状。在一座房基内发现 4 具人头骨有砍伤痕迹与剥皮痕，显然系砍死后又经剥皮的，应属于非正常死亡。这些现象说明，在龙山文化晚期阶段，社会内部确实已经发生了严重的分层和阶级分化现象。社会形态已经开始进入文明时代或许已经迈入了阶级社会的门槛。

[1] 北京大学考古实习队：《洛阳王湾遗址发掘简报》，《考古》1961年第4期。

[2] 中国社会科学院考古研究所河南工作队：《河南永城王油坊遗址发掘报告》，《考古学集刊·5》，中国社会科学出版社，1987年。

[3] 洛阳博物馆：《孟津小潘沟遗址试掘简报》，《考古》1978年第4期。

[4] 河北省文物管理处：《磁县下潘汪遗址发掘报告》，《考古学报》1975年第1期。

五　结语

　　从以上分析可以看出，海岱地区与中原地区文化关系非常密切，由于地理环境以及物质文化上的差异，海岱地区与中原文明化进程存在许多不同之处，两者之间互为渗透，相互作用，彼此影响，从而促进了不同文化之间的融合，逐渐从多元一体走向以中原为核心、以黄河流域为主体的多元一统格局。特别是大汶口文化中、晚期阶段，农业生产的发展，手工业生产技术的进步，社会财富的不断增多，加速了私有制的产生、贫富分化的出现和阶级对立的形成。城址的出现、文字的产生、铜器的冶铸、大型宗教建筑的修造、埋葬制度中随葬的成套礼仪用品等文明要素的产生，表明在海岱和中原地区，"至迟在龙山文化中期，阶级和国家已经产生，中国进入了文明社会，出现了遍布各地的方国文明。大约在公元前2000年时，中原地区建立了夏王朝，开始了更高一级的王国文明。龙山文化时期，中原与周围地区的文化面貌日趋一致，有着更多的共同特征和相互关系，这说明我国统一的民族文化正在形成。四面八方的文化汇集到中原地区，无疑促进了中原地区古代文化向更高层次发展，率先进入了文明时代"[1]。

　　原载《中原文物》2007年第6期

---

[1]　杨育彬、孙广清：《从考古发现谈中原文明在中国古代文明中的地位》，《中原文物》2002年第2期。

江淮地区史前时期的文明化进程

安徽江淮地区地处长江下游西部，位于秦岭—淮河自然地理分界线以南，其地域北依淮河、南达长江，是黄河、长江两大流域及东部沿海与西部腹地古代文化相互交流和碰撞的一个重要地区。在这一广袤区域内，古代人类很早以来就在此繁衍生息，创造出了大量丰富多彩的物质文化遗存，因而，成为古文化遗址最丰富、最密集的地区。同时，也是我国古代文明起源的一个重要发祥地。本文主要利用田野考古资料，就这一地区史前时期的文明化进程展开讨论，并就有关问题发表点不成熟的看法，不当请指正。

一 安徽江淮地区史前文化发展序列

在漫长的历史进程中，安徽江淮地区的史前文化得到空前发展，时空框架已经基本建立起来。大致经历双墩文化、薛家岗文化、大汶口文化和龙山文化时期四个大的发展阶段。这段链条之间既有内在联系，又具有各自的一些文化特征，由此构成这一地区史前时期独特的文化面貌。

1.双墩文化

双墩文化是安徽江淮地区时代较早的一种考古学文化，因首次发现在蚌埠双墩遗址而得名[1]。其年代距今 7000 年左右。该文化具有一组独特的器物群，陶器以红褐陶为主，也有一定数量的红衣陶和少量黑陶、灰陶等。器壁厚重，火候低，吸水性强。陶质以夹蚌末为主。有的含较多的砂粒，也有较多的夹植物茎叶的夹炭陶，有的夹少量云母。陶器制作早中期均为手制，晚期阶段出现轮修或轮制。器表以素面为主，少量刻划、戳刺、指切纹等。装饰多饰于器物口、沿、肩、折棱和鋬手、耳系上面。彩陶早期多为红衣、红口或外红衣内黑色,少量饰彩陶纹。器形主要有釜、支架、罐、钵、盆、碗、器座、鼎、甑、器盖、纺轮、网坠等。其中釜形钵、敞口器座、祖形支架、长锥足鼎、平底罐形釜、鹿角勾形器等最具特色。器物造型流行

---

[1] 阚绪杭、周群：《淮河中游地区的双墩文化》，北京大学震旦古代文明研究中心编《古代文明研究通讯》第27期，2005年12月。

平底、矮圈足、矮喇叭豆足、鸡冠和扁形錾手、鸟首形和牛鼻形耳系、蘑菇和圈足座形等多种形状的底及盖纽等。石器、蚌器、骨角器数量较少。但蚌器和鹿角勾形器是双墩文化的典型器物。特别是大量刻划符号的发现，反映了当时双墩文化时期人们的创造精神。双墩文化的先民以水稻农业和渔猎为主、采集为次、家猪饲养为辅的多种经济生活方式。

2.薛家岗文化

薛家岗文化因首先发现在潜山薛家岗遗址而命名[1]。其早期年代大致在公元前3500～前3300年；而晚期年代可能在公元前2600年左右。主要分布在大别山东南的皖河流域和沿江一带。墓葬为长方形竖穴土坑墓，流行单人一次葬，也有部分二次葬，有用青膏泥涂抹墓坑四壁现象。随葬品以陶器为主，部分墓葬随葬猪下颌骨。随葬品数量一般在10件以下，少数墓葬则多达20件甚至40多件。陶器以夹砂红陶、夹细砂或泥质灰陶、泥质黑皮陶占绝大多数，另有少量泥质夹植物壳或蚌末陶颇具特点，陶器以鼎、豆、壶、鬶、碗（钵）或盆为基本组合，纺轮、陶球也是常见器类。石器以刀、钺、锛为主，其他器类较少，玉器以钺、璜、镯、环半球形饰、管为主，其中风字形钺、半璧形和器体瘦长的桥形璜、弓背形璜、半球形饰特征明显。

3.大汶口文化

大汶口文化遗址在安徽江淮地区有大量发现，文化特点主要表现为陶器以夹砂红陶、褐陶为主，其次为泥质灰陶，胎质较硬，火候较高。陶器绝大多数为素面，纹饰主要有弦纹和少量镂空装饰，还有少量附加堆纹。主要器形有鼎、鬶、豆、罐、杯、壶等。其中，经过大规模发掘的主要是蒙城尉迟寺遗址[2]。该遗址是一处完整的大汶口文化晚期的聚落，是由一条宽近30、深4.5米的椭圆形围沟环绕。发掘中揭露建筑基址12处，每处基址都由2间以上的房址组成，其中一字排开的房址长达60米。基址的门向均朝西南，为浅穴式方形建筑。房与房之间用木骨泥墙分隔，室内靠墙中部有灶台。墓葬均为竖穴土坑，儿童流行瓮棺葬。葬式以仰身直肢为主。墓葬中随葬品数量悬殊，最多的达数十件，大多成人墓少见或不见随葬品。随葬品一般是日用陶器。陶器以夹砂红陶、褐陶为主，次为泥质灰陶，胎较硬。制作工艺主要是手制，采用泥条盘筑法，小型器物直接用手捏塑。器形主要有鼎、鬶、豆、罐、筒形杯、杯、壶、甗、甑、背壶、缸、碗、钵、盆和器盖等。器表多为素面，一般经过磨光。纹饰主要有篮纹、绳纹、刻划纹、弦纹、镂空、附加堆纹、鸡冠耳、凸棱等。

　　[1]　安徽省文物工作队：《潜山薛家岗新石器时代遗址》，《考古学报》1982年第3期；安徽省文物考古研究所：《潜山薛家岗》，文物出版社，2004年。

　　[2]　中国社会科学院考古研究所：《蒙城尉迟寺》，科学出版社，2001年。

4.龙山文化

安徽江淮地区的龙山文化遗址发现也较多，几乎遍布整个江淮地区。其主要文化特征：陶器以灰陶、黑陶为主，另有少量夹砂红褐陶。轮制技术得到普遍应用。典型器物有罐形鼎、镂空豆、平底缸、罐、盆、甗、细长颈红陶鬶、平底碗、平底钵、子母口盘、绳纹罐、壶、釜、蛋壳陶黑陶杯等。器表装饰以素面为主，流行篮纹、绳纹、划纹、按窝、附加堆纹和方格纹。尉迟寺遗址[1]出土的陶器，以夹砂和泥质灰陶为主，灰褐、灰黑陶也占有一定比例，黑陶、红陶和红褐陶数量较少，也有少量白陶和蛋壳陶。器表多经过装饰，有一定数量的磨光陶。纹饰多用拍印、按压、刻划、镂雕、黏附等制作。常见纹饰有绳纹、篮纹、方格纹、弦纹、镂空、花边纹、附加堆纹等。陶器的制作以轮制为主，泥条盘筑法制作的器物也占较大比例。器物类型比较复杂，其中有圈足、三足、平底盆、甗和盖等。其中鼎是最有代表性的一种器物。生产工具主要包括石器、骨器和蚌器。石器以镞为多，锛和锥次之；骨器有锥、凿、匕、矛、镞、针、笄等。

二　诸多文明要素的形成

一般来说，文明出现的标志主要是青铜冶炼、文字、城址以及复杂的礼仪性建筑等要素组成。在安徽江淮地区，目前虽然还没有发现铜器冶炼和城址等，却发现大量内容丰富的刻划文字和众多的精美玉器，以及体现宗教意识的祭坛等礼仪性建筑。这些遗存均构成了该地区古代文明出现的重要标志。

1.文字的产生

文字的产生是中国古代文明起源的重要标志之一。在安徽江淮地区，发现的史前时期的文字主要是刻划在陶器上的一些符号。目前，在双墩[2]、侯家寨[3]、尉迟寺等遗址均有发现，其中在双墩、侯家寨两个遗址发现刻在陶器上的符号有640多个。特别是双墩遗址出土的607件刻划文字，内涵种类多达79种。这些刻划文字都具有很深的含义，从形状和包含的内容看，有山川、河流、太阳、动物、植物、房屋等写实类刻划，也有猎猪、捕鱼、网鸟、俘鹿、种植、养蚕、编织、饲养家畜等生产与生活类以及记事、记数等几何类。所见符号几乎涉及古代社会人们生活中的衣食住行以及天文历法、宗教信仰等各个方面，基本涵盖了生产、生活、精神方面的

---

[1]　中国社会科学院考古研究所：《蒙城尉迟寺》，科学出版社，2001年。

[2]　徐大立：《探寻中国文字起源的重大发现——蚌埠双墩遗址刻划符号》，《中国文物报》2005年12月16日第七版。

[3]　阚绪杭：《定远侯家寨新石器遗址发掘简报》，《文物研究（第五辑）》，黄山书社，1989年；《试论淮河流域的侯家寨文化》，《中国考古学会第九次年会论文集》，文物出版社，1997年。

全部内容，为我国史前时期的陶器刻划符号又增添了一套新的时代早、数量多、种类齐全、内容丰富、结构独特而新颖的符号种类，构成了双墩文化极其重要的文化内涵。

通过观察，双墩文化这批刻划符号可分为象形和几何形两大类。可分为单体、双重体、多重体和组合体符号等。从使用率统计，有些符号反复出现或与其他符号构成组合形符号。与周围新石器时代遗址发现的刻划符号相比，一部分单体和象形类符号的形体结构有一定相似性，而重体和组合体符号更多的是区别和不同。由此形成了自身的一些特征。其中许多符号与甲骨文、金文极为相似或者完全相同。看来，双墩符号与汉字之间可能存在着直接的渊源关系。这套表形、表意结构的记事符号，在双墩文化分布区多处遗址中发现，它有别于其他史前遗址陶器上的刻划符号，看来是在双墩文化时期流行的一种具有文字性质和作用的刻划符号。所以，双墩文化符号对汉字的形成和发展起到一定的借鉴和影响作用。随着双墩遗址这套全新刻划符号资料的发表，将对深入研究双墩文化的历史、探讨其在中国文字起源中所发挥的重要作用等，都具有十分重要的学术价值。

2.玉器的制造

玉文化是中国古代文明的重要组成部分，也是中国古代文明的重要标志之一。含山凌家滩遗址[1]出土大量玉器，为研究中国古代文明的起源提供了重要的资料。

这批玉器构图严谨，造型优美，雕琢精湛，生动传神。主要有玉人、玉龙、玉璜、玉璧、玉环、玉斧、玉虎、玉镯、玉钺、玉龟、玉鹰、玉猪、玉刻图长方形片、双连环以及各种玛瑙、玉饰件等，其中龟、鹰、虎、人、龙、勺等，做工细腻，栩栩如生，是罕见的艺术珍品。特别是在玉器的制作工艺方面，钻孔技术十分发达，有对钻、一面钻、背面或侧面斜钻的孔，充分运用切、割、挖、凿、磨、钻、雕、刻、抛光等工艺，其雕刻技法大多为阴线刻，也运用浅浮雕、半圆雕技术。尤其是玉器的造型和花纹具备了碾磨切割、勾线阴刻、几何与动物形图案的阳线浮雕、钻孔和磨光等多种琢磨技术。并已运用旋转的机械工具，来琢磨复杂的器形和花纹。用杆钻钻孔时，采用两面对钻或一面钻以及钻孔可以拐弯的特殊钻法[2]。如长方形牙黄色玉片，两面都经过精细琢磨加工，正面围绕中心，刻有两个大小相套的圆圈。内圆里刻方心八角形图案。内外圆之间有八条直线将其分割为八等份，在每一份中各

---

[1] 安徽省文物考古研究所：《安徽含山凌家滩新石器时代墓地发掘简报》，《文物》1989年第4期；张敬国：《安徽含山凌家滩新石器时代墓地第二次发掘的主要收获》，《文物研究（第七辑）》，黄山书社，1991年；安徽省文物考古研究所：《安徽含山县凌家滩遗址第三次发掘简报》，《考古》1999年第11期；安徽省文物考古研究所：《凌家滩玉器》，文物出版社，2000年。

[2] 安徽省文物考古研究所、中国科学技术大学开放研究实验室：《凌家滩墓葬玉器测试研究》，《文物》1989年第4期。

刻有一个箭头。在外圆和玉片的四角之间，也刻有一个箭头。在玉片两短边的边沿，各钻有 5 个圆孔；在无凹边的长边钻 4 个圆孔，有凹边的长边钻 9 个圆孔。按照传统的解释，它是太阳的象征，八角是太阳辐射出的光芒。这件玉片图形当中恰好刻一太阳，其意义与太阳有直接或间接的关系，把大圆所分刻出的八个方位看成与季节有关的图形 [1]。

　　另外，玉龙、玉鹰、长方形玉版、玉龟、玉人和刻划的神秘纹饰等，最能体现当时先民们的原始思想，反映出宗教信仰在凌家滩社会中煊赫的地位和作用。玉龙造型完美，刀法简练，栩栩如生，充满着生命的活力，体现了中国文化博大精深的优良传统，表明从远古时期开始龙就是人们崇拜的神灵，体现出人们对龙的崇拜。尤其是凌家滩遗址的玉人，头戴冠饰，神态威严，双臂安置于胸前，一副正在做宗教仪式的神态。这种玉人的出现是宗教与权力结合的产物，是神人、神权偶像化的一种体现，显示了至高无上的权力。

　　可以看出，当时的玉器制作工艺技术都达到相当高的水平。其制作工艺可能已经从其他手工业部门中分离出来，成为独立的专业生产部门，并具有专门的生产作坊和专业分工。生产过程中，由于使用先进的砣机技术，其成果代表了我国新石器时代制玉业发展的第一个高峰，表明凌家滩遗址是中国新石器时代的一个制玉中心，是巢湖流域 5000 多年文明史的有力见证，它标志着江淮地区在距今 5000 多年前已经进入了文明时代。

　　由于社会意识的变化，逐渐产生了宗教与权力合一的神权。一是宗教观念的变化。从万物有灵的原始观念，进步到对天地人的崇拜。从凌家滩遗址的玉器看，寓意神秘，玉龙、玉虎象征着神兽，玉鹰象征着神鸟，玉牌象征着天地方圆、四至八方，玉龟属于占卜工具，其与玉牌结合，表明原始巫术的存在。二是对神权的崇拜。凌家滩的玉人有站立和蹲坐两种姿势，其上身造型和服饰雷同，均戴冠饰，双臂放置于胸前，表情严肃，一副宗教偶像的神态。冠饰是身份、地位、权力的象征，凌家滩的玉人与良渚文化神徽有异曲同工之处，应是神人偶像。三是礼制萌芽的出现。神权统治需要建立一种秩序来维持。一些大墓随葬的大批玉石器，既是财富的象征，又是身份、权力、地位的象征，更是三代时期礼器制度的渊源，它在观念上已包含有礼制的内容 [2]。

3.祭坛的出现

　　祭坛的发现在江淮地区考古中是重要的收获之一。凌家滩遗址的祭坛 [3] 位于墓

[1]　陈久金、张敬国：《含山出土玉片图形试考》，《文物》1989年第4期。
[2]　杨立新：《江淮地区的原始农业及与文明形成的关系》，中国高等科学技术中心"原始农业对中华文明形成的影响"专题讨论会，北京，2001年3月15～17日。
[3]　安徽省文物考古研究所：《安徽含山县凌家滩遗址第三次发掘简报》，《考古》1999年第11期。

地中心最高处，其南部、西部、北部是一平台，在中部开始向东部倾斜。平面呈不规则的圆角长方形，面积为 600 多平方米。祭坛用大小不一的石块和鹅卵石与黏土搅拌铺设而成，中间高四周底，呈缓坡状，高差约达 1 米。祭坛分三层，最下面系以纯净黄斑土铺底。然后以较大石块和石英、石黄沙和硅质岩类的小石子铺设，最上面的一层用大小不一的鹅卵石与黏土搅拌铺垫而成。在祭坛第①层表面还发现有 3 处祭祀坑和 4 处积石圈。祭祀坑平面形状均为长方形，其中 1 号坑长 1.7、宽 0.4、深 0.2 米。坑壁旁均有数块较大的石块，并嵌贴有小石子，坑底也用小石子铺成，较平整，与祭坛表面混为一体。显然是与祭坛同时建筑完成的。在 1 号祭祀坑内发现陶豆 2 件、盆和器盖各 1 件及一小段较细的禽骨，当为祭祀时所用之物。发现的积石圈均用石块围成一圈，与祭坛表面建筑区别明显。其中 2 处平面形状近圆形，直径 0.5 ～ 1.1 米，两处平面形状近长方形，长 1.4 ～ 1.6 米。另外，在祭坛南部还发现一片约 40 平方米的红烧土遗迹，中间包含较多的红烧土块和颗粒。红烧土局部土质较软，呈灰暗色。反映出遗迹应与祭坛有密切的关系，可能是埋葬或祭祀时用火的地方。这类祭坛在长江中下游也有一些发现，时代较早的有大溪文化城头山祭坛，较晚的是良渚文化的瑶山祭坛、赵陵山祭坛、汇观山祭坛、福泉山祭坛和莫角山祭坛。在北方地区发现的祭坛主要是红山文化的东山嘴祭坛和牛河梁祭坛等。

大量资料表明，这类祭坛是巫觋们用来表现"神"的存在和神权的专用场所，而祭坛的主事者们（祭师或巫觋），则是神的代言人，是神权的执行者。"狂热的宗教必使人们失去理性，狂热的宗教最终肯定会带来巨大的灾难，狂热的宗教势必使无论贵族还是平民都滑入神秘主义的世界，而不能回到现实中来。而耽于宗教的民族必然不是先进生产力的代表，只会极大地阻碍生产力的进步。故当他们倾其全力而完成他们理想中的"神坛"之时，也就是他们急骤衰亡之时"[1]。

随着中国远古社会进入文明时代，一个个古国出于观念和世俗的需要，建造大型祭坛祭祀天地，将地坛建于"高山之下，小山之上"以祭天，将天坛建于"泽中"以祭地，平原地区的地坛虽建于平地，但高大雄伟如小山；这一礼仪一直延续到封建时代[2]。正如任式楠先生论述的，"自有原始宗教信仰以来，高耸的山峰，常被人们幻想为包括天神在内众神灵的逗留和上天的通道。人们登山祭祀，表示更加接近神灵，也可在附近的岗地，山麓等地形高亢开阔的地方，封土或垒石筑坛，屹立于周围地面之上形成居高庄重之势，也象征缩短了与天际的距离"。这无疑是对古往今来人们筑土坛进行祭祀的一个完整的概括[3]。

[1] 郭伟民：《史前祭坛概论》，《考古耕耘录》，岳麓书社，1999 年。

[2] 车广锦：《天坛与地坛》，《东方考古（第 1 集）》，科学出版社，2004 年。

[3] 任式楠：《良渚文化图像玉璧的探讨》，《东方文明之光》，海南国际新闻出版中心，1996 年。

三 大型中心聚落和金字塔式社会的形成

新石器时代晚期，在江淮地区出现一批像薛家岗、凌家滩、尉迟寺等中心聚落遗址。这些遗址呈金字塔形结构，处于氏族组织的顶端。相对于周围其他遗址，具有面积大、规格高的特点。如薛家岗遗址面积6万～10万平方米，其周围一二十千米范围内，分布着10余处面积在1000～30000平方米的中小型遗址。在这群遗址中，薛家岗遗址处在中心聚落遗址的地位。凌家滩遗址面积达100万平方米，在周围5～10千米范围内，也分布有五六处小型遗址，凌家滩遗址属于这个小区内的中心聚落遗址。这种布局表明，中心聚落遗址一般凌驾于普通聚落遗址之上，并有一定的势力范围。从地域分布来看，薛家岗遗址是皖河流域的中心之一，而凌家滩遗址则是巢湖流域的一个中心。从古城、古国、古文化的学说分析，两者似乎存在某种内在的联系。这种中心聚落遗址的形成与发展，应是由氏族社会向文明国家过渡的一种形式，对早期国家的形成与发展具有极其重要的意义。

通过对安徽北部的阜阳、宿州的田野考古调查得知[1]，到大汶口文化晚期，这里的遗址非常密集，成群状分布。一般位于淮河的二三级支流的台地上，每群几个、十几个甚至几十个不等。如阜阳、宿州境内的濉河、北淝河、泉河流域，各分布着大汶口文化晚期到龙山文化的聚落群，小群有遗址9～10处，大群则有17处之多，最大的尉迟寺遗址面积有10万平方米。最小的芮集堌堆遗址则不足5000平方米。按面积大小区分，可分为三个等级。其中尉迟寺遗址为第一级，目前在这一区域内尚未发现一处比尉迟寺大或与之相近的遗址。面积在2.5～3.5万平方米的遗址，如吴祖冢、安郎寺、欢岗寺等为第二级；其余面积均在1万平方米左右，为第三级。

从面积所反映的遗址规模看，大面积遗址少，仅有尉迟寺遗址1处，中等规模的遗址3处，规模较小的有12处。大型遗址与小型遗址形成了"金字塔"式的结构。由于"聚落大小逐步向两极分化，以致出现中心聚落和半从属的聚落这样不同的等级"[2]。从尉迟寺遗址的面积分析。似乎应是一处次中心聚落，这些聚落群上还应有更大范围的聚落群和更高规格的中心聚落。上述情况表明，这类聚落群在空间分布上有固定的地域和活动范围，在经济、文化、宗教崇拜方面具有同一性。它们之间

---

[1] 中国社会科学院考古研究所安徽工作队：《皖北大汶口文化晚期聚落遗址群的初步考察》，《考古》1996年第9期。

[2] 严文明：《中国新石器时代聚落形态的考察》，《庆祝苏秉琦考古五十五年论文集》，文物出版社，1989年。

的关系是从属关系，即一般聚落遗址从属于次中心聚落遗址，中心聚落遗址居于主导地位。这类聚落群的出现，既是区域经济发展的结果，也是军事联盟的产物，更是地缘政治变化的需要。这种聚落群联合体的形成，已产生凌驾于各氏族之上的最高权力组织，它已超出原有的氏族组织结构而具有部落联盟或酋邦的性质，抑或跨入了国家的门槛。

这种大型聚落遗址，在海岱地区也发现许多处，如大汶口文化时期的泰安大汶口、莒县陵阳河以及苏北地区的新沂花厅等遗址，均属于这种特大型中心聚落遗址，其中大汶口遗址面积达到 80 多万平方米，陵阳河遗址面积也在 40 万平方米左右。到龙山文化时期，这类中心聚落遗址面积越来越大，如日照两城镇龙山文化遗址，经过钻探结果表明，遗址南北 1000、东西约 1050 米，总面积约 100 万平方米，如果按陶片分布范围计算，遗址面积则超过了 200 万平方米 [1]。而临淄桐林龙山文化遗址，经过全面钻探和多次田野发掘，证实遗址的总面积在 300 万平方米左右。这类大型遗址绝不是先民们一般的居住地，而一定是当时所在地区政治、经济、文化的一个中心。尤其像大汶口、陵阳河、桐林、两城镇等特大型遗址不仅面积大，堆积厚，而且延续时间长。特别是遗址中的一些大墓，无论墓穴规模、葬具还是随葬品的数量、质量以及品种等，都远非一般墓葬所能比拟，这是社会内部分层和分化均已出现的重要例证。所以，中心聚落与其周围地区的一些普通聚落，存在着经济上、政治上的不平等以及某种程度上的主从关系。这种不平等或主从关系，是中国古代由原始社会迈向文明时代的一条必经之路 [2]。

四 氏族内部社会分层与分化现象的产生

在江淮地区，由于农业、家畜饲养业、各种手工业生产的发展，社会分工的日益精细，部分手工业已经从农业中分离出来，成为一个相对独立的生产部门，由此导致贫富的两极分化，氏族内部产生贫者和富者的严重对立。少数富有者积累较多的财富，而绝大多数贫穷者则一无所有。例如薛家岗遗址，一期文化墓葬数量较少，只占墓葬总数的 5% 左右。随葬品数量在 1～7 件，绝大多数为陶器，有极少量石器，未见玉器。各墓随葬品的种类和数量差别都不大。二期文化阶段，23 座墓葬中，随葬器物较少，数量和种类与上期相近，墓葬间的差异也不大，且多为一些陶质日用品，一般为 2～7 件，多为 3～4 件，另有一定数量的石器，未见玉

[1] 中美两城地区联合考古队：《山东日照市两城镇遗址1998～2001年发掘简报》，《考古》2004年第9期。

[2] 何德亮：《从大汶口文化看古代文明的发展过程》，《古代文明研究（第一集）》，文物出版社，2005年。

器。其中 6 件以下的 19 座，7 件以上的 4 座。随葬品最多的 M89，也只有 18 件，无随葬品的 1 座（M102）。反映当时贫富差别并不明显。到三期文化时期，墓葬数量开始大幅度增加，贫富差别开始出现。随葬品多数仍为陶器，玉器极少。数量上出现多寡不均现象，占到墓葬总数的 15% 左右。随葬品一般为 1 ～ 8 件，多数在 1 ～ 4 件。四期墓葬其数量急剧增加，占到墓葬总数的 30% 以上，有较多的随葬品，数量一般在 2 ～ 18 件，多数 2 ～ 7 件。陶器数量仍占多数，但玉、石器种类、数量迅速增加，少数墓葬出现了玉器和具有礼仪性质的多孔石刀等；少量墓葬出现了较大差异，达到 10 件以上，开始出现以 M15 为代表的核心墓葬。五期墓葬数量最多，大约要占墓葬总数的 40% 多，随葬品数量在 1 ～ 45 件不等，大多数在 2 ～ 8 件，陶器所占比重有所下降，玉、石器种类和数量大增，在部分墓葬中甚至占有绝对优势。特别是薛家岗遗址 T6 内发现的 6 座墓葬，其中 M58、M40、M44、M47 等 4 座大墓居于中间，而 12 座小墓则分布在周围，大墓地位显赫，表明墓主之间存在着等级身份的差别。这些大墓的主人应为氏族内部产生的新贵族。特别是薛家岗三期文化以后，各墓随葬品出现很大差别。少数墓葬随葬品以玉、石器为主；核心墓葬数量有所增加，并随葬有形制特殊的陶缸、玉琮或大量玉、石器等，而与一般墓葬有所区别，随葬品数量都达到 20 件以上，最多者超出均值 6 倍以上，与大多数墓葬形成极大反差。由此说明社会内部的贫富分化和阶级对立现象已经产生。

在凌家滩墓地，这种贫富差别也很突出，随葬品少的仅有几件，多的可达百件，两者悬殊更大。一般大墓多位于墓地中心，小墓则分布在墓地两侧。如 M4，墓口长 2.75、宽 1.40、墓底长 2.16、宽 0.80、墓深 0.30 米。墓内随葬器物 131 件，以玉、石器为主，其中玉器 96 件，石器 27 件。器形有玉龟、刻划玉牌、玉勺等器具，玉器多集中放置在墓底中部，小玉饰散放墓内。石质生产工具有的置于墓内中部，有的放两端，并有一套由大到小的石铲。陶器放置墓底两端。大多数石器经过打磨抛光，没有使用痕迹，个别石斧穿孔处有捆扎痕迹。特别是 M4 内的玉龟以及刻纹玉版等占卜工具，表明墓主人身份应与氏族内的巫师有关，可能属于祭祀或神职人员。该墓随葬品如此丰富，显示出巫师等神职人员在氏族内部具有的显赫地位。又如 M29 出土的玉人、玉鹰及一批玉石质铲、钺和戈，表明墓主身份可能属于军事首领或氏族首领。

可以看出，上述几座大墓的随葬品，已经远远超过一个人实际生活的需要：这同一般墓葬中的贫富分化有着明显不同。它突出了墓主人凌驾于众人之上一人独尊的特殊地位。这些人占有大量财富，高高在上，掌握氏族的祭祀、军事大权，应属于氏族内部的特权贵族阶层。

五　与周边地区史前文化的关系

　　自古以来，安徽江淮地区一直是我国南北交通要道，一度成为古代南北文化交流、东西文化融合、不断发展的重要地区。由于地理位置特殊，使得这一地区的史前文化处于海岱、中原、长江下游地区三个交汇点。它们在其自身发展进程中，都不同程度地吸收或者受到上述不同地区原始文化的某些影响，不可避免地要与周围地区的原始文化互相接触、发生碰撞，并最终趋于融合。

（一）与海岱地区史前文化的关系

　　安徽北部与山东毗邻，相互间的文化交流非常频繁，关系十分密切。在皖北地区新石器时代早期阶段，以小山口一期文化和石山子早期为代表的遗存，与山东后李文化和后李二期文化在文化因素上可比性较强，两地同时期文化中有着众多的相同或相似的因素，所反映的陶器组合和特征具有较多的共性[1]。两者陶器均流行篦纹、刻划纹，器形种类简单，有长锥足鼎、釜、支架等。但两者之间又有差异，如石子山遗址的陶器大都含蚌末，而北辛遗址则多为夹砂；陶色前者多红褐陶，后者多为黄褐陶；器物造型，前者鼎多为折腹或折肩，后者多为圜底钵形，腹较深。从整体观察，安徽北部虽然地方特点比较明显，但与山东地区仍同属一个大的文化区。

　　进入大汶口文化中期以后，据不完全统计，在皖北区发现含有大汶口文化遗存的遗址有三四十处。这些遗址中有的陶器，如凿形足罐形鼎、鸭嘴形足罐形鼎、平底盆、黑陶高柄杯、长流红陶鬶等，与山东地区典型大汶口文化的同类器几乎完全一致。就是在沿淮及江淮北部地区也能见到这种波及的影响。如侯家寨上层的折腹釜形鼎、鸟喙形泥突饰等与苏北阜宁、邳县刘林等大汶口文化遗存相近。凌家滩墓地出土的背水壶、小口高柄杯等，多是受大汶口文化同类器影响而产生的地方变种。在尉迟寺遗址，许多器物与海岱地区大汶口文化存在相同之处。如鼎、鬶、高柄杯、盆、大圈足豆、筒形杯、器盖等均具有大汶口文化的一般特征，有些器物与山东地区大汶口文化的同类器物相同或相近，如扁凿状足鼎、横篮纹罐、大袋足鬶、筒形杯及高柄豆等与邹县野店、兖州王因、曲阜西夏侯、枣庄建新、滕州西公桥等大汶口中、晚期文化特征相似，故遗址应属大汶口文化范畴。但是淮北地区的大汶口文化也有自身的特点，两者存在一些不同的文化因素，如尉迟寺遗址的筒形罐、G型罐、鼎形甗、C型盆、长颈壶等在西公桥遗址未见到。生产工具西公桥以石器为主，未见蚌器，而尉迟寺等遗址则大量使用蚌刀和蚌镰。此外，大口深腹罐、绳纹罐等也与汶、泗流域大汶口文化有着明显区别，这些反映出，淮北地区大汶口文化遗存

---

[1]　吴加安：《安徽北部的新石器文化遗存》，《考古》1996年第9期。

中的一些地域性特征，还是比较明显的[1]。大约在距今5000年，大汶口文化开始向西、南扩张，不仅占据淮北地区，而且影响至江淮地区，对江淮地区的文明进程产生了一定冲击。在薛家岗、凌家滩等遗址中都曾发现有大汶口文化的觚形杯、背壶等典型器物，与曲阜西夏侯墓葬中的觚形杯略同。

在皖河流域，薛家岗文化的早期阶段可能受到大汶口文化的一些影响，如薛家岗文化的陶鬶虽然不能说是直接源于大汶口文化，却应是这一大的历史背景下的产物。因此，薛家岗文化的产生与发展同北方大汶口文化有少量间接、松散的联系。虽然这种关系并不密切，但却始终保持着。到薛家岗文化晚期，淮河中游地区以篮纹鼎为代表的大汶口晚期文化因素开始影响到薛家岗文化。特别是随着扁平三角形鼎足和篮纹鼎的南下，淮河中游地区的大汶口文化晚期因素便大量出现在薛家岗文化区域内，取代了本地文化，薛家岗文化在晚期阶段可能受到大汶口文化的较大冲击而出现了衰落和地区变异。

凌家滩遗址的陶器质地以夹砂红陶为主，胎质疏松，火候较低。器形以三足器和圜底器为主，器类有鼎、豆、壶、罐等。凿形足较多。器表多素面，相当一部分陶器饰纹饰。出土的扁凿形足鼎（M4：95）与野店遗址（M12：6、M32：2）鼎相类同；长方形刻纹玉片中的方心八角星纹，与大墩子遗址（M44：4）野店遗址（M35：2）的彩陶盆上的八角星形纹相似。薛家岗遗址的三凿形足篮纹鼎（T8③：86），与大汶口遗址（M123：6）的篮纹鼎相类似。薛家岗遗址的觚形杯与曲阜西夏侯遗址墓葬中出土的觚形杯形制略同。显然凌家滩、薛家岗等遗址受到北方海岱地区原始文化的一定影响。

进入龙山文化时期，豫东造律台类型文化和山东龙山文化再次沿涡河、泗水南下，形成新一轮冲击，在皖西、巢湖等区域都发现有两类文化遗存，其中造律台类型文化影响较大[2]。尤其是安徽中部和东北部受山东龙山文化的影响较大，有些器形十分相似，应属于东夷文化系统的一个地方类型。特别是江淮北部地区受到山东龙山文化的强烈影响，这种影响主要见于津浦路东北，其主要表现是磨光黑陶、蛋壳黑陶以及鬼脸形鼎足等都有着广泛的分布。如山东龙山文化的鬼脸式鼎足在皖北萧县花甲寺、宿县芦城子等遗址均存在。淮河南岸的怀远禹墟、嘉山泊岗、滁州朱鄨，以及寿县一带的遗址中也能见到山东龙山文化的一些典型器物。如鬼脸式鼎足和磨光蛋壳黑陶杯等，只是形状有所变化，成为瘦长形，有的双孔消失，有的鬼脸式鼎足已演变成地方性变体，由宽短变成细长，成为向南发展的一类地方变种。此

[1] 中国社会科学院考古研究所安徽工作队：《安徽淮北地区新石器时代遗址调查》，《考古》1993年第11期。

[2] 杨立新：《江淮地区史前文明化进程初探》，《中国社会科学院古代文明研究中心通讯》第5期，2003年1月。

外还流行灰陶、篮纹和绳纹等，都与山东龙山文化系统的影响有一定关系[1]。如尉迟寺龙山文化的匜、单把杯、平底盆罐等与西吴寺、尹家城的同类器物存在许多相同之处。但在整体面貌上两者差异较大，它们分别源于当地大汶口文化，其相似性是因为地理上相距较近以及文化上的交流和影响而产生的。

在安徽江淮地区的西北部，其龙山文化遗存与鲁西南地区的龙山文化面貌有一定差别，而与豫东地区的永城王油坊遗址、淮阳平粮台遗址、鹿邑栾台等龙山文化遗存有诸多相似之处，它们应属于同一文化类型。

（二）与中原地区史前文化的关系

在江淮地区，中原地区裴李岗文化时期的文化因素不是太明显，到仰韶文化时期，文化间的交流关系开始出现。如角质靴形器在濉溪石子山、蚌埠双墩上层、定远侯家寨等遗址发现较多。这种角质靴形器曾在洛阳附近的仰韶文化遗址中也有发现过。大汶口文化时期，富庄遗址出土的大汶口文化遗物如灰陶背壶、灰陶豆、磨光黑陶豆、盆式鼎、罐式鼎、罐式豆、白陶罐、彩绘红陶罐等。器足和器座上的镂空，肩及腹部用黑彩绘出方格纹等图案，与山东大汶口文化区别较大，比较接近于豫东地区的大汶口文化，具有地方类型的特点。其年代为距今 4800～5500 年。到龙山文化阶段，其遗物以灰陶为主，黑陶较少。器形有绳纹罐式鼎、浅腹盆、方格纹深腹罐等，纹饰有绳纹、方格纹、篮纹、弦纹、附加堆纹等。从文化面貌来看，与山东龙山文化也有较大区别，接近于中原文化系统。年代为距今 4300 多年 [2]。

在文化交流过程中，豫东造律台类型对安徽淮河流域原始文化影响较大，除在皖北有广泛分布外，并且影响到津浦路东。如萧县金寨、花甲寺、宿县芦城子、禅堂、吴城子等遗址的罐和鼎上面，其腹部发现许多方格纹、绳纹等装饰。与此同时，造律台文化的影响继续向南发展。越过淮河，进入江淮腹地。这一时期出现的方格纹、绳纹、篮纹，以及平底碗、绳纹罐等文化因素，就是在这种影响下发生的。

大量考古资料显示：安徽西北部由于受到中原地区龙山文化造律台文化影响较大，因而，可能属于造律台文化类型。

（三）与长江下游史前文化的关系

安徽境内沿淮流域及江淮北部地区，原始文化与长江下游地区原始文化的关系较为密切。如侯家寨遗址下层的外红内黑的陶胎，釜类器形多腰沿和鸡冠耳、双耳壶等，在马家浜文化中均为常见。另外，侯家寨遗址下层最早出现的三足鬶，在马

---

[1]　杨立新：《安徽江淮地区原始文化初探》，《文物研究（第四期）》，黄山书社，1988年。

[2]　王吉怀、王增林：《皖北地区史前遗存中农业经济的考古调查》，《考古》1999年第11期。

家浜文化中也有发现。这类陶鬶在皖西南地区的潜山薛家岗、含山凌家滩以及苏北刘林遗址均能见到，而在太湖地区的马家浜文化阶段之后却极为少见，这种鬶的起源地可能与江淮地区有关。在北阴阳营遗址中存在的某些文化因素在江淮地区亦能见到，如两者都流行红衣陶釜形鼎、角状把手，以及牛鼻式器耳等，反映两者之间存在着一定的内在联系。

薛家岗文化某些文化因素与崧泽类型有共同之处。如豆柄壶、杯、罐类器皿的肩腹部，常见三角形镂空、绳索纹和卷浪形镂刻图案。到晚期则不同程度地受到良渚文化的影响。如薛家岗遗址三期文化的贯耳壶，浅盘宽座横镂空豆、大口缸等具有良渚文化的因素。玉环、玉璜在良渚墓葬中更常见。相反，薛家岗晚期所流行的典型陶器和石器在良渚文化中则较难发现。

由于地缘关系，在江淮地区，特别是皖北地区与黄河流域的河南、山东地区史前文化关系非常密切，因而许多文化遗址中均发现有仰韶文化、北辛文化、大汶口文化以及龙山文化的因素。而沿淮河以及江淮北部地区则受到长江下游地区原始文化的一些影响，所以在江淮地区许多文化遗址中发现一些具有马家浜、崧泽、良渚文化的一些文化特征。

六 小结

总括上文可以看出，安徽江淮地区的史前文化发展水平是相当高的。农业、畜牧业以及各种手工业的发展，为中国古代文明的形成与发展奠定了雄厚的物质基础。从七千多年前双墩遗址的刻划符号，到五千多年前尉迟寺遗址图像文字的发现，在我国古代文明研究中具有重要的地位。凌家滩遗址祭坛的形成和大量玉器的发现，则标志着氏族社会已经由神权开始向王权的过渡，同时表明凌家滩遗址在江淮地区已经具备了中心聚落的规格。墓葬中出土的大批玉礼器，种类繁多，造型别致，内涵丰富，表明这一时期已经出现凌驾氏族之上的氏族贵族。大量玉礼器的存在，不但是财富和权力的体现，也是统治者祭天祀地、沟通神灵的标志。这一切都说明安徽江淮地区同长江流域、黄河流域以及辽河流域一样，也是我国古代文明起源的一个重要发祥地区之一。考古资料一再证明，大约在五千三百年，安徽江淮地区与周边地区许多同时期的原始文化是同步发展的，它们相互交流、相互影响、相互融合，携手并进，共同跨入了我国古代文明时代的门槛。

原载《文物研究（第十五辑）》，黄山书社，2007 年

试析早期铜器在文明进程中的地位

关于中国早期铜器的研究，是一个重大的学术课题。近年来，已引起学术界众多专家学者的极大关注。在人类历史发展长河中，早期铜器的出现不仅促使生产力发展水平发生质的飞跃，而且表明社会生产力与生产关系将要发生巨大的变革。铜器作为人类社会进入文明时代的重要标志，在中国古代社会文明起源中发挥了重要的作用。鉴于此，本文主要利用田野考古发掘资料，就早期铜器在文明进程中的地位问题进行初步探讨。

一 早期铜器发现概况

目前，我国境内时代最早的铜器是 1956 年在发掘西安半坡仰韶文化遗址时发现的一件铜片[1]。另 1 件是陕西临潼姜寨仰韶文化遗址 29 号房屋居住面上的圆形铜片和遗址里出土的铜管残片。年代为公元前 4020±110 年。其中圆铜片经北京钢铁学院冶金史研究室鉴定，其含铜量为 65%，锌为 25%，另外，还有少量锡、铅、硫、铁等，属于一种杂质较多的黄铜。铜管残片含铜 69%，含锌 31%，属于铜锌合金的黄铜[2]。这是我国时代最早的黄铜制品，也是世界上年代最早的黄铜制品。下面对我国不同地区出土的早期铜器作大致的介绍。

1.甘青地区

甘青地区是中国早期铜器出土最多的地区之一。时代较早的是甘肃东乡县林家遗址，在 F20 北壁下出土一件铜刀，该刀由两块范闭合浇铸而成，刀身厚薄均匀，表面平整，短柄长刃微翘，圆头，弧背，长 12.5 厘米。经北京钢铁学院冶金史研究室鉴定为含锡的青铜。发现的铜渣，用岩相鉴定和中子活化法分析，证明不是天然矿石,而是经过冶炼后含铜铁锈蚀的物体。证明当地已能进行冶铸铜器的生产了。该遗址属于马家窑文化时期，年代是公元前 3000 年左右。还有一件是山西榆次源

---

[1] 中国科学院考古研究所、陕西省半坡博物馆：《西安半坡》，文物出版社，1963年。

[2] 韩汝玢、柯俊：《姜寨第一期文化出土黄铜制品的鉴定报告》，《姜寨》，文物出版社，1988年，第544～548页。

涡镇 1942 年在一块陶片上发现的附着铜渣，经化验含铜 47.67%、硅 26.81%、钙 12.39%、铁 8.00% 等，应是冶铜剩下的炼渣 [1]。说明黄河流域在仰韶时代已掌握了冶炼、浇铸铜器的技术 [2]。从过去发表的资料和北京大学考古教研室的部分陶片标本来看，源涡镇遗址是仰韶文化晚期分布于晋中地区的一种地方类型，年代在公元前 3000 年左右。永登蒋家坪遗址发现的残铜刀圆头，前端上翘，含铜、锡和少量铁，是锡青铜。该遗址属于马家窑文化马厂类型，年代为公元前 2330 ～前 2055 年，基本上与龙山时代相当 [3]。

进入齐家文化时期，发现铜器地点和数量急剧增加。主要有甘肃武威皇娘娘台 [4]、永靖秦魏家 [5]、永靖大何庄 [6]、广河齐家坪、青海贵南尕马台等遗址。上述遗址出土的铜器主要是小件器物，包括工具和装饰品两类：工具有刀、锥、凿、斧形器和有銎斧，装饰品有指环、佩饰和镜等。这些铜器成分比较复杂，其中以红铜为主，有高达 96.89% 的红铜，也有低于 5% 的铅锡青铜 [7]。

皇娘娘台遗址出土铜器 30 件，形制有刀、锥、环、凿、钻头等小工具，还有铜渣和铜器的残片。其中有 2 件刀分别为浇铸和锻制。这些铜器多出于白灰面住室近旁的灰层和窖穴中，也有的出自白灰面住室和墓葬内。所发现的铜器经化验，证明均属红铜。说明铜器冶炼还不是很普遍，尚未大量用于农业生产。其中铜刀由单范铸造和锤击方法制成。甘肃省冶金工业局化验室用光谱定性、半定量化学分析方法，将铜刀和铜锥进行化验，其中刀（AT5：249）所含铜量为 99.63% ～ 99.87%；铅、锡、锑、镍等元素的综合含量是 0.13% ～ 0.37%。铜锥（T13：1）所含的铜量为 99.87%，而铅、锡含量是 0.13%。可见这批铜器是纯铜制造的。

永靖秦魏家遗址发现有铜锥、斧形器、环铜饰等 6 件。其中斧形器经冶金部有色金属研究院用电子探针进行成分检验，鉴定结果是：铜（Cu）约 95%，铅（Pb）5%，未见第三种元素。发现有微量杂质引起的树枝状结晶组织，有少量灰色不熔于铜的金属铅，证明是铸造而成的红铜器。铜锥是锻造的，是青铜；铜环含铜 95%，是铅青铜。永靖大何庄齐家文化遗址 TF7 内发现一件铜匕，灰层中（T30：27）出土一件残铜片，经化验鉴定为红铜。广河齐家坪遗址出土有带銎双耳铜斧、铜刀、镜、

[1]　安志敏：《中国早期铜器的几个问题》，《考古学报》1981 年第 3 期。

[2]　张忠培：《中国早期铜器的发现与研究》，《中国北方考古文集》，文物出版社，1990 年。

[3]　严文明：《论中国的铜石并用时代》，《史前研究》1984 年第 1 期。

[4]　中国科学院考古研究所甘肃工作队：《甘肃永靖大何庄遗址发掘报告》，《考古学报》1974 年第 2 期。

[5]　甘肃省博物馆：《甘肃武威皇娘娘台遗址发掘报告》，《考古学报》1960 年第 2 期；《甘肃武威皇娘娘台遗址第四次发掘》，《考古学报》1978 年第 4 期。

[6]　中国科学院考古研究所甘肃工作队：《甘肃永靖秦魏家齐家文化墓地》，《考古学报》1975 年第 2 期。

[7]　安志敏：《试论中国的早期铜器》，《考古》1993 年第 12 期。

铜泡等[1]。

青海贵南尕马台是一处齐家文化墓地，墓中随葬有铜镜、铜指环和铜泡与铜镜等 50 余件。经鉴定，既有红铜，又有铅青铜与锡青铜。其中铜镜完整，压在死者胸下。镜直径 9、厚 0.4 厘米，表面平滑，背面为不规则七角星纹图案，角与角之间饰以斜线纹，因镜钮已损，另在镜的边缘凿有两个小孔，作为系绳穿挂之用。经中子活化分析，其铜、锡含量之比为 1：0.096，则含铜为 91.2%，锡为 8.8%，属于锡青铜，但其含锡量不仅远低于后世铜镜，甚至比用作对比研究的商代铜爵、铜戈还要低[2]。1976 年在玉门清泉火烧沟遗址发掘 312 座墓葬[3]，其中 106 座墓葬出土铜器。主要有斧、镢、凿、匕首、鼻环、刀、管、锤与铜泡等 200 多件，大部分为工具和装饰品，以铜刀占大多数。另外墓葬中还出土铜镰和铜镞的石范。用同位素源 X 射线荧光仪对 45 件铜器进行初步鉴定，判明青铜器占多数，也有红铜器。石范的发现，表明已能进行批量生产。这批墓葬的年代大致与夏代同时，相当于齐家文化后期阶段。碳 -14 测定年代，树轮校正为公元前 1770～前 1630 年。文化性质基本与齐家文化一致。

2.山东地区

在山东地区，大汶口文化时期已经发现早期铜器的迹象。泰安大汶口遗址墓 1 中出土一件孔雀绿色的骨凿[4]，经中国科学院地质研究所鉴定，含铜量为 0.099%，显然系被含铜物质污染所致，也许是铜器加工的痕迹。该墓属于大汶口文化晚期阶段，年代距今 5000～4600 年。这一例证，虽不能说明大汶口文化时期已经产生了冶铜业，但它给我们以启示，证明大汶口文化晚期阶段，社会生产力水平已经具备了冶炼铜器的能力，尽管遗址中没有发现铜器标本和冶炼遗迹，但大汶口墓葬器物所显示的手工业规模，以及骨针的针鼻、龟甲上的圆孔、象牙梳等，都应是有青铜器的迹象[5]。这种推断，在山东龙山文化多处遗址已经得到了证实。

目前为止，在山东龙山文化中主要发现 5 处含有铜器或铜炼渣的遗址[6]。它们是胶县三里河、诸城呈子、日照尧王城、栖霞杨家圈、长岛北长山岛店子以及临沂大范庄遗址[7]。

---

[1] 安志敏：《中国早期铜器的几个问题》，《考古学报》1981 年第 3 期。

[2] 青海省文物管理处考古队：《青海省文物考古工作三十年》，《文物考古工作三十年》，文物出版社，1979 年；李虎侯：《齐家文化铜镜的非破坏性鉴定》，《考古》1980 年第 4 期。

[3] 《甘肃省文物考古工作三十年》，《文物考古工作三十年》，文物出版社，1979 年。

[4] 山东省文物管理处、济南市博物馆：《大汶口——新石器时代墓葬发掘报告》，文物出版社，1974 年。

[5] 考古编辑部：《大汶口文化的社会性质及其有关问题的讨论综述》，《考古》1979 年第 1 期。

[6] 严文明：《论中国的铜石并用时代》，《史前研究》1984 年第 1 期。

[7] 临沂地区文物管理委员会、日照县图书馆：《日照尧王城龙山文化遗址试掘简报》，《史前研究》1985 年第 4 期。

1974 年中国科学院考古研究所山东队等单位在胶县三里河龙山文化遗址发掘时发现两段铜锥[1]。编号分别为 T21 ②：11 和 T110 ②：11，虽然出土时不在一起，根据实物观察，铜锥一段较粗，另一段较细，如果对接，则接头的面积形状相差不多，可能是同一件标本残断所致。1978 年秋，山东省博物馆文物管理部与昌潍地区艺术馆等单位在第二次发掘诸城呈子遗址时发现了残铜片。同年秋至 1979 年 3～5 月，临沂地区文管会和日照县图书馆为了配合当地的农田基本建设，对日照尧王城龙山文化遗址进行了发掘，在 T101 第三层中出土一些铜炼渣。1981 年北京大学历史系考古专业与山东省文物考古研究所发掘栖霞杨家圈遗址在 T23 第②层发现一段铜条[2]，长 18 毫米，两端均残。较粗的一端宽 5、厚 3 毫米；较细的一端宽 3、厚也近 3 毫米。剖面似为三棱形，因锈蚀过甚不能确定。经北京科技大学冶金史研究室孙淑云先生鉴定，认为是铜器残段，原先可能是锥。由于锈蚀严重，又不便切开，故未进行详细的成分分析，只能确定是铜。另外，在许多探方的龙山层中发现有碎铜末，均不能成形，最大的直径仅 5～6 毫米，也应是小件铜器锈坏的残渣。1982 年中国社会科学院考古研究所山东队在长岛北长山岛店子遗址的一个灰坑中发现了残铜片。

上述铜器大部分未作鉴定，只有对胶县三里河遗址出土的铜锥进行了测试[3]。从金相组织和成分来看，该铜锥系铸造而成，金相组织观察有树枝状结晶，组织不均匀，成分也有较大偏析。黄铜器物成分中均含有铁、铅、锡、硫等杂质，特别是具有一定量的硫，由于含硫并与铅形成硫化铅，说明所用原料是不纯净的，冶炼方法也是比较原始的。据统计，含锌从 20.2% 到 26.4% 不等，平均为 23.2%；其余还有锡 0.35%～2.15%，铅 1.77%～4.26%，硫 0.053%～0.43%，铁 0.585%～0.93%，硅 0.043%～0.11%。所以，那两段铜锥都是成分不纯的黄铜。可能是富含铜锌的氧化共生矿在木炭燃烧的还原气氛下合成的。

北京钢铁学院冶金史组经过反复试验后认为"早期黄铜的出现是可能的，只要有铜锌矿存在的地方，原始冶炼（可能通过重熔）可以得到黄铜器物"。据山东省地质局提供的资料，潍坊、烟台、临沂等地区，铜锌或铜锌铅共生矿的资源是十分丰富的。胶东地区的福山县拥有铜锌共生矿，平度市发现含铅的铜锌共生矿，人们还在那里发现古代采矿、炼渣、炉衬材料等遗迹。五莲县 1958 年开采过含铅的铜锌矿床。日照开采的一些小矿山有铜锌共生的。此外，安丘、昌乐等地也都有这类共生矿在开采生产。严文明先生指出，"我国黄河流域的铜锌或铜锌铅共生矿比

---

[1] 中国社会科学院考古研究所：《胶县三里河》，文物出版社，1988 年。

[2] 山东省文物考古研究所、北京大学考古实习队：《山东栖霞杨家圈遗址发掘简报》，《史前研究》1984 年第 3 期；北京大学考古系、烟台市博物馆：《胶东考古》，文物出版社，2000 年。

[3] 北京钢铁学院冶金史组：《中国早期铜器的初步研究》，《考古学报》1981 年第 3 期。

较丰富，为早期冶炼黄铜提供了客观物质条件。锌的冶炼是很困难的，因为氧化锌被还原的最低温度是 904℃，而锌的沸点是 906℃，往往刚一还原就变成气体飞散。但金属铜的存在可使锌蒸气通过扩散作用熔解于铜，并降低铜的熔点，这样就可以得到黄铜"[1]。看来，三里河遗址的黄铜锥是在这样的条件下制成的。

岳石文化是继山东龙山文化而兴起的一种考古学文化，经碳 -14 测定年代为公元前 1600～前 1300 年。这一时期发现的铜器无论数量还是质量都较龙山文化时期有了较大的提高。中国社会科学院考古研究所与烟台市文管会发掘牟平赵格庄遗址时，在灰坑中发现一件铜锥（H37：29）。该铜锥基本完整，表面锈蚀较重。尖锋利，剖面近三棱形，长 6.2、径 0.5 厘米。经激光光谱分析含铜为大量，锡为中等，还有少量铁、银、铬和微量铅，是一种含杂质的锡青铜[2]。1990 年山东大学考古专业在沂源姑子坪遗址发掘时出土一件铜凿，形制呈方体斜刃，体积很小，系青铜质[3]。

山东大学在泗水尹家城遗址发掘中发现 14 件岳石文化时期的铜器[4]，这批铜器主要有镞、刀、锥、环和铜片等。其中镞 1 件（T219 ⑦：30）。锈蚀严重，镞身为扁体三角形，有后锋，圆锥状铤。长 63 厘米。刀 5 件。多为三角刀，双面刃。79F15：2，轻度锈蚀，平面近钝角三角形，短柄，双面刃。长 5.6 厘米。T198 ⑦：5，尖残，器体略厚，宽短柄，双面刃。残长 6.1、厚 0.3 厘米。T221 ⑦：21，器体扁薄，长尖微上翘，一侧有斜长刃。残长 79、宽 2、厚 0.2 厘米。T222 ⑦：45，器体扁平薄，平面呈长条形。一侧有单面刃。刃面极短。长 5.3、宽 0.65、厚 0.1 厘米。锥 2 件。T268 ⑦：4，三棱形锥，两侧面内凹，平顶，扁尖。长 6.1 厘米。T258 ⑦：7，锈蚀较甚，一端残。残长 3.4 厘米。环 1 件。T216 ⑦：27，保存较好，由韭叶状铜条弯成，接头处略宽，不固定衔接。长径 6.6、环体宽 0.4、厚 0.1 厘米。铜片 5 件。均为残片，条形，或为不规则薄片，表面均锈蚀。

这些铜制品，均为小件器物，其中以工具为主，形制较为简单，多为单面范铸成，反映了铸造技术的原始性。只有 2/3 的器物在铸造后进行了刃部、脊部或整体的锻打，有冷锻也有热锻，这是这批铜器较为突出的特点。经北京科技大学冶金史研究室鉴定，多数为铜、锡等合金的锡青铜，少数为铅青铜，还有一件砷铜。据地质部门介绍，在泗水县城关东南有铜矿，矿石有孔雀石等氧化矿存在。县南部有铜矿及铅矿床几处。县东北部的新泰县和莱芜县间也分布有铜矿和铅矿，其中铜矿由

[1] 严文明：《论中国的铜石并用时代》，《史前研究》1984年第1期。

[2] 中国社会科学院考古研究所山东队、烟台市文管会：《山东牟平赵格庄遗址》，《考古学报》1986年第4期。

[3] 任相宏：《沂源县姑子坪龙山文化至周代遗址》，《中国考古学年鉴·1990》，文物出版社，1991年。

[4] 山东大学历史系考古专业教研室：《泗水尹家城》，文物出版社，1990年。

新泰县开采，并发现老窿若干个。古代采矿遗迹被埋在 1～3 米的冲积层中。据泗水周围矿产资源分布，可以认为这批岳石文化的铜器可能是当地制造的。

岳石文化时期发现的铜制品，无论数量还是种类都较山东龙山文化时期增多，证明这一时期人们掌握了青铜冶炼技术，社会形态已经进入早期青铜时代。

3.中原地区

在中原地区，最早发现的铜制品是 1954 年河南郑州牛砦龙山文化遗址中出土的炼铜炉壁残片，而且中间还包含有一块铜。经北京钢铁学院化验，证明是铜、锡合金的青铜锈块 [1]。河南王城岗龙山文化遗址一个窖穴（H617）中出土了青铜鬶的腹底残片（H617：14），经北京钢铁学院中国冶金史组进行金相及扫描电子显微镜等测定，系含锡 7%、并含有一定量铅的青铜铸件 [2]。1975 年河南临汝煤山遗址 H28、H40 内发现了龙山文化时期的炼铜的坩埚残片 [3]，内壁保留有一层层的铜液。其中 H28 内的最大，长 5.3、宽 4.1、厚 2 厘米，周边翘起，中部内凹，坩埚壁厚约 1.4 厘米，上面保存附有六层冶铜液。H40 的冶铜坩埚残片上的铜液，据化验分析，含铜量95%，属于红铜。1980 年淮阳平粮台遗址 H15 近坑底发现一块铜渣 [4]，呈铜绿色，长 1.3 厘米，断面近方形，四边均为 0.8 厘米。

1983 年在山西襄汾陶寺遗址 M3296 内发现一件铜铃 [5]，铜器外面有清晰的布纹痕迹，可能在埋葬时包裹有丝麻织物。器表素面，器体横断面近似菱形，口部较大，顶部中间有一圆形小孔。经观察，孔系整器铸成后再加工钻成。器胎不匀称，顶部较薄。顶部和器壁各有一处不规则形的残痕和透孔，系浇铸中出现的缺陷。年代经碳 -14 测定（ZK1314），树轮校正年代为距今 3835±130 年（1885B.C.）。这件铜器经中国社会科学院考古研究所化验室进行化学定量分析，得知其含铜量为 97.86%、铅 1.54%、锌 0.16%，系纯度较高的红铜。这同遗址中出土的两件陶铃形制一致，为铃形铜器的时代提供了佐证。这件红铜铸造器，铸造方法已达到了可以铸造容器的高度，铜的纯度也较高。从冶炼和铸造铜器的技术看，当时的冶金铸造工艺已经有了一定的发展。

[1] 安金槐：《试论河南地区龙山文化的社会性质》，《中原文物》1989年第1期；河南省文化局文物工作队：《郑州牛砦龙山文化遗址发掘报告》，《考古学报》1958年第4期。

[2] 李先登：《王城岗遗址出土的铜器残片及其他》，《文物》1984年第11期；河南省文物考古研究所、中国历史博物馆考古部：《登封王城岗与阳城》，文物出版社，1992年。

[3] 中国社会科学院考古研究所河南二队：《河南临汝煤山遗址发掘报告》，《考古学报》1982年第4期。

[4] 河南省文物研究所、周口地区文化局文物科：《河南淮阳平粮台龙山文化城址试掘简报》，《文物》1983年第3期。

[5] 中国社会科学院考古研究所、临汾地区文化局：《山西陶寺遗址首次发现铜器》，《考古》1984年第12期。

河北唐山大城山龙山文化遗址中出土两件铜牌[1]，形状很像小型穿孔石斧。据清华大学化工分析组用光谱定性分析，其成分都以铜为主，并含少量银、铅、镁和微量铁、砷等杂质。中国科学院考古研究所化验室用化学分析，得知其含铜率分别为系冷锻的红铜刀，经化验，含铜99.33%～99.97%，另含锡0.17%，可见均是红铜。属于夏家店文化时期。由此说明，中原地区龙山文化遗址出土铜器非常普遍，看来这一地区在龙山文化时期已进入了青铜时代。

4.长江流域

近年来，在长江流域的安徽含山大城墩遗址第二期文化（T23⑭B∶214）中还出土了一件青铜刀，时代约相当于龙山文化时期。该刀略呈三角形，刃长3.8、柄长3厘米。出土时放在陶尊里面。经化验为锡青铜，由铸造成形[2]。在石家河文化中也发现了使用铜器和冶铜的证据[3]。湖北石家河罗家柏岭遗址地层中曾出土过5件铜器残片，地层中还出土有若干铜绿石块和锈蚀的铜渣。在邓家湾、肖家屋脊遗址石家河文化地层中，也发现有许多小块孔雀石、铜渣等遗物。1987年在邓家湾遗址春季发掘中，在石家河文化早期地层中发现一条长约15厘米保存较差的长条形铜绿。由于当地土壤为酸性，埋藏条件极差，已无法辨认其原始形状，估计很可能与金属兵器有关[4]。最近，在大规模遗址群发掘中发现的一些孔雀石块，经检验为铜矿石。由此推测，石家河文化已经普遍使用铜器，并且熟练掌握了铜器的冶炼技术。

二 早期铜器产生的历史条件

早期铜器包括红铜、青铜及黄铜。古代人类开始以天然铜锻制各种各样的小型工具或饰物，继而发明冶金技术。天然铜和早期冶炼的铜没有掺入其他金属，称紫铜或纯铜。这种铜质软性脆，呈红色，亦称红铜，是以铜为主，其他元素含量很少的铜。紫铜的塑性和耐蚀性都很好，但强度硬度较低，只适合制作不受力的用品或装饰品。后来，在铜中加入适量的锡以降低熔点，并改善硬度，即为锡青铜，通称青铜。"青铜是铜与锡的合金，其中锡占百分之三到十二。这种合金之所以特

---

[1] 河北省文物管理委员会：《河北唐山市大城山遗址发掘报告》，《考古学报》1995年第3期；安志敏：《中国早期铜器的几个问题》，《考古学报》1981年第3期；北京钢铁学院冶金史组：《中国早期铁器的初步研究》，《考古学报》1983年第3期。

[2] 张敬国：《含山大城墩遗址第四次发掘的主要收获》，《文物研究（第四期）》，黄山书社，1988年。

[3] 湖北省文物考古研究所、中国社会科学院考古研究所：《湖北石家河罗家柏岭新石器时代遗址》，《考古学报》1994年第2期；张绪球：《长江中游新石器时代文化概论》，湖北科学技术出版社，1992年；石家河考古队：《湖北天门市邓家湾遗址1992发掘简报》，《文物》1994年第4期。

[4] 樊力：《略论三苗及其文化在中华文明进程中的地位和作用》，《中原文物》1998年第1期。

殊，是因为和纯铜比起来它具有十分重要的优越性。青铜的硬度大大超过铜的硬度，可是它的熔点却低于铜的熔点（铜的熔点在1050℃～1330℃，青铜的熔点在800℃～1000℃）。青铜还有以下的特征：它具有化学稳定性，易于锻制，铸件时特别容易成形，容易得出锐利的锋口，最后，它也有美丽的外观。[1]"

在自然界，可以找到纯净的天然铜。如蕴藏在苏联的乌拉尔、费尔干以及北美苏比利尔湖区的特别丰富的天然铜矿层，早已被人发现。亚洲西南部业经证实在公元前第六到第五千年纪开始利用天然铜，中亚细亚一带利用天然铜，开始于同样早的时候。北美印第安人的若干部落和爱斯基摩人都知道如何对天然铜加工，他们利用天然铜制成装饰品和工具。在亚洲西南部，根据考古学资料，对于铜矿石的提炼和加工大约开始于公元前第五千年纪。在中亚细亚、印度和中国，开采铜矿的遗迹也属于很早的年代。在南欧和中欧，铜的提炼大约从公元前第三十纪中叶开始。最早的有关证据发现于塞浦路斯岛。在古代地中海和整个欧洲，塞浦路斯岛是最重要的产铜地之一。在欧洲，青铜约在公元前3500年最初出现，它是作为商品通过西班牙或巴尔干输入欧洲的[2]。

在各种金属中，铜是人类最先认识和使用的金属之一，是人类第一次采用化学方法，将天然的矿石熔化，铸造成各种各样的器皿。但铜矿石必须在较高温度下才能熔化，当时人们已经掌握了烧制陶器的经验，烧陶温度一般要达到950℃～1059℃，这与熔化铜矿石所要求的温度已经比较接近。为了能从矿石中冶炼出铜，人们把长期烧制陶器的生产经验用在冶铜上。铜的熔点要在1080℃，烧制陶器的温度一般在950℃，接近冶铜需要的温度了，这样就为冶铜炼铜矿石提供了重要的物质燃烧条件[3]。就自然条件而言，山东地区有较为丰富的铜矿资源。据地质矿产部门调查，山东铜铅锌共生矿及铜锌共生矿分布广泛，有着较厚的氧化矿带。更为重要的是氧化矿带附着于地表。这就为山东地区出现早期铜器的冶炼提供了先决条件[4]。

关于我国早期铜器的情况，古代文献中有许多这方面的记载。《左传》宣公三年："昔夏之方有德也，远方图物，贡金九牧，铸鼎象物，百物而为之备，使民知神奸。"《越绝书·卷第十一》说"禹穴之时，以铜为兵。"《史记·封禅书·第六》曰："皇帝作宝鼎三，象天、地、人。禹收九牧之金，铸鼎像物。"《史记·封禅书》载："黄帝采首山铜，铸鼎于荆山下。"《墨子·耕柱》："昔者夏后开使蜚廉采金于山川，而陶铸之于昆吾，是使翁难乙卜于目若之龟。"《黄帝内传》："帝既与西王母会于王屋，

[1] 柯斯文著、张锡彤译：《原始文化史纲》，人民出版社，1955年。

[2] 柯斯文著、张锡彤译：《原始文化史纲》，人民出版社，1955年。

[3] 杜洒松：《试谈我国原始社会的铜器》，《中原文物》1992年第2期。

[4] 西安冶金建筑学院：《有色金属冶金学》（一），《粗矿冶金》，西安，1981年内部发行。

乃铸大镜十二面，随月用之。"辑佚《世本》一书也有"以金作兵"的传说。

大量考古资料证明，上述古史传说还是可信的，这对于深入探讨我国早期铜器的起源与发展，具有一定的参考价值。

我国早期铜器的起源与发展，经历了漫长的发展过程，这一过程在山东地区表现得比较明显。如后李文化、北辛文化和大汶口文化早期阶段，由于当时社会生产力水平低下，手工业还没有从农业中分离出来，因而生产工具种类少，制作粗糙，墓葬中一般不用石质生产工具随葬，说明当时生产力水平不高，农业和家畜饲养业尚处在早期阶段，看来这一时期还不具备冶炼铜器的条件。

大汶口文化中期以后，随着农业、家畜饲养业的发展，社会生产力有了较大的提高，手工业逐渐从农业中分离出来，成为社会的独立生产部门，各种手工业生产相继发展起来，种类和数量逐渐增多，这就为早期铜器的冶炼提供了坚实的物质基础。人们在手工业生产活动中积累了丰富的实践经验，石器制作掌握了磨光和穿孔技术，玉器运用了切割、琢磨等技术。这就为金属制品的出现打下了基础。遗址中出土的大量陶器、石器、玉器、骨器、象牙雕刻等表明，当时已有专门人员从事各种手工业品的生产。如果不进行专业化生产，许多精致的手工业品是不可能制作出来的。生产工具方面，不仅有通体磨光的石器，还有一定数量的骨、角、牙器。石器制作精致，通体磨光，器形规整，刃口锋利，不仅有石斧、石铲、石刀、石镰等，还出现了骨铲、骨镰、蚌镰和鹿角鹤嘴锄等，说明生产工具的品种和数量都发生深刻的变化，制作技术有了很大的提高。石刀、石镰等作为收割庄稼的工具，数量增多，说明播种面积在不断扩大，收获量也有了大幅度的提高。农业工具的不断进步，大大提高了农业生产率，三里河遗址中大型窖穴和库房内，储存有体积达一立方米的粟，就充分说明了这个问题。

农业、家畜饲养业的发展，使社会生产力普遍提高，同时促进了手工业的专业化。许多绚丽多彩的工艺品，不仅种类繁多，而且数量大，制作精美，如大汶口墓地出土的穿孔玉铲、透雕象牙梳、象牙雕筒、镶嵌松绿石的骨雕筒以及野店遗址的单环、双环、四连环花形玉串饰等充分显示出当时手工业生产已日益多样化，同时也标志着手工业品的制作达到了更高的水平。这一时期生产力水平与社会发展均达到了这样的要求，即具有一定的农业、家畜饲养和其他手工业发展为前提，同时需要较多的氏族成员脱离农业劳动，专门从事制玉、象牙制品的生产，不然的话，像大汶口遗址的碧玉铲、象牙梳、骨雕筒等精美的工艺品，如果没有专业人员是根本制造不出来的。由此说明，大汶口文化晚期阶段，社会上已经出现一支能工巧匠的手工业队伍，这就为早期铜器的发明创造了条件。

陶器生产具有明显的阶段性，制作技术经历了从手制到慢轮再到快轮的发展过程。后李文化至大汶口文化早期阶段，陶器均为手制，火候低，质量差，器形不规整。其中刘林、大墩子遗址的陶器已经从手制发展到慢轮修整。中晚期又从手制轮修发展到快轮制作。陶车的发明和使用，是制陶手工业的一次革新，如临沂大范庄遗址出土的陶器底部一般都有轮旋时留下的痕迹。白陶的大量发现，标志着制陶业上的一个巨大进步。这种统称白陶的器皿，器物造型规整，胎薄，质硬，色泽有黄、白、粉等色。它是用坩子土制成的，经济南市趵突泉街金属熔炼铸造小组对白陶进行复制试验，窑温高达 1200℃~ 1400℃ [1]。在陶器生产中，尤其是烧窑技术的改进，从不用窑到用窑烧制；在用窑烧制上，从不密封到密封烧陶，以往对仰韶文化陶片烧成温度的测定是在摄氏 1100℃以上，有的甚至可达到 1300℃~ 1400℃，这为冶铜技术需要加高温创造了条件。也说明了制陶与冶炼金属有着密切的关系，我们常用"陶冶""陶铸"等词，也是反映了这个问题 [2]。《墨子·耕柱篇》:"陶铸之于昆吾"，就是指的铸铜，即用陶范铸造铜器。所以说，中国的青铜冶铸业是从制陶业中产生的。当时虽不能完全控制陶窑温度和气氛，但发明了先进的竖穴式窑，彩陶的烧成温度已达到 950℃~ 1050℃。在这样的技术条件下，采用含铜丰富的共生矿石，利用氧化木炭的低温还原法，在简易的炼炉中，也可以得到固态的或者熔团状的自然青铜 [3]。另外，从仰韶文化晚期陶片的玻化程度与硬度等情况来看，烧结得比较好，经测定，其红色与灰色陶片的烧成温度为 950℃~ 1050℃。通过对仰韶文化晚期陶窑结构与陶片烧成温度的测定，说明当时烧制陶器已能达到 950℃~ 1050℃的高温，那么，冶炼红铜所需的 1083℃的高温条件在当时业已达到。仰韶文化晚期冶铜所需的高温和还原焰这两个技术条件皆已具备了。因此，当时应已出现了红铜冶铸业 [4]。

山东龙山文化时期制陶技术更加完善。陶器生产普遍采用快轮制作，即拉坯与车制相结合的成型方法。特别是蛋壳陶的出现，说明制陶业发展到一个新的高度。这种器物均细泥黑陶，不含杂质，不使用羼和料。器壁厚 0.5 毫米左右，重量 50 ~ 70 克，且陶质细腻，造型优美，制作精细。堪称稀世瑰宝。刘敦愿先生曾考察过山东即墨西城汇村的传统黑陶制作工艺。其陶土系就地挖取的表层沙土和下层生黄土之间的黑泥。选择其中含量和黏度适中的作为原料，晒干打碎后，用水沤泡，足踩练熟，搓成泥条备用。其陶轮系木制，安放于坑中木轴上，由两人分别蹬轮和

[1] 山东省文物管理处、济南市博物馆：《大汶口——新石器时代墓葬发掘报告》，文物出版社，1974年。

[2] 吴汝祚：《探讨中华文明起源的几个有关问题》，《华夏考古》1995年第2期。

[3] 张子高：《中国化学史稿》古代之部，科学出版社，1964年；宋豫秦：《试析早期青铜的发生在中国文明诞生过程中的作用》，《郑州大学学报》1990年第3期。

[4] 李先登：《试论铜器在中国原始社会氏族阶段分期中的重要作用》，《文物研究（第一期）》，黄山书社，1985年。

制坯，并用卵石于器内外打磨。卵石用久后一面变平，和龙山文化遗址中经常发现的一种石器类同。烧制时，先是敞开窑口，再封闭窑顶，慢火熏烧。熄火前将烟道封住焖烧，待降温后出窑。这样，在还原气氛下，二价铁的还原比值很高，使陶器渗碳变黑。看来，龙山文化的黑陶也是这样制成的[1]。由于掌握了氧化还原技术和高温焙烧方法，烧制的陶器色调基本一致，而且火候高，质地坚硬。章丘城子崖遗址出土的薄胎黑陶，经测定，烧成温度1000℃左右[2]，已经接近了铜器1083℃的熔点。在烧制的后期主要采用氧化焰，并从中发现了木炭，这可能是古代最早的木炭来源之一。木炭的发现使其比木柴有更高的烧燃温度，为铜的冶炼提供了燃料。另外，铜的氧化物所需要的燃烧温度要低于1083℃。众所周知，杂质会使金属的熔点降低。铜的氧化物进行冶炼，只需400℃的温度就可以达到；或者也可再高一些。这样的温度大大低于当时烧制陶器的温度。因此，山东龙山文化时期已经具备冶炼铜器的条件。所以说，山东地区是我国早期铜器产生和发展以及青铜器起源的中心之一[3]。

生产工具是衡量生产力发展水平的重要标志。山东龙山文化时期的石质生产工具，形状规整，制作更加精致，并能根据不同工具的需要选用合适的石料。一般采用先打后琢再磨光的制作工艺，穿孔采用琢钻和管钻的方式进行。石镰和蚌壳制作的蚌镰等。石质生产工具主要器形有铲、长方形双孔刀、镰、斧以及一些锛、凿等木器加工工具。蚌质生产工具有用厚蚌壳制成的刀、铲、镰等。收割工具的大量发现，从一个侧面反映了当时粮食收获量和农业生产水平的提高。

三里河遗址墓葬中鸟形、鸟头形玉饰，临朐西朱封遗址玉头（冠）饰、簪、玉矛，临沂湖台遗址的玉扁琮，大范庄遗址的玉璋，两城镇遗址的神兽纹玉锛（斧），丹土遗址的玉琮、玉璇玑等，均雕琢精致、造型优美，不仅反映了玉器制作具有相当高的程度。而且出现一批专门从事制陶、制石、冶铜的能工巧匠，使手工业变成独立的经济部门。由此说明，山东龙山文化时期，氏族内部已有一批专门从事制陶制石冶铜的能工巧匠，手工业变成了独立的经济部门，"如此多样的活动，已经不能由同一个人来进行了；于是发生了第二次大分工：手工业和农业分离了[4]。同时出现了一定规模的冶铜业。

在甘青地区的齐家文化时期生产力有了较大的发展，石质生产工具多为磨制，

[1] 刘敦愿：《论山东龙山文化陶器的技术和艺术》之附录《山东即墨西城汇村黑色陶器制作技术初步调查》，《山东大学学报（历史版）》1959年第3期。

[2] 周仁、张富康、郑永圃：《我国黄河流域新石器时代和殷周时代制陶的科学总结》，《考古学报》1964年第1期。

[3] 王韩钢、侯宁彬：《试论中国古代青铜器的起源》，《考古与文物》1991年第2期。

[4] 恩格斯：《家庭、私有制和国家的起源》，人民出版社，1972年，第160页。

选材上已采用硬度较高的玉料来制作，玉铲、锛、凿等非常精致，通体磨光，器形规整，刃口锋利。齐家文化使用铜器比较普遍，遗址中发现一些用红铜制作的刀、锥、凿等小型工具，秦魏家遗址则发现了铜斧。这是生产力发展的重要标志。农业和畜牧业的发展，社会生产力得到普遍提高，促进了手工业的专门化。娘娘台遗址出土的大量玉璧和石璧，采用玉料和大理石制作，最大的直径达 30 多厘米。制作如此多的璧，应有一部分具有专门技术的工匠来承担，不然是生产不出来的。因此，有人认为，齐家文化已不是新石器时代，也不是铜石并用时代，而应该属于青铜时代[1]。

在湖北石家河程徐埫遗址中出土了大量半成品石料，罗家柏岭遗址在石家河文化层出土百余件陶纺轮以及制作玉、石器的建筑遗迹，表明石家河文化时期制陶、纺织、制玉石器等手工业都有了较大的发展。

由此推断，这一时期不仅能制造小件铜器，而且也能生产青铜礼器，只是目前尚未发现而已。礼器作为社会权力的象征。表现在青铜后面的是人与人之间的关系。青铜礼器应是文明时代日益发展的产物。这说明礼器在人们的生活中占据着非常重要的位置。冶铜技术的发展使礼仪之邦的礼器获得了拓展，使礼制和祭祀获得了升华和独占。自此之后，掌握和控制冶铜业，不仅仅是掌握一项先进的技术，实际上已掌握了一项重要的政治权力工具，掌握和控制了更高级的宴饮和祭祀之权，这样，再加上铜制武器的作用，中国古代"国之大事，在祀与戎"就和冶铜业须臾不可分离了。同时，奠定了夏商周时期青铜文化的坚实基础。

铜器的萌芽与产生，是人类历史上的一个重大进步，是与当时社会生产力水平相联系的。它标志着手工业生产专门化已经出现，与这一技术进步相关联的是冶铜业生产的专门化。因为青铜冶铸是一个综合性很强的生产部门，工艺非常复杂，需要多种技能和工序的配合，这就必须有一部分社会成员脱离其他生产活动进行专业性生产，专门从事金属手工业的生产。大体上，首先要通过找矿、采矿、选矿、破碎、运输、筑炉、燃料整备、熔炼制型、得到一定纯度的金属，然后进行铸锭、锻打、熔铸、加工成形等一系列工艺过程，技术要求高，生产周期又长，还经常需要从其他部落甚至远方得到矿物原料。他们通过生产实践，摸索和总结了冶炼、铸造和热处理等一系列的冶金技术，这是生产力进一步发展的标志。由此说明，冶铜业的出现，绝不是一种偶然性的行为，而是一项有组织有计划的专门性行业。需要多人参加，专人组织、并要有掌握一定技术的人员进行统一协调。包括采矿、选矿、铸造、修整、运输等等一系列复杂的工序，并锻炼出一批熟练的操纵者。如果没有一个强制性的组织机构是不行的。所以，冶铜业成了一种专门化的手工业，它标志着当时

---

[1] 陈戈、贾梅仙：《齐家文化应属青铜时代》，《考古与文物》1990年第3期。

农业和手工业的专门化生产有了很大的提高。同时，冶金术（青铜）的出现，也意味着阶级的存在和国家的产生。正如英国考古学家吴莱在《人类历史——文化与科学的发展》一书中指出的："冶金术的发明把人类从野蛮推向文明。"

三 早期铜器对文明进程的影响

农业是整个古代世界具有决定意义的生产部门。农业劳动，"是使其他一切部门所以能够独立化的基础[1]。"农业生产的提高，使社会财富急剧增长，这不仅为各种手工业提供了雄厚的物质基础，促使手工业从农业中分离出来，成为独立的生产部门，而且加速了贫富之间的两极分化，剥削者与被剥削者、统治者与被统治者之间的严重对立由此开始了。

随着社会生产力的进一步提高，私有财产和贫富差别的出现，以及商品交换的发展，引起了社会内部一系列的变革。以冶铜业为标志的社会生产力的新发展，促使社会组织发生了重大的变化。由于贫富分化的不断加剧，氏族内部和氏族之间的矛盾在逐渐加剧。到大汶口文化晚期阶段，由于生产力的发展，物质产品日益丰富起来，除维持日常生活外，开始出现剩余，社会开始分裂为穷人和富人，贵族和平民，他们之间的分化日益明显。使部分人可以不通过等价交换，而采用暴力方式来获取他人的剩余劳动成为可能。

泰安大汶口遗址[2]墓葬规模、有无葬具和随葬品的多少优劣等有明显差别，大墓有棺或椁，随葬品达100件以上，除陶器，还有精美玉器和象牙雕刻器等；其中最精致的黑陶、白陶、彩陶以及玉器、象牙器、鳄鱼鳞板、镶嵌绿松石的骨雕筒等都出现在大墓当中。中型墓仅少数有葬具，随葬品十几件至几十件不等。小墓无葬具，随葬几件或没有随葬品。表明当时氏族内部已存在贫富分化，而且出现了身份地位上的差别。至于大汶口墓10出土的绿松石、玉器、象牙器等贵重物品，不仅是少数人享用的高级奢侈品，而且成为墓主人权力、身份、地位和财富的象征物。这种现象正是私有财产业已发生、阶级开始出现的重要例证。

山东龙山文化时期社会经济得到了很大的发展，原始农业、家畜饲养业和各种手工业都有了巨大的进步，这是社会向前发展的一次飞跃，生产力水平以冶铜业出现为标志，进入崭新的时代。随着铜器的发明及其在生产、生活中的广泛应用，农业、畜牧业和各类手工业的生产效率大大提高，使整个社会发生了一次质的变化。

[1] 马克思：《剩余价值学说史》，人民出版社，1972年，第一卷第42页。
[2] 山东省文物管理处、济南市博物馆：《大汶口——新石器时代墓葬发掘报告》，文物出版社，1974年。

　　诸城呈子遗址[1]的大型墓葬都有二层台、木椁，随葬品质高量多，还随葬猪下颌骨和精美薄胎黑陶高柄杯。中型墓，葬具不普遍，墓穴略小，有较多随葬品，有的置高柄杯或猪下颌骨。小型墓，皆无葬具，随葬品数量少，质量低，一般不超过3件。有的墓穴仅容尸骨，既无葬具又无随葬品。

　　尹家城遗址[2]的65座墓葬有随葬品的39座，占60%，一无所有者26座，占40%，最大的墓室面积25.3平方米，二椁一棺，最小的只0.54平方米。有的墓葬还发现人骨被捆绑现象。随葬品多者40余件，少者1件，一般3～4件。墓葬内共随葬猪下颌骨118个，其中5座大墓占有102个，每墓平均20个，仅墓138就达38个之多。西朱封遗址[3]的3座大墓，其中两座为两椁一棺，1座为一椁一棺，棺椁上均有彩绘。这些墓葬，墓坑规模大，随葬器物丰富，多放边箱和脚箱内，有的在棺椁间或棺内。主要有大批陶器和一些玉、石、骨、牙器等，还有大量彩绘木器残迹。陶器中有精美的蛋壳陶杯、黑陶罍等。玉器中有象征权威的钺，还有玉头（冠）饰、刀和簪等。而有些小墓的死者几乎一无所有，这种富有者大墓与贫穷者小墓之间的明显差别，是死者生前占有财产的重要记录、财富和地位的反映。

　　齐家文化时期，由于冶金业的出现，生产力有了进一步的提高，加速了手工业与农业的分工，由此导致了氏族内部的深刻变化，在氏族内部出现了财产占有的不平等。这种不平等，墓葬中可以找到许多这方面的例证。

　　武威皇娘娘台遗址墓葬中随葬的陶器少者1件，多者37件，一般在10件左右。在24座随葬玉、石璧的墓葬当中，少者1件，最多者83件。如墓48，墓穴宏大，随葬品达90余件。还有白色和绿色的小石子300余粒，而墓79的主人则葬于废弃的窖穴中，无任何随葬品。秦魏家遗址墓葬的随葬品在数量和种类方面也有较大的悬殊，在46座墓葬中、随葬猪下颌骨总数达430块，少的一块，多的68块。墓葬中出现的这种差别，反映了死者生前贫富差别和所处社会地位的不同。合葬墓中均男左女右，男子居于墓内正中，为仰身直肢，女子则侧身屈肢于其旁，面向男子。反映出一夫一妻制的婚姻形态已经确立，男子在社会上享有崇高威望，在家中则居于统治地位，而女子不仅屈从和依附于男子，且处于被奴役和被压迫的地位。另外，在一些乱葬墓中，很少有随葬品，有的死者身首分离，有的则骨骼凌乱，有的似作挣扎状，葬式没有一定规律，反映出死者的身份和地位是非常低下的。

　　[1]　昌潍地区文物管理组、诸城县博物馆：《山东诸城呈子遗址发掘报告》，《考古学报》1980年第3期。

　　[2]　山东大学历史系考古专业教研室：《泗水尹家城》，文物出版社，1990年。

　　[3]　山东省文物考古研究所、临朐县文物保管所：《临朐县西朱封龙山文化重椁墓的清理》，《海岱考古（第一辑）》，山东大学出版社，1989年；中国社会科学院考古研究所山东工作队：《山东临朐朱封龙山文化墓葬》，《考古》1990年第7期。

　　如中原地区的山西陶寺墓地 1000 多座墓葬 [1]，大墓多使用木质葬具，棺内铺朱砂，随葬品有陶鼓、鼍鼓、特磬、彩绘木案、俎、仓、龙盘、匣盘、豆、"仓形器"、彩绘陶器、玉钺、成套石斧、石锛、石镞、整猪骨架等一二百件。反映了墓主人所拥有的特权和大量的社会财富。中型墓也有木质葬具，随葬品较大型墓减少，也有一些彩绘和木器和玉、石饰件。这些墓的主人可能属于中、小贵族。而 87% 以上的小型墓，墓圹狭小，墓长一般 2、宽仅 0.5 米，既无葬具，又无随葬品。据统计，大型墓仅占 1% 多些，中型墓占不到 12%，而小墓约占 87%，这种等级分明现象，正是当时社会分化的有力明证。特别是一些大墓，随葬的大量彩绘木器、彩绘陶器和玉、石骨、蚌器。尤其是彩绘龙纹陶盘、大石磬、玉钺和成对鼍鼓等，是墓主人特殊身份的标志物和显贵社会地位的象征。

　　在河南龙山文化中已发现了登封王城岗、淮阳平粮台、安阳后冈、郾城郝家台、新密古城寨、辉县孟庄等古城址。较大的主要是辉县孟庄城址，面积达 20 余万平方米。最小的平粮台城址面积仅有 3.5 万平方米 [2]。该城址略呈方形，每边长约 185 米，南墙正中有城门，城门两边设有门房，门道正中有陶质地下排水管。城内房子及门房均系土坯砌筑，每房三四间不等，有的还有夯土台基，有的房子还有走廊。城内发现有铜渣和陶窑。可以断定这种城址绝非一般村落的寨墙，而是专为贵族所居的设施。"显然不单纯是一个军事城堡，而可能是一个经济和社会权力的中心。[3]"

　　另外，在王城岗城址还发现 20 余个用人奠基的奠基坑，是把人填埋在夯土建筑基址的夯土内或夯土坑底部，其中有男女成年人、青年人和幼童。每个奠基坑填埋骨架不同，多者 7 人、少者 2 人或 3 人，也有填埋解体人骨或几个人头的现象，说明当时社会已经发生了阶级分化 [4]。这些奠基坑内死者的身份，无疑属于当时的奴隶。应属于非正常死亡，"可能是被杀害或活埋的俘虏，有的也可能是妾奴，死后被埋进去的 [5]。"另外，在城内陶器上还发现了刻划文字。所有这些，都说明河南龙山文化晚期进入了文明时代，已经进入阶级社会。因此，有学者认为在河南龙山文化中晚期，已经是处于奴隶制社会的发展阶段。

　　良渚文化的墓葬多在为人工堆筑的高台地上，从墓地堆筑营造规模、墓葬规格、随葬品丰厚判断，这里应是部落显贵者们的茔地。如反山墓地，仅动土可达二万方

　　[1]　中国社会科学院考古研究所山西工作队：《山西襄汾陶寺遗址发掘简报》，《考古》1980年第1期；《1978～1980年山西襄汾陶寺墓地发掘简报》，《考古》1983年第1期。

　　[2]　河南省文物研究所、周口地区文化局文物科：《河南淮阳平粮台龙山文化城址试掘简报》，《文物》1983年第3期。

　　[3]　严文明：《中国新石器时代聚落形态的考察》，《庆祝苏秉琦考古五十五年论文集》，文物出版社，1989年。

　　[4]　河南省文物研究所、中国历史博物馆考古部：《登封王城岗遗址的发掘》，《文物》1983年第3期。

　　[5]　中国社会科学院考古研究所：《新中国的考古发现与研究》，文物出版社，1984年。

以上，能够驱使大量劳动力构筑如此规模的墓地，绝非一般氏族成员，看来墓主人已经成为凌驾于一般氏族成员之上的特权阶层。反山遗址[1]的墓14随葬品多达260件（组），墓17多达106件。其中玉器占绝大多数，有斧、钺、琮、璧、环及用于仪仗的玉杖首等。福泉山遗址的墓葬都有石、陶、玉等，个别还用象牙雕刻器随葬。其中墓2随葬器物170件，墓5达126件，墓6出土玉、石、牙、陶器119件。然而一些中小墓葬，一般不挖墓穴，多系平地堆土掩埋，无葬具，随葬品不多，有者仅1、2件陶器。看来，不同墓地之间存在着明显的等级差别。赵陵山遗址墓77，随葬品160多件，其中玉器128件，有琮、瑗、镯、各种形状玉饰及簪、珠管，其中透雕玉饰，制作极为精巧，堪称珍品。突出地说明了墓主人生前显赫的身份权力和崇高的威望。寺墩遗址[2]是良渚文化时期一处氏族显贵及其家庭成员的墓地。如墓3，墓主人是位20岁左右的青年男子，随葬品有陶制生活用具，玉石制生产工具、玉制装饰品和玉制礼器璧琮，共达一百多件，墓内铺琮叠璧，绚丽壮观。24件玉璧，大小不一，分置头前脚后，身体上下，其中最精致的一件直径26厘米。32件玉琮环绕墓主一周。左侧上肢旁有一件精致的玉钺，其前端有冠饰，后方稍远处有端饰，全长68厘米，木柄虽然已腐朽不存，但存朱红色残块及20多粒玉粒等镶嵌物。另外，还有篮纹簋、高座豆、篦纹盘、贯耳壶等陶器。琮、璧、钺等玉器是象征神权、王权、兵权的礼器，一座墓葬中随葬数量之多，足见墓主生前极为尊贵，反映出当时社会已经形成严格的礼仪制度，社会形态发生了质的变化。这座玉殓葬大墓，对于探索古代文明的起源具有重要研究价值。又如墓5，墓内北端置丁字足鼎、竹节座豆、高颈贯耳壶等陶器，随葬重要玉器有琮2、璧1、钺1、带钩2，还有数十件珠、管、锥形坠组合的项链。所有玉器，或质地晶莹润泽，或受沁色彩斑斓，皆做工精致。玉璧直径29厘米；玉琮，长32厘米，分为11节，精刻44个人纹，是玉质最佳的1件。胸部左侧的玉琮，上下节饰人面，中间为兽面纹，为剔地浅浮雕，是件精美的微雕玉器。说明良渚文化的琢玉工艺已具有相当高的水平，无疑当时已有一批专门玉工长期从事琢玉工艺，琢玉已成为独立的生产部门。寺墩遗址良渚文化墓葬中随葬的玉器，尤以玉璧和玉琮为主，据《周礼》中"苍璧礼天""黄琮礼地""璧琮以敛尸"的记载，说明璧、琮是古代人类用来祭祀天地的礼器，也是死者身份地位的象征。可见，良渚文化、齐家文化、龙山文化时期社会上已经出现了一批凌驾于一般氏族成员之上的特权阶层或集团成员，这些具有祭祀天地特权的部族显贵，

[1] 浙江省文物考古研究所：《浙江余杭反山发现良渚文化墓地》，《文物》1986年第10期；浙江省文物考古研究所反山考古队：《浙江余杭反山良渚墓地发掘简报》，《文物》1988年第1期。

[2] 王奇志、王岳群、唐星良：《良渚文化考古获重要成果》，《中国文物报》1995年6月25日；南京博物院：《1982年江苏常州武进寺墩遗址的发掘》，《考古》1984年第2期。

"实际上已成为最早的剥削阶级——奴隶主。[1]"他们不仅拥有巨大财富，而且拥有至高无上的权力，这就为剥削他人劳动提供了条件，由此促进了阶级分化的进程，破坏了部落、氏族组织原有的公有制，加速了氏族制度的瓦解，最终导致了国家的诞生。

四　结语

综上可以看出，我国早期铜器的发明与应用是相当普遍的，从黄河上游的甘青地区，到黄河中下游的河南、河北和山东地区，曾多次发现与铜制品或与冶铜有关的遗迹、遗物。这些发现，对当时社会生产力的发展起到重要的推动作用，也是社会向前发展的一次飞跃。它犹如一颗灿烂的新星，在中国古代冶金史上写下了光辉的篇章，将永远放射出灿烂的光辉。大量考古资料证明，铜器的产生是人类社会从野蛮时代到文明社会的重要标志，它不仅是中国文化的重要遗产，而且也是世界青铜文化中的瑰宝。特别是我国古代先民在冶金技术方面所具有的杰出成就，不仅对于促进我国古代农业与畜牧业、农业与手工业的分工发挥了巨大的作用，同时对中国古代文明的起源和世界文明的发展也作出了巨大贡献，因此，探讨中国早期铜器在文明进程中的地位，无疑具有非常重要的学术价值。

原载《南方文物》2007 年第 4 期

[1]　汪遵国：《良渚文化的玉殓葬》，南京博物院集刊，1984年。

中国史前战争初论

关于中国史前战争问题，是一个重大的学术课题。战争的产生是人类社会发展到一定历史阶段的产物，与生产力发展水平、所有制的产生相联系。战争是"一个……自然形成的集体的最原始的劳动形式之一，既用以保护财产，又用以获得财产"[1]。"私有制引起了战争，并且永远引起战争。"[2] 上述论断对于我们正确理解古代战争的缘起与发展奠定了理论基础。笔者拟在前人研究的基础上，利用考古学、民族学和古史传说等有关资料，对中国史前战争问题进行初步考察，并就战争在中国古代文明形成中的意义和作用发表浅见。

一 乱葬坑所反映的战争信息

原始社会，氏族部落之间为争夺猎物和财产发生的武装冲突，开始多具有血族复仇性质，冲突中产生的大批非正常死亡者，既有本氏族成员，也有敌对氏族成员和俘获后杀害的敌方氏族的成员。这种现象，在我国许多考古学文化中均有反映。发掘中清理的一些乱葬坑中，多数没有随葬品，有的埋葬一人，也有二三人乃至六七个人，从性别年龄看，多为青壮年，有的男女老少多人共埋在同一坑穴里，有的肢体残缺不全，有的躯体弯曲，四肢交叉，互相叠压，呈被捆绑过的姿态，形状十分悲惨，充分说明部落之间武装冲突的有关情况。

青海民和阳山遗址[3]M230是一座合葬墓，其中骨架（2）为25～30岁成年男性，其骨上方及枕骨处有利器砍伤痕迹，伤痕深入颈骨，且未见愈合迹象。由于伤痕散乱，且偏于头侧，显然是活着被砍伤致死。M70，男性，35～45岁，头骨上多处被利器砍伤，系谋杀致死。M73为45岁左右男性，头骨上有圆形小孔，周围

---

[1] 马克思：《资本主义生产以前各社会形态》，人民出版社，1956年，第27页。

[2] 列宁：《在全俄哥萨克劳动者第一次代表大会上的报告》（1920年3月1日），《列宁全集》，第30卷第360页。

[3] 青海省文物考古研究所：《民和阳山》，文物出版社，1990年。

无愈合迹象，显然是因此而死。柳湾齐家文化墓葬[1]有的人骨架不全，不是有头无身，就是有身无头，或四肢残缺，或身首分离，如 M952 两手斜放在腰部似捆绑状，下肢骨被砍断后，倒置于两股骨间。这些死者有的使用葬具也有随葬品，有的则一无所有。陕西宝鸡北首岭遗址[2] M17 为成年男性，无头骨，头部位置放着一个画有黑彩符号的尖底陶器，看来是用来代替失去之头颅的，膝部陶罐下压着整排的骨镞。M4 死者是 40 岁左右男子，除随葬陶器外，身旁还放着一束骨镞，大约有 80 枚，说明死者生前是一个勇敢善射的人。

湖北中堡岛遗址[3]一个大溪文化时期氏族械斗的乱葬坑（M3），坑内埋 7 具年龄 20～40 岁男性个体。人体叠压在一起，骨架支离破碎，尸骨凌乱，个体均不完整，有的缺上肢，有的无下肢，仅半个身子，多数不见头骨，所见残破头骨也是身首异处。墓内无随葬品，且埋葬错乱无序，看来系非正常死亡所进行的埋葬。

元谋大墩子遗址[4]，也发现一些械斗中死去的氏族成员墓葬，看来属于非正常死亡。死者大多是青壮年，墓中断肢、大石压身和身中石镞的比例很大。据统计，有 8 座墓葬人骨架带有石镞，且均为打入体内者，而非随葬品，当是死者生前被射击的结果。有的石镞穿透胸、腹部位，有的常常是被密集地射中 10 多箭，明显看出部分墓主人是中箭身亡，有的骨架上还压着大石块。如 M3 是青年男子，年龄 20～25 岁，胸部至少中 12 箭，右颧骨和骶骨各射入一件石镞，大多数箭上的石镞仅射入肌肉，也有的穿透肌肉而射入骨质。说明该青年是死在乱箭下。M8 死者双手前拱，似捆绑状，生前胸、腹部位分别射入 10 余件石镞。M17 死者是青年女性，脊椎骨附近有箭镞 4 支，其中一支尖端保留在第 7 胸椎之间，看来死者也是中箭身亡的。桂林甑皮岩遗址[5]，至少有四具头骨上明显遗留人工伤痕，已成条形缺口、三角形空洞或马鞍形的骨壁下陷区，可能是被击致死的。另外，发现的 18 具人骨中还有 6 人头骨穿孔。石峡遗址[6] M70 是一座大墓，长 3.1、宽 11 米，仰身直肢，墓主为 40 岁女性，其前额有一道愈合的伤痕，左部有穿孔的伤洞。

[1] 青海省文物管理处考古队、中国社会科学院考古研究所：《青海柳湾—乐都柳湾原始社会墓地》，文物出版社，1984年。

[2] 中国社会科学院考古研究所：《宝鸡北首岭》，文物出版社，1983年。

[3] 国家文物局三峡考古队：《朝天嘴与中堡岛》，文物出版社，2001年。

[4] 云南博物馆：《元谋大墩子新石器时代遗址》，《考古学报》1977年第1期。

[5] 广西壮族自治区文物工作队、桂林市革命委员会文物管理委员会：《广西桂林甑皮岩洞穴遗址的试掘》，《考古》1976年第3期。

[6] 广东省博物馆、曲江县文化局石峡发掘小组：《广东省曲江石峡墓葬发掘简报》，《文物》1978年第7期。

洛阳王湾遗址[1]流行所谓"丛葬坑"，常在废弃的水井、窖穴和地层中埋葬有人骨架，有成年男女、老人和孩子。骨架多凌乱，有的身首分离，肢体残缺，有的则砍手断足，其砍截痕迹清楚，还有的表现出明显的挣扎状。王城岗遗址发现20多个埋人骨的奠基坑。每坑多则7人，少则2～3人，有的只埋解体的肢骨或头骨。邓州八里岗遗址灰坑中发现人骨架腹部保留一枚石镞，可能属于非正常死亡。小潘沟遗址9座墓葬多肢体残缺不全呈挣扎状。其中M3腹部以上骨骼全无，断处规整。邯郸涧沟龙山文化遗址[2]一个圆形袋状坑内埋10具人骨架，7个成年（5男2女），3个小孩。其中一位30～40岁男性上有6处伤痕，其中一处在前囟处，似用不甚锋利的工具所砍，应为致命伤。9具人骨上有清晰的斧砍伤痕和剥头皮的刀割痕。死者都是中青年，没有老年和小孩。有一水井废弃后埋有5层人骨架，其中有男有女，有老有少，作挣扎状。在一座房基内发现4具人头骨有砍伤痕迹与剥皮痕，显然系砍死后又经剥皮的。这么多人同时被杀害，大概是一次血族复仇所造成的惨剧。山西绛县史前墓葬中死者头部发现有箭、石镞射入鼻骨的例证。

邳县大墩子遗址[3]M316，死者为中年男性，身高1.64米。在左股骨上，发现被骨射伤痕迹，三角骨镞残段长3.4厘米，射入骨质达2.7厘米，骨镞尚留在骨内。赵陵山遗址[4]发现一批以青少年为杀殉牺牲及人殉的墓葬，半数下肢被砍去，有的双腿被砍去，有的身首异处，仅见人头，而无人骨架。马桥遗址12座良渚文化墓葬[5]，其中ⅠM5为45～50岁女性，人骨左胸部有1件石镞，镞锋斜插入肋骨。

枣庄建新遗址[6]两座大汶口文化墓葬和一个龙山文化灰坑中死者颅骨上见到圆形穿孔现象。M18，成年男性，20～25岁，共有两个穿孔。M80为成年女性，20～25岁，穿孔在左侧顶骨。H69，死者为成年女性，25岁左右，穿孔在右侧额鳞眉弓稍上方。上述3例个体颅骨上的4个穿孔，轮廓均匀，边缘整齐，似为锐器洞穿所致。三里河遗址98座墓葬[7]，无头骨的9座，25座墓葬缺少左肢骨或左右两股骨，其中有缺少左臂骨或左右两臂骨的，有缺脊椎骨或肋骨的，有缺手指或脚趾骨的。如M2107死者被砍四刀致死，M2110死者头部两侧放置着鹿角刺、骨刺、

[1] 北京大学考古实习队：《洛阳王湾遗址发掘简报》，《考古》1961年第4期。
[2] 河北省文物管理处：《磁县下潘汪遗址发掘报告》，《考古学报》1975年第1期；北京大学河北省文化局、邯郸考古发掘队：《1957年邯郸发掘简报》，《考古》1959年第10期。
[3] 南京博物院：《江苏邳县四户镇大墩子遗址发掘报告》，《考古学报》1964年第2期；《江苏邳县大墩子遗址第二次发掘》，《考古学集刊·1》，中国社会科学出版社，1981年。
[4] 《昆山赵陵山良渚文化遗址》，《中国文物报》1993年1月17日。
[5] 上海市文物管理委员会：《马桥1993～1997发掘报告》，上海书画出版社，2002年。
[6] 山东省文物考古研究所、枣庄市文化局：《枣庄建新——新石器时代遗址发掘报告》，科学出版社，1996年。
[7] 中国社会科学院考古研究所：《胶县三里河》，文物出版社，1988年。

骨矛、石镞等，将武器放在头部随葬，可能与当时的战争有关。38 座龙山文化墓葬中，人骨不全的约占 2/5。这些非正常死亡者，一般认为是在当时部落林立、战争连绵不断的背景下形成的。

二　武器的出现与改进

原始社会，武器作为一种特殊工具，最早是从人类使用的棍棒、石刀、石球、石斧、弓箭等工具中分离出来的，多是木质和石质，也有以骨、蚌为原料的。马克思说："最古老的工具是些什么东西呢？是打猎的工具和捕鱼的工具，而前者同时又是武器。"[1]工具多是武器，武器和工具开始具有通用性，一件器具体现多种功能，"最初，工具和武器之间没有什么分化。不仅如此，在很长的时间内，原始的工具或武器还都或多或少地具有万能的性质，这就是说，它们可以用在各种用途上。工具和武器的分化，以及个别工具和武器之间多种形态的分化，乃是逐步形成的。"[2]周纬先生认为"原始人类，工兵不分，石器即石兵也，以石片斫物则为器，以石片格斗即为兵，故叙述石兵，应自叙述石器始，石器明则石兵亦明矣。"[3]考古发现中一些箭镞、矛头和弹丸等物品，不只是猎取野兽的工具，也包括用来对异族的进攻和抵抗的武器。说明工具和武器两者之间具有不可分割的关系。

（一）球类投掷器

石球在弓箭发明前，是一种杀伤力很强的投掷工具。它不仅制作方便，射程远，而且有很强的杀伤力。如磁山遗址[4]发现石球 132 件，石弹丸 6 件，陶弹丸 73 件；石球为扁圆体，直径在 5～7 厘米。半坡遗址[5]球类器物 567 件，其中石球 240 件，陶球 327 件。石球所用原料以花岗岩居多，次为石灰岩、燧石、玄武岩、片岩和石英石等。姜寨遗址[6]石球 6 件，石弹丸 83 件，陶球 26 件，陶弹丸 16 件。其中，大部分石球是小圆石磨制或把石料打成坯形后精磨而成，表面光滑，直径一般在1.2～4.2 厘米，大的 7 厘米以上。郑州大河村遗址[7]第 1～4 期文化中发现石球 35

[1]　《马克思恩格斯选集》，人民出版社，1972年，第3卷第513页。
[2]　柯斯文著：《原始文化史纲》，第56页，人民出版社，1955年。
[3]　周纬：《中国兵器史稿》，生活·读书·新知三联书店，1957年。
[4]　河北省文物管理处、邯郸市文物保管所：《河北武安磁山遗址》，《考古学报》1981年第3期。
[5]　中国科学院考古研究所、陕西省半坡博物馆：《西安半坡》，文物出版社，1963年。
[6]　半坡博物馆、陕西省考古研究所、临潼县博物馆：《姜寨—新石器时代遗址发掘报告》，文物出版社，1988年。
[7]　郑州市文物考古研究所：《郑州大河村》，科学出版社，2001年。

件，陶球 53 件，陶弹丸 36 件。河姆渡遗址[1]发现的石弹丸，形体小，不规整，直径多 1 厘米左右。姚官庄遗址[2]10 件陶弹丸，火候高，陶质硬，一般直径 1.2、个别直径为 3.7 厘米。尹家城遗址[3]的石球呈不规则卵圆形，用石英岩经打、琢制而成。内蒙古清水河岔河口仰韶文化遗址环壕聚落在宽大的围沟处，发现东、西两座寨门，门内侧堆放有许多状如铅球的石球，应为守御的武器。这些都反映了当时不同地区之间利用球类武器进行部落战争的情况。

（二）矛与镞

矛和镞可能为同源之器，其中镞为矛的派生之物，是用机械力代替人力投掷的矛。弓箭不仅是一种狩猎工具，它还是所有工具中最先进的武器，是新石器时代的象征。北美洲易洛魁人狩猎、捕鱼的工具主要是弓箭，也是战斗的武器。这就是黄帝《易·系辞》"弦木为弧，剡木为矢，弧矢之利，以威天下"时所使用的兵器。在原始社会史上，弓和箭起过最巨大的作用，一直到原始时期的末尾，它们始终是主要的武器。在原始人的诸般武器中，弓的射速极高，射程极远而又射力极强，特别是同矛和短矛比起来，就更加明显。由此证明，弓箭是一种高力学原理的复合工具，是人类智慧的结晶。

由于战争日益频繁，各个遗址镞数量增加。开始多用骨镞，因为镞是大量消耗的一种武器，当时磨制工艺不十分发达，而加工兽骨比精磨石器容易得多，所以只好大量制造和使用骨镞。箭镞，选材一般要经历由骨质到石质，形态由三角形扁体到三刃前锋并有尾铤的变化。据研究，"新石器时代中期，镞的发现数量一般不是很多，其中多为骨制，还有极少量蚌镞。骨镞一般带铤，宽扁而略显轻薄，穿透杀伤力可能相对较差。新石器时代晚期之初，镞的发现和数量似乎有增多的趋势，仍以骨镞占绝大多数，但存在着少量磨制石镞。晚期之末，石镞的数量比例明显增多，似有超过骨镞之势。进入龙山时代以来，石镞数量比例进一步增加，多磨制精细，结构更加合理，一般分锋、身、铤三个部分，镞身呈三棱形或菱形；骨镞形态多样，有三棱形、圆锥形、窄厚叶形等，穿透杀伤力可能都比较强。"[4]

磁山遗址骨镞 73 件、蚌镞 1 件。所见骨镞两端尖，横断面圆形[5]。北辛遗址 40

[1] 浙江省文物管理委员会、浙江省博物馆：《河姆渡遗址第一期发掘报告》，《考古学报》1978年第1期。

[2] 山东省文物考古研究所、山东省博物馆、中国社会科学院考古研究所山东队等：《山东姚官庄遗址发掘报告》，《文物资料丛刊·5》，文物出版社，1981年。

[3] 山东大学历史系考古专业教研室：《泗水尹家城》，文物出版社，1990年。

[4] 钱耀鹏：《史前武器及其军事学意义考察》，《文博》2000年第6期。

[5] 河北省文物管理处、邯郸市文物保管所：《河北武安磁山遗址》，《考古学报》1981年第3期。

件骨镞和 1 件蚌镞 [1]。姜寨遗址 58 件箭镞和 1 件矛头都是骨制品，仅 2 件矛头是石制品。北首岭遗址 431 件骨镞，大多完整，器形规整，制作精致。如 77M4，在右膝盖外侧旁横置一件精致穿孔石斧，其下盖一束骨镞，捆绑痕迹很清楚。另外，在骨架左胫骨上，裹附着一大束骨镞，大约有 80 多支。半坡遗址 288 件箭镞中 6 件为石制品，其余均为骨制品。这些镞样式多，制作精巧，非常锋利。河姆渡遗址出土骨镞 447 件，多利用剖开的动物肢骨制成，镞身粗壮，磨制精细。其中柳叶形最多。还发现 12 件硬木制成的木矛，器身修长，矛锋锐利，有的器身后段刻有凹口，可能是为了便于绑扎。王因遗址 [2] 发现石矛、骨矛和 70 件骨镞以及牙、蚌、角镞等。大汶口遗址 [3]22 座墓葬出土骨镞 50 件，多数尖端成锥形，另一端为扁薄短铤；第二三次发掘发现骨矛 41 件，多尖锋，扁平尾；骨镞 20 件，尖锋，扁平体，形式多样。野店遗址发现的 21 件矛头，质料有玉、石、骨（角）牙等，最长 36.2、短的 8.2 厘米。其中 M62 出土两组，M50 发现一组（6 件）；而 6 件骨镞形体比较小 [4]。

随着石器制作工艺的不断进步，到大汶口文化中、晚期至龙山文化时期，石器制作水平有了很大提高，磨制精细的石镞越来越多，使用亦日益普遍。陶寺遗址 [5]M3015 内有 110 多支成束的石镞，每组 10 ～ 22 支不等。这些石镞以薄片三角形无铤镞最多，菱形有铤镞次之。蚌镞磨制甚精，为圆锥状铤，镞身断面三角形，脊和两翼刻出血槽，一般长 7 厘米左右。石峡遗址 574 支石镞出土于 27 座墓葬中，占石器总数的一半以上。其中石镞 3 支以上的有 7 座，而 M104 随葬石镞达 120 支。这些石镞剖面呈菱形，多数有铤，形制多样，磨制精细。另外，19 座墓葬随葬穿孔石钺，几乎石镞多的墓葬都有石钺，说明石镞和石钺不是作为一般生产工具的组合，而是作为武器的标志。花厅遗址 M20，死者为成年男性，1 件精致石斧放置墓主腰腹部，1 件双孔石钺枕在头下，头部 1 件三孔石刀，在下肢左侧发现一组似捆绑放置的石镞，磨制光滑，制作精美，无使用痕迹 [6]。广富林遗址 [7] 石镞数量和形制较多，一般镞身为柳叶形，横截面为菱形，分为有铤和无铤两种。骨镞则出翼，有铤，磨制。好川墓地 [8] 发现石镞 95 件，占石器总数量的 2/3，还发现有仿铜石镞。龙岗

[1] 中国社会科学院考古研究所山东队、山东省滕县博物馆：《山东滕县北辛遗址发掘报告》，《考古学报》1984 年第 2 期。

[2] 中国社会科学院考古研究所：《山东王因——新石器时代遗址发掘报告》，科学出版社，2000 年。

[3] 山东省文物管理处、济南市博物馆：《大汶口——新石器时代墓葬发掘报告》，文物出版社，1974 年；山东省文物考古研究所：《大汶口续集——大汶口遗址第二、三次发掘报告》，科学出版社，1997 年。

[4] 山东省博物馆、山东省文物考古研究所：《邹县野店》，文物出版社，1985 年。

[5] 中国社会科学院考古研究所山西工作队：《山西襄汾陶寺遗址发掘简报》，《考古》1980 年第 1 期；《1978～1980 年山西襄汾陶寺墓地发掘简报》，《考古》1983 年第 1 期。

[6] 南京博物院：《花厅——新石器时代墓地发掘报告》，文物出版社，2003 年。

[7] 上海博物馆考古研究部：《上海松江区广富林遗址 1999～2000 年发掘简报》，《考古》2002 年第 10 期。

[8] 浙江省文物考古研究所、遂昌县文物管理委员会：《好川墓地》，文物出版社，2001 年。

寺遗址 [1] 的玉镞，其平面略呈柳叶形，器体扁薄，刃缘非常锋利。

呈子遗址 116 件石器中 28 件是镞，平面为桂叶形和柳叶形，扁锥形铤，剖面为菱形，磨制光滑，前锋锐利。骨器中镞的数量超过一半，53 件骨器 29 件是镞 [2]。姚官庄遗址 194 件石器 64 件是镞，质料有千枚岩、石灰岩，硬度在 4～5 度，且多数通体磨光，镞身中部起脊，边沿锋利，横断面呈菱形。在 50 件骨、角器中还发现 23 件角镞。西吴寺遗址 [3] 110 件石器，其中 68 件石镞，占石器总数的 61.8%。石料多为细粒石英砂岩、硅质板岩和泥质岩。还发现 16 件骨镞和 2 件骨矛。西朱封遗址 M203 有石镞 13 件、骨镞 5 件。平面呈桂叶形，断面菱形，长 7～10 厘米；骨镞，圆锥形，长 10.5～11.8 厘米。另外，在文物普查中还发现 13 件石镞、2 件石矛和 1 件骨镞。特别是 1 件玉矛，制作规整，磨制光滑，非常锋利。长 10.4、宽 2.8 厘米 [4]。尧王城遗址 [5] 石镞 21 件，骨镞仅 1 件。平面多桂叶形，锋锐，扁锥形铤，剖面菱形；少数前锋较长，粗长铤。鲁家口遗址大汶口文化镞 2 件，骨镞 4 件，蚌镞 3 件；龙山文化时期石镞达 28 件，石矛 1 件，骨镞 17 件，蚌镞 8 件。尹家城遗址 236 件石器，其中石镞 60 件，骨矛 4 件，骨镞 56 件，蚌镞 9 件。石镞多采用板状泥灰岩、蚀变闪长岩和千枚岩制成，式样复杂，种类繁多。骨镞通体磨光，前锋为三棱锥形。蚌镞是利用蚌壳较厚的边缘部分制成的。大量石箭镞的发现，是当时军事活动激烈的直接反映。说明它不仅是先进的狩猎工具，而且也是用于战斗的重要武器，曾一度对后世远程武器的使用产生了深远的影响。

（三）斧与钺

斧与钺历来界限不清。许慎《说文解字》曰："戉，大斧也"，段注："俗多金旁作钺"，《尚书·顾命》云："一人冕，执钺"，郑玄注："钺，大斧"，皆以斧为钺作注。由此看来，石钺可能是从穿孔扁平石斧演化而来，被当作生产工具使用，后来很快演变为武器和礼器，作为权力与威严的象征物。这类石钺长江流域最多，分布范围也很广，形制扁薄，背部中央有圆形穿孔，而石斧则厚重无穿孔。就资料看，最初的石钺，器形比较厚重，刃部使用痕迹明显，并且崩裂的豁口很大。这种使用痕迹只有在砍伐森林、树木等作用力较大的情况下才会出现，证明确实曾被作

[1] 陕西省考古研究所：《龙岗寺》，文物出版社，1990年。

[2] 昌潍地区文物管理组、诸城县博物馆：《山东诸城呈子遗址发掘报告》，《考古学报》1980年第3期。

[3] 国家文物局考古领队培训班：《兖州西吴寺》，文物出版社，1990年。

[4] 山东省文物考古研究所、临朐县文物保管所：《临朐县西朱封龙山文化重椁墓的清理》，《海岱考古（第一辑）》，山东大学出版社，1989年；中国社会科学院考古研究所山东工作队：《山东临朐朱封龙山文化墓葬》，《考古》1990年第7期。

[5] 临沂地区文物管理委员会、日照县图书馆：《日照尧王城龙山文化遗址试掘简报》，《史前研究》1985年第4期。

为生产工具使用。但作为生产工具的时间较短，很快变得非常扁薄，刃部也少使用痕迹，即使有使用痕迹，其崩裂豁口也比较小，显然不是在较大作用力撞击下形成的。随着时间的推移和社会的发展，被赋予了新的意义，石钺已慢慢失去最初作为生产工具的功能，而成为武器和礼器[1]。如陶寺遗址的石钺，均长方形，扁平磨光，一侧中部钻孔，以便缚柄，另一侧磨出双面刃。大多刃部很钝，不见使用痕迹，有的薄而窄长，似乎不是使用器，而属仪仗之类。M1363 内的石钺，横置于头部右侧，穿孔一端尚留有涂红彩的木柄痕迹。上海广富林遗址[2] 石钺一般放在死者胸部，有肩，扁平梯形，穿孔，刃微弧，磨制，刃口发现多处崩磕。器表留有制作时极细微的摩擦痕迹。有的穿孔上部呈现三周红色彩绘痕迹。汇观山遗址[3] 的石器，全部为钺，其中 M4 有 8 件，大多出土于死者身体一侧胸部以下至脚端部位。这些石钺，器形规整，器体宽磨制精细，器表光滑泛玻璃光泽，硬度较高，无明显刃角，多未开刃，而开刃的石钺都无使用痕迹。好川墓地石钺 11 件、玉钺 8 件。反山遗址[4] 出土的 5件玉钺，形制完整均匀，无使用痕迹，且质硬而脆，既不能砍劈，也不能斩杀，显然不是实用的工具或武器，应是武器的象征。54 件石钺有 49 件出土于随葬玉钺的墓葬中，M20 有石钺 24 件。这些石钺加工磨制尚精，但刃部厚钝，未开锋口，又无使用痕迹，看来不是实用的武器。这些石钺很可能是为表示对墓主的臣服而敬献的。反山遗址玉钺装饰华丽，又出于大墓，因此，不会是实用的武器或工具，应当同显示墓主人身份有关，是代表权力的权杖之类的物品。赵陵山遗址[5]M77 有 1 件最大的有肩石钺，体甚薄，平顶双面弧刃，正锋。表面磨光精致，肩部及圆孔周围有朱色和缚绳痕迹。在圆孔下斜置 1 件鸟兽组合图案，应为石钺的附加饰物。江苏金坛三星村遗址[6] 的石钺极精致，所附的骨质装饰上刻有精美的鸟纹，十分珍贵，这件石钺非一般的实用工具，应是一件专门表示权力、地位和身份的礼器。总之，玉钺的出现，标志着大墓的主人生前应是掌握某种较高权力的显贵人物。

　　甘肃齐家文化遗址所谓"多头石斧"，呈齿轮状，中部有孔，可安柄，既沉重，又锋利，具有较强的杀伤力。广东石峡遗址 32 件石钺，形体都较大，长身亚腰有锋利的梯形斜弧刃，竖长方形，器身扁薄，厚度一般在 1 厘米左右。有的用玉材制

[1]　傅宪国：《试论中国新石器时代石钺》，《考古》1985年第9期。

[2]　上海博物馆考古研究部：《上海松江区广富林遗址1999~2000年发掘简报》，《考古》2002年第10期。

[3]　浙江省文物考古研究所、余杭市文物管理委员会：《浙江余杭汇观山良渚文化祭坛与墓地发掘简报》，《文物》1997年第7期。

[4]　浙江省文物考古研究所：《浙江余杭反山发现良渚文化墓地》，《文物》1986年第10期；《浙江余杭反山良渚墓地发掘简报》，《文物》1988年第1期。

[5]　江苏省赵陵山考古队：《江苏昆山赵陵山遗址第一、二次发掘简报》，《东方文明之光》，海南国际新闻出版中心，1996年。

[6]　王根富：《金坛市三星村新石器时代遗址》，《中国考古学年鉴·1996》，文物出版社，1998年。

作，个别有肩石钺，其造型已与商周时期的铜钺十分接近。昙石山遗址还发现过仿金属的磨制双孔大凸刃石钺。

大汶口遗址 M25 的 6 件石钺，也应该是武器或礼器。三里河墓葬中石钺 20 件，多用硬度高的辉绿岩制成，平面略呈长方形，穿孔偏上，有的石质扁薄，不宜作生产工具，从遗留的把柄痕迹和石钺出土情况观察，与陵阳河遗址出土的一件陶尊上刻的原始象形字图像"戉"一致。尹家城遗址 22 件石钺，器体扁平，双面刃，通体磨制精细，近顶部穿单孔。另外，还发现 59 件岳石文化石钺。西朱封遗址 M203 随葬玉钺 3 件，其中一件为墨绿色，长方形，单孔，有肩；另一件乳白色，近方形，双孔。这 3 件玉钺均制作规整，磨制光滑，且没有砍削使用痕迹，可能作为军事权杖用品。墓葬中随葬玉钺，说明这是墓主生前身份等级、社会地位，并拥有一定社会支配权力的标志。玉钺多掌握在当时社会组织中的上层人物手中，玉钺的社会功能起到了"权杖"的作用。因为玉钺制作如此精美，又没有任何砍削使用痕迹，只能是仪仗礼仪之物。其宗教性与权威性更是显而易见。它应是权力与地位的象征物权杖类遗物。两城镇龙山文化遗址一件神兽纹玉锛[1]，长 18、刃宽 4.5、厚 0.85 厘米。玉料呈墨绿色，背端平直，磨制光滑，单面刃。此兽面纹以目纹为中心，这件玉锛非实用生产工具，而是玉制礼器，似为玉圭雏形。玉锛一端两面均阴刻神兽纹，一面目圆而小，上有冠饰，线条繁缛，另一面目圆而大，线条简练。两图案皆突出眼、鼻、口，线条纤细，行刀流畅，刚劲有力。兽面纹以目纹为中心，并以旋转的曲线围绕目纹展开，形象狰狞。所刻神兽纹与长江流域的良渚文化有某些相似之处。

肖家屋脊遗址[2] H357 一件陶罐上面刻画有人物图案，人像作站立状，方冠，冠上插羽，方口，直鼻，细颈，两臂平伸，右手似执一钺，两腿分开，双脚着靴，像一位军事指挥官。此外，在河南临汝阁村遗址发现的一件"鹳鱼石斧图"陶缸，是瓮棺葬的葬具。严文明先生认为"鹳鱼石斧图"陶缸很可能是一个"部落的酋长——多半是对建立联盟有功的第一位酋长"的瓮棺，图中"白鹳是死者本人所属氏族的图腾，鲢鱼则是敌对联盟中支配氏族的图腾"，而那把在图中位置突出又很讲究的石斧"绝不是一般人使用的普通劳动工具，而是同酋长身份相适应，既可实用，又可作为权力的东西，是酋长生前所用实物的写照。"[3] 莒县陵阳河遗址 M19 发现一件骨、牙雕筒，可能是旌旗类器物的柄饰，或称旄柄。旌旗一类器物与军事有关，在我国古代战争中，迄至周初，旌旗之属为军事统帅所掌握。《尚书·牧誓》中有"王左杖黄钺右秉白旄"的记载。除旄柄外，在死者腰间还随葬一件陶质牛角形号，颧

---

[1] 刘敦愿：《记两城镇遗址发现的两件石器》，《考古》192年第4期。

[2] 湖北省荆州博物馆、湖北省文物考古研究所、北京大学考古学系：《肖家屋脊》，文物出版社，1999年。

[3] 严文明：《鹳鱼石斧跋》，《文物》1981年第2期。

骨右侧置一石钺，体扁平，磨制极精，刃部锋利，无使用痕迹。石钺是砍杀类兵器，号角是发布命令之具，看来这两件器物与战争、征伐有关。据此分析 M19 墓主生前身份可能属于专职军事领袖一类人物。

文献记载，斧钺的礼仪和象征意义是很明确的。首先，王在布政议事、册命诸侯以及举行其他仪式时，一定要位于画有大斧钺的屏风前，如《礼仪·觐礼》："天子设斧于户牖之间，左右几，天子衮冕，负斧扆。"《逸周书·明堂》："天子之位，负斧扆，南面位。"显示了这种军权的神圣性和神授性。在礼仪仪仗用品中，有玉斧、玉锛、玉刀、玉钺等。玉斧是对石斧的礼仪化的产物，多为扁平穿孔梯形弧刃，制作精细，没有刃口，非实用器。"马家浜文化的石钺尚保持着生产工具或武器特质的话，从崧泽文化时期开始石钺则兼具使用性和礼仪性的双重功能，而玉钺自问世以来就扮演着标志权力的重要角色，那些镶嵌着精美玉质柄饰的玉钺更是权威崇高的突出标志。钺在长期发展的历程中不断异化着自己，从实用的工具或武器演化成为震慑社会大多数人的权杖。手持玉钺的酋领享受着操持石斧劳作人们的成果，同出于一源的器具，随着社会的演进彼此走到对立的位置。[1]

就武器而言，钺似乎很早就仪仗化，从形制、花纹并结合文献看，象征意义应大于使用价值。如《说文》引《司马法》云："夏执玄戉，殷执白戚，周左杖黄戉右秉白髦。"《诗·商颂·长发》："汤自把钺，以伐昆吾，逐伐桀。"《牧誓》说："（武）王左杖黄钺，右秉白旄以麾。"都把授钺、操钺作为掌握军队指挥权的象征，反映了钺并不完全是一般战斗中使用的兵器，而且是军力、权力和执行征伐任务的象征，是统帅军队的权杖。"斧钺这种东西，在古代本是一种兵器，也是用于大辟之刑的一种主要刑具。不过在特殊意义上来说，它又曾长期作为军事统帅权的象征物。""在斧钺作为王权的象征物之前，它本是军事民主制时期军事酋长的权杖。"[2]

三　环壕和城堡的产生

原始社会，为了争夺生存条件和血族复仇而爆发战争，部落之间为了保护他们的私有财产以及部落联盟的安全，氏族领袖或部落方国的首领往往在部落或部落联盟的聚居中心，设置壕沟、栅栏，挖沟筑城，于是城郭沟池类防御设施随之应运而生。"用石墙、城楼雉堞围绕着石造或砖造房屋的城市，已经成为部落或部落联盟的中心，同时也是危险增加和防卫需要增加的标志。""邻人的财富刺激了各民族的贪欲，获取财富已成为最重要的生活目的之一。他们是野蛮人：进行掠夺在他们看

---

[1]　杨晶：《长江下游地区玉钺之研究》，《东南文化》2001年第7期。

[2]　林沄：《说王》，《考古》1965年第6期。

来是比进行创造的劳动更容易甚至更荣誉的事情。以前进行战争，只是为了对侵犯进行报复，或者是为了扩大已经感到不够的领土；现在进行战争，则纯粹是为了掠夺，战争成为经常的职业了。"[1]

为了加强防御，不论部落还是氏族之间，都有壁垒森严的防卫措施。壕沟正是城堡出现前最有效的营地防卫设施，也是后来护城河的最初萌芽。目前，主要有半坡、姜寨、兴隆洼、八十垱等遗址。早期的环壕规模较小，深和宽一般不超过2米。随着防御的需要，壕沟不断加宽加深。如兴隆洼遗址[2]氏族聚落周围有一条不规则人工圆形围沟，现存口部宽1.5～2、沟深约1米。围沟周长约570米。围沟西北角留有一个宽4.6米的缺口，这是唯一的出入通道。为更好发挥沟壕的护围防御功能，推测在围沟内侧可能再竖立木桩编扎枝条形成栅栏。半坡遗址周围壕沟深5～6、宽6～8米，再用沟里的土筑成一道墙。姜寨遗址周围也有一条环绕在居住区北、东、南三面的壕沟，西面临河。这些壕沟边缘整齐，规模较小，走向规则，显然系人工挖成，壕沟各段之间不相连接，不能起排水作用。为加强瞭望，在壕沟内侧每隔一定距离盖一座小房子作为哨所。说明当时是非常重视防御功能的。磁县下潘汪龙山文化遗址发现两条形制相同的沟，其中一条沟壁整齐，沟口齐直，拐弯处呈圆角方形，仅发掘485米，这是龙山文化具有代表性的沟防设施。

随着日益激烈和频繁的战争，作为防御设施的城堡产生了，这是当时人类为了防御敌人的侵袭，保护人民财产最安全的建筑设施，同时，也是防御和进攻最为理想的人造工事。目前为止，我国已发现古城址大约30座，主要分布在河南、山东、湖南、湖北和内蒙古等省区。位于长江流域的古城主要有湖北天马石家河古城、阴湘城、马家垸古城、走马岭古城、湖南城头山等。这些城址有的方形，有的近似圆形或椭圆形。如城头山古城[3]，平面呈圆形，直径310米，面积7.65万平方米，由护城河、夯土城墙、东西北三个城门和城西南夯土台基等部分组成，保存完整，城墙现存高度达3米。石家河城址[4]，面积达100万平方米。这是我国目前发现城址中面积最大的一座，曾成为当时周围地区社会高度发达的文明中心。要修筑这样一座城址，需耗费大量的人力和物力，如果当时没有频繁的部落战争及相当严重的社会压力，是不可能花费浩大的劳动来进行修筑的，由此说明氏族部落之间武装冲突是非常残酷和激烈的。

[1] 恩格斯：《家庭、私有制和国家的起源》，人民出版社，1972年，第160～162页。
[2] 中国社会科学院考古研究所内蒙古工作队：《内蒙古敖汉旗兴隆洼遗址发掘简报》，《考古》1985年第10期。
[3] 湖南省文物考古研究所：《澧县城头山古城址1997～1998年度发掘简报》，《文物》1999年第6期。
[4] 张绪球：《屈家岭文化古城的发现和初步研究》，《考古》1994年第7期。

　　内蒙古的城址[1]，主要在凉城岱海地区周围、包头大青山南麓和准格尔以及清水河间南下黄河两岸。均以山坡用石头筑起围墙，皆不规整，因山坡的地形变化而不同。城墙多随山势建造，有方形、圆形、椭圆形，也有的略似三角形。有的由两座相连的城组成，个别也有三城相连。这些城不是四周都建城墙。在陡峭岩壁或临沟壑的一面，一般都未发现城墙，这种墙因地形变化而曲直不一，大多只在缓坡和较为平坦的地方才建城墙，以防御外来的攻击。老虎山城址，约13万平方米，其年代在公元前2800～前2300年。城墙先用砸实的黄土筑基，上面砌石头。在东北墙外有很深的冲沟，看来当时可能有护墙壕沟，城内沿山坡成排建筑房子。

　　中原地区，仰韶文化时期主要有郑州西山城址[2]。城址平面略近圆形，西墙垣残长约70、西北和北城垣长约180、东城垣残长50米，东、西城垣相距约200米，城内面积3万平方米左右。城垣建筑采用小板块夯筑法，厚4～8米，其外还有宽5～7.5、深4米左右围绕城垣的城壕，足见其防御森严。龙山文化城址有安阳后冈、登封王城岗、新密古城寨、淮阳平粮台、郾城郝家台、辉县孟庄和山西襄汾陶寺等。较大的是孟庄城址面积20余万平方米。最小的平粮台城址[3]，面积仅3.5万平方米。该城略呈方形，每边长约185米，南墙正中有城门，城门两边设有门房，门道正中有陶质地下排水管。城内房子及门房均系土坯砌筑，夯土台基，每房三四间不等，有的房子内有走廊。城内还发现铜渣和陶窑。可以断定这种城绝非一般村落的寨墙，而是专为贵族所居的设施。显然不单纯是一个军事城堡，有可能是一个经济和社会权力的中心。

　　山东地区的城址主要有五莲丹土、阳谷景阳冈、章丘城子崖、寿光边线王、邹平丁公、临淄桐林等。丹土城址[4]分为大汶口文化和龙山文化两个城圈。大汶口文化城址平面略呈椭圆形，东西长400余、南北宽近300米，城内面积9.5万平方米；城壕宽约10、口至底深约2.5米；城墙仅存墙基部分，墙体残宽约10、残高约1米，墙为分层堆筑，夯层较平整，每层厚0.10～0.20米。壕沟形状均敞口、平底、沟壁下部斜直、上部缓坡；城墙均在地表或早期城壕基础上堆筑，用土多是挖掘城壕时取出，沟内侧多有护坡。大汶口文化城墙之下有大汶口文化晚期灰坑，城墙又被大汶口文化末期的房基垫土、基槽和墓葬打破。年代可能在大汶口文化晚期偏晚阶段。城子崖城址[5]平面近方形，东南西三面城垣比较规整，北面城垣弯曲外凸，拐

　　[1]　田广金：《凉城县老虎山遗址1982～1983年发掘简报》，《内蒙古文物考古》1986年第4期。
　　[2]　张玉石、杨肇清：《新石器时代考古获重大发现——郑州西山仰韶晚期遗址面世》，《中国文物报》1995年9月10日。
　　[3]　河南省文物研究所、周口地区文化局文物科：《河南淮阳平粮台龙山文化城址试掘简报》，《文物》1983年第3期。
　　[4]　山东省文物考古研究所：《五莲丹土发现大汶口文化城址》，《中国文物报》2000年1月17日。
　　[5]　《城子崖遗址又有重大发现》，《中国文物报》1990年7月26日。

角呈弧形。城内东西宽约 430、南北最长 530 米，残存的城墙深埋于地表以下 2.5 ～ 5、残宽 8 ～ 13 米，城墙大多挖基槽，城内出土有精美的陶器和石器。

连云港藤花落城址 [1]，外城平面呈圆角长方形，由城墙、城壕、城门等组成。城周 1520、南北长 435、东西宽 325 米，面积 14 万平方米。墙体宽 21 ～ 25、残高 1.2 米。由堆筑和版筑相结合筑成。城墙中间有垄状墙芯，截面上部呈半圆形，底部为凹弧形，当是有意识开凿的墙芯浅基槽。外城墙外侧环绕城壕，宽 7.5 ～ 8、残深 0.8 米，弧壁、凹圜底。内城平面呈圆角方形，南北长 207 ～ 209、东西宽 190 ～ 200、城周长 806 米，面积约 4 万平方米。墙宽 14、残高 1.2 米。主要由版筑夯打而成，版筑块大小不一，厚薄不均。城内发现的房址分长方形单间、双间、多间排房、回字形房和圆形等，看来有明显的等级差别。

城堡的出现，是战争规模经常化和激烈化的产物，是长期进行残酷战争的必然结果，它伴随着残酷的掠夺性战争的出现而产生，是氏族和部落内部因贫富分化而导致的阶级日趋尖锐的真实写照，也是原始社会行将进入文明社会的一个重要标志。"在新的设防城市的周围屹立着高峻的墙壁并非无故：它们的壕沟深陷为氏族制度的墓穴，而它们的城楼已经耸入文明时代了……而整个氏族制度就转化为自己的对立物：它从一个自由处理自己事的部落组织转变为掠夺和压迫邻人的组织，而它的各机关也相应地从人民意志的工具转变为旨在反对自己人民的一个独立的统治和压迫机关了。"[2] 据研究，在以石器为主要工具的时代，要构筑像边线王这样的城堡，是一项非常复杂而繁重的大型工程。仅仅挖掘大城堡的城墙基槽，出土量要达 3 万多立方米。再经逐层夯筑，还要填回不少于甚至超过挖出的出土量。至于再在墙基上筑城墙，其土方搬运量要远远大于基槽工程。加上城内城外、城上城下的许多建筑设施所用土方更是难以想象的。构筑这一庞大的原始工程，要动用相当大的人力和物力。在使用石器为生产工具的时代，搬运几万乃至十几万土方，既要有掌握一定原始土木工程技术的专门人员运筹和监督，更要有一个凌驾于氏族和部落之上的权力机构为组织者，才能驱使成千上万的奴役者完成这一巨大的工程。由于这样的城不但要有统一的规划，还要组织大量的劳动力才能完成，应是某种政治、经济和文化的中心的象征或者说已经是都城的雏形。张光直先生指出："到龙山文化初期，大约公元前 3000 年，现代中国境内的黄河流域、长江流域和东海岸地区，分布着成千上万的城邑。通常数个城邑构成一个'国'或'邦'，国的居民在国内国外组成宗法制度的亲属群，这些宗族内部有结构性的社会层次，在上层的统治者以积聚财富为业。他们积聚财富的手段，第一是战争，希望能够战胜而将敌邑吞并，

[1] 南京博物院、连云港市文物管理委员会、连云港市博物馆：《江苏连云港藤花落遗址考古发掘纪要》，《东南文化》2001年第1期。

[2] 恩格斯：《家庭、私有制和国家的起源》，人民出版社，1972年，第162页。

将它的财富据为己有，第二是增加劳动力:增加劳动人口，或增加原有人口的生产量。无论是哪一个手段，国王的政治权力必须不断增加。"[1] 所以说，城的产生是人类社会发展到一定历史阶段的产物，是中国古代社会进入文明时代的重要标志之一。

四　民族学与传说中的战争实例

　　史前时期，氏族、部落之间为了血族复仇和生存经常发生武装冲突，这种冲突"凡是部落以外的，便是不受法律保护的。在没有明确的和平条约的地方，部落与部落之间便存在着战争，而且这种战争进行得很残酷，使别的动物无法和人类相比，只是到后来，才因物质利益的影响而稍微缓和一些。"[2] 据民族学资料，新中国成立前，鄂温克人还保持着氏族制中血族复仇的残余，甚而一直遗留到新中国成立以后。云南西盟佤族人在与敌对部落发生械斗时，往往按自然区分和历史上友好的村寨结成部落联盟，以对付敌对的氏族部落。他们部落与部落之间的械斗极为频繁，通常以血族复仇的形式出现。西盟佤族之间的战争，多是些小规模的袭击，即使是有些规模较大的械斗，为时也很短，大都是自制武器，有长刀、剽子、扎脚竹签、弓箭、火枪等。战时自备口粮，战争中需要什么物品，哪家有哪家就拿出来，因此，一般不需要什么战费的。由于佤族部落间的战争频繁，他们利用熟悉的地形，常打伏击战，善于偷袭，特别是夜袭。战斗起来是很残酷的。有时对于敌对村寨的人、畜、房屋要杀光、抢光和烧光。在他们心目中，进行掠夺是比进行创造劳动更为容易的事情[3]。云南景颇族的"拉事"和凉山彝族的"打冤家"属于原始掠夺战争，其共同特点是：没有固定的军事组织和军事首领。战争的目的主要是掠夺财富。战争的形式以伏击、偷袭为主，对阵相战的情况很少。因此，景颇族在"拉事"中人员伤亡较少。由于在偷袭中进行火攻和抢劫，对财产破坏性较大[4]。北美西部草原的喀罗人，传统的敌人是黑足部落和达柯达部落，实际上与周围几乎所有的部落作过战。生活在秘鲁的印加人，大部分战争是侵略性的。墨西哥的阿特克人，生活的各个方面都是以战争为中心的。武装的远征是他们经济繁荣的基础，他们社会等级的区别是决定军功，教育大部分是军事训练。澳洲塔斯马尼亚人，在氏族部落间也有武装冲突的现象[5]。

---

[1] 张光直：《中国古代王的兴起与城邦的形成》，《中国考古学论文集》，生活·读书·新知三联书店，1999年，第400页。

[2] 恩格斯：《家庭、私有制和国家的起源》，人民出版社，1972年，第95页。

[3] 李仰松：《试论中国古代的军事民主制》，《考古》1984年第5期。

[4] 全国人民代表大会民族委员会办公室：《云南省德宏傣族景颇族自治州社会情况》，1958年3月。

[5] 乔治·彼得·穆达克著、童恩正译：《我们当代的原始民族》，四川民族研究所，1980年。

我国古史传说中翔实记载一些史前战争的例证：首先是炎帝和黄帝族与蚩尤部落的大战。战争的一方是炎帝部落的共工氏；一方是夷人部落的首领蚩尤。由于蚩尤从东向西发展，夺取共工部落的领土，传说"共工振滔洪水，以薄空桑《淮南子·本经训》"，危害了夷人部落的利益，于是爆发了激烈的战争。据《逸周书·尝麦解》："昔天之初，口作二后，乃设建典。命赤帝分正二卿，命蚩尤宇于少昊，以临四方，司口口上天未成之庆。蚩尤乃逐帝，争于涿鹿之阿，九隅无遗。赤帝大慑。乃说于黄帝，执蚩尤，杀之于中冀，以甲兵释怒。用大正顺天思序，纪于大帝。用名之曰绝辔之野。乃命少昊清司马鸟师，以正五帝之官，故名曰质。天用大成，至于今不乱。"《庄子·盗跖》篇记载："神农之世卧则居居，其则于于，民知其母，不知其父，与麋鹿共处，耕而食，织而衣，无有相害之心，此至德之隆也。然而黄帝不能致德，与蚩尤战于涿鹿之野，流血百里。""涿鹿之阿"在今太行山东侧，"阿"就是山麓的意思。"九隅"是共工九个氏族居住的九个地方。这次战争在《盐铁论·结合篇》中这样写道："黄帝战涿鹿，杀两曎、蚩尤而为帝。"这是说涿鹿之战，黄帝的敌人，蚩尤之外还有两曎。"两曎"即"两皞"，太皞、少皞也。可见蚩尤与太皞、少皞为同一集团。据《淮南子·天文训》载："昔者共工与颛顼争为帝，怒而触不周之山，天柱折，地维绝。天倾西北，故日月星辰移焉；地不满东南，故水潦尘埃归焉。"可见当时战争进行得非常激烈和十分残酷的。共工氏在战事不利情况下，"乃说于黄帝"，即求助黄帝族，同有熊氏结成临时军事同盟，共同对抗蚩尤，最后打败蚩尤取得胜利。

第二次是爆发了黄帝和蚩尤部落联盟之间的战争，战争以蚩尤被杀而结束。这次战争在古代传说中也有反映，《山海经·大荒北经》："蚩尤作兵伐黄帝，黄帝乃令应龙攻之冀州之野。"《世本·作篇》说"蚩尤作兵"，武器较好，开始黄帝处于劣势，"使应龙蓄水"，抵挡蚩尤。蚩尤请来了风伯雨师，冲破了应龙的水阵。黄帝在危急关头，又请来旱神女魃助战，击败风伯雨师终于把蚩尤打败了。蚩尤战败南逃，被黄帝彻底打败。最后，擒杀蚩尤于冀州之野。徐旭生先生认为风伯很可能是指风姓的太皞族。

炎帝、黄帝与蚩尤部落大战以后，经过一段时间的发展，为了争夺部落联盟的领导权，炎帝与黄帝之间又发生了激烈的战争，这是华夏集团内部一场争权夺利的战争。《史记·五帝本纪》记载："黄帝者，少典之子，姓公孙，名曰轩辕。轩辕之时，神农氏世衰。诸侯相侵伐，暴虐百姓，而神农氏弗能征。于是轩辕乃习用干戈，以征不享，诸侯咸来宾从。而蚩尤最为暴，莫能伐。炎帝欲侵陵诸侯，诸侯咸归轩辕。轩辕乃修德振兵，治五气，艺五种，抚万民，度四方，教熊罴貔貅驱虎，以与炎帝战于阪泉之野。三战，然后得其志。蚩尤作乱，不用帝命。于是黄帝乃征师诸侯，与蚩尤战于涿鹿之野，逐禽杀蚩尤。而诸侯咸尊轩辕为天子，代神农氏，是为黄帝。

天下有不顺者，黄帝从而征之，平者去之，披山通道，未尝宁居。"《大戴礼·五帝德》又云："黄帝与赤帝（炎帝）战于阪泉之野实三战然后行其志。"《新书·益壤》篇："炎帝无道，黄帝伐之涿鹿之野，血流漂杵，诛炎帝而兼有其地，天下乃治。"《左传·僖公二十五年》也有"遇黄帝战于阪泉之兆"的记载。

这次炎、黄之战以黄帝取得胜利而告终。胜利巩固了黄帝对部落联盟的统治权。此后，以黄帝为首的部落联盟势力日益强大，称霸一时，成为黄河流域最强大的部落联盟。

还有一次就是黄帝、炎帝集团与南方三苗氏族的冲突。文献中都谈到这次战争。最早是尧对三苗的征伐。《左传·昭公九年》有"于是乎虞有三苗"。《吕氏春秋·君览》："尧战于丹水之浦，以服南蛮"。《六韬》则指出："尧与有苗战于丹水之蒲"。《论衡·儒增篇》"尧伐丹水"。《淮南子·齐俗训》："当舜之时，有苗不服，于是舜修德堰兵，执干戚而舞之"。《韩非子·五蠹》："当舜之时，有苗不服，禹将伐之，舜曰：上化不厚而行武，非道也，乃修教三年，执干戚舞，有苗乃服。"这次战争，奠定了南北两大集团胜败兴衰的基本格局，因而，在中国古代战争史上占有主要地位。战争导致了民族的大杂居、大融合，从而也引起了文化的大交流和社会的大发展。

五　史前战争产生的社会背景

在我国古代，许多氏族和部落，在平时各有自己的生活空间和活动范围，随着社会生产力的不断提高，各部落之间不仅形成许多共同利益，也产生一些矛盾和冲突。有的氏族、部落显贵不满足于用正常生产来积累他们的财富，于是，氏族或部落贵族们便发动了掠夺财富的一系列战争。以前进行战争纯属血族复仇性质，现在战争已成为掠夺财产的重要手段。进行掠夺看来是比进行创造的劳动更容易甚至更光荣的事情。随着私有制进一步发展，氏族和部落内部产生了财产差别和阶级分化，导致了部落之间为抢夺对方财产和奴隶而引起的激烈冲突，进而变为经常性的战争。这种经常化的战争，使部分人以此作为一种专门的职业，他们掌握了武装，一方面对别的部落进行战争，把别的部落的财产变为自己的财产，在部落内部逐渐变为有特殊地位的人，变为贵族和统治者。

在母系氏族，部落间偶尔也发生冲突，但是以掠夺别人财富为目的的战争，则是军事民主制时期的产物。氏族公社末期，族与族之间的冲突、战争，其性质已由过去的血亲复仇，转变为财产的掠夺。原来氏族部落间的偶尔"械斗"，被掠夺财富为目的的残酷战争所取代。由此增大了氏族内部的贫富分化和阶级对立。所以，战争不仅能够使财富增加，而且能够导致财富相对集中。战争对氏族制度起到了瓦解的作用。战败的氏族往往丧失了一切,有的甚至全氏族成员沦为奴隶;战胜者所掠夺的财物、奴隶等,则落入氏族、部落酋长或军事首领手中。这些显贵所掌握的财富和奴隶越多,权势越大,他们的地位越是超出一般氏族成员之上,距离本氏族成员就越远,最终分裂成统治与被统治两个对立的阶级。所以,战争的激烈程度是物质利益决定的,部落战争的结果,是促使氏族制度进一步解体。

从考古资料看,裴李岗文化、磁山文化、仰韶文化、后李文化、北辛文化及大汶口文化早期阶段,氏族内部没有发生明显的贫富分化,氏族成员之间没有产生私有财产和阶级对立。社会地位基本是平等的。大汶口文化晚期至龙山文化阶段,由于生产力发展,物质产品日益丰富起来,除维持日常生活外,开始出现剩余,社会开始分裂为穷人和富人,贵族和平民,他们之间的分化日益明显。使一部分人可以不通过等价交换或采用掠夺的方式来获取他人的劳动成为可能。随着贫富分化的不断加剧,氏族内部和氏族之间的矛盾也在逐渐发生。墓葬方面,规模、有无葬具和随葬品多少优劣等有明显差别,大墓有棺或椁,随葬品达 100 件以上,除陶器外,还有精美玉器和象牙雕刻器等;中型墓仅少数有葬具,随葬品十几件至几十件不等;小墓无葬具,随葬几件或没有随葬品。这些都清楚地表明当时已存在贫富分化,而且出现身份地位上的差别。大汶口文化中最精致的黑陶、白陶、彩陶以及玉器、象牙器、鳄鱼鳞板、镶嵌绿松石的骨雕筒等都出现在大型墓葬当中。大汶口 M10,长 4.2、宽 3.2 米,使用原始的“井”字形木椁。死者头上佩戴三串大理岩和绿松石制成的串饰,右腕佩有玉臂环;随葬一件晶莹的墨绿色玉铲,还有精制的骨雕筒、象牙筒、象牙梳、象牙管和 84 块鳄鱼鳞板,2 个猪头以及 80 多件优质陶器,仅陶瓶一类就 38 件。[1] 至于墓中出土的绿松石、玉器、象牙器等贵重物品,更不是一般人所使用的东西,而是少数人享用的高级奢侈品,也是墓主人权力、身份、地位和财富的象征物。这是私有财产业已发生、贫富差别已经出现的重要例证。

陵阳河遗址[2] 大墓集中埋葬,不仅墓室巨大,而且随葬品丰富,酒器和猪下颌骨特别多,随葬品少则 40 ~ 50 件,多则 70 ~ 80 件,大墓近 200 件。而小墓则仅能容身,有的只 2 件陶器,有的随葬五六件或六七件,与大墓相比差别相当明显。说明这一时期社会内部贵族与平民之间已分成了不同的等级,并出现了少数拥有特权和大量占有社会财富的显贵、首领及一批据有部分权力和财富的中小贵族。从平面布局看,45 座墓葬分为四区,第 1 区有墓葬 25 座,其中 19 座中型以上的墓葬均集中在此,制作精致的石钺、石璧、骨雕筒、陶质牛角形号、石环以及带图像文字的陶尊等具有象征身份、权力和地位的随葬品,全部发现在该区大墓中;而 2 ~ 4

[1] 山东省文物管理处、济南市博物馆:《大汶口——新石器时代墓葬发掘报告》,文物出版社,1974年。
[2] 王树明:《陵阳河墓地刍议》,《史前研究》1987年第3期。

墓区，全是小墓，随葬品一般 7～8 件，多者亦不足 30 件。特别是第 1 墓区的 19 座贵族墓葬，不仅墓室宽大，而且随葬品十分丰富。如 M6，墓室长 4.55、宽 3.80 米，墓主为成年男性，随葬器物 180 余件。其中，猪下颌骨 21 件，陶质器皿中鼎、鬶、罐、双耳壶、豆、盆、盉、厚胎及薄胎镂空高柄杯、瓮、大口尊、漏缸等 160 余件，石铲、石璧、骨雕筒、石凿各 1 件，石坠饰 4 件。又如 M17，"井"字形木椁，墓室长 4.60、宽 3.23 米。随葬品 192 件，陶器 157 件，其中，制作精致的黑陶镂空高柄杯 40 多件，猪下颌骨 33 件，器类有鼎、鬶、罐、尊形罐、豆、双耳壶、单耳杯、单耳罐、盆、盉、瓮、厚胎及薄胎镂空高柄杯、刻文陶尊、漏缸、笛柄杯及 2 件石凿。上述几座大型墓葬，随葬品之丰富，远远超过了一个人实际生活的需要；突出了墓主人凌驾于众人之上一人独尊的地位，这同一般墓地中出现的贫富分化是不相同的。

花厅遗址 [1] 殉人现象十分突出，在 66 座大汶口文化墓葬中，10 座大墓有 8 座使用殉人。殉人以少儿和幼儿为主，亦有成年女性和成年男性，殉人的位置一般在墓主人的两侧墓边和脚后。例如，M60 墓主是壮年男子，随葬品 150 多件，殉葬 5 人。其中左侧的随葬品外，殉葬中年男女各 1 人，他们的头上方 1 幼儿，右下侧 1 少年，另在女殉人身旁有 1 儿童骨架。M61 墓主是 20 岁成年女性，殉葬 1 少年女性，两脚胫骨下端合并在一起，显然是被捆绑着下葬的。M18 墓主为青壮年，殉葬一侧身成年女性和两个婴幼儿。M6 坑内四端有一对少年骨架，在坑外东端有 3 具幼童骨架，两侧还有 1～3 具幼童骨架；M20 内发现 3 具人骨，墓主为成年男性，仰身直肢，在脚下并排横置 2 少年骨架，作为墓主的殉葬者。上述几座墓葬中的人骨架均为一次葬者，骨架排列整齐有序，且骨架齐全，墓内的青少年和儿童又是同时埋入的，可以认为，这些殉人墓葬，除墓主外，其余均为非正常死亡，应属殉葬无疑。

肖家屋脊遗址的墓葬，随葬品多寡不一，大型墓葬随葬品多达 100 多件，其中有象征墓主身份地位的石钺；而一般墓葬随葬品在二三十件左右，少数小墓只随葬三四件或不见随葬品，贫富差别对照相当明显。

龙山文化时期生产力水平以冶铜业出现为标志，进入崭新的时代。农业生产的发展各种手工业提供雄厚的物质基础，也使物质财富迅速增加，由此加速了贫富两极的分化，剥削者与被剥削者、统治者与被统治者之间出现严重对立，逐渐形成两个不同的阶级。

呈子遗址 87 座龙山文化墓葬划分 4 个等级。第一类大墓，有 5 座墓葬，占全部墓葬的 5.7%。这类墓葬有二层台、木椁，随葬品质高量多，还随葬猪下颌骨和精美薄胎黑陶高柄杯。第二类，11 座墓葬，占全部墓葬的 13%。墓穴略小，葬具不普遍，有较多随葬品，有的置高柄杯或猪下颌骨。第三类 17 座墓葬，占全部墓

［1］ 南京博物院：《花厅——新石器时代墓地发掘报告》，文物出版社，2003年。

葬的 20%。均为小墓，皆无葬具，随葬品数量少，质量低，一般不超过 3 件。第四类，共 54 座墓葬，占全部墓葬的 62%。墓穴仅容尸骨，既无葬具又无随葬品。遗址中富有者的大墓，与贫穷者的小墓差别相当明显，这是墓主生前财富、地位的一种反映。

尹家城遗址 65 座墓葬，有随葬品的 39 座，占墓葬总数的 60%。一无所有者 26 座，占墓葬总数 40%。最大墓室 25.3 平方米，二椁一棺，最小的只 0.54 平方米。有的墓葬还发现人骨被捆绑现象。随葬品多的 40 余件，少的 1 件，一般 3 ～ 4 件。猪下颌骨 118 个，其中，5 座大墓随葬 102 个，占墓葬总数的 86.4%，每墓平均 20 个，仅 M138 就 38 个之多。如 M15，东西长 5.80、南北宽 4.34、深 1.55 米。两椁一棺，随葬精致陶器 23 件，其中有带盖白陶、磨光黑陶鼎、鬶、盆、匜、壶、盒、高柄杯等，还有 20 副幼猪下颌骨、130 块鳄鱼骨板、50 件陶质小圆锥体。这些随葬品，是死者生前占有财产的重要记录，表明当时贫富分化已经出现，也说明墓主人生前在家族中的地位相当高，所拥有的财富与小墓悬殊是相当大的。

西朱封遗址 3 座大墓，两座为两椁一棺，1 座为一椁一棺，棺椁上均有彩绘。这类墓葬，墓坑规模大，随葬器物丰富，多放边箱和脚箱内，有的在棺椁间或棺内。主要有大批陶器和一些玉、石、骨、牙器等，还有大量彩绘木器残迹。陶器中有精美的蛋壳陶杯、黑陶罍等。玉器中有象征权威的钺，还有玉头（冠）饰、刀和簪等。如 M202，东西长 6.68、南北残存宽 2.20 ～ 3.15 米，一棺一椁，棺椁间有边箱，边箱上涂红、白等色彩绘。箱内放蛋壳陶杯、陶罍、若干鳄鱼骨板。陶器 20 余件及砺石、石镞、骨匕和骨镞等；玉器中有玉钺、玉刀、头饰、簪、坠饰、串饰。在棺内人骨左侧，还发现 980 多件绿松石薄片。M203 面积达 27.5 平方米。墓坑东西长 6.30 ～ 6.44、南北宽 4.10 ～ 4.55 米，重椁一棺，外椁内椁均呈"井"字形。随葬陶器 50 件，另有石镞、骨镞、玉钺、玉环、坠饰以及 95 件绿松石片。再如 M1，重棺一椁，死者为中年女性，仰身直肢，手握獐牙，头戴绿松石耳坠，胸部有玉管项饰。随葬品放在脚箱，陶器有鼎、罍、鬶、罐、豆、盆、蛋壳陶杯、单把杯、三足盆等，另有骨匕和蚌器等。边箱中有两件蛋壳陶杯，椁顶上有白陶和两块猪下颌骨，椁外有兽骨、泥弹丸、网坠和动物泥塑。看来死者绝非一般氏族成员，而应当是具有某种特殊身份，地位显赫，高居于当时社会组织上层的显贵人物。似乎也不应该是一般意义上的所谓"氏族贵族"。这些具有特殊身份显赫地位的人，或许就是属于当时统治这一地域的权力集团中某个阶层中的当权者。而东北部的几座小墓，死者则几乎一无所有，而且两个墓区相隔大约 180 米。看来这里贵族和平民墓地是分别埋葬的。大墓与小墓的明显差别，说明氏族内部贫富分化相当严重，已经形成比较严格的等级制度。其社会形态已经形成等级分明的金字塔式结构。特别是蛋壳陶高柄杯，应该是权力、身份和地位的象征物，是一种礼器；玉钺作为军事仪仗用品，其权威性十分清楚。这是私有制产生、贫富差别及社会内部分层的又一重要例证。

陶寺遗址 1000 余座墓葬，分大中小三类。大墓基本集中在一起，一般长 3、宽 2～2.75 米，均使用木棺，棺内铺朱砂，随葬品有陶土鼓、彩绘木案、俎、仓、匣盘、豆、彩绘陶器、玉钺、成套石斧、石锛、石镞等一二百件。中型墓一般分布在大型墓的周围，墓长 2.5、宽 1.5 米，随葬品 20 余件，死者大都是年轻女性，彩绘木棺，佩戴精美的头饰和臂饰，也随葬一些彩绘陶器。而 87% 以上的小型墓，墓宽仅 0.5 米，既无葬具，又无随葬品。据统计，大型墓仅占 1% 多些，中型墓占不到 12%，而小墓约占 87%，这种等级分明现象，正是当时社会分化的有力明证。特别是一些大墓，随葬的大量彩绘木器、彩绘陶器和玉、石骨、蚌器。尤其是彩绘龙纹陶盘、大石磬、玉钺和成对的鼍鼓等，是墓主人特殊身份的标志物，这类物品在中小型墓葬中不见，应是显贵社会地位的象征。钺古代作为一种兵器，是军事首领必备的权杖。由此可见，陶寺墓葬中使用的鼍鼓、大石磬、玉钺的死者，生前当是部落的军事首长，或者是部落一级的首领。

江浙地区的良渚文化墓葬，主要有浙江余杭反山、瑶山、汇观山、文家山、赵陵山和上海青浦福泉山等。这些墓地均为人工堆筑起来的高台，上面墓葬规模大，随葬品丰富。如反山遗址的 7 座墓葬有随葬品 739 件（组），其中 M14 多达 260 件（组），墓 17 多达 106 件。随葬品玉器占绝大多数，其中有斧、钺、琮、璧、环以及用于仪仗的玉杖首等。从墓地堆筑营造规模、墓葬规格、随葬品丰厚等判断，这里应是部落显贵者们的墓地。特别是反山这种高台墓地，仅动用土方就达 2 万方以上，能够驱使大量劳动力构筑如此规模的墓地，绝非一般氏族成员，说明墓主人已经成为凌驾于一般氏族成员之上的特权阶层。瑶山遗址的大墓，主要在大型祭坛上面，随葬品以玉器为主，有的达 160 件（组），如 M7 仅随葬品玉器就 140 件（组）。汇观山遗址的 4 座大墓，随葬大量玉质的琮、璧、钺以及三叉形器、冠状器等。又如 M4，棺椁俱全，随葬品非常丰富，仅石钺就 48 件，似乎表明墓主具有强大的征战能力和执法权力。文家山遗址 M1 也发现同类的贵族大墓，墓内的 34 件石钺显示了墓主有别于其他贵族墓葬的权力。福泉山遗址的墓葬，规模也很大，一般墓长 4 米左右，宽 1.4～2 米，大都有墓坑，并已使用葬具，还发现葬具上遗留的朱红色彩绘。各墓都有石、陶、玉等，个别墓中还有象牙雕刻器随葬，数量多，制作精致，造型优美。其中 M2 随葬品达 170 件，M5 有 126 件，M6 出土玉、石、牙、陶器 119 件。而与良渚文化大墓共存的还有一些中小墓葬，一般不挖墓穴，多系平地堆土掩埋，无葬具，随葬品也不多，有者仅一两件陶器。看来，不同墓地之间存在着明显的等级差别。赵陵山良渚文化遗址两次发掘墓葬 85 座，其中 M77，死者为

30～35 岁男性，随葬品 160 多件，其中玉器 128 件，有琮、瑗、镯、各种形状玉饰及簪、珠管，其中透雕玉饰，制作极为精巧堪称珍品。18 件石器有钺、斧、锛、镞。陶器 10 件，有鼎、豆、杯、罐以及 4 件牙骨器。这是随葬品最多、规格最高的一座大墓，突出说明死者生前显赫的身份、至高无上的权力和崇高威望。

由此可见，良渚文化、龙山文化时期社会上已经出现了一批凌驾于部族及一般成员之上的特殊阶层或集团成员，这些人作为部族显贵，不仅拥有巨大财富，而且拥有至高无上的权力。社会财富越来越集中在这些少数人手里，这就为剥削他人劳动提供了条件。由此促进了阶级分化的进程，破坏了部落、氏族组织原有的公有制，从而加速了氏族制度的瓦解。

六　结语

综上所述可以看出，我国新石器时代早期，各部落之间为争夺生存条件，发生的武装械斗，还没有发展到为了掠夺而进行战争的阶段。生产力的不断提高，剩余产品的出现，商品交换的产生，加速了贫富的两极分化。特别是私有制的迅速发展和社会财富的不断增长，刺激了部落之间为掠夺财富和扩张领土而发动的战争的升级，原有的氏族或部落之间纯粹血族复仇进行的偶尔小规模武装械斗，演变成以掠夺财富和奴隶为主要目的而进行的大规模征服异族的战争或部落兼并战争。战争已经成为一种经常性的社会冲突形式。频繁的掠夺性战争加强了各级军事首领、氏族头人和祭司的权力。他们不仅对本部落加强控制，还扩大了部落联盟。这不仅使已经存在的贫富分化更加突出，阶级冲突日益加剧，而且为王权和国家的出现准备了条件。特别是大量城堡、乱葬坑以及众多武器的发现，不仅反映出当时战争的剧烈，也说明当时阶级对立已达到十分尖锐的程度，这是社会生产力发展的一种反映，也是文明起源的重要标志。大量资料表明，这种战争在人类即将进入文明前夜是愈演愈烈，它使分散、独立的部落走向更高一级的社会共同体。如果没有阪泉之战、涿鹿之战，那么，就不会有华夏民族的产生。这些战争促进了各地区不同文化之间全方位、多角度、深层次的交流与融合，同时也加剧了地区与地区、聚落与聚落间的不平等。总之，战争在文明和国家形成过程中所发挥的作用是不可忽视的，最终导致中国古代文明的形成和国家的出现。所以说，战争是人类进入文明社会的催化剂。

原载《史前研究 2004》，三秦出版社，2005 年

论著索引

一　论文

1.《山东史前雕塑浅谈》,《美术史论》1984 年第 4 期。

2.《大汶口—龙山文化原始艺术初探》,《史前研究》1984 年第 4 期。

3.《试论杨家圈遗存的文化性质》,《考古与文物》1985 年第 1 期。

4.《试论山东地区新石器时代的养猪业》,《农业考古》1986 年第 1 期。

5.《山东龙山文化墓葬试析》,《史前研究》辑刊,1989 年。

6.《略论大汶口文化的彩陶》,《中原文物》1990 年第 2 期。

7.《从墓葬形式看大汶口文化婚姻形态的演变》,《文物研究(第六辑)》,黄山书社,1990 年。

8.《试论济宁程子崖龙山文化遗存》,《东南文化》1991 年第 6 期。

9.《试论大汶口文化时期的商品交换》,《考古与文物》1991 年第 6 期。

10.《泗河流域古代文化的编年与类型》,《文物》1991 年第 7 期。

11.《陵阳河与大朱家村墓葬剖析》,《纪念山东大学考古专业创建 20 周年文集》,山东大学出版社,1992 年。

12.《谈谈山东龙山文化的历史地位》,《纪念城子崖遗址发掘 60 周年国际学术讨论会文集》,齐鲁书社,1993 年。

13.《论齐国领域内发现的龙山文化城址》,《中原文物》1993 年第 1 期。

14.《论大汶口文化的合葬墓》,《华夏考古》1994 年第 3 期。

15.《大汶口—龙山文化屈肢葬俗探析》,《辽海文物学刊》1996 年第 1 期。

16.《论山东龙山文化西吴寺类型》,《东南文化》1996 年第 2 期。

17.《山东史前时期自然环境的考古学观察》,《华夏考古》1996 年第 3 期。

18.《枣庄建新大汶口文化墓葬分析》,《中原文物》1996 年第 4 期。

19.《山东龙山文化的类型与分期》,《考古》1996 年第 4 期。

20.《试论鲁南苏北地区的大汶口文化》,《东南文化》1997 年第 3 期。

21.《山东龙山文化的社会性质》,《齐鲁文史》1998 年第 1 期。

22.《滕州庄里西考古发掘与水稻遗存的发现》,《人文与自然》1998 年第 1 期。

23.《论枣庄建新大汶口文化遗存》,《华夏考古》1998 年第 4 期。

24.《临淄两周至汉代墓葬概论》,《刘敦愿先生纪念文集》,山东大学出版社,1998 年。

25.《山东滕州庄里西遗址植物遗存及其在环境考古学上的意义》,《考古》1999 年第 7 期。

26.《山东龙山文化与古代文明形成研究》,北京大学古代文明研究中心:《古代文明研究通讯》总第 10 期,2001 年 9 月。

27.《兖州六里井大汶口文化遗存分析》,《中原文物》2001 年第 1 期。

28.《庄里西遗址发掘的主要收获》,《枣庄文物博览》,齐鲁书社,2001 年。

29.《山东龙山文化与古代文明》,《齐鲁文博》,齐鲁书社,2002 年。

30.《试论山东地区的原始农业》,《考古与文物》(先秦考古),2002 年增刊。

31.《山东龙山文化与中国古代文明的起源》,《文物春秋》2002 年第 1 期。

32.《大汶口文化发现与研究综述》,《齐鲁文史》2002 年第 2 期。

33.《山东史前时期的陶塑艺术》,《文物世界》2003 年第 1 期。

34.《后李文化时期的自然环境》,《人文与自然》2003 年第 1 期。

35.《山东史前乐器初探》,《中原文物》2003 年第 4 期。

36.《山东新石器时代的自然环境》,《南方文物》2003 年第 4 期。

37.《日照海曲汉代墓地考古的主要收获》,《文物世界》2003 年第 5 期。

38.《大汶口文化的文明化过程》,《济南教育学院学报》2003 年第 6 期。

39.《海岱地区文明化进程的考察》,《中国社会科学院考古研究所古代文明通讯》2003 年第 6 期。

40.《大汶口文化的打击乐器——陶鼓浅析》,《东南文化》2003 年第 7 期。

41.《西公桥大汶口文化墓葬初探》,《石兴邦先生 80 诞辰纪念文集》,三秦出版社,2003 年。

42.《齐长城现状考察》,《文物天地》2003 年第 12 期。

43.《日照海曲汉代墓地发掘的主要收获及意义》,《人文与自然》2004 年第 1 期。

44.《大汶口文化发现与研究概论》,《史前研究 2002》,三秦出版社,2004 年。

45.《大汶口文化陶塑艺术品选萃》,《齐鲁文史》2004 年第 1 期。

46.《前埠下大汶口文化的性质与年代》,《华夏考古》2004 年第 1 期。

47.《山东新石器时代环境考古学研究》,《东方博物（第十一辑）》,浙江大学出版社，2004 年。

48.《山东新石器时代农业试论》,《农业考古》2004 年第 3 期。

49.《山东地区发现的早期铜器》,《齐鲁文史》2004 年第 4 期。

50.《山东新石器时代的陶塑及其相关问题探讨》,《历史文物》第 14 卷第 9 期，2004 年。

51.《触摸汉代时尚——山东海曲汉墓挖掘记》,《中国国家地理》2004 年第 12 期。

52.《滕州公桥遗址出土陶器的多元分析和物相分析》,美国《考古科学期刊》2004 年第 31 期。

53.《城子崖遗址与山东龙山文化》,《史前研究 2004》,三秦出版社，2005 年。

54.《中国史前战争初论》,《史前研究 2004》,三秦出版社，2005 年。

55.《山东新石器时代的农作物》,《齐鲁文史》2005 年第 4 期。

56.《大汶口文化》,《山东 20 世纪的考古发现和研究》,科学出版社，2005 年。

57.《海岱地区古代社会的文明化进程》,《中原文物》2005 年第 4 期。

58.《山东滕州西公桥遗址人骨的稳定同位素分析》,《第四纪研究》2005 年第 5 期。

59.《早期铜器与海岱文明》（简稿）,《中国社会科学院考古研究所古代文明通讯》2005 年第 10 期。

60.《从大汶口文化看古代文明的发展过程》,《古代文明研究（第一辑）》,文物出版社，2005 年。

61.《山东滕州西公桥遗址人骨的线扫描分析》,《光谱学与光谱分析》2006 年第 6 期。

62.《山东史前居民饮食生活的初步考察》,《东方博物（第十九辑）》,浙江大学出版社，2006 年。

63.《山东滕州西公桥遗址人骨的元素分析》,《高等学校化学学报》27 卷第 6 期。

64.《山东史前玉器精品选萃》,《齐鲁文史》2007 年第 1 期。

65.《古代人骨羟磷灰石的去污染研究》,《考古》2006 年第 7 期。

66.《关于中国史前战争的考察——兼论中国古代文明的起源》（概要），《中国考古网》2007年5月25日。

67.《试析早期铜器在文明进程中的地位》，《南方文物》2007年第4期。

68.《我国最早外科手术——广饶傅家遗址发现的开颅术头盖骨》，《齐鲁文史》2007年第4期。

69.《大汶口文化二次葬刍议》，《海岱考古（第二辑）》，科学出版社，2007年。

70.《山东地区早期铜器及其相关问题初探》，《东岳论丛》2007年第5期。

71.《山东史前玉器及相关问题探讨》，《东方博物（第二十二辑）》，浙江大学出版社，2007年。

72.《海岱地区与中原文明起源新探》，《中原文物》2007年第6期。

73.《大汶口遗址——东方文明的曙光》，《史前研究2006》，陕西师范大学出版社，2007年。

74.《江淮地区史前时期的文明化过程》，《文物研究（第十五辑）》，黄山书社，2007年。

75.《滕州西公桥遗址植物硅酸体研究》，《海岱考古（第二辑）》，科学出版社，2007年。

76.《大汶口文化彩陶的艺术特征》，《东南文化》2008年第4期。

77.《山东史前玉器初探——重要出土玉器遗址与品类》，《历史文物》（上、下）第18卷第6、7期2008年。

78.《大汶口——龙山文化与良渚文化相关问题探讨》，《良渚文化论坛》浙江摄影出版社，2008年。

79.《远古时期的济南》，《济南通史》，第一卷，齐鲁书社，2008年。

80.《试论青州地区的东夷文化》，《管子学刊》2009年第1期。

81.《中国最古老的长城——齐长城》，《中原文物》2009年第2期

82.《西公桥大汶口文化遗存之研究》，《华夏考古》2009年第3期

83.《大汶口文化发现研究50年》，《中国文物报》2009年7月10日。

84.《大汶口文化考古50年历史回顾》，《南方文物》2009年第4期。

85.《大汶口文化的历史地位与重要贡献——纪念大汶口遗址发掘50周年》，《齐鲁文史》2009年第4期。

86.《屋檐上的艺术——临淄齐国瓦当鉴赏》，《历史文物》第20卷第5期，2010年。

87.《山东龙山文化的自然环境》,《齐鲁文史》2010年第2期。

88.《大汶口文化的历史地位——纪念大汶口遗址发掘50周年》,《史前研究2009》,宁波出版社,2010年。

89.《大汶口—龙山文化聚落形态的考察》,《中国聚落考古的理论与实践论文集》,科学出版社,2010年。

90.《山东史前时期宗教祭祀遗存探析》,《海岱考古(第四辑)》,科学出版社,2011年

91.《后李遗址与后李文化》,《史前研究2010》广西科学技术出版社,2011年。

92.《大汶口文化的彩陶艺术》(上、下),《历史文物》,第22卷第3、4期,2012年。

93.《大汶口文化特殊习俗管见》,《海岱考古(第五辑)》,科学出版社,2012年。

94.《山东史前雕刻艺术及相关问题》,《东方考古(第9辑)》(上),科学出版社,2012年。

95.《山东滕州庄里西龙山文化遗址出土动物遗存分析》,《东方考古(第9辑)》,(下),科学出版社,2012年。

96.《海岱与中原地区史前文化的交流》,《海岱考古(第六辑)》,科学出版社,2013年。

97.《济南地区北辛—大汶口文化浅析》,《齐鲁文物(第3辑)》,科学出版社,2014年。

98.《山东昌邑辛置墓地出土汉代白陶的成分分析》,《陶瓷考古通讯》2014年第2期。

99.《济南地区后李文化初探》,《史前研究2013》,西北大学出版社,2015年。

100.《山东龙山文化聚落与经济形态之考察》,《海岱考古(第九辑)》,科学出版社,2016年。

101.《我的考古之路》,《风雨兼程40年——山东省文物考古研究院建院纪念文集》(上册),齐鲁书社,2021年。

102.《北辛文化简论》,《文物春秋》2022年第6期。

103.《考古历程回眸》,《温故集:纪念山东大学考古专业创建50周年访谈回忆录》,科学出版社,2023年。

二 考古资料

1.《山东曲阜南兴埠遗址的发掘》,《考古》1984 年第 12 期。

2.《山东广饶新石器时代遗址调查》,《考古》1985 年第 9 期。

3.《兖州西吴寺遗址第一、二次发掘简报》,《考古》1986 年第 8 期。

4.《莒县大朱家村大汶口文化墓葬》,《考古学报》1991 年第 2 期。

5.《莒县大朱家村发现战国墓葬》,《考古》1991 年第 10 期。

6.《山东济宁凤凰台遗址发掘简报》,《文物》1991 年第 2 期。

7.《山东济宁潘庙遗址发掘简报》,《文物》1991 年第 2 期。

8.《山东邹县南关遗址发掘简报》,《文物》1991 年第 2 期。

9.《山东济宁程子崖遗址发掘简报》,《文物》1991 年第 7 期。

10.《山东济宁郊区潘庙汉代墓地》,《文物》1991 年第 12 期。

11.《枣庄市建新遗址第一、二次发掘简报》,《考古》1995 年第 1 期。

12.《滕州庄里西遗址发现龙山文化炭化稻米》,《中国文物报》1997 年 1 月 5 日。

13.《山东滕州市西公桥大汶口文化遗址发掘简报》,《考古》2000 年第 10 期。

14.《山东滕州朱洼发掘汉代墓地》,《中国文物报》2005 年 6 月 8 日。

15.《山东枣庄建新遗址考古又获新成果》,《中国文物报》2006 年 8 月 4 日。

16.《滕州西公桥遗址考古发掘报告》,《海岱考古（第二辑）》,科学出版社,2007 年。

17.《山东曲阜鲁故城出土周代文物》,《海岱考古（第二辑）》,科学出版社,2007 年。

18.《枣庄市建新遗址 2006 年发掘报告》,《海岱考古（第三辑）》,科学出版社,2010 年。

19.《山东日照海曲西汉墓（M106）发掘简报》,《文物》2010 年第 1 期。

20.《山东苍山后杨官庄遗址 2010 年考古发掘成果》,《中国文物报》2010 年 8 月 13 日。

21.《苍山县后杨官庄遗址发掘报告》,《海岱考古（第六辑）》,科学出版社,20013 年。

22.《滕州朱洼汉代墓葬发掘报告》,《海岱考古（第八辑）》,科学出版社,2015 年。

23.《青州市郝家庄遗址发掘报告》,《海岱考古第十辑》,科学出版社,2017 年。

24.《滕州庄里西遗址龙山文化植硅体分析报告》,《海岱考古（第十一辑）》,科学出版社，2018 年。

25.《建新遗址》,《中国大百科全书》（第三版）,中国大百科全书出版社，2021年。

26.《大朱家村遗址》,《中国大百科全书》（第三版）,中国大百科全书出版社，2021 年。

27.《陵阳河遗址》,《中国大百科全书》（第三版）,中国大百科全书出版社，2021 年。

28.《西公桥遗址》,《中国大百科全书》（第三版）,中国大百科全书出版社，2021 年。

29.《后杨官庄遗址》,《中国大百科全书》（第三版）,中国大百科全书出版社，2021 年。

30.《西吴寺遗址》,《中国大百科全书》（第三版）,中国大百科全书出版社，2021 年。

31.《郝家庄遗址》,《中国大百科全书》（第三版）,中国大百科全书出版社，2021 年。

32.《枣庄建新遗址》,《山东百年百项重要考古发现(1921～2021)》,科学出版社，2023 年。

33.《莒县陵阳河遗址》,《山东百年百项重要考古发现（1921～2021）》,科学出版社，2023 年。

34.《栖霞杨家圈遗址》,《山东百年百项重要考古发现（1921～2021）》,科学出版社，2023 年。

35.《兖州西吴寺遗址》,《山东百年百项重要考古发现（1921～2021）》,科学出版社，2023 年。

36.《滕州庄里西遗址》,《山东百年百项重要考古发现（1921～2021）》,科学出版社，2023 年。

三　专刊

1.《兖州西吴寺》（合著）,文物出版社，1990 年。

2.《枣庄建新——新石器时代遗址发掘报告》（主编）,科学出版社，1996 年。

3.《兖州六里井》(合著),科学出版社,1999年。

4.《山东省高速公路考古报告集(1997)》(副主编),科学出版社,2000年。

5.《山东20世纪的考古发现和研究》(副主编),科学出版社,2005年。

6.《京沪高速铁路山东段考古报告集》(副主编),文物出版社,2018年。

7.《胶东调水考古报告集》(副主编),科学出版社,2020年。

8.《山东沿海汉代墩式封土墓考古报告集》(副主编),文物出版社,2020年。

9.《昌邑辛置——2010～2013年墓葬发掘报告》(全四册)(主编),文物出版社,2021年。

10.《风雨兼程40年——山东省文物考古研究院纪念文集》(编辑),齐鲁书社,2021年。

11.《山东百年百项重要考古发现(1921～2021)》(编委),科学出版社,2023年。

12.《海岱考古(第二辑)》(主编),科学出版社,2007年。

13.《海岱考古(第四辑)》(执行主编),科学出版社,2011年。

14.《海岱考古(第五辑)》(执行主编),科学出版社,2012年。

15.《海岱考古(第六辑)》(执行主编),科学出版社,2013年。

16.《海岱考古(第七辑》(执行主编),科学出版社,2014年。

17.《海岱考古(第八辑)》(执行主编),科学出版社,2015年。

18.《海岱考古(第九辑)》(执行主编),科学出版社,2016年。

19.《海岱考古(第十辑)》(执行主编),科学出版社,2017年。

20.《海岱考古(第十一辑)》(执行主编),科学出版社,2018年。

21.《海岱考古(第十二辑)》,(执行主编),科学出版社,2019年。

22.《海岱考古(第十三辑)》,(执行主编),科学出版社,2020年。

后　记

　　海岱之学，肇彼先秦，儒墨百家，于斯为盛。洋洋大观，齐鲁双峰，烛秉千载，斯文遂行。比及近代，金石志业，甲骨破题，此道复兴。旋有孟真，大纛是擎，夷夏东西，考古先行。

　　1928年吴金鼎先生的龙山之行，打开了海岱地区现代考古的学术之门，迄今已近百年，山东省文物考古研究院建于1980年，亦历40年矣。海岱考古今日垂成之局面离不开历代考古人的艰辛努力，尤其是先辈们的筚路蓝缕之功。为表彰学术、褒举先进、激励后学，故设立此"海岱考古人文集"系列，实望先行者观此文集，心有所慰，后学者观此文集，不徒钦羡，更复于思想上有所启迪，继往昔之传统，开来日之研究，昌盛学术，共建文明。

　　是为记。

山东省文物考古研究院